Jost Küpper

# Die Kanzlerdemokratie
## Voraussetzungen, Strukturen und Änderungen des Regierungsstiles in der Ära Adenauer

PETER LANG
Frankfurt am Main · Bern · New York

CIP-Kurztitelaufnahme der Deutschen Bibliothek

**Küpper, Jost:**
Die Kanzlerdemokratie : Voraussetzungen, Strukturen
u. Änderungen d. Regierungsstiles in d. Ära
Adenauer / Jost Küpper. –
Frankfurt am Main ; Bern ; New York : Lang, 1985.
  (Europäische Hochschulschriften :
  Reihe 31, Politikwissenschaft ; Bd. 79)
  ISBN 3-8204-5575-2
NE: Europäische Hochschulschriften / 31

ISSN 0721-3654
ISBN 3-8204-5575-2
© Verlag Peter Lang GmbH, Frankfurt am Main 1985
Alle Rechte vorbehalten.
Nachdruck oder Vervielfältigung, auch auszugsweise, in allen Formen
wie Mikrofilm, Xerographie, Mikrofiche, Mikrocard, Offset verboten.
Druck und Bindung: Weihert-Druck GmbH, Darmstadt

FÜR

FIEDE WITTKAMM

## VORWORT

Die vorliegende Untersuchung wurde von der Universität Passau/Philosophische Fakultät als Dissertation im Fach Politikwissenschaft angenommen. Besonderer Dank gilt in diesem Zusammenhang meinem Doktorvater, Professor Heinrich Oberreuter, der die Arbeit über Jahre hinweg mit helfendem Rat, wohlwollender Kritik und viel Geduld begleitet hat. Das Koreferat übernahm Professor Rudolf Lill, der wichtige Anregungen für die endgültige Fassung gab. Gefördert hat die Arbeit vor allem in der Anfangsphase auch Professor Hans Maier, Universität München, dem ich ebenfalls zu großem Dank verpflichtet bin.

Möglich wurde die Studie aber nur, da mir das Institut für Begabtenförderung der Konrad Adenauer-Stiftung ein Graduiertenstipendium gewährte und auch die außerordentlich wichtigen Recherchieraufenthalte in Bonn unterstützte. Meinen zahlreichen Gesprächspartnern gilt ein spezieller Dank für ihre Offenheit, Bereitschaft zum kontroversen Dialog und für die Möglichkeit der Einsicht in persönliche Unterlagen. Die Arbeit hätte aber niemals erstellt werden können ohne die Unterstützung der Mitarbeiter zahlreicher Archive und Stiftungen. Nicht vergessen werden darf in diesem Zusammenhang das Personal der Pressedokumentation des Deutschen Bundestages, das sich all meiner Wünsche freundlich und hilfsbereit annahm. Genausowenig die Landsmannschaft Salia in Bonn, die mir gleich dreimal in der Bundeshauptstadt ein Zuhause bot. Dank gilt auch Brunhilde Koeppen und Helga Dors-Berger, die dafür sorgten, daß das Manuskript seinen letzten sprachlichen Schliff erhielt. Die notwendige Endkorrektur besorgten freundlicherweise Barbara Rüssmann, Cosima Schertler, Claudia S. Schmitz und Veronika Staudner.

München, April 1985                                      Jost Küpper

## Inhaltsverzeichnis

EINLEITUNG 13

A  DIE GENESE DES ADENAUERSCHEN FÜHRUNGSSTILES (1945 - 1953)  33

I. **Die spezielle historische Situation**
1. bis zur Errichtung der Bundesrepublik
a) Adenauer und die CDU 34
b) Adenauer und die Besatzungsmächte 40

2. nach der Errichtung der Bundesrepublik
a) Adenauers neue Führungsrolle in der CDU 45
b) Adenauers Verhältnis zu den Besatzungsmächten 51
c) Adenauers Interview-Außenpolitik 61

II. **Die speziellen Möglichkeiten des Bundeskanzlers als erster Amtsinhaber** 65

III. **Die strukturellen Vorgaben**
1. Die Kabinettsbildung 72
2. Bedeutung von Koalitionsabsprachen 77

IV. **Adenauers Regierungspraxis**
1. Adenauers Konzentration auf die Außenpolitik 80
2. Führungsinstrument Bundeskanzleramt 89
3. Formelle und informelle Gremien im Regierungsbereich 121
4. Adenauers "Einsame Entscheidungen" 160
5. Adenauers Beziehungen zu den Interessenvertretern 182

**Zusammenfassung** 195

## B DIE "HOCH"-ZEIT DER KANZLERDEMOKRATIE (1953 – 1959) 207

### I. Die spezielle historische Situation

1. Adenauer und die CDU 208
2. Adenauer und sein Vertrauensverhältnis zu ausländischen Politikern 218

### II. Die strukturellen Vorgaben

1. Die Kabinettsbildungen 231
2. Die Koalitionsabsprachen 242

### III. Adenauers Regierungspraxis

1. Weiterhin Dominanz Adenauers in der Außenpolitik 253
2. Die Rolle des Bundeskanzleramtes 262
3. Formelle und informelle Gremien im Regierungsbereich 284
4. Nach wie vor "Einsame Entscheidungen" Adenauers 303
5. Adenauer und die Interessenverbände 312

Zusammenfassung 317


## C DAS ENDE DER KANZLERDEMOKRATIE (1959 – 1963) 333

### I. Die spezielle historische Situation

1. Die Veränderung der außenpolitischen Rahmenbedingungen 334
2. Die Bundespräsidentenkrise 1959 339
3. Adenauer und die CDU 347

II. Die strukturellen Vorgaben

1. Die Kabinettsbildungen — 365
2. Die Koalitionsabsprachen — 379
3. Adenauer und sein Nachfolgeproblem — 400

III. Adenauers Regierungspraxis

1. Adenauers Positionsverlust als Außenpolitiker — 405
2. Adenauer und das Bundeskanzleramt — 414
3. Formelle und informelle Gremien im Regierungsbereich — 427
4. Der Stellenwert der Arkanpolitik — 447
5. Adenauer und die Interessenverbände — 455

Zusammenfassung — 458


D   ERGEBNIS UND SCHLUSSBETRACHTUNGEN — 479


ANMERKUNGEN

Einleitung — 489
Abschnitt A — 492
Abschnitt B — 526
Abschnitt C — 549
Abschnitt D — 577


ANLAGEN

I   Koalitionsausschuß 1949 – 1953 — 579
II  Koalitionsgespräche 1949 – 1953 — 581

| | | |
|---|---|---|
| III | Koalitionsvereinbarung 1957 | 587 |
| IV | Entscheidungskreis 1954 – 1961 (nach Domes) | 589 |
| V | Koalitionsgespräche 1954 – 1957 | 590 |
| VI | Koalitionsausschuß 1954 – 1957 | 594 |
| VII | Koalitionsausschuß 1961 – 1963 | 596 |
| VIII | Koalitionsgespräche 1962 – 1963 | 599 |

BIBLIOGRAPHIE

| | |
|---|---|
| Allgemeine Quellen, publiziert | 601 |
| Quellen, unpubliziert | 603 |
| Eigene Recherchen | 605 |
| Bücher | 607 |
| Aufsätze | 622 |
| Publizistisches Material aus dem elektronischen Bereich (Rundfunk/TV) | 633 |
| aus dem Pressebereich, Autor bekannt | 635 |
| aus dem Pressebereich, ohne Autorenangabe | 641 |

# EINLEITUNG

Als Kurt Georg Kiesinger, der Kanzler der Großen Koalition, gerade fünf Monate lang amtierte, wurde er in einem Zeitungsinterview im April 1967 gefragt, ob er einen neuen Regierungsstil in Abhebung von seinen Amtsvorgängern Adenauer und Erhard eingeführt habe. Bevor Kiesinger inhaltlich antwortete, nahm er grundsätzlich Stellung:

"Jedes Kabinett und jede Koalition erfordert ihre eigene Regierungsmethode und jeder Kanzler hat seinen eigenen Stil." (1)

Dieser Hinweis des dritten deutschen Nachkriegskanzlers dürfte bei den Zeitungslesern kaum Überraschung ausgelöst haben. Denn schließlich sprach Kiesinger damit einen Umstand an, den der politisch interessierte Bundesbürger zumindest bei den Vorgängern des damaligen Regierungschefs mit griffigen Schlagworten beschreiben konnte. Konrad Adenauer - das war "Kanzlerdemokratie"; Ludwig Erhard - wollte dieser nicht ein "Volkskanzler" sein? Für Kiesinger war eine solche Kurzcharakterisierung noch nicht im Umlauf, später nannte man ihn den "Koalitionskanzler" (2), einer seiner beiden Regierungssprecher, Conrad Ahlers, erfand die Formel vom "Wandelnden Vermittlungsausschuß" (3) für den damaligen Amtschef und hatte damit nun auch das entsprechende Kiesinger-Schlagwort geprägt.

Diese Kurzbezeichnungen für die jeweilige Art zu regieren stammen aus der politischen Publizistik (4). Es würde hier zu weit gehen darzulegen, wo sie überall in den Massenmedien Verwendung fanden, wo man Vorläufer ausmachen kann (z.B.: Weimarer "Präsidialdemokratie"), wo ähnliches in anderen Regierungssystemen ähnliche Bezeichnung fand (z.B.: "prime ministerial government" in Großbritannien). Beachtung aber muß dem Umstand zugebilligt werden, daß diese - oftmals polemisch gebrauchten - Schlagworte nicht nur in die Umgangssprache eingingen, sie wurden auch benutzt, wenn sich politische Publizisten unabhängig vom schnellebigen Tagesgeschäft weitergehenden Analysen zuwandten (5). Vor allen Dingen aber ein Schlagwort fand noch weitergehende Verwendung und wurde ins wissenschaftliche Vokabular übernommen: die Bezeichnung Kanzlerdemokratie. So hat beispielsweise Karl Dietrich Bracher darauf hingewiesen, dieser zunächst vor allem publizistisch wirksame Terminus habe als eine "realistische Charakterisierung" bald auch Eingang in die politikwissenschaftliche und verfassungsrechtliche Diskussion gefunden und andere Charakterisierungen des Bonner Systems (Parteien- oder Verbändedemokratie) zeitweilig überlagert (6).

### Bisherige Definitionen von Kanzlerdemokratie

Ob diese "realistische Charakterisierung" bei ihrem Transfer vom publizistischen auf das wissenschaftliche Feld freilich adäquat verarbeitet wurde, muß bezweifelt werden. Betrachtet man nämlich die wichtigsten der vorhandenen Erläuterungen zum Phänomen Kanzlerdemokratie vor diesem Hintergrund, so ergibt sich kein einigermaßen übereinstimmendes Kategorienschema, wohl aber eine Fülle von sich manchmal sogar widersprechenden Kriterien, die nur ganz vereinzelt die Basis für einen übergreifenden Erklärungsansatz bilden können. In dieser Fülle verschiedenartiger Strukturmuster kann als eine Extremposition der Sinngehalt von Kanzlerdemokratie eingereiht werden, den Adenauer selber verkündet hat. Als er am Ende seiner Regierungszeit gefragt wurde, ob er den Ausdruck Kanzlerdemokratie gerne gehört habe, kam er zu einer von rein verfassungsrechtlichen Gesichtspunkten geprägten Interpretation:

"Er war mir total gleichgültig, ob man ihn gebrauchte oder ob man ihn nicht gebrauchte. Aber auffallend war, daß die meisten Leute gar nicht wissen, woher der Begriff Kanzlerdemokratie kommt. Man sagt immer, nach dem GG habe der Kanzler die Richtlinien der Politik zu bestimmen. Genau dasselbe hatte er auch nach der Verfassung der Weimarer Zeit. Wörtlich sind diese Passagen übernommen. Nur in einem, und allerdings sehr wesentlichen, Punkte unterscheidet sich die heutige Verfassung von der damaligen. Damals, in der Weimarer Verfassung, konnte jeder einzelne Minister durch ein Mißtrauensvotum des Parlaments abgeschossen werden. Das ist jetzt ausgeschlossen. Es gibt nur ein Mißtrauensvotum gegen den Kanzler, nicht mehr ein Mißtrauensvotum gegen den einzelnen Minister. Und daher muß der Kanzler gegenüber dem Parlament die Verantwortung für das Tun und das Lassen eines jeden Ministers letzten Endes übernehmen. Infolgedessen muß er einen stärkeren Einfluß haben." (7)

Auf die drei von Adenauer angesprochenen Verfassungsgrundsätze (Richtlinienkompetenz, keine Ministerverantwortlichkeit, Konstruktives Mißtrauensvotum) hat auch Franz Neumann in seiner Präsentation von Kanzlerdemokratie hingewiesen (8). Er geht freilich über den verfassungsrechtlichen Bezugsrahmen hinaus und gibt als weitere Kriterien des Regierungsstiles eines Kanzlers mit "überragender" Stellung an:
- Adenauers ausschlaggebende Rollen bei den Bundestagswahlen ("Adenauer-

wahlen" 1953 und 1957).
- Adenauers häufige "einsame Beschlüsse", die eine demokratische Willensbildung ersetzt hätten.
- Sobald sich der Regierungschef auf eine Koalition habe stützen müssen, sei seine durch die Verfassung gegebene Macht eingeschränkt gewesen.

Neumann operiert also mit verfassungsrechtlichen u n d politischen Kriterien und hebt sich damit von Adenauer selber ab, dessen Erklärungsweg für die Kanzlerdemokratie zwar auch multikausal, aber einpolig ist, da sie nur auf Bestimmungen des Grundgesetzes rekurriert. Die eigentliche Gegenposition zur Version des Kanzlers hat zunächst einmal Karl Dietrich Bracher bezogen. Er geht 1964 (9) davon aus, daß weder die Entstehung des Grundgesetzes noch sein Wortlaut zur Erklärung jener tiefgreifenden Verschiebung ausreichen, die sich seither zwischen Parlament und Regierung vollzogen hätten (10). Wenig später wird Bracher noch präziser und postuliert, die institutionellen Gründe seien für die Kanzlerdemokratie nicht entscheidend gewesen (11). Betrachtet man freilich die sechs Punkte, die er zur Beschreibung der Kanzlerdemokratie als wesentlich herausstellt, wird Brachers Vorgabe unverständlich: in insgesamt drei der angegebenen Bereiche bezieht er sich auf Komplexe, deren Wirklichkeit durch das Grundgesetz weitgehend vorbestimmt wird. Daß Bracher also sozusagen eine Sollbruchstelle in seine Argumentation eingebaut hat, wird deutlich, wenn man die Punkte listenmäßig präsentiert (12):

1.) Neuartiges Verhältnis zwischen Parlament und Regierung. Wesentlich für Adenauer in diesem Zusammenhang war seine Erfolgstaktik gegenüber den Verbänden, wobei er via Immediatgespräch Parteien, Parlament und Minister überspielte und dadurch seine Position ungemein zu steigern verstand.
2.) Entmachtung des Präsidentenamtes.
3.) Tendenz zum Zweiparteiensystem.
4.) Kanzlerdominanz gegenüber der Legislative.
5.) Föderalistische Struktur der Bundesrepublik.
6.) Vorhandensein des Bundesverfassungsgerichtes.

Die letzten beiden Punkte, mit denen Bracher eine "gewisse Kontrollrealität" (13) auch in der Kanzlerdemokratie verbunden sieht, sowie der zweite Punkt sind die Felder, die wohl unmittelbar an die Verfassung

(den Verfassungstext) angebunden werden müssen. Daß Bracher später wohl selber einen Bruch zwischen seiner Rahmensetzung und der sechsteiligen Konkretisierung empfand, wird deutlich, wenn man jenen Aufsatz des selben Autors zum gleichen Thema betrachtet, der auch 1974 mit dem hier interessierenden Terminus "Die Kanzlerdemokratie" überschrieben wurde (14).
Hier geht Bracher nämlich davon aus, daß bei der Kanzlerdemokratie Verfassungskonzeption, politische Entwicklung und personale Faktoren die Entwicklung jener "Realverfassung" bewirkt hätten (15). Unmittelbar danach hat Bracher die verfassungsrechtlichen Gesichtspunkte mit den historischen verbunden (16) und folgend auf die Schilderung der Wahl Konrad Adenauers zum ersten Bundeskanzler am 15. September 1949 kommt er zum Resümee, daß schon die Umstände der ersten Regierungsbildung nach dem Grundgesetz auf charakteristische Weise das Gewicht und die Relation jener verschiedenen Faktoren demonstriert und determiniert hätten, deren Zusammenwirken die Kanzlerdemokratie im weiteren ermöglicht und geprägt habe. Bracher erwähnt im einzelnen:
- Verfassungsbestimmungen
- Parteiensystem
- Koalitionsstrategie
- Ministerauswahl
- Rolle des Präsidenten
- Persönlichkeit des Kanzlers (17).

Im Feld der historisch/verfassungsrechtlichen Momente hat Bracher den generellen Ansatz weiter aufgeschlüsselt und (im Vergleich zu Weimar) an die Reduzierung der Präsidialgewalt erinnert, ein verändertes Verhältnis zwischen Parlament und Regierung konstatiert und auf die herausgehobene Stellung des Kanzlers hingewiesen (18). Daß er diesmal den Wert der institutionellen Vorgaben keineswegs unterschätzt hat, unterstreicht er, indem er ausdrücklich auf jene drei Verfassungsbestimmungen hinweist, die schon bei Adenauer und Neumann zum Kriterienrahmen für die Kanzlerdemokratie gehörten: Richtlinienkompetenz, keine parlamentarische Verantwortlichkeit der Minister, Konstruktives Mißtrauensvotum (19). Auch den nichtstaatsrechtlichen Kriterienrahmen hat Bracher noch weiter ausgefaltet und auf folgende Faktoren einzeln hingewiesen (20):
- Weichenstellung einer Kleinen Koalition 1949

- Außenpolitisch konsequente Westorientierung
- Hohes Alter des Kanzlers
- Frontstellung des Kalten Krieges
- Politikreflexion des Kanzlers mit einer "Camarilla" enger Mitarbeiter
- Politik der "einsamen Entschlüsse"
- Rolle des Bundeskanzleramtes
- Dominanz des Kanzlers im Kabinett
- Praxis der Immediatgespräche der Verbände beim Kanzler.

Bracher hebt damit auf personelle, inhaltliche, strukturelle und stilistische Faktoren ab und verdeutlicht, wie breit er dieses Mal den Bezugsrahmen für eine Einordung des Phänomens Kanzlerdemokratie ansetzt. Daneben ist ein wesentlich neuer Punkt in seinem Ansatz vorhanden: Er spricht davon, daß die Kanzlerdemokratie nicht über die gesamte Ära Adenauer eine fixe Größe war, sondern geht davon aus, daß sich der spezielle Regierungsstil Adenauers spätestens mit Beginn der 60er Jahre immer schwerer tat. Als Indizien für die "Schwäche und den Verfall der Kanzlerdemokratie" (21) isoliert Bracher solche Faktoren wie eine Änderung der außenpolitischen Konstellation, einen innenpolitischen Reformstau in Staat und Gesellschaft, die Präsidentenkrise von 1959 und die Spiegelkrise von 1962 (22). Wie immer man auch zu den einzelnen Faktoren stehen mag, Bracher stößt damit in eine neue Dimension der Betrachtung der Kanzlerdemokratie vor: Man sollte berücksichtigen, daß es möglicherweise nicht ein Kontinuum, sondern eine Folge mehrerer Ausformungen von Regierungshandeln zu beschreiben gilt. Dies wird auch insofern deutlich, als Bracher die Existenz des generellen Prinzips Kanzlerdemokratie über Adenauer hinaus fortbestehen sieht, wobei seine Versionen bis Willy Brandt reichen (23). Hier unterscheidet sich Bracher von Udo Bermbach, für den die Bedingungen einer Kanzlerdemokratie schon bei Erhard und Kiesinger nicht mehr gegeben erscheinen (24). Sonst liegt Bermbach weitgehend auf der Linie seines Bonner Kollegen, wie sie Brachers Aufsatz von 1974 festlegt. Auch er geht davon aus, daß man verfassungsrechtliche Kriterien für die Darstellung der Kanzlerdemokratie isolieren muß und nennt in diesem Zusammenhang die schon bekannte Trias Richtlinienkompetenz, keine parlamentarische Verantwortung der Minister, Konstruktives Mißtrauensvotum (25). Er erklärt aber weiter, daß die Entwicklung des westdeutschen Parlamentarismus zur Kanzlerdemokratie in den 50er

Jahren nicht allein verfassungsrechtlich zu sehen sei (26), und isoliert folgende Komponenten als zusätzliche Voraussetzungen für die Kanzlerdemokratie (27):
- Allgemeiner Trend zu einer Stärkung des Regierungschefs
- Adenauers unangefochtene Position als Parteiführer
- Adenauers persönliche Qualifikation sowie ein Machtverlust des Kabinetts, Bedeutung von Bundeskanzleramt und persönlichen Beratern im Entscheidungsprozeß. Vorkommen einsamer Entscheidungen
- Polarisierung der Innen- und Außenpolitik durch den Kanzler
- Immediatgespräche der Verbände beim Kanzler
- Antagonismus des außenpolitischen Bezugsfeldes zwischen USA und UdSSR.

Einen zeitlich weiterreichenden Rahmen für die Strukturform Kanzlerdemokratie sieht andererseits wiederum Winfried Steffani. Für ihn sind die Jahre 1949 - 1966, also die Regierungszeit der Kanzler Adenauer und Erhard, die Ära, in der von diesem Regierungsstil gesprochen werden kann (28). Steffani unterscheidet sich aber in einem wichtigen Punkt von so gut wie allen bislang präsentierten Erklärungswegen der Kanzlerdemokratie. Bei seiner Spezifizierung dieser Phase verzichtet er ganz auf verfassungsrechtliche Kriterien und sieht die Signifikanz dieser Epoche durch folgende Einzelpunkte hervorgehoben:
- Bundeskanzler und Regierung haben im Bundestag eine stabile Mehrheit, deren Disziplin durch die Herausforderung einer antagonistischen Opposition gewährleistet ist.
- Die Wahlerfolge des Regierungslagers sind wesentlich durch die Entscheidungsfähigkeit und Popularität des Bundeskanzlers bestimmt.
- Der Bundeskanzler, die Bundesregierung und die Koalitionsfraktionen der Bundestagsmehrheit bilden eine hochgradig geschlossene Aktionseinheit.

Nimmt man den vorgestellten Ansatz von Adenauer als die eine Extremposition in Bezug auf die Verdeutlichung des Phänomens Kanzlerdemokratie, so stellt unter strukturellen Gesichtspunkten das präsentierte Konzept von Steffani sicherlich den anderen Extrempunkt dar. Damit kann aber gleichzeitig die Präsentation der bisherigen Phänomenologie der Kanzlerdemokratie abgeschlossen werden. Sieht man einmal von der fast durchgängigen Rekurierung auf gewisse verfassungsrechtliche Voraussetzungen für diesen Regierungsstil ab (Ausnahme Steffani), bleibt das Bild beim fast überall hinzugefügten zweiten, politische Kriterien im weitesten

Sinne verarbeitenden Erklärungsbereich (Ausnahme Adenauer) weitgehend
dispers:
- Die zahlreich aufgeführten Einzelkriterien lassen sich nicht ohne
  weiteres in einen erkennbaren Sinnzusammenhang stellen.
- Es gibt widersprüchliche Einzelaussagen (z.B.: Behinderung des Kanzlers
  durch den Koalitionszwang/Kanzlerdominanz gegenüber der Legislative).
- Es ist nicht klar, ob die Kanzlerdemokratie bei Adenauer als Kontinuum
  behandelt werden kann oder ob mehrere Versionen von Kanzlerdemokratie
  in der Ära Adenauer eine Ablauffolge bildeten.

<u>Untersuchung von Kanzlerdemokratie in dieser Studie</u>

Will man die Kanzlerdemokratie realistisch beschreiben, muß man den durch
bloße Summierung der präsentierten Kriterien umrissenen Bereich qualitativ
analysieren, wobei sich - falls möglich - ein Rückgriff auf empirisches
Faktenmaterial empfiehlt. Sinn dieser Analyse soll sein:

1.) Möglichst viele der aufgeführten Kriterien zu verifizieren.
2.) Bislang unbekannte, aber notwendige Kriterien für die Kanzlerdemo-
    kratie aufzuzeigen und zu beschreiben.
3.) Eine durchgängige Strukturbeschreibung für die Kanzlerdemokratie
    zu liefern, welche entweder segmentiert oder übergreifend sein kann.

Die präsentierten Voraussetzungen lassen es dabei angeraten erscheinen,
nicht vom gleichen Arbeitsansatz auszugehen, wie er in einer der wenigen
Studien mit ähnlicher Stoßrichtung benutzt wird. Hartmut H. Brauswetter
grenzt sich in seiner Untersuchung über die Regierungspraxis der ersten
Regierung Brandt (1969 - 1972) zwar ganz bewußt von einer eher statischen
Betrachtungsweise der Strukturen und Funktionen der Regierung ab, wie sie
in der verfassungsrechtlichen Analyse mit dem Vergleich von Verfassungs-
text und Verfassungswirklichkeit vorgenommen wird (30). Er stellt aber
drei aus Artikel 65 Grundgesetz abgeleitete Prinzipien
- Kanzlerprinzip
- Ressortprinzip
- Kabinettsprinzip

in den Mittelpunkt seiner Untersuchung, womit er zumindest eine gewisse
Höherwertigkeit für diese Kriterien ausspricht, bevor er in die eigentliche Analyse einsteigt. Dieser Weg erscheint vor dem Hintergrund der
vorgestellten Kriteriensummierung viel zu eng, er könnte das Resultat,

niemals aber der Ausgangspunkt einer realistischen Analyse sein. Auch die Vorgangsweise von Udo Wengst, die Regierungspraxis Adenauers in der ersten Legislaturperiode in engster Anlehnung an das Einspielen der formalen Staatsstruktur der frühen Bundesrepublik zu erklären (31), erscheint für die Belange dieser Studie nicht weit genug gefaßt. Mit Brauswetter geht das in der Folge Präsentierte aber insofern einig, als es bei der Behandlung des Problemkreises Regierungsstil nicht darum gehen kann, die Erkenntnisse über die Inhalte der Politik im Untersuchungszeitraum generell zu verbessern. Es muß darauf hingewiesen werden, daß nicht geplant ist, eine inhaltliche Geschichte über die Bundesrepublik in der Ära Adenauer vorzulegen. Inhalte sind in diesem Zusammenhang nur insofern relevant, als sie zur Verdeutlichung des Prozeßablaufes unbedingt vonnöten sind.

Der Alleinbezug auf den strukturellen Rahmen der Bonner Politik in der Ära Adenauer soll auch in anderer Hinsicht gewahrt bleiben. Es werden in dieser Arbeit keinerlei Querverbindungen zum Regierungsstil in vergleichbaren politischen Systemen gezogen (mögliches Objekt: Großbritannien), es wird kein Bezug zur ersten deutschen Demokratie, der Weimarer Republik, hergestellt. Es wird auch kaum ein Konnex zu jenen Formen des Regierungsstiles hergestellt, der von Adenauers unmittelbaren Nachfolgern praktiziert wurde, zu Erhards "Volkskanzlertum" (Bracher und Steffani würden hier weiterhin von Kanzlerdemokratie reden, wenn auch bei Bracher strukturell verändert) oder Kiesingers "Koalitionskanzlerschaft". Dies hat vor allem seinen Grund darin, daß ein Vergleich nur dann praktikabel erscheint, wenn auf beiden "Polen" sinnvoll verknüpfbares Material vorhanden ist. Dies ist sicherlich, was die Ära Adenauer angeht, noch nicht greifbar. Dieses Manko für die Jahre 1949 bis 1963 abzubauen, darin liegt die eigentliche Zielsetzung dieser Studie. Der Vergleichsschritt aus dem so strukturierten Raum heraus wäre also ein zweiter Arbeitsgang, der hier schon allein aus umfangmäßigen Gründen nicht geleistet werden kann.

## Parlamentarische Regierung als Richtwert und Untersuchungsobjekt

Die Analyse der Kanzlerdemokratie in der Ära Adenauer soll aber vor dem Hintergrund der geschilderten Kriteriensammlung auch nicht ganz ohne Richtwerte erfolgen. Die wichtigste Vorstrukturierung liegt wohl darin zu beschreiben, was bei der hier vorzunehmenden Hinterfragung eines Regierungsstiles unter "Regierung" verstanden werden soll.

Ausgangspunkt der darauf bezogenen Überlegungen ist das Grundgesetz, das in seinem VI. Abschnitt die Bundesregierung behandelt (Art. 62 - 69). Dort wird in Artikel 62 definiert:

"Die Bundesregierung besteht aus dem Bundeskanzler und den Bundesministern."

Diese Festschreibung ist auf den ersten Blick eindeutig. Dennoch soll im folgenden nicht davon ausgegangen werden, "Regierung" mit "Kabinett" gleichzusetzen. So kann verfahren werden, ohne sich allzuviel definitorische Willkür nachsagen zu lassen. Denn immerhin gibt es politikwissenschaftliche Stimmen, die davon sprechen, daß das Grundgesetz in seiner normativen Struktur zwei Schichten des Verfassungsdenkens repräsentiere. Theo Stammen beispielsweise sieht eine ältere, traditionell-konstitutionelle, die durch die Betonung der klassischen Gewaltenteilungsdoktrin charakterisiert ist und eine jüngere, die den Erfordernissen eines modernen parlamentarischen Regierungssystems stärker Rechnung trägt (32). Artikel 62 gilt als Stütze der traditionellen Gewaltenteilungstheorie mit der Beschränkung der Regierung allein auf die Exekutive. Schon der Folgeartikel, 63, stellt das Einfallstor der Vorstellungen von einer "parlamentarischen Regierung" dar. Sein Kernsatz sei hier ebenfalls angemerkt:

"Der Bundeskanzler wird auf Vorschlag des Bundespräsidenten vom Bundestag ohne Aussprache gewählt."

Dolf Sternberger folgert, die Väter des Grundgesetzes hätten mit Artikel 63 die klassische Gewaltenteilung de facto über Bord geworfen, gewiß nicht nur mit diesem Artikel, aber doch vornehmlich mit dieser Festschreibung (33).

Wendet man sich nun auf dem Hintergrund der Möglichkeit zu mehrschichtiger Verfassungsinterpretation in Sachen Regierung der Verfassungswirklichkeit zu, so findet man fast nur explizit ausformulierte Charakterisierungen, die das Prinzip der "parlamentarischen Regierung" bejahen. Darauf hat beispielsweise Ernst Benda hingewiesen, der ausführt, daß das parlamentarisch demokratische Regierungssystem des Grundgesetzes zwangsläufig zu einer weitgehenden Interessenkongruenz zwischen der Regierung und der sie tragenden Parlamentsmehrheit führe und damit die Gewaltenteilung insofern aufhebe (34). Diese Interessenkongruenz hat Heinrich

Köppler als eine der Grunderfahrungen jedes Bundestagsabgeordneten klassifiziert (35). Die wohl kürzeste Definition dieses Zustandes liefert Hansjörg Haefele in einer Zwischenüberschrift, die lautet:

"Regierung = Kabinett + Regierungsfraktion" (36)

Verläßt man den spezifischen Erfahrungsraum von betroffenen Parlamentariern und wendet sich generell den Erkenntnissen der Politikwissenschaft in diesem Zusammenhang zu, so wird eine Schwerpunktsetzung zugunsten der Vorstellung von einer parlamentarischen Regierung als literaturmäßig/quantitatives "Nebenprodukt" einer Studie von Emil Hübner deutlich (37). Es kann nicht Aufgabe dieser Untersuchung zur Kanzlerdemokratie sein, die qualitativen Aspekte der wissenschaftlichen Diskussion zum Thema parlamentarische Regierung mit solchen Spezialfragen wie:
- Gründe und Folgen des (langjährigen) Festhaltens an der Gewaltenteilungsdoktrin (38)
- die Parlamentsreform als Ausdruck der Akzeptierung des Dualismus von parlamentarischer Regierung und parlamentarischer Opposition (39)

detailliert zu behandeln. Von Interesse ist aber der Umstand, daß es zwar ein allgemein akzeptiertes Grundmuster von parlamentarischer Regierung mit den Versatzstücken Kanzler, Kabinett und Mehrheitsfraktionen gibt (dieser Rahmen soll auch für diese Studie gelten), daß aber innerhalb des generellen Rasters Unterschiede bei der Gewichtung der vorgestellten Segmente bestehen. Auf diese unterschiedliche Ausfüllung der Form parlamentarisches Regierungssystem hat auch die bereits erwähnte Studie von Hübner hingewiesen (40), wobei beim ersten Modell von einer absoluten Führungsfunktion der Exekutive gegenüber der Parlamentsmehrheit ausgegangen wird, beim zweiten zwar nicht von einer machtmäßigen Parität, wohl aber von einem viel stärkeren Selbstbewußtsein des legislativen Segments, was ein Abschiednehmen von der Vorstellung des ersten Modells bedeutet, in welchem die Regierungsmehrheit als bedingungsloser Erfüllungsgehilfe der Regierung erscheint. Hübner hält das hier als zweites vorgestellte Modell von parlamentarischer Regierung (er spricht von einem "vermittelnden" Modell) als am ehesten geeignet, die Beziehung zwischen Parlament und Regierung in der Bundesrepublik zu charakterisieren. Er kommt dabei hinsichtlich unserer speziellen Fragestellung in Konflikt mit Heinz Rausch, der praktisch das erste Modell und die Kanzlerdemokratie Adenauers miteinander verbunden sieht (40). Auch in der vorgestellten dispersen Kriteriensummierung für Adenauers Regierungsstil sind mehrere Einzelaussagen enthalten, die im Fall der Kanzlerdemokratie eine Anbindung an die erste Modellvorstellung von parlamentarischer Regierung nahelegen.

Damit kann die folgende Studie neben den bereits beschriebenen Klärungen im Zusammenhang mit Adenauers Kanzlerdemokratie (Vgl. S. 19 f) noch in einem zweiten Bereich aufhellend wirken: Vor dem Hintergrund der weitgehenden Akzeptierung des Grundmusters parlamentarische Regierung kann in einem zeitlich begrenzten Abschnitt sozusagen empirisch nachgeprüft werden, welche der beschriebenen Modellvorstellungen als realistisch anzusehen ist. Die Verifizierung bestimmter Kriterien im Zusammenhang mit der Kanzlerdemokratie kann damit im "Zweitnutzen" zur Abklärung von Interpretationsunterschieden hinsichtlich der Modellvorstellung parlamentarische Regierung herangezogen werden.

<u>Ein Beitrag zur Regierungslehre</u>

Die Analyse des Regierungsstiles von Adenauer kann aber noch in Bezug auf eine dritte Dimension als nützlich betrachtet werden. Detaillierte Kenntnisse über den jeweiligen Regierungsstil müssen als notwendige Bausteine einer inhaltlichen Regierungslehre angesehen werden. Weder eine Regierungslehre, noch als Vorform eine Typologie der Regierungsstile sind für den Bereich der Bundesrepublik tatsächlich vorhanden - ein Umstand, der in der sozialwissenschaftlichen Forschung durchaus beklagt wird. Für viele andere sei hier Thomas Ellwein zitiert:

"So fehlt es weiterhin an einer inhaltlichen Regierungslehre, wie sie die ältere Staatslehre immerhin noch darstellte, und an Versuchen, zwischen der allgemeinen Funktion der Gesellschaft oder des Staates und den spezifischen Funktionen der Regierung so zu unterscheiden, daß die letzteren dargestellt und in einen theoretischen Bezugsrahmen eingebracht werden können. Aus ihm müßten sich dann auch Kriterien dafür ergeben, was eine Regierung leistet und was sie versäumt. Von all dem ist indessen nur in Ansätzen die Rede. (41) Wer es unternimmt, wenigstens abstrakt die wichtigsten Aufgaben der Regierung darzustellen, betritt noch immer wissenschaftliches Neuland. Mehr noch fast gilt dies für den Aufriß der Methoden, derer sich die Regierung bedient, oder die man benutzt, wenn man regiert." (42)

Für die Abstinenz hinsichtlich dieser Methodenlehre können mehrere Gründe angeführt werden. Zum einen scheint die politikwissenschaftliche Betrachtung lange Zeit in erster Linie daran interessiert gewesen zu sein aufzuzeigen, welche Legitimität das bundesdeutsche Regierungssystem hat, d.h. die Einfluß- und Mitsprachechancen der Legislative wurden in den Vordergrund gerückt, die Frage nach der Effizenz im Bereich der Exekutive stellte sich nur am Rande. Wilhelm Hennis hat dies so umschrieben:

"Wir haben keinen Mangel an Arbeiten über die Parteien, die Verbände und auch über das Parlament als Volksvertretung; dagegen ist unser Wissen über die Arbeitsweise der Regierung, der Ministerialbürokratie und der staatlichen Verwaltung denkbar dürftig. (...) Ich habe den Vergleich schon einmal gebraucht, aber ich möchte ihn wieder anbringen: wenn es erlaubt ist in der Regierungslehre so etwas wie eine Betriebswirtschaftslehre des modernen Staates zu sehen, so erweckt unser Fach den Eindruck einer Betriebswirtschaftslehre, deren einziges Thema die Mitbestimmung ist. Der Staat als Leistungsträger kommt in ihr so gut wie gar nicht vor." (43)

Zum zweiten bleibt der Themenkreis der methodischen Erfassung der konkreten Regierungspraxis insofern vorwiegend unbeachtet, als das momentane Hauptaugenmerk der wissenschaftlichen Diskussion zum Regierungssystem der Bundesrepublik (und weit darüber hinaus) in Fragen der "Regierbarkeit" zu liegen scheint (44). Konkret heißt dies im Normalfall, daß man sich mit den Prozeßfaktoren des politischen Systems beschäftigt, die das Regieren nach Meinung vieler Beobachter derweil ziemlich erschweren. Wilhelm Hennis spricht denn auch von einer grundlegenden Änderung der Rahmenbedingungen des Regierens und isoliert mehrere relevante Problemkreise (45). Die Umgestaltung des exogenen Bezugssystems für das Regierungshandeln steht also im Mittelpunkt der Debatte, keineswegs aber dieses Regierungshandeln selber.

Dieses Manko wird plastisch sichtbar, wenn man sich innerhalb der Diskussion über die Nützlichkeit des Ansatzes "Regierbarkeit" den Zweifeln von Heinrich Bußhoff an der Konzeption von Wilhelm Hennis zuwendet. Bußhoff kommt dabei zum Resultat einer theoretischen Stagnation der Regierungslehre und bietet als Ausgangspunkt für die auch von ihm als notwendig erachtete Theorie des Regierens folgende, integriert zu verstehende Doppelfrage an:

"Was können und müssen die Regierenden unter den Bedingungen der sich wandelnden sozialen und politischen Wirklichkeit tun, um die Grundlagen des Regierens auch für die Zukunft des gesamten Gemeinwesens zu sichern? Aus dieser ersten Ausgangsfrage entwickelt sich zwangsläufig eine zweite, nämlich: Wie können und müssen die Regierenden vorgehen, um die in der ersten Frage beschriebene Aufgabenstellung bewältigen zu können?" (46)

Franz Lehner hat nun seinerseits den Ansatz von Hennis verteidigt. Er wirft Bußhoff vor, er habe zwar die Frage nach dem "Was" und "Wie" des Regierungshandels gestellt, bleibe aber Antworten darauf in seiner Analyse selbst schuldig (47). Sowohl die Kritik an Hennis' Herangehen an die Fragestellung der Regierbarkeit, wie die Gegenkritik an eben jenem Monitum gehen also davon aus, daß die jeweilige Gegenseite nichts zu einer Theorie des Regierungshandelns beitrage. Nun kann die Beschäftigung mit der Rahmenbedingungen erörternden Frage nach der Regierbarkeit vor dem Hintergrund der hier folgenden, weit ausgreifenden Analyse des Regierungsstils (vgl. dazu auch: Umfang der dispersen Kriteriensummierung) keineswegs als Negativum hingestellt werden, da viele der in den bisherigen Charakterisierungen von Kanzlerdemokratie aufgeführten Kriterien in den Fragebereich nach der Regierbarkeit hineinreichen dürften. Hingewiesen werden muß aber auf den Umstand, daß gerade Hennis in einem grundsätzlichen Aufsatz zum Thema Regierungslehre postuliert hat, daß die Art und Weise, wie regiert werde, also die Analyse der Technik des Regierens, eine leitende Fragestellung im Bereich der Regierungslehre sein sollte (48). Er warnt sicherlich an gleicher Stelle davor, die zu entwickelnde Regierungslehre allein mit einer bloßen Technologie der Politik gleichzusetzen (49), macht aber auch mit einem Hinweis auf Walter Bagehot klar, daß die Methodenfrage für den Bereich der Regierung  e i n  wichtiger Schritt auf dem Weg zu einer Regierungslehre sei. Das politische Denken des Engländers bezüglich des Regierungssystems habe einerseits die Erhaltung der Regierbarkeit des Volkes im Auge gehabt, andererseits der "machinery of government" gegolten (50).

Regierbarkeit und Regierungstechnik können somit durchaus als zwei Pole eines Spannungsfeldes betrachtet werden, dessen jeweils aktuelle Verfaßtheit eine eigene Bezeichnung hat: Regierungsstil. Mit der Schwerpunktsetzung auf die Regierbarkeit wird der eine Pol intensiv erforscht, der andere dagegen vernachlässigt (aus welchen Gründen auch immer). Wenn man so will, kann man jetzt auch das Hennissche Bild von der "Betriebswirtschaftslehre" Regierungslehre fortschreiben. Danach werden die Schwierigkeiten beim "Unternehmen Bundesrepublik" (und anderen vergleichbaren "Firmen") von den Betriebswirtschaftlern vorrangig im Zusammenhang mit exogenen Faktoren diskutiert (Arbeitsrecht/Tarifsituation/Materialkostenentwicklung usw.), der Problemkreis der Unternehmensführung wird hingegen kaum berücksichtigt. Der dritte Grund für das methodologische Manko bei der Regierungslehre kann darin gesehen werden, daß sich interessierte Wissenschaftler gleichsam zur Abstinenz verdammt sehen, weil ihnen der Zugang zu den relevanten empirischen Fakten total verschüttet erscheint. Emil Guilleaume hat leicht resignativ vermerkt, das Haupthindernis für die Entwicklung einer Regierungslehre liege in der Materie selber. Diese sei für den Gelehrten kaum zugänglich, weil dieser im allgemeinen die Regierung nur von außen betrachten könne, da er keinen Zugang zum inneren Gefüge erhalte (51). Während zur Überwindung der ersten beiden Hindernisbereiche allein der Wille gehört, das jeweilige Manko abzustellen, sind die Hürden beim Guilleaumschen Vorbehalt nicht so einfach aus dem Weg zu räumen. Kann es keine Regierungslehre (oder keine Methodenlehre innerhalb dieser) geben, weil der empirische Befund nicht erhoben werden kann?

Dies muß hinsichtlich des Bonner Regierungssystems verneint werden. Der Gegenbeweis ist die folgende Studie, die für den Bereich der "Regierungsmaschinerie" eine ganze Reihe von Bauteilen beschreiben kann, die ihr Form und Inhalt geben. Es wäre vermessen und auch falsch zu behaupten, daß die Recherchen, die dieser Studie zugrundeliegen, einen kompletten, bis in alle Details gehenden Bauplan der "Regierungsmaschine Bonn" in der Ära Adenauer erbracht hätten. Dennoch scheint die Konstruktionszeichnung in weiten Teilen so ausgefallen, daß man einmal beschreiben kann, wie diese "Maschine" lief und inwieweit Konstruktionsänderungen vorgenommen werden mußten.

Soweit die Mechanik der Regierungsmaschine durch die Recherchieranstrengungen nicht erfaßbar war, wird dies im folgenden offen dargestellt. Manche Leerstelle wird aber insofern bald auffüllbar sein, als die Faktenerhebung vor dem Hintergrund auslaufender Sperrvermerksregelungen immer unproblematischer erscheint. Unabhängig davon muß darauf hingewiesen werden, daß Informationsbeschaffung in Bonn auch auf diesem, wie es zunächst scheint, äußerst unzugänglichen Terrain keinen unangebrachten Aufwand erfordert. Akteure der Bonner Szene sind sich darüber einig, daß am Rhein fast alles erfahrbar sei (52).

An den Segnungen dieser informationsmäßig "offenen Stadt" Bonn kann auch der interessierte Wissenschaftler teilhaben, wobei er aber stets den Nachteil im Auge haben sollte, den diese offene Kommunikationsstruktur mit sich bringt: Desinformation durch ein Überangebot an Information, der Rechercheur "ertrinkt" in der Informationsflut. Die Guilleaumsche Hürde vor der Faktenbeschaffung im Bereich Regierungslehre dürfte also eher ein "Wassergraben" sein, mit dem entsprechenden Angelgerät läßt sich daraus viel Wichtiges hervorziehen.

Auch dieses Hindernis für eine methodologische Aufbereitung des Regierungshandelns läßt sich offenbar überwinden, so daß die dritte Dimension des Nutzens bei der Analyse des Regierungsstiles von Konrad Adenauer, der Kanzlerdemokratie, nun deutlich wird: Regierungsstilbeschreibung muß zu einem nicht geringen Teil ein Bild von den Methoden präsentieren, die damals angewandt wurden. Bei einer weitverbreiteten Abstinenz von Fragen im Sektor Regierungsmaschinerie kann somit dieser Mangel angegangen und teilweise behoben werden, womit gleichzeitig ein erstes Bauelement für eine Typologie der Regierungsstile geliefert wird, deren Konstruktion dann in den Bereich des Möglichen rückt, wenn vergleichbare Stilarten des Regierens (z.B.: Volkskanzlertum bei Erhard; Koalitionskanzlerschaft bei Kiesinger) entsprechend beschrieben worden sind. Insofern ist diese Studie ein Beitrag in Richtung auf eine Ausfüllung des Leerraumes Regierungslehre.

Abschließend soll jetzt noch auf Faktoren des Arbeitsansatzes dieser Studie hingewiesen werden:

<u>Untersuchungsmaterial</u>

Den Ausgangspunkt bildete hier die umfangreiche Literatur über die Politik in der Ära Adenauer, die bis zum Ende des Erscheinungsjahres 1983 verarbeitet werden konnte. Sicherlich werden darin in erster Linie die Inhalte der Politik analysiert, Aussagen zum Regierungsstil sind in aller Regel Beiwerk. Die Masse des Materials erlaubt es aber, das Beiwerk so zusammenzufassen, daß man zu ersten Arbeitshypothesen kommen kann. Daneben hat die Beschäftigung mit den Inhalten der Politik noch einen forschungsstrategischen Sinn. Als wichtigste Phase der Recherchen kann die Arbeit in Bonn angesehen werden (53), wobei sich drei hauptsächliche Zielrichtungen ergaben:
- Gespräche mit Beteiligten
- Archivarbeit
- Presseauswertung.

Gespräche mit Beteiligten
------------------------

Viele der Erkenntnisse über den Regierungsstil konnten in Gesprächen mit Beteiligten gewonnen werden. Eine Liste der Gesprächspartner (mit Gesprächsdaten) ist Teil der Bibliographie. Diese Gespräche wurden in der Regel in Anlehnung an jenen konzeptionellen Rahmen geführt, den die empirische Sozialforschung als "Tiefeninterviews" in Abhebung von meist mechanisch-standardisierten Befragungsmethoden beschreibt.(54). Nur waren diese Gespräche weitaus weniger unstrukturiert, als dies bei "normalen" Tiefeninterviews der Fall ist. Zu allen Gesprächen waren spezielle Fragenkataloge expressis verbis ausformuliert worden, die mehr als ein Gesprächsleitfaden waren, zumal sie im Normalfall dem jeweiligen Gesprächsteilnehmer vor dem Termin zugestellt wurden. Dies hatte den Vorteil, daß bei terminlichen Schwierigkeiten eine schriftliche Rückantwort des Befragten erfolgen konnte. Schriftlich formulierte Fragen können zudem präziser ausgerichtet werden, geben dem Befrager mehr Zeit zur notizmäßigen Niederlegung der Antworten (während die nächste Frage vom Befragten aufgenommen wird) und erhöhen somit die Intensität des jeweiligen Gesprächskontaktes. Die Gespräche waren freilich nicht so vorgeplant, daß keine Zusatz- und Ergänzungsfragen sowie Kommunikationsstimuli vom Befragten möglich waren. Von manchen Sozialwissenschaftlern wird die Effizienz solcher Kontakte gering eingeschätzt. Seine Skepsis hat beispielsweise Werner Jäckering am Anfang einer Studie über das Kartellgesetz so zusammengefaßt:

"Eine andere Möglichkeit, einen Entscheidungsprozeß nachzuvollziehen, ist die, beteiligte Personen mündlich oder schriftlich zu befragen. Doch auch die Interviewtechnik stößt auf Grenzen, die die Genauigkeit der Aussagen behindern und Generalisierungen zumeist nicht zulassen. Diese sind:
- Datenerhebungen bedingen beim Befragten ein großes Erinnerungsvermögen
- Die Bereitschaft auszusagen, ist bei wichtigen Personen meist gering
- Die Komplexität des Vorgangs wird oft auch von den Beteiligten nicht gesehen." (55)

Dergleichen Skepsis kann vor dem Hintergrund der hier beschriebenen Gesprächsmethode nicht geteilt werden. Sicherlich ist das Erinnerungsvermögen auch der aussagewilligsten Beteiligten begrenzt, zumal es sich beim Arbeitsthema um Vorgänge handelt, die bis zu 30 Jahren zurückliegen. Man kommt aber zu erstaunlichen "Erinnerungsleistungen", wenn man das Gedächtnis der Befragten "impft", d.h. der Fragende schildert von sich aus

Rahmenbedingungen, nennt Fakten, Personen, Zeitumstände, bringt Querverbindungen und Resultate ein. Dies setzt vor den Gesprächen eine intensive Beschäftigung mit den Inhalten der Politik voraus, die zwar in dieser Arbeit nur am Rande behandelt werden, wohl aber bei vielen Gesprächen ein Transportmittel waren, auf dem sich Befragte auch zu methodischen und strukturellen Fragen des Regierungsprozesses präzise äußern konnten. Dies mag das Problem gewisser Manipulationsmöglichkeiten durch den Befrager als relevant erscheinen lassen. Dem muß entgegengehalten werden, daß dieser "Impfvorgang" logischerweise nur dann Erfolg haben kann, wenn er auf Reste alten "Serums" beim Befragten trifft. Ist dies nicht der Fall, ist die "Impfsubstanz" falsch gewählt (bewußt manipulativ oder nicht), kann der Erfolg mangels Kontaktmöglichkeit nur null sein. Ein Manipulationseffekt kann auch insofern verneint werden, als das Bild des Regierungsstils, das in dieser Studie niedergelegt ist, nicht dem Bild entspricht, das in weiten Teilen der verarbeiteten Literatur präsentiert wird. Dieses Umschwenken ist nicht zuletzt auf die in ihrer Gegenteiligkeit übereinstimmenden Aussage vieler Beteiligter zurückzuführen.

Sicherlich gehen die Befragten ziemlich oft mit großer Zurückhaltung in die Gespräche hinein. Der Frager ist durchaus – die Offenheit wird hoffentlich verziehen – "wieder so ein Mensch, der dumme Fragen stellt". Diese Reserviertheit läßt sich vielfach abbauen, wenn der Betroffene merkt, daß sein Gegenüber die Materie (die Materien) inhaltlich beherrscht, daß man vom Frage-Antwort-Schema zu einer irgendwie gleichgewichtig gearteten Diskussion kommt. Auch dies setzt die beschriebene inhaltliche Beschäftigung mit der Politik auf Seiten des Fragers voraus. Hat der Frager diesen "Test" bestanden, kommt er in aller Regel unproblematischer zu Auskünften und weiteren Gesprächsterminen. Daneben ist plötzlich manches Material einsehbar, das vorher total gesperrt erschien. Oft werden dann auch von Seiten der Befragten Unterlagen eingebracht, die für die Arbeit von größter Bedeutung sind, deren Existenz aber vorher unbekannt war. Aufgrund dieser Erfahrungen, die zahlreiche Vorgaben aus Gerhard Lehmbruchs Ausarbeitung über politikwissenschaftliche Informationsgespräche bestätigen (56), scheinen pauschale Klagen über die Reserviertheit von politischen Akteuren zumindest übertrieben. Dies kann auch insofern behauptet werden, als die stets angebotene Praxis, die Ergebnisse der Gespräche als "namenlose" Quellen zu behandeln, fast immer abgelehnt

wurde. Statt dessen erhielten die Gesprächspartner unmittelbar nach den
Terminen Protokollaufzeichnungen zugestellt, die - von den Befragten
verifiziert - als Quellenmaterial für diese Arbeit dienen.

Archivarbeit

Zahlreiche Fakten - vor allen Dingen in terminlicher Hinsicht - konnten
durch die Arbeit in Archiven herausgefunden werden. In einer Reihe von
Fällen - dies gilt auch für Aktenmaterial von Gesprächspartnern - waren
die Unterlagen aber nur dann benutzbar, wenn eine Verpflichtung dahingehend ausgesprochen wurde, nicht offen zu dokumentieren, welche Quellen
direkt einsehbar waren. Diesem Vorbehalt konnte insofern zugestimmt
werden, als die bearbeitete Literatur verdeutlichte, daß dies ein durchaus praktizierter Weg der Informationsbeschaffung ist (57). Im Rahmen
dieser Arbeit lautet die entsprechende Zitierweise: "(nach) Unterlagen
von Beteiligten".

Presseauswertung

Als Informationsquelle bester Art hat sich im Verlauf dieser Studie die
Pressedokumentation des Deutschen Bundestages herausgestellt. Neben der
durchgängigen Archivierung wichtiger publizistischer Quellen liegt dort,
nach Personen und Sachfragen geordnet, eine umfangreiche Ausschnitte-
sammlung mit dem Schwerpunkt deutsche Publizistik vor. Die entsprechende
Sammlung des Presse- und Informationsamtes der Bundesregierung wurde für
diese Studie nur komplementär genutzt.
Ein Hinweis sei noch zur Verwendung "normalen" publizistischen Materials
(Berichte, Reportagen, Kommentare u.Ä.) angefügt. Es ist verständlich,
daß diesen Materialien im Rahmen einer politikwissenschaftlichen Untersuchung nicht ohne weiteres Quellencharakter zugebilligt werden kann, die
Benutzung von Pressediensten und anderem "offiziösen" publizistischem
Material erscheint wesentlich unproblematischer. Hier kann aber der
Meinung gefolgt werden, daß eine ganze Reihe von Publikationen Redaktio-
nen in Bonn unterhält, deren Informationsniveau vergleichsweise hoch
einzuschätzen ist (58). Greifbar wurde dies immer dann, wenn Gesprächspartner baten, gewisse Teile der vorgelegten Protokolle nicht zu benutzen, der Inhalt ihrer Aussage sich aber mit entsprechendem publizistischen Material rekonstruieren ließ. Es ist schon vorstehend darauf hinge-

wiesen worden, daß Bonn in Sachen Information eine "offene Stadt" ist.
Publizistische Materialien sind deshalb als Bausteine für diese Arbeit
benutzt worden.

Untersuchungsmethode

Es erhebt sich die Frage, in welches methodologische Bezugsfeld die ange-
kündigte qualitative Analyse des Regierungsstiles von Adenauer, der
Kanzlerdemokratie, gestellt werden kann. Auf der Suche nach brauchbaren
Analysenkonzepten im sozialwissenschaftlichen Raum wird man bald auf die
Organisationssoziologie stoßen. Nun gibt es genausowenig d i e Organi-
sationssoziologie wie d i e Politikwissenschaft. Nimmt man jedoch den
Ansatz von Renate Mayntz aus ihrem grundlegenden Werk zur "Soziologie der
Organisation" (59), so wird man feststellen, daß dort methodologisch vor-
gegangen wird, wie hier benötigt. Kurz zusammengefaßt geht Mayntz bei
ihrem Analyseansatz von zwei Grundfragen (60) aus:
- Wie sieht die Organisationswirklichkeit in ihren Bausteinen aus?
- Welche funktionellen Abläufe und Prozesse sind in diesem komplexen
  Beziehungsgeflecht notwendig?

Mayntz erklärt weiter, daß man, von diesen Grundfragen ausgehend, über
eine Spezifizierung zu einem letztlich unübersichtlich vieldimensionalen
Koordinatensystem kommt, und schlägt aus Praktikabilitätsgründen eine
Beschränkung der Charakterisierung auf ein Organisationsmerkmal vor (61).
Diese Einschränkung auf einen Schwerpunkt, den Regierungsstil, ist er-
klärtes Ziel der folgenden Analyse. Was "dort" die Organisationssoziologie
als Handlungsanleitung vorschlägt, war "hier" als Vorgangsweise schon
geplant.

## A  DIE GENESE DES ADENAUERSCHEN REGIERUNGSSTILES
   (1945 - 1953)

In der Einleitung wurde erläutert, was in der folgenden Studie unter Regierungsstil verstanden werden soll. Dabei wurde klargemacht, daß der eigentliche Suchpunkt dieser Arbeit keinesfalls auf das persönliche Aktionsfeld des Kanzlers oder die Handlungsstruktur im Bereich der Exekutive beschränkt werden soll. Dieses Weiterausholen hat aber nicht zur Folge, daß man innerhalb des Zielgebietes alle Akteure gleichbehandeln kann. Rein von seiner verfassungsmäßigen Stellung her hat der deutsche Bundeskanzler alle Möglichkeiten zu einer herausgehobenen Position. Die verfassungsrechtliche Sonderstellung wird in fast allen der vorgestellten Kriterienmuster von Kanzlerdemokratie als wichtige Dimension präsentiert, diese weitgehende Übereinstimmung in einem sonst fast durchgängig dispersen Raster von Charakteristika macht es überflüssig, die politische Potenz des Bundeskanzlers hier in allen verfassungsrechtlich relevanten Details zu beleuchten. Dennoch soll kurz geschildert werden, worauf sie beruht. Die prägnanteste Zusammenfassung in dieser Hinsicht findet sich im Kommentar zur Geschäftsordnung der Bundesregierung. Die Passage lautet:

"Dennoch steht fest, daß das GG dem Bundeskanzler eine stärkere Stellung eingeräumt hat, als es in der Weimarer Zeit für den Reichskanzler der Fall war (z.B. Einführung des konstruktiven Mißtrauensvotums). Das GG hat mit der Richtlinienbefugnis, der maßgebenden parlamentarischen Verantwortung und der Entscheidungsmacht über Zusammensetzung, Umfang und Ausgestaltung der Bundesregierung (Organisationsgewalt und materielles Kabinettsbildungsrecht) die erforderliche Basis für eine starke Stellung des Bundeskanzlers geschaffen." (1)

Daß die historische Erfahrung von Weimar den Parlamentarischen Rat als Schöpfer des Grundgesetzes veranlaßte, die Stellung des Bundeskanzlers zu festigen und sie durch die Einführung des Konstruktiven Mißtrauensvotums und durch die alleinige Verantwortung des Bundeskanzlers gegenüber dem Parlament bewußt zu stärken, hat auch Konrad Adenauer ganz klar hervorgehoben (2), parallel dazu argumentiert Willy Brandt (3). Diese Negativ-Erfahrung von Weimar führte zu einer "mißtrauischen Verfassung" (4), wobei sich dieses Mißtrauen gegen Macht an sich, erstaunlicherweise jedoch nicht auf die Kanzlerposition erstreckte (5).

Die "Weimarer Position" des Regierungschefs (mit Richtlinienkompetenz und Organisationsgewalt) wurde vielmehr, wie beschrieben, vom verfassungsrechtlichen her wesentlich verstärkt, indem man das damals unbekannte Konstruktive Mißtrauensvotum in Artikel 67 Grundgesetz festschrieb.
Dies ist von Adenauer denn auch als zunächst einmal wichtiger Stabilitätsfaktor herausgestellt worden. Gegenüber Charles W. Thayer, amerikanischer Verbindungsoffizier zum Bundestag, wertete der Kanzler den Umstand, daß er nur durch eine Wahl oder das Konstruktive Mißtrauensvotum gestürzt werden könne, als sehr beruhigenden Faktor in der deutschen Politik (6). Dieser Stabilitätsvorschuß gegenüber dem Kanzler machte nach Wildenmann aus der Richtlinienkompetenz erst ein brauchbares Instrumentarium (7), wenngleich die verfassungsrechtliche Besserstellung keinen faktischen Automatismus zu einem "starken Kanzler" garantiert. Wilhelm Hennis glaubt, daß die Amtsausstattung des Kanzlers nichts zu wünschen übrig lasse. Im Moment seiner Wahl sei das Roß gesattelt und gezäumt, er müsse nur reiten können. Diese Kunst aber stehe auf einem anderen Blatt (8).
Bevor beschrieben wird, ob – und wie – Adenauer diese "Kunst" beherrschte, sollen einige andere Faktoren im Zusammenhang mit seiner Person dargestellt werden, die im Rahmen der Studie von Bedeutung erscheinen.

I. Die spezielle historische Situation

1. bis zur Errichtung der Bundesrepublik

a) Adenauer und die CDU

Es ist vorstehend darauf hingewiesen worden, daß es bei dieser Studie nicht darum geht, eine an den Inhalten orientierte, zusammenhängende Schilderung zu liefern. Dergleichen ist hier insofern überflüssig, als die Frühgeschichte der Union weitgehend aufbereitet erscheint (9). Die Rolle Adenauers wird in diesem "frühgeschichtlichen" Zusammenhang natürlich intensiv beleuchtet, so daß sich die für unseren Fragenzusammenhang wichtigen Fakten griffig darstellen lassen. Jede Schilderung in dieser Hinsicht muß von der Tatsache ausgehen, daß die Gründung der Union unabhängig voneinander an zahlreichen Orten geschah. Besatzungszonen,

Reisebeschränkung, ja ganz einfach der technische Mangel an Verkehrs- oder Kommunikationsmitteln im zusammengebrochenen Deutschland verhinderten zunächst jede Kontaktaufnahme (10).

Ohne auf das normative Konzept hinter den diversen Unionsgründungen näher einzugehen, muß sich der analytische Blick auf diese Regionalstruktur richten, speziell auf jenen Bereich, in dem Adenauer zunächst einmal agierte: das Rheinland und dann die britische Zone. Aktiv in die Parteipolitik kam Adenauer im Januar 1946 zurück, als er in einer nur sieben Wochen dauernden "Blitzkarriere" (11) in der Union reüssierte.

Die Etappen:
- 8.1.1946: Wahl (in Abwesenheit) zum Sprecher der 5 rheinischen Mitglieder des CDU-Zonenausschusses (26 Mitglieder).
- 21.1.1946: Neuwahl (in Abwesenheit) in den Landesvorstand (Adenauer hatte sein Mandat im Oktober nach seiner Entlassung als Kölner OB niederlegen müssen).
- 22./23.1.1946: Leiter der ersten Tagung des Zonenausschusses; Wahl zum vorläufigen Vorsitzenden der CDU in der britischen Zone.
- 5.2.1946: Wahl zum Vorsitzenden der CDU-Rheinland.
- 1.3.1946: Wahl zum Vorsitzenden der CDU der britischen Zone.

Daneben war Adenauer Mitglied des rheinischen Provinzialrates und des Zonenbeirates in Hamburg. Im Oktober 1946 wurde er Abgeordneter im Düsseldorfer Landtag und übernahm den Vorsitz der dortigen CDU-Fraktion. Bruno Heck hat darauf hingewiesen, daß damit alle wichtigen Ämter, die im Bereich des Rheinlands und der britischen Zone erreichbar waren, sich in seiner Hand vereinigten. Heck sieht dahinter eine gewisse Systematik, er spricht davon, Adenauer habe alle diese Ämter ganz bewußt angestrebt, weil ihm klar war, daß ein Mann unter den allgemein labilen Verhältnissen der Nachkriegszeit nur durch die Konzentration von Ämtern in seiner Hand der Militärregierung gegenüber die notwendige Autorität gewinnen und der Union die benötigte starke Hand in der Führung geben konnte (12).

Von dieser parteipolitischen Ämterkumulation ausgehend, machte Adenauer nicht etwa den Parteivorstand zum eigentlichen Entscheidungsgremium, sondern den Parteiausschuß, genannt Zonenausschuß. Daß dies kein Zufall, sondern politisches Kalkül war, hat Bruno Heck an mehreren Aspekten verdeutlicht. Adenauer habe darauf hingewirkt, daß weitere Mitglieder in den

Zonenausschuß kooptiert bzw. erfahrene Fachleute zur Beratung gerade
wichtiger Probleme zugezogen werden konnten. Auf diese Weise konnte er
seine Einflußmöglichkeiten auf dieses Gremium erheblich verstärken. Daneben
habe er in der Beteiligung von CDU-Politikern an den jeweiligen
Landes-Regierungen der britischen Zone eine Gefahr für die Handlungsfähigkeit
der Partei - also auch für seinen Führungsanspruch - gesehen,
da ihr exekutives Eigengewicht die Landesvorstände über Gebühr stärken
könnte. Adenauer habe daraufhin vom Zonenausschuß im Oktober 1947 beschließen
lassen, alle Landesminister als nicht stimmberechtigte Mitglieder
zu den Sitzungen des Ausschusses zu laden. Heck sieht dadurch den
Zonenausschuß zur koordinierenden Instanz aufgewertet, was letztlich auch
die Position seines Vorsitzenden, Konrad Adenauer, gestärkt habe (13).

Ein weiterer Umstand kam hinzu. Wie Pütz aufgrund der Protokolle des
Zonenausschusses folgert (14), passierte nicht selten, daß Personalfragen,
die zu entscheiden waren, wegen Zeitmangels im Zonenausschuß nicht mehr
beraten und verabschiedet werden konnten. Adenauer habe dann meistens angeregt,
die einzelnen Landesverbände der CDU der britischen Zone sollten
Vorschläge für die Personalentscheidung machen, er, Adenauer, und sein
Vertreter Holzapfel würden dann die Benennung der Personen vornehmen.
Dies stärkte die Handlungsposition der eigentlichen Parteispitze, für die
ja ohnehin ein gut ausgerüsteter administrativer Unterbau vorhanden war:
das Zonensekretariat in Köln (15). Aus der Summe dieser Einzelaspekte
wird deutlich, daß Adenauer innerhalb der CDU der britischen Zone ein
Führungsinstrumentarium konstruierte, daß ihm in allen relevanten Fragen
den nötigen Einfluß sicherte.

Abschließend soll noch von einer speziellen Arbeitsmethodik berichtet
werden, die Adenauer zumindest bei den vorbereitenden Diskussionen zum
Ahlener Programm für richtig hielt: die Vorklärung wichtiger Fragen durch
ihre Behandlung in informellen Gremien. Erst als zweiter Schritt sollte
die Diskussion im formell zuständigen Delegiertenkreis erfolgen.
Adenauer erklärte dazu vor dem Zonenausschuß:

"Ich hatte mir, damit wir zu einer geschlossenen Willensbildung kommen,
die Dinge so gedacht: Ich habe einige Herren, die der rheinisch-westfälischen
Industrie nahestehen, ich meine nicht finanziell beteiligt sind,
sondern die Dinge überschauen, gebeten, das notwendige Material zusammenzustellen,
das man haben muß, um nicht nur von oben her, sondern auf der
Erde stehend, zu den Fragen Stellung zu nehmen. Wenn das Material ge-

sammelt ist, dachte ich, daß in einem ganz kleinen Kreis zunächst einige
Vertreter der Arbeitnehmer – ich habe an einige Herren aus Nordrhein-
Westfalen gedacht, auch an Herrn Storch – und einige Herren, die früher
auf unternehmerischer Seite tätig waren, zusammenkämen und dann versuchen
würden, zur Aufstellung von Forderungen eines bestimmten Programms zu
kommen. Wenn das gelungen ist, dachte ich, daß wir die Sache im Zonenausschuß besprechen würden." (16)

Es stellt sich natürlich auch die Frage, inwieweit Adenauers Handlungsfähigkeit über den Raum der britischen Zone hinausging. Zunächst einmal
muß bedacht werden, daß die Gründungsbedingungen der CDU der britischen
Zone einen Startvorteil gegenüber dem Beginn der "Schwesterparteien" ein-
schlossen. Wie Adenauer selber beschreibt, wurde in der US-Zone die
Gründung von Parteien bis November 1945 nur auf Kreisebene zugelassen, in
der französischen Zone sei es vor Frühjahr 1946 nicht zu relevanten
Parteiaktivitäten gekommen. Dagegen wären in der britischen Zone bereits
im September 1945 Parteien auf zonaler Ebene zugelassen worden. Dies hatte
nach Adenauers Meinung weitgehende politische Folgen für die CDU: die
CDU der britischen Zone sei dadurch führend beim Aufbau dieser Partei geworden (17). Dieser sich aus der Unterschiedlichkeit der Ausgangschancen
erklärenden Dominanz der CDU der britischen Zone müssen freilich andere
Erklärungen beigegeben werden. Denn noch in einer weiteren Zone erfolgte
die Parteigründung "zonal": in der sowjetischen Besatzungszone (18).

Der möglichen Konkurrenzorganisation bei der Einflußnahme auf die Entwicklung innerhalb der noch regionalisierten CDU, dem Berliner Kreis um
Jakob Kaiser und Ernst Lemmer, wurde jedoch durch die politische Entwicklung in ihrem eigentlichen "Stammland", der sowjetischen Besatzungszone, immermehr an politischer Basis und faktischer Handlungsmöglichkeit
entzogen (19). Es erscheint freilich angebracht, nicht nur im Verblassen
der politischen Vorstellungen der Gruppe um Kaiser, innenpolitisch des
"christlichen Sozialismus", außenpolitisch der "Brückefunktion" (20), den
Grund für den Einflußverlust der Berliner zu sehen. Man kann die Dominanz
der CDU der britischen Zone auf ein ganzes Bündel von Faktoren abstellen,
wobei der Erfolg unter Führung von Konrad Adenauer darin begründet lag,
daß dieser einen wirklichen Sinn für politische Taktik hatte, politische
Ziele besaß, die den Gegebenheiten des Augenblicks entsprachen sowie ein
Maximum an politischer Bewegungsfreiheit erreichte (21).

Einen weitgesteckten Raum zu politischer Aktion im Rahmen des in jener
Zeit Möglichen sicherte sich Konrad Adenauer dadurch, daß er keine Regierungsfunktion auf Länderebene übernahm. Sein taktisches Geschick wurde
schon damals anerkannt und beispielsweise von Franz Josef Strauß bewundernd beschrieben (22). Das dritte Element, die zeitgemäße Zielvorstellung, hatte die von Adenauer geführte Zonenpartei auch parat. Auf dem Gebiet der Außenpolitik waren dies erste Gehversuche in Sachen Westorientierung, innenpolitisch unternahm die CDU der britischen Zone einen später
für die CDU insgesamt wichtigen Schwenk vorweg, indem sie auf dem Gebiet
der Ordnungs- und Wirtschaftspolitik von einer partiell regulierenden
Staatswirtschaft in wichtigen Wirtschaftsbereichen zur "Sozialen Marktwirtschaft" überging. Dieser Richtungswechsel wurde inhaltlich durch
Ludwig Erhard bestimmt, unter programmatisch-machtpolitischen Aspekten
hingegen von Konrad Adenauer bewirkt (23).

Wenn man also generell feststellen kann, daß die Handlungsfähigkeit
Adenauers aus verschiedenen Gründen über den Raum der britischen Zone
hinausging, muß der Frage nachgegangen werden, welche überzonale Struktur
sich die Union in den ersten Jahren Nachkriegsdeutschlands schuf.
Auf einem "Reichstreffen" in Bad Godesberg Mitte Dezember 1945 (24) war
beschlossen worden, einen Interzonenrat, der in Frankfurt unter der Leitung von Bruno Dörpinghaus arbeiten sollte, zu installieren. Das sogenannte "Büro Dörpinghaus" sollte die Politik der Landesverbände in
lockerer Form koordinieren (25). Rund ein Jahr später wurde Anfang Februar 1947 auf einer Tagung in Königstein eine "Arbeitsgemeinschaft" der
Unionsparteien ins Leben gerufen, die Bruno Dörpinghaus zum Generalsekretär bestimmte und somit den "Faden" Interzonenrat weiterspann (26). Es ist
fast durchgängige Meinung, daß diesen Koordinierungsversuchen nicht allzuviel Erfolg beschieden war (27).

Daß es zu keiner Unterordnung der britischen Zonenpartei unter die
Arbeitsgemeinschaft kam, dafür hatte der Zonenausschuß ohnehin Vorsorge
getroffen. Er faßte auf einer Tagung in Vechta Ende September 1946 den
Beschluß, der Arbeitsgemeinschaft nicht das Recht zuzubilligen, für die
britische Zone verbindliche Beschlüsse zu fassen (28).
Franz Josef Strauß spricht einen anderen Aspekt in diesem Zusammenhang an.
Er gibt zu bedenken, diese Arbeitsgemeinschaft habe insofern bald an Be-

deutung verloren, weil die Bildung einer gemeinsamen Fraktion im Wirtschaftsrat, im Parlamentarischen Rat und im Deutschen Bundestag eine Pflege der Beziehungen und eine Koordination der Politik in der Form einer Arbeitsgemeinschaft zwischen den Unionsparteien praktisch überflüssig gemacht habe (29). Günter Müchler schließlich sieht die Erfolglosigkeit von Dörpinghaus vor dem Hintergrund, daß der Zonenausschuß der britischen Zone wiederholt die Arbeit des Frankfurter Büros attackierte. Dies sei eine Taktik Adenauers gewesen, die dieser praktisch bis 1950 durchgehalten habe: Solange er die Führungsfrage innerhalb der Union nicht zu seinen Gunsten entschieden hatte, würde er sich der Bildung einer Gesamtpartei widersetzen (30).

Das bedeutete aber nicht, daß Adenauer sich kein Organ schuf, um innerhalb der Gesamtpartei einen Resonanzkörper zu besitzen. Er wählte dafür aber kein "offizielles" Gremium, dessen Personalzusammensetzung ihm vorgegeben gewesen wäre. Er schuf einen eigenen, informellen Gesprächskreis, die Konferenz der Landesvorsitzenden. Heidenheimer beschreibt diesen anderen Weg so:

"Am 10. Juni 1948 schuf Adenauer, er selbst war der Vorsitzende, ein neues, locker gehaltenes Führungsorgan, die Landesvorsitzendenkonferenz. Die Übertragung der Verantwortlichkeit in den großen Kreis der 14 westlichen Landesvorsitzenden hatte taktische und politische Gründe. Damit hatte Konrad Adenauer die Möglichkeit, den in der Arbeitsgemeinschaft von Kaiser, Lemmer und Josef Müller ausgeübten Einfluß zu beenden. Daneben konnte er die Parteiorganisation voll von der in der sowjetischen Besatzungszone trennen sowie die Politik der Länderparteien im Wirtschaftsrat und im Parlamentarischen Rat koordinieren. Der lockere Rahmen der Konferenz, es gab keine Statuten und Verfahrensvorschriften, erlaubte es Adenauer, Treffen nach seinen Gutdünken einzuberufen." (31)

Adenauer hatte damit auch hier ein Prinzip seines Führungsstiles verwirklicht, das Rudolf Morsey mit den Worten umschreibt, er habe es verstanden, in allen Gremien, denen er angehörte - innerhalb der Partei, der Fraktion und schließlich auch im Parlamentarischen Rat - den Vorsitz zu erhalten. Es sei unnötig gewesen, ihn hier zu drängen oder zu bitten, er war stets aus eigenem Antrieb zur Stelle (32). Was der Vorsitz im Parlamentarischen Rat für Adenauer im Zusammenhang mit der speziellen Fragestellung dieser Arbeit zu bedeuten hat, wird im Rahmen des nächsten Abschnittes näher erläutert.

## b) Adenauer und die Besatzungsmächte

Adenauer war einer derjenigen deutschen Politiker, die auch in der unmittelbaren Nachkriegszeit nicht zu reinen "Ja-Sagern" gegenüber den Besatzungsmächten wurden. Von unterschiedlicher persönlicher Erfahrung mit den Vertretern der Siegermächte geprägt (Stichwort: Einsetzung durch die Amerikaner als Kölner Oberbürgermeister, Absetzung durch die Briten (33)), war Kritik an ihren Handlungsweisen bei Adenauer durchaus keine Seltenheit (34).

Adenauer präsentierte zudem seinen Zeitgenossen erstaunliches Selbstbewußtsein gegenüber Vertretern der Sieger. Franz Josef Strauß berichtet, bei der Gründung der CDU/CSU-Arbeitsgemeinschaft in Kronberg im Februar 1947 habe die amerikanische Militärregierung einen Aufpasser in den Saal beordert. Adenauer habe ihn aber kurzerhand hinauskomplimentiert. Nach einigem Sträuben sei der Amerikaner tatsächlich gegangen und nie wieder gekommen. Ihm sei dieser Vorfall sehr deutlich haften geblieben, weil das für die damalige Zeit außergewöhnlich war und weil auch in den eigenen Reihen manche Sorge hatten, ob es nicht Konsequenzen nach sich ziehen würde, die dann aber nicht eintraten (35). Für dieses Selbstbewußtsein kann man zwei Wurzeln angeben. Die eine - mehr generelle - wird von Anneliese Poppinga, Adenauers langjähriger Sekretärin und Vertraute in den letzten Lebensjahren, so beschrieben:

"Sein Selbstvertrauen mag auf manchen seiner politischen Freunde und Gegner irritierend gewirkt haben, seiner Politik kam es gewiß nur zugute. Es ging einher mit einer ausgewogenen Selbstachtung. Selbstvertrauen und Selbstachtung brachten eine Sicherheit des persönlichen Auftretens, die den von ihm wahrgenommenen Interessen gewiß nicht zum Schaden gereichten. Selbstachtung und die daraus resultierende Würde zeigen sich in seinem Auftreten gegenüber den Besatzungsmächten nach dem Ersten Weltkrieg genauso wie nach 1945." (36)

Zu dieser individualpsychologischen Ausstattung Adenauers kam hinzu, daß der fast 70jährige den Siegern mit einem moralischen Anspruch gegenübertreten konnte, der zusätzliche Sicherheit verlieh. Der Amerikaner Edgar Alexander hat vermerkt, Adenauer habe mit gutem Gewissen die Alliierten auf eine wichtige Tatsache hinweisen können: Er gehöre zu jener Kategorie von kompromißlosen Gegnern und verfolgten Widersachern des Hitlersystems, die in moralischer Hinsicht niemals vom Nationalsozialismus überwunden worden seien und deshalb auch nicht von den Siegern über den National-

sozialismus in ihrer eigenen ethisch-politischen Gesinnung und Verantwortung bekämpft, geschweige denn "besiegt" werden konnten (37).
Die Komponenten dieser ethisch-politischen Gesinnung erlaubten trotz des totalen Zusammenbruchs politisches Denken in einigermaßen intakten Kategorien. Dies war bei Adenauer auch insofern möglich, als er eine Zukunftsvision für das am übersteigerten Nationalismus gescheiterte Deutschland präsentierte, die dieser Verblendung radikal die Wurzeln entzog: die europäische Integration (38).

Das so abgesicherte Selbstverständnis ermöglichte es Adenauer nicht nur, die Kollektivschuld aller Deutschen abzulehnen (39), es bot auch einen Weg, gerade in dieser Zeit bewußt Deutscher zu sein (40). Adenauers Selbstverständnis konnte den Deutschen in dieser Stunde tiefster Erniedrigung eine Stetigkeit vermitteln, die von Willy Brandt so beschrieben wird, daß Adenauer im staatlichen und moralischen Zusammenbruch eine Kontinuität verkörpert habe, die bis in eine Epoche vor dem ersten Weltkrieg zurückreiche, als die Welt noch in Ordnung gewesen zu sein schien. Die Katastrophen seien anscheinend spurlos an ihm abgeglitten, vor den Trümmern der Maßlosigkeit habe sich sein Gegenbild des Ordnungssinns und der maßvollen Beschränkung besonders wirkungsvoll gezeigt (41).

Der Rückgriff auf die ungebrochenen Prinzipien im Fundament dieser Kontinuität gab der Adenauerschen Kritik an den "Besatzern" eine gesicherte Legitimität. Freilich ging Adenauers Kritikbereitschaft nicht so weit, daß er im Vorwurf gegenüber den Besatzungsmächten ein Allheilmittel sah. Er war vielmehr bemüht, auch in schwierigen Situationen nicht zur Konfrontation, sondern zur Kooperation zu kommen (42). Adenauer selbst hat diese Politik an der Rolle des Hamburger Zonenbeirates verdeutlicht:

"Ich hielt den Zonenbeirat nicht gerade für ein machtvolles Instrument, um unsere Forderungen durchzusetzen, aber er bot immerhin die Möglichkeit, uns eventuell eines Tages mehr Gehör zu verschaffen und mehr Einfluß auf die Entwicklung zu nehmen.
Einen weiteren wichtigen Vorteil des Bestehens des Zonenbeirates erblickte ich darin, daß wir in einem ziemlich regelmäßigen Gespräch mit der Besatzungsmacht standen. Wir bemühten uns, sachlich mit ihr auszukommen. Ich hoffte, daß sich allmählich das psychologische Klima zwischen der Militärregierung und den Deutschen ändern würde. Es war von Anfang an eines meiner Hauptziele, die Besatzungsmächte davon zu überzeugen, daß wir Deutsche nicht so schlecht und unzuverlässig sind, wie wir in den ersten Monaten und Jahren nach Kriegsende stets dargestellt wurden. Ich

hielt es für eine unserer Hauptaufgaben, Vertrauen zu uns zu schaffen." (43)

Die Bereitschaft der drei westlichen Alliierten, auf diese Vertrauensarbeit einzugehen, wuchs im Laufe der Nachkriegsentwicklung. Daß sich ein grundlegender Wandel in ihrer Vorstellung über die Befähigung der Deutschen zu verantwortungsvoller Selbstregierung ergab, wurde spätestens dann klar, als man mit der Eröffnungssitzung des Parlamentarischen Rates am 1. September 1948 in Bonn den Weg zur Erstellung des Grundgesetzes beschritt.

Dieser konstitutionellen Versammlung präsidierte Konrad Adenauer, was freilich nicht so verstanden werden darf, als sei mit dieser Wahl der spätere Kanzler bewußt vorprogrammiert worden. Es gab wohl eher die Überlegung, einem alten, verdienten Politiker einen ehrenvollen Karriereschlußpunkt zu ermöglichen (44). Adenauers Plazierung auf dem Präsidentenstuhl schien auch insofern unproblematisch, als kaum einer daran dachte, daß Adenauer bei seinen siebzig Jahren noch ein Amt übernehmen würde (45).

Paul Weymar schreibt denn auch in seiner autorisierten Adenauer-Biographie, die SPD habe in der Präsidentenwahl des CDU-Politikers einen Schachzug gesehen, diesen "unbequemen alten Nörgler" auf einem Ehrenplatz kaltzustellen, da die eigentliche Arbeit im Hauptausschuß des Parlamentarischen Rates geleistet werde, und in dem präsidierte der SPD-Vertreter Carlo Schmid. Weymar geht aber weiter davon aus, daß dieses "Kaltstellen" von Adenauer letztlich erfolglos gewesen sei. Obwohl die Hauptarbeit des Parlamentarischen Rates sicherlich in den Fachausschüssen und im Hauptausschuß geleistet wurde, sei der Einfluß des späteren Kanzlers auf die Gesamtgestaltung des Bonner Vertragswerkes dennoch unverkennbar (46). Daß es Stimmen gibt, die keinen rechtsschöpferischen Einfluß Adenauers auf die Verfassungsarbeit zum Grundgesetz sehen, ist bekannt (47). Im Rahmen dieser Arbeit soll diese Problematik nicht diskutiert werden.

Erwähnt werden aber muß, daß viele Beobachter Adenauers Verdienst beim Zustandekommen des Grundgesetzes auch primär auf einer anderen Ebene ansiedeln. Ratsmitglied Theodor Heuß hat vom "helfenden Eingreifen" gesprochen und dies so beschrieben, daß Adenauer, sobald man bei den Beratungen in den Ausschüssen nicht recht weiterkam, zu formlosen interfraktionellen Besprechungen einlud. Darin habe er dann sein großartiges

Talent eingesetzt, das zu vereinfachen und aufzuknoten, was sich in den
Kontroversen der juristischen und weltanschaulichen Spezialisten verwirrt
und verwickelt habe (48). Noch wichtiger aber sei die Rolle Adenauers gewesen,
die Heuß als "Hintergrundsfunktion" des Präsidenten klassifiziert
und die er so umschrieb:

"Er war aufgrund dieser Stellung rein technisch die Figur für die Militärgouverneure,
beziehungsweise deren Vertreter und Verbindungsoffiziere. Gewiß
waren auch sonst Mitglieder des Parlamentarischen Rates mit diesen
Männern in Fühlung gekommen, besonders die Vorsitzenden der Fraktionen
und der Ausschüsse. ( . . . ) Aber beim Präsidenten Adenauer lag die
Sache etwas anders. Er begegnete den Alliierten schon mehr auf der
offiziellen, wenn auch nicht 'amtlichen' Ebene. Ohne 'Bestallung' – denn
wer hätte ihn ernennen sollen? – war er dennoch schon in diesen Monaten
auf ganz natürliche Weise der Sprecher der werdenden Bundesrepublik
gegenüber den westlichen Mächten geworden." (49)

Theodor Eschenburg hat diese "Hintergrundsfunktion" Adenauers und die Rolle
Carlo Schmids praktisch als die beiden notwendigen Stempel der Münzprägung
Grundgesetz beschrieben. Für ihn ist der eigentliche Regisseur der
Verfassungsberatungen Carlo Schmid, dieser steuerte die inhaltliche Gestaltung
des Grundgesetzes. Adenauers Aufgabe sei es gewesen, qua
"Diplomatie" die Zustimmung der Alliierten zum Grundgesetz möglich zu
machen (50). Die höchste Stufe dieser 'Diplomatie' stellten zahlreiche
vertrauliche Gespräche der Spitze des Parlamentarischen Rates unter
Adenauer mit den Militärgouverneuren dar. Die Vorzüge dieser Handlungsebene
hat Elmar Plischke beschrieben:

"(Ich spreche über die) Konferenzen der Militärgouverneure mit den Mitgliedern
des Parlamentarischen Rates, speziell mit der Spitze des Rates
unter der Führung von Dr. Adenauer. Es stellte sich heraus, daß die
wirklich brauchbaren Verhandlungsresultate sehr oft in solchen informellen
Zusammenkünften erzielt werden konnten, weil dann ja Ideen sehr
frei und ohne Beschränkungen ausgetauscht wurden." (51)

In diesem informellen Rahmen konnte sich das Verhandlungsgeschick und das
taktische Gespür Adenauers voll entfalten und zeigte bald "machtpolitische"
Wirkungen. Der Ratspräsident wurde nach einer gewissen anfänglichen
Rivalität mit den Ministerpräsidenten zum alleinigen Sprecher der (west-)
deutschen Seite mit den drei Besatzungsmächten (52). Adenauers Auftreten
bei den Spitzen der Besatzungsmächte sicherte dann auch weitgehend die
Berücksichtigung deutscher Vorschläge. Der Augenzeuge Francois Seydoux
berichtet:

"Allerdings hatte er damals schon (Sommer 1949) als Präsident des Parlamentarischen Rates den drei alliierten Oberbefehlshabern, die in Westdeutschland die Regierungsgewalt innehatten, einmütig Achtung abgenötigt und sich ihre Sympathie erworben.
Es hatte immer etwas von einem großen Auftritt, wenn er den Tagungsraum der Oberbefehlshaber und ihrer Stäbe betrat. Mit größerer Meisterschaft hätten die Deutschen überhaupt nicht vertreten werden können. Seine Melancholie beeindruckte ebenso wie seine Vitalität. Wenn er mit seiner Rede zu Ende gekommen war, hatte er meist erreicht, was er wollte." (53)

Auch diese Passage macht deutlich, was als hier relevante Quintessenz aus der Bestellung Adenauers zum Präsidenten des Parlamentarischen Rates gezogen werden kann: Adenauer hat die ihm zugedachte Repräsentativfunktion bald verlassen und profilierte sich als   d e r   politische Sprecher Westdeutschlands gegenüber den Besatzungsmächten. Adenauer wurde darauf zu einer Autorität, wobei – hier sind sich politische Weggenossen und zeitgeschichtliche Betrachter einig – es eine Autorität ohne eigentliche Popularität war (54). Daß der rheinische CDU-Politiker noch im Herbst 1949, unmittelbar vor Beginn seiner Kanzlerschaft, nur den wichtigsten Deutschen bekannt war (55), läßt sich durch die vorliegenden Umfrageergebnisse untermauern (56).

Die Position "Popularität" besetzte für die Union derweil eine andere Persönlichkeit: Ludwig Erhard. Mit seiner Politik – Aufhebung der Zwangsbewirtschaftung parallel zur Währungsreform – auf der Basis des Prinzips der "Sozialen Marktwirtschaft" wurde er zum Wählermagnet für die Union in der ersten Bundestagswahl (57). Ludwig Erhard selber hat ganz klar zum Ausdruck gebracht, daß er sich als "Vater" des Sieges von 1949 fühlte (58).

Dies hat letztlich auch Adenauer selbst zugegeben, als er in seiner ersten Regierungserklärung davon sprach, die Frage Planwirtschaft oder Soziale Marktwirtschaft habe im Wahlkampf die überragende Rolle gespielt (59). Im Kreise seiner Fraktion wurde der frischgebackene Kanzler noch deutlicher. Er vermerkte knapp: die Union habe die Wahlen zum Bundestag mit der Erhardschen Wirtschaftspolitik bestritten (60).

Daß der darauf beruhende Wahlsieg die Fortsetzung der bürgerlichen Koalition des Frankfurter Wirtschaftsrates, die diese Politik Erhards bislang getragen hatte, auch auf Bundesebene nahelegte, war in der Union umstritten. Adenauer – Verfechter der Koalition ohne die SPD – schickte sich daraufhin an, diese Koalitions-Variante persönlich durchzusetzen. Seine starke Stellung innerhalb der dezentralisierten CDU sowie sein Vorgehen mit einer eingespielten Verfahrensmethode machten dies möglich.

2. nach Errichtung der Bundesrepublik

a) Adenauers neue Führungsrolle in der CDU

Die Art und Weise, wie Adenauer seine innerparteiliche Nominierung zum Kanzlerkandidaten betrieb, wird vielfach nur unter dem Gesichtspunkt eines Lehrstückes in brillanter politischer Taktik betrachtet (61). Als entscheidendes Bild in diesem Lehrstück wird in der Regel die "Rhöndorfer Konferenz" klassifiziert, eine Zusammenkunft, zu der Adenauer eine Woche nach der Bundestagswahl am 14.8.1949 einige Spitzenpolitiker der Union in sein Rhöndorfer Heim lud. (62)
Eine Bewertung der Adenauerschen Vorgangsweise unter der speziellen Fragenstellung dieser Studie macht es erforderlich, daß man weitere Faktoren des innerparteilichen Nominierungsprozesses herausarbeitet. Es ist zunächst darauf hinzuweisen, daß für viele der Kanzleraspirant Adenauer nach diesem Wahlausgang eine Selbstverständlichkeit war (63).

Diese Konkurrenzlosigkeit im bürgerlichen Lager kann als Resultat jener herausgehobenen Position betrachtet werden, die sich Adenauer als Vorsitzender der britischen Zonenpartei sowie als Präsident des Parlamentarischen Rates erworben hatte. Und dies war auch möglich, weil das Zugpferd der Union in der ersten Bundestagswahl, Ludwig Erhard, ganz offensichtlich nicht auf die Kanzlerschaft reflektierte (64). Auch ein Mann wie Jakob Kaiser, dem als führende Figur der Sozialausschüsse in der Frage "kleine" oder "große" Koalition eine Schlüsselrolle zukam, erkannte Adenauers Primat an. In der ersten Sitzung der CDU/CSU-Fraktion hat er dies klar ausgesprochen (65).
Noch nachträglich billigte Jakob Kaiser Adenauer im Feld der Kanzlernominierung ein weitgehendes Initiativrecht zu. In einer Rede vor Vertretern der Sozialausschüsse am 9.10.1949 gab es zwar kritische Anmerkungen zur damaligen Entscheidungslage, im Prinzip aber ein Plazet zu Adenauers Vorgangsweise. Kaiser führte aus, daß das Verfahren und Verhalten der Union, insbesondere auch von Konrad Adenauer, nicht in allen Punkten richtig gewesen sei. Das Krebsübel für alles Unzulängliche sei

die mangelnde organisatorische Geschlossenheit der Partei und die in vielen Fällen fehlende demokratische Legitimation. Bei dieser Lage sei es eine Existenzfrage für die Partei gewesen, daß ein Mann wie Konrad Adenauer die Zügel in die Hand genommen habe. Denn er sei nach Lage der Dinge als einziger imstande gewesen, die auseinanderstrebenden Gruppen zusammenzuhalten (66).

Diese regionalisierte Verfaßtheit der Union ist der zweite wichtige Faktor, der in Sachen innerparteilicher Nominierung berücksichtigt werden muß. Wie vorstehend geschildert, hatte die Arbeitsgemeinschaft der CDU/CSU keine Strukturen zur Führungs-Koordination ausbilden können. Es gab also, wollte man nicht bis zur Konstituierung der Fraktion warten, kein offizielles Gremium auf Bundesebene, das "betroffen" war. Das Fehlen eines zuständigen Parteigremiums wird von Adenauer selbst als Auslösemoment zur Rhöndorfer Konferenz deklariert:

"Wir hatten noch keine einheitliche Parteiorganisation in den drei Zonen und hatten deshalb keine Parteieinrichtung, die das Recht hatte, für alle drei Zonen eine Erklärung abzugeben. In dieser Lage erschien es mir richtig, nicht bis zum Zusammentritt der CDU/CSU-Fraktion des neugewählten Bundestages mit der Beratung der Frage zu warten, ob Große Koalition oder nicht, sondern schon vorher in einem Kreis darüber zu diskutieren und, falls man im großen und ganzen zu einer einheitlichen Stellungnahme käme, diese der Öffentlichkeit mitzuteilen, jedoch ohne dadurch der Bundestagsfraktion vorzugreifen." (67)

Die Nichtexistenz einer handlungsfähigen Parteispitze hatte schon in der Besatzungszeit dazu geführt, daß Adenauer ein nicht offizielles, informelles Führungsorgan schuf: die Konferenz der Landesvorsitzenden. Betrachtet man jetzt die Zusammensetzung der sonntäglichen Runde in Rhöndorf (68), so stellen die Landesvorsitzenden der Union das größte Kontingent. Nicht alle Landeschefs waren anwesend (oder hatten einen Stellvertreter geschickt), freilich waren alle von Adenauer eingeladen worden (einige hatten abgesagt), eine Tatsache, die wohl nicht genügend beachtet worden ist (69). Nun soll hier nicht behauptet werden, die Rhöndorfer Konferenz sei nur das bekannteste Glied einer Kette von ähnlichen Treffen der Landesvorsitzenden, deren Folge schon in der Besatzungszeit aufgenommen wurde. Unter strukturellen Gesichtspunkten kann man das "Rhöndorfer Kaffeekränzchen" (70) aber auch nicht als Einzelfall werten. Wenn man nämlich davon ausgeht, daß sich innerhalb der Union überhaupt ein wirksamer Koordinationsmechanismus entwickelt hat, so ist Adenauer

exakt in dieser Bahn geblieben, indem er das informelle Gespräch in Rhöndorf mit starker Beteiligung der Vorsitzenden der noch regionalisierten CDU der institutionellen Behandlung in der Fraktion des neugewählten Bundestages vorausstellte.
Unter diesem Blickwinkel ist das sonntägliche Treffen bei Adenauer eher als bewährtes Verfahren einzustufen. Daß sich dabei Adenauers taktisches Verhandlungsgeschick offenbarte, steht auf einem anderen Blatt, muß aber vor den Hintergrund gestellt werden, daß in der Union Adenauers Primat anerkannt und zupackende Initiative erwartet wurde. Adenauers Bemühungen erstreckten sich freilich nicht allein auf die Rhöndorfer Konferenz (71), von der er wußte, daß der dort gefaßte Beschluß noch nicht absolut verbindlich war und dem hinterher veröffentlichten Kommunique damit eine allgemeine Form gegeben werden mußte (72). Bevor er also daran ging die Ergebnisse von Rhöndorf "deutlicher" zu formulieren, griff er auf ein wichtiges parlamentarisches Versatzstück seiner Hausmacht zurück: Er trat vor die CDU-Fraktion des nordrhein-westfälischen Landtags und sicherte sich deren Zustimmung zu den Rhöndorfer Ergebnissen zu (73). Nur Stunden später hielt er in Bonn eine erste Pressekonferenz ab und gab bekannt, daß in Rhöndorf Einverständnis in folgenden Punkten erzielt wurde:
- Fortführung der sozialen Marktwirtschaft.
- Besetzung des Wirtschaftsministeriums durch Erhard.
- Bildung eines Kabinettes Adenauer (74).
Die innerparteiliche Nominierung war somit eingeleitet, welche Schwierigkeiten sich bis zur tatsächlichen Bestallung Adenauers durch den Bundestag am 15. September 1949 ergaben, soll hier nicht angesprochen werden. Vielmehr ist jetzt von Interesse, welche Beziehung sich zwischen dem Bundeskanzler Adenauer und seiner Partei entwickelte. Als Ausgangspunkt kann dabei eine Wertung von Bruno Heck gelten, der davon ausgeht, das Verhältnis zwischen Adenauer und seiner Partei sei prinzipiell in den Jahren 1946 bis 1949 gewachsen, und vermerkt, die damaligen Regeln und Grundsätze, mit denen er sich und der Union die Macht erobert habe, seien auch zwischen 1949 und 1963 gleich geblieben (75).
Die Wahl zum Bundeskanzler hatte Adenauer freilich neue, zeitintensive Arbeitsfelder zugewiesen, so daß es sich fast von selbst ergibt, daß er die Partei nicht mehr in der gleichen Weise führen konnte wie bisher. Wer nun annimmt, Adenauer habe darauf gedrängt, seine auf die regionalisierte

Struktur der Union zugeschnittene starke Handlungsposition rasch durch eine neue Führungsstruktur zu ersetzen, sieht sich getäuscht. Es ist vielmehr so, daß Ansätze aus der Union, zu einer einheitlichen Partei zu kommen, auf wenig Gegenliebe bei Adenauer stießen.

Adenauer hat wohl erst sicherstellen wollen, daß starke Konkurrenten und intime Gegner (Arnold, Kaiser, Hilpert) seiner Wahl zum ersten Vorsitzenden auf einem möglichen Gründungskonvent nicht gefährlich werden konnten (76). Da dieses Risiko dann im Laufe des Jahres 1950 kleiner wurde, konnte der Kanzler im Frühjahr 1950 den "Parteitechnikern" erlauben, die Pläne zur Gründung einer Bundesorganisation voranzutreiben (77), und im Oktober 1950 waren die Vorbereitungen so weit abgeschlossen, daß man in Goslar den ersten Bundesparteitag einberufen konnte. Allem Anschein nach steuerte Adenauer in der alten Kaiserstadt darauf zu, nicht nur den Parteivorsitz zu erringen, sondern auch sich der Gefolgschaft der neuen Gesamtpartei durch die Einsetzung eines ihm verbundenen Generalsekretärs zu versichern. Bruno Heck hat den Gesamtvorgang beschrieben:

"Und er wollte, nicht mehr nur, wie schon einmal im Rheinland und der britischen Zone, daß ihm ein Mann zugeordnet würde, der unter ihm arbeiten und sein volles Vertrauen genießen sollte, sondern jetz, da das Amt des Bundeskanzlers ihn voll in Anspruch nahm, wollte er einen Generalsekretär - selbstverständlich wiederum ein Mann seines vollen Vertrauens - der sicher mehr unter ihm als neben ihm arbeiten sollte. Er setzte sich auch durch: Kurt Georg Kiesinger wurde gewählt, wenn auch gegen breiten, starken und teilweise leidenschaftlichen Widerstand, der sicherlich in erster Linie der Machtkonzentration galt, die Adenauer damit bezweckte. Kiesinger hat daraufhin die Wahl nicht angenommen." (78)

Somit war Adenauers Konzept, die Union vermittels eines Vertrauensmannes praktisch im "Durchgriff" von der Spitze her steuern zu können, gescheitert. Das institutionelle Prinzip der Machtkonzentration, welches als zeitgemäßer Nachfolger des von Adenauer in der Besatzungszeit innerhalb der Union angewandten Verfahrens der Ämterkumulation gelten kann, stieß innerhalb der Partei auf vehementen Widerstand und ließ sich letztlich nicht verwirklichen. Mit den etwas eigenständigeren Ersatzlösungen konnte sich der Kanzler offensichtlich nicht anfreunden (79).

Daß eine straffe Parteiorganisation nicht zustandekam, lag freilich nicht allein am Desinteresse des Kanzlers. Denn obgleich sich die CDU in Goslar als Bundespartei konstituierte, blieb sie - im Gegensatz zur SPD - ihrem regionalistischen Prinzip auf vielen Gebieten treu (80).

Wenn also einerseits festgestellt werden kann, daß den "Landesfürsten" und "Stammesherzögen" großer Einfluß zukommt (81), andererseits im Vorstehenden klar wurde, daß Adenauer mit seinem ursprünglichen Führungskonzept nicht durchkam und daneben der Ersatzstruktur mit Distanz gegenüberstand, erhebt sich natürlich die Frage, auf welche Weise sein wachsender Einfluß auf die Partei zustande kam. Seine Führungsrolle hatte bislang innerparteilich auf institutionell abgesicherter Autorität beruht, sie ist in den vorstehenden Abschnitten beschrieben worden. Adenauer konnte diesem Feld jetzt insofern weniger Bedeutung zumessen, als sich ihm mit den raschen Erfolgen der Bundespolitik ein neues außerparteiliches Kraftfeld erschloß, das innerparteilich nutzbar war: seine Popularität. Dieser aufgrund der Erfolge in der Bundespolitik allgemein populäre Kanzler Adenauer konnte in der Union "regieren", ohne daß dies einer institutionalisierten Absicherung wie in der vor-bundesrepublikanischen Zeit überhaupt bedurfte. Bester Ausdruck für diese neue außerparteiliche Resonanzmöglichkeit des Kanzlers mit innerparteilichen Folgen ist die fast hymnische Verehrung, die Adenauer auf den Parteitagen entgegenschlug. Derselbe Friedrich Holzapfel, der nach Kiesingers Aussage einer derjenigen Unionspolitiker war, die in Goslar massiven Widerstand gegen das Adenauer-Modell der Parteispitze leisteten (82), hat am Schluß des Parteitages ein Loblied auf den Kanzler gesungen, das die neuartige Führungspotenz Adenauers überdeutlich macht:

"Das Beste kommt zuletzt. Unser Dank gilt im besonderen Maße unserem verehrten Ersten Parteivorsitzenden, dem Bundeskanzler Dr. Adenauer. (Stürmischer, tosender Beifall, anhaltende Ovationen.) Ich habe ihm vor einiger Zeit gesagt, daß er zwei Aufgaben zu erfüllen habe: auf der einen Seite sei er der Konkursverwalter des Nationalsozialismus und müsse die Trümmer aufräumen und auf der anderen Seite sei er der Architekt, der den Neuaufbau unseres Vaterlandes zu gestalten habe. (Beifall.) Wenn wir seine Arbeiten und Mühen sehen, denen er sich als Leiter der Regierung der Bundesrepublik Deutschland unterzieht, dann können wir feststellen, daß er ein Großteil der Aufräumungsarbeiten bereits hinter sich gebracht hat und tatkräftig auch die Architekturarbeit für den Neubau in die Hand genommen hat (Beifall.) Um aber bauen zu können, verehrter Architekt des Bundes, braucht man auch Bauleute. Wir in der CDU wollen ihnen versprechen, daß wir diese Bauleute für Ihren Architekturbau des neuen Deutschland sein wollen." (83)

Ähnliche Beispiele einer sozusagen freiwilligen Unterordnung unter den Kanzler Adenauer wurde auch auf den folgenden Parteitagen überdeutlich (84). Es soll hier natürlich nicht behauptet werden, die CDU-Parteitage

hätten allein der Gefolgschaftsversicherung Adenauers gedient. Die
"Rückendeckung" (85) für den Kanzler war ein in unserem Zusammenhang
wichtiges Einzelphänomen aus einer ganzen Kette von Parteitagsfunktionen
(86), wobei die alljährliche Selbstdarstellung der Partei vor den Augen
der Öffentlichkeit (87) sicherlich auch eine Werbefunktion für das christ-
demokratische Lager haben sollte.

Die neue Führungsmöglichkeit Adenauers qua Popularität innerhalb der
Union bietet daneben auch ein Erklärungsmodell für zwei bekannte Eigenheiten der Unionsrealität. Da ist zum einen der vielbeklagte Umstand, daß
die Führungsgremien der Partei eigentlich nur Anhörungs- und Akklamations-
organe für politische Entscheidungen waren, die zuvor in der von Adenauer
geführten Bundesregierung getroffen wurden. Kurt Georg Kiesinger hat dies
noch 1969 bitter beklagt (88), Bruno Heck hat bei gleicher Gelegenheit
das Problem aus anderer Perspektive so umrissen:

"Wenn man heute rückblickend die Protokolle der Vorstands- und Präsidiums-
sitzungen durchblättert, dann kann man nur feststellen, daß sich von den
Problemen, Sorgen und Nöten der Zeit nur widerspiegelt, daß die Entscheidungen im Nachhinein nur bestätigt wurden. Die Partei war lange nicht
der Ort, an dem um die politischen Lösungen gerungen wurde; sie hatte
lediglich, was entschieden war, sozusagen zu ratifizieren und in der
Öffentlichkeit zu vertreten." (89)

Ohne in demokratietheoretische Überlegungen eintreten zu wollen, kann der
Funktionsverlust der Parteigremien vor dem Hintergrund der veränderten,
nichtinstitutionellen Führungspotenz Adenauers nicht überraschen, weil
sich Adenauers Stärke nicht auf die Parteifunktion, sondern auf seine
Kanzlerposition stützte. Die Befassung von Parteigremien mit der Entscheidungsfindung hätte der Kanzlerposition ein Stück vom Machtfundament
entzogen.

Die zweite Eigenheit ist die parteimäßige Trennung zwischen CDU und CSU.
Ihre gemeinsame Klammer konnte ein CDU-Parteivorsitzender nicht sein,
wohl aber ein Kanzler, den beide Gruppen trugen. Die nicht institutionell
abgesicherte Führung durch Popularität ermöglichte es daneben dem Kanzler,
auch innerhalb der CSU einen wirksamen Einfluß geltend zu machen. Somit
war die parteimäßige Trennung für ihn kein allzu großes Hindernis für
eine kraftvolle Führung.

Folgt man den auf den letzten Seiten dargelegten Überlegungen zur veränderten Führungsrolle Adenauers, so kommt man zum Resultat, daß die von

Bruno Heck abgegebene Wertung zur Beibehaltung der Regeln und Grundsätze im Verhältnis zwischen Adenauer und der Union nicht geteilt werden kann. Man kann vielmehr davon ausgehen, daß die Notwendigkeit des Einsatzes an taktischer Energie innerhalb der Partei für den Kanzler im Vergleich zur vorbundesrepublikanischen Zeit zurückging. Dies ist auch vor dem Hintergrund zu sehen, daß sich für Adenauer neue Politikfelder erschlossen. Eines davon soll im nächsten Abschnitt angesprochen werden: Adenauers Verhältnis zu den Besatzungsmächten.

b) Adenauers Verhältnis zu den Besatzungsmächten

Es ist beschrieben worden, daß ein starker Bundeskanzler eine politische Figur ist, für die das Grundgesetz wichtige Voraussetzungen schafft. Schon eine rein verfassungsrechtliche Schilderung der Handlungsposition des deutschen Kanzlers in den ersten Jahren der Bundesrepublik hätte zu berücksichtigen, daß mit dem Grundgesetz ein zweites staatsrechtliches Dokument Relevanz erhielt: das Besatzungsstatut. Dieses Statut (90), vom britischen Hochkommissar Kirkpatrick als "Gegenstück zur Verfassung" (91) klassifiziert, war weit mehr als dies: es machte das Grundgesetz insofern zweitrangig, als es verkündete, daß die oberste Gewalt in der Bundesrepublik weiterhin bei den Westalliierten verblieb (92). Der teilsouveräne Status der frühen Bundesrepublik (93) wurde im Besatzungsstatut ganz klar normiert:
- Die Besatzungsmächte behielten sich auf wichtigen Gebieten die Zuständigkeit vor (z.B. Außenpolitik, Kontrolle über die Ruhr, Abrüstung, Außenhandel, Flüchtlingswesen, Kriegsverbrecherfrage) (94).
- Die restlichen Zuständigkeiten konnten den Deutschen durch die Besatzungsmächte jederzeit entzogen werden (95).

In einem Begleitbrief wurde festgelegt, daß die bisherigen Militärregierungen mit der Errichtung der Bundesrepublik zu bestehen aufhörten, ihre zivile Überwachungsfunktion wurde auf "Hohe Kommissare" übertragen, die - jede Siegermacht stellte einen Amtsträger - zusammen die "Alliierte Hohekommission" bildeten (96). Diese Dreimächtekörperschaft war aufgrund des Besatzungsstatus der faktische Souverän in der Bundesrepublik.

Es kann im folgenden nicht darum gehen zu beschreiben, wie Inhalt und Verlauf der bundesrepublikanischen Nachkriegspolitik durch diese besondere Konstellation beeinflußt wurde. Es soll auch nur ganz kurz erwähnt werden, daß die machtpolitische Potenz, die hinter dieser Konstruktion stand, von den Siegermächten tatsächlich nie angewandt wurde.

Es muß aber geschildert werden, welche Auswirkungen dieses Szenario auf die Führungsstruktur im Bereich der Regierung hatte, wobei der Analyserahmen weit mehr als verfassungsrechtliche Fragen umfaßt. Fixpunkt der Untersuchungen soll sein, welchen Effekt der vorsouveräne Status der frühen Bundesrepublik auf die Position des Kanzlers hatte. Adenauer selbst hat seine Stellung gegenüber dem Besatzungsstatut in der ersten Regierungserklärung umrissen:

"Das Besatzungsstatut ist alles andere als ein Ideal. Es ist ein Fortschritt gegenüber dem rechtlosen Zustand, in dem wir bis zum Inkrafttreten des Besatzungsstatutes gelebt haben. Es gibt aber keinen anderen Weg für das deutsche Volk, wieder zu Freiheit und Gleichberechtigung zu kommen, als indem es dafür sorgt, daß wir nach dem völligen Zusammenbruch, den uns der Nationalsozialismus beschert hat, mit den Alliierten zusammen wieder den Weg in die Höhe gehen. Der einzige Weg zur Freiheit ist der, daß wir im Einvernehmen mit den Hohen Kommissaren unsere Freiheit und unsere Zuständigkeiten Stück für Stück zu erweitern versuchen." (97)

Adenauer war also mit einem größeren Zipfel der Macht zunächst einmal zufrieden, weil man vorher ja gar nichts in Händen hatte und er durchaus der Meinung war, daß man nach und nach den ganzen "Rock" erhalten könnte. Sein Optimismus war insofern abgesichert, als das Besatzungsstatut selbst in seinem letzten Abschnitt davon sprach, daß spätestens nach 18 Monaten eine Revision in Sachen Zuständigkeitserweiterung für die Deutschen möglich sei (98).

Der Kanzler steuerte in der oben zitierten Passage aus der Regierungserklärung aber nicht nur ein Ziel an (Aufhebung der die Souveränität einengenden Bestimmungen), er äußerte sich auch zu den anzuwendenden Mitteln. Sein Verfahrensvorschlag: Kooperation mit den Besatzungsmächten. Praktisch hieß das, daß man den Besatzungsmächten - wo immer möglich (z.B. Eintritt in die Ruhrbehörde) - entgegenkam, um dafür auf anderen Gebieten (z.B. Demontagestop) Vorteile zu erhalten. Man hat diese Haltung gegenüber den Besatzungsmächten als "Politik der Vorleistungen" kritisiert, ein Vorwurf, den Adenauer nicht gelten lassen wollte. Seine Gegenrede macht dies deutlich:

"Zu häufig behauptete man, die Bundesregierung betreibe nur eine Politik der Vorleistungen. Es ist nun einmal die Wahrheit, daß man als Besiegter den Mut haben muß, den ersten Schritt zu tun. Die Bundesregierung und die hinter ihr stehenden Fraktionen haben diesen Standpunkt konsequent vertreten und zwar mit größtem Erfolg. Ihre konsequente Haltung hat den moralischen und auch den wirtschaftlichen Kredit Deutschlands im Ausland, der durch die nationalsozialistische Gewaltherrschaft vernichtet worden war, weitgehend wieder herstellen können. Nur so war es möglich, den Entwicklungsprozeß in Gang zu bringen, den wir uns erhofft hatten." (99)

Adenauer ging davon aus, daß dieser Entwicklungsprozeß die von deutscher Seite eingebrachten Vorleistungen gegenstandslos machen würde. Er hat dies am Beispiel des Petersburger Abkommens verdeutlicht. Die dort erreichten Vorteile seien nur möglich gewesen, indem die Bundesrepublik Mitglied der Ruhrbehörde wurde. Wichtig sei nun, daß die Ruhrbehörde schon im Jahre 1951 eines "sanften Todes" gestorben sei. Bereits vorher habe sie an Auszehrung gelitten (100).

Mit dieser Vorgangsweise nicht einverstanden waren die Sozialdemokraten unter Kurt Schumacher. Ihr Rezept hieß, keinerlei Vorleistungen zu erbringen und keinen diskriminierenden Auflagen freiwillig zuzustimmen (101). Fritz René Allemann hat den Unterschied zwischen Regierung und Opposition dahingehend charakterisiert, daß die SPD darauf bestanden habe, die deutsch-alliierten Interessengegensätze "auszukämpfen", wohingegen Adenauers Bestreben gewesen sei, sie "aufzuweichen" (102). Der Einstellung der Opposition lag freilich nach Allemann mehr als reines Negativdenken zugrunde. Sie sei von der Taktik ausgegangen, daß die Alliierten in der Situation des Kalten Krieges ganz einfach auf Deutschland angewiesen wären und daß es Sache einer deutschen Regierung sei, dieses alliierte Bedürfnis als "Trumpf" im rechten Moment auszuspielen (103). Diesen Weg hielt Adenauer für nicht gangbar. Er glaubte vielmehr, daß die Rückkehr Deutschlands in die Völkerfamilie keine machtpolitische, sondern eine überzeugungsmäßige Basis haben müßte. Diese Überzeugungsarbeit ist die zweite, vielleicht wichtigere Schicht der "vorleistenden" Kooperationspolitik des Kanzlers. Adenauer hat dies so umrissen:

"Wir mußten deshalb davon ausgehen, daß bei den Verhandlungen, die wir Deutsche mit den Alliierten zu führen hatten, um fortschreitend mehr staatliche Macht zu erlangen, das psychologische Moment eine sehr große Rolle spielen würde. Von vornherein konnten wir volles Vertrauen nicht verlangen und erwarten. Wir mußten uns darüber klar sein, daß das Vertrauen nur langsam, Schritt für Schritt, wiedergewonnen werden konnte und daß wir sorgsam alles vermeiden mußten, was geeignet war, wieder Mißtrauen gegen uns zu wecken. Unwürdig und falsch wäre es gewesen, wenn wir eine Politik sklavischer Unterwürfigkeit verfolgt hätten. Eine dumme, unkluge und aussichtslose Politik wäre es gewesen, hätten wir mit unserer

Unentbehrlichkeit auftrumpfen wollen." (104)

Diese "Politik des Vertrauens" sah sich nach Allemann, soweit sie auf die Befreiung der Bundesrepublik von den Fesseln des Besatzungsregimes abzielte, am Ende glänzend gerechtfertigt. Dieses glückliche Ende habe anfangs aber keineswegs festgestanden. (105) Der Kanzler hatte also ein erfolgreiches Konzept, das den vorsouveränen Status der Bundesrepublik erfolgreich abbauen konnte. Auf dem Weg zur Gleichberechtigung zeigte die Vertrauensarbeit aber zunächst Resultate, die in erster Linie der Person des Kanzlers galten. Die Hohen Kommissare brachten ihm – nach Francois Seydoux – "wachsende Achtung" entgegen (106), einer von ihnen, John McCloy, hat dies so beschrieben:

"Im großen und ganzen bestand bei den Mitgliedern der Kommission oder bei den durch sie vertretenen Regierungen wenig Neigung, die Aufsicht über deutsche Angelegenheiten übermäßig zu verlängern, nachdem sie erst den Eindruck gewonnen hatten, daß die Zukunft der Bundesrepublik in den Händen von Männern liege, die trotz oder gerade wegen des jüngsten Traumas fest auf demokratischem Boden standen. Ich glaube, die Kommission fühlte sehr bald, nachdem die Bundesregierung im Amt war, wie vorbehaltlos sich der neue Bundeskanzler nicht nur zur Form, sondern auch zum Geist und Wesen parlamentarischer Demokratie bekannte. Daß der Bundeskanzler in so überzeugender Weise auch weiterhin seine parlamentarische Geschicklichkeit und seine erstaunliche Standfestigkeit unter Beweis stellte, bildete meines Erachtens ein wichtiges, wenn auch vielleicht unbewußtes Element in der Haltung der Kommission." (107)

Sein Kollege Francois-Poncet hat diese Sonderstellung des Kanzlers an einem konkreten Beispiel erläutert. Er weist darauf hin, daß das Angebot einer Wiederbewaffnung der Bundesrepublik im Jahre 1950 (wie immer es im einzelnen zustandegekommen sei), keinem anderen als Konrad Adenauer gemacht worden wäre. Der Kanzler hätte es in Rekordzeit verstanden, den Alliierten Vertrauen in seine Person und die Loyalität der Bonner Republik, ihrer Regierung und ihres Parlaments einzuflößen (108). Die Position des Kanzlers wandelte sich also recht schnell von der des Repräsentanten des besiegten Deutschlands zu der des Verhandlungsführers einer neuen Republik. Adenauer selbst hat in seiner Regierungserklärung vor dem 2. Bundestag ausgeführt, es erfülle ihn mit Befriedigung, daß das Verhältnis zur Alliierten Hochkommission schon jetzt nicht mehr unter dem Zeichen der Kontrolle und Bevormundung stehe, sondern durch vertrauensvolle, positive Zusammenarbeit gekennzeichnet sei (109).

Den Wandel zu einem partnerschaftlichen Verhältnis mit der Bundesregierung brachten die Hochkommissare nach Aussage von Kirkpatrick auch dadurch zum Ausdruck, daß sie den Kanzler ab 1951 nicht mehr zum Petersberg bestellten, sondern mit ihm in den Amtssitzen der Hochkommissare zusammentrafen (110).

Der Kanzler hatte also mit einem speziellen Konzept nicht nur den Abbau der Teilsouveränität der Bundesrepublik eingeleitet, sondern hatte es auch verstanden, diesen Überleitungsvorgang zu benutzen, um schon lange vor der faktischen Souveränitätserklärung von den Besatzungsmächten als gleichberechtigter Gesprächspartner akzeptiert zu werden. Man kann also davon ausgehen, daß der vorsouveräne Status der Bundesrepublik die Position des Kanzlers höchstens unwesentlich schwächte. Wenn man überhaupt von einer Schwächung reden kann. Zwar war staatsrechtlich festgelegt, daß die Besatzungsmächte im Extremfall jedwede Handlungsmöglichkeit auch gegen den Willen der Deutschen hatten, die deutsche Position war aber insofern aufgewertet, als man von einem völkerrechtlichen Objekt zu einem schwachen völkerrechtlichen Subjekt mit Wachstumschancen wurde.

Adenauers persönliche Position gegenüber den Hohen Kommissaren war darüberhinaus auch insofern etwas unproblematischer, als man für den gegenseitigen Kontakt auf ein Modell zurückgriff, das sich schon in der Besatzungszeit bewährt hatte. Elmar Plischke hat dies so beschrieben:

"Eine wichtige Einrichtung, um die Verbindungen zwischen Alliierten Hochkommission und deutscher Bundesregierung zu koordinieren, war die Serie von Treffen des Alliierten Rates mit dem Bundeskanzler. Diese entstanden aus den Konferenzen der Militärgouverneure mit Mitgliedern des Parlamentarischen Rates, speziell mit der Spitze des Rates unter der Führung von Dr. Adenauer. Es stellte sich heraus, daß die wirklich brauchbaren Verhandlungsresultate sehr oft in solchen informellen Zusammenkünften erzielt werden konnten, weil dann ja die Ideen sehr frei und ohne Beschränkungen ausgetauscht werden konnten. Als die Alliierte Hochkommission eingerichtet wurde, hat der Alliierte Rat konsequenterweise diese Praxis fortgesetzt." (111)

Vorstehend (S. 42 ff) ist beschrieben worden, daß Adenauer die Position als Präsident des Parlamentarischen Rates genutzt hat, um sich zum Sprecher der werdenden Bundesrepublik zu machen. Die damals gesammelte Achtung und Autorität konnte nun der Bundeskanzler Adenauer als persönliches Startkapital in die Verhandlungen mit den Hochkommissaren einbringen. Er war also kein unbeschriebenes Blatt, sondern ein bekannter Verhandlungspartner mit einigem Vertrauensvorschuß.

Diese informellen Sitzungen (112) auf dem Petersberg beschränkten sich auf einen kleinen Personenkreis: die Hochkommissare und ihre Stellvertreter, manchmal ein alliierter Berater. Von Seiten der Bundesrepublik erschien der Kanzler und "eine kleine Anzahl von seinen Beratern" (113). Diese für einen informellen Kreis keineswegs unübliche Personalbeschränkung (114) lenkt die Aufmerksamkeit auf einen Umstand, der für Adenauers Position als Bundeskanzler von Bedeutung war: Adenauer sicherte sich praktisch ein Monopol bei den Verhandlungen mit den Hohen Kommissaren. Die Positiva für die deutsche Seite lagen bei diesem Verfahren für den Kanzler auf der Hand. Konrad Adenauer wies gegenüber Anneliese Poppinga darauf hin, Fortschritte für die deutsche Seite bei diesen Gesprächen hätten nur mit einer sehr überlegten und ausgewogenen Taktik erzielt werden können. Grundlage dafür sei ein einheitlicher und geschlossener Wille im deutschen Lager gewesen. Vor diesem Hintergrund habe es auf keinen Fall passieren dürfen, daß etwa eine Uneinigkeit der deutschen Gesprächsteilnehmer sichtbar geworden wäre. Deshalb sei die weitgehende Beschränkung auf ihn ein Vorteil gewesen (115).

Adenauer wachte mit Argusaugen darüber, daß neben seinen Kontakten zur Hochkommission keine zweite Gesprächsebene entstand, auf der die generellen Fragen der Politik ausführlich behandelt werden konnten. In einem Schreiben, das er in der 9. Kabinettssitzung an alle Minister verteilen ließ, wies Adenauer die Ressortchefs darauf hin, daß der gesamte Verkehr mit der Hohen Kommission über ihn zu leiten sei (116). Als wenig später die Hochkommission ins Auge faßte, mit den Behörden der Bundesregierung in unmittelbaren Verkehr zu treten, erklärte der Kanzler vor dem Kabinett, daß er dies nicht akzeptieren wolle. Das Kabinett einigte sich dann darauf, je nach Lage des Falles Ministern Direktkontakt zur Hochkommission zu erlauben, danach sei dem Bundeskanzler aber sofort Bericht zu erstatten" (117). Wie eng Adenauer die Fälle auslegte, wurde später klar: Als in der Frühphase der Diskussion über den Deutschlandvertrag deutlich wurde, daß man den alliierten Vertragsentwurf nicht nur in den Gesprächen Hochkommission/Adenauer erörterte, sondern auch mit Ministern und Koalitionsabgeordneten besprach, drängte Adenauer ganz massiv auf Einstellung dieser Kontakte (118).

Ein weitgehendes Verhandlungsmonopol stärkte die ohnehin nicht schwache Position des Bundeskanzlers schon in der ersten Zeit ganz entscheidend.

Hans Buchheim hat das so umschrieben, daß zusätzlich zur parlamentarischen Verantwortlichkeit des Kanzlers eine Verantwortlichkeit gegenüber den Besatzungsmächten gekommen sei. Infolge dieser zusätzlichen Verantwortlichkeit sei der Kanzler gezwungen gewesen und habe zugleich das Recht und die Chance dazu gehabt, die Geschäfte der Bundesregierung viel straffer zu führen, als dies unter normalen Umständen nötig und möglich gewesen sei (119).

Diese Verstärkung der Kanzlerposition durch das von Adenauer verteidigte Verhandlungsmonopol wird allgemein als gegeben betrachtet. Strittig ist allein die Frage, ob der Kanzler mit dieser Monopolisierung ganz bewußt seine Stellung verstärkt hat. Praktisch gibt es zwei "Schulen": die eine bejaht, die andere verneint. Für die erste "Schule" spricht Erich Mende und erklärt, Adenauer habe mit seiner enormen Lebenserfahrung ziemlich rasch erkannt, welche Möglichkeit dieser Kontakt für den Ausbau seiner Stellung bot (120). Ähnlich sieht es auch Arnulf Baring, der davon ausgeht, es sei eine erhebliche und klug genutzte Machtchance für Adenauer gewesen, daß er imstande war, den Zugang zur alliierten Hochkommission, der eigentlichen Regierung in Westdeutschland bis 1955, in seinem Bundeskanzleramt zu monopolisieren (121). Ein Vertreter der gegenteiligen Position ist Herbert Blankenhorn. Er resümiert wie folgt:

"Adenauer hat ganz richtig gesehen, daß es ein Unding gewesen wäre, wenn jeder Minister oder betroffene und interessierte Parlamentarier mit der Hohen Kommission einzeln verhandelt hätte. (...)
Adenauer hatte ein viel zu natürliches Verhältnis zu dem was man allgemein als 'Macht' bezeichnet, als daß er sich jemals darüber theoretische Gedanken gemacht hätte - aber: er sah in der Konzentration der Gesprächsmöglichkeiten mit der Hochkommission auf den Kanzler keinen Weg, um seine politische Stellung zu festigen, sondern eine sich aus der Situation ergebende Notwendigkeit.
Es ist ja auch nicht so gewesen, daß er mit dem Gesprächsvorbehalt für seine Position alle anderen Politiker gleichsam 'ausschaltete'. Standen Fragen der Finanzpolitik an, war häufig Fritz Schäffer mit auf dem Petersberg (oder auch H.J. Abs), ging es um Wirtschaftspolitik Ludwig Erhard, stand dann später der Wehrbeitrag zur Debatte, Theodor Blank. Die Minister waren fachspezifische Gesprächspartner der Hochkommission, der 'Generalist' war aber ohne Frage der Kanzler." (122)

Unumstritten scheint hingegen der Fakt, ob Adenauer das Kabinett nur in Allgemeinplätzen über die Verhandlungen mit den Hochkommissaren zu unterrichten versuchte. Heinrich Hellweg erklärt dazu:

"Es ist richtig, daß Adenauer über seine Verhandlungen auf dem Petersberg

im Kabinett nur sehr pauschal berichtete. Recht oft mußten wir dem Kanzler
– nehmen wir einmal die umgangssprachliche Formulierung – die Fakten recht
mühselig aus der Nase ziehen. Es war aber nicht so, daß diese nur pauschale Informierung von der Ministerrunde gleichsam widerspruchslos akzeptiert wurde. Wir haben uns immer wieder bemüht, auch über Detailfragen
dieser Verhandlungen Klarheit zu erhalten." (123)

Dieser letzten Wertung kann Adenauers erster Persönlicher Referent, Ernst
Wirmer, der Regularteilnehmer an den Kabinettssitzungen war, nicht folgen.
Er gibt zu verstehen, daß Adenauer im Kabinett seine Politik gegenüber der
Hochkommission erläuterte, ohne daß die Runde allzuviel Bereitschaft zu
aktiver Mitgestaltung erkennen ließ (124).

Herbert Blankenhorn geht sogar soweit, im Verhalten der Minister eine
Akzeptierung der Adenauerschen Monopolstellung in Bezug auf die Verhandlungen mit den Hochkommissaren zu sehen. Danach waren die Ressortchefs irgendwie "gottfroh", daß sie nicht stundenlang auf dem Petersberg
bei wirklich schwierigen Verhandlungen dabeisein mußten. Sie seien zu-
friedengestellt gewesen, wenn der Kanzler ihnen das dortige Geschehen
schilderte, wobei nicht immer das Wichtigste zur Sprache gekommen sei
(125). Die Sondersituation der Bundesrepublik machte es nach Adenauer
sogar nötig, bei wichtigen Schritten in Richtung Hochkommission das
Kabinett erst nach vollzogener Aktion zu unterrichten. Bevor der Kanzler
im Parlament seinen Brief an Hochkommissar Robertson verlas, in dem er
am 1.11.49 praktisch den Verhandlungsprozeß zum Petersberger Abkommen mit
Zugeständnissen im Sicherheitsbereich ohne vorherige Konsultationen in
den eigenen Reihen in Gang setzte, hat er dies so erläutert, ihm sei von
maßgeblicher ausländischer Seite gesagt worden, daß die Frage im Hinblick auf die kommende Pariser Konferenz außerordentlich dränge. Daraufhin habe er, da ihm keine Zeit zu Kontakten mit irgendwelchen politischen
Persönlichkeiten mehr blieb, das Schreiben ohne Fühlungnahme an Robertson
abgeschickt (126).

Unabhängig davon, daß das Kabinett das Vorgehen Adenauers im Nachhinein
einhellig billigte (127) und möglicherweise an der Formulierung doch
beteiligt war (128), wird in der Gesamtschau deutlich, daß der Kanzler
in Richtung Hochkommission im Bereich der Regierung d i e entscheidende
Figur war. Dies bedeutete aber ungleich mehr: Adenauer sah eine akzeptierte Möglichkeit, seine Kompetenzen als Kanzler gleich von Anfang an
voll gegenüber dem Regierungskollegium auszuschöpfen, dies konnte ganz

allgemein stilprägend sein (129).

Ein Bestimmungsrecht Adenauers bezog sich in den Beziehungen zur Hochkommission freilich nicht allein auf den Gesprächskontakt auf Chefebene. Der Kanzler sorgte vielmehr dafür, daß Vor- und Nachbereitung der Gespräche auf dem Petersberg sowie die zahllosen niederrangigeren Verhandlungsebenen in seiner unmittelbaren Einflußsphäre blieben. Zu diesem Zweck wurde am 20. November 1949 im Bundeskanzleramt eine "Verbindungsstelle zur Alliierten Hohen Kommission" eingerichtet, deren Leitung Herbert Blankenhorn übernahm und die dem Kanzler unmittelbar unterstellt war. Durch eine besondere Anordnung Adenauers wurden die Bundesministerien angewiesen, ihren gesamten Geschäftsverkehr mit der Alliierten Hohen Kommission über diese Verbindungsstelle abzuwickeln. Die Verbindungsstelle wurde im Juni 1950 mit dem ebenfalls im Kanzleramt angesiedelten "Organisationsbüro für konsularisch-wirtschaftliche Vertretungen im Ausland" und dem vom Bund übernommenen "Deutschen Büro für Friedensfragen" zur "Dienststelle für Auswärtige Angelegenheiten" zusammengefaßt. Leiter blieb Herbert Blankenhorn (130). Dieser hat die Arbeit seines Teams wie folgt beschrieben:

"Sein (Adenauers, der Autor) Streben war, den Strom der notwendigen Kontakte sinnvoll zu kanalisieren, dies erforderte logischerweise eine zentrale Instanz und es ist doch wirklich nicht verwunderlich, wenn man die Ausgestaltung der Kanzlerposition durch das Grundgesetz sieht, daß Adenauer hier eine ureigenste Aufgabe fand. Vor diesem Hintergrund war die Installierung einer Verbindungsstelle in Adenauers unmittelbarer Umgebung unerläßlich.
(...)
In der Regel wurden die Termine auf dem Petersberg durch informelle Gespräche im Bundeskanzleramt (oder in Adenauers Privathaus in Rhöndorf) vorbereitet, wobei Adenauer das Vieraugengespräch bevorzugte, größere Gesprächsrunden waren hingegen selten.
Die Verbindungsstelle war daneben damit beauftragt, über die Gespräche mit der Hochkommission Protokolle zu erstellen. Sehr oft habe ich das besorgt, aber auch andere Mitarbeiter wurden hier tätig. Diese schriftliche Fixierung war notwendig, weil einmal aus der Substanz der Gespräche auf dem Petersberg für die Politik der Bundesregierung wichtige Schlüsse gezogen werden konnten, zum anderen weil eine Grundlage für die Ausführung von Beschlüssen der Hochkommission und Vereinbarungen mit der Hochkommission vorhanden sein mußte. Im letzten übte die Verbindungsstelle auch die 'Vollzugskontrolle' als damit befaßter Teil des Bundeskanzleramtes aus." (131)

Blankenhorn weist weiter darauf hin, es sei Aufgabe der Verbindungsstelle gewesen, den Kanzler bei der von ihm gepflegten Unterrichtung wichtiger

Personen über die Petersberger Gespräche zu unterstützen (132). Die Verbindungsstelle war also nicht allein intern auf die Hochkommission ausgerichtet, sie hatte auch eine Außenfunktion in Sachen Administration und Information.

Daneben kann ein zweiter Arbeitsschwerpunkt ausgemacht werden. Elmar Plischke hat erläutert, daß die Verbindungsstelle in erster Linie als Koordinierungseinrichtung für die Beziehungen zwischen Bundesministerien und Hochkommission diente. Die offiziellen Kontakte zwischen beiden Seiten seien immer über die Verbindungsstelle gelaufen, wobei sie auch die Einhaltung grundsätzlicher politischer Abmachungen beim Kontakt deutscher Stellen mit der alliierten Seite überwacht habe. Deutsche Spezialisten, die an Konferenzen auf dem Petersberg oder in einem der Alliierten Hauptquartiere teilgenommen hätten, seien grundsätzlich von einem Mitglied der Verbindungsstelle begleitet worden. Dies habe dem Kanzler ermöglicht, in "engem Kontakt" mit allen deutsch/alliierten Entwicklungen zu bleiben (133). Zudem war es üblich, daß nur Blankenhorn (und andere Mitarbeiter aus dem Kanzleramt) Adenauer bei seinen Gesprächen mit der Hochkommission regelmäßig als Berater begleiteten, die Minister wurden nur bei Fachfragen zugezogen. Dies sicherte den "Sekretären" (134) durchaus Einfluß, auch wenn ihn Herbert Blankenhorn sehr zurückhaltend formuliert:

"Ich sollte hier vielleicht anmerken, daß ich als Leiter der Verbindungsstelle kein gestaltender Politiker war, sondern im wortwörtlichen Sinne ein Gehilfe des Kanzlers. Natürlich bedeutete das nicht, daß mir eine reine 'Briefträgerrolle' zukam. Bei den diversen Übereinkommen, die mit den Hochkommissaren entstanden (Beispiel: Petersberger Abkommen im November 1949) kam mir häufig die Rolle zu, in Arbeitssitzungen mit den stellvertretenden Hochkommissaren die eigentlichen Vertragstexte auszuformulieren.
Auch benutzte mich der Kanzler recht häufig als Prüfstein für neue Konzepte in Richtung Hochkommission und da ich mich keinesfalls als 'yesman' fühlte, Adenauer durchaus fundierte Kritik hören wollte und auch inhaltlich berücksichtigte, war ich natürlich am politischen Prozeß nicht ganz unbeteiligt." (135)

Adenauer sorgte also nicht nur dafür, daß die Begleiter aus "seinem" Haus kamen, er fand auch im Bundeskanzleramt den Resonanzboden, um die Realisierbarkeit seiner Konzepte in Richtung Hochkommission zu überprüfen. Seine Vorliebe für Mitarbeiter aus der nahen Umgebung blieb auch den Hochkommissaren nicht verborgen. John McCloy gewann den Eindruck, daß er in seine unmittelbaren Mitarbeiter größeres Vertrauen setzte, als in andere Politiker (136). Alle Arbeit in Richtung Hochkommission war demgemäß entweder auf den Kanzler selbst und seine Mitarbeiter aus dem Bundeskanzleramt beschränkt oder wurde zumindest von ihnen kanalisiert und damit letztlich kontrolliert. Das Monopol auf der "Chefebene" war damit allumfassend abgesichert.

Zusammenfassend läßt sich damit sagen, daß die dargelegten Dimensionen des vorsouveränen Status der Bundesrepublik die Position des Kanzlers keineswegs schwächten. Es ist vielmehr zu vermuten, daß gerade die historischen Struktureigenschaften dem "frühen" Kanzler eine kraftvolle Politik erleichterten und somit von Anfang an dafür sorgten, daß aus der verfassungsrechtlichen Möglichkeit "starker Kanzler" eine politische Realität wurde. Den dadurch gewonnenen Freiraum demonstrierte Adenauer durch Aktivitäten auf einem Feld, das nach dem Besatzungsstatut den Siegermächten reserviert war: der Außenpolitik.

c) Adenauers Interview-Außenpolitik

Im vorigen Abschnitt ist beschrieben worden, daß das Besatzungsstatut den Alliierten die Zuständigkeit in zentralen Fragen bundesdeutscher Provenienz vorbehielt. Es wurde weiter dargestellt, daß Adenauer einerseits zwar bereit war, die schmale Ausgangsbasis der deutschen Politik zu akzeptieren, andererseits aber klarmachte, daß es sein Ziel sei, diese Beschränkungen abzubauen. Adenauer entwickelte dafür eine Strategie, die "vorleistende Kooperation", und zwar letztendlich damit erfolgreich: Es gab aber einen Bereich der alliierten Alleinzuständigkeit, für den Adenauer von Anfang an deutlich machte, daß er das Verbot zu bundesdeutschen Aktionen im Grunde für eine Fiktion hielt: die Außenpolitik. In seiner ersten Regierungserklärung hat dies der Kanzler so umschrieben:

"Unter den Bundesministerien fehlt ein Außenministerium. Ich habe auch nicht den an mich herangetragenen Wünschen stattgegeben, ein Ministerium für zwischenstaatliche Beziehungen einzurichten. Ich habe das deshalb nicht getan, weil nach dem Besatzungsstatut die auswärtigen Angelegenheiten unter Einschluß internationaler Abkommen, die von Deutschland oder im Namen Deutschlands abgeschlossen werden, Sache der Alliierten Hohen Kommission für die drei Zonen sind. Wenn wir demnach auch kein Ministerium des Auswärtigen haben, so bedeutet das keineswegs, daß wir damit auf jede Betätigung auf diesem Gebiete Verzicht leisten. Das Paradoxe unserer Lage ist ja, daß, obgleich die auswärtigen Beziehungen von der Hohen Alliierten Kommission wahrgenommen werden, jede Tätigkeit der Bundes-

regierung oder des Bundesparlaments auch in inneren Angelegenheiten
Deutschlands irgendwie eine ausländische Beziehung in sich schließt.
Deutschland ist infolge Besatzung, Ruhrstatut, Marshall-Plan usw. enger
mit dem Ausland verflochten als jemals zuvor." (137)

Einmal abgesehen von dieser Einbindung in den internationalen Prozeß kann
man die Unmöglichkeit zur Nicht-Außenpolitik noch grundsätzlicher formulieren. Praktisch schon das Verhältnis einer deutschen Regierung (wie
schwach auch immer) zu den drei ausländischen Siegerregierungen (vertreten durch die Hochkommissare) war ein Problem der internationalen
Politik und damit eminent außenpolitisch (138). Die Gestaltung dieses
"internen" außenpolitischen Verhältnisses ist im vorigen Abschnitt ausführlich unter dem Gesichtspunkt der Einwirkung auf die bundesrepublikanische Führungsstruktur untersucht worden. Was jetzt interessiert ist
die Frage, welche Formen der von Adenauer angekündigte Nicht-Verzicht
auf Außenpolitik darüberhinaus annahm und in welcher Weise dies die
Kanzlerposition beeinflußte.

Adenauer hat trotz des geschilderten Verzichts auf eine irgendwie geartete ressortmäßige Zuständigkeit für "Äußeres" nicht von der Einrichtung entsprechender Dienststellen abgesehen. Zuständig war die "Dienststelle für auswärtige Angelegenheiten" im Bundeskanzleramt. Der Kanzler
siedelte damit erste Vorformen von außenpolitischen Institutionen in seiner unmittelbaren Umgebung und somit in seinem Einflußbereich an. Damit
wurde er primär "außenpolitischer" Sprecher der Bundesrepublik und entwickelte eine auf die spezielle Situation zugeschnittene Methode. Konrad
Adenauer beschreibt sie so:

"Die Bundesrepublik durfte damals noch kein Außenministerium einrichten,
ihre außenpolitischen Interessen wurden durch die drei Hohen Kommissare
wahrgenommen. Ich habe daher laufend versucht, unsere Ansichten über
außenpolitische Vorgänge durch Interviews der öffentlichen Meinung des
Auslands klarzulegen." (131)

Für einen "normalen" Regierungschef sind Interviews e i n Mittel aus
dem außenpolitischen Instrumentenkasten, für den "beschränkten" Regierungschef Adenauer wurde die "Interview-Außenpolitik" (140) in Ermangelung "normaler" Möglichkeiten d a s außenpolitische Mittel.
Es ist nicht nötig, eine fallmäßige Dokumentation dieser Vorgangsweise
anzufügen, da eine listenmäßige Erfassung der Reden und Interviews von
Konrad Adenauer bis 1953 bereits vorliegt (141). Wichtig erscheint aber,

daß die Interview-Aktivitäten Adenauers auf dem außenpolitischen Sektor durchaus Kritik bei der Hochkommission auslöste (142), was nicht verwundert, da der Kanzler damit ein Mittel gefunden hatte, den indirekten Dienstweg über die Besatzungsbehörden durch eine ungefilterte Sprechmöglichkeit zu ersetzen (143). Adenauer selber wies darauf hin, daß er sich davon einen direkten Zugang zur eigentlichen Entscheidungsspitze versprach. So gab er der amerikanischen Zeitung "Baltimore Sun" deshalb ein ausführliches Interview zu sicherheitspolitischen Fragen, weil er wußte, daß Präsident Truman sie regelmäßig las (144). Kritik an der Interview-Außenpolitik kam auch von der Opposition im Bundestag, der Adenauer, nach einem Hinweis auf die spezielle deutsche Situation, wie folgt begegnete:

"Wir müssen deswegen versuchen, so gut und so schlecht wir können - na, sagen wir mal: etwas zu tun, was ungefähr Außenpolitik ist.
Dazu, verehrter Herr Dr. Lütkens, gehören auch Interviews. Sehen Sie mal, der Herr Kingsbury Smith ist ein sehr bekannter amerikanischer Journalist, dessen Artikel in 2000 amerikanischen Zeitungen abgedruckt werden. Ich glaube, meine Damen und Herren, man würde sehr unklug sein, wenn man die Möglichkeit, den breitesten Kreisen des amerikanischen Volkes gewisse Aufklärungen zu geben, nicht wahrnehmen würde.
(...)
Bisher, Herr Lütkens, habe ich den Eindruck, als ob diese Interviews zwar manchen Stellen im Ausland außerordentlich unbequem gewesen und auf die Nerven gegangen sind, ich habe aber auch von maßgebenden Stellen des Auslands unter der Hand eine Antwort bekommen, mit der ich hoch zufrieden sein kann.
(...)
Vor allem, meine Damen und Herren, wird niemand bestreiten können, daß durch diese Interviews die Weltöffentlichkeit auf die Fragen, die für uns Deutsche entscheidend sind, in einer Weise hingelenkt worden ist, wie es nötig gewesen ist." (145)

Dieses Einbringen des deutschen Standpunktes war nach Paul Weymar auch der Hintergrund zum berühmtesten Fall der Adenauerschen "Interview-Außenpolitik", dem Gespräch für den "Cleveland Plain Dealer", das Adenauer am 3. Dezember 1949 dem Journalisten John P. Leacacos gab. Nach Weymar beschäftigte sich die ganze Welt damals aufgeregt mit der Frage einer möglichen deutschen Wiederbewaffnung. Nicht geäußert zu diesem Thema habe sich anfänglich der Bundeskanzler, was wenig aufsehenerregend gewesen sei, da diese Frage zu den "Sperrgebieten" gehörte, die das Besatzungsstatut den Deutschen auferlegte. In dieser Situation hätten die Amerikaner Adenauer wissen lassen, daß man nichts dagegen habe, wenn er eine Reihe

von Fragen des amerikanischen Journalisten bezüglich der deutschen
Wiederaufrüstung beantwortete.

Das Interview sei zu einer Weltsensation geworden und habe zahlreiche
Mißverständnisse nach sich gezogen. Denn der amerikanische Reporter habe
offensichtlich die Antworten des Bundeskanzlers zum Teil mißverstanden,
dann wieder überhaupt nicht verstanden und sie laut Weymar in jedem Fall
einseitig dargestellt (146). Kernpunkt der inhaltlichen Kontroverse war
die Frage, ob Adenauer tatsächlich eine autonome Armee gefordert habe.
Er dementierte sofort (147) und sprach davon, im äußersten Fall ein deutsches Kontingent innerhalb einer europäischen Armee zu erwägen.
Dieser Version vom Kanzler, der sehr vorsichtig durch eine halboffene
Tür in Richtung Wiederbewaffnung schaute, wobei ihn Leacacos so falsch
interpretierte, als wolle er diese gleich einrennen, steht die Vermutung
entgegen, daß das Ganze allein ein Adenauerscher Versuchsballon zur
Wiederaufrüstung war, dem dann sehr schnell wieder Gas entzogen wurde.
Die zweite Version ist für Terence Prittie richtig, der ganz generell
Adenauers Umgang mit der Presse als sehr beunruhigend klassifiziert. Er
habe die Gewohnheit angenommen, einzelnen Korrespondenten, die nicht zu
bekannt waren und für unwichtige Blätter schrieben, "exclusive" Informationen zu geben. Dies sei eine nach Adenauers Ansicht sehr geschickte
Art und Weise gewesen, die öffentliche Meinung zu sondieren, wobei ihm
immer der Ausweg geblieben sei, das Ganze als ein Mißverständnis und sich
selbst als Opfer eines ungeschickten Reporters zu bezeichnen. Er habe
diese Taktik so oft in seiner politischen Laufbahn angewandt, daß es sich
um eine wohlüberlegte Berechnung handeln müsse (148).

Es kann nicht Aufgabe dieser Studie sein zu entscheiden, welcher Ver-
laufsform höhere Wahrscheinlichkeit zukommt. Wichtig ist in diesem Zusammenhang vielmehr, daß Adenauer überhaupt dieses Thema publizistisch
ansprach. Dies verdeutlicht erneut, daß er im Interview mit ausländischen
Zeitungen ein Mittel sah, um außenpolitische Effekte zu erzielen. Diese
Form der Politik überraschte nicht nur die Öffentlichkeit. Nach Aussage
von Ernst Wirmer erregten im Jahre 1950 auch bei den Kabinettsmitgliedern
eine ganze Reihe von Interviews Aufsehen (149). Da nun rein technisch
schwer vorstellbar ist, daß Adenauer zu seinen Interviewaussagen die Zustimmung der Kabinettsrunde einholte, andererseits vorstehend klar wurde,

daß die Interview-Außenpolitik zunächst d a s außenpolitische Mittel
aus Mangel an anderen Möglichkeiten war, läßt sich einigermaßen abgesichert folgern, daß der Kanzler damit auf dem de jure nicht erlaubten,
de facto aber betriebenen Gebiet der Außenpolitik eine dominierende Position hatte.

Das war natürlich nur insofern möglich, weil innerhalb der Regierungskoalition in den prinzipiellen Fragen der Außenpolitik Übereinstimmung
bestand. Auf dieser Basis entwickelte Adenauer seine Methode, die "Interview-Außenpolitik", die der vorsouveränen Stellung der Bundesrepublik
Rechnung trug, merkliche Effekte erzielte und eine starke Kanzlerposition
auf einem zukunftsträchtigen Gebiet sicherte. Auch in diesem Fall hat es
Adenauer verstanden, bei der prinzipiellen Schwäche der frühen Bundesrepublik mit einer darauf abgestellten Politik, eine Stärkung seiner
Position zu erreichen.

## II. Die speziellen Möglichkeiten des Bundeskanzlers als erster Amtsinhaber

In den letzten beiden Abschnitten ist beschrieben worden, welche Auswirkungen es für die Position des Kanzlers hatte, daß die Bundesrepublik
zunächst einen "vorsouveränen" Status aufwies. Neben dieser völkerrechtlichen Sondersituation in den Anfangsjahren der zweiten deutschen Republik war natürlich der staatliche Neubeginn als solcher nach einer mehrjährigen staatlichen Nichtexistenz ebenfalls ein Sonderfall. Es soll im
folgenden untersucht werden, welche Möglichkeiten die Ausnahmesituation
der "Stunde Null" für die Genese des Adenauerschen Regierungsstiles bot.

Ausgangspunkt der Überlegung ist, daß die umfassende Neukonstruktion
eines Verfassungsgebäudes nicht so ausfallen kann, daß jedwedes Agieren
innerhalb des Verfassungsrahmens detailliert normiert wird und daß normiertes Agieren nicht so detailliert aufgeschlüsselt werden kann, daß alle
möglichen Handlungsarten vorbeschrieben werden. Verfassungskonstruktion
heißt demnach Akzeptieren von Leer- und Schattenräumen sowie Vermeidung
von vorkonstruierter Systemperfektion.

Wilhelm Hennis hat dies für den Bereich der Regierung insofern umrissen, als er darauf hinweist, daß es unbillig wäre, von einer Verfassung zu erwarten, daß sie den gesamten Prozeßablauf auf diesem Gebiet im einzelnen regele und sichtbar mache. Die Verfassung beschreibe gewöhnlich nur die Beziehungen zwischen Regierung und Parlament, über die innere Arbeitsordnung der Exekutive, schon die Zahl und Aufgaben der Ressorts, sei normalerweise nichts vermerkt (150). Ulrich Scheuner macht nun weiter deutlich, daß diese verfassungsprägende Selbstbescheidung kein staatsrechtliches Terrain preisgebe, weil sich gleichsam als Konstrukteur im nicht - oder vorstrukturierten Bereich - die "Verfassungspraxis" betätige (151).

Die normierende Kraft einer bestimmten Verfassungspraxis ist vor allen Dingen dann bedeutsam, wenn es sich um ein Staatswesen handelt, dessen Verfassungskonzeption erstmalig in der politischen Realität Anwendung findet. Theodor Heuß hat diesen Umstand "personifiziert" und angemerkt, daß es letzlich die Träger höchster Staatsämter seien, die in der Gründungsphase eines Staatswesens die "Paragraphengespinste" ihrer Ämter mit Leben und Realität ausfüllten (152).

Die formative Kraft zur Normierung in der Verfassungswirklichkeit in der Frühphase der Bundesrepublik wird aber weitgehend nicht Heuß - dem Präsidenten -, sondern Adenauer - dem Kanzler - zugesprochen, sei es im Negativen oder im Positiven (153). Wichtige Einzelaspekte, deren Zusammensetzung die prägende Entscheidungskraft Adenauers begründen, sollen deshalb im folgenden detailliert beschrieben werden.

Da ist zunächst das zu berücksichtigen, was vorstehend schon angesprochen wurde: Es fehlte an einer allgemein akzeptierten, demokratischen Tradition, die einen Rückgriff in Sachen Handhabung der Staatsgeschäfte erlaubt hätte. Wie wichtig dieser Geschichtsbezug für das Wachstum von Organisationen ganz generell ist, darauf hat Renate Mayntz hingewiesen. Sie merkt an, daß überlieferte Traditionen des Denkens und Tuns neben spontanen Reaktionen auf mehr oder weniger zufällige Gegebenheiten oft eine viel größere Rolle spielten als planmäßiges Organisieren (154). Wenn nun aber richtig ist, daß Konrad Adenauer "zum eigentlich aktiven Element der neuesten Verfassungsgeschichte" (155) wurde, ist zu fragen, welche Traditionen in den Formierungsprozeß eingeflossen sind. Hier wird man davon ausgehen können, daß zwar kein allgemein-übergreifendes Traditionsbild vorhanden war, wohl aber ein persönlicher Hintergrund bei Adenauer, der hierfür Maßstäbe liefern konnte. Zumal auch die Organisationssoziologie davon ausgeht, daß Rollenerwartungen außerhalb der jeweiligen Organisation geprägt werden können (156), kann man als hier relevanten Hintergrund Adenauers langjährige Tätigkeit als Kölner Oberbürgermeister vor dem Dritten Reich annehmen (157). Es soll hier nicht einer mechanistischen Übertragungstheorie in der Weise das Wort geredet werden, daß alles, was der Kanzler Adenauer vollführte, auf seine "Lehrjahre" als mächtiger Kölner Oberbürgermeister (158) zurückzuführen sei. Es gibt aber eine Vielzahl relevanter Stimmen, die darauf hinweisen, daß die politische Persönlichkeit des Bundeskanzlers Adenauer in wesentlichen Grundstrukturen durch die Erfahrungen jener kommunalpolitischen Jahre geprägt worden sei (159). Dies hat Franz Meyers detailliert aufgeschlüsselt:

"Bei der Betrachtung des Werdegangs darf bei Adenauer allerdings auch nicht verkannt werden, daß die Stellung des rheinischen Oberbürgermeisters innerhalb seines Gemeinwesens beispiellos souverän war. (...) Es ist daher sicherlich nicht falsch, wenn man annimmt, daß der Inhaber oder der frühere Inhaber eines solchen Amtes für eine zentrale Zusammenfassung der Befehlsbefugnisse und Macht empfänglich war. Manche Entscheidung des Bundeskanzlers Adenauer ist nur verständlich, wenn die langjährige Tätigkeit als rheinischer Oberbürgermeister mitbeachtet wird." (160)

Nicht nur die Tendenz zur Häufung von Entscheidungsbefugnissen in einer (seiner) Hand wird auf Erfahrungen aus der Kölner Zeit zurückgeführt, es wird auch angemerkt, daß sein bereits erwähntes taktisches Geschick in dieser Periode seine handwerkliche Ausprägung erhielt. Herbert Blankenhorn beispielsweise geht davon aus, daß Adenauer in den Jahren seiner kommunalpolitischen Laufbahn jene politischen Erfahrungen und Weisheiten gesammelt habe, die in späteren Jahren seiner Kanzlerschaft immer wieder bewundert worden seien (161). Es kann folglich davon ausgegangen werden, daß eine an nüchterner politischer Taktik und gewachsener Autoritätsgewohnheit orientierte Tradition als Hintergrund zum Formierungsprozeß der Verfassungspraxis für Adenauer zur Verfügung stand.

Tatsächlich führte dies zu einer Regierungsweise mit starker persönlicher Ausprägung. Es muß aber angemerkt werden, daß dieses "persönliche Regiment" so etwas wie einen geschichtlichen Sinn hatte. Fritz René Allemann hat erläutert, daß dieser Führungsstil unter denkbar schwierigen Bedingungen eine Konsolidierung der deutschen Demokratie in einem Maße ermöglicht habe, wie das zu Beginn des bundesrepublikanischen Experiments fast unvorstellbar erschienen sei (162). Die Notwendigkeit zu einer patriarchalischen Autorität in der Verkörperung von Adenauer vor dem Hintergrund der jüngsten deutschen Geschichte hat auch Terence Prittie anerkannt. Nach seiner Einschätzung hatten die Deutschen damit eine Atempause, eine Zeitspanne, in der die Rechtsstaatlichkeit und so etwas wie eine integrierte demokratische Gesellschaft eingeführt werden konnte (163). Allemann argumentiert bei der Verbindung zwischen Demokratie und Autorität in dieser Situation noch grundsätzlicher:

"Westdeutschland war zweifellos 1949 nicht auf einen chemisch reinen Parlamentarismus vorbereitet. Eben deshalb konnte die 'Demokratisierung' nur dann echt sein, wenn sie das Bedürfnis nach Führung befriedigte, wenn sie, anders gesagt, den im deutschen Geschichtsverlauf tief begründeten autoritären Tendenzen zugleich rechtsstaatliche Grenzen bahnte. Adenauer hat, indem er mit autoritärem Temperament diesen Spielkreis ausnützte, zweifellos die Demokratie westlichen Typs mit deutschhistorischer Substanz verdünnt und denaturiert. Aber er hat zugleich den Versuch vereitelt, diese Substanz gegen den Staat aufzurufen." (164)

Diese Saturierung des deutschen Autoritäts- und Führungsbedürfnisses ohne Sprengung des demokratischen Rahmens hat zu einer für viele Deutsche überraschenden Neuentdeckung geführt: Demokratie und Autorität sind miteinander vereinbar (165).

Adenauer besaß auch insofern große Gestaltungsmöglichkeiten, als dem Kanzler in wichtigen Teilen des verfassungsrechtlich normierten Bereiches eine prägende Rolle zukam. Relevantester Einzelfall ist die in Artikel 65 Grundgesetz niedergelegte Richtlinienkompetenz. Die umfangreiche Diskussion zu dieser Frage (166) kann im Rahmen dieser Studie nicht wiedergegeben werden. Allein in einem Punkt dieser kontroversen Aussprache scheint weitestgehend Einigung zu bestehen: was Richtlinienkompetenz ist, läßt sich abstrakt nicht definieren (167).

Damit verbleibt den politisch relevanten Akteuren viel Raum für eine individuelle Ausgestaltung. Diesen Füllungsprozeß hat Adenauer tatsächlich so intensiv betrieben, daß viele Beiträge über Richtlinienkompetenz von seiner speziellen Handhabung dieses Instrumentariums als eigentlichem allgemeinen Orientierungspunkt ausgingen (168). Die Handhabung der Richtlinienkompetenz wurde also weitgehend auf jene Interpretation reduziert, die Adenauer lieferte. Auch damit wird seine prägende Gestaltungsfunktion deutlich.

Ein anderer Aspekt der starken Prägekraft des Kanzlers in der Verfassungswirklichkeit ist der Umstand, daß Theodor Heuß in seinem Amt als Bundespräsident den politischen Primat der Kanzlerposition bald vorbehaltlos anerkannte (169). Hatte Heuß anfänglich durchaus versucht, in Sachen Regierungsbildung oder Teilnahme an Kabinettssitzungen die Dynamik seines Amts ausgreifend zu verstehen (170), wandte er sich nach sofortigem Adenauerschen Widerstand sehr bald von jeder "machtpolitischen" Komponente ab und beschränkte sich auf die eher atmosphärische Rolle des höchsten Staats-Repräsentanten (171).

Daß ein anderes Verständnis der Handlungsposition des Bundespräsidenten möglich gewesen wäre, ist oft betont worden (172). Der hier relevante Fakt ist aber, daß Theodor Heuß sich weitgehend aus der aktiven Gestaltung der Verfassungspraxis im Regierungssektor heraushielt. Wie vorsichtig er es vermied, auch nur in kleinsten Ansätzen jene zuvor beschriebene Kraftprobe heraufzubeschwören, hat Adenauer in seinen Erinnerungen bei der Schilderung der Diskussion um die Beantwortung eines Briefes des ostzonalen Ministerpräsidenten Grotewohl Ende 1950 verdeutlicht (173).

Daß die tatsächliche Zurückhaltung des Bundespräsidenten bei politischen Entscheidungen notfalls von Adenauer auch mittels Konflikt durchgesetzt worden wäre, hat der noch nicht gewählte Kanzler aber andererseits vor seiner Fraktion verdeutlicht:

"Alles in allem genommen, glaube ich, daß Herr Heuß - Sie verstehen das recht, was ich jetzt sage - uns keine großen Schwierigkeiten machen wird. Der Bundespräsident kann überhaupt keine Schwierigkeiten machen, wenn der Bundeskanzler genügend Nerven hat, um ihm das unmöglich zu machen. (Heiterkeit) Ich drücke mich doch so zart wie möglich aus, und da lachen Sie! Aus diesem Grund heraus glaubten wir (...) man soll den Herrn Heuß zum Präsidenten von den Demokraten vorschlagen lassen." (174)

Unmittelbar vor seiner Kanzlerwahl - Theodor Heuß war bereits zum Präsidenten gewählt worden - hat Adenauer dies vor dem gleichen Kreis erneut unterstrichen:

"Es ist jetzt das erste Mal, daß von der einschlägigen Bestimmung des Grundgesetzes Gebrauch gemacht wird, und es muß volle und absolute Klarheit darüber bestehen, daß der Bundespräsident die ihm vom Bundeskanzler benannten Herren und Damen zu ernennen hat. Wenn der Bundestag mich zum Kanzler wählen würde, wenn ich Herrn Heuß meine Vorschläge machen würde, Sie können sich darauf verlassen, daß ich ihn, falls seinen Äußerungen zu entnehmen wäre, daß er einen Einfluß ausüben will, der ihm nicht zusteht, in höflicher aber entschiedener Form auf den Wortlaut des Grundgesetzes aufmerksam machen würde. (Sehr gut) Ich hafte Ihnen dafür, daß Sie an meiner Höflichkeit nicht zweifeln." (175)

Adenauer hätte sich also im Fall des Falles eine Dominanz für die Gestaltung der Verfassungspraxis gegenüber dem Präsidenten erstritten. Ebenfalls vor der Unions-Fraktion machte Adenauer noch vor seiner parlamentarischen Bestallung aber auch klar, daß er ein entschieden reagierender Kanzler sein werde, der sich der Möglichkeiten seines Amtes voll bewußt war. Nach der heftig beklatschten Anmerkung von Jakob Kaiser, es sei doch irgendwie selbstverständlich, Adenauer jetzt zum Kanzler zu wählen, reagierte der Vorgeschlagene wie folgt:

"Ich danke Ihnen sehr und ich warne Sie. Ganz leicht wird es nicht mit mir sein. Bis heute haben Sie noch nichts gemerkt.
(Zurufe: Wir kennen Sie. - Das gewöhnen wir Ihnen ab!)
Wenn ich dieses Amt übernehme, dann tue ich das - ich will nicht pathetisch werden - im Gefühl einer höheren Verpflichtung. Und wenn man etwas im Gefühl einer höheren Verpflichtung tut, dann muß man in den entscheidenden Dingen sich selbst treu bleiben, dann muß man auch darauf rechnen können, daß man in den entscheidenden Fragen letzten Endes die ganze Unterstützung der Leute hat, die einem das Vertrauen geschenkt haben. Ich bin fest davon überzeugt, nicht immer mit allen und mit allem übereinzustimmen. Sie müssen sich damit abfinden, daß letzten Endes derjenige, der die Verantwortung trägt, auch von den Rechten, die er dann hat, Gebrauch machen muß. Das muß ich mit aller Offenheit sagen.
(Kaiser: Das erwarten wir sogar!)
Wenn Sie das erwarten, dann will ich hoffen, daß ich Ihre Erwartung nicht enttäusche." (176)

Zwei Wochen später hat Adenauer dies vor den Unionsparlamentariern erneut unterstrichen:

"Nun kommt aber die Kehrseite der Medaille, die Sie besonders interessiert. Ich habe schon gehört, daß im Hause, und zwar unter uns, das Wort vom Ermächtigungsgesetz gefallen ist. Ja meine Herren, darüber müssen Sie sich natürlich klar sein und das habe ich schon in einer unserer ersten Fraktionssitzungen gesagt: Wenn der Bundeskanzler die Verantwortung trägt, dann muß er auch in der Lage sein, wenn er gegenüber Vorschlägen oder Anregungen anderer Koalitionsfraktionen und sogar seiner eigenen Fraktion ernste Bedenken hat, diesen Bedenken Rechnung zu tragen. (...) Wenn Sie nunmehr einen Mann zum Kanzler nehmen, von dem Sie wissen, daß er nicht unhöflich, aber unter Umständen entschieden ist (Heiterkeit), dann müssen Sie sich vorher darüber klar werden." (177)

In der gleichen Fraktionssitzung variierte er das Thema noch zweimal und erinnerte mit einigem Schabernack an "meine verbindliche, diktatorische Art" (178) sowie daran, "ich bin diktatorisch nur mit starkem demokratischen Einschlag" (179). Daß dies mehr als rheinischer Schalk war, verdeutlichte er Mitte Februar 1950 vor dem gleichen Kreis mit der Bemerkung, es sei allein der Bundeskanzler, der die persönliche Verantwortung habe. Wenn jemand diese Verantwortung trage, so müsse man ihm auch das Recht konzedieren, daß er in den entscheidenden Fragen seine Meinung durchsetzen könne (180).

Daß er dies trotz einiger heftiger Kontroversen mit der Fraktion oftmals konnte, lag auch in einem externen Umstand begründet: der Polarisierung in der Innen- und Außenpolitik, die sich anfänglich im Widerstreit von Adenauer und Schumacher personifizierte. Beide hatten nach Wildenmann bei aller Rivalität eine Vorstellung von Demokratie, die sich in einem Punkt traf: Sie wollten eine starke Position des Kanzlers (181). Diesen so geschneiderten Regierungsmantel ausnutzend, betrieb Adenauer eine Politik, die sich inhaltlich scharf von den Vorstellungen der Sozialdemokraten absetzte. Doch es war mehr als eine inhaltliche Divergenz. Willy Brandt spricht davon, man solle die Schärfe der persönlichen Abneigung zwischen Adenauer und Schumacher im Rückblick nicht verniedlichen (182).

Für Adenauer hatte dieser inhaltlich/persönliche Kontrast eine staatspolitische Qualität: Die SPD als parlamentarischer Widerpart einer bürgerlichen Regierungskoalition war für ihn der Garant, daß die Deutschen mit einer kraftvollen systemimmanenten Opposition vertraut wurden. Adenauer klassifizierte das als einen wirklichen Fortschritt und eine staatsnotwendige Gewöhnung an demokratisches Denken (183). Diese Polarisierung hatte aber schließlich auch einen internen Disziplinierungseffekt für das Regierungslager. Die "Kampfsituation" ermöglichte es Adenauer in seinen eigenen Reihen immer wieder, auf Geschlossenheit zu drängen. Er hatte damit ein probates Mittel seiner Führung, die notwendige Unterstützung und den nötigen Freiraum zu sichern. Johannes Groß geht soweit, in der Polarisierung der Innen- und Außenpolitik, die Adenauer mit Hilfe von Schumacher gelungen sei, den wichtigsten Grund für die Überführung des Kanzlerprinzips in die Kanzlerdemokratie zu sehen (184).

Die Summe der anderen, zuvor geschilderten Einzelaspekte hinsichtlich der prägenden Entscheidungskraft Adenauers in der Verfassungswirklichkeit macht freilich deutlich, daß die Genese eines Regierungsstiles nicht monokausal, sondern multikausal gesehen werden muß. Es wurde dabei vor-

stehend deutlich, daß die Sondersituation des ersten Amtsträgers Adenauer
(neben anderen Möglichkeiten) auf zahlreichen Ebenen Einflußwege bot, um
seiner Vorstellung von Regierungspraxis Relevanz zu verleihen. Von welchen
strukturellen Gegebenheiten der Kanzler dabei auszugehen hatte, wird im
nächsten Abschnitt beschrieben.

## III. Die strukturellen Vorgaben

### 1. Die Kabinettsbildung

Ausgangspunkt der Betrachtungen im letzten Abschnitt war die Tatsache,
daß eine verfassungsgemäße Ordnung Schattenräume und Leerstellen aufweist,
in denen die Verfassungswirklichkeit weitgehend normprägenden Charakter
hat. In diesem Abschnitt der Studie wurde geschildert, daß Adenauer als
Bundeskanzler vor diesem Hintergrund eine stark formende Handlungsrolle
zukam. Diese Zurückhaltung des Verfassungsgebers ist auch im Bereich der
Regierungsbildung festzustellen (185). Wenn das Grundgesetz also die
politisch relevanten Phasen der Regierungsbildung übergeht, erhebt sich
auch hier die Frage, inwieweit die Prägekraft Adenauers bei der Zusammensetzung seiner Ministermannschaft, des Kabinetts, ging.

Das faktenmäßige Feld in diesem Fragenzusammenhang ist für die erste Regierungsbildung auf Bundesebene im Jahre 1949 weitgehend bestellt: Es
liegen mehrere Fallstudien mit einheitlichen Resultaten vor (186). Stellvertretend soll hier geschildert werden, wie Franz Alt die Antwort auf die
selbstgestellte Frage, wer denn nun tatsächlich die erste Bundesregierung
gebildet habe, beantwortet. Demnach gab ihr Konrad Adenauer die Form einer
kleinen Koalition gegen den Willen vieler seiner führenden Parteifreunde;
bei der eigentlichen Kabinettsbildung habe er aber diese generelle Form
nur in zähen Verhandlungen auffüllen können und dabei vornehmlich an
Gruppen seiner eigenen Fraktion erhebliche Konzessionen machen müssen
(187).

Von der Zweiteilung der Antwort mit einer widersprüchlichen Bewertung
des Einflußpotentials des Kanzlers soll auch hier ausgegangen werden.
Es ist vorstehend bereits beschrieben worden, daß Adenauer mit einem eingespielten Verfahren (informelle Beratung vor institutioneller Behandlung)

die innerparteiliche Willensbildung der CDU/CSU sehr stark in Richtung
auf eine kleine Koalition präformierte. Diesem inoffiziellen Vorpreschen
auf Unionsseite gegen eine Große Koalition durch die "Rhöndorfer Konferenz" folgte die offizielle Absage der Sozialdemokraten an dieses Regierungsmodell durch eine Vorstandstagung in Bad Dürkheim, wobei ein 16-
Punkte-Programm beschlossen wurde, das Schumacher zum Abschluß der Konferenz als "Dokument der Opposition" bezeichnete (188). Mit dem SPD-Beschluß
war den durchaus gewichtigen Befürwortern eines breiten Bündnisses der
staatstragenden Kräfte in allen Parteien aus dem Unionslager (189) die
eigentliche Grundlage genommen, noch bevor sich die Fraktionen in Bonn
konstituierten und sich für eine Kleine Koalition (CDU/CSU, FDP, DP) oder
die Opposition (SPD) aussprachen (190). Adenauers Vorreiterrolle in
Sachen bürgerlicher Koalition hatte damit das gewünschte Resultat.
War sein Einfluß bei der generellen Ausrichtung der Regierungskoalition
also sehr beträchtlich, muß man im Bereich der Kabinettsbildung davon ausgehen, daß das Präsentationsrecht des Kanzlers stark eingeschränkt war
(191). Die weitgehende Abhängigkeit in personalpolitischen Fragen der
Kabinettsbildung von den Koalitionsparlamentariern läßt sich bei
Adenauers erster Regierungskonstruktion in mehreren relevanten Aspekten
aufzeigen.
1. Adenauer war stark engagiert in Sachen zahlenmäßige Aufteilung der
   Ministerien zwischen den Parteien. Über diesen Verteilerschlüssel
   (Union acht, FDP drei, DP zwei Ministerien) hinaus, auf den man sich
   bald einigte:
   a) hatte Adenauer keinen nachweisbaren Einfluß auf die Besetzung der
      den übrigen Koalitionspartnern zugestandenen Ministerien (192),
   b) war er nur   e i n   Einflußfaktor bei der "Ministerkürung" in den
      eigenen Reihen (193).
2. Als der dem CSU-Ministerpräsidenten Hans Ehard von Adenauer zugesagte
   Vorsitz des Bundesrates in einer quasi letzten Widerstandshandlung der
   Vorkämpfer für eine Große Koalition dem nordrheinwestfälischen Regierungschef Karl Arnold zufiel (194), sah sich Adenauer gezwungen,
   gleichsam als Kompensation, das Ministerkonto der CSU auf drei Positionen festzulegen, wozu das Finanzministerium zählte, das bislang als
   Ressort für einen FDP-Minister galt.

3. Die Haltung der Unionsfraktion spielte bei der persönlichen Besetzung des "zugestandenen" Ministerkontingents eine große Rolle. Es ist auch hier unmöglich, alle Einflußfaktoren kurz zu isolieren. Franz Alt spricht ganz generell davon, daß in der Unionsfraktion über die Besetzung dreier Ministerposten heftig diskutiert und gekämpft worden sei, wobei die Fraktion vornehmlich bei der Besetzung des Innen- und Landwirtschaftsministeriums entscheidenden Einfluß ausgeübt habe (195).

Daneben ist zu berichten, daß Adenauer die Bekanntgabe seiner Ministerliste mehrmals verschob (196), daß dadurch auch ein Einfluß der Interessenverbände auf die Regierungsgestaltung sichtbar wird (197) und daß von den fünf Kandidaten, die Adenauer anfänglich für seine Regierung nannte, nur einer in dieser Position (Wirtschaftsminister Erhard) auch als Ressortchef vereidigt wurde (198).

Die zahlreichen Einflußwege bei der Regierungsbildung schaffen in der Gesamtschau ein verworrenes und verwirrendes Netz, wobei Franz Alt vier "Hauptfäden" wie folgt aufnimmt und damit deutlich macht, daß die Einflußnahme Adenauers auf die Konstruktion seines ersten Kabinetts nur ein relevanter Faktor unter anderen Kräften war. Er unterscheidet:

- Die FDP und DP. Den Einfluß der Parteiführer wie auch die Gespräche in der Fraktion.
- Die CDU/CSU-Fraktion. Hierzu gehören auch Entscheidungen, die in Gesprächen der Unionspolitiker untereinander wie auch mit FDP und DP-Politikern gefunden wurden, bevor die Fraktion erstmals zusammentrat.
- Den Einfluß der Interessenverbände.
- Die Entscheidungen des (späteren) Bundeskanzlers. (199)

Dies beweist, daß Adenauer - der als (designierter) Kanzler der Hauptakteur bei der Regierungsbildung war - zwar in einem weitgehend verfassungsrechtlichen Freiraum agieren konnte, das Handlungsfeld aber insofern durch die politische Wirklichkeit vorstrukturiert war, als hier nicht allein der Kanzleraspirant, Kanzlerkandidat und Kanzler am Werk war, sondern ein designierter oder bestallter Regierungschef, der vom Vertrauen des Parlaments, d.h. von der Zustimmung der Koalitionsfraktion zu seiner Person, seiner Mannschaft und seinem Programm abhängig war. Der Vorgang der Regierungsbildung macht also plastisch klar, daß der

Bundeskanzler ein "parlamentarischer" Kanzler ist, daß seine persönliche Autorität, auch bei der prägenden Gestaltung der Verfassungswirklichkeit, stets vor dem Hintergrund seiner politischen Anbindung an eine ihn unterstützende Parlamentsmehrheit gesehen werden muß. Die Bedeutung dieses Vertrauensverhältnisses, das "arbeitsintern" begründet, wieso in dieser Studie die Betrachtung des Regierungsstils über den eigentlichen exekutiven Bereich hinausgreift, wurde von Adenauer klar erkannt und vor der Unionsfraktion offen angesprochen:

"Aber sehen Sie, meine Freunde, es geht im Verhältnis zwischen Kanzler und Koalitionsparteien nicht so weit, wie es in einer Ehe der eine oder andere Ehegatte tut, indem er sagt: hinterher tue ich es doch. Denn umgekehrt haben die Koalitionsparteien den Bundeskanzler an der Strippe. Denn schließlich muß er dafür sorgen, daß er für seine Vorlagen Mehrheiten bekommt. Und da ist er natürlich darauf angewiesen, daß er zu seinen Koalitionsfraktionen und besonders zu seiner eigenen Fraktion ein gutes und vertrauensvolles Verhältnis hat.
Daher meine Freunde, wir sollten die Dinge im ganzen sehen. Es darf uns nicht nur ins Auge stechen, daß der Bundeskanzler bei der Ernennung der Bundesminister eine besondere Rolle spielt. Dann darf man da aber nicht von 'Ermächtigungsgesetz' sprechen, sondern man sollte gleichzeitig im Auge haben, daß Bundeskanzler und Bundesminister laufend darauf angewiesen sind, mit den eigenen und den Koalitionsfraktionen zusammenzuarbeiten. Schließlich sind beide aufeinander angewiesen und beide müssen sich ergänzen. Daher bitte ich Sie, meine Freunde: Sehen Sie nicht nur das eine. Es ist gar nicht schwer, Minister zu kreieren. Sehen Sie auf das Ganze und wägen Sie alles gegeneinander ab. Das Wort 'Ermächtigungsgesetz' wollen wir begraben.
(Dr. Hilpert: Also Blankovollmacht!)
Die Blankovollmacht hat er ja gar nicht. Er ist darauf angewiesen, das Vertrauen seiner Leute zu haben und es sich zu erhalten." (200)

Seine Folgerungen aus diesem Vertrauensverhältnis für die Zeit der Regierungsbildung hat Adenauer wenig später noch näher beschrieben und vor der Fraktion darauf hingewiesen, er würde niemals daran denken, dem Bundespräsidenten eine Ministerliste vorzuschlagen, mit der die Mehrheit der Fraktion nicht einverstanden sei (201). Wie sehr die Ministerliste von Erwägungen in den Koalitionsfraktionen geprägt war, läßt sich auch an einem anderen Umstand verdeutlichen: der Zahl von 13 Bundesministerien. War der Hauptausschuß der Ministerpräsidentenkonferenz bei seinem Organisationsplan für die Bundesorgane in Anlehnung an den Herrenchiemseer Verfassungsentwurf noch von acht Bundesministerien ausgegangen (202), wurde diese Zahl kräftig überschritten. Mit großem Nachdruck verteidigte Adenauer diese Aufblähung in seiner Regierungserklärung:

"Ich bin mir bewußt, daß manchen diese Zahl auf den ersten Blick groß erscheinen wird. Demgegenüber weise ich darauf hin, daß in unseren Zeiten Aufgaben, die der staatlichen Arbeit bedürfen, entweder ganz neu entstanden sind - ich weise auf die Frage der Vertriebenen hin - oder daß staatliche Aufgaben einen solchen Umfang angenommen haben, daß sie den Rahmen der üblichen Ministerien sprengen würden. Ich nenne hier die Frage der Wohnungswirtschaft und des Wohnungsbaus. So sind mehrere Ministerien zeitbedingt, das heißt: wenn sie ihre Aufgabe erfüllt oder aber wenn ihre Aufgaben wieder einen normalen Umfang angenommen haben, werden sie wieder verschwinden, während die sogenannten klassischen Ministerien, wie das Ministerium des Inneren, der Finanzen, der Justiz usw., ständig bleiben werden.
Wenn man die Zahl der Bundesministerien unter Würdigung dieser Gesichtspunkte betrachtet, wird man berechtigterweise nicht die Behauptung aufstellen können, daß ihre Zahl zu groß sei." (203)

Diese eher technokratische Erklärung des Kanzlers für die hohe Zahl der Ministersessel im Kabinett kann so nicht allein stehenbleiben. Ihr muß eine koalitionspolitische Dimension zumindest gleichgestellt werden. Diese hat Franz Alt beschrieben und darauf hingewiesen, daß für ein 14köpfiges Kabinett nur zum Teil sachliche Gründe maßgebend waren. Mehrere Ministerien seien vielmehr geschaffen worden, um Prestige und Ansprüche der Koalitionsparteien zu befriedigen. Alt sieht die Koalition von 1949 mit Ministersesseln "unterbaut" (204). Als Aufblähungsfaktoren bei dieser "Ministerinflation" benennt er konkret das Gesamtdeutsche Ministerium, das Vertriebenenressort, das Bundesratsressort sowie das Marshallplan-Ministerium (205). Wieso der eine oder andere Koalitionspolitiker zu (zusätzlichen) Ministerehren kam, kann aber noch anders erklärt werden. Zwar hält Franz Alt die ihm per Brief von Franz Josef Strauß mitgeteilte Einlassung, Adenauer habe schon bei der ersten Regierungsbildung bestimmte Persönlichkeiten, die ihm außerhalb des Kabinetts hätten gefährlich werden können, als Kabinettsmitglieder herangezogen, um sie zur Kabinettsdisziplin zu zwingen, für nicht zutreffend (206), dennoch spricht vieles für diesen Erklärungsweg. So geht Heinrich Hellweges Biographie davon aus, daß der DP-Vorsitzende zunächst in Bonn kein Regierungsamt übernehmen wollte, um als Parlamentarier und Politiker möglichst ungebunden zu sein. Er habe aber schließlich Adenauers Prinzip gebilligt, alle Parteivorsitzenden seiner Koalition in sein Kabinett einzubinden (207). Dieser Version hat Hellwege selber generell zugestimmt und erklärt, bei Adenauer habe sicherlich im Vordergrund gestanden, den DP-Vorsitzenden in die Kabinettsdisziplin einzubinden. Adenauer sei allgemein bereit gewesen,

Ministerposten nach rein parteitaktischen Überlegungen zu vergeben (208).
Für die Lesart der Einbindung in die Kabinettsdisziplin spricht sich auch
Erich Kosthorst in Sachen Jakob Kaiser mit der Bewertung aus, Adenauer
habe diesen Repräsentanten des linken Parteiflügels in seinem Kabinett
haben wollen – mit welchem Ministerium auch immer (209). Arnulf Baring
geht noch einen Schritt weiter, indem er ausführt, dem Kanzler sei es bei
der Kabinettsbildung allein auf vier Männer angekommen: Kaiser, Schäffer,
Blücher, Hellwege. Die anderen bewertet er – politisch gesehen – als
dekorative Füllsel (210).
Geht man von dieser Einschätzung aus, kann man auch zu einer Erklärung
kommen, wieso dem sonst so machtbewußten Adenauer die Zusammensetzung seiner Ministerriege nach vielfach parteitaktischen oder fraktionspolitischen
Kriterien nicht als gefährlicher Einbruch in sein Autoritätsfeld erschien.
Danach hatte Adenauer zwar auch ein Minimalkalkül für die Kabinettsbildung, dies war aber eher auf einige wenige Personen beschränkt, nicht an
bestimmte Ressorts gebunden und damit sehr flexibel in der Hinsicht, den
Notwendigkeiten, die sich aus der parlamentarischen Grundierung der
Bundesregierung ergaben, weit entgegenzukommen.
Wenn man dies unter dem Gesichtspunkt des Führungsstiles betrachtet, stellt
sich natürlich die Frage, welchen Stellenwert das so konstruierte Gremium,
das Kabinett, im politischen Entscheidungsprozeß erhielt. Zumal in vorstehenden Abschnitten klar wurde, daß Adenauer in zunächst wichtigen
Politikfeldern (Beziehung zur Hochkommission, Interviewaußenpolitik) das
Kabinett nur am Rande beteiligte (beteiligen konnte), muß diese Frage einer Klärung zugeführt werden. Bevor dies tatsächlich in Angriff genommen
werden kann, gilt es aber, noch einige andere Umstände aufzuhellen.

2. Bedeutung von Koalitionsabsprachen

Wie im Verlaufe des letzten Abschnittes beschrieben, hat es bei der Regierungsbildung 1949 zahlreiche Einflußfaktoren gegeben. Daß Adenauer
schließlich eine Kabinettsliste präsentieren konnte, war das Ergebnis von
Absprachen, die nach teilweise mühseligsten Verhandlungen zustandekamen.
In der Folge soll nun untersucht werden, ob es neben diesen aufs Kabinett
zielenden Absprachen noch Übereinkommen in anderen Bereichen gab, wie sie
"verfaßt" waren und welche Festschreibungen darin erfolgten. Der eigentliche Suchpunkt ist – dem speziellen Arbeitsthema gemäß –, ob in diesen

Absprachen weitere Festlegungen zur Regierungstechnik oder Regierungsstruktur erfolgt sind.

Über Koalitionsabsprachen gibt es eine umfangreiche (zumeist staatsrechtliche) Literatur, deren Erstellung allem Anschein nach einen gemeinsamen Initialpunkt hatte: das Bekanntwerden eines schriftlich fixierten Koalitionsabkommens zwischen CDU/CSU und FDP zur Bildung der vierten Regierung Adenauer im Jahre 1961. Auf dieses Papier wird in einem späteren Teil dieser Studie Bezug genommen (Seite 379 ff), die Literatur (211) soll hier nur insofern behandelt werden, als in ihr ein Kategorienschema deutlich wird, um auch die Koalitionsabsprachen des Jahres 1949 sinnvoll zu strukturieren.

Verfassungs- und staatsrechtliche Legitimitätsfragen ganz außer acht lassend, kann man sagen, daß Koalitionsabsprachen verschiedene äußere Formen haben können. Sie können

o mündlich vereinbart werden
o Schriftform besitzen.

Wird eine schriftliche Festlegung gewählt, gibt es die Formen:

o der Aktennotiz
o des Briefwechsels
o des Schriftstücks mit Vertragscharakter (Koalitionsvertrag).

Diese Einzelformen können natürlich miteinander verquickt werden, es sind Mischformen möglich (212). Neben der Aufgliederung nach der äußeren Form, kann man auch nach inhaltlichen Kriterien differenzieren. Helmut Gerber sieht eine Unterscheidung in einen organisatorischen (schlechter: formellen) und einen programmatischen (schlechter: politischen oder materiellen) Teil. Zu diesen Differenzierungen komme eine weitere: der personelle Teil. Die Abgrenzung zwischen diesen Teilen sei oft fließend (213). Im Rahmen dieser Arbeit sind vor allen Dingen organisatorische und personelle Koalitionsabsprachen von Bedeutung. Es geht jetzt darum, im folgenden zu klären, wo dergleichen 1949 getätigt wurden und welche äußere Form dabei Verwendung fand. Diesem Bemühen steht ein generelles Hindernis im Wege: Koalitionsabsprachen werden nicht auf dem öffentlichen Markt gehandelt, sie sind je förmlicher, desto geheimer (214). Sind sie nicht sehr förmlich, also im Extremfall mündlich, bestehen Schwierigkeiten der Rekonstruktion ihres Gehaltes, es sei denn, man gibt sich mit den Resultaten, wie vorstehend bei der Kabinettskonstruktion 1949 für die personelle und

organisatorische Kategorie beschrieben, zufrieden. Die Geheimhaltung hat sich aber im Laufe der Jahre trotz gegenteiliger Bekundung von Sozialwissenschaftlern (215) soweit gelockert, daß man zumindest einiges zur äußeren Form der Koalitionsabsprachen des Jahres 1949 sagen kann.
Am besten dokumentieren läßt sich dies durch die Abmachungen zwischen der Union und der Deutschen Partei. Sowohl Hermann Meyn in seiner Studie über die DP (216) als auch die Hellwege-Biographie von Ehrlich (217) weisen daraufhin, daß die damalige Koalitionsvereinbarung in einem Briefwechsel zwischen Hellwege und Adenauer vom 14.9.1949 bestand, der in beiden Fällen weitgehend wiedergegeben wird. Diese indirekte Dokumentation scheint zu verdeutlichen, daß sich diese Koalitionsabsprache nur auf inhaltliche Fragen der Politik bezieht, die im Rahmen dieser Studie allenfalls Marginalien darstellen. Eine der damals "vertragsschließenden Parteien", Heinrich Hellwege, ist im Beisein des Autors den Briefwechsel erneut durchgegangen und hat den Fakt der nur-inhaltlich-politischen Absprache bestätigt (218).
Daß es also inhaltliche Absprachen in Schriftform gegeben hat, scheint gesichert. Zumal auch Erich Mende darauf hingewiesen hat, daß ein ähnlicher Briefwechsel zwischen Adenauer und Blücher zustandegekommen sei (219). Personelle Fragen sind allem Anschein nach nur mündlich behandelt worden, inwieweit Personell-Organisatorisches über den Rahmen der Kabinettsbildung hinaus vereinbart wurde, läßt sich nicht mehr rekonstruieren. Es scheint aber festzustehen, daß solche Fragen zumindest in einem internen Fraktionspakt bei der Union - ebenfalls in Briefform - zwischen CDU und CSU abgesprochen wurden (220). Über Inhaltliches hinausgehende Koalitionsabsprachen werden auch durch die Tatsache bestätigt, daß sich Adenauer im Bundestag für weitgespannte Koalitionsvereinbarungen aussprach. Auf eine entsprechende Ausführung des FDP-Abgeordneten Kurt Becker reagierte er wie folgt:

"Herr Kollege Becker hat dann von den Koalitionsvereinbarungen gesprochen. Diese haben mit den Bestimmungen der Verfassung nichts zu tun. Aber ich akzeptiere die Erläuterungen, die Herr Becker gegeben hat, indem er eine Koalitionsvereinbarung als eine Art von Gesellschaftsvereinbarung betrachtet, bei dem man alles miteinander bespricht." (221)

Seinen Widerstand gegen förmliche Koalitionsverträge hat Adenauer hingegen offen gezeigt. In der konstituierenden Sitzung der CDU/CSU-Fraktion des Bundestages sprach er davon, daß man beim besten Willen keine nota-

rielle Urkunde machen könne, wenn man eine Koalition schließe (222). In
dieser Richtung ist wohl auch seine Einlassung in einem Schreiben an den
BHE-Vorsitzenden Waldemar Kraft vom 19.10.1953 zu verstehen:

"Wie ich bereits bei den Besprechungen ausgeführt habe, ist eine Koalition eine Sache des Vertrauens. Ist dieses Vertrauen vorhanden, wird die Koalition glücken. Ist es nicht vorhanden, helfen auch vorherige ausdrückliche Abmachungen nicht. Es hat solche Abmachungen bei der Bildung der Koalition im Jahre 1949 nicht gegeben. Man hat sich vielmehr mit vorherigen Absprachen begnügt." (223)

Diese Absprachen sind für den hier weniger interessanten inhaltlichen Bereich dokumentiert, in personellen Fragen der Kabinettskonstruktion ist zumindest das Resultat im vorigen Abschnitt deutlich geworden, Festlegungen im organisatorischen Bereich lassen sich über diesen Rahmen der Ministerienkonstruktion nicht ausmachen. Weiterführende Erkenntnisse zur Regierungstechnik und Regierungsstruktur ließen sich also nicht gewinnen.

## IV. Adenauers Regierungspraxis

### 1. Adenauers Konzentration auf die Außenpolitik

Es ist vorstehend beschrieben worden, daß es aufgrund des Besatzungsstatuts für die Bundesregierung zunächst de jure keine Außenpolitik geben konnte. Es wurde ebenfalls geschildert, daß dieser Zwang zur Nicht-Außenpolitik eigentlich eine Fiktion war und daß Adenauer keineswegs daran dachte, auf diesem Gebiet durch Enthaltsamkeit zu glänzen. Nachdem am 3.3.1951 das Besatzungsstatut revidiert und dabei auch die Zuständigkeit für die Außenpolitik offiziell der Bundesregierung von den westlichen Siegermächten übertragen wurde, übernahm Adenauer am 15.3.1951 zusätzlich die Rolle des Außenministers zu seiner Kanzlerposition. Zur Keimzelle des Auswärtigen Amtes wurde die aus dem Bundeskanzleramt ausgegliederte "Dienststelle für Auswärtige Angelegenheiten".

Allein diese Ämterkopplung läßt vermuten, daß Adenauer den Inhalten der Außenpolitik große Bedeutung zumaß. Auch wenn diese hier aufgrund der anders gelagerten Fragestellung der Studie nicht detailliert dargestellt werden sollen, muß dennoch gefragt werden, ob sich Adenauers politische Kraft tatsächlich in erster Linie dem außenpolitischen Feld zuwandte und

wieweit dies einen Einfluß auf die Führungsstruktur und den Arbeitsstil innerhalb der Regierung hatte.
Ausgangspunkt der Überlegungen soll sein, daß fast durchgängig in der wissenschaftlichen Literatur und den Erinnerungen der politischen Akteure davon ausgegangen wird, daß Konrad Adenauer sich sehr stark in der Außenpolitik engagierte (engagieren mußte). Der Kanzler selbst hat wiederholt die Prädominanz der Außenpolitik unterstrichen. Im Vorwort des zweiten Bandes seiner Erinnerungen schreibt er, daß die außenpolitischen Fragen für das besiegte deutsche Volk die vordringlichsten und wichtigsten gewesen seien, dies gelte auch für die innenpolitischen, wirtschaftlichen und sozialen Probleme (224). Zu Anneliese Poppinga sprach der Kanzler noch deutlicher: In der gegebenen geographischen und politischen Lage hätte die Außenpolitik absoluten Vorrang gehabt, da sie das deutsche Schicksal entscheidend bestimmte. Sie sei Grundlage auch für eine gesunde Wirtschaft und Sozialordnung gewesen (225). So kommt denn auch Anneliese Poppinga zur Wertung, daß für Adenauer der Außenpolitik der Primat zukam (226), der spätere Außenminister Brentano hat das gleiche rückwirkend so formuliert:

"Das Wort vom Primat der Außenpolitik wird oft gebraucht und oft bestritten. Ich will mich nicht in akademischen Erörterungen ergehen, ob diese These allgemeine Gültigkeit besitzt oder ob es auch Zeitläufe gibt, in denen die Außenpolitik gegenüber den anderen Bereichen des öffentlichen Lebens in den Hintergrund tritt. Aber ich glaube, daß niemand bestreiten kann und wird, daß für die vergangen - und lassen sie mich hinzufügen - auch für die kommenden Jahre die Außenpolitik für uns den Vorrang haben mußte und haben wird." (227)

Diese "akademischen Erörterungen" haben freilich einen Bezugsrahmen geschaffen, der es ermöglicht, die starke Hinwendung des Kanzlers zur Außenpolitik sinnvoll einzuordnen. Dabei ist hier nicht möglich, eine generelle Diskussion zum "Primat der Außenpolitik" in all seinen historischen, gesellschaftspolitischen und demokratietheoretischen Überlegungen anzuschließen (228). Von Bedeutung freilich ist die Grunderkenntnis dieser Diskussion, daß Außenpolitik niemals als in sich geschlossener Handlungsweg begriffen werden kann, sondern daß eine starke Interdependenz zwischen Innen- und Außenpolitik besteht (229). Dieses durchgängig-gegenseitige Durchdrungensein liefert zunächst eine generelle Begründung für Adenauers Hauptinteresse an der Außenpolitik, dazu kam eine spezielle Interdependenz zwischen Innen- und Außenpolitik, als sich der staatliche Wiederaufbau in Westdeutschland unter der straffen Kontrolle der Westalliierten vollzog, die sich zunächst weitgehende Einflußmöglichkeiten in beiden Sektoren sicherten. Diese Interdependenz war also von außen "gesteuert", amerikanische Autoren haben dafür den Begriff des "penetrated system" (230) geprägt.

Adenauer sah seine Hauptaufgabe zunächst darin, die Möglichkeiten dieses Außeneinflusses zu verkleinern, sie tendenziell abzustellen. Das bedeutete, sich einen außenpolitischen Spielraum zu erobern und verstärkt darauf hinzuarbeiten, eine normale staatliche Subjektposition zu erlangen (231). Dieses Streben war mit der ersten Revision des Besatzungsstatutes im Jahre 1951 durch die Erlaubnis zu eigener Außenpolitik im offiziellen Rahmen keineswegs beendet. Der Kanzler hatte aber damit die Möglichkeit, mit einer eigenverantwortlichen Außenpolitik die partnerschaftliche Gleichstellung der Bundesrepublik voranzutreiben. Der Primat der Außenpolitik war also verständlich aus dem Bestreben, wieder ein staatliches Vollsubjekt zu werden.

Wilhelm Hausenstein sieht nun den Primat der Außenpolitik bei Adenauer insofern als unproblematisch an, als im außenpolitischen Wirken des Kanzlers eine wertgleiche innenpolitische Konzeption praktisch eingeschlossen gewesen sei. Der erste deutsche Nachkriegsbotschafter in Paris formuliert dies so:

"Die auswärtige Politik des Kanzlers war mittelbar ja nichts anderes als eine innere. (...) Die auswärtige Politik des Kanzlers hatte den Willen, eine eindeutige Option für den Westen zu vollziehen - noch deutlicher zu sprechen: eine eindeutige Option gegen das pseudosoziale und bürokraitsch-etatistische System des Ostens. Es versteht sich, daß der Kanzler unter solchen Umständen die gesellschaftliche, die sozialökonomische Struktur des Westens, so wie sie war, nicht in Frage zu stellen vermochte: Die Bundesrepublik mußte grosso modo innerhalb der Gravitation des westlichen Schemas bleiben - des wirtschaftlichen, des gesellschaftlichen. Die auswärtige Politik des Kanzlers implizierte je und je eine Politik des Inneren." (232)

Der These der konzeptionellen Verbindung von Außen- und Innenpolitik bei Adenauer wird von zahlreichen Autoren widersprochen (233). Auf der Basis einer weitgehenden Trennung von Innen- und Außenpolitik sieht man Adenauer in erster Linie nach außen agieren, nach innen übte er danach allenfalls eine absichernde Negativkontrolle aus (234). Hat also Adenauer doch die Innenpolitik weitgehend von der Außenpolitik abgekoppelt, kam sie in den auf Nebenstrecken verbannten Güterzug, der auf den Hauptgleisen nur dann

fahren durfte, wenn er den vorrangigen Schnellzug Außenpolitik nicht behinderte?
Viele seiner politischen Weggefährten haben dies verneint (235). Freilich läßt sich durchaus erklären, wieso der Eindruck einer vom Kanzler vernachlässigten internen Politik entstand. Da sind zunächst kommunikationstechnische und forschungsstrategische Gründe anzuführen. Zum ersten Bereich erklärt Rudolf Wildemann, daß die Oberfläche der Öffentlichen Meinung oft von einem Pseudo-Primat der Außenpolitik beherrscht werde, weil es einfacher sei, über dieses Gebiet zu räsonieren: Die Objekte lägen fern, die konzeptionelle Klarheit könne nicht so leicht überprüft werden wie bei vielen innenpolitischen Problemen (236). Die forschungsstrategischen Gründe für diesen Eindruck geht Rudolf Morsey mit dem Hinweis an, daß neben den auf die Außenpolitik konzentrierten Erinnerungen des Kanzlers zahlreiche andere Darstellungen von außenpolitischen Akteuren erschienen seien, und dies habe das Forschungsinteresse zunächst auf den Bereich der Außenpolitik gelenkt. Dadurch habe sich die Neigung verstärkt, Adenauer vor allem (oder gar ausschließlich) als Außenpolitiker zu sehen. So sei es zur falschen Ansicht gekommen, Adenauer Interesse, Zeit oder gar Konzeptionalität für eine entsprechende Mitgestaltung oder Beeinflussung der Innenpolitik abzusprechen (237).
Diese zumindest Mitgestaltungsmöglichkeit in der Innenpolitik (und hier sind wir beim zweiten Grund des "Falscheindruckes") wurde insofern lange übersehen, als Adenauer seinen Ministern in der Ausführung der inneren Politik weitgehend freie Hand ließ. Er konnte dies - und damit sind wir wieder bei Hausenstein und seinen übergreifenden Werten angelangt -, weil er sich in den generellen Fragen der Politik mit ihnen einig war. Franz Josef Strauß drückt das so aus:

"In der Außenpolitik war Adenauer lange Zeit unentbehrlich, in der Innenpolitik konnte er sich darauf verlassen, daß sein gutes Gespür in der Auswahl seiner Mitarbeiter die Dinge auf dem Hintergrund seiner Autorität richtig vorantreiben würde. Diese Mitarbeiter standen auf dem Boden gemeinsamer Wertvorstellungen und hatten ein Netz gemeinsamer Zielorientierungen. Stellvertretend seien Ludwig Erhard, Fritz Schäffer und Anton Storch genannt." (238)

Diese weitgehende Vollmacht für die Minister im innenpolitischen Bereich wurde also ohne den notwendigen Hintergrund gesehen, d.h. die Adenauersche Erkenntnis der engen Verkettung zwischen Innen- und Außenpolitik, des

gemeinsamen Wertepolsters der Akteure und nicht zuletzt die Tatsache, daß
das Grundgesetz diese Ministerverantwortlichkeit ja festschreibt. Somit
erhielt der Adenauersche Primat der Außenpolitik eine innenpolitische
Dimension der Vernachlässigung, die sich nach Meinung des Autors so nicht
aufrechterhalten läßt. Nachdem der Adenauersche Primat der Außenpolitik
auf seinen realpolitischen Kern zurückgeführt worden ist, soll nunmehr
untersucht werden, wie sich die Führungsstruktur im außenpolitischen
Bereich tatsächlich darstellte. Es war zunächst keineswegs so, daß mit
der alliierten Erlaubnis zu offizieller deutscher Außenpolitik durch die
Revision des Besatzungsstatutes am 3.3.1951 eine neue Seite in Sachen
Führungsverhalten innerhalb des Regierungsbereiches aufgeschlagen werden
mußte. Wie in vorstehenden Abschnitten geschildert, hatte Adenauer insofern eine von seiner persönlichen Entscheidungsautorität ausgehende
Führungsstrategie entwickeln können, als er das Verhältnis zur Hochkommission sowie den Vorläufer der offiziellen Außenpolitik, die Interview-Außenpolitik, dazu benutzte, das Kabinett in zunächst "außenpolitischen" Fragen an seine, aktive Ministermitgestaltung nicht einschließende
Dominanz zu gewöhnen. Daß dies nicht unbedingt ein Adenauersches Zwangs-
verfahren einschloß, hat Ernst Wirmer verdeutlicht. Er sieht es als
tendenziell richtig an, daß Adenauer in der "Außenpolitik" seine Kabinettskollegen nur in Allgemeinplätzen unterrichtete. Adenauer habe sich
das erlauben können, weil viele seiner Minister auf diesem Feld nicht so
weiträumig und vor allen Dingen in viel längeren Zeiträumen gedacht
hätten als der, was die Realisierung angegangen sei, stets optimistische
Kanzler (239).

Eine Mitgestaltung qua Amt wäre sicherlich einem eigenen Außenminister
zugekommen. Indem Adenauer dieses Ressort mit der Kanzlerposition ver-
knüpfte, blieb sein überkommener Führungsanspruch in diesem Bereich trotz
der institutionellen Veränderungen ohne amtsbezogene Konkurrenz. Theodor
Eschenburg geht noch weiter, und erkennt im Doppelamt einen gegenseitigen
Verstärkungseffekt (240). Unabhängig davon ist zu fragen, inwieweit
Adenauer seine weitgehende Alleinzuständigkeit in außenpolitischen Fragen
gegenüber seinem Kabinett tatsächlich beibehalten konnte.

Es muß zunächst darauf hingewiesen werden, daß die westdeutsche Außenpolitik bis zur zweiten Bundestagswahl nur ein Thema hatte: Integration
der Bundesrepublik in das westliche Staatensystem in politischer, wirt-

schaftlicher und militärischer Hinsicht. Dies bedeutet praktisch permanente Vertragsverhandlungen auf einer ganzen Reihe von Ebenen. Politisches Kernstück dieser Verhandlungen war der "Deutschlandvertrag", der auch als "Generalvertrag" tituliert wurde. Sein Inhalt war die Überführung des bisherigen Besatzungsregimes in ein Verhältnis freiwilliger, vertraglicher Beziehungen zwischen den Deutschen und den Westalliierten. Der Deutschlandvertrag wurde am 26. Mai 1952 in Bonn unterzeichnet, sein militärisches Pendant, der Vertrag über die Europäische Verteidigungsgemeinschaft, am selben Tag in Paris signiert (241).

Adenauer führte diese Verhandlungen zum Deutschlandvertrag seit Mai 1951 mit Vertrauten und Experten aus dem Bundeskanzleramt und dem Außenministerium. Kabinettsmitglieder waren nicht beteiligt (242).

Erst am 19. Dezember 1951 ließ Staatssekretär Hallstein dem Bundeskabinett eine Aufzeichnung mit ersten vorläufigen Informationen über den Stand der Verhandlungen zugehen (243). Wesentliches war zu diesem Zeitpunkt schon entschieden, da der Kanzler am 22. November 1951 in Paris die Kernstücke des Deutschlandvertrages, den sogenannten "Dachvertrag", paraphiert hatte (244). Versuche von Kabinettsmitgliedern, die Texte davor einzusehen, wurden allem Anschein nach abgeblockt. Georg Vogel, Kabinettschef von Vizekanzler Blücher, hat darauf hingewiesen, daß es ihm trotz wiederholter Bemühungen bis Jahresende 1951 nicht gelungen sei, für Blücher den Text der Vertragsentwürfe zu beschaffen. Erst im Februar 1952 (in der Zwischenzeit hatte Adenauer in Paris den Deutschlandvertrag paraphiert) sei es dann möglich gewesen, den Text des Generalvertrages für Blücher zu besorgen. Vogel wertet dies so, Adenauer habe mit voller Absicht seinen Kabinettskollegen gegenüber die in Paris geschaffenen Fakten verheimlichen wollen (245). Offiziell befaßt mit dem Verhandlungsergebnis wurde das Kabinett erst Ende April 1952. Auf Drängen von Blücher wurde ein Sonderausschuß von Kabinettsmitgliedern und Parlamentariern aus den Koalitionsfraktionen gebildet, der in acht Sitzungen den Deutschlandvertrag und die Zusatzabkommen prüfte und schließlich vor allem im Punkte der sogenannten Bindungsklausel (d.h. der Bindung eines wiedervereinigten Deutschland an die Verträge) heftigste Bedenken anmeldete und diese Bestimmung dann gegen den Willen des Kanzlers zu Fall brachte (246). Obwohl Georg Vogel berichtet, die Arbeitsaufnahme des Sonderausschusses am 21. April 1952 habe der Geheimniskrämerei um die vorgesehenen Abkommen ein Ende bereitet (247), hatten nichtbeteiligte Kabinettsmitglieder (im Ausschuß saßen Blücher und Ehler) weiterhin erhebliche Informationslücken in Bezug auf die Vertragswerke zu beklagen. Adenauer trug zwar am 29.4.52 im Kabinett auch den Generalvertrag eingehend vor, Zugang zu den Texten war damit aber noch nicht verbunden. Heinrich Hellwege schrieb daraufhin am 30.4.1952 einen Mahnbrief an den Kanzler und verlangte ziemlich bestimmt die Zusendung der vorliegenden Entwürfe (248).

Der eindringlichen Bitte Hellweges wurde anscheinend weitgehend entsprochen: In einem Brief an Vizekanzler Blücher vom 6. Mai 1952 verwies Adenauer auf den Umstand, daß mittlerweile jedes Kabinettsmitglied den Wortlaut des Generalvertrages erhalten habe (249). Dies bedeutete freilich nicht, daß Adenauer seinen Ministern in der Schlußphase noch ein Mitspracherecht zubilligen wollte. Als Franz Blücher, unter dessen Vorsitz der Sonderausschuß tagte, vom Kanzler in brieflicher Form ein Bündel von Abänderungsvorschlägen zum Deutschlandvertrag präsentierte, für das er sich zuvor am 1. Mai 1952 in einer gemeinsamen Sitzung von FDP-Vorstand, Fraktionsvorstand und FDP-Mitgliedern des Auswärtigen Ausschusses die notwendige parteipolitische Rückendeckung geholt hatte, blockte Adenauer ohne inhaltliches Eingehen auf die Wünsche seines Vizekanzlers in barschem Ton per Brief sofort ab (250).

Dieses Schreiben vermittelt den Eindruck, daß es unmöglich sei, in der Endphase von internationalen Vertragsverhandlungen Abänderungswünsche politischer Gruppen, die in den Signatarstaaten die Regierung tragen, zu berücksichtigen. Adenauers Befürchtung, ein Eingehen auf diese Vorstellungen führe mit Sicherheit zum Nichtzustandekommen des gesamten Vertragswerkes (251), ist sicherlich zum großen Teil berechtigt. Sie muß aber vor dem Hintergrund gesehen werden, daß Adenauer gegenüber dem Kabinett in Sachen Vertragsverhandlungen eine äußerst restriktive Informationspolitik betrieb. Damit war für die Minister politische Mitgestaltung in der formativen Phase der Verträge weitgehend unmöglich. Dies war aber offensichtlich geplant (252). Daß der Widerspruch von Ministern für Adenauer kein hinreichender Grund war, um außenpolitisch anders zu agieren, zeigt gerade die Endphase der Behandlung des Deutschlandvertrages in Bonn. Nicht das Nein von Blücher, Dehler und Kaiser zur Bindungsklausel brachte sie schließlich zu Fall, es war der Widerstand der Koalitionsfraktionen, der den Ausschlag gab (253).

Das bislang geschilderte Verhalten Adenauers im Zusammenhang mit dem Deutschlandvertrag zeigt, daß er seine Prädominanz in außenpolitischen Fragen durch das Kabinett keineswegs eingeschränkt sehen wollte, das "bewährte" Verfahren der weitgehenden Alleinzuständigkeit auf diesem Sektor blieb also erhalten. Georg Vogel hat denn auch ganz generell ausgedrückt, daß Adenauer keine "Machtteilung" in diesem Bereich wollte:

"Bei Adenauer kam hinzu, daß ihm der Gedanke einer Teilung der politischen Verantwortung mit anderen völlig fremd war. Das Bundeskabinett war für ihn kein kollektives Regierungsorgan, sondern eher ein notwendiger Mechanismus für die Zusammenfassung der Regierungsgeschäfte, die er auf den praktischen Gebieten durch seinen Vertrauten Globke im Bundeskanzleramt koordinieren ließ. Ebensowenig wie Adenauer bei wichtigen politischen Entschlüssen das Bundeskabinett mehr als nötig beteiligte, dachte er auch daran, dem Stellvertreter, wie das Grundgesetz den zweiten Mann in der Bundesregierung genannt hatte, an der Willensbildung zu beteiligen, wenn es um die großen Probleme der Außenpolitik ging." (254)

Daß die großen Probleme der Außenpolitik nicht im Kabinett behandelt wurden, hat auch Thomas Dehler zugegeben. Auf das Spannungsverhältnis zwischen Westintegration und Wiedervereinigung angesprochen führte er aus:

"Ich bin wahrlich nicht schuldlos an der Entwicklung auch so lange ich Kabinettsmitglied war. Nun, ich hatte ja eine große Aufgabe als Justizminister, noch nebenbei Parteivorsitzender in Bayern, ich habe die Aufgabe auch wichtig genommen. Ich bin immer in den Kampf gegangen, um das Meine zu tun. Der Vorwurf, daß wir die Situation 1952/53 nicht klar genug erkannt haben, daß das Kabinett eigentlich ohne eigene Aktivitäten der Haltung Adenauers zugestimmt hat, ist dennoch kaum zurückzuweisen." (255)

Damit läßt Dehler freilich erkennen, daß man der Prädominanz Adenauers in der Außenpolitik einen weiteren Erklärungsweg hinzufügen muß. Es war nicht nur das Bestreben des Kanzlers, alleinverantwortlich agieren zu wollen, es gab auch ein Verhalten der Minister, dies zumindest zuzulassen. Georg Vogel hat dies hier Franz Blücher so verdeutlicht, daß er einen Anspruch der FDP, vor wichtigen Entschlüssen zur Außenpolitik gehört zu werden, nie sehr nachdrücklich vertreten habe (256). Das Anerkennen der Adenauerschen Führungsdominanz in Sachen Außenpolitik durch die Minister mußte aber nicht von resignativem Zurückweichen geprägt sein.
Thomas Dehler hat in Hinblick auf sein Akzeptieren der Adenauerschen Position hinsichtlich der Sowjetnote vom 10.3.1952, die Adenauer den westlichen Verbündeten darlegte, ohne das Kabinett eingehend zu konsultieren (257), beschrieben, wie sehr sein Verhalten damals von einer Verehrung der Persönlichkeit des Kanzlers bestimmt war:

"Ich war Mitglied des Kabinetts. Der Herr Bundeskanzler hat uns damals erklärt: Das ist ein Störmanöver! - Genau das gleiche, was er heute erklärt. Ich habe ihm vertraut. Ich bin in der Regierung geblieben. Ich schäme mich, ja! (...) Ich war am Ende ein kleiner Mann, der glaubte, was dieser große, geniale Staatsmann uns sagt, sei richtig." (258)

Adenauer brauchte sich seinen außenpolitischen Freiraum gegenüber seinen Ministern also nicht nur zu erkämpfen, er konnte hier auch seine persönliche Ausstrahlung als Kapital miteinbringen. Diese persönliche Autorität, die verständlicherweise nicht nur bei außenpolitischen Themen wirkte, kann als politisches Allgemeinphänomen hier nicht weiter behandelt werden. Ihr wird in einem späteren Abschnitt weitere Aufmerksamkeit geschenkt (Vgl. S. 224 ff). Es ist aber in diesem Zusammenhang wichtig, daß sie ein zweiter Erklärungsweg zur außenpolitischen Prädominanz des Kanzlers war.

Der erste, Adenauersche Aktivitäten einschließende Erklärungsweg ist vorstehend an Hand der Verhandlungen um den Deutschlandvertrag geschildert worden. Er gilt den meisten Beobachtern als durchgängiges Führungsprinzip Adenauers im außenpolitischen Raum. Auf seine beiden aufeinanderbezogenen Stufen

1. Informationsbeschränkung
2. Kompetenzbezweifelung

hat Arnulf Baring hingewiesen und erklärt, daß Parlamentarier, Regierungsparteien und Bundeskabinett weitgehend von außenpolitischen Informationsquellen ferngehalten wurden. Aufkommender Widerspruch habe die dadurch bedingte Überlegenheit des Kanzlers abgeblockt: Wer außer ihm habe Erkenntnisse und verwertbare Erfahrungen über außerdeutsche Vorgänge aufzuweisen gehabt (259)? Ähnlich haben sich auch Heino Kaack und Reinhold Roth geäußert. In ihrer Studie über die außenpolitische Führungselite der Bundesrepublik Deutschland sprechen sie für den ersten Untersuchungszeitraum (1949 - 1953) davon, daß die Kabinettsmitglieder nur partiell am außenpolitischen Entscheidungsprozeß beteiligt waren. Dies sei unter anderem darin zum Ausdruck gekommen, daß der Kanzler sie häufig nur einzeln, je nach politischen Zweckmäßigkeiten konsultierte. Die unzureichende Unterrichtung der Kabinettsmitglieder in außenpolitischen Fragen habe so die Chancen und Entwicklungsmöglichkeiten eigenständiger Konzepte in außenpolitischen Fragen vermindert (260).

Ob die Entwicklung eigenständiger Außenpolitikkonzepte durch Kabinettsmitglieder in Abhebung von den Vorstellungen des Regierungschefs den auswärtigen Spielraum überhaupt erhöhen kann, soll hier nicht diskutiert werden. Vielmehr soll abschließend darauf hingewiesen werden, daß einer der schärfsten journalistischen Kritiker der Westbindungspolitik, Paul Sethe, vermerkt hat, daß Außenpolitik immer nur mit einer kleinen Gruppe erfolgversprechend in Szene gesetzt werden kann. Sethe spricht immerhin davon, daß Adenauer doch nicht gar so autoritär sei, wie man es ihm zuweilen nachsage. Denn die Wahrheit sei nun einmal, daß in allen modernen Staaten, auch den Demokratien, Außenpolitik immer nur von wenigen gemacht werde (261). Da das Kabinett zu diesem intimen Zirkel nicht gehörte, stellt sich natürlich jetzt die Frage, wer zu den wenigen "Machern" zählte. Die nächsten Abschnitte werden darüber Auskunft geben.

2. Führungsinstrument Bundeskanzleramt

Im Verlauf dieser Studie ist schon zweimal darauf hingewiesen worden, daß Adenauer außenpolitische Aktivitäten nicht durch eine weitgehende Mitgestaltungsmöglichkeit seiner Ministerkollegen absicherte, sondern sich beim Vollzug der auswärtigen Politik in erster Linie auf Berater stützte, die aus dem Bundeskanzleramt und dem daraus hervorgegangenen Auswärtigen Amt kamen. Dies wurde deutlich an Adenauers Verhandlungsführung mit den Hohen Kommissaren sowie den zahllosen Gesprächen, die zur Erstellung des Deutschlandvertrages führten.

Es ist also wenig verwunderlich, daß - will man die Genese des Adenauerschen Regierungsstiles ganz generell untersuchen - auch das Bundeskanzleramt zu den analysierten Objekten gehört. Dies umso mehr, als das Amt eindeutig als wichtiges Führungsinstrument klassifiziert wird (262).

Diese Einschätzung hat bewirkt, daß es mittlerweile eine recht umfangreiche Literatur in Sachen Bundeskanzleramt gibt, in der auch die hier zunächst interessierende Aufbauphase dargestellt wird (263). Dies ermöglicht es, die strukturelle Schilderung des Amtes auf das Nötigste zu reduzieren und sich vorrangig der Frage zuzuwenden, welche Personen im Amt agierten, welcher Arbeitsstil sich dabei entwickelte und welche Einwirkungsmöglichkeiten auf die Gestaltung des politischen Prozesses für die Akteure damit verbunden waren.

Das Bundeskanzleramt ist am 16. September 1949, also einen Tag nach der Wahl Konrad Adenauers zum ersten bundesdeutschen Regierungschef, errichtet worden (264). Im hier relevanten Zeitraum bis zur zweiten Bundestagswahl im September 1953 hatte es im Überblick folgende Organisationsstruktur (265):

- Im Dezember 1949: zwei Abteilungen (Zentralabteilung; Koordinierungs- und Kabinettsangelegenheiten) mit insgesamt 9 Referaten.
- Im Januar 1950: Zusammenlegung der beiden Abteilungen. Zur zweiten Abteilung wird das Presse- und Informationsamt der Bundesregierung.
- Im Juni 1950: als dritte Abteilung kommt die Dienststelle für Auswärtige Angelegenheiten hinzu.
- Im Oktober 1950: Installierung des "Beauftragten des Bundeskanzlers für die mit der Vermehrung der alliierten Truppen zusammenhängenden Fragen", der Dienststelle Blank, der Kern des späteren Verteidigungsministeriums im Bundeskanzleramt.
- Im März 1951: Ausgliederung der Dienststelle für Auswärtige Angelegenheiten, Einrichtung eines Auswärtigen Amtes.

Auch die personelle Struktur soll kurz in ihren wichtigsten Zügen beschrieben werden. Als Staatssekretäre fungierten (266):

o Von Oktober 1949 bis Februar 1950: Franz-Josef Wuermeling. Dieser übte das Amt kommissarisch neben seiner Tätigkeit als CDU-Bundestagsabgeordneter aus. Da sich diese Doppelbelastung als nicht praktikabel erwies, entschied sich Wuermeling für sein Abgeordneten-Mandat.

o Vom August 1950 bis März 1951: Walter Hallstein übernimmt die Position eines Kanzleramts-Staatssekretärs. Er scheidet mit der Bildung des Auswärtigen Amtes aus und besetzt dort eine reguläre Staatssekretärsposition.

o Am 15.1.1951 übernimmt Otto Lenz die Stelle eines Staatssekretärs.

Ministerialdirektor und eigentlicher "Chef" des Bundeskanzleramtes schon in dieser Zeit war Hans Globke, der am 26. September 1949 in das Amt eingetreten war. Diverse Angebote des Kanzlers, selbst Staatssekretär zu werden, schlug Globke zur damaligen Zeit aus. Der Grund dafür dürfte wohl gewesen sein, daß er als Kommentator der Nürnberger Rassegesetze heftigen Angriffen auch im Bundestag ausgesetzt war (267). Die Vergangenheit des späteren Staatssekretärs kann hier nicht behandelt werden (268). Gleichwohl haben die Angriffe der SPD auf Globke im Bundestag dazu geführt, daß eines der wenigen öffentlichen Zeugnisse von Adenauer über einen engen Mitarbeiter zustande kam. Umstand und Inhalt unterstreichen die Bedeutung Globkes für Adenauer. Der Kanzler vor dem Plenum im Mai 1951:

"Nun noch ein Wort zu Herrn Ministerialdirektor Globke. Es liegt mir daran, hier zu erklären, daß ich in der langen Zeit, in der ich im öffentlichen Leben und als Beamter tätig bin, kaum jemals einen Beamten kennengelernt habe, der mit gleicher Pflichttreue und gleicher Objektivität seines Amtes waltet wie Herr Globke." (269)

Weitere wichtige Positionen im Bundeskanzleramt hatten inne:

- Walter Hallstein. Der Frankfurter Ordinarius wurde von Adenauer als Vorsitzender des deutschen Verhandlungsteams bei den am 20. Juni 1950 beginnenden Schumanplan-Verhandlungen eingesetzt (270). Über den vakanten Staatssekretärsposten im Bundeskanzleramt wurde er Staatssekretär im neugeschaffenen Auswärtigen Amt.
- Herbert Blankenhorn. Der langjährige Mitarbeiter Adenauers bereits aus der Zeit als Vorsitzender der CDU der britischen Zone sowie als Präsident des Parlamentarischen Rates wurde Leiter der Verbindungsstelle zur Alliierten Hochkommission, die man später mit anderen Einrichtungen zur Dienststelle für Auswärtige Angelegenheiten zusammenfaßte (Vgl. S. 59). Blankenhorn wurde 1951 Ministerialdirektor im neugeschaffenen Auswärtigen Amt.
- Felix von Eckardt. Nachdem seine Vorgänger Heinrich Böx, Paul Bourdin, Heinrich Brand, Fritz von Twardowski und Werner Krueger nur jeweils kurze Zeit Chef des Presse- und Informationsamtes der Bundesregierung waren, blieb der im Februar 1952 neu berufene Bundespressechef (mit einer Unterbrechung) für fast 10 Jahre im Amt (271).

Bevor auf den Arbeitsstil dieses Teams um Adenauer eingegangen wird, ist noch zu fragen, welche Aufgabenstellungen für das Bundeskanzleramt im generellen wie im speziellen ausgemacht werden können. Es kann davon ausgegangen werden, daß dem Bundeskanzleramt eine Doppelfunktion zukommt. Ausdruck dieser zweipoligen Arbeitsausrichtung ist Paragraph 7, Absatz 1 der Geschäftsordnung der Bundesregierung, der wie folgt lautet:

"Der Staatssekretär des Bundeskanzleramtes nimmt zugleich die Geschäfte der Bundesregierung wahr." (272)

Damit ist die Behörde Bundeskanzleramt in ein Spannungsverhältnis zwischen Kanzlerprinzip und Kabinettsprinzip gestellt, dessen jeweilige interne

Gewichtung der besonderen politischen Situation überlassen ist. Nach der zuvor geschilderten Prägekraft Adenauers in der Phase der Neueinrichtung des westdeutschen Verfassungsgebäudes kann die Umschreibung der schließlich erfolgten Gewichtung durch Schöne keinesfalls überraschen. Dieser geht nämlich davon aus, in der Ära Adenauer habe der Schwerpunkt eher beim Kanzlerprinzip gelegen (273). Diese Schwerpunktsetzung wird auch von Akteuren aus dem Bundeskanzleramt gesehen (274).

Innerhalb der Ausgestaltung des Bundeskanzleramtes als wirkliche "Kanzler-Kanzlei" sieht dessen Mitarbeiter Osterheld – auf die Rolle des Staatssekretärs abgehoben – drei vorrangige Pflichten:
1. Information des Bundeskanzlers
2. Beratung des Bundeskanzlers
3. Ausführung der Entscheidungen des Bundeskanzlers (275).

Dieser Pflichtenkatalog des Bundeskanzleramtes verdeutlicht ohne Frage, wie stark die Arbeit der Behörde von den persönlichen Anforderungen des Regierungschefs geprägt werden konnte. Adenauer tat in der Situation von 1949 noch ein übriges, um das Kanzleramt tatsächlich zu "seiner" Behörde werden zu lassen. Er bediente sich nicht des Mitarbeiterstammes der Frankfurter Direktorialkanzlei unter Hermann Pünder, sondern erstellte das Bundeskanzleramt mit Hilfe der personalpolitischen Regie von Hans Globke. Dies war nach Karl Gumbel insofern ungewöhnlich, als beim Aufbau der meisten Bundesministerien auf das entsprechende Fachpersonal der "Vorgänger-Behörden" aus der Frankfurter Zweizonenverwaltung zurückgegriffen wurde (276). Daß Adenauer auf Mitarbeiter erpicht war, die seinen Vorstellungen entsprachen, wird verständlich vor dem Hintergrund der Arbeitsbedingungen, die Herbert Blankenhorn für die Anfangsphase wie folgt umreißt:

"Das Bundeskanzleramt (und damit die Verbindungsstelle) arbeitete in der allerersten Zeit praktisch mit einem Minimalapparat. Es gab keine Registratur früherer Vorgänge, es gab kaum Schreibmaschinen, an eine Diktiermöglichkeit war nicht zu denken. Entwürfe mußten oft handschriftlich abgefaßt werden.
Diese Mangelsituation hatte freilich auch eine positive Seite. Sie zwang uns (und es war wirklich nur ein kleiner Stab, der Adenauer zur Seite stand) die Sachprobleme auf neuen Wegen anzugehen. Eine 'leitende' Tradition war nicht vorhanden. So konnte man – vor allem was Stilfragen anging – sehr viel Schöpferisches einbringen. Es war auch in dieser Hinsicht eine hochinteressante Zeit, die die Verfahrenswelt der Bundesrepublik weitgehend prägte." (277)

Diese Prägung der politischen Verfahrenswelt war auch insofern möglich, als eine eigene Geschäftsordnung für die Bundesregierung erst am 11. Mai 1951 in Kraft trat (278). Für uns ist die Tatsache von Belang, daß das Fehlen einschlägiger Verfahrensregeln es dem Kanzler erleichterte, innerhalb der Bundesregierung seine Vorstellungen eines Führungsstiles zu verwirklichen. Wie vorstehend geschildert, nützte er diesen größeren Ermessensspielraum, um die bundesrepublikanische Beziehung zu den Hochkommissaren zu seinem (und des Bundeskanzleramtes) Reservat zu machen, womit er eine zumindest wichtige "außenpolitische" Verfahrensregel faktisch prägte, bevor mit der Geschäftsordnung leitende Verfahrensvorschriften juristisch normiert wurden. Die generelle Vorliebe Adenauers, sich in für ihn wichtigen Fragen der Politik in erster Linie auf seine Mitarbeiter im Bundeskanzleramt zu stützen, kann auch als Umstand erklärt werden, der sich aus der als provisorisch empfundenen Anfangssituation der Bundesrepublik ergab. Herbert Blankenhorn formuliert:

"Dazu kam, daß personelle Ausstattung und bauliche Situation einen engen Kontakt zwischen Adenauer und seinen wichtigsten Mitarbeitern zur Regel machte. Man saß schließlich Tür an Tür. Und wie häufig kam dann der Anruf: 'Herr Blankenhorn, kommen Sie doch mal eben rüber wegen`.....'. Heute ist der Apparat des Bundeskanzleramtes so angeschwollen, daß selbst Abteilungsleiter sich den Weg zum Kanzler 'beantragen' müssen." (279)

Dieses enge Arbeitsverhältnis Adenauers zu seinen Mitarbeitern erkannte auch der britische Hochkommissar Kirkpatrick. Er argumentiert vom Umstand her, daß es anfangs kaum funktionierende Verbindungen und eine geordnete Zivilverwaltung gab. So habe Adenauer einen Kreis von "Schülern" um sich versammelt (genannt werden Blankenhorn, Hallstein und Lenz), mit denen er die Bundesrepublik führte (280).

Eine ganz andere Bewertung dieser Ausgangssituation liefert Gumbel. Für ihn ist die Effizienz, die dem Bundeskanzleramt von Anfang an attestiert wurde, zu einem nicht geringen Teil darauf zurückzuführen, daß der Stab so klein und der Dienstweg so kurz war (281). Auch wenn der unmittelbare Kontakt zwischen dem Kanzler und seinen Beratern von einem gewissen situationsbedingten Automatismus mitinitiiert wurde, ist natürlich zu fragen, nach welchen Kriterien diese enge Verbindung gestaltet wurde. Ein ziemlich düsteres Bild in dieser Hinsicht hat Arnulf Baring in seinem Buch über Adenauers frühe Außenpolitik gezeichnet. Nach Terence Prittie stellt Baring das Bundeskanzleramt als ein Treibhaus voller Neid, Intrigen und Verwirrungen dar (282). Diese eindeutige Zusammenfassung scheint keineswegs übertrieben, wenn man sieht, mit welchem Federstrich der von Prittie angesprochene Verfasser sein Bild von den Zuständen in dem Bundeskanzleramt zeichnet:

"Eine zusätzliche Erklärung der Position Adenauers im Kanzleramt liegt in der Eigentümlichkeit seines Umgangs mit Mitarbeitern, lag in seiner Neigung, sich menschliche Schwächen bewußt nutzbar zu machen.
Wie überall, wo Ansehen und Fortkommen von einer Person abhängen, kannte auch das Bundeskanzleramt Neid, Intrigen, Lächerlichkeiten. Das ist natürlich und sozusagen normal. Jeder suchte heimlich jeden auszustechen, jeder kämpfte zäh um eine Vorzugsstellung und beteiligte sich an der täglichen Konkurrenz um die Gunst des Kanzlers. Alle waren daher untereinander eifersüchtig: den persönlichen Referenten kränkte eine Bevorzugung der Chefsekretärinnen, Globke ärgerte sich, wenn er nur zweimal, Lenz aber sechsmal zu Adenauer gerufen wurde, Hallstein verdroß es, wenn er merkte, wie sehr sich der Regierungschef in einer Frage der Hilfe Blankenhorns bediente. Man sprach daher viel und mit Recht von den Rivalitäten zwischen Hallstein und Blankenhorn, Blankenhorn und Lenz, Lenz und Globke, Globke und Hallstein, Globke und Blankenhorn. (...) Jedenfalls wechselte er (Adenauer, der Autor) bewußt und kühl seine Favoriten, zog bald diesen, bald jenen Mitarbeiter besonders heran. (...) Adenauer machte ganz bewußt die bestehenden Spannungen zu seinem Herrschaftsmittel." (283)

Diesem Bild eines von der Spitze bewußt geförderten Amtsklimas mit konkurrenzbewußtem Intrigantentum der unmittelbaren Adenauer-Mitarbeiter muß der Fakt zugeordnet werden, daß Baring die internen Reibungsverluste im Bundeskanzleramt keineswegs so hoch veranschlagt, daß sie nach außen Wirkung zeigen. Die Effizienz dieses Behördenapparates wird von Baring vielmehr hoch eingeschätzt. So stellt er fest, bei der Herausbildung des Adenauerschen Regierungsstiles, der Kanzlerdemokratie, sei der Apparat der Bundeskanzlei des Kanzlers hauptsächliches Hilfsmittel gewesen (284). Am Beispiel der Unterzeichnung des Deutschland- und EVG-Vertrages vom Mai 1952 präzisiert er dies, indem er darauf hinweist, daß es Adenauer mit Hilfe seines Kanzleramtes gelungen sei, praktisch außerhalb des demokratisch-parlamentarischen Kräftespiels und ungehindert von aller Kritik und Ablehnung in der Öffentlichkeit die Vertragswerke unter Dach und Fach zu bringen (285).

Funktionierte also das Bundeskanzleramt trotz - oder vielmehr gerade wegen - seiner bewußt geschürten internen Spannungen? Viele Anzeichen sprechen dafür, daß dies - was den internen Spannungszustand angeht - nicht der Fall war, daß Baring Opfer einer Überinterpretation abge-

sicherter Fakten wurde.
Es muß zunächst darauf hingewiesen werden, daß von Baring benannte Kanzleramtsakteure, mit dem geschilderten düsteren Arbeitsklima im Nachhinein konfrontiert, diese Interpretation als grundverkehrt klassifizieren. Terence Prittie hat dazu Globke und Hallstein befragt. Hallsteins Reaktion zum gegenseitigen Ausspielen der Mitarbeiter durch den Kanzler:

"Adenauer haßte jede Zeitverschwendung. Er fällte seine Entscheidungen schnell. In meinem Fall etwa erzählte er mir vom Schuman-Plan und forderte mich drei Tage später auf, die deutsche Delegation anzuführen. Wenn er einem etwas zu tun gab, erwartete er, daß man sich sofort daran begab und dann schnell vorankam. Er würde gar nicht die Zeit gehabt haben, uns gegenseitig auszuspielen. Er war viel zu sehr an den zu bewältigenden Aufgaben interessiert und hatte selbst viel zu tun. Natürlich machte es ihm manchmal Spaß, die Leute zu necken. Aber wem machte das schon etwas aus! Er ließ sich auch selber gerne necken." (286)

Hans Globke zu der Behauptung, es habe im Bundeskanzleramt ein internes Ringen um die Gunst Adenauers gegeben:

"Das ist falsch und obendrein absurd. Die Wahrheit ist vielmehr, daß Adenauer sich seinen Beratern gegenüber ungeheuer offen und ehrlich verhielt. Wenn er irgendetwas in Ordnung gebracht haben wollte, sagte er dies ganz direkt. Er wollte immer nur, daß alle wichtigen Dinge mit dem geringsten Maß an Verzögerung erledigt wurden." (287)

Der spätere Kanzleramtsmitarbeiter Horst Osterheld hat in seiner Persönlichkeitsstudie über Konrad Adenauer auf die Inhalte der Baringschen Beschreibung Bezug genommen; er sieht sie durch die Aussagen von Hallstein und Globke "widerlegt" und hält sie auch für die Zeit seiner unmittelbaren Erfahrungen für unangebracht (288). Hallstein wiederum hat Osterhelds Schilderung als mit seinen direkt erfahrenen Eindrücken übereinstimmend eingestuft, indem er anmerkte, über den Adenauerschen Umgang mit Menschen könne schwerlich je etwas Besseres gesagt werden als das, was Horst Osterheld geschrieben habe (289).
Nimmt man dieses in der Ablehnung übereinstimmende Votum diverser Kanzleramtsmitarbeiter als Ausgangsbasis, ist natürlich zu fragen, inwieweit sich aus den Aussagen von Beteiligten ein Gegenbild zu Barings Schilderung konstruieren läßt. Diese Gesamtschau könnte einerseits verdeutlichen, wo Baring Einzelfaktoren überinterpretierte, sie würde andererseits die Kriterien herausarbeiten, die neben dem erwähnten situationsbedingten Automatismus Adenauers enge Verbindung zu seinen Mitarbeitern im Kanzleramt prägten.

Ausgangspunkt dieses Gegenbildes soll sein, daß es nach übereinstimmender Beschreibung von Kanzleramtsmitarbeitern eine deutlich gezogene Trennungslinie innerhalb des Bundeskanzleramtes zwischen Fragen der Verwaltung und Innenpolitik auf der einen und außenpolitischen Entscheidungen auf der anderen Seite gab (290). Danach waren zuständig für:

Innenpolitik: Globke, Lenz, Rust (der letztere für Wirtschaft)
Außenpolitik: Hallstein, Grewe, Blankenhorn
Medien:      v. Eckardt (291)

Diese inhaltliche Arbeitsteilung dürfte die Resonanzböden für die von Baring beschriebenen Rivalitäten zwischen Kanzleramtsmitarbeitern aus verschiedenen Fachbereichen kräftig dezimiert haben. Eine Beschränkung der Mitarbeiter aus Adenauers engstem Beraterkreis auf eine fachliche Dimension ist in anderem Zusammenhang ein wichtiges Versatzstück der Kritik an der Personalpolitik des Kanzlers. Seinem Erstaunen darüber hat beispielsweise Wilhelm Hausenstein beredt Ausdruck verliehen:

"Es hat nicht nur mich, sondern viele verwundert, daß Adenauer in seiner dienstlichen Umgebung Figuren ertrug, die ihm im Grunde des Wesens nicht zugeordnet sein konnten. Aber vielleicht bedarf eine Gestalt von der Sicherheit des Standortes, von diesem starken Sinn für echte Ordnungen, kurz: von dieser autoritativen Überlegenheit eher eines instrumentalen, als eines eigentlich adäquaten Stabes von Mitarbeitern, deren Intelligenz, deren Sachkunde, deren unbegrenzter Fleiß für ihre Verwendbarkeit gewährleistet: für die Brauchbarkeit fügsamer Gehilfen (zu denen außer den Herren Hallstein und Blankenhorn, übrigens mehr und mehr auch der eingangs genannte Herr Globke zählen sollte). (...) Im zehrenden Ablauf eines Arbeitstages kann eine Unabhängigkeit, die immerhin etwas Reibungen erzeugt, wohl nicht Platz haben. Vielleicht hat ein Mann vom Range des Kanzlers gegenüber seiner Umgebung keine unmittelbare menschliche Reaktion mehr, sondern nur noch den Wunsch nach sachlicher Vorbereitung und sachlichem Vollzug der Geschäfte" (292)

War also die von Baring beschriebene Atmosphäre innerhalb des Kanzleramtes, mit der Herrschaftsausübung Adenauers qua Ausnutzung menschlicher Schwächen, insofern unrealistisch, als der Kanzler dafür gar kein Mittel brauchte, weil er in seiner Umgebung nur Kräfte ansiedelte, die ihm letztlich bequem waren (293), die man als "instrumental" bezeichnen darf (294)? Hier kann man nur dann zu einer befriedigenden Antwort kommen, wenn man zwei Ebenen von "instrumental" scharf voneineinander trennt.

Auf Ebene 1 ist zu berücksichtigen, daß Adenauer insofern seinen engsten Mitarbeitern gegenüber instrumental dachte, als er von ihnen unermüdlichen Arbeitseifer und ständigen Einsatzwillen erwartete. Günther Bachmann, persönlicher Referent Adenauers am Ende der fünfziger Jahre, hat dies mit ausdrücklicher Bezugnahme auf das so gelagerte Denken des Kanzlers wie folgt beschrieben:

"Er erwartete, daß sie zu jeder Tages- und Nachtzeit für ihn da waren. Ich würde aber sagen, ihm war gar nicht bewußt, wie sehr er seine Leute belastete, wenn er abends zu Hause anrief und sagte: Machen Sie mal eben dieses und jenes, was manchmal einige Stunden verschlang" (295).

Auch Herbert Blankenhorn hat bestätigt, daß der Kanzler fungibel dachte, er hat dies auf seine Person bezogen so geschildert:

"Als Frühaufsteher rief er auch mich schon in aller Herrgottsfrühe an und erfragte, ob ich dieses oder jenes schon im Radio gehört hätte. Ich hatte zunächst nicht und auch bei der entsprechenden frühmorgendlichen Zeitungslektüre mußte ich zunächst passen. Ich habe mir daraufhin angewöhnt, die ersten Nachrichten zu hören und bekam dazu noch das wichtigste Pressematerial schon so rechtzeitig aufbereitet, daß ich bei seinen fast täglichen Morgenanrufen und dem Hinweis, dies und jenes wäre doch wohl jetzt zu unternehmen, inhaltlich gewappnet war." (296)

Losgelöst von der Schilderung direkter persönlicher Erfahrungen hat auch Horst Osterheld darauf hingewiesen, daß Adenauer keine rechte Vorstellung von der Grenze menschlicher Leistungskraft bei seinen Mitarbeitern gehabt habe. Im Bundeskanzleramt seien präzise und rasche Arbeit Voraussetzung gewesen, ständige Überstunden selbstverständlich. Da der Kanzler nur einen kleinen Stab um sich haben wollte, sei von denen, die dazugehörten, schonungsloser Einsatz verlangt worden. Nur wenige hätten dies sehr lange ausgehalten (297). Freilich sieht Osterheld diese sehr hoch veranschlagte Leistungsbereitschaft auch beim Kanzler selbst. Seine suggestive Kraft, andere dazu zu bringen, das Letzte aus sich herauszuholen, habe auf einem Adenauerschen Vorbild in dieser Hinsicht basiert. Wieviel er von seinen Mitarbeitern auch gefordert habe, bei sich selbst habe er noch mehr verlangt (298).

Abzuheben von dieser instrumentalen Leistungsanforderung an die Mitarbeiter im Bundeskanzleramt ist die Frage, ob Adenauer auch insofern instrumental dachte, als er seinen Beratern nur marionettenhafte Züge zubilligte, d.h. er allein zog an den Fäden, und sie reagierten ohne eigene Willensmöglichkeit. Dies wäre dann Ebene 2 in Sachen Instrumental-Denken. Es zeigt sich im Gegensatz zur 1. Ebene, daß Adenauers Mitarbeiter hier zahlreiche Faktoren aufzählen können, die mit einer marionettenhaften Zweckbestimmung des Beraterkreises um den Kanzler nicht zu vereinbaren sind. Walter Hallstein zur Frage, wieviel Unabhängigkeit ihm der Kanzler gelassen habe in einem Interview mit Günter Gaus:

"GAUS: Sie haben sich selbst gelegentlich als den außenpolitischen Gehilfen Adenauers bezeichnet, und Ihre Gegner haben Ihnen seinerzeit, als Sie Adenauers Staatssekretär waren, vorgeworfen, daß Sie dem Bundeskanzler allzu willfährig dienten. Was sagen Sie zu solchen Vorwürfen?
HALLSTEIN: Es wäre interessanter, dazu den Bundeskanzler selbst zu hören. Ich glaube nicht, daß er diese These bestätigen wird. In dem Brief, in dem mich Adenauer aufforderte, sein Staatssekretär zu werden – datiert vom 2. August 1950 –, schrieb er mir, daß er Menschen, zu denen er nach ihren Fähigkeiten und ihrem Charakter Zutrauen habe, ein großes Maß an Selbständigkeit einzuräumen pflege. Ich war damals verblüfft über diese Bemerkungen, denn wirklich, ich kannte ihn wenig, und ich erkundigte mich bei einigen, die ihn kannten und die mir bestätigten, daß das so sei. Meine Erfahrungen mit ihm – eine glückliche Erfahrung – hat mir bestätigt, daß das völlig so war." (299)

Das Bild von den fügsamen Gehilfen muß auch insofern korrigiert werden, als Adenauer nach Auffassung Blankenhorns den wohlbegründeten Widerspruch schätzte, ihn geradezu herausforderte, um an ihm die Stärke der eigenen Argumente messen zu können (300). In die gleiche Richtung hat auch Horst Osterheld argumentiert:

"Im Gegensatz zur Klischee-Vorstellung konnte man ihm ruhig widersprechen, wenn man brauchbare Argumente hatte. Man konnte sich sogar im Ton vergreifen, wenn es unter vier Augen geschah, und wenn Adenauer merkte, daß es dem anderen um die Sache ging. Wenn man ungebetene Vorschläge machte, mußte man damit rechnen, daß der Kanzler zunächst widersprach, abwies oder einem mit Gegenargumenten hart zu Leibe rückte. Aber man konnte und sollte sich ruhig melden, wenn man gute Gründe hatte. Wer sich, der Sache wegen, Adenauers Unmut aussetzte, erwarb langsam seinen Respekt." (301)

Allem Anschein nach war es gerade das von Osterheld erwähnte Zwiegespräch, das bei Adenauer sehr viel Offenheit erlaubte – in beiden Richtungen (302).

In solchen Vier-Augen-Gesprächen konnten die Mitarbeiter den Kanzler denn auch zur Meinungsänderung bewegen. Herbert Blankenhorn hat darauf im Zusammenhang mit Adenauers Verhandlungen auf dem Petersberg Bezug genommen (Vgl. zuvor, Anmerkung 152), Felix von Eckardt sieht hier beste Gelegenheit, Adenauers Auffassung zu korrigieren. Zwar habe man den richtigen Moment erfassen müssen, um einen Versuch in dieser Richtung zu machen, dies sei aber durchaus möglich gewesen und widerlege das Bild von einem Kanzler, der oft als starr, wenig wendig und unbiegsam geschildert werde (303).

Die Gesamtschau der bislang aufgezählten Faktoren im Bereich der 2. Ebene von Adenauers angeblichem Instrumental-Denken hinsichtlich seiner Mitarbeiter macht klar, daß man das Bild von den fügsamen Gehilfen nur sehr bedingt verwenden kann, wohingegen die 1. Ebene von Adenauers instrumenteller Einstellung zu seiner Umgebung im Bundeskanzleramt, des Kanzlers Verlangen nach schonungslosem Einsatz seiner Mitarbeiter, als realistische Beschreibung akzeptiert werden kann. Hausensteins Bild vom Verhältnis Adenauer/Mitarbeiter im Kanzleramt muß also genauso relativiert werden wie Barings skizzierter Kontrapunkt. In beiden Fällen kann gesagt werden, daß Ansätze Adenauerschen Verhaltens zwar richtig erkannt, jedoch insofern überinterpretiert wurden, als man sie nicht in Beziehung zum hier vorstehend präsentierten Material brachte (bringen konnte). Aus diesem Material, den Erinnerungen der Mitarbeiter des Bundeskanzleramtes, geht aber auch durchaus hervor, daß Adenauer nicht in allen Belangen eine positive Gestalt war. Ganz generell hat Horst Osterheld darauf hingewiesen, daß die Urteile über Adenauer wohl auch deshalb differieren, weil sein Verhalten wechselte, weil er sich nicht nur im "anständigen" Feld bewegte, sondern auch in der Nähe des Unerfreulichen, und weil er diese Grenze bisweilen überschritten habe (304). Hinweise auf diesen "anderen" Adenauer unter dem Gesamtgesichtspunkt Verhältnis zu seinen Mitarbeitern im Kanzleramt sollen im folgenden präsentiert werden. Es ist wohl anzunehmen, daß dieser Teil des gesamten Verhaltensspektrums in den vorgestellten Skizzierungen des Klimas im Bundeskanzleramt überbewertet wurde. Da ist zunächst der Fakt zu berücksichtigen, daß Adenauers Mitarbeiter durchaus die Launen ihres Chefs einkalkulieren mußten. Herbert Blankenhorn beschreibt dies so:

"Am Montagmorgen blieben ich und Hallstein meist auf Distanz, weil der Kanzler zu Wochenbeginn schlecht genießbar war. Adenauer war ein ausgesprochener Familienmann und ob dieses Umstandes 'vergaß' er recht häufig die Hausarbeiten in Form von Memoranden und anderem schriftlichem Material, das seinen Rhöndorfer Schreibtisch füllte. So hatte er zumeist am Montagmorgen ein irgendwie geartetes bedrücktes Gewissen, daß die Gespräche gelegentlich erschwerte. Nachmittags hatte sich das zumeist schon wieder gelegt und wir hielten unsere Vorträge." (305)

Exakt diesen Umstand hat Hallstein bestätigt (306). Auch Felix von Eckardt weiß davon zu berichten, daß Adenauer manchmal schrecklicher Laune sein konnte. Irgendetwas hätte ihn geärgert, und dann habe man ihm nichts

recht machen können. Zu allem und jedem sei ein "Nein" gekommen, er sei keinem vernünftigen Argument zugänglich gewesen. Dann habe man am besten daran getan, sich möglichst entfernt von ihm zu halten (307). In einem nicht-räumlichen Sinne sorgte Adenauer sowieso dafür, daß seine Mitarbeiter (wie andere "Mitstreiter") ihm nicht zu nahe kamen. Adenauer bewahrte menschliche Distanz; Horst Osterheld spricht davon, er habe immer Abstand gehalten und wenn etwas zu nahe an ihn herangekommen sei, habe er es gleich wieder auf gebührende Entfernung zurückgeschoben (308). Auch Herbert Blankenhorn sieht in dieser Distanziertheit, in einer eher mißtrauisch ablehnenden Reserve den Menschen und Dingen gegenüber, eine Grundhaltung des Kanzlers (309).
Diese Zurückhaltung schlug dann hin und wieder in offen spürbares Mißtrauen von Adenauer gegenüber seinen Mitarbeitern im Bundeskanzleramt um. Wilhelm Grewe hat darauf hingewiesen (310), Horst Osterwald präzisiert weiter:

"Jeder, der in Adenauers unmittelbarer Nähe arbeitete, geriet ab und zu in eine Mißtrauenssphäre. Manchmal genügte ein unglückliches Versehen, um des Kanzlers Unmut und Argwohn hell auflodern zu lassen. Leicht wurden böse Absicht und Illoyalität unterstellt, was die Menschen, die ihr Bestes gaben, oft empfindlich traf. Wenn Globke davon erfuhr, ging er zum Kanzler, erklärte das mißverstandene Handeln des Mitarbeiters und renkte die Sache ein, bevor Verhärtungen eingetreten waren. Wahrscheinlich allen aus dem engeren Kreis dürfte er auf diese Art und Weise im Laufe der Jahre geholfen haben." (311)

Diese Klärung war insofern möglich, als Adenauer – wie Osterheld bemerkte – seine Mißtrauensgedanken wirklich nicht nachtrug und eine Vertrauensbasis wiederhergestellt werden konnte (312). Ein anderer Charakterzug Adenauers, der von Baring in Zusammenhang mit dem Führungsstil des Kanzlers im Palais Schaumburg angesprochen wird, dürfte tatsächlich so ausgeprägt gewesen sein: die bewußte Nutzung menschlicher Schwächen. Anneliese Poppinga erklärt, Adenauer habe menschliche Schwächen ins Kalkül gesetzt, dies aber auch offen zugegeben. Geltungsdrang, Ehrgeiz, vielleicht auch mangelnde Klugheit, der Skeptiker Adenauer habe sich dessen bedient (313). Ein offenes Geständnis in Sachen Nutzung menschlicher Schwächen hat Adenauer denn auch in einem Gespräch mit Günter Gaus abgelegt (314).
Dieses Wissen um die Schwäche des Menschen erlaubte es ihm, Verhandlungen auch mit Methoden zu führen, die nicht überall ungeteilt Beifall fanden.

Laut Anneliese Poppinga konnte er darin eine sehr direkte Sprache führen, manches Mal gewiß nahe an der Grenze der Beleidigung. Er habe auch nicht davor zurückgeschreckt, andere bloßzustellen oder seine Widersacher der Lächerlichkeit preiszugeben (315). Von den geschilderten menschlichen Schwächen war Adenauer natürlich selbst nicht frei. Horst Osterheld hat einen starken Geltungstrieb entdeckt und ihn weiter beschrieben (316); auf das Bundeskanzleramt bezogen lautet seine Schilderung so:

"Adenauer war sehr darauf bedacht, 'Herr im Haus' zu sein, ja ihn manchmal 'herauszubeißen'. Er war ein eifersüchtiger Mann und konnte schon darauf neidisch sein, daß ein anderer besser informiert war als er. Es reizte ihn zuweilen, Zwietracht zu säen. Seine Zunge neigte zu Boshaftigkeiten. Es machte ihm Spaß, andere 'auf die Palme zu bringen'. Mitunter schien er geradezu jemanden zu brauchen, an dem er sein 'Mütchen kühlen konnte'. Geringer taktischer Vorteile wegen verletzte und demütigte er." (317)

Dieses Bild des "anderen" Adenauer muß, wie bereits erwähnt, immer vor dem Hintergrund gesehen werden, daß es sich nur um eine Seite einer ziemlich komplexen Persönlichkeit handelt. Es scheint daher nicht gerechtfertigt, Adenauers Verhältnis zu seinen Mitarbeitern im Bundeskanzleramt auf eine der möglichen Aspektgruppen abzustellen. Ein realistischer Näherungswert des Arbeitsklimas im Bundeskanzleramt wird daher nur immer aus einer gewissen Gemengelage entstehen können. Dies schließt ein, daß man den Arbeitsstil im Bundeskanzleramt nicht nur von der Persönlichkeit des Chefs her erklärt, sondern auch die Individualität der Mitarbeiter einbezieht. Dies soll im folgenden für die wichtigsten Charaktere unternommen werden.

## Walter Hallstein

Am 25. August 1950 wurde der ehemalige Rektor der Frankfurter Universität, der Jura-Ordinarius Walter Hallstein, zum Staatssekretär im Bundeskanzleramt berufen. Nach etwas mehr als einem halben Jahr setzte Adenauer ihn als Staatssekretär im neugeschaffenen Auswärtigen Amt ein. Also nur eine Übergangsbesetzung, der nicht allzuviel Bedeutung beigemessen werden muß? Die Frage kann mit einem klaren Nein beantwortet werden. Rüdiger Altmann hat später das polemische Wort vom Auswärtigen Amt als einer Nebenstelle des Bundeskanzleramtes geprägt (318), für die Frühphase der Bonner Außenpolitik mit Adenauer in der Doppelrolle als Kanzler und Außenminister kann dies als durchaus nicht-polemische Zustandsbeschreibung akzeptiert werden.

Hallstein selber hat von einem "formalen Einschnitt" gesprochen, als er vom Bundeskanzleramt in das Außenamt übertrat (319), seine enge Beziehung zu Adenauer blieb erhalten: Er war regelmäßiger Teilnehmer an den Kabinettssitzungen und hatte das Recht des jederzeitigen Vortrags beim Kanzler. Und - auch nicht gerade unwichtig - er behielt sein Büro im Palais Schaumburg bis zum Bau eines AA-Gebäudes im Jahre 1955, was nach eigener Aussage die persönliche Zusammenarbeit mit Adenauer außerordentlich erleichterte und verdichtete (320). Dies alles führt dazu, ihn hier als integralen Bestandteil des Bundeskanzleramtes zu behandeln.

Seine Position wäre sonst recht schwierig einzuordnen, war er doch lange Jahre so etwas wie der deutsche Außenminister (321). Was zeichnete nun diesen Mann besonders aus? Wilhelm Hausenstein, durchaus kein Freund des Professors (er tituliert ihn als ebenso entschiedenen wie verborgenen Gegner seinerseits (322)), hat ihn so beschrieben:

"Was insbesondere den Staatssekretär Walter Hallstein angeht, so ist er durch unverkennbare Qualitäten ausgezeichnet: durch juristische Bildung, durch Kenntnis der Materie, durch eine gegen sich selbst rücksichtslose Arbeitskraft, durch Eifer, Beweglichkeit, rapide und unermüdliche Aneignung der Probleme, durch ein rednerisches Talent, das sachlich geschickt, gut formulierend, auch in der Improvisation mit wesentlichen Argumenten zu operieren versteht." (323)

Herbert Blankenhorn hat dies ähnlich formuliert (324), Felix von Eckardt findet kaum zurückhaltendere Worte: Ihm sei selten im Leben ein straffer geordnetes Gehirn begegnet als das von Walter Hallstein, er habe zum engsten Mitarbeiterkreis des Kanzlers gehört und sei diesem eine unentbehrliche Stütze gewesen (325).

Für diese Unentbehrlichkeit des Staatssekretärs als ausführender Quasi-Außenminister Adenauers hat Hallstein, der davon spricht, ein gutes Schicksal habe ihm beschieden, "Gehilfe" des Kanzlers gewesen zu sein (326), selbst eine inhaltliche Grundlegung geliefert. Für ihn gab es eine uneingeschränkte Übereinstimmung in allen grundlegenden Fragen der Außenpolitik zwischen ihm und Adenauer (327). Dennoch kam es durchaus zu Kontroversen zwischen Adenauer und Hallstein. Felix von Eckardt weiß davon zu berichten:

"Sein Verhältnis zu Adenauer ist nicht leicht zu beschreiben. Der Kanzler hatte großen Respekt vor seiner scharfen Intelligenz, seiner Formulierungskunst, seiner fast unbegrenzten Arbeitskapazität und war zu Recht von seiner absoluten Loyalität überzeugt. Trotzdem kam es manchmal zu gewissen Kontroversen, denn Hallstein zeigte große Beharrlichkeit, bei einem Thema zu bleiben, dessen Diskussion dem Kanzler im Augenblick unerwünscht war. Dann wurde Adenauer gereizt. Zudem schien ihn manchmal die staunenswerte Argumentationsfähigkeit des Professors nervös zu machen. Sie war ihm zu perfekt." (328)

Adenauer wußte sich zu "wehren". Er ließ die von Hausenstein festgestellte Neigung, eine gewisse Art von Überreizung durch Hänseleien abzubauen, zumeist an Hallstein aus (321), Felix von Eckardt spricht von einem "diebischen Vergnügen" Adenauers, Hallstein auf einem Gebiet zu schlagen, wo der Professor ihm nicht gewachsen gewesen sei. Der Kanzler habe aber die Grenze der Frozzelei nie überschritten und zum Schluß stets wieder alles eingerenkt (330). Im ironischen Gefecht dem Kanzler also weit unterlegen, hat Hallstein selbst beschrieben, daß er am politischen Kampf "große Freude" empfinde. Es muß freilich hinzugefügt werden, daß nicht nur Hausenstein vermutet, Hallstein habe zum Politischen kein angeborenunmittelbares Verhältnis wie Adenauer (331). Herbert Blankenhorn zielt in eine ähnliche Richtung und erwähnt, Hallstein habe in der Verfolgung seiner politischen, insbesondere europäischen Ziele, psychologische Faktoren und Empfindlichkeiten der Partner unterschätzt und sei gelegentlich in Überbewertung seines eigenen Einflusses über sie hinweg zur Tagesordnung übergegangen (332).
Hausenstein tituliert ihn denn auch als "spürbar akademisch geprägte Figur" (333). Daß der Staatssekretär dem kaum widersprochen hätte, wird in einem Interview mit Günter Gaus deutlich, in dem immer wieder seine wissenschaftliche Prägung durchscheint (334).

Otto Lenz
-----

Es gibt, wie zuvor geschildert, bei Staatssekretär Walter Hallstein Mitstreiter aus den frühen Tagen des Bundeskanzleramtes, die durchblicken lassen, der Ex-Professor aus Frankfurt sei kein durch und durch politischer Kopf gewesen. Bei Hallsteins Nachfolger Otto Lenz wird man nach dergleichen Äußerungen vergeblich suchen. Im Gegenteil, daß jetzt ein "geborener Politiker" - so Hans Edgar Jahn (335) - ins Palais Schaumburg kam, ist praktisch unumstritten (336).

Wenn man den persönlichen Werdegang von Lenz betrachtet (337), ist dies kaum verwunderlich. Der Jurist aus dem Bereich des deutschen Widerstandes gegen Hitler war Mitbegründer der Berliner CDU und Vertreter der alten Reichshauptstadt in der Arbeitsgemeinschaft von CDU und CSU. Wie bereits erwähnt, gab es innerhalb des Bundeskanzleramtes eine klare Trennungslinie zwischen innen- und außenpolitischen Politikaspekten; Lenz wird dabei eindeutig dem innenpolitischen Bereich zugeordnet. Hier konnte der "politische Kopf" Otto Lenz einigermaßen frei agieren, da der Bundeskanzler – in erster Linie auf die Außenpolitik fixiert – im innenpolitischen Bereich zumeist weniger präsent war.

Innerhalb der generellen innenpolitischen Ausrichtung wandte sich Lenz freilich einem Schwerpunktthema zu: der staatlichen Öffentlichkeitsarbeit im weitesten Sinn (338). Im Rahmen dieser Fragestellung ist vor allem interessant, wie Lenz seine Politik im Bundeskanzleramt instrumentierte. Die Wertung ist übereinstimmend: Er instrumentierte eher nicht. Baring erwähnt, daß Otto Lenz ganz und gar unbekümmert und unkonventionell in seiner Amtsführung war (339), Karl Gumbel spricht davon, er sei kein Freund langer Schreibtischarbeit gewesen, seinem ganzen Habitus nach unbürokratisch, er benutzt die Vokabeln lebhaft, impulsiv, sehr agil, redegewandt, diskutierfreudig und erklärt, Lenz sei schnell im Urteil und kurz entschlossen gewesen (340).

Felix von Eckardt schildert ihn dementsprechend als eine in "vielen Farben schillernde Persönlichkeit" (341), der Aktenarbeit irgendwie fremd war. Konnte ein solcher Charakter das Bundeskanzleramt tatsächlich so leiten, daß die vorstehend präsentierten Aufgabenstellungen für den Bundeskanzler zumindest normal erfüllt werden?

Diese Frage erfordert insofern keine Antwort, als sie tatsächlich nie gestellt zu werden brauchte. Denn obwohl klar war, daß Lenz nach seiner Dienststellung her der alleinige Chef war, überließ er die eigentliche amtsmäßige Leitung des Palais Schaumburg Hans Globke (342). Daß es dem "niederrangigeren" Globke möglich war, diese Position einzunehmen, dafür liefert Karl Gumbel einen Erklärungsrahmen. Globke und Lenz, beide im katholischen Studentenverband CV, kannten sich schon aus ihrer Zeit als Ministerialbeamte in Berlin, gehörten zum gleichen Freundeskreis jüngerer Angehöriger verschiedener Reichsministerien, dem "Donnerstags-Tisch", und ließen dieses gemeinsame Mittagsmahl in Bonn wiederaufleben. Man kannte sich also nicht nur dienstlich, und so war es möglich, daß man zu einer inoffiziellen, nirgendwo fixierten, aber funktionierenden Regelung kam. Den Kanzleramtsreferenten war recht bald ohne schriftliche Abgrenzung klar, wie die "Geschäftsverteilung" zwischen Lenz und Globke aussah (343).

War also das politische Spiel die Lenzsche Hauptbeschäftigung und kam wegen der dargestellten speziellen Situation die administrative Leitung im Palais Schaumburg nicht zu kurz, drängte es Lenz dennoch 1953 verstärkt auf das politische Feld. Er kandidierte für den Bundestag, wurde gewählt und schied damit als Kanzleramtsstaatssekretär aus.

Josef Rust sieht darin eher eine logische Folge des Lenzschen Politik- und Amtsverständnisses (344), Arnulf Baring erklärt das Ganze so:

"Sosehr Adenauer aus den Lenzschen Aktivitäten Nutzen zog – im Grund waren sie ihm unheimlich. Dem Bundeskanzler paßte der Ehrgeiz seines Mitarbeiters nicht, eine eigene Politik zu treiben; ihm war der Gedanke unerträglich, durch Aktionen seines Staatssekretärs politisch unter Umständen vor vollendete Tatsachen gestellt zu werden. Lenz seinerseits empfand selbst, daß seine Amtsführung – und je mehr sich der Staat der Bundesrepublik konsolidierte, desto stärker – aus dem Rahmen normaler Dienstobliegenheiten eines hohen Staatsbeamten herausfiel. Es kam hinzu, daß er mit der Zeit immer kritischer gegenüber Adenauer geworden war. Schon vor dem Bundestagswahlkampf 1953 erwog er gelegentlich seinen Rücktritt. Als er dann ankündigte, er werde für den Bundestag kandidieren, war Adenauer sehr erleichtert und zufrieden; er meinte, als Abgeordneter werde Herr Lenz ja nach Herzenswunsch Politik treiben können." (345)

Läßt sich die Baringsche Wertung auch nicht in allen Einzelaussagen von Kanzleramtsmitarbeitern untermauern, so sind doch einige wichtige Versatzstücke abgesichert. Felix von Eckardt spricht davon, daß es kurz nach seinem Amtsantritt (im Februar 1952) zu Auseinandersetzungen zwischen Adenauer und Lenz gekommen sei (346), Gumbel bemerkt, Lenz habe dazu geneigt, auf eigene Faust Politik zu machen (347) und Hans Edgar Jahn hat umschrieben, daß Lenz alles andere als ein "Stiefelputzer" des Kanzlers war, sondern die leibhaftige Widerlegung der Legendenbildung, daß Adenauer nur gesinnungstüchtige Kopfnicker um sich dulden konnte (348).

## Hans Globke

Im Verlauf dieses Abschnitts ist schon zweimal auf Hans Globke Bezug genommen worden: zum einen galt er als Staatssekretärskandidat für das

Bundeskanzleramt, schlug diese Angebote jedoch zunächst aus; zum anderen wurde klar, daß Staatssekretär Otto Lenz Hans Globke weitgehend die faktische administrative Leitung im Palais Schaumburg überließ. Welcher Wertschätzung Globke sich bei Adenauer erfreute, ist ebenfalls dokumentiert worden (Vgl. zuvor, Anmerkung 269). Dies alles muß dazu führen, die Persönlichkeit Globkes näher zu beleuchten.

Freilich wird das in der Folge einigermaßen umfassend nicht geschehen. Dafür sind zwei Gründe maßgebend:

1. Es gibt eine entsprechende Studie von Karl Gumbel über Globke und die frühen Jahre des Bundeskanzleramtes (349).
2. Es ist angebracht, Globkes Persönlichkeitsschilderung im allgemeinen Sinn auf ein späteres Segment dieser Studie zu verschieben (Vgl. S. 263 ff), weil Globkes volle Bedeutung für den Adenauerschen Regierungsstil erst in der Zeit nach der zweiten Bundestagswahl im Jahre 1953 realistisch abgeschätzt werden kann.

Das letztere sehen auch Akteure aus jener Zeit (350). Natürlich war Globke schon bis 1953 einer der Berater des Kanzlers im Bundeskanzleramt, aber er war eben nicht  d e r  Berater, zumal sich Adenauer weitgehend mit Außenpolitik beschäftigte, Globke aber als innenpolitische Figur eingestuft wird (Vgl. S. 95 f). Wo seine spezielle Leistung lag, soll im folgenden beschrieben werden.

Globke, der am 26. September 1949 als Leiter der Abteilung II (Koordinierungs- und Kabinettsangelegenheiten) ins Bundeskanzleramt berufen wurde, hatte anfänglich noch eine Zweitposition innerhalb der Behörde: Er leitete das Referat 3 der Abteilung I, das Organisationsreferat, das den personellen Aufbau des Bundeskanzleramtes durchführte (351). Karl Gumbel, später als Referent für Personalfragen zuständig, hat Globkes Position bei der Schaffung der Kanzlerbehörde so beschrieben:

"Adenauer hatte Globke in Personalsachen praktisch freie Hand gelassen, (...) Globke kümmerte sich um jeden einzelnen Fall, selbst wenn es um die Besetzung von Stellen mit einfacheren Tätigkeiten ging, und entschied persönlich. Daher besetzte er das Personalreferat (Referat 3) auch nicht, sondern leitete es während der Aufbauphase selbst. 1951 gab er es an mich ab; (...) Ungeachtet dessen interessierte er sich auch weiterhin sehr stark für alle Personalvorgänge. Wenn z.B. eine Stelle frei wurde und neu besetzt werden mußte, schaltete er sich oft schon bei der Auswahl der Kandidaten ein. Die Entscheidung behielt er sich in nahezu jedem Fall vor." (352)

Globke war also der eigentliche Konstrukteur des Bundeskanzleramtes (353). Sein personalpolitisches Wirken ging aber weit über die eigentliche Bundeskanzlei hinaus. Karl Gumbel erläutert die Fakten:

"Globke besaß ungewöhnliche Personalkenntnisse. Er kannte eine Unzahl von Leuten, nicht nur dem Namen nach. Er hatte in vielen Fällen auch die Lebens- und Berufsdaten parat und konnte über sie Auskunft erteilen. Die Geschichten, die über seinen mit Dossiers prall gefüllten Panzerschrank im Umlauf sind, sind pure Erfindung. Globke hatte ein phänomenales Gedächtnis, das ihn zu keiner Zeit im Stich gelassen hat. Deshalb wandten sich die Minister, vor allem die Staatssekretäre der Ministerien, in Personalfragen immer ratsuchend an ihn. Sie wurden auch häufig durch Adenauer an ihn verwiesen.
Einen unmittelbaren Einfluß auf die Stellenbesetzung in den Ressorts hatte Globke nicht, aber er war auf dem Personalgebiet so anerkannt, daß man sich in der Regel nach seinen Empfehlungen richtete." (354)

Nur in einem, freilich für Adenauer wichtigen Fall, kann ein direkter Einfluß Globkes auf die Personalpolitik eines Ministeriums ausgemacht werden: beim Auswärtigen Amt. Karl Gumbel hat erwähnt, daß der Kanzler voller Mißtrauen und Sorge gewesen sei, daß es zu einer Restauration des alten Auswärtigen Amtes kommen würde. Er habe deshalb Globke und nicht etwa Blankenhorn in die Personalpolitik bei der Außenamts-Neukonstruktion eingeschaltet (355). Globkes direkte Personalpolitik und sein weitergehender personalpolitischer Einfluß sorgten allem Anschein nach für eine personelle Ausgestaltung der Administration, die ein effektives Wirken ermöglichte (356).
Globkes innenpolitische Leistung ist damit für die ersten Jahre der Bundesrepublik beschrieben. Sein personalpolitischer Einfluß kann auch noch unter einem anderen Blickwinkel betrachtet werden. Geht man nämlich von diesem Einfluß aus, so kommt man auf einem weiteren Weg zu einer Erklärung, wieso sich Adenauer hauptsächlich mit Außenpolitik beschäftigen konnte, ohne daß dies zu einer weitgehenden Abkopplung der Innenpolitik führte. Er konnte sich insofern darauf verlassen, daß Innenpolitik in seinem Sinne gemacht wurde, weil Globke dafür sorgen konnte, daß die Akteure in den Ministerien auf der innenpolitischen "Wellenlänge" des Kanzlers lagen.

## Herbert Blankenhorn

Die wichtige Rolle, die Herbert Blankenhorn im Zusammenhang mit den Anfängen der Adenauerschen Außenpolitik spielte, ist bereits in dem Abschnitt beleuchtet worden, der das Verhältnis des Kanzlers zu den Hochkommissaren beschreibt. Blankenhorn, den Anneliese Poppinga als "Adlatus und Intimus" von Adenauer bezeichnet (357), war ein Mann, dem Arnulf Baring konzidiert, daß es in den ersten Jahren der Bundesrepublik kein größeres außenpolitisches Vorhaben gegeben habe, an dem er nicht maßgeblich mitgewirkt hätte (358). Bevor Blankenhorn - wie Blücher-Mitarbeiter Georg Vogel es ausdrückt - der "intime Berater" des Kanzlers wurde, den Adenauer vor allem in außenpolitischen Angelegenheiten regelmäßig hinzuzog (359), hatte der Berufsdiplomat eher innenpolitisch gewirkt.
Er war Generalsekretär der CDU der britischen Zone, ging mit seinem Chef Adenauer in den Parlamentarischen Rat als dessen Persönlicher Referent und spielte auch bei der Regierungsbildung 1949 eine Rolle: Er führte erste Gespräche in Sachen Koalitionsbeitritt der Deutschen Partei mit dem DP-Vorsitzenden Heinrich Hellwege in dessen Wohnort Neuenkirchen. Blankenhorn hatte Hellwege wie Adenauer in seinem ersten öffentlichen Amt nach dem Kriege kennengelernt: als stellvertretender Generalsekretär des Zonenbeirates der britischen Besatzungszone in Hamburg (360).
Die intensive Zusammenarbeit mit Adenauer schon vor der Staatlichkeit der Bundesrepublik hat laut Blankenhorn dazu geführt, daß sich zwischen den beiden ein persönliches Verhältnis bildete, daß auch durch sachliche politische Meinungsunterschiede nicht getrübt werden konnte (361).
Blankenhorn auf die Frage, ob der Kanzler Adenauer gegenüber seinen Mitarbeitern nicht ein rein instrumentelles Verhältnis gehabt habe:

"Das ist schon richtig. Vor allen Dingen seine persönlichen Referenten litten darunter. Bei mir war das Ganze ein wenig anders. Ich hatte Adenauer schon beim Hamburger Zonenbeirat kennengelernt, ich war sein Mitarbeiter beim Aufbau der CDU in der britischen Zone, im Parlamentarischen Rat. Aus diesen oft nicht leichten Zeiten erwuchs eine Beziehung, die weit über das Geschäftsmäßige hinausging." (362)

Die Vertrauensposition Blankenhorns bei Adenauer hatte mehrere Aspekte. Der erste Persönliche Referent des Kanzlers, Ernst Wirmer, hat eine Aspektgruppe angesprochen. Bei Adenauers anfänglicher Fixierung auf den Kontakt mit der Hochkommission sei Blankenhorn als Leiter der entsprechen-

den Verbindungsstelle zum "ersten Mitarbeiter" des Kanzlers aufgerückt.
Wirmer charakterisiert Blankenhorn dabei als "ordentlich brauchbaren
Bearbeiter" für des Kanzlers Anregungen, seine einschlägigen Sprachkenntnisse seien als Nutzbarkeitskriterien für den keine Fremdsprache beherrschenden Adenauer hinzugekommen. Wenn Adenauer eine Weisung gegeben habe, habe Blankenhorn gleichsam routiert und seine ganze Umgebung mit Einzelaufträgen eingedeckt. Dies sei genau das gewesen, was der Kanzler gewollt habe (363). Blankenhorn selber verstand sich in dieser Rolle aber keineswegs als einfacher Exekutant des Kanzlers (Vgl. zuvor, Anmerkung 135).
Den zweiten Bereich der Blankenhornschen Bedeutung für Adenauer hat Felix von Eckardt umschrieben:

"Mit Blankenhorn ist es niemals langweilig. Die politischen Gedanken und Ideen sprudeln nur so aus ihm heraus, und aus jeder Lage weiß er nicht nur einen, sondern mehrere Auswege.
(...) Dem Kanzler war seine enorme geistige Produktivität unschätzbar. Er mußte sie nicht anregen, eher ein bißchen bremsen. 'Langsam, Herr Blankenhorn, langsam..., verfolgen wir erst einmal diesen einen Gedanken!' pflegte er zu sagen, wenn Blankenhorn temperamentvoll von einem Thema zum anderen sprang (364)."

Der Ideenlieferant Blankenhorn mit seiner ausgeprägten politischen Phantasie war für den Kanzler insofern wichtig, als er reiche Auslandserfahrungen als Diplomat besaß (365), Adenauer sich hingegen in der Außenpolitik auf einer für ihn total neuen Bühne befand. Auf die Tatsache, daß Adenauer keine umfassende Vorstellung von den Problemen außerhalb Deutschlands hatte, hat kein anderer als Francois-Poncet hingewiesen. Dennoch habe er sich ganz von selbst dem Stil und den Gebräuchen der internationalen Diplomatie angepaßt (366). Bei diesem Anpassungsprozeß dürften die Kenntnisse von Herbert Blankenhorn keine unwesentliche Rolle gespielt haben.

Seine Position als rechte Hand des Kanzlers in der Außenpolitik kann auch auf die Tatsache zurückgeführt werden, daß der außenpolitische Beginn als eine Zeit der Unsicherheit und des Übergangs für einen mit ideensprudelndem Temperament ausgestatteten Mitarbeiter Adenauers besonders günstig war. Außenpolitik erforderte noch keine Schreibtisch-Routine, sondern instinktsichere Aktion (367). Hier war das Feld von Herbert Blankenhorn, die Administration lag sowieso bei Hans Globke. Und so schildert denn auch Felix von Eckardt Herbert Blankenhorn als das Gegenstück des späteren Staatssekretärs:

"Herbert Blankenhorn ist nun das absolute Gegenstück zu Dr. Globke. Nicht in dem Sinne, daß nicht auch er äußerst akurat zu arbeiten versteht, nein, aber alles an ihm ist in Bewegung, Aktion, häufig Emotion. Er liebt das Gespräch, den offenen Meinungsaustausch, lacht viel und gerne und kann sich wenig Minuten später heftig erregen. Seine Sekretärinnen sind daran gewöhnt, sich einem ständigen Wechsel der Gemütsverfassung anzupassen. Dabei ist er ein unermüdlicher Arbeiter, verabscheut alles Verschwommene in der Politik und ist dazu heftigen Sympathien und Antipathien unterworfen." (368)

## Felix von Eckardt

Was ein Bundespressechef eigentlich zu leisten habe, das hat der langjährige Amtsinhaber, Felix von Eckardt, selbst als Tätigkeit mit zwei Gesichtern definiert. Er sei erstens dazu da, Regierungschef und Minister über alle Vorgänge in der Welt zu informieren, zum anderen müsse er den Medien das bieten, was die Publizisten bräuchten, um ihren Beruf ausüben zu können. Beides in Einklang zu bringen, sei wirklich nicht ganz einfach (369). Der Bundespressechef muß also in zwei Bereichen um Vertrauen ringen: einmal bei den Regierenden, dem Kanzler und den Ministern; zum anderen bei den Medien, die den Regierten vermitteln sollen, was die Regierenden unternehmen. Damit ist ein Konflikt praktisch vorprogrammiert. Auch damit hat sich Felix von Eckardt beschäftigt:

"Gelingt es ihm, außer seiner Teilnahme an den Kabinettssitzungen, das Vertrauen des Regierungschefs wirklich zu erringen, und damit über alle Vorgänge und Hintergründe gründlich informiert zu sein, so stellt sich ihm fast täglich die Frage, wieweit er in der Information der Journalisten gehen kann, ohne die notwendige Vertraulichkeit zu verletzen, womit er sofort das Vertrauen des Regierungschefs verlieren würde. So muß er Tag für Tag mit seinem kleinen Kahn zwischen Felsen, Klippen und Untiefen hindurchmanövrieren. Verliert er das Vertrauen auch nur einer der beiden Seiten, so ist er bald ein toter Mann." (370)

Felix von Eckardt war nach seiner Ernennung im Jahre 1952 mit einjähriger Unterbrechung als bundesrepublikanischer Vertreter bei der UNO in New York fast 10 Jahre im Amt. Hat er also wirklich das Vertrauen beider Seiten gehabt? Zumindest bei den Journalisten ist man sich nicht einig. Als Beispiel sei hier nur die Meinung zweier "altbewährter" Kräfte der Bonner Presseszene erwähnt. Georg Schröder hat geschrieben, Eckardt habe der Regierung und der Presse gleichermaßen erfolgreich gedient (371), Walter Henkels dagegen notiert, als "Verkäufer" von Regierungsinformationen sei es manchmal etwas bedenklich mit ihm gewesen (372).

Sind hier die Meinungen geteilt, ist man sich im Hinblick auf die "andere" Seite einig: Felix von Eckardt hatte das Vertrauen des Regierungschefs Konrad Adenauer. Dies führte letztlich dazu, daß seine Rolle im Bundeskanzleramt weit über die eines normalen Pressechefs hinausging. Herbert Blankenhorn hat von Eckardts Position so definiert:

"Dieser besaß ein ausgesprochen enges Verhältnis zum Kanzler, seine Bedeutung ging weit über die reine Interpretation der Regierungspolitik in das Feld der persönlichen Beratung des Kanzlers hinein. Eckardt hatte eine ausgesprochene Freude an der politischen Kombination. Mehr als einmal haben er und ich zusammengesessen, um Denkmodelle zu entwerfen, mit denen man eine beweglichere Ostpolitik erreichen könnte. Adenauer hat eine ganze Reihe von Papieren erhalten, ihr Inhalt wurde oft besprochen." (373)

Auf viele Einzelphasen seiner Beratertätigkeit hat Felix von Eckardt in seinen Lebenserinnerungen hingewiesen. Sie können hier schlechterdings alle aufgezählt werden. Er hat freilich erwähnt, daß er sehr oft für den Kanzler der Gesprächspartner war, um den Arbeitstag mit reflektorischem Nachdenken zu beschließen:

"Sehr häufig ging aber auch das Telefon bei mir, meist so etwa gegen 18 Uhr, und man gab mir die Mitteilung durch, der Kanzler wünsche mich noch zu sprechen. Um 18.30 oder 19 Uhr war es dann soweit. Die Tagesarbeit war vom Tisch, und er pflegte die Unterhaltung meist so zu beginnen: 'Nun setzen Sie sich mal dahin, Herr von Eckardt; ich möchte was mit Ihnen besprechen!' Und dann folgte eine Aussprache von einer oder auch eineinhalb Stunden, die sich manchmal nur auf ein Thema, oft aber auch über die gesamte außen- und innenpolitische Situation erstreckte." (374)

Wieso der Kanzler diesen gelernten Journalisten, späteren Drehbuchautor und schließlichen Zeitungslizenzträger zu einem seiner Berater machte, dafür gibt es mehrere Erkärungen. Von Eckardt selber hebt auf seine (finanzielle) Unabhängigkeit ab, der Kanzler habe einerseits gewußt, daß er auf seine Stelle als Pressechef nicht unbedingt angewiesen war, andererseits habe Adenauer gespürt, daß er nichts darüber hinaus von ihm wollte, wie etwa Minister werden. Dies klassifiziert Eckardt als Vorteil seinerseits im Umgang mit dem Regierungschef (375). Herbert Blankenhorn erklärt die Hinwendung Adenauers zu von Eckardt als Resultat seiner Qualitäten in diversen Aktionsbereichen:

"Im Kreise der Berater des Bundeskanzlers nimmt er durch seine kluge Beobachtungsgabe, sein stets fundiertes, sachliches Urteil und eine gute, einfallsreiche Präsentation seiner Gedanken eine - ich möchte sagen - privilegierte Stellung ein. Er ist der beste Pressechef, den sich der

Kanzler nur wünschen konnte; vor allem, weil er es versteht, auf Grund seiner großen menschlichen Eigenschaften das Vertrauen der Journalisten zu erwerben. Sie sehen in ihm mit Recht einen der Ihren. Aus eigener journalistischer Erfahrung weiß er, worauf es ankommt. In seiner Unterrichtung der Presse gewissenhaft, nie um eine gute Antwort, um einen Scherz verlegen, sind seine Gespräche für alle ein Gewinn. Mit der Zeit ist er auch dem Kanzler unentbehrlich geworden, weil er, wahrhaft ein 'homo politicus', sich innerlich zum Durchdenken politischer Konzeptionen verpflichtet fühlt und damit viel zur Vorbereitung neuer Wege und Lösungen beiträgt." (376)

Daß man die "Außenwirkung" Eckardts auch anders beurteilen kann, darauf wurde schon verwiesen. Auch Arnulf Baring geht davon aus, daß er auf seinen Pressekonferenzen zwar ein "geistreiches Feuerwerk" abbrannte, letztlich aber die Journalisten nur unzureichend ins Bild setzte. Nach Baring erlag die schreibende Zunft der Faszination seiner Persönlichkeit, seinem Witz, Einfallsreichtum und Charme (377).

Damit ist die Vorstellung der Charaktere der wichtigsten Mitarbeiter Adenauers aus dem Bundeskanzleramt abgeschlossen. Dies soll hier nicht erneut komprimiert werden, es wurde aber deutlich, daß sich der Kanzler in seiner engsten Umgebung mit Personen umgab, die von unterschiedlichster Herkunft, unterschiedlichster Charakteranlage und verschiedenster Begabung waren. Dies macht es erneut fragwürdig, die Beschreibung des Beraterkreises um Adenauer an Hand einfacher Schlagworte zu versuchen. Erklärungen dieser Art, schon vorstehend relativiert, müssen vor der dargestellten differenzierten Personalstruktur im Bundeskanzleramt noch grobschlächtiger erscheinen.

Die personalpolitische Dimension im Bundeskanzleramt ist damit differenziert dargestellt. Will man das Führungsinstrument Bundeskanzleramt nun noch weiter erklären, ist zu fragen, ob die enge Verbindung von Adenauer und seinen Beratern zu strukturellen Arbeitsmustern führte, was im folgenden untersucht werden soll.

Es sei hier gleich darauf hingewiesen, daß ein einheitliches Strukturmuster nicht isoliert werden konnte. Man muß aber nicht nur davon ausgehen, daß die Beratung Adenauers durch seine Vertrauten im Bundeskanzleramt verschieden instrumentiert wurde, man hat auch zu berücksichtigen, daß diese Berater bei der Beschreibung der strukturellen Instrumentierung ihrer Tätigkeit zu Widersprüchen kommen. Diese Widersprüche, die im Rahmen dieser Studie aufgrund der Noch-Nicht-Zugänglichkeit vorhandenen Quellenmaterials (378) keine restlose Klärung finden, sind freilich nicht so gravierend, als daß sie im Bereich der "Arbeitsordnung" von Adenauer und seinen Vertrauten aus dem Bundeskanzleramt nicht schon jetzt relevante Schlüsse zuließen. Deshalb kann die Struktur des Beratungsverhältnisses zwischen Adenauer und seinem Team aus dem Palais Schaumburg hier präsentiert werden, einige Fragezeichen eingeschlossen. Allgemein können beim Verhältnis Adenauer/Mitarbeiter aus dem Bundeskanzleramt zwei generelle Beratungsmuster unterschieden werden:

1. die Beratung Adenauers in Gruppenform
2. die Beratung Adenauers durch Einzelpersonen.

Die Beratungsform Gruppe soll hier zunächst behandelt werden. Die zur Verfügung stehenden Materialien ermöglichen eine erneute Unterteilung des Aspektes Gruppenberatung.

a) Beratungen Adenauers ausschließlich mit Angehörigen des Bundeskanzleramtes

Daß diese Form der Kanzlerberatung praktiziert wurde, geht aus diversen Quellen hervor. Karl Gumbel hat diesen Umstand zunächst so beschrieben:

"Der Kreis, mit dem der Bundeskanzler sich laufend besprach, den er in seine Pläne einweihte, mit dem er sein Vorgehen erörterte und dessen Meinung dazu er einholte, war sehr klein. Globke und Lenz gehörten dazu. An erster Stelle ist freilich Blankenhorn zu nennen, der in der Anfangsphase wohl wichtigste Mitarbeiter für Adenauer (...). Ferner gehörte Prof. Hallstein dazu, der die deutsche Delegation bei den Schuman-Plan-Verhandlungen leitete. (...) Ich kenne kein Kabinettsmitglied und keinen Politiker aus der Partei oder der Fraktion des Kanzlers, den dieser in einer auch nur annähernd vergleichbaren Weise wie diese kleine Gruppe von Spitzenbeamten als Ratgeber zur Mitarbeit herangezogen hätte." (379)

Um sich erweitert sieht Felix von Eckardt die gleiche Gruppierung und er formuliert:

"Besonders machte er (Adenauer, der Autor) es sich bald zur Gewohnheit, mich in das Palais zu rufen, wenn er im kleinen Kreise - es waren meist Otto Lenz, Globke, Hallstein, Blankenhorn und ich - etwas besprechen wollte. Manchmal hatte er nach reiflicher Überlegung einen Entschluß gefaßt und wollte nun die Ausführung behandeln, oft aber beschäftigte ihn ein Problem, und er suchte die Aussprache, um sich selbst über notwendige Schritte klar zu werden." (380)

Den kleinen Kreis in der von Eckardtschen Besetzung tituliert Terence Prittie als "Küchenkabinett" (381).

b) Beratungen Adenauers mit Angehörigen des Bundeskanzleramtes und anderen

Auch hier findet der Begriff "Küchenkabinett" Verwendung. Hans-Joachim von Merkatz sieht die Beratungsstruktur so:

"Nach offenbar eindringender einsamer Überlegung – Adenauer war ein Frühaufsteher, der in der Morgenstille der Natur seine Ruhe und Konzentration fand – wurde die Problemlage in allerengstem Kreise, zu dem vor allem als Berater Heinrich Krone, Walter Hallstein, Hans Globke, Herbert Blankenhorn, Josef Rust und später Felix von Eckardt gehörten – wir nannten es das Küchenkabinett – gründlich erörtert.
(...)
Die Findung der Vorentscheidung in der beschriebenen Methode führte in der Koalition nicht selten zu Unzufriedenheit. Das Regierungskabinett war oft nur formelles Entscheidungszentrum, dessen Beratung häufig auf die vom Kanzler getroffene Vorentscheidung hinauslief." (382)

So sieht es auch Wolfgang Wagner in einem Zeitungsbeitrag über das Palais Schaumburg. Gerade bei den wichtigsten Entscheidungen habe das Kabinett gewöhnlich erst nachträglich Gelegenheit erhalten, dem Entschluß des Kanzlers zuzustimmen. Der Entschluß selbst sei zumeist in einem anderen, wesentlich kleineren Kreis vorbereitet worden – in konzentrierten Gesprächen zwischen Adenauer und einigen Männern seines Vertrauens, wobei sich dieser Kreis im Laufe der Jahre mehrfach änderte. Wagner weist aber ganz generell darauf hin, daß die Zugehörigkeit unabhängig davon war, ob man Beamter, Minister oder Abgeordneter gewesen sei. (383) Keine rollenspezifische Festschreibung bei den Einzelpersonen des Beraterkreises um Adenauer hat auch Eugen Gerstenmaier ausgemacht. Für die Gespräche mit Männern seines Vertrauens zog Adenauer demnach neben den beamteten Mitarbeitern seines Stabes anerkannte Fachleute der Wirtschaft, des Militärs und der Wissenschaft heran (384).

c) Beratungen Adenauers mit Unions-Politikern

Auch wenn diese Beratungsform eigentlich nicht in diesen Abschnitt gehört, muß sie hier aufgeführt werden, weil zahlreiche Beobachter in ihr eine dritte Form des Küchenkabinetts im Palais Schaumburg sehen. Erich Mende hat sie wie folgt beschrieben:

"Es ist richtig, daß es ein solches Küchenkabinett um Adenauer gegeben hat und daß die FDP (genauso wie die anderen Koalitionsparteien) darüber keineswegs erfreut war. Die Union traf hier wichtige Vorentscheidungen.
(...)
Natürlich hatten die Entscheidungen dieses Kreises einen gewissen Mono-

polcharakter und waren dazu angetan, Mißtrauen bei den Koalitionspartnern zu säen. Adenauer erklärte die Notwendigkeit dieses Kreises mit der Größe der Regierungsfraktion. Er müsse viel mehr Arbeit darauf verwenden, seine Leute hinter sich zu bringen, als dies beispielsweise bei der FDP der Fall sei. Er erklärte die Existenz dieses Kreises aus rein pragmatischen Gründen und das mußte man in dieser Hinsicht auch akzeptieren." (385)

Eine Akzeptierung des Küchenkabinetts in dieser Formation kommt auch von Heinrich Hellwege, der es als gutes Recht des Kanzlers bewertet, sich mit ausgewählten Politikern seiner Partei vor wichtigen Entscheidungen zu beraten. Hellwege gibt an, dergleichen in seiner Zeit als niedersächsischer Ministerpräsident auch praktiziert zu haben (386). Erich Mende hat sich daneben zusätzlich zur Entstehung dieses Kreises geäußert und als höchstwahrscheinlichen Termin den Sommer 1952 angegeben, als sich die Möglichkeit abzeichnete, daß Adenauer für die Bonner Verträge keine Mehrheit im Parlament finden würde (387). Der Kanzler selber hat freilich schon zu Beginn des parlamentarischen Lebens der Bundesrepublik darauf hingewiesen, daß er stets bereit sei, mit Vertretern der Fraktion Kontakt zu halten. Gleich dreimal sagte er dies in der Fraktionssitzung am 14.9.1949 (es wird nur eine Fundstelle präsentiert):

"Wie gesagt, bin ich jederzeit bereit, mit einem kleinen, von Ihnen zu bestimmenden Gremium, fortlaufend Fühlung zu halten und einen ständigen Gedankenaustausch zu pflegen." (388)

Damit ist die Präsentation des Strukturmusters Gruppenberatung abgeschlossen. Wenn wir nun zur "Einzelberatung" kommen, muß die Meinung von Herbert Blankenhorn Beachtung finden:

"Einen Kreis (...) im Zentrum des Bundeskanzleramtes zu vermuten, halte ich für verfehlt. Im allgemeinen war es doch so, daß Adenauer das Zwiegespräch pflegte. Natürlich kam es auch vor, daß bei inhaltlich entsprechend gelagerten Fällen gleich zwei seiner Mitarbeiter zugegen waren. Ja gelegentlich kam man sogar zu einem größeren Kreis zusammen, aber dies war die Ausnahme und nicht die Regel. Wichtig für seinen Arbeitsstil war auch der inhaltlich begrenzte Einzelvortrag. Adenauer war (nicht nur dann) ein intensiver Zuhörer, noch heute klingt mir der fast schon obligatorische Gesprächsbeginn bei dergleichen Anlaß in den Ohren: 'ich höre ...!' Bei diesen Vorträgen verhielt er sich keineswegs rezeptiv, sondern hakte sofort ein, wenn er einen Grund sah." (389)

Blankenhorn hebt mit seiner Wertung ganz offensichtlich auf die "beamteten" Berater im Bundeskanzleramt ab. Er steht mit seinem Nein zu einer Kreiskonstruktion im Widerspruch zu von Eckardt, der zwar auch die Wichtigkeit von Zwiegesprächen betont (Vgl. zuvor, Anmerkung 374), dem aber zumindest gleichgewichtig die Beratungsarbeit in Gruppenform beiordnet (Vgl. zuvor, Anmerkung 380).

Wer von beiden das zutreffendere Übersichtsbild liefert, kann im Rahmen dieser Studie nicht direkt geklärt werden, da Quellenmaterial aus der Zeit, in der Blankenhorn und von Eckardt gleichzeitig im Bundeskanzleramt tätig waren (Anfang 1952 ff.), für diese Studie nicht zugänglich war. Dennoch deutet vieles darauf hin, daß die Ausnahmefall-Kennzeichnung der "Kreiskonstruktion" durch Blankenhorn das unwahrscheinlichere Strukturmuster ist.

Aus den für diese Arbeit zugänglichen Terminkalendern von Adenauer (bis Ende 1951) ist zwar ablesbar, daß es (kaum verwunderlich) eine Unzahl von Vier-Augen-Gesprächen mit seinen engsten Mitarbeitern aus dem Bundeskanzleramt gegeben hat. Gleichzeitig wird aber auch deutlich, daß zahlreiche Besprechungen stattfanden, an denen zwei "Berater" und der Kanzler teilnahmen, und nicht wenige Treffen von Adenauer mit mindestens drei Kanzleramts-Mitarbeitern. Nimmt man das Jahr 1951 und wählt als Personenrahmen Blankenhorn, Globke, Hallstein, Lenz und den Eckardt-Vorgänger von Twardowski neben dem Kanzler, so vermittelt der Terminkalender Adenauers (390) folgende mehrköpfige Beratungsstruktur:

- Anwesenheit von zwei Beratern: 90 Besprechungen
- Anwesenheit von mindestens drei Beratern:
  30 Besprechungen

Blankenhorn selber hat in seinen Erinnerungen für einen späteren Zeitpunkt (den Montagmorgen nach der zweiten Bundestagswahl am 6. September 1953) eine solche mehrköpfige Gruppenberatung von Kanzleramtsmitarbeitern bei Adenauer beschrieben (391), der langjährige Persönliche Referent des Kanzlers, Hans Kilb, hat den Fakt Gruppenberatung mit dem bereits bekannten Umstand der montäglichen Reizbarkeit des Kanzlers verbunden (392). Dies alles läßt auf kanzleramtsinterne Gruppenberatungen um Adenauer als durchgängige Strukturtype neben dem Zwiegespräch schließen, ohne daß hier eine allerletzte dokumentarisch abgesicherte Gewißheit angeboten werden könnte. Obwohl auch für die anderen beiden Versionen der "Gruppenberatung" in den bereits benutzbaren Tagesregistern Adenauers zahlreiche Fundstellen ausgemacht werden konnten, ist das Material nicht so "dicht", um

die zuvor präsentierten Aussagen von Beteiligten und Zeitzeugen einzelfallmäßig zu untermauern.
Es ist aber auch darauf hinzuweisen, daß diese unmittelbare Beratung des Kanzlers (wie auch immer strukturiert) nur die erste Stufe eines weiterführenden Abstimmungsprozesses war. Darauf hat ebenfalls Eugen Gerstenmaier hingewiesen. Nach der bereits erwähnten Beschreibung des Beraterkreises um den Kanzler (vgl. zuvor, Anmerkung 384) führt der CDU-Politiker aus:

"Auch wenn die Parlamentarier der verschiedenen Stufen und Funktionen selten an der Produktion seiner Konzeptionen beteiligt wurden, legte der Bundeskanzler meist doch Wert darauf, seine Ideen und Vorstellungen frühzeitig im Gespräch mit Ihnen zu testen und ihre Realisierungsmöglichkeiten zu erkunden.
Die wichtigsten Gestalten in diesen kleinen Parlamentariergruppen waren meistens die Fraktionschefs der Koalitionsparteien. In der Regel pflegte er den Koalitionszusammenhalt durch vertrauliche Gespräche mit ihnen und den von ihnen für Sachgespräche entsandten." (393)

Auch Bruno Heck geht von einer über das Palais Schaumburg hinausführenden Abstimmungsprozedur aus:

"Was Adenauer angeht, so hat er sich zunächst mit Personen, die er in anstehenden Fragen für urteilsfähig hielt, intensiv vorberaten. In einer zweiten Runde ging es dann mit denjenigen, die im Zustimmungsprozeß eine wichtige Rolle spielten, darum, sie zu gewinnen. Wenn es danach noch nötig war, verstand es Adenauer auch, hart zu kämpfen." (394)

Diese Art der politischen Führung hat Carstens (ohne Adenauer namentlich zu erwähnen) als "voranschreitenden Führungsstil" bezeichnet. Er charakterisiert ihn wie folgt:

"Der voranschreitende Führungsstil ist dadurch gekennzeichnet, daß der Regierungschef in einer wichtigen politischen Frage den Kurs frühzeitig selber festlegt. Dies braucht keineswegs ohne vorherige Beratung zu geschehen, aber es ist eine Beratung mit Mitarbeitern und Freunden, die keine gegenüber dem Regierungschef selbständige politische Rolle spielen, z.B. mit hohen Beamten des Bundeskanzleramtes und, wenn es sich um eine außenpolitische Frage handelt, des Auswärtigen Amtes, dazu mit einigen dem Kanzler besonders nahestehenden Abgeordneten. Sobald der Regierungschef für sich selbst die Entscheidung getroffen hat, beginnen die Bemühungen um ihre Durchsetzung. Ihnen haftet von vorneherein der Charakter eines Kampfes an. (...)
Handelt es sich (...) um eine Entscheidung mit großen politischen Auswirkungen, mag es für den Regierungschef wichtig sein, sich wenigstens der maßgebenden Mitglieder seiner Fraktion zu versichern, bevor er die Angelegenheit im Kabinett erörtert und damit - wegen der notorischen Durchlässigkeit von Kabinettssitzungen - eine öffentliche Diskussion

heraufbeschwört." (395)

Diese Beschreibung des "voranschreitenden Führungsstils" unterstreicht, daß die Beratung mit dem Kanzler im Bundeskanzleramt nur die erste Stufe eines weiterreichenden politischen Prozesses ist. Mag die Beratungsphase des Kanzlers mit seinen Vertrauten auch von überdurchschnittlicher Wichtigkeit sein, diese erste Stufe der Politikreflexion muß auf weiteren Ebenen konkretisiert, d.h. durchgesetzt oder, wie Carstens es ausführt, "erkämpft" werden.

Dies zeigt gleichzeitig, daß Entscheidungen des Kanzlers in Zusammenarbeit mit seinem Beraterkreis im Bundeskanzleramt zwar starkes Gewicht haben können, jedoch noch lange keine automatische Umsetzung in offizielle Richtwerte der Regierungspolitik bedeuten müssen. Hierzu sind in aller Regel weitere Konsultationsmechanismen im Regierungsbereich notwendig, die im nächsten Abschnitt beschrieben werden sollen. Natürlich gab es in der Frühphase der Bundesrepublik einen Politik-Bereich, der vorwiegend vom Kanzler und seinen Mitarbeitern aus dem Bundeskanzleramt "gemacht" wurde, ohne daß Vertretern anderer Ebenen des politischen Prozesses allzuviel Einfluß in diesem Bereich eingeräumt worden wäre: die auswärtigen Beziehungen. Dafür gibt es aber eine ganze Reihe von speziellen Gründen:

1. Bis zur Revision des Besatzungsstatutes im Jahre 1951 war "offizielle" Außenpolitik für die Bundesregierung nicht erlaubt (Vgl. S. 51 f). Bei der gleichzeitig erkennbaren Unmöglichkeit zur Nicht-Außenpolitik (Vgl. S. 61 f) entwickelte Adenauer Formen von "Außenpolitik" (Vgl. seine Beziehung zur Hochkommission, seine "Interview-Außenpolitik"), die sich auf ihn und seine Berater beschränkten und damit in der formativen Phase des politischen Lebens präjudizierend wirkten.

2. Adenauer übernahm Anfang 1951 zusätzlich zu seiner Kanzlerposition die Rolle des Außenministers, sein überkommener Führungsanspruch auf dem Gebiet der Außenpolitik wurde also auch institutionell nicht eingeschränkt (Vgl. S. 84). Die bis dato im Bundeskanzleramt angesiedelten auswärtigen Dienststellen wurden zwar zu einem institutionell unabhängigen Außenamt zusammengefaßt, faktisch änderte sich jedoch nichts.

3. Die Auswärtige Politik bestand nach der Rückkehr der Bundesrepublik auf die völkerrechtliche Bühne aus umfangreichen Vertragsverhandlungen. Eine Mitbestimmung des Kabinetts bei den Vertragsinhalten blockte Adenauer lange Zeit erfolgreich ab (Vgl. S. 85 ff). Eine Beteiligung des Parlaments am Verhandlungsprozeß war zwar formell gegeben, schuf aber keine große Einwirkungsmöglichkeit: der außenpolitische Ausschuß des Bundestages setzte am 26. September 1951 einen kleinen Unterausschuß zur Mitberatung der Verträge ein, dessen Sitzungen waren aber streng vertraulich, nichts durfte nach außen dringen. Arnulf Baring hat davon gesprochen, Adenauer habe beabsichtigt, mit einem Minimalaufwand an Information die Parlamentarier an der politischen Haftung zu beteiligen (396).

4. Über die Grundfragen der Außenpolitik bestand innerhalb der Regierungskoalition Einigkeit. Kaack/Roth sprechen davon, Adenauer habe in Grundsatzfragen seiner Außenpolitik einen breiten Konsensus in seiner Partei voraussetzen können, der Unionfraktion sei vor diesem Hintergrund nur ein geringer Einfluß auf die außenpolitischen Entscheidungen zugekommen, da Adenauer in dieser Hinsicht mit einem kleinen Kreis Vertrauter gearbeitet hätte. Dem Parlamentsclub der CDU/CSU kam danach nur die Funktion zu, Adenauers Entscheidungen auf diesem Gebiet zu vertreten und der Regierung die Mehrheit im Parlament zu sichern (397). Auch bei der FDP (398) und der Deutschen Partei (399) war man mit der grundsätzlichen außenpolitischen Linie des Kanzlers einverstanden. Diese Übereinstimmung sorgte dafür, daß abgesehen von taktischen oder einzelfallorientierten Einsprüchen kein grundlegender Widerspruch gegen die im Bundeskanzleramt instrumentierte Außenpolitik aufkommen konnte. Damit hatte man keine inhaltlichen "Vehikel", um den im Kanzleramt zentrierten außenpolitischen Apparat in seiner einseitigen Ausrichtung auf Adenauer anzugreifen.

Diese hier in vier Punkten geschilderte Gesamtkonstellation erlaubte eine Konzentrierung der außenpolitischen Entscheidung auf Adenauer und seine unmittelbare Umgebung. An der Art und Weise des Verhandlungsprozesses zum Deutschlandvertrag wie der Form der deutschen Vorbereitung und Auswertung der einzelnen Verhandlungsabschnitte wird die Beschränkung auf das Team um Adenauer besonders deutlich. Der eigentliche Verhandlungsprozeß verlief in drei Ebenen, Minister oder Fraktionsspitze waren daran nicht beteiligt. Blücher-Mitarbeiter Georg Vogel erinnert zunächst daran, daß über den eigentlichen Sachverständigen-Gremien ein politischer Lenkungsausschuß stand, dem auf deutscher Seite allein Staatssekretär Hallstein angehörte. Oberhalb dieser Ebene habe es nur noch die Hochkommission mit dem Bundeskanzler als letzte Entscheidungsinstanz gegeben. In den beiden eigentlichen politischen Gremien saßen also nur der Bundeskanzler/Außenminister sowie sein Außenamts-Staatssekretär (400). Baring geht im Gegensatz zu Vogel von einer anderen "Beschickung" des Lenkungsausschusses aus: Für ihn waren nicht nur Hallstein, sondern auch Blankenhorn und Grewe beteiligt (401). Alle drei finden sich im "Instruktionsausschuß" wieder, jenem "außenpolitischen Brain-Trust" (402), der vom Palais Schaumburg aus den Verhandlungsverlauf kritisch begleitete. Arnulf Baring hat Leistung und Bedeutung dieses Kreises so beschrieben:

"Dieses Gremium (...) versammelte sich regelmäßig vor und nach jedem Verhandlungstag, um unter dem Vorsitz des Staatssekretärs Prof. Hallstein die Sitzung vorzubereiten und auszuwerten, die deutsche Linie zu besprechen und vor allem für den Regierungschef zu jedem Tagesordnungspunkt kurze Stellungnahme als Gedächtnisstützen anzufertigen. Ihm gehörten außer Hallstein und Blankenhorn die Professoren Grewe, Kaufmann, Mosler und Ophüls als ständige Mitglieder an, hohe Beamte der Bundesministerien wurden von Fall zu Fall hinzugezogen. Es war ein sachlich hochqualifiziertes Team, das dem Kanzler mit diesem Kreis zur Verfügung stand, ihm so sorgsam wie umsichtig zuarbeitete, geschickt und keineswegs zaghaft votierte – ein hervorragendes Hilfsmittel der Außenpolitik Adenauers, das zu einem guten Teil die bemerkenswerte Position erklärt, die er in den Verhandlungen einnehmen konnte." (403)

Das Teammitglied Wilhelm Grewe hat die Baringsche Wertung weitgehend bestätigt (404). Im Rahmen unserer Fragestellung ist von besonderem Interesse, daß Adenauer auch hier nur auf die Zuarbeit von Beamten zurückgriff, was unterstreicht, wie stark die Außenpolitik in entscheidenden Phasen der inhaltlichen Setzung auf den Kanzler und seine Vertrauten beschränkt blieb. Daß die Position des Kanzlers in der Außenpolitik freilich nicht allmächtig war, wurde nach Vertragsabschluß deutlich. Vor der Ratifizierung der Verträge im Parlament hatte Adenauer mit erheblichen Schwierigkeiten zu kämpfen. Dies ist ein Aspekt des nächsten Abschnittes.

## 3. Formelle und informelle Gremien im Regierungsbereich

Es ist im Zusammenhang mit Adenauers Führungsstil im Bundeskanzleramt darauf hingewiesen worden, daß die Beratung des Kanzlers durch ihm nahestehende Personen nur die erste Phase eines weitergehenden politischen Prozesses darstellt, d.h. dabei erzielte Ergebnisse der Politikreflexion müssen auf weiteren Ebenen im Bereich der Regierung konkretisiert werden, bevor sie den Charakter offizieller Regierungspolitik erhalten. Die Beschreibung des Regierungsstiles eines Kanzlers hat also mehrere Stufen politischer Formung zu berücksichtigen, wobei natürlich nicht von vorneherein klar sein muß, daß die auslösende Initiative für einen politischen Teilprozeß beim Kanzler und seiner unmittelbaren Umgebung liegt. Nach weiteren Ebenen der politischen Realisierung im Bereich der Regierung braucht man beim Ansatz dieser Arbeit nicht lange zu suchen. Sicherlich gehören

+ das Bundeskabinett
+ die Mehrheitsfraktion(en) des Bundestages

zu den relevanten Untersuchungsobjekten.

Als Ausgangspunkt soll hier zunächst das Kabinett behandelt werden, dessen Bildung im Jahre 1949 Gegenstand eines vorstehenden Kapitels war. Am Ende der Skizze über die erste Regierungsbildung auf westdeutscher Gesamtebene wurde die Frage nach dem Stellenwert des Gremiums Kabinett im politischen Entscheidungsprozeß gestellt. Basis der Frage war die Erkenntnis, daß der sonst so machtbewußte Adenauer die Zusammensetzung seiner Ministerriege nach vielfach parteitaktischen oder fraktionspolitischen Kriterien zuließ, sein Kalkül bei der Regierungsbildung schien sich auf die Einbindung einiger weniger Personen in die Kabinettsdisziplin ohne durchgehend feststehende Ressortperspektive für "seine" Kandidaten zu beschränken.

Es stellt sich natürlich die Frage, welchen Arbeitsstil eine Institution wie das Kabinett entwickelte, wenn der Kanzler nur sehr bedingt in der Lage war, den personellen Charakter dieses Kreises zu beeinflussen. Erkenntnisse darüber - besonders für die frühen Jahre der Bundesrepublik - mag man sich aus den Kabinettsprotokollen (405) versprechen, doch diese sind - unter dem speziellen Aspekt dieser Arbeit - gleich in zweifacher Hinsicht nicht benutzbar:

1. Obwohl mit Ablauf der 30-Jahres-Sperrfrist bei zahlreichen Dokumenten

aus der Frühgeschichte der Bundesrepublik eine wissenschaftliche Nutzung möglich ist, befinden sich die Kabinettsprotokolle, bis auf den Jahrgang 1949, noch nicht darunter.

2. Eine komplette Publikation der Kabinettsprotokolle wird zwar viele inhaltliche Fragen klären, für den an Stilfragen Interessierten dürfte das meiste offen bleiben: Kabinettsprotokolle sind normalerweise keine Wortprotokolle (406), Kabinettsprotokolle sind in aller Regel "Kurzprotokolle". Was das heißt, verdeutlicht der Kommentar zur Geschäftsordnung der Bundesregierung:

"Nach der Regierungspraxis wird ein sogenanntes K u r z p r o t o k o l l (...) angefertigt, das die Teilnehmer, den wesentlichen Gang der Verhandlungen und die Ergebnisse der Sitzung wiedergibt. Aufgenommen werden grundsätzlich der Verhandlungsgegenstand, die Wortmeldungen und das Ergebnis der Beratung. Bezugnahmen auf die jeweilige Kabinettsvorlage sind zulässig. Diskussionsbeiträge der Kabinettsmitglieder und der übrigen Teilnehmer der Kabinettssitzungen sind nur aufzunehmen, soweit dies zum Verständnis des Gangs der Beratungen erforderlich ist. Dies gilt insbesondere dann, wenn in der Sitzung unterschiedliche Standpunkte vertreten werden. Wörtliche Zitate sind nur ausnahmsweise angebracht." (407)

Was zum Verständnis des Verlaufs der Kabinettsberatungen erforderlich war, stand somit im Ermessen des Protokollführers (408), dessen Selektion natürlich nicht immer ungeteilte Zustimmung fand. Heinrich Hellwege hat darauf hingewiesen, daß er hin und wieder wichtige Grundsatzäußerungen in der Niederschrift vermißte und dann schriftlich seinen Protest einlegte (409). Daß in den Protokollen viele interessante Details unter den Tisch fallen, davon geht auch Karl Carstens aus. Er erklärt, sie würden kein vollständiges Bild einer Entscheidung geben, da sie nur verkürzte Zusammenfassungen der Diskussion enthielten. Gegen Wortprotokolle spricht sich Carstens insofern aus, als sie viel zu umfangreich würden und als Führungsinstrument ungeeignet wären. Dafür müßte man dann wieder Auszüge herstellen. Vor allem aber würde die wörtliche Protokollierung den Kabinettsberatungen die Unbefangenheit nehmen, die oft vorzufinden sei (410). Diese "Unbefangenheit" im protokollierten Geschehensablauf wäre aber gerade für diese Arbeit von großer Relevanz. Hiervon wird in den Kabinettsprotokollen nur recht wenig zu finden sein. Ganz bewußt, wie der Kommentar zur Geschäftsordnung unterstreicht:

"Die Niederschrift über die Kabinettssitzung ist somit eine Zwischenstufe zwischen Wortprotokoll und Ergebnisprotokoll (...). Sinn der Praxis ist es, die **F r e i h e i t   d e r   A u s s p r a c h e** im Kabinett nicht durch eine wörtliche Protokollierung zu beeinträchtigen. In einem politischen Führungsorgan müssen auch Äußerungen gemacht werden können, die man nicht als 'druckreif' bezeichnen kann. Die Offenheit der Diskussion wäre aber beeinträchtigt, müßten die Kabinettsmitglieder mit einer wörtlichen Wiedergabe ihrer Äußerungen im Protokoll rechnen." (411)

Wenn man also auf Kabinettsprotokolle als Quelle im Rahmen dieser Arbeit nicht zurückgreifen kann, bleiben die Aussagen von Beteiligten und publizistische Materialien. Immer wieder taucht in diesem Zusammenhang die Bewertung auf, Adenauer habe sein Kabinett mit autoritärer Strenge geleitet. (412).

Es gibt aber auch Kabinettsmitglieder, deren erinnernde Schilderung für Adenauers autoritäre Kabinettspraxis als Beleg dient. Dabei wird immer wieder auf Ernst Lemmer zurückgegriffen (413), der seine Sicht des Kabinettsstils so formulierte:

"Bei Adenauer war es schwierig, auch wirklich in der Reihenfolge der Wortmeldungen sein Sprüchlein sagen zu können, denn er bestimmte souverän, wen er hören wollte und wen nicht. Es kam nicht selten vor, daß man trotz wiederholter Wortmeldung nicht zum Reden kam. Adenauer sorgte dafür, daß die Minister mit äußerster Knappheit sprachen. Wollten sie längere Ausführungen machen, dann wurde er unruhig und wußte sogar durch drastisches Eingreifen in die Debatte dem einen und anderen das Wort zu entziehen." (414)

Im Widerspruch dazu vertritt eine andere Gruppe die Meinung, das Bild vom autoritären Kabinettschef Konrad Adenauer sei in vielen Zügen eine Fata Morgana. Auf der Basis von Gesprächen mit Hans Globke und Felix von Eckardt hat Terence Prittie die Vorstellung vom autoritären Kabinettschef als irreführend eingeordnet. Diejenigen, die sein Verhalten im Kabinett aus nächster Nähe beobachten konnten, gäben davon ein ganz anderes Bild. Er habe seine Minister ausreden lassen, ihnen das Wort nur dann abgeschnitten, wenn offensichtliche Langatmigkeit vorlag. Seine eigenen Ausführungen seien stets wohlüberlegt und höflich formuliert gewesen. Sicherlich habe er zu verstehen gegeben, daß er am Ende der Kabinettssitzung Resultate zu sehen wünschte. Er habe vor diesem Hintergrund einen Unterschied zwischen Debattieren und Argumentieren gemacht, zugunsten der Debatte (415). Wenig autoritäre Züge Adenauers in Kabinettssitzungen stellte auch Thomas Dehler fest. In einem Bericht vor der FDP-Fraktion am 19. Oktober 1949 führte der Minister aus, die bisherigen Kabinettssitzungen hätten Niveau gehabt und es sei auch bisher über keinen Widerspruch eines Ministers hinweggegangen worden (416).

Diese zugegebenermaßen sehr "frühe" Aussage Dehlers über die Kabinettspraxis ließe sich natürlich insofern mit der Vermutung eines autoritären Kabinettsstils bei Adenauer verbinden, als man davon ausgehen könnte, erst die wachsende Autorität des Kanzlers habe eine härtere Gangart im Kabinett ermöglicht. Fundierte Hinweise auf einen grundsätzlichen Wandlungsprozeß bei Adenauers Kabinettspraxis ließen sich jedoch nicht finden.

Eine andere Erklärungsvariante für unterschiedliche Bewertungen des Arbeitsstiles im ersten Kabinett Adenauers (und nicht nur dort) kann auf einer Aussage von Felix von Eckardt aufbauen, der nach der Präsentation einiger Aspekte den Kabinettsalltag bei Adenauer wie folgt formuliert:

"Der Leser vermißt vielleicht die allgemeine Schilderung einer durchschnittlichen Kabinettssitzung, doch diese Durchschnittssitzung gab es kaum. Obwohl dem Kanzler bei Betreten des Raumes seine Grundstimmung schon ins Gesicht geschrieben stand, entstanden doch zu häufig Überraschungen, als daß man von einem festen Typ 'Kabinettssitzung' sprechen kann. Ganz ähnlich wie Adenauer während seiner ganzen Regierungszeit die Öffentlichkeit beschäftigte, Anhänger sowohl wie Gegner, weil er keine Schablone kannte und immer das Unerwartete bei ihm möglich war, so konnte man auch nie wissen, wie eine Kabinettssitzung verlaufen würde. Eigentlich war jede wieder anders, wenigstens gab es unzählige Variationsmöglichkeiten." (417)

Gibt es also unterschiedliche Schilderungen über Adenauers Kabinettspraxis, weil unterschiedliche Persönlichkeiten unterschiedliche Erfahrungen zu unterschiedlichen Verallgemeinerungen verarbeiteten? Diese Vermutung liegt nahe, sie wird von Adenauers erstem Persönlichen Referenten (und Regular-Teilnehmer an den Kabinettssitzungen), Ernst Wirmer, gestützt, der bemerkte, daß Adenauers Kabinettsstil von einer Fülle von durchaus widersprüchlichen Faktoren geprägt worden sei (418). Einige dieser Faktoren sollen im folgenden präsentiert werden.

Da ist zunächst der Umstand zu schildern, daß Adenauer eine persönliche Autorität ausstrahlte, die auch in Kabinettssitzungen Wirkung zeigte. Herbert Blankenhorn verdeutlicht das am Sitzungsbeginn:

"Bevor er ins Kabinett kam, war eifriges Zeitungsrascheln zu hören, die einen rauchten, die anderen unterhielten sich. Wenn er dann ziemlich geräuschlos durch die Tür in den Kabinettssaal trat, herrschte augenblicklich absolute Stille und Konzentration auf ihn. Es war wirklich ein wenig wie in der Schule, wenn der Lehrer das Klassenzimmer betrat." (419)

Diese ebenso achtungsvolle wie plötzliche Anfangsruhe hat Hans-Joachim von Merkatz bestätigt (420), Otto Heinrich von der Gablentz beschrieb sie

in anderem Zusammenhang genauso (421). Ernst Wirmer ist auf Adenauers
Autorität in Zusammenhang mit dem Kabinett insofern eingegangen, als er
erwähnte, der Kanzler habe eine nie hinterfragte Autorität ausgestrahlt,
die viele seiner Minister in höchst widersprüchlicher Art und Weise "verarbeiteten". Auf der einen Seite hätten sie sich ihm unterlegen gefühlt
und wären nicht bereit gewesen, im Kabinett offen gegen den Kanzler aufzutreten. Andererseits hätten sie außerhalb des Gremiums häufig Dampf
über ihren Chef abgelassen (422).
Freilich gab es auch Minister, die im Kabinett offen gegen Adenauer
opponierten. Ernst Wirmer geht zunächst einmal davon aus, daß jeder
Minister im Kabinett sagen konnte, was er wollte, sofern er den Mut dazu
hatte. Wirmer macht aber tatsächlich nur wenige Mutige aus und spricht
dabei von Jakob Kaiser, der gelegentlich Adenauers Politik mit sichtlichem
Mißbehagen begleitete. Dazu zählt er auch Gustav Heinemann, der während
der Besprechungen im Kabinett über eine Wiederbewaffnung seine gegenteilige Meinung zunächst nur sehr zurückhaltend erkennen ließ, nach der Vorlage der Memoranden durch Adenauer aber vehemente Opposition angemeldet
hätte (423). Daß beide Minister Adenauers Politik im Kabinett nicht nur
inhaltlich, sondern auch stilistisch kritisierten, ist bei einem Umstand
besonders deutlich geworden: Als Adenauer im Mai 1950 die nach langen Beratungen gefaßte Beschlußformel des Kabinetts zum westdeutschen Europaratsbeitritt eigenhändig änderte, meldeten Kaiser und Heinemann energischen Protest an (424). Ein weiterer Ressortchef, der in den Kabinettssitzungen recht deutlich seine Eigenständigkeit gegenüber dem Kanzler bewies, war Finanzminister Fritz Schäffer, vor dessen Hartnäckigkeit selbst
Adenauer manchmal die Waffen streckte (425).
Adenauer mußte also durchaus mit Widerstand des Kabinetts rechnen (426),
Heinrich Hellwege spricht demgemäß davon, daß im Kabinett keineswegs nur
Ja-Sager saßen und daß zu vielen Themen intensiv diskutiert wurde. Es sei
aber richtig, daß Adenauer bestrebt gewesen sei, die Diskussion straff zu
führen. Hellwege sieht dies jedoch als natürliche Aufgabe eines Vorsitzenden an (427). Dieses Bemühen des Kanzlers zu straffen Kabinettssitzungen
wird von den meisten Beteiligten als wichtiger Faktor des Kabinettsstils
erwähnt (428). Felix von Eckardt hebt auch darauf ab, verknüpft das Ganze
aber mit einer weitergehenden Aussage:

"Nun wäre es allerdings völlig falsch zu glauben, daß Adenauer die Ausführungen der Ressortminister und die Aussprache kurz abzuschneiden versucht hätte. Auch das kam vor, aber selten. Obwohl er sich bemühte, die Debatte zu straffen, ließ er sich oft doch sehr viel Zeit, das Hin und Her der Meinungen anzuhören. Oft, sehr oft, habe ich seine Geduld bewundert, denn nicht allen Menschen ist es gegeben, sich kurz und präzise auszudrücken. Dabei ließ seine Aufmerksamkeit niemals nach, auch nach Stunden nicht. Er folgte allen Darlegungen mit größter Anspannung." (429)

Auch Ernst Wirmer hat bei Adenauers Kabinettspraxis Bemühen um straffe Führung und dennoch weitgehende Diskussionsbereitschaft miteinander verknüpft. Nach seinen Aussagen war es sicherlich das Bestreben Adenauers gewesen, die im Regelfall einmal wöchentlich abgehaltenen Kabinettssitzungen zügig abzuwickeln. Und tatsächlich habe das Kabinett selten länger als drei Stunden getagt. Es sei aber nie vorgekommen, daß Adenauer eine Diskussion willkürlich abgebrochen habe und - bildlich gesprochen - unter dem Murren seiner Minister zur Abstimmung schritt (430). Wesentlich rigoroser hat Hans-Joachim von Merkatz Adenauers Diskussionsstil in Erinnerung. Danach war Adenauer kein Freund langer theoretischer Diskussion. Die Meinungen und Begründungen hätten äußerst präzise vorgetragen werden müssen, ohne Langschweifigkeit des Sowohl-als-Auch, in geistiger Disziplin zum Entweder-Oder. Auch bei den Ministern hätten die Entscheidungsvorschläge ausgereift sein müssen (431). War ein Problem bei Adenauer selbst noch nicht ausgereift, war es unmöglich, ihn außerhalb der Tagesordnung zu einer Debatte am Kabinettstisch in dieser Hinsicht zu bewegen (432).

Ein anderer Punkt, der nicht auf der Tagesordnung stand, führte hingegen häufiger zu Diskussionen im Kabinettskreis. Blankenhorn (433) und Hellwege (434) sprechen übereinstimmend davon, daß Adenauer die Kabinettssitzungen nicht selten mit einem - oftmals außenpolitischen - Überblick begann. Auch Felix von Eckardt erinnert sich an diese Praxis und erläutert, daß es nach langen Debatten in dieser Hinsicht oft überhaupt nicht mehr zu einer Beratung der Tagesordnung kam. Vielfach habe der Kanzler aber auch gar nichts zur allgemeinen Lage gesagt und sofort mit der Tagesordnung begonnen (435). Auch Hans-Joachim von Merkatz setzt an den Kabinettsbeginn regelmäßige Lagebesprechungen, freilich ist für ihn nur eine anschließende Kurz-Diskussion damit verbunden (436). Merkatz weist in dem Zusammenhang weiter darauf hin, daß Adenauer durchaus die Diskussionen insofern steuerte, als er (wie Ernst Lemmer schon zuvor beschrieben hat) Wortmeldungen einfach nicht registrierte (437). Auch sein Parteifreund Heinrich Hellwege weiß von dieser Praxis zu berichten:

"Es kam hin und wieder vor, daß der Kanzler Wortmeldungen bewußt übersah oder den Redefluß einzelner Minister — oftmals mit einem Rückgriff auf seinen rheinischen Humor — unterbrach. Aber da mußte er sich schon aussuchen, bei wem er das praktizierte. Fritz Schäffer beispielsweise hätte so etwas keinesfalls ohne energischen Widerspruch hingenommen." (438)

Der Redefluß einzelner Minister außerhalb der Kabinettssitzungen sorgte daneben für ein weiteres, fast schon obligates Besprechungsthema, das nicht auf der Tagesordnung stand: die sogenannten "Sonntagsreden" wurden behandelt (439). Heidenheimer geht davon aus, daß die Disziplin des Bundeskabinetts anfänglich außerordentlich locker war. Viele Minister hätten es nicht mit ihrer Amtswürde vereinbar gehalten, ihre politische Meinung mit dem Kanzler abzustimmen, bevor sie damit an die Öffentlichkeit traten. Die ministeriellen Sonntagsreden, die oftmals widersprüchliche Aussagen über die Regierungspolitik beinhalteten, seien zu einer ständigen politischen Belustigung geworden (440). Adenauer fand deren Aussagen und Umstände weniger amüsant, vor der CDU/CSU-Fraktion sprach er Anfang 1950 davon, die Sonntagsreden seien in letzter Zeit geradezu verheerend. Der Montag, mit den Meldungen, was am Sonntag wieder geredet wurde, sei für ihn geradezu ein Tag des Schreckens (441). Fast anderthalb Jahre später war die Situation kaum besser. Fraktionschef von Brentano sprach in einem Brief an den Kanzler davon, daß das Kabinett in einer erschreckenden Weise das Vertrauen des Volkes verloren habe. Brentano bezieht dies auch darauf, daß es ständig zu widersprüchlichen Erklärungen von Kabinett und Ressortministern komme, die dann wiederum von Kabinettsmitgliedern kritisiert, dementiert und dann doch wieder aufgenommen würden (442). Adenauer sah das genauso. Er antwortete dem Fraktionschef, er gehe mit dem Inhalt des Briefes von Brentano hundertprozentig einig (443), immer wieder versuchte er, seine beiden "Hauptsonntagsredner", Dehler (444) und Seebohm (445), durch im Kabinett vorgetragene Kritik zu bremsen.

Damit ist die Schilderung der wichtigsten stilistischen Faktoren des Adenauerschen Kabinettsstiles, die im Einzelvergleich durchaus widersprüchlich sein können, abgeschlossen. Die verstärkte Gewichtung des einen oder anderen Faktors wird sicherlich ganz unterschiedliche Gesamturteile ermöglichen. Letztlich ist aber wohl der Aussage von Eckardts (Vgl. zuvor, Anmerkung 417) zuzustimmen, daß es  d i e  durchschnittliche Kabinettssitzung unter der Ägide Adenauers nicht gab. Dennoch soll auf der Basis der bisherigen Erkenntnisse nun ein zweiter Schritt zur Einordnung des Kabinetts in den Prozeß der politischen Entscheidungsfindung unternommen werden. Nachdem untersucht worden ist, wie das Kabinett vom Inhaltlichen abgehoben arbeitete (nochmals: es konnte dabei kein feststehendes Schema gefunden werden), muß jetzt gefragt werden, welchen Stellenwert diesem vom "Innenleben" bereits beschriebenen Gremium im Prozeß der politischen Konkretisierung zukommt.

Da ist zunächst auf einige bereits erörterte Fakten hinzuweisen. In vorstehenden Abschnitten wurde klar, daß Adenauer in wichtigen Politikfeldern (Beziehung zur Hochkommission, Interview-Außenpolitik, Außenpolitik) das Kabinett nur am Rande beteiligte (beteiligen konnte). Dies war insofern möglich, als eine durch das Grundgesetz mit starken Handlungsmöglichkeiten ausgestattete Kanzlerposition tatsächlich zu einer politischen Führungsrolle wurde, weil der erste Amtsinhaber, Konrad Adenauer, die "Schwäche" der jungen Bundesrepublik (Stichwort: Besatzungsstatut) adäquat auf dem außenpolitischen Feld "bekämpfte" und rasch beseitigte. Das wichtigste Stilmittel in diesem außenpolitischen "Kampf" war eine auf die Persönlichkeit des Kanzlers abgestellte Vertrauenswerbung, die - immer erfolgreicher nach außen - die Führungsrolle des Kanzlers nach innen zunehmend zementierte, zumal dem ersten Amtsinhaber eine weitgehende Prägemöglichkeit der Rolle des Bundeskanzlers im durch Artikel 65 Grundgesetz fixierten Verhältnis von Kanzler-, Kabinetts- und Ressortprinzip zukam. Diese auf die Persönlichkeit Adenauers abgestellte erfolgreiche Politik kam vor allem dem Kanzlerprinzip zugute; sie hatte zur Folge, daß das Kabinettsprinzip im außenpolitischen Raum unterentwickelt blieb.

Die Beschäftigung mit dem Kabinettsstil Adenauers hat freilich gezeigt, daß außenpolitische Themen nicht aus der Kanzler-/Ministerrunde verbannt wurden. Außenpolitische Fragen wurden behandelt wie alle anderen, aber - und das ist das Entscheidende, will man den Stellenwert des Kabinetts beschreiben - wichtige politische Initiativen und Weichenstellungen (nicht nur der Außenpolitik) hatten ihren Ursprung oft nicht am Kabinettstisch, ihre Diskussion in dieser Runde war zumeist eine weitere Konkretisierungsstufe jenes politischen Abstimmungsprozesses, der oftmals in der unmittelbaren Umgebung des Kanzlers begann (Vgl. S. 116 ff). Diese Stellung des Kabinetts im politischen Entscheidungssystem wird von Beteiligten durchaus negativ gesehen. Kabinettsmitglied Ernst Lemmer spricht dies offen aus:

"Der Nachteil war, daß vor allem bei bedeutsamen politischen Entscheidungen die oftmals schicksalhaften Probleme nicht genügend diskutiert werden konnten. Das hatte Adenauer meist im kleinsten Kreise seiner Vertrauten schon vorher getan, so daß man oft den Eindruck hatte, er stellte sie in den Kabinettssitzungen allein deshalb zur Debatte, um der Geschäftsordnung zu folgen, nach der ja nur das Kabinett Beschlüsse fassen darf. Durch diese intimen Beratungen Adenauers mit seinen engsten Vertrauten wurden freilich auch verwirrende Diskussionen vermieden. Doch die Minister empfanden es nicht selten als unbefriedigend, daß sie durch diese Zusammenraffung der sachlichen Debatte im Kabinett nur einen sehr indirekten Einfluß nehmen konnten - vor allem dann, wenn sie von ihrem eigenen Ressort her gewichtige Einwände oder zumindest Fragen zu stellen hatten, die dann nicht genügend beachtet wurden." (446)

Auch Hans-Joachim von Merkatz hat diesen Umstand angesprochen:

"Das Regierungskabinett war oft nur formelles Entscheidungszentrum, dessen Beratung häufig auf die vom Kanzler getroffene Vorentscheidung hinauslief. Daraus entstanden den Koalitionsministern nicht selten Schwierigkeiten in ihren Fraktionen, die sich bei der Mitwirkung ausgeschaltet fühlten. Doch wenn man die Gefährdung der Bundesrepublik namentlich in den Anfangsjahren in Rechnung stellt, muß man diese straffe Handhabung der Richtlinienkompetenz und diese Zuordnung auf den Kanzler hin aus zwingender Notwendigkeit für gerechtfertigt halten zumal Konrad Adenauer sich intensiv bemühte, die Fraktionsvorsitzenden unmittelbar ins Bild zu setzen." (447)

Die oftmals bloße Formalität der Entscheidungen des Kabinetts hat Fritz René Allemann zu der Wertung veranlaßt, unter Adenauer sei der eigentliche politische Charakter des Ministeramtes ausgehöhlt worden, und dem Ressortchef werde eine Stellung zugewiesen, wie sie viel eher der Position eines Staatssekretärs im Bismarck-Reich als der eines Ministers in einem parlamentarischen System entspreche (448). Ähnlich hat sich auch Eberhard Wildermuth geäußert, der davon sprach, daß "wir in der Regierung eigentlich keine Minister, sondern nur Staatssekretäre sind" (449). Für viele Betrachter haben Ministerämter in den Regierungen Adenauers folglich nur eine fachliche Dimension (450), nach Karl Löwenstein existiert dieses Gremium nur als "Schattenkabinett für technische Dinge (451).

War das Kabinett für Adenauer also nur ein reines Experten-Komitee, das - gesamtpolitisch unkritisch - fachliche Bausteine für die Politik lieferte? Wichtige Versatzstücke der bisherigen Untersuchung sprechen dagegen:

1. Die Schilderung des Arbeitsstiles in Adenauers Kabinett hat ergeben, daß sich die Ressortchefs keineswegs als politisch "neutrale" Wesen fühlten. Es sei hier nur an den Widerstand gegen Adenauer im Kabinett,

sowie das Problem der "Sonntagsreden" erinnert.
2. Wie geschildert, waren zahlreiche Minister aus vielfach parteitaktischen oder fraktionspolitischen Gründen ins Kabinett gekommen (Vgl. S. 75 ff sowie 121). Dies schließt natürlich nicht aus, daß sie auch Spezialisten waren, freilich saßen sie in erster Linie im Kabinett als Repräsentanten eines partei- oder fraktionspolitischen Spektrums. Ob vor diesem Hintergrund ihr Selbstverständnis durch fachliches Expertentum abgedeckt werden konnte, muß bezweifelt werden.
3. Die meisten Minister (Ausnahmen: Heinemann, Schuberth, Lukascheck) waren Parlamentarier, d.h. beim hier gewählten Ansatz von Regierung standen ihnen noch andere relevante Rollen offen, die im politischen Formierungsprozeß eine Bedeutung hatten. Selbst bei reinem Expertentum im Kabinett mußte ihr politischer Einfluß damit nicht gleich null gewesen sein.

Dies muß ganz generell dazu führen, das Kabinett nicht als fachspezifischen Expertenkreis anzusehen, sondern ihm durchaus einen politischen Bedeutungsinhalt zuzugestehen. Daß dies oft nicht geschieht, mag auch daran liegen, daß der gewählte Ansatz bei den Analysen des Kabinetts oft zu eng erscheint. Darauf hat beispielsweise Günter Schmieg abgehoben und erklärt, die bisherige Literatur zum Kabinett sei deshalb so unbefriedigend, weil entweder sophistische Prinzipien (Kanzler, Kollegium, Ressort) gegeneinandergestellt würden oder die Argumentation rein personalistisch sei. Richtig wäre es hingegen, über eine Analyse der Binnenstruktur des Kabinetts hinauszugehen und das Handeln derjenigen Gruppen und Gremien aufzuweisen, die parallel zum Kabinett politische Entscheidungen träfen (in Parteien, Fraktionen, Koalitionen, aber auch in Interessengruppen) (452). Schmieg liegt mit seinem Vorschlag auf der Linie dieser Studie, die ja ohnehin darauf angelegt ist, die Konkretisierung der Politik im Regierungsbereich auf verschiedenen Formierungsebenen zu beleuchten. Schon am Anfang dieses Abschnittes wurde darauf verwiesen, daß die Mehrheitsfraktion (-en) als noch nicht behandelte Ebenen dieses Prozesses zur Analyse anständen. Damit soll jetzt konkret begonnen werden.
Als Ausgangspunkt der Untersuchung soll der Umstand gelten, daß in vielen Schilderungen über die Frühgeschichte der Bundesrepublik die Arbeit der drei Koalitionsfraktionen (CDU/CSU, FDP, DP) eigenartig deformiert gesehen wird. "Verantwortlich" dafür wird die bereits beschriebene, im Verlauf der

Legislaturperiode ständig wachsende Führungspotenz des Kanzlers gemacht, die den Aktionsradius des Bundestages im allgemeinen und die politische Mitgestaltungsmöglichkeit der Koalitionsfraktionen im besonderen stetig mehr begrenzt habe (453). Thomas Ellwein spricht davon, Adenauer habe in ihn interessierenden Fragen das Parlament an die Wand gespielt (454), Alfred Grosser sieht einen eigenwillig agierenden Kanzler, der nicht nur seine Minister, sondern auch das Parlament "mißhandelt" habe (455). Charles W. Thayer, amerikanischer Verbindungsoffizier zum Bundestag, hat die Negativbilanz für die Legislative so umrissen:

"Von seiner ersten Wahl im Jahre 1949 an hat Adenauer das Parlament mit hochmütiger Geringschätzung behandelt und seinen Willen durch das bloße Gewicht seiner persönlichen Autorität durchgesetzt. In den ersten Jahren seiner Herrschaft führte diese Methode wohl zu den gewünschten Resultaten, entfachte aber auch bitteren Groll bei seinen Gegnern. In den späteren Jahren haben aber selbst seine Gefolgsleute gegen seinen Hochmut rebelliert und zuweilen ist er zu demütigen Kompromissen gezwungen worden." (456)

Ähnliche Erinnerungen hat Franz Josef Bach. Er führt aus, es sei Adenauer in den ersten Jahren seiner Kanzlerschaft meistens gelungen, der Fraktion seinen Willen aufzuzwingen, in späteren Jahren habe auch er die Grenzen anerkennen müssen, die ihm die Fraktion bei ihrer Gefolgschaft setzte (457).

Es gibt eine ganze Reihe von Einzelaspekten, die das Bild vom legislativen respektive koalitionsfraktionsmäßigen Funktionsverlust abstützen können. Da ist einmal der Sachverhalt, daß Adenauer das Petersberger Abkommen vom November 1949 nicht zur Beschlußfassung dem Bundestag vorlegte. Der Kanzler hat das wie folgt begründet:

"Der Bundestag war ein sehr junges Parlament, und viele seiner Mitglieder bemühten sich, überall in der Exekutive etwas zu tun, wo sie nichts verloren hatten. Die Bundesregierung mußte nach unserer Überlegung strikt darauf achten, daß Exekutive und Legislative getrennt blieben. Die SPD versuchte, auf dem Weg über den Auswärtigen Ausschuß, dessen Vorsitzenden sie stellte, die auswärtige Politik entscheidend zu beeinflussen. Die KPD suchte durch alle möglichen Anfragen zu stören, wo sie konnte. Das war der Grund dafür, daß die Regierungskoalition, die die Mehrheit im Parlament besaß, ausdrücklich erklärte, daß das Petersberger Abkommen nicht zur Zuständigkeit des Bundestags gehörte und auch nicht zum Beschluß unterbreitet werden sollte." (458)

Löw/Eisenmann haben diese Adenauersche Einlassung dahingehend kommentiert, die Argumentation machte deutlich, wie sehr es dem Bundeskanzler darauf ankam, seiner Politik selbst unter Mißachtung parlamentarischer Gepflogen-

heiten zum Erfolg zu verhelfen. Er habe das Argument des Hineinredens des
Parlaments in die Exekutivkompetenz der Regierung benutzt, um der Gefahr
einer Ablehnung seiner Politik aus dem Weg zu gehen (459). Auch bei den
anderen "frühen" Verträgen der Bundesrepublik wird eine weitgehende Ausschaltung des Parlaments erkennbar (460).
Als Indiz für die Einengung des Handlungsspielraumes der Unionsfraktion
gilt Adenauers Reaktion auf einen Gesetzentwurf zur Mitbestimmung, der im
Mai 1950 – ein halbes Jahr vor dem Regierungsentwurf – von der CDU/CSU-
Fraktion im Bundestag eingebracht wurde. Baring hat geschildert, daß zunächst Heinrich von Brentano, der CDU/CSU-Fraktionsvorsitzende, bei einer
Wahlveranstaltung in Frankfurt darauf hinwies, die Unionsparlamentarier
hielten sich nicht nur für berechtigt, sondern auch für verpflichtet, den
Regierungskurs zu bestimmen. Sie sähen ihre Aufgabe nicht darin, nur
Regierungsvorlagen zu diskutieren und anzunehmen, und würden daher nicht
den Regierungsentwurf eines Mitbestimmungsgesetzes abwarten, sondern einen
eigenen Entwurf demnächst dem Bundestag zuleiten (461). Als dies Realität
wurde, antwortete der Kanzler in aller Öffentlichkeit recht deutlich. Auf
einer Kundgebung in der Aula der Universität Köln führte er aus:

"Sie wissen, daß die Bundestagsfraktion der CDU/CSU einen Gesetzentwurf
eingebracht hat über das Mitbestimmungsrecht. Ich möchte hier erklären,
daß die Bunderegierung ebenfalls einen Gesetzentwurf einbringen wird. Wir
können uns unter keinen Umständen in einer so entscheidenden Sache das
Recht der Initiative aus der Hand nehmen lassen. Das geht nicht." (462)

Als eine Kabinettssitzung wenige Tage später diesen Vorgang behandelte und
mit einer anschließenden Presseerklärung das Recht der Fraktion zur Ge-
setzesinitiative anging, reagierte Brentano mit einem Schreiben an
Adenauer und nannte es absurd, daß die Fraktion letztlich nur ein ausfüh-
rendes Organ der Exekutive sei. Er sprach die Presseerklärung direkt an
und machte klar, daß für ihn das Recht zu politischer Eigeninitiative der
Fraktion unverzichtbar sei (463).
Die Probe aufs Exempel zeigte eine andere Realität. Als im Januar 1951 die
Mitbestimmung gesetzlich geregelt wurde, war von einer Eigeninitiative der
Fraktion nichts mehr zu spüren. Man überließ dem Kanzler die entscheiden-
den Verhandlungen, brachte keine eigenen Vorstellungen mehr ein (464).
Weitere quellenmäßige Hinweise auf einen Funktionsverlust der Unionsfrak-
tion kann eben jener Sammelband anbieten, der mit dem Brentano-Brief zur
Mitbestimmung die wichtigsten Stücke der Korrespondenz zwischen Konrad

Adenauer und dem Chef der Unionsfraktion abdruckt und erläutert. Arnulf Baring hat bereits bei der Einordnung des ersten Schreibens von Brentano an Adenauer zusammengefaßt, was den Fraktionschef durchgängig am Verhältnis des Kanzlers zu "seinen" Parlamentariern störte: Der Kanzler lasse es an Rücksicht auf seine Fraktion, ja selbst deren Vorstand und Vorsitzenden, fehlen. Unter diesem Leitmotiv habe Brentano dem Kanzler in den kommenden Jahren immer wieder Vorhaltungen gemacht, habe Verstimmung signalisiert, Ungehaltenheit von Vorstand und Gesamtfraktion angemeldet. Adenauer hingegen habe sich von Anfang an unabhängig genug gefühlt, den Vorstand (und erst recht die Abgeordneten) nur dann zu hören und zu unterrichten, wenn es ihm paßte. Er sei stark genug gewesen, Termine mit dem Fraktionschef seiner Partei jederzeit abzusagen, ihm entweder gar nicht auf seine häufigen Briefe zu antworten oder ihn mit einigen lakonischen Redensarten abzuspeisen (465).

Auch dies kann so interpretiert werden, daß Adenauer seine Fraktion nicht besonders ernst nahm, auftretender Widerspruch schien ihn keineswegs nervös zu machen. Folgt man der Version vom Kanzler, der zumindest in der Unionsfraktion der frühen Jahre schalten und walten konnte, wie es ihm gerade nützlich erschien, muß man sich freilich mit der Tatsache auseinandersetzen, daß Adenauer selber sein Verhältnis zu den Koalitionsfraktionen ganz anders sah. Dieser Umstand ist bereits in dem Abschnitt dieser Arbeit erörtert worden, der die erste Regierungsbildung beschreibt; der (noch) Kanzleraspirant Adenauer führte damals aus:

"Aber sehen Sie, meine Freunde, es geht im Verhältnis zwischen Kanzler und Koalitionsparteien nicht so weit, wie es in einer Ehe der eine oder andere Ehegatte tut, indem er sagt: hinterher tue ich es doch. Denn umgekehrt haben die Koalitionsparteien den Bundeskanzler an der Strippe. Denn schließlich muß er dafür sorgen, daß er für seine Vorlagen Mehrheiten bekommt. Und da ist er natürlich darauf angewiesen, daß er zu seinen Koalitionsfraktionen und besonders zu seiner eigenen Fraktion ein gutes und vertrauensvolles Verhältnis hat." (466)

War dieses "Winken" mit einem vertrauensvollen Verhältnis zum Bundestag eine Fahne, die nach der Kanzlerbestallung Adenauers schnell wieder in der Requisitenkammer verschwand? Zahlreiche Stimmen sprechen dagegen. Beispielsweise Eugen Gerstenmaier, der als Bundestagspräsident Konrad Adenauer 1963 als Kanzler mit folgenden Überlegungen zum Verhältnis Regierungschef/Parlament verabschiedete:

"Ihr politischer Stil ist oft kritisiert worden. Indessen haben diese vierzehn Jahre deutscher parlamentarischer Demokratie gezeigt, daß anders als in der Präsidialdemokratie, geschweige denn in der Bismarckschen Reichsverfassung, der Regierungschef unserer Demokratie unablässig auf einen mindestens ausreichenden parlamentarischen Rückhalt bedacht sein muß. Es ist selbstverständlich, daß er immer wieder versuchen wird, wenigstens seine eigene Fraktion und Koalition so geschlossen wie möglich hinter sich zu bringen. Das hat natürlich zur Folge, daß ein wesentlicher Teil des Dialogs zwischen Regierung und Parlament eben hier nicht im Plenum, sondern vor den Fraktionen, und das heißt praktisch unter Ausschluß der Öffentlichkeit, erfolgt. Man mag das bedauern, man kann das auch kritisieren, aber man täuscht sich über die Realität, wenn man daraus den Schluß zieht, daß das Parlament in unserem Staat oder seine Regierungsfraktionen die Befehlsempfänger der Regierung, genauer: des Mannes seien, der die Richtlinien der Politik bestimmt. Dies zu tun war nicht nur ihr verfassungsgemäßes Recht, das war auch ihre Pflicht! Darauf läßt sich in unserem Staat umso weniger ein Vorwurf autoritärer Herrschaft gründen, als die Regierung schließlich zur Verwirklichung ihrer Politik doch immer auf eine Parlamentsmehrheit angewiesen bleibt. Wer sich das vergegenwärtigt, wird verstehen, wie Sie, Herr Bundeskanzler, mir einmal gesagt haben, daß Sie sich unablässig darum bemüht hätten, möglichst viele zu überzeugen."
(467)

Diese Notwendigkeit, daß gerade der die Richtlinien bestimmende Kanzler darauf angewiesen ist, das Vertrauen des Parlaments zu erringen, hat Junker unter dem Stichwort "Übereinstimmungszwang" beschrieben und vermerkt, der Kanzler treffe keine Richtlinienentscheidung, ohne sich der Billigung der Parlamentsmehrheit versichert zu haben. Er müsse versuchen, die Abgeordneten zu überzeugen oder ihren Vorstellungen gerecht zu werden. Dazu dienten umfangreiche Beratungen und Verhandlungen mit ihnen (468). Friedrich Schäfer sieht eine Notwendigkeit zur Übereinstimmung genauso und weist darauf hin, dies führe dazu, daß der Kanzler in einem sehr frühen Stadium der Entwicklung seiner politischen Vorstellungen die Aussprache mit seinen politischen Freunden in der Bundestagsfraktion (und in seiner Partei) suchen müsse (469). Diese vertrauliche Aussprache mit den Parlamentariern ist nach einer Studie von Joachim Linck insofern angebracht, als die Möglichkeiten einer gegen den Willen des Bundestages gerichteten Regierungspolitik sehr beschränkt erschienen (470). In diesem vertraulichen Kontakt zum Parlament, zu den Abgeordneten der Regierungsmehrheit, sah Konrad Adenauer nach Meinung von Wolfgang Kralewski dann auch seine eigentliche Führungsaufgabe (471), die Bruno Heck rückblickend so umreißt, er habe sich vor Entscheidungen in erster Linie um die Fraktion gekümmert und - falls es nötig war - in vielen Einzelgesprächen mit wichtigen Fraktionsmitgliedern darum gerungen, seiner Politik eine Zustimmung zu sichern (472).

Dieses in der Öffentlichkeit kaum sichtbare Einwirken des Kanzlers auf die Entscheidungsträger in der Fraktion ist letztlich der entscheidende Punkt, um die Vorstellung von einer Unionsfraktion, die nur das parlamentarische Sprachrohr des Kanzlers gewesen sei, wobei Adenauer befohlen, die Fraktion gehorcht habe, als "Legende" (473) zu bewerten. Wenig von einem Gehorsamsverhältnis der Fraktion gegenüber Adenauer hat auch Eugen Gerstenmaier bemerkt:

"Vielleicht hat mir an Konrad Adenauer am besten gefallen, daß er sich im steten Kampf um parlamentarische Zustimmung auf das ganze gesehen dennoch nicht zum Funktionär seiner Partei oder Fraktion machen ließ. Er hat sie nicht kommandieren können. Er wußte das auch. Daß er sie oft, auch wenn es zunächst anders aussah, zu gewinnen, zu überreden wußte, zeigt ein entscheidendes Element seines Könnens. (...)
Ohne seine parlamentarische Mehrheit ist ein Bundeskanzler nur dann und dort etwas, wo er sie nicht braucht. Wenn es zum Schwur kommt, ist er ohne sie ein verlorener Mann. Das wußte Konrad Adenauer noch im Schlaf. Deshalb dachte er zum Beispiel nie daran, sich von dem Vorsitz seiner Partei zu trennen. Eine Partei oder Fraktion kann ihrem Kanzler die Zähne zeigen. Wenn sie aber zubeißt, beißt sie sich selbst – unter Umständen ins Leben. Die Frontstellung im Parlament verdeckte insbesondere in der Ära Adenauer die Tatsache, daß sich die Regierung oft einschneidende Abänderungen ihrer Vorlagen, ihrer Gesetzesentwürfe auch durch ihre eigenen Fraktionen gefallen lassen muß. Wenn ich recht sehe, geschah das zu Adenauers Zeiten auch nicht seltener als danach." (474)

Für die von Gerstenmaier angesprochene eigenständige Rolle der Koalitionsfraktionen gibt es – was die erste Legislaturperiode betrifft – durchaus Belege. Da ist zunächst die Tatsache, daß Adenauer eines der wichtigsten außenpolitischen Vertragswerke der frühen Bundesrepublik – den Deutschlandvertrag (Vgl. dazu: S. 85 ff) – in der Endphase seiner Aushandlung sowie der Ratifizierung durch einige "Slalomtore" steuern mußte, die ihm die Koalitionsfraktionen gesteckt hatten. War es Adenauer während der eigentlichen Vertragsverhandlungen gelungen, durch die Konstruktion eines Unterausschusses des Auswärtigen Ausschusses ein Mitberatungsgremium des Bundestages zu schaffen, dessen parlamentarische Rolle insofern formal war, weil es keinerlei Informationen an legislative Gremien weitergeben durfte (475), konnte er nach der Paraphierung der Verträge seine restriktive Informationspolitik zumindest gegenüber den Koalitionsfraktionen (und seinem Kabinett) nicht aufrechterhalten. Unter dem Vorsitz von Franz Blücher wurde ein Ausschuß der Regierungsparteien gebildet, der das ausgehandelte Vertragswerk prüfte. Bei den Vertretern der Regierungsfraktionen in diesem Gremium machte sich schnell Widerstand gegen das Vertragswerk breit. Blücher-Mitarbeiter Georg Vogel sieht daraufhin Adenauer Ende April veranlaßt, die Minister Schäffer, Dehler und Blücher zu einer Besprechung zu bitten, um sie zu veranlassen, sich den Änderungswünschen der Fraktionsführer zum Vertragswerk nicht anzuschließen. Denn der Widerstand auch in den Reihen der Unionsfraktion sei immer stärker geworden. So habe beispielsweise Blücher zur gleichen Zeit eine Unterredung mit Adenauers Vertrautem, dem Bankier Pferdmenges, gehabt, der den Vizekanzler über die negative Stimmungslage bei der CDU/CSU unterrichtete und als Wortführer der oppositionellen Gruppe den Fraktionschef Brentano und Kurt Georg Kiesinger erwähnte (476). Brentano und Pferdmenges suchten zur gleichen Zeit auch den Kanzler auf und teilten ihm mit, daß das Vertragswerk in der vorliegenden Form im Parlament keine Mehrheit habe (477). Der Sonderausschuß stellte wenig später eine Liste der Hauptänderungswünsche auf, die dann teilweise nach Gesprächen zwischen dem Bundeskanzler und Vertretern der Koalitionsfraktionen noch in der Endphase der deutsch-alliierten Verhandlungen Berücksichtigung fanden (478). Auch bei der Bindungsklausel, dem wichtigsten strittigen Punkt des Vertragswerkes (Stichwort: Bindung eines wiedervereinigten Deutschland an den Vertrag), gab die ablehnende Haltung der Fraktionsvertreter in der entscheidenden Kabinettssitzung den Ausschlag (479).

Auch nachdem zahlreiche Änderungswünsche der Fraktionen bei der Endform des Deutschlandvertrages berücksichtigt wurden, waren mit der Unterzeichnung für Adenauer die Schwierigkeiten noch nicht vorüber. Der Kanzler – um schnelle Ratifizierung im Bundestag bemüht – konnte eine endgültige Behandlung des Vertragswerkes vor der Sommerpause nicht mehr durchsetzen, weil sich heftiger Widerstand in den Koalitionsfraktionen gegen eine Behandlung im Eilverfahren regte (480).

Daß Adenauer über die Mehrheitsfraktionen des Bundestages nicht problemlos das verwirklichen konnte, was er sich politisch wünschte, zeigte sich auch im Zusammenhang mit dem Wahlgesetz für den zweiten Bundestag. Die Liberalen votierten in der entscheidenden Abstimmung am 26. Juni 1953 mit der SPD und setzten so ein Verhältniswahlrecht gegen den Widerstand des Bundeskanzlers und vor allem der CSU durch. Werner Lederer sieht damit des Kanzlers Rezept, die Koalition durch das Wahlrecht zu zementieren, gestört und die FDP insofern gestärkt, als sie ihre Wahlfreiheit nach dem nächsten Urnengang behielt (481). Vom Bild einer Ratifikationsmaschine "Mehrheitsfraktion" muß auch insofern Abstand genommen werden, als eine Studie von Heinz Markmann den Koalitionsfraktionen im ersten Bundestag differenziertes Abstimmungsverhalten bescheinigt (482). Bei namentlichen Abstimmungen zu hochpolitischen Gegenständen zeigten die Koalitionsfraktionen danach von Januar 1952 bis Juli 1953 große Geschlossenheit (483). Von September 1949 bis Juni 1951 war das insofern anders, als die normale hohe Geschlossenheit (vor allem in außenpolitischen Fragen) immer dann durchbrochen werden konnte, wenn innen- oder wirtschaftspolitische Bedenken bei den einzelnen Gruppen der CDU-Fraktion oder den kleineren Koalitionspartnern auftraten (484). Bei nur "wichtigen politischen Gegenständen" sehen die Resultate so aus, daß in den 84 verwertbaren Fällen die CDU/CSU-Fraktion mit 13 Spaltungen die lockerste Fraktion des Bundestages war. Markmann weist darauf hin, daß die Abgeordneten der CSU mehrmals ihre eigenen Wege gegangen seien. In den meisten Fällen hätten wirtschaftliche Standesinteressen der Fraktionsdisziplin gegenübergestanden, aber auch "Juristenbewußtsein" oder andere föderalistisch-regionale Interessen und Überzeugung hätten die Spaltung beim Abstimmungsverhalten bewirkt. Ähnliches Abstimmungsverhalten und entsprechende Motivationen sieht Markmann bei der FDP und der DP (485). Dies macht deutlich, daß der Kanzler bei der politischen Konkretisierung nicht ungesehen auf die Karte Bundestag setzen konnte. Er mußte stets die parteipolitische Verfaßtheit seiner Koalition mitberücksichtigen, die diversen Bindungen einzelner Abgeordneter (oder Abgeordnetengruppen) in Rechnung stellen. Keine ausgerichteten Parlamentarierriegen hielten ihm bedingungslos die Treue, es war eher eine Gefolgschaft, deren Unterschiedlichkeit immer wieder durch Überzeugungsarbeit zusammengeschweißt werden mußte. Daß der Kanzler vor diesem Hintergrund immer wieder auf Sonderinteressen Rücksicht nahm, ist bekannt. Dies wird auch im angesprochenen Zusammenhang mit den Westverträgen deutlich. So stellte Adenauer Pläne zur Erweiterung der paritätischen Mitbestimmung über den Montanbereich hinaus zurück, als die Möglichkeit bestand, daß dies seine Mehrheit für die Vertragswerke ob energischen Widerstands bei FDP und DP gefährden würde (486). Ähnlich reagierte der Kanzler, als ein für die Vertriebenen-Abgeordneten innerhalb der CDU-Fraktion zunächst nicht akzeptabler Gesetzentwurf zum Lastenausgleich seine Mehrheit gefährdete. Den Bedenken der Ver-

triebenen wurde in zahlreichen Fällen Rechnung getragen (487).
Auch Autoren, deren Auffassungen im Zusammenhang mit der Vorstellung einer dominanten Position Adenauers gegenüber dem Parlament Erwähnung fanden, haben ihre Darstellungen so erweitert, daß man nicht unbedingt von einer allumfassenden Führungspotenz des Kanzlers gegenüber dem Parlament ausgehen muß. Thomas Ellwein, bei dem Adenauer in allen ihn interessierenden Fragen das Parlament an die Wand spielte (Vgl. zuvor, Anmerkung 454), hat dies so weiter aufgeschlüsselt, daß sich Adenauer nur auf die wesentlichen Fragen der internationalen Politik beschränkt habe und sich ungleich weniger um den großen Bereich der Innenpolitik kümmerte, in dem deshalb die Position des Bundestages zunächst ziemlich unangetastet geblieben sei. Ellwein bewertete denn auch die unumgängliche Konfrontation zwischen Parlament und Kanzler beim Ausbau ihrer verfassungsgemäßen Stellung vor dem Hintergrund der Neueinrichtung des Staates als unentschieden ausgegangen (488). Rudolf Wildemann, der eine schwache parlamentarische Kontrollfunktion ausmachte (Vgl. zuvor, Anmerkung 460), hat diese Schwäche in den gleichen Kategorien wie Ellwein eingegrenzt: Er sieht den Bundestag in der Europa- und Verteidigungspolitik zwar meist vor vollendete Tatsachen gestellt und nur zu einem Ja oder Nein aufgerufen, hält aber bei den meisten innenpolitischen Gesetzen diese marginale Situation nicht für gegeben. Hier sei im Gegenteil zu beobachten, daß Bundestag oder Regierungsfraktionen die Regierungsvorlagen so veränderten, daß sie nicht wiederzuerkennen waren (489).
Daß eine Trennung in einen außenpolitischen "Parlamentsdominator" und einen innenpolitischen Parlamentspartner bei Adenauer nicht lückenlos durchgehalten werden kann, ist vorstehend geschildert worden (Schilderungen zum Deutschlandvertrag). Freilich kann man diese "Paarung" als inhaltliches Erklärungsmuster akzeptieren, wenn man sie des Ausschließlichkeitsanspruches enthebt. Sie kann dann an jenen Primat der Außenpolitik bei Adenauer angebunden werden, der bereits in einem früheren Kapitel beschrieben worden ist (Vgl. S. 80 ff).
Haben also auch die Regierungsfraktionen im Prozeß der politischen Konkretisierung im Regierungsbereich tatsächlich den Stellenwert einer relevanten Ebene, müssen sie in diese Untersuchung eingeschlossen werden. Die Themenstellung dieser Arbeit sowie die vorhandene umfangreiche Literatur zur Arbeitsweise von Fraktionen (490) machen es freilich überflüssig, die

faktische Struktur und das Ablaufmuster politischer Entscheidungen innerhalb der Fraktionen detailliert darzustellen. Man kann sich vielmehr auf einige hier wichtige Versatzstücke beschränken. Da ist zunächst die Frage anzugehen, wie Adenauer das wichtigste Segment "seiner" Parlamentsmehrheit, die Unionsfraktion, behandelte, wie er um ihre Zustimmung warb. Franz Josef Strauß, damals junger CSU-Parlamentarier, erinnert sich wie folgt:

"Konrad Adenauer pflegte zur Durchsetzung seiner Vorstellungen immer mit einem großen Lagebericht zu beginnen, der - jetzt symbolisch, nicht wörtlich ausgedrückt - unter dem Motto stand: Die Lage ist ernst aber noch nicht verzweifelt, und hier bot er mit dem Register eines nicht allzu großen Wortschatzes trotzdem alle psychologischen Register auf, die zur Beeinflussung der Abgeordneten aufgeboten werden konnten. Außerdem hat er durch Vorgespräche immer sichergestellt, daß sich der eine oder andere in dem von ihm vertretenen Sinne bei Beginn der Diskussionen äußerte und damit die Diskussion schon in eine bestimmte Bahn lenken würde. Dabei mußten selbstverständlich warnende Beispiele aus der Weimarer Republik genauso herhalten wie unerfreuliche Vorgänge in den europäischen Nachbarländern, mit dem Ziel, die Richtigkeit seiner Auffassung zu bestätigen. Wenn er aber harten Widerstand bekam, und merkte, daß er die Schlacht nicht gewinnen würde, bewies er trotz seiner 75 Jahre eine Umstellungsfähigkeit und eine Wandlungsfähigkeit, die man bei vielen jüngeren Politikern oft leider vermißt." (491)

Adenauer wußte also mit hoher taktischer Routine die Klaviatur Unionsfraktion zu bedienen, ertönten kräftige Disharmonien, wechselte er durchaus das Register. Sein taktisches Geschick bei der Behandlung der CDU/CSU-Parlamentarier hatte zur Folge, daß Eugen Gerstenmaier - obwohl er die Politik des Kanzlers von zuweilen mehr als einem Stirnrunzeln in der CDU begleitet sieht - so etwas wie eine Fronde in der Unionsfraktion gegen die von ihr getragene Regierung niemals zustandegekommen sieht (492). Dabei konnte der Kanzler bei wichtigen politischen Fragen seine Fraktion auch äußerst hart angehen. Als Anfang 1950 ein SPD-Antrag zur Arbeitslosigkeit in einer jener frühen Nachtsitzungen des Bundestages nur deshalb durchkam, weil zahlreiche Unionsparlamentarier bereits das Feld geräumt hatten, reagierte Adenauer in der Fraktionssitzung am Tag darauf mit schneidender Schärfe:

"Als nach der Sitzung von heute nacht die Presseleute sich um mich drängten und ihre Fragen stellten, da habe ich der Presse gesagt: Das ist ein Sieg der Faulheit. Ich hätte auch der Sieg der Verantwortungslosigkeit sagen können. Der Verantwortungslosigkeit gegen 2 Millionen Arbeitslose." (493)

Adenauer machte weiter deutlich, daß er ganz generell die Verfaßtheit der Unionsfraktion für nicht allzu positiv hielt und drohte mit Konsequenzen für seine Person:

"Die Bestimmung in der Verfassung, daß eine Regierung nur dann gestützt werden kann, wenn sich der Bundestag auf einen anderen Kanzler geeinigt hat, darf nicht so ausgelegt werden, daß der Kanzler unter allen Umständen bleibt, auch wenn er sieht, daß die Koalition, die seine Regierung trägt, zerbröckelt und es unmöglich ist, etwas Positives zu leisten. Diese Gedanken sind nicht das Produkt des gestrigen Tages, sondern sind das Ergebnis wochenlanger Überlegungen. In dem Augenblick, wenn ich die Überzeugung bekomme, daß eine gute Regierungsarbeit nicht mehr möglich ist, weil die hinter ihr stehenden Koalitionspartner versagen, werde ich mein Amt niederlegen." (494)

Daß Adenauer solch schweres Geschütz wie eine Rücktrittsdrohung vor der Fraktion auffuhr (und sei es nur als taktische Variante), zeigt auf der anderen Seite, daß der Kanzler den Stellenwert der Zusammenkunft der Unionsparlamentarier keineswegs unterschätzte. Und so hat denn auch Herbert Blankenhorn, nach wichtigen Gesprächskreisen für den Kanzler befragt, die Fraktion in sie eingeordnet. Adenauer hat demnach die Fraktionssitzungen regelmäßig besucht und zu den Abgeordneten gesprochen. Dies gelte nicht nur für die CDU/CSU, sondern auch die anderen Koalitionsfraktionen, wenn es sich um große grundsätzliche Fragen handelt (495). Das muß freilich nicht bedeuten, daß die Fraktionssitzungen in diesen Momenten zum zentralen Dreh- und Angelpunkt des politischen Formierungsprozesses im Bereich der Regierung wurde. Soweit beispielsweise CDU/CSU-Fraktionsprotokolle aus der ersten Legislaturperiode überhaupt noch vorhanden sind (496), ergeben sich daraus deutliche Hinweise, daß die Gesamtfraktion zwar eine wichtige Konkretisierungsstufe für die Regierungspolitik darstellte, freilich werden aber die Grenzen ihrer politischen Mitbeteiligung auch sichtbar. Als Adenauer beispielsweise Hintergründe und Umstände des Petersberger Abkommens vor der Fraktion erläuterte, machte er klar, daß er nicht in Einzelheiten über diese Frage sprechen dürfe, allenfalls könne er Andeutungen machen (497). Zur Demontagefrage wollte er in diesem Zusammenhang kaum etwas sagen, da Indiskretionen ein großes Unheil hervorrufen könnten (498). Als schließlich im Jahre 1950 nach einer "Sonntagsrede" von Dehler zur Saarfrage die politischen Wogen sehr hoch gingen, teilte Adenauer den Unionsparlamentariern mit, er wolle zwar versuchen, offen zu sprechen, aber das letzte könne er gewiß nicht sagen

(499). Die Zurückhaltung Adenauers vor der CDU/CSU-Fraktion wird aber verständlich, wenn man sieht, wie die Zusammenkunft der Unionsparlamentarier eingeschätzt wird. Gerhard Loewenberg spricht von "halböffentlichen Sitzungen" und sieht neben den Regularteilnehmern (Parlamentarier/ Minister) Fraktionsmitarbeiter, sympathisierende Journalisten, höhere Beamte (die Parteimitglieder sind), gelegentlich auch Bundesratsmitglieder, regionale Mandatsträger, hohe Parteifunktionäre, und Interessengruppenvertreter teilnehmen. Durch diese Art der Zusammensetzung werde dafür gesorgt, daß die Verhandlungen nicht geheim blieben. In den Zeitungen seien ausführliche Berichte zu finden, die Partei gebe Pressemeldungen heraus, bei großen Meinungsverschiedenheiten sprächen die Vertreter der verschiedenen Richtungen die Öffentlichkeit oft direkt an (500).
Eugen Gerstenmaier hat diesen - was den Informationsfluß nach außen angeht - offenen Charakter der Zusammenkünfte noch auf ein zweites Fraktionsgremium ausgedehnt: den Fraktionsvorstand (501). Waren die formellen Gremien im Fraktionsbereich also nicht nach außen "dicht" (502), ist zumindest zu bezweifeln, daß hier eine Konkretisierung der Regierungspolitik in der Art und Weise erfolgte, daß man einerseits vertrauliches Hintergrundmaterial zur Durchsetzung bestimmter Forderungen präsentierte oder auf der anderen Seite inhaltliche Alternativen und deren taktisches Durchsetzungskonzept für den legislativen Bereich diskutierte.
In den offiziellen Fraktionsgremien ging es vielmehr darum, die Inhalte der Regierungspolitik den Parlamentariern nahezubringen und mit deren Zustimmung dazu die legislative Verwirklichung abzusichern. Daß dieses Nahebringen nicht immer erfolgreich war, hat Franz Josef Strauß beschrieben (Vgl. Anmerkung 491), gleichzeitig aber darauf hingewiesen, daß Adenauer sehr oft vor den Fraktionssitzungen einige Parlamentarier für seinen Standpunkt einnahm, deren Einsatz dann der Diskussion im Fraktionsplenum eine ganz bestimmte Richtung geben konnte. Das deutet darauf hin, daß die Regierungspolitik vor dem eigentlichen "Durchgang" in den Fraktionen zwischen Adenauer und wichtigen Parlamentariern abgestimmt wurde, womit natürlich nicht zwingend verbunden ist, daß der Impuls zur Behandlung oder Lösung einer politischen Frage aus dem Regierungsbereich kommen mußte. Auf diese Abstimmung zwischen Adenauer und wichtigen Parlamentariern haben zuvor bereits von Merkatz (Vgl. zuvor, Anmerkung 447) und Heck (Vgl. zuvor, Anmerkung 472) hingewiesen. Dieser unmittelbare Kontakt des

Kanzlers zu einflußreichen Parlamentariern aus dem Koalitionsbereich soll nun näher beleuchtet werden.

Wichtigster parlamentarischer Gesprächspartner für den Kanzler aus dem Bereich der Koalitionsfraktion war sicherlich der Vorsitzende der Unionsfraktion, Heinrich von Brentano. Das Verhältnis Adenauer/Brentano kann von jener generellen Beziehungsstruktur zwischen Regierungschef und Vorsitzenden (einer) der Regierungsfraktion(en) angegangen werden, wie sie Friedrich Schäfer umrissen hat:

"Die erste und wichtigste Arbeit des Vorsitzenden einer Regierungsfraktion wird sich deshalb nicht in der Öffentlichkeit abspielen; er muß stetig dahin wirken, daß die vom Kanzler bestimmten Richtlinien der Politik von der Fraktion gebilligt werden; oder richtiger; daß der Kanzler zusammen mit der Fraktionsführung unter Billigung durch die Gesamtfraktion seine Richtlinien erarbeitet, ehe er sie öffentlich vertritt. (...) Der Öffentlichkeit entzogen, vollzieht sich zwischen Regierung und Fraktion ein ständiger Angleichungsprozeß. Dabei werden manche schwierigen Fragen nur im Wege des beiderseitigen Entgegenkommens gelöst werden können. Denn auch wenn der Kanzler eine starke Führungspersönlichkeit ist, wird ihm die Fraktion nicht willenlos folgen. Aufgabe des Vorsitzenden ist es, die Willensbildung der Fraktion und die der Bundesregierung aufeinander abzustimmen." (503)

Zu diesem Abstimmungsprozeß konnte von Brentano insofern beitragen, als er sich auf der einen Seite in grundsätzlichen Fragen der Politik mit Adenauer einig wußte (504). Auf der anderen Seite war Brentano durchaus eine Persönlichkeit, die die in Einzelfragen weit auseinanderstrebende CDU/CSU-Fraktion zu einheitlichem politischen Willen zusammenbündeln konnte (505).

Wie sah nun der Abstimmungskontakt zwischen Adenauer und Brentano in technischer Hinsicht aus? Sofern die Terminkalender Adenauers für diese Arbeit zugänglich waren, also in den Jahren 1950 und 1951, ergibt sich folgendes Bild:

+ Einzeltermine Brentanos bei Adenauer.
   1950: 10
   1951: 14
+ Termine Brentanos mit führenden CDU/CSU-Parlamentariern bei Adenauer.
   1950: 7
   1951: 3 (506)

Die quantitative Wertigkeit dieser Besuchszahlen wird deutlich, wenn man
sich zwei weitere Zahlenpaare vor Augen hält:

+ Teilnahme Adenauers an Sitzungen des Fraktionsvorstandes.
  1950: 10
  1951: 11
+ Einzelgespräche Adenauers mit Robert Pferdmenges.
  1950: 13
  1951: 24 (507)

Vor allen Dingen im Hinblick auf das letzte Zahlenpaar wird deutlich, daß
Brentanos Gesprächskontakt zum Kanzler in quantitativer Hinsicht keineswegs unterentwickelt war, wenn man die Häufigkeit der Vier-Augen-Gespräche
zwischen Adenauer und einem seiner intimsten Berater, Robert Pferdmenges,
als Vergleichsmaßstab wählt.

Arnulf Baring hat daneben in der Einleitung der Edition des Briefwechsels
Brentano/Adenauer auf eine weitere Ebene des Abstimmungskontaktes zwischen
Kanzler und CDU/CSU-Fraktionschef hingewiesen. Danach telefonierten sie
häufig und lange (nicht selten eine ganze Stunde) miteinander (508). Zum
direkten Gesprächskontakt kam also ein intensiver Telefonkontakt, der –
dokumentarisch wohl kaum rekonstruierbar – die Dichte des terminmäßig er-
faßbaren Abstimmungskontaktes noch erhöht.

Diese rein quantitativen Aspekte des Abstimmungsmodus zwischen Adenauer
und Brentano müssen freilich mit der bereits erwähnten qualitativen Tatsache konfrontiert werden, daß der Briefwechsel zwischen Regierungschef
und Unions-Fraktionsvorsitzenden die immer wieder auftauchende Klage
Brentanos enthält, der Kanzler lasse es an Kooperationsbereitschaft
mit dem Vorsitzenden und dem Vorstand der Unionsfraktion im Bundestag
mangeln.

Waren also die vorstehend quantitativ skizzierten Arbeitskontakte reine
Formsache, hat es in ihnen vielleicht – parallel zu den brieflichen Klagen
– auch nur Vorhaltungen der Parlamentarier um Brentano gegenüber dem
Kanzler gegeben, er lasse es an Rücksichtnahme auf seine Parteifreunde in
der Fraktion fehlen? Dieser allgemeine Schluß ist insofern problematisch,
als man davon ausgehen muß, daß der Briefkontakt Adenauer/Brentano nur bei
speziellen Ausgangsvoraussetzungen zustande kam, die einer Übertragung in
eine summarische Wertung keine flächendeckende Basis geben. Arnulf Baring

hat diese speziellen Ausgangsvoraussetzungen selber beschrieben. Er weist zunächst auf folgenden Umstand hin:

"Der jähzornige Adenauer neigte bekanntlich dazu, in der ersten Empörung selbst engen Mitarbeitern brieflich heftige Vorwürfe zu machen. Nicht jedermann ließ sich darauf ein, den Fehdehandschuh aufzunehmen. Zum Beispiel blieben bei Felix von Eckardt solche Schreiben unbeantwortet liegen. Auch mündlich erwähnte sie der Bundespressechef gegenüber dem Kanzler nie – mit dem Ergebnis, wie er sagt, daß Adenauer, dessen Ärgernis inzwischen verraucht war, auch seinerseits bei keiner einzigen Gelegenheit auf die Sache zurückkam. Brentano besaß Eckardts Mischung aus Selbstsicherheit und Nonchalance nicht. Er antwortete, bat vertrauensvoll um Aussprache, wollte Mißverständnisse rasch mündlich aus der Welt schaffen. Davon hielt Adenauer in solchen Fällen nichts. Er bestand auf ausführlichen schriftlichen Erörterungen, wollte seinem Standpunkt, den er notfalls mehrfach wiederholte und präzisierte, unbedingt Geltung verschaffen. Bis zur Beilegung des Streites ging er allen persönlichen Begegnungen, auch Telefongesprächen, hartnäckig aus dem Wege, weil er alle Unklarheiten ausschließen wollte, die seiner Überzeugung und Erfahrung nach bei jeder Unterredung unvermeidlich bestehen blieb." (509)

War also ein Teil der Briefe das Resultat an sich überflüssiger Konflikte, die sich von der alltäglichen Arbeitsbeziehung zwischen Adenauer und Brentano abhoben, so ist auch der zweite Ausgangspunkt für einen Briefwechsel nach Baring in Addition zum normalerweise praktizierten mündlichen Gesprächskontakt zu sehen. Baring erläutert:

"Es war eher zufällig, ging meist von Brentano aus, wenn es zum schriftlichen Austausch kam; oft genug blieben seine weitschweifigen Ausführungen allerdings ohne briefliche Antwort. Man könnte sagen dieser Briefwechsel (...) verdanke seine Entstehung einerseits der Reiselust des Fraktionsvorsitzenden und späteren Außenministers, andererseits der Arkanpolitik des Regierungschefs. Denn Brentano griff immer dann zur Feder, wenn er verreisen mußte, ohne den Bundeskanzler gesehen zu haben, oder wenn dieser ihm keinen Gesprächstermin benannte, die Sache Brentano aber zu eilen schien." (510)

Der Briefwechsel kam also nur in Konfliktsituationen und immer dann zustande, wenn der Regierungschef (gleichgültig aus welchen Gründen) für Brentano nicht mündlich zu erreichen war.

Aber abgesehen von der Frage, ob es sinnvoll ist, die speziellen Umstände des Briefwechsels zu Faktoren zu verdichten, die allgemeinen Aussagecharakter haben sollen, kann die festgestellte Diskrepanz zwischen quantitativen Aspekten des Abstimmungsmodus und qualitativen Inhalten des Briefkontakts von Adenauer und Brentano auch noch auf einem anderen Weg angegangen werden.

Im Briefwechsel der beiden Politiker wird nämlich ersichtlich, daß sich

Brentano nicht nur permanent über Adenauers mangelnde Bereitschaft zur Zusammenarbeit mit der Fraktionsspitze der Union beklagte, der Fraktionsvorsitzende regte auch immer wieder an, daß der Kanzler mit ihm und einigen Mitgliedern des Fraktionsvorstandes "im kleinen Kreis" zusammenkommen solle, um die anstehenden politischen Fragen zu besprechen (511). Brentano konnte sich dabei durchaus auf eine Zusage berufen, die der noch nicht zum Bundeskanzler gewählte Konrad Adenauer vor der Fraktion der Union gegeben hatte. Gleich dreimal unterstrich der Kanzlerkandidat dabei das Prinzip, er sei jederzeit bereit, mit einem kleinen, von der Fraktion zu bestimmenden Gremium fortlaufend Fühlung zu halten, und einen ständigen Gedankenaustausch zu pflegen (512). Auch nach seiner Wahl ist Adenauer auf diesen Umstand zurückgekommen. In der Fraktionssitzung, in der die Niederlage der Union in Sachen SPD-Antrag zur Arbeitslosigkeit besprochen wurde, bat der Kanzler um Verbesserungen im Fraktionsmanagement und erklärte, 1 bis 2 Herren müßten stets Fühlung mit dem Kabinett halten (513). Und so regte Brentano denn auch an, diesem Kreis einen festen Platz in der politischen Entscheidungsstruktur einzuräumen. Der Fraktionschef zum Kanzler Anfang 1950:

"Erlauben Sie mir zum Schluß noch eine Bemerkung: ich glaube, daß die allzu lose Zusammenarbeit zwischen Ihnen und mir in den letzten Wochen unbefriedigend ist, und ich habe die aufrichtige Bitte an Sie, hier eine Änderung eintreten zu lassen. Es erscheint mir unerläßlich, daß wir in regelmäßigen Abständen im kleinen Kreis zusammenkommen, um uns gegenseitig abzustimmen." (514)

Ähnlich äußerte sich Brentano Mitte 1951 per Schreiben an Adenauer:

"Das zweite Anliegen ist die Frage der Zusammenarbeit in Ihrem Kabinett und mit dem Kabinett. Es kann nicht mehr so weitergehen, daß ein großer Teil der Entscheidungen in bürokratischer Weise getroffen wird, bevor man überhaupt die Stellung der Fraktion ermittelt. Ich bin mir selbstverständlich darüber im klaren, daß nicht jede Vorlage vorher abgestimmt werden kann, und halte das auch keineswegs für nötig. Aber alle Beschlüsse von grundsätzlicher Bedeutung sollten nicht das Kabinett passieren, bevor wenigstens ein entsprechender Kreis aus der Fraktion gehört wurde." (515)

Brentano verlangte also - gemäß der Kanzlerofferte - die Schaffung eines kleinen Kreises aus Spitzenpolitikern der Unionsfraktion um Adenauer. Diese Forderung kann mit einer Tatsache verknüpft werden, die in einem vorstehenden Abschnitt dieser Arbeit bereits behandelt wurde. Im Zusammenhang mit der internen Beratungsstruktur um den Kanzler im Bundeskanzleramt wurde darauf hingewiesen, daß die Strukturtype Gruppenberatung, das sogenannte "Küchenkabinett", in drei Einzelaspekte unterteilt werden kann, wobei einer – die Beratung des Kanzlers mit Unionspolitikern – der Brentanoschen Forderung sehr nahe kommt (Vgl. S. 114 f).

War also dieser Teil des Küchenkabinetts das, was Brentano immer wieder forderte, zunächst aber nur unregelmäßig bekam? Es gibt durchaus Hinweise, die diese Vermutung stützen. Erich Mende, nach dem Entstehungsdatum dieser Art von Küchenkabinett gefragt, verwies auf den Sommer 1952 und Adenauers Schwierigkeiten bei der Ratifizierung der Bonner Verträge mit dem Parlament (Vgl. zuvor, Anmerkung 387). Übereinstimmend damit liegt der einzige Hinweis im Briefwechsel Adenauer/Brentano auf eine regelmäßige Tagungsfolge des Kreises nach dem von Mende angegebenen Starttermin. Mit Datum vom 30.5.53 schrieb der Fraktionschef dem Kanzler:

"Sehr verehrter Herr Bundeskanzler,
als ich am 5.5.53 bei Ihnen war, habe ich sehr darum gebeten, die regelmäßigen Gespräche mit einigen Mitgliedern des Fraktionsvorstandes wiederaufzunehmen. (...)
Selbstverständlich weiß ich sehr wohl, wie stark Sie überlastet sind. Aber auch diese übermäßige Belastung dürfte, wie ich meine, den regelmäßigen persönlichen Kontakt zwischen Ihnen und dem engeren Vorstand der Fraktion nicht behindern. (...)
Ich meine, daß diese Dinge laufend wieder zwischen Ihnen und einigen Mitgliedern der Fraktion und einigen Mitgliedern des engeren Parteivorstandes besprochen werden sollten, und ich möchte Ihnen ausdrücklich den Vorschlag machen, wieder einen bestimmten Tag und eine bestimmte Zeit für diese Gespräche festzulegen." (516)

Waren also Brentanos wiederholte Klagen über eine Nichtberücksichtigung der Fraktionsspitze nötig, um Adenauers Angebot der stetigen Konsultation mit führenden Fraktionspolitikern, dem der Kanzler zunächst nur gelegentlich nachkam, zu einer regelmäßigen Realität zu verhelfen? Dies kann aufgrund der Noch-Nicht-Zugänglichkeit dokumentarischen Materials hier nicht geklärt werden. In dieser Überlegung liegt freilich eine Möglichkeit, die vorstehend festgestellte Diskrepanz zwischen quantitativen Aspekten des Abstimmungsmodus und qualitativen Inhalten des Briefkontaktes zwischen Adenauer und Brentano aufzuheben.

Eine Erklärung für die wiederholten Klagen Brentanos im Briefwechsel mit Adenauer über eine nicht hinreichende Kontaktierung der Fraktionsspitze kann aufgrund im Verlaufe dieser Studie gewonnener Erkenntnisse auch anders grundiert werden. Wie beschrieben, gab es bei der gruppenmäßigen Beratung Adenauers im Bundeskanzleramt drei verschiedene Kreise, die sich strukturell voneinander trennen lassen (Vgl. S. 113 ff). Brentanos Klage, daß "sein" Kreis zuwenig vom Kanzler "benutzt" wurde, kann ganz einfach an der Tatsache liegen, daß Adenauer den verschiedenen Kreisen unterschiedliche Bedeutung zumaß und daß Brentanos briefliche Interventionen zur Aufwertung einer Beratergruppe mahnte, die Adenauer gar nicht aufgewertet wissen wollte. Karl Gumbel hat sich in dieser Hinsicht geäußert. Nachdem er zunächst den Kreis, mit dem sich der Kanzler laufend besprach, den er in seine Pläne einweihte, mit dem er sein Vorgehen erörterte und dessen Meinung er dazu einholte, mit Globke, Lenz, Blankenhorn und Hallstein umschrieb, fährt fort:

"Ich kenne kein Kabinettsmitglied und keinen Politiker aus der Partei oder Fraktion des Kanzlers, den dieser in einer auch nur annähernd vergleichbaren Weise wie diese kleine Gruppe von Spitzenbeamten als Ratgeber zur Mitarbeit herangezogen hat. Die Verärgerung darüber war sehr groß. Das geht auch deutlich aus dem inzwischen veröffentlichten Briefwechsel zwischen v. Brentano und Adenauer hervor. Brentano führte als Fraktionsvorsitzender häufig Klage darüber, daß weder er noch der Fraktionsvorstand noch die Fraktion insgesamt hinreichend unterrichtet oder angehört würden. Gefruchtet haben diese Proteste allerdings nichts." (517)

Dieser Umstand kann auch anders umschrieben werden. Adenauer sah in der Spitze der Unionsfraktion durchaus einen relevanten Gesprächspartner. Aber eben nicht einen Beraterstab, der in allen Fällen im eigentlichen Entstehungsstadium die Politik mitreflektierte. Die Konkretisierung der Regierungspolitik ist im Rahmen dieser Studie immer wieder als mehrstufiger Prozeß geschildert worden. Während Brentano dahin tendierte, eine Mitwirkungsmöglichkeit der Fraktionsspitze bei der politischen Gestaltung auch dann durchgängig auf der ersten Konkretisierungsstufe zu sichern, wenn diese in unmittelbarer Umgebung des Kanzlers lag, war Adenauer nicht immer daran gelegen, wichtige Fraktionspolitiker schon dann in diesen Prozeß einzuschalten. Ein "Muß" für die Beteiligung der Fraktionsspitze gab es für ihn erst, wenn es darum ging, der Politik im Bereich der Koalition Mehrheiten zu verschaffen. Mit dieser Rolle wollte sich Brentano nicht zufrieden geben. Er hat dies ziemlich klar gemacht:

"Sehr verehrter Herr Dr. Adenauer,
es ist schon einige Zeit her, seit wir letztmalig Gelegenheit hatten, uns über die Arbeit der Partei und der Fraktion und über die Zusammenarbeit zwischen der Fraktion und der Bundesregierung zu unterhalten. Sie selbst haben damals den Wunsch geäußert, derartige unmittelbare persönliche Gespräche möglichst in regelmäßigen Abständen zu wiederholen. Die außer-

ordentliche Arbeitslast, die auf Ihnen liegt, hat es leider nicht gestattet, daß diese Gespräche fortgeführt werden. Die Unterhaltungen im Kreise der Mitglieder der Koalition sind naturgemäß kein Ersatz; ich habe es im Gegenteil sehr häufig als störend und hemmend empfunden, daß diese Koalitionsbesprechungen nicht durch persönliche Unterredungen zwischen Ihnen und mir, oder auch zwischen den Mitgliedern des Kabinetts, die unserer Partei angehören, einerseits und dem Fraktionsvorstand andererseits vorbereitet waren." (518)

Ob nun vorbereitende Kontakte mit Brentano oder nicht – sein Wunsch, die allgemeinen "Koalitionsbesprechungen" durch spezielle "Unterredungen" vorzubereiten, läßt auf ein ziemlich förmliches Verständnis des Abstimmungsprozesses zwischen Kanzler und Koalitionsfraktionen schließen. Damit erhebt sich natürlich im Rahmen dieser Studie die Frage, ob sich bei der mehrstufigen Konkretisierung der Regierungspolitik diese "Förmlichkeit" soweit verdichtete, daß man den unmittelbaren Kontakt des Kanzlers zu einflußreichen Parlamentariern als abgrenzbare Ebene ausweisen kann. Wie waren also jene Koalitionsbesprechungen strukturell verfaßt?

Bevor dies im einzelnen untersucht werden soll, muß auf zwei Punkte hingewiesen werden. Der eine ist rein terminologischer Natur. In der politologischen Terminologie kann mit der Bezeichnung "Koalitionsbesprechung" (oder entsprechend benutzter Vokabeln wie Koalitionsgespräch oder Koalitionsverhandlung) zweierlei beschrieben werden:

1. solche Gespräche, die zur Bildung einer Koalition führen
2. solche Gespräche, die nach der Bildung einer Koalition innerhalb dieses Regierungsbündnisses zwischen den Koalitionspartnern geführt werden.

Im Rahmen dieser Studie wird logischerweise nur die zweite Kategorie von Koalitionsbesprechungen behandelt werden.

Im zweiten Punkt muß vor der Untersuchung der "Förmlichkeit" solcher Koalitionsbesprechungen darauf hingewiesen werden, daß bei der Darstellung der Koalitionsvereinbarungen von 1949 keinerlei zusätzliche Erkenntnisse über Regierungstechnik und Regierungsstruktur sichtbar wurden. Dies legt die Vermutung nahe, daß der Abstimmungsprozeß innerhalb der Koalition eher formlos gehalten wurde. Diese Vermutung wird freilich nachhaltig korrigiert, wenn man Fraktionsunterlagen aus der Frühgeschichte der Bundesrepublik heranzieht.

Es läßt sich zwar nicht mit absoluter Sicherheit sagen, von wem der erste Impuls zur Gründung eines förmlichen Koalitionsgremiums kam. Anzeichen deuten freilich darauf hin, daß die kleinen Koalitionsparteien auf die Installation eines solchen Kreises drängten. Das FDP-Fraktionsprotokoll vom 21. September 1949 verzeichnet folgende Passage:

"<u>Abg. Stegner</u> erinnerte an seinen vorgeschlagenen interfraktionellen Ausschuss, worauf <u>Dr. Wellhausen</u> die noch heute erforderliche Verbindungsaufnahme Dr. Schäfers, Eulers und Dr. Wellhausens zur DP bekanntgab."
(519)

Die Kontaktaufnahme des kompletten FDP-Fraktionsvorstandes zum Koalitionspartner Deutsche Partei hatte anscheinend Erfolg. Nur zwei Tage später wird in der Sitzung der CDU/CSU-Fraktion die Schaffung eines solchen Kreises wie folgt bekanntgegeben:

"Der bisherige Verlauf hat ergeben, dass eine besondere Koordinierung zwischen den Koalitionsparteien erforderlich ist, um Schwierigkeiten zu bereinigen, damit sich die Regierungsparteien im Plenum nicht widersprechen. Zu diesem Zweck soll ein Koordinierungsausschuß gebildet werden, dem von der CDU/CSU 3 Herren
　　　　FDP　　2 Herren
　　　　DP　　 1 Herr
angehören soll. Die Abstimmung ergibt, dass die Herrn Scharnberg, Arndgen und Brese die CDU im Koordinierungsausschuß vertreten sollen." (520)

Tags darauf erklärte Adenauer vor dem Kabinett, es werde in Zukunft wohl "absolut notwendig" sein, daß von Zeit zu Zeit zwischen den Koalitionsparteien interfraktionelle Besprechungen stattfanden (521), nur wenig später konnte der stellvertretende FDP-Fraktionschef Euler die "Konstituierung des interfraktionellen Ausschusses der Regierungskoalition" (522) vor seiner Fraktion ankünden. Freilich wollte die FDP in diesem Gremium, dessen Bezeichnung noch zwischen den Koalitionsparteien differierte, auch personalpolitische Fragen geklärt wissen. Das FDP-Fraktionsprotokoll vom 6. Oktober 1949 macht dies deutlich:

"<u>Abg. Dr. Wellhausen</u> teilte bezüglich der Vorsitzenden der Ausschüsse mit, dass die Koalitionsparteien am Nachmittag zusammen kommen würden, um sich über die Vorsitzenden in den einzelnen Ausschüssen zu beraten." (523)

Diese Form der Beratung wurde von den in den Koalitionskreis entsandten Unionsparlamentariern eher als lästige Übung betrachtet, obwohl Adenauer vor dem Kabinett verkündet hatte, auch die CDU-Fraktion werde sich daran gewöhnen müssen, sich mit den anderen Koalitionsfraktionen zu verständigen (524). August-Martin Euler sah nämlich schon bald Grund zur Klage vor der FDP-Fraktion:

"Abg. Euler fasste seinen Eindruck von den bisherigen Besprechungen des Koalitionsausschusses dahingehend zusammen, daß scheinbar die CDU kein großes Interesse an einem Koalitionsausschuß habe. Als Beispiel führte Euler die bisherige Behandlung der Vorsitzendenfrage an. Er hielt es für zweckmäßig, zusammen mit der DP einen Druck auf die CDU auszuüben." (525)

In der gleichen Sitzung griff der Parlamentarische Geschäftsführer der FDP-Fraktion, Walther Kühn, das für seine Partei leidige Thema Koalitionsausschuß auf und sprach von der "Notwendigkeit eines sofortigen Schrittes bei Adenauer" (526). Zwei Tage später wurden die FDP-Abgeordneten Dr. Schäfer, Ernst Mayer und Dr. Middelhauve vom Kanzler empfangen. Als der FDP-Fraktionschef nach dreiviertelstündigem Gespräch bei Adenauer in die Fraktionssitzung zurückkehrte, konnte er in Sachen Koalitionsgremium beruhigende Nachrichten vom Regierungschef mitbringen. Adenauer habe sein Bedauern über das bisherige Versagen des Koalitionsausschusses zum Ausdruck gebracht und werde auf die CDU einen entsprechenden Druck ausüben (527). Auch der zurückgekehrte Ernst Mayer unterstrich das "rege Interesse Adenauers am Koalitionsausschuß", FDP-Fraktionschef Dr. Schäfer beendete seine Ausführungen über die Zusammenarbeit der Koalitionsfraktionen mit dem Hinweis, das Wichtigste sei die Aktivierung der Arbeit des Koalitionsausschusses (528). In dieser Richtung hatte sich Adenauer schon zuvor bei einer Kabinettssitzung geäußert und die Notwendigkeit betont, daß der neugebildete Koalitionsausschuß "regelmäßige Sitzungen abhalte" (529). Allem Anschein nach bedurfte es aber immer wieder Anstößen von Adenauer, um auch die Unionsfraktion an die Bedeutung dieses Kreises zu erinnern. Sei es nun auf Grund von Mahnungen der kleineren Koalitionspartner oder nicht – Adenauer monierte vor der Unionsfraktion am 31.1.1950, daß der Koalitionsausschuß zwischen den Fraktionen wieder mit Energie entwickelt werden müsse (530), 14 Tage später beklagte er sich bitter vor seiner Fraktion über die Haltung gegenüber diesem Gremium:

"Der Zusammenhang zwischen den Koalitionsfraktionen ist sehr schlecht. Ich habe neulich gefragt, ob der Koalitionsausschuß denn überhaupt noch besteht und Sie wußten mir noch nicht einmal zu sagen, ob er noch besteht oder nicht. Nun erfahre ich, daß es nicht einmal die Ausschußmitglieder wissen." (531)

Die Nonchalance der Union gegenüber dem Koalitionsausschuß scheint sich dann tatsächlich im Laufe der Zeit verflüchtigt zu haben. Man erkannte wohl erst allmählich, wie wichtig die Abstimmung zwischen den Mehrheitsfraktionen war. Daß die Notwendigkeit einer Koordination zwischen den

Regierungsfraktionen schließlich auch von der CDU/CSU eingesehen wurde, läßt sich aus folgender Tatsache ablesen: die Zusammensetzung des Koalitionsausschusses wurde so geändert, daß in ihm die wichtigsten Koalitionsparlamentarier zusammentrafen. Einer von ihnen, der damalige Parlamentarische Geschäftsführer der FDP-Fraktion, Erich Mende, hat die Sitzungen des Koalitionsausschusses wie folgt beschrieben. Es gab...

"...regelmäßige Zusammenkünfte jeweils am Montagabend oder Dienstagabend in jeder Sitzungswoche im Büro des CDU/CSU-Fraktionsvorsitzenden Brentano. Der Tagungsort wurde ganz einfach deshalb gewählt, weil Brentano über das größte Zimmer verfügte. An diesen Zusammenkünften nahmen teil: die Fraktionschefs, die Parlamentarischen Geschäftsführer und je nach der vorliegenden Thematik wechselnde Experten. Hier wurde das Programm und die anstehenden Probleme der kommenden Sitzungswoche durchgesprochen. Der Termin war auch insofern gewählt, als die Fraktionssitzungen jeweils am Dienstagnachmittag anberaumt waren und somit dann dort gesagt werden konnte, was in der kommenden Arbeitswoche wie behandelt werden sollte." (532)

Rückblickend wird die Tätigkeit dieses Gremiums allgemein positiv bewertet. Franz Josef Strauß spricht davon, der Koalitionsausschuß der Jahre 1949 – 1953 habe sich "bewährt" (533), Erich Mende sieht in seinem Erscheinen eine grundsätzliche Notwendigkeit für jede Koalitionsregierung:

"Es muß wie 1949 und auch wie 53 zwischen den Parlamentsfraktionen eine Vereinbarung immer wieder vor jeder Plenarsitzung ausgehandelt werden, wie man sich zu jenem Tagesordnungspunkt, zu jenem Antrag der Opposition verhält. Es braucht jede Koalition eine Art 'clearing-Stelle', eine Art Koordinierungsstelle. Das ist der Koalitionsausschuß, den gab es 49, den gab es 1953 und den wird es auch in Zukunft geben. Den wird es in jeder Koalition geben müssen." (534)

Mit diesem Koalitionsausschuß steht ein Abstimmungsinstrument zwischen den Mehrheitsfraktionen des Regierungsbündnisses zur Verfügung. Im Rahmen der Fragestellung dieser Arbeit, der Skizzierung eines mehrstufigen Konkretisierungsprozesses der Regierungspolitik, kann man den so beschriebenen Koalitionsausschuß durchaus als eigenständige Ebene betrachten.

Nur muß darauf hingewiesen werden, daß nicht der Abstimmungsmodus zwischen den Fraktionen, sondern die Förmlichkeit des Abstimmungsprozesses zwischen den Fraktionen der Koalition auf der einen Seite und dem Kanzler auf der anderen Seite der eigentliche Suchpunkt war. Daß der Behandlung dieser Frage die Schilderung der Genese des allein auf der Ebene der Mehrheitsfraktionen installierten Koalitionsausschusses vorangestellt wurde, hat freilich seine Gründe. Zum einen wird das, was sich an förmlichen Verfestigungen beim Abstimmungsmodus zwischen Kanzler und Koalitionsfraktion ergibt, von Beteiligten und Beobachtern nicht gerade selten ebenfalls als Koalitionsausschuß bezeichnet. Um hier strukturelle Verwirrungen von vorneherein auszuschließen, mußte die eigentliche (oder ursprüngliche) Form des Koalitionsausschusses zunächst behandelt werden. Und damit sind wir schon beim zweiten Grund für das Vorziehen der reinen Fraktionsebene. Es gibt durchaus Hinweise darauf, daß es zu einer verfestigten Förmlichkeit des Abstimmungsprozesses zwischen exekutiven und legislativen Rollenträgern der ersten Regierungskoalition erst dann kam, als den Beteiligten klar wurde, daß gremienmäßige Koordinierung auf Fraktionsebene allein nicht ausreiche. An eben jenem Tag, als dem Kanzler von der FDP die Klage über die mangelnde Relevanz des Koalitionsausschusses überbracht wurde, präsentierten die Liberalen Adenauer einen weiteren Forderungskatalog, dessen erster Punkt so aussah:

"Die Fraktion erwartet, dass der Herr Bundeskanzler in Zukunft engere Fühlung mit den Koalitionsparteien hält und sie rechtzeitig über seine Absichten informiert." (535)

Eine Woche später beklagte sich Minister Blücher vor der FDP-Fraktion über die Regierungsarbeit. Seine Bemerkung in Richtung Adenauer: der Kanzler sei so beschäftigt, daß er kaum zu sprechen sei (536). Dies muß nicht unbedingt ein Vorwurf gewesen sein, vielleicht in erster Linie eine Zustandsbeschreibung. Traf sie zu, bot sich förmlich an, den Kontakt zwischen Koalitionsfraktionen und der Regierung zu bündeln. Am Tag darauf wurde in der Fraktionssitzung der FDP klar, daß dies in näherer Zukunft beabsichtigt war:

"Abg. Dr. Middelhauve stellte die Frage nach der Zusammensetzung und der Wirksamkeit des Koalitionsausschusses. Ihm erwiderte Abg. Dr. Schäfer, daß der Ausschuß am 8.11. um 11.00 Uhr zusammentreten und später jeden Dienstag mit dem Bundeskanzler verhandeln solle. Der Ausschuß solle endgültig gewählt werden, sobald seine Organisation und Zusammensetzung feststehe." (537)

Am gleichen Tag - dem 27.10.1949 - wurde die Gründung des neuen Koalitionskreises auch vor den Unionsparlamentariern bekanntgegeben. Hier wurde mitgeteilt, daß für jeden Dienstag eine Aussprache der Koalitionspartner (2 CDU/ 1 FDP/ 1 DP) mit dem Kabinett angesetzt worden sei (538). Wesentlich vorsichtiger behandelte Adenauer zunächst die Angelegenheit im Kabinett. Am Tag darauf schlug er nur vor, an jedem Dienstag mit Vertre-

tern der Koalitionsparteien Besprechungen stattfinden zu lassen (539).
14 Tage später war der Vorschlag aber schon Koalitionsrealität. Das Kabinettsprotokoll nennt eine Uhrzeit (15.30), einen Wochentag (Dienstag), sogar den Ort (Kabinettssaal). Und vermerkt, die Teilnahme aller Bundesminister sei "dringend erwünscht" (540).
Ende November 1949 äußerte sich der CDU/CSU-Fraktionsvorstand erneut zum Thema. Er teilte mit, die geplante Abstimmung zwischen der Koalition, dem Kanzler und dem Kabinett finde künftig regelmäßig jeden Dienstagnachmittag statt (541).
Damit gibt es Hinweise auf zwei voneinander unabhängige Formen von Koalitionsbesprechungen
- den regelmäßig tagenden K o a l i t i o n s a u s s c h u ß auf Fraktionsebene.
- regelmäßige (und hiermit folgt eine wohl nicht zu umgehende terminologische Festlegung für diese Arbeit) K o a l i t i o n s g e s p r ä c h e zwischen Kanzler, Kabinett und Koalition.

Den Doppelcharakter des Systems der Koalitionsbesprechungen in der ersten Legislaturperiode haben mehrere Beteiligte bestätigt (542). Der Charakter ihrer Förmlichkeit wäre in beiden Fällen sehr verstärkt, wenn dokumentarisch belegt werden könnte, daß die beiden Kreise regelmäßig oder zumindest doch sehr oft zusammenkamen. Die Ergebnisse entsprechender Recherchen werden im Anhang tabellarisch zusammengefaßt, der Quellencharakter erläutert. Weitere Überlegungen und über die listenmäßige Darstellung hinausgehende Informationen werden in der Folge hier präsentiert.

Koalitionsausschuß
(Vgl. Anlage I)
Der Koalitionsausschuß im ersten Bonner Parlament war ein Gremium ohne jedwede Publizität (543). Tatsächlich übersehen wurde der Koalitionsausschuß in einer Studie, die sich mit dergleichen Koalitionsgremien befaßte (544).
Welche Parlamentarier regelmäßig an den Sitzungen des Koalitionsausschusses teilnahmen, läßt sich im Überblick dennoch rekonstruieren. Es waren:
- für die CDU/CSU: Brentano, Krone, Schröder, Strauß, Gerstenmaier
- für die FDP:     Schäfer, Preusker, Mende, Euler
- für die DP:      Mühlenfeld, Merkatz (546).

## Koalitionsgespräche

(Vgl. Anlage II)

Die Abstimmung zwischen Kanzler, Kabinett und Koalitionsfraktionen scheint bis Februar/März 1950 tatsächlich wie angekündigt in regelmäßigen Sitzungen eines Kreises am Dienstag vonstatten gegangen zu sein. Von Interesse in diesem Zusammenhang ist der Umstand, daß fast immer neben diesen Koalitionsgesprächen am gleichen Tag förmliche Sitzungen des Kabinetts stattfanden. Wie aus den Adenauerschen Terminkalendern hervorgeht, waren diese Kabinettssitzungen in der Regel    v o r    den Sitzungen des Koalitionskreises anberaumt (547). Ob sich in dieser Reihenfolge eine politische Wertigkeit ausdrückt, konnte nicht geklärt werden. Was auch immer der Grund für die starre Formation von Kabinett und folgendem Koalitionsgespräch gewesen sein mag, recht bald kam man von dieser Kombination wieder ab.

Ab April 1950 lassen sich vielmehr zwei Strukturprinzipien des Abstimmungsmodus zwischen Exekutive und Legislative im Bereich der Koalition voneinander trennen. Da ist zum einen der Umstand, daß Vertreter der Koalitionsfraktionen an wichtigen Kabinettssitzungen teilnahmen. Erich Mende hat dies 1961 so beschrieben:

"Auch die Teilnahme von Mitgliedern der Koalitionsfraktionen an Kabinettssitzungen stellt kein Novum dar. Es war in der ersten wie in der zweiten Bundesregierung üblich, daß an wichtigen Kabinettssitzungen die Fraktionsvorsitzenden teilnahmen, in Einzelfragen auch die parlamentarischen Geschäftsführer, oder daß Fachleute aus dem Kreis der Koalitionsfraktionen gehört wurden. Ich selbst habe beispielsweise über Rundfunk- und Filmfragen zusammen mit anderen Mitgliedern aus dem ersten Bundestagsausschuß für Presse, Rundfunk und Film an Kabinettssitzungen in der ersten Bundesregierung teilgenommen, in Verteidigungsfragen häufig an Kabinettssitzungen der ersten und zweiten Bundesregierung, teils in meiner Eigenschaft als Mitglied des Verteidigungsausschusses, später als stellvertretender Fraktionsvorsitzender." (548)

Eugen Gerstenmaier (549) und Heinrich Hellwege (550) haben diese Praxis bestätigt, Heinrich von Brentano klassifizierte sie als Negativum. Als er nach dem Koalitionsvertrag von 1961 begründete, wieso er nicht daran denke, sich an den Kabinettstisch zu setzen, kam er auf die Praxis in den ersten Jahren der Bundesrepublik zu sprechen:

"Als vor acht oder neun Jahren bei der ersten Koalition der Bundeskanzler angeregt habe, die Fraktionsvorsitzenden sollten an den Kabinettssitzungen teilnehmen, habe er dem Bundeskanzler geschrieben, daß er diese

Praxis nicht für gut halte. Das sei auch jetzt sein Standpunkt: Der Fraktionsvorsitzende gehöre nicht der Regierung an und solle auch nirgendwo eine Mitverantwortung übernehmen." (551)

Brentanos Aussage ist in diesem Zusammenhang gleich in mehrfacher Hinsicht interessant. Da ist zum einen der Fakt, daß er den Bundeskanzler als "Vater" dieses Abstimmungsmodus bezeichnet. Sollte Adenauer tatsächlich eine regelmäßige Teilnahme der Fraktionsspitzen an den Kabinettssitzungen ins Auge gefaßt haben, so ist klar, daß sich das nicht verwirklichen ließ (552). Die negative Einstellung Brentanos zur Teilnahme an Kabinettssitzungen hat ihn allerdings nicht daran gehindert, in entscheidenden Stunden die Ministerrunde aufzusuchen. Die Teilnahme an jener Kabinettssitzung, in der über die Bindungsklausel entschieden wurde (Vgl. zuvor, Anmerkung 478), mag als Beleg hier genügen. Abschließend sei darauf hingewiesen, daß Brentanos Einstellung, der Fraktionschef könne keine Mitverantwortung im Regierungsbereich übernehmen, kaum zum bisherigen Bild vom Unionsfraktionschef passen will, der einen ziemlich umfassenden politischen Mitgestaltungswillen auf seine Fahnen geschrieben hat. Als mögliche Erklärung bietet sich allein eine Brentanosche "Trotzreaktion" nach seinem Ausscheiden als Außenminister an. Erich Mende hat im Gegensatz zu Brentano die Wichtigkeit der Übung "Koalitionsvertreter im Kabinett" für die FDP unterstrichen. Auf die Frage, ob angesichts der Richtlinienkompetenz des Bundeskanzlers der Wunsch nach einem Koalitionsausschuß nicht imaginär sei, antwortete der FDP-Vorsitzende:

"Nein! Wir haben aus der Zeit von 1949 bis 1953 die Erfahrung, daß er gut funktioniert und sich mit den Richtlinien des Kanzlers ebenso wie mit der freien Entscheidung der Ressortminister innerhalb dieser Richtlinien durchaus verträgt. Praktisch war das ständige Zusammenkommen der Fraktionsvorsitzenden in der damaligen Koalition, aber auch die Teilnahme von Vertretern der Koalitionsfraktionen an wichtigen Kabinettssitzungen bereits das, was wir fordern, nämlich eine Mitberatung und Mitgestaltung." (553)

Neben der, wenn man von der derzeitigen Materialbasis ausgeht (554), keineswegs fortwährenden Teilnahme von Parlamentariern aus den Koalitionsfraktionen an Kabinettssitzungen, gab es einen wesentlich häufiger praktizierten Abstimmungsmodus im Rahmen der Koalition: eigens dafür angesetzte Koalitionsgespräche beim Kanzler.

Wie aus Anlage II hervorgeht, lassen sich für die Gespräche beim Kanzler keine festen Kriterien hinsichtlich der zeitlichen Festlegung oder personellen Auswahl erkennen. Man tagte frühmorgens, oder spätabends, mal zu Wochenbeginn, mal am Freitagnachmittag. Manchmal waren nur die wichtigsten Fraktionsparlamentarier versammelt, sehr häufig auch anscheinend thematisch betroffene Minister. Diesem, durch die Benutzung dokumentarischen Materials abgesicherten "ad-hoc-Status" der Koalitionsgespräche beim Kanzler steht freilich der Umstand entgegen, daß Adenauer sich selber an einen regelmäßigen Termin erinnert. Vor der Unionsfraktion sprach er 1961 davon, man habe es immer so gehalten, daß jeden Montag unter dem Vorsitz des Bundeskanzlers dieser Koalitionsausschuß unter Hinzuziehung der beteiligten Minister getagt habe (555). Diese Diskrepanz kann insofern erklärt werden, als es vielleicht ein durchaus verständliches Grundmotiv gab, dergleichen Besprechungen regelmäßig durchzuführen. Die Notwendigkeiten des politischen Prozesses haben dieses Grundmotiv dann überlagert, der Wille zur Konstanz konnte sich gegenüber dem Zwang der täglichen Notwendigkeiten nicht durchsetzen. So hat denn auch Erich Mende die Koalitionsgespräche beim Kanzler, deren "Start" er in den Sommer 1950 legt, als ad-hoc Gremium beschrieben. Mende erläuterte, man ...

"...tagte unregelmäßig, also bei Bedarf, im Palais Schaumburg, zumeist am Dienstagabend gegen 19.00 Uhr (war dann recht oft mit einem Abendessen verbunden) oder falls dieser Termin nicht einzuhalten war, am Mittwochmorgen vor den Kabinettssitzungen ungefähr gegen 8.00 Uhr. Hier wurden solche Fragen besprochen wie Konflikte zwischen den Fraktionen der Koalition oder Konflikte zwischen einer Fraktion (oder den Fraktionen) und dem Kabinett. Erörtert wurden wichtige Fragen der Regierungspolitik, als Beispiele seien hier genannt der Beitritt zum Europarat, die Wiederbewaffnung oder grundsätzliche Fragen der Wirtschaftspolitik." (556)

Daß man sich auf die 1. Legislaturperiode zurückblickend an regelmäßige Sitzungen des Koalitionskreises um Adenauer erinnerte, muß nicht unbedingt auf damals möglicherweise gehegten (wohl aber unerfüllten) Planungen beruhen, es erklärt sich vielleicht auch aus dem Augenblick des Erinnerns. Als es 1962 darum ging, 14tägig stattfindende Gespräche beim Kanzler zu installieren, schrieb die FAZ unter Berufung auf parlamentarische Kreise in Bonn, man wolle damit an eine schon in den Jahren nach 1949 praktizierte Übung anknüpfen (557). Auch Erich Mende sprach damals von einer "guten Maßnahme", die sich in der ersten Legislaturperiode bewährt habe und fixierte diese Praxis so, daß der Bundeskanzler selbst alle 14 Tage mit dem Fraktionsvorsitzenden und den zuständigen Ministern im Bundeskanzleramt eine Art Arbeitsbesprechung abhalte, um die Koordination in der

Regierung zu erreichen (558). Ob nun eine regelmäßige oder eine ad hoc
Tagungsfolge - auch Adenauer ging davon aus, daß der früher unter dem
Vorsitz des Kanzlers (mit Hinzuziehung derjenigen Minister, deren Aufgaben gerade zu besprechen waren) tagende Koalitionsausschuß sich bewährt
habe (559). Mehr noch. Im Verständnis Adenauers war die Förmlichkeit der
Abstimmung mit den wichtigsten Koalitionsparlamentariern durchaus eine
Notwendigkeit, wie Herbert Blankenhorn klarstellt:

"Für Adenauer war es eine Selbstverständlichkeit, daß er zu wichtigen
Fragen der Politik Koalitionsgespräche abhielt. Ihm ging es auch darum,
seine Basis im Parlament zu erhalten, er sah darin einfach eine politische
Notwendigkeit und war in diesem Zusammenhang unermüdlich. Diese Koalitionsgespräche fanden nicht nur zu Beginn seiner Kanzlerschaft statt, ich
würde sagen, es hat sie immer gegeben, solange ich in Bonn war." (560)

Die Notwendigkeit zum stetigen Koalitionsgespräch haben auch zwei von
Adenauers Nachfolgern im Amt des bundesdeutschen Regierungschefs, Kurt
Georg Kiesinger und Willy Brandt (561), bestätigt. Alle drei verdeutlichen
damit am Spezialfall Koalitionsgespräch einen Umstand, der allgemein bereits vorstehend behandelt wurde: Bundeskanzler sind parlamentarische
Kanzler, sie sind auf die "Pflege" ihrer Mehrheiten im Parlament angewiesen (Vgl. S. 134 ff). Friedrich Schäfer erinnert denn auch daran, der
Kanzler sei zu ständiger Beratung und Abstimmung mit den ihn tragenden
Fraktionen gezwungen und instrumentiere dies durch vorparlamentarische Gespräche mit wichtigen Fraktionsvertretern. Solche Unterredungen seien
zwar theoretisch unverbindlich und dienten nur dem Austausch der beiderseitigen Vorstellungen. In der Praxis würden aber gerade dabei die relevanten unterschiedlichen Auffassungen offenbar und man versuche dann gemeinsam, eine Lösung des Problems zu finden, auf welche später Aussicht
zur Einigung bestehe (562). Ernst Benda geht parallel dazu davon aus,
daß die Regierungsentscheidungen in einem gewaltenteilenden parlamentarisch demokratischen Regierungssystem in den meisten Fällen der aktiven
Mitwirkung oder doch wenigstens der passiven Tolerierung durch die
Parlamentsmehrheit bedürften, um realisiert zu werden. Es gehöre deshalb
zu den unvermeidlichen Begleiterscheinungen eines solchen Verfassungssystems, daß sich die Exekutive in geeigneter Weise versichere, inwieweit
für bestimmte Pläne mit einer ausreichenden parlamentarischen Unterstützung gerechnet werden könne (563).
Damit ist die zusätzlich zur Anlage II vorgenommene Schilderung der

Koalitionsgespräche abgeschlossen. Es ist freilich nicht so, daß die Notwendigkeit zur Abstimmung in der Koalition nur für den Sektor Koalitionsgespräche gesehen wird. Adolf Schüle hat in einer übergreifenden Behandlung des Phänomens Koalitionsausschuß (also nach der hier verwandten Terminologie "Koalitionsausschuß" und "Koalitionsgespräch") darauf hingewiesen, daß dergleichen Abstimmung in einem förmlichen Rahmen ganz allgemein wichtig erscheint:

"Unter 'Koalitionsausschuß' ist ein politisches Gremium zu verstehen, das von den Partnern einer parlamentarischen Regierungskoalition für die Bündniszeit eingesetzt wird, um – neben vielen lockeren, kasuell und übungsmäßig gebrauchten Möglichkeiten – einen mehr formierten Weg zwecks Erleichterung der gegenseitigen Zusammenarbeit zur Verfügung zu haben. So etwa könnte das Wesen der Koalitionsausschüsse allgemein charakterisiert werden.
(...)
Die mit ihnen verbundenen Verständigungsmöglichkeiten werden allem Anschein nach von den Beteiligten als nützlich, ja als wertvoll empfunden, unter Umständen sogar für unumgänglich gehalten. Insgesamt also eine eingefahrene Begleitinstitution parlamentarischer Koalitionen." (564)

Auch diese Wertung läßt es berechtigt erscheinen, den Abstimmungsprozeß innerhalb der Koalition (via "Koalitionsausschuß" und "Koalitionsgespräch") so förmlich zu sehen, daß man beim Doppelsystem der Koalitionsbesprechungen von abgrenzbaren Ebenen im mehrstufigen Konkretisierungsprozeß der Regierungspolitik ausgehen muß. Dies heißt natürlich nicht, daß das Abstimmungsprozedere in einer Koalition allein über diesen förmlichen Weg läuft. Es wird immer "unförmliche" Kontakte (z.B. Kanzler und betroffener Parlamentarier im Vier-Augen-Gespräch) geben und geben müssen. Die Dichte des hier dargestellten förmlichen Gesprächsnetzes läßt vermuten, daß ein Gutteil der relevanten Abstimmungsarbeit in den diversen Koalitionsbesprechungen geleistet wird.

Dabei werden durch die Verdichtung des Abstimmungsprozesses zu Koalitionsausschüssen oder Koalitionsgesprächen Gremien geschaffen, die eine eigentümliche Qualität haben. Adolf Schüle hat dies so umschrieben:

"Verfassung und Parlamentsgeschäftsordnung wissen nichts von Koalitionsausschüssen. Sie beruhen vielmehr allein auf entsprechenden Koalitionsabmachungen, gleichviel in welcher Form diese getroffen wurden. Die Partner schaffen sich auf diese Art und Weise eine koalitionsinterne Eigeninstanz. Durch sie wird nicht nur faktisch-praktisch das politische Verhalten konzertiert, sondern es geschieht noch etwas weiteres: es wird eine organisatorische Verfestigung vorgenommen. Die Partner vervollständigen ihr Bündnis – über das Programmatische, Personelle und Sonstige hinaus –

durch einen organisationsmäßigen 'Anbau', indem sie einen besonderen Ausschuß berufen, innerhalb dessen der Kontakt, die Aussprache, die Angleichung zwischen ihnen erfolgen soll. Man könnte von einer 'Institutionalisierung' sprechen." (565)

Über diesen organisationsmäßigen Anbau an das Koalitionsgefüge sind sich andererseits die staatsrechtlich inspirierten Autoren höchst uneinig. Ernst Junker beispielsweise möchte ihn am liebsten abgeschafft sehen. Er bewertet ihn als verfassungspolitisch unerwünscht, da er die Entscheidungstätigkeit in ein der Verfassung unbekanntes und unverantwortliches Gremium verlege (566). Weniger abstraktes Verfassungsverständnis ist bei Helmut Gerber zu finden. Für ihn stellen Koalitionsausschüsse "staatsorganisatorisch unselbständige Bildungen des materiellen Verfassungsrechtes" dar, die – obwohl das objektive Verfassungsrecht sie nicht erwähne – grundsätzlich aber nicht als unzulässig anzusehen seien. Im Raum der materiellen Verfassung sei nicht alles verboten, was das objektive Verfassungsrecht nicht ausdrücklich erwähne, im Rahmen seiner unabdingbaren Sätze bestehe vielmehr grundsätzliche Handlungsfreiheit (567). In diese Richtung argumentiert auch Adolf Schüle, der davon ausgeht, der Koalitionsausschuß stehe zwar außerhalb der "organisierten Staatlichkeit", könne aber tatsächlich zu einer solchen Potenz werden, als gehöre er zum Kreis der staatlichen Organe (568).

Es ist klar, daß das hier benutzte Bild des politischen Prozesses im Bereich der Regierung, der stufenweisen Konkretisierung der Politik auf verschiedenen, förmlich abgrenzbaren Ebenen, mit Versatzstücken arbeitet, die einmal dieser "organisatorischen Staatlichkeit" zugerechnet werden müssen, ein anderes Mal nicht. Mit der Zubilligung oder Ablehnung des staatsrechtlichen Organcharakters für eine förmlich abgrenzbare Konkretisierungsebene kann sich im Rahmen dieser Studie keine Wertigkeit verbinden. Dennoch ist es nicht so, als ob man nicht für das eine oder andere Versatzstück kennzeichnende Sammelbegriffe finden könnte.

So sind ganz sicher:

– das Kabinett

– die Mehrheitsfraktionen

zur organisatorischen Staatlichkeit des Regierungsbereiches zu zählen. Sie können auch als "formelle Gremien" bezeichnet werden. Solche Zusammenkünfte wie

- der Koalitionsausschuß
- die Koalitionsgespräche

aber auch die im vorigen Kapitel beschriebenen Sitzungen eines "Küchenkabinetts" um Adenauer lassen sich wohl kaum zur organisatorischen Staatlichkeit zählen. Für sie hat sich der Sammelbegriff "informelle Gremien" (569) eingebürgert.

Ein anderer Sammelbegriff kann vor dem Hintergrund der jetzt detailliert ausgefalteten Willensbildungs- und Entscheidungsstruktur im Bereich der Regierung sinnvoll in die Regierungspraxis eingeordnet werden: die sogenannten "Einsamen Entscheidungen" des Kanzlers Konrad Adenauer.

## 4. Adenauers "Einsame Entscheidungen"

In der vorangegangenen Betrachtung zu Adenauers Konzentration auf die Außenpolitik wurde darauf hingewiesen, daß sich die überkommene Dominanz des Kanzlers in "außenpolitischen" Fragen, also seine nur persönlichen Erfolge auf diesem Feld, bevor eine Außenpolitik de jure erlaubt war, nach der westalliierten Zustimmung zu offizieller westdeutscher Außenpolitik auch insofern festigen konnte, als Adenauer die Position des Außenministers zusätzlich zu seinem Kanzleramt übernahm. Theodor Eschenburg sieht bei dieser Personalkonstellation "interne" Zwiegespräche zwischen dem Kanzler und dem Außenminister Adenauer und resümiert, daß in den daraus resultierenden "einsamen Entschlüssen" des Kanzlers ein Stück wesentlicher Macht liege (570).

Die Feststellung, Adenauer habe - aus welchen Gründen auch immer - eine starke Neigung zu einsamen Entscheidungen bei politisch relevanten Fragen gehabt, ist ein Vorwurf gegen den Regierungsstil des ersten deutschen Bundeskanzlers, der fast schon so etwas wie politisches Allgemeingut geworden ist. Geht Franz Josef Strauß noch 1960 davon aus, der Vorwurf einsamer Entschlüsse bei Adenauer sei eine Redewendung aus dem Vokabular der politischen Gegner des Kanzlers (571), läßt sich mittlerweile ein Spektrum von Äußerungen in dieser Hinsicht konstruieren, das quer durch alle politischen Lager reicht. Die Praxis von Einsamen Entscheidungen bei Adenauer haben Bruno Heck (572), Erich Mende (573) und Heinrich Hellwege (574) bestätigt. Ludwig Erhard hat 1963 seine Vorstellungen von einem neuen Regierungsstil in Abhebung vom bislang praktizierten für die Ebene des Kabinetts auch unter diesem Aspekt formuliert:

"Ich würde das Kabinett als ein Kollegium ansehen. Das heißt, das würde schon heute mein Wunsch sein, in dem in einer wirklich freien Aussprache, in einem vertieften Gedankenaustausch dann schließlich Lösungen heranreifen, von denen man wirklich sagen kann, sie halten Stand jedweder Betrachtung und aus den verschiedenen Interessenlagen. Ich bin nicht für einsame Entschlüsse, und ich glaube, das würde der Demokratie förderlich sein, wenn die Überzeugung geweckt werden würde, daß jede Maßnahme sorgfältig beraten, besprochen, durchdacht - aber dann auch mit klarem Willen in die Tat umgesetzt wird." (575)

Der aus der CDU ausgetretene Vertriebenenpolitiker Linus Kather charakterisiert Adenauer als einen Mann, der manchmal nicht nur ein Freund einsamer, sondern auch überraschender Entschlüsse gewesen sei (576). Der SPD-Politiker Carlo Schmid hat die Formel von den "Einsamen Entschlüssen" aus seiner Sicht näher erläutert:

"In Deutschland sprach man immer wieder von den einsamen Entschlüssen des Bundeskanzlers, womit nicht so sehr gesagt werden sollte, daß man der Überzeugung sei, er habe seine Beschlüsse reiflich in der Einsamkeit meditiert, als vielmehr, daß er es vorzog, allein zu entscheiden, statt den Rat und die Verantwortung der verfassungsmäßig dafür vorgesehenen Organe und Personen in Anspruch zu nehmen. Damit hat er in die Regierungsgeschäfte ein erhebliches Teil Unsicherheit getragen (oft erfuhren Minister Vorgänge, die sie in ganz besonderem Maße betrafen, erst durch die Zeitung) und das Kollegium der Regierung in der öffentlichen Meinung und auch der wirklichen Bedeutung nach in bedauerlicher Weise abgewertet." (577)

Der Terminus von den "Einsamen Entscheidungen" bei Adenauer ist aber nicht nur in den Sprachschatz zahlreicher politischer Akteure eingegangen, der Begriff findet auch Verwendung unter zahlreichen Aspekten in der politischen Publizistik (578). Die Aussagen politischer Akteure auf der einen, das publizistische Formulieren auf der anderen Seite scheint daneben für die Kreation des Terminus "Einsame Entscheidungen" verantwortlich zu sein. Ausgangspunkt war die Kritik des SPD-Vorsitzenden Kurt Schumacher im Bundestag an der Politik Adenauers, bei den Verhandlungen, die dann schließlich zum Abschluß des Petersberger Abkommens führten, weitreichende Konzessionen (z.B. Akzeptierung und Mitarbeit in der Ruhrbehörde) anzubieten, ohne das Parlament oder auch nur wichtige politische Repräsentationen zu informieren. Schumachers Angriffe gipfelten in folgender Feststellung:

"Ich muß dem Herrn Bundeskanzler für meine Fraktion, aber wahrscheinlich auch für weite Kreise über den Rahmen sozialdemokratischer Wählerschaft hinaus den Vorwurf machen, daß uns diese Methode der Geheimpolitik sach-

lich nicht vorwärtsgebracht hat, aber formal den verschiedensten Miß-
deutungen des Auslands aussetzt. Ich sagte, meine Damen und Herren, Geheimpolitik. Ich habe nicht gesagt: Kabinettspolitik; denn ich habe den
Eindruck, als ob auch sehr viele Mitglieder des Kabinetts in dieser Phase
der Dinge noch nicht sehr viel gewußt haben." (579)

Adenauer selbst wies den Vorwurf unnötiger "Geheimdiplomatie" alsbald zurück (580), unterstützt von der Unionsfraktion, deren Sprecher, Kurt Georg
Kiesinger, erklärte, daß das Petersberger Abkommen nicht zur Zuständigkeit
des Bundestages gehöre und damit auch nicht an eine formale Parlaments-
zustimmung gebunden sei (581). Kiesinger ging aber noch weiter. Unter dem
Beifall der Regierungsparteien machte er deutlich, daß man keinen Grund
zu Kritik an Adenauers Verhandlungsführung sah, obwohl diese ohne fort-
während Rückkopplung mit der Parlamentsmehrheit auskam:

"Was anzuerkennen ist, ist doch, daß diese Art von Erfolgen, die der
Kanzler in den letzten Tagen und Wochen, in den kurzen Tagen und Wochen -
zwei Monate wurde heute gesagt, und ich betrachte zwei Monate im Leben
eines Parlaments als eine verteufelt kurze Zeit - erreicht hat, doch nicht
zuletzt auf eine gewisse Elastizität, auf eine gewisse Beweglichkeit und
Spontaneität des Handelnkönnens beim Kanzler zurückzuführen ist.
(...)
Es muß doch dem parlamentarischen und dem demokratischen Sinne einer Verfassung entsprechen, wenn der Herr Kanzler weiß, daß er das Vertrauen der
Mehrheit dieses Hauses hat und daß das Hohe Haus ihm nun einmal bis zu
einem gewissen Grade auch eine Blankovollmacht erteilt hat. Anders geht
es selbst in einem demokratischen Musterstaate nicht." (582)

Auch wenn man damit dem von der Opposition angegriffenen Verhandlungsstil
des Kanzlers die nötige parlamentarische Rückendeckung verschafft hatte,
Schumachers Vorwürfe ließen sich trotzdem nicht wirkungsvoll übertünchen.
So geht Eugen Gerstenmaier davon aus, selbst Historiker von Rang datierten
Adenauers angebliche Geheimpolitik seit jenen Novembertagen. Das Wort vom
"Kanzler der einsamen Entschlüsse" sei damals in Umlauf gekommen, ein Jahr
später - im Zusammenhang mit der Heinemann-Affäre - habe es die Qualitäten
eines geflügelten Wortes bekommen (583).
Im Rahmen dieser Arbeit kann nicht genau festgestellt werden, wo und wann
der Terminus "Einsame Entscheidungen" erstmalig Verwendung fand. Dennoch
gibt es publizistische Quellen, die einen sehr frühen Gebrauch dokumentieren. So ist zum Beispiel ein Leitartikel in der "Neuen Zürcher Zeitung" (NZZ) von Anfang Februar 1950 mit der Überschrift "Adenauers Politik
der Einsamen Entschlüsse" versehen, im Text selbst wird auf eine noch
frühere Benutzung in der Presse mit der Formulierung hingewiesen, eine

deutsche Zeitung habe Adenauer "kürzlich" den Mann der einsamen Entschlüsse genannt. Die NZZ fährt fort, der Kanzler selbst nenne diese Formulierung im privaten Gespräch nicht unzutreffend (584). Ob Adenauer diese Bezeichnung damals tatsächlich akzeptiert hat, muß jedoch bezweifelt werden. In dieser Hinsicht angesprochen, ist von ihm ein wiederholtes Dementi zu berichten. Da ist einmal seine Ablehnung auf eine entsprechende Frage von Günter Gaus (585), zum anderen seine Entgegnung, als Anneliese Poppinga das Thema "Einsame Entschlüsse" ansprach:

"Dummes Zeug, kein Wort ist wahr! Die Leute scheinen recht merkwürdig orientiert zu sein. (...) Wieviel Zeit habe ich aufgewandt, mit all den Leuten mich herumzuschlagen, man braucht ja nur die Kabinettsprotokolle nachzulesen oder die Protokolle über Vorstandssitzungen der Partei oder der CDU/CSU-Bundestagsfraktion. Und daß die Leute mir meistens zustimmten - nun, was kann ich denn dafür, wenn die einen auch anderer Meinung waren und andere sich meiner Meinung anschlossen? Also hören Sie, das ist einfach stark übertrieben, so etwas zu sagen. Da tut man mir unrecht."
(586)

Wenn Adenauer es also auch im Rückblick ablehnte, als Kanzler der einsamen Entschlüsse etikettiert zu werden, so sieht er dennoch die Ursache für die von ihm als unrichtig eingeordnete Titulierung seinerseits in speziellen Umständen der Frühgeschichte der Bundesrepublik. Da er nun nach eigener Erinnerung die Verhandlungen mit der Hochkommission allein führen mußte (587), habe sich dann der Eindruck verbreitet und festgesetzt, er mache eben doch alles allein und treffe seine "einsamen Entschlüsse" (588). Damit herrscht zumindest Einvernehmen über die Tatsache, daß das Bild vom Kanzler der einsamen Entschlüsse - sei es nun berechtigt oder nicht - eine Modellvorstellung war, die ziemlich bald nach dem Anlaufen der Bundespolitik präsent war.

Neben Adenauer haben sich noch zahlreiche andere Unionspolitiker dagegen gewandt, im Zusammenhang mit der Regierungspraxis des ersten Bundeskanzlers von "Einsamen Entschlüssen" zu sprechen. Die wohl deutlichste Abfuhr hat dieser Vorstellung der Adenauer-Intimus Robert Pferdmenges erteilt, indem er erklärt, daß kein Wort "blödsinniger" sei als dieses Wort (589). Weniger polemisch haben dies andere politische Weggefährten des Kanzlers umschrieben. Für Werner Dollinger wird Adenauer fälschlicherweise nachgesagt, er sei ein Mann einsamer Entschlüsse (590), für Eugen Gerstenmaier ist dieses Urteil in fast gleicher Wortwahl schlichtweg falsch (591).

Somit stehen sich zwei Auffassungen in Sachen einsame Entscheidungen
beim ersten Bundeskanzler diametral gegenüber: Die eine Gruppe geht davon aus, es habe dergleichen gegeben, die zweite lehnt dies kategorisch
ab. Da sich nicht ohne weiteres eine Brücke zwischen beiden Auffassungen
konstruieren oder eine der beiden Wertungen a priori ausschließen läßt,
bietet sich an, das pauschale Ja oder Nein in dieser Frage durch die Behandlung politischer Einzelereignisse, bei denen es zu "Einsamen Entscheidungen" des Kanzlers gekommen sein soll, punktuell zu verifizieren.
Neben einem quasi permanenten Anlaß, um Ausgangspunkte für den Vorwurf
einsamer Entscheidungen beim Kanzler zu finden, dem Verhandlungsstil
Adenauers mit der Alliierten Hochkommission, gibt es zahlreiche politische
Ereignisse in der ersten Legislaturperiode, die in Zusammenhang mit einsamen Beschlüssen Adenauers gebracht werden. Die wichtigsten Vorgänge
sollen nachstehend exemplarisch beleuchtet werden. Es handelt sich um:

a) das Schreiben Adenauers an den geschäftsführenden Vorsitzenden der
   Alliierten Hohen Kommission, General Robertson, vom 1.11.1949
b) das Petersberger Abkommen vom 22.11.1949
c) die Beitrittsformel der Bundesrepublik zum Europarat, die in einer
   Kabinettssitzung am 9.5.1950 ausführlich besprochen wurde
d) das Memorandum über die Sicherung des Bundesgebietes nach innen und
   außen, das Adenauer mit Schreiben vom 29.8.1950 dem geschäftsführenden
   Vorsitzenden der Alliierten Hohen Kommission, John McCloy, zustellte
e) das Schreiben Adenauers an Nahum Goldmann, den Vorsitzenden der
   "Conference of Jewish Material Claims against Germany" anläßlich seines
   London-Besuches vom 6.12.1951

a) Brief an Robertson

Nach diesem Schreiben (592), in dem Adenauer den Ratschlägen des Generals
aus einem unmittelbar davor anberaumten Gespräch folgte und die Demontagefrage erstmals als Problem des alliierten Sicherheitsbedürfnisses behandelte (593), und den folgenden Erläuterungen des Kanzlers gegenüber den
Besatzungsmächten in Sachen deutscher Kooperationsbereitschaft im westeuropäischen Rahmen (z.B. Mitarbeit in Ruhrbehörde und Sicherheitsamt,
Zustimmung zur industriellen Verflechtung) (594), sah sich der Kanzler
von seiten der Opposition mit dem Vorwurf konfrontiert, er betreibe eine
"Geheimpolitik" (Vgl. zuvor, Anmerkung 579). Dieser Vorwurf war insofern

berechtigt, als Adenauer selber im Bundestag offen zugab, daß er keine Zeit gefunden habe, sein Schreiben an Robertson mit anderen Politikern abzustimmen (595). Innerhalb der Koalition kam niemand auf den Gedanken, dem Kanzler aus seiner Vorgangsweise einen Vorwurf zu machen, zumal Adenauer an gleicher Stelle im Bundestag berichten konnte, die Note habe nachträglich einhellige Zustimmung des Kabinetts gefunden (596). Möglicherweise war die ganze Angelegenheit aber wesentlich undramatischer, als sie Adenauer selbst darstellte. Übereinstimmende Notizen von zwei Kabinettsmitgliedern (Seebohm und Wildermuth) lassen den Schluß zu, daß das Problem doch vor der Briefabsendung ausführlich im Kabinett diskutiert worden sei (597).

b) Petersberger Abkommen

Dieses Vertragswerk (598) ist von Adenauer und seinen engsten Beratern aus dem Bundeskanzleramt (Vgl. dazu vorstehende Äußerungen Blankenhorns, Anmerkung 135) weitgehend im Alleingang mit der Hochkommission ausgehandelt worden (599). Dies ist bezeichnend für die restriktive Informationspolitik des Kanzlers vor seiner eigenen Fraktion (Vgl. zuvor, Anmerkungen 497 und 498). Kaum besser ging es den Koalitionspartnern. Erich Mende hat eine Praxis des Herbeiführens vollendeter Tatsachen durch Adenauer vor der Unterrichtung der Koalitionspartner am Beispiel des Petersberger Abkommens bejaht. Gleichzeitig gibt er aber zu bedenken, daß es in Bonn geradezu unmöglich war und ist, etwas geheimzuhalten. Aus diesem Grunde mußte Adenauer seine Koalitionspartner von diesen Verhandlungen ausschließen. Mende bezeichnet diese Handlungsweise als notwendige Schutzmaßnahme (6oo). In den eigenen Reihen regte sich kein erkennbarer Widerstand gegen den Verhandlungsstil des Kanzlers. Kurt Georg Kiesinger sprach vielmehr vor dem Bundestag davon, man habe ihm bis zu einem gewissen Grade eine Blankovollmacht für dergleichen Verhandlungen erteilt (Vgl. zuvor, Anmerkung 582).

c) Beitrittsformel zum Europarat

Schon bei der Skizzierung des Kabinettsstils Adenauers ist darauf hingewiesen worden, daß der Kanzler bei den Beratungen der Beschlußformel zum westdeutschen Europaratsbeitritt mit ziemlichen Schwierigkeiten zu kämpfen hatte (Vgl. S. 125). Einer der Opponenten, Gustav Heinemann, spricht vom "ersten politischen Konflikt in der ersten Bundesregierung" (601). Wo der Zündstoff bei der Beschlußfassung in der Ministerrunde am 9. Mai 1950 lag, hat der damalige Innenminister später so beschrieben:

"Dr. Adenauer verlangte einstimmige Zustimmung. Jakob Kaiser und ich weigerten uns, weil eben der Anschluß an den Straßburger Europarat die deutsche Spaltung vertiefen mußte. Die Aussprache dauerte über vier Stunden; sie wurde zeitweilig in Sondergesprächen mit Jakob Kaiser und mir außerhalb der Kabinettssitzung verlegt." (602)

Schließlich einigte man sich auf eine Beschlußformel, die Heinemann entworfen hatte und die den gesamtdeutschen Bedenken der beiden Opponenten insofern Rechnung trug, als nicht eine kategorische "Ist-Formulierung", sondern eine zurückhaltendere "Wird-angesehen-Formulierung" im Text Verwendung fand. Dies sollte nach Meinung der beiden Minister zwischen den Zeilen klarmachen, daß zwar die Mehrheit des Kabinetts, nicht aber seine Gesamtheit den Weg nach Straßburg als richtig ansah. Der im Kabinett verabschiedete Text lautete:

"Der Zusammenschluß Europas unter Einbeziehung der Bundesrepublik Deutschland <u>wird als notwendiger Weg</u> zur Erhaltung des Friedens und zur Wiederherstellung der deutschen Einheit <u>angesehen.</u> In der Absicht, diesen Zielen zu dienen, empfiehlt die Bundesregierung, die Einladung zum Eintritt in den Europarat anzunehmen." (603)

Als Adenauer den Beschluß am gleichen Abend der Presse präsentierte, war die Passivkonstruktion durch eine Aktivkonstruktion ersetzt und lautete so:

"Der Zusammenschluß Europas unter der Einbeziehung Deutschlands <u>ist</u> ein notwendiger Weg zur Erhaltung des Friedens und zur Wiederherstellung der deutschen Einheit. In der Absicht...." (604)

Heinemann und Kaiser protestierten schriftlich wie mündlich in der nächsten Kabinettssitzung. Der Brief des Innenministers machte klar, daß die von Adenauer eigenmächtig vorgenommene Veränderung des Kabinettsbeschlusses für ihn eine Ungeheuerlichkeit war (605). Adenauer ließ sich davon nicht beeindrucken, die Korrektur am Kabinettsbeschluß blieb praktisch ungerügt. Resigniert stellte der ehemalige Innenminister später fest:

"Ich protestierte schriftlich, in einer nachfolgenden Kabinettssitzung auch mündlich gegen die eigenmächtige Textänderung durch den Bundeskanzler. Nur Jakob Kaiser unterstützte mich, obwohl eigentlich alle Kabinettsmitglieder sich gegen eine solche Praxis hätten wehren müssen.

Dr. Adenauer erklärte, daß die Änderung aus stilistischen (!) Gründen notwendig gewesen sei und aus Mangel an Zeit nicht im Kabinett habe zur Sprache gebracht werden können." (606)

d) Sicherheitsmemorandum

Es gibt kein Ereignis aus der Frühgeschichte der Bundesrepublik, bei dem so viele politische Akteure und publizistische Beobachter von einer einsamen Entscheidung Adenauers sprechen wie im Zusammenhang mit dem Sicherheitsmemorandum von Ende August 1950. Kernpunkt dieses Memorandums (607) ist das Angebot des Kanzlers an die Westalliierten, in den Rahmen einer zu schaffenden europäischen Armee einen westdeutschen Verteidigungsbeitrag einzubringen. Gustav Heinemann (608) und Thomas Dehler (609) erinnern sich übereinstimmend an einen "einsamen Entschluß", Bruno Heck erläutert dies so:

"Es ist richtig, daß er beim Vorschlag zu einem westdeutschen Verteidigungsbeitrag nicht lange und breit diskutieren ließ, weil er voraussah, daß er dann nicht in der Lage wäre, ein klares 'Ja' zu sagen. Er hat damals weitgehend ohne weitere Konsultationen entschieden; doch es war meines Wissens nach der einzige Fall, in dem man tatsächlich von einer 'Einsamen Entscheidung' reden kann." (610)

Sich widersprechende Äußerungen sind in diesem Zusammenhang vom späteren Verteidigungsminister, Franz Josef Strauß, gemacht worden. Die eine kann in die Reihe der Belege für einen einsamen Entschluß des Kanzlers eingeschlossen werden. Strauß formuliert hier:

"Adenauer hat mit dem untrüglichen und ihm in besonders heiklen Situationen eigenen Instinkt begriffen, daß der Ausbruch des Korea-Krieges und die Gefährdung Europas uns nicht nur ein Risiko, sondern auch eine Chance gibt. Diese Chance hat er genutzt, indem er im Alleingang den drei Westmächten in einer Note im Sommer 1950 die Aufstellung deutscher Streitkräfte zur Mitverteidigung Europas angeboten hat." (612)

Diesen spektakulären Vorschlag Adenauers hat Strauß an anderer Stelle anders bewertet. An die Schilderung der politischen Situation in Bonn nach Ausbruch des Koreakrieges fügt er folgende Wertung des Wiederbewaffnungsangebotes an:

"In diese Situation hinein fügte sich die Überlegung Adenauers. Sie war natürlich kein einsamer Entschluß, sondern sehr wohl überlegt und mit einer Reihe seiner Freunde aus der damaligen Umgebung, zu der ich noch nicht gehörte, besprochen. Nachdem er sich dazu durchgerungen hatte, schickte er das Memorandum an die drei Hochkommisare mit dem Angebot, wieder eine deutsche Armee aufzustellen als Beitrag für eine integrierte europäische Verteidigung, wenn dafür die alliierten Truppen verstärkt und wenn dafür eine formelle verpflichtende Sicherheitsgarantie gegeben würde." (612)

"Alleingang" hier - "kein einsamer Entschluß" da, dies sind Erklärungen, deren Aussage in Übereinstimmung zu bringen schwerlich möglich erscheint. In der zweiten Formulierung hat Franz Josef Strauß denjenigen Umstand angeführt, auf den er seine dortige Ablehnung eines einsamen Beschlusses im Fall Wiederbewaffnung aufbaut: Er spricht davon, Adenauer habe dies mit "Freunden aus der damaligen Umgebung" besprochen.

Diese Aussage ist insofern interessant, als sie sich mit Ergebnissen vorstehender Kapitel verknüpfen läßt. Dort ist beschrieben worden, daß sich die Regierungspraxis Adenauers dadurch auszeichnete, daß sich die Konkretisierung der Politik im Regierungsbereich in einem vielschichtigen Geflecht von formellen und informellen Ebenen vollzog. Es ist am Beispiel der Außenpolitik darauf hingewiesen worden, daß sich zwischen diesen einzelnen Konkretisierungsebenen durchaus von Fall zu Fall unterschiedliche Rangordnungen ergeben konnten, d.h. Teile des Geflechts waren von hoher, andere von minderer Bedeutung. Die Straußsche Formulierung deutet darauf hin, daß es möglicherweise im Falle des Sicherheitsmemorandums eine solche Rangfolge auch gegeben hat. Kann es also so gewesen sein, daß Adenauer die Frage deutscher Militärkontingente auf gewissen Ebenen intensiver ventilierte, als dies bei der Beratung in anderen Gremien der Fall war? Anders: Läßt sich personen- und "ebenen"-mäßig näher präzisieren, wo diese Konsultationen intensiv stattfanden? Dies soll jetzt untersucht werden. Ohne dies hier detailliert darstellen zu wollen, muß zunächst gesagt werden, daß das Thema westdeutscher Verteidigungsbeitrag kein Stichwort war, das mit dem Sicherheitsmemorandum und seiner unmittelbaren Vorgeschichte urplötzlich Relevanz erhielt (613). Ausgangspunkt der eigentlichen Vorgeschichte zum Adenauerschen Memorandum ist das Faktum, daß der Kanzler am 31. Juli 1950 durch Minister Eberhard Wildermuth bei General Speidel eine Denkschrift zu Fragen der äußeren Sicherheit erbat. Als Adenauer Mitte August 1950 aus dem Urlaub nach Bonn zurückkam, lag die Denkschrift vor. Sie wurde am 15. August von Wildermuth dem Kabinett vorgetragen (614). In dieser Denkschrift (615) wird eindeutig zum Aufbau deutscher Militärverbände aufgerufen, ihre militärische Formation, aber auch Fragen der politischen Durchsetzbarkeit eines solchen Konzeptes erörtert. Wie Baring ausführt, war Adenauer wohl im großen und ganzen mit der Konzeption Speidels einverstanden (sonst hätte er sie wohl kaum im Kabinett vortragen lassen). Dies mußte natürlich nicht bedeuten, daß er mit allen politisch/taktischen Überlegungen des Generals übereinstimmte (616). Dennoch sprach Adenauer – wie Wettig sich ausdrückt "gestützt auf das Memorandum General Speidels" (617) – in einer Besprechung auf dem Petersberg am 17. August 1950 die deutsche Sicherheitsfrage an, forderte verstärkte westliche Militärpräsenz in der Bundesrepublik und bat darum, man möge die Bundesregierung in die Lage versetzen, eine aus Freiwilligen bestehende Abwehrtruppe aufzustellen (618).

Ähnliche Vorstellungen waren bislang stets gescheitert; Adenauer ging das Problem jetzt erneut an, da er sich aufgrund der Koreakrise bessere Realisierungschancen versprach und vor allem daran glaubte, den noch vorhandenen französischen Widerstand überwinden zu können (619). Des Kanzlers Initiative fiel diesmal tatsächlich auf fruchtbaren Boden. Die Hohen Kommissare hatten Interesse an näheren Details darüber, wie sich der Kanzler eine deutsche Aufrüstung vorstellte (620). Adenauer gab nach eigenen Worten "aus dem Stehgreif eine kurze Antwort", wollte es hierbei aber nicht belassen und ging daran, ein Memorandum anzufertigen, in dem er konkrete Vorschläge zu dieser Frage machte (621). Die Idee des Sicherheitsmemorandums war damit geboren.

Ob das Sicherheitsmemorandum, mit seinem nichtmilitärischen Gegenstück, dem "Memorandum zur Frage der Neuordnung der Beziehungen der Bundesrepublik zu den Besatzungsmächten" (622), in dem als angemessene Gegenleistung für die westdeutsche Bereitschaft zu einem Verteidigungsbeitrag der beschleunigte Abbau der Besatzungsherrschaft gefordert wurde (623), in der Kabinettssitzung am 25. August besprochen wurde, läßt sich nicht mit Sicherheit klären. Heinemann-Biograph Diether Koch scheint eher vom Gegenteil überzeugt und erwähnt, es seien nur die außenpolitischen Grundlinien im Kabinett vorgetragen worden, am 15. August durch Minister Wildermuth, am 25. August durch Adenauer selbst. An diesem Tage habe es auch nach langer Unterbrechung erstmalig wieder eine Aussprache im Kabinett gegeben. Aber es sei kein Beschluß gefaßt worden mit der Begründung, den Ministern solle Gelegenheit zur Überlegung gegeben werden, auch stünde noch eine Unterredung zwischen Adenauer und dem englischen Hochkommissar bevor

(624). Interessant an dieser Auffassung ist freilich die Tatsache, daß für Koch mit den Vorträgen von Wildermuth und Adenauer "Grundlinien" für die beiden Memoranden gelegt wurden. Wenn Wildermuth das Speidelsche Gutachten nicht total entstellt hat und Adenauer nicht urplötzlich neue Aspekte einbrachte (für beides gibt es keinerlei Hinweise), mußte eigentlich deutlich geworden sein, daß zu diesen Grundlinien auch das Angebot einer deutschen Wiederaufrüstung gehörte. Wurde also möglicherweise der Text der Memoranden im Kabinett vor ihrer Übergabe an McCloy nicht behandelt, so gibt es gravierende Hinweise darauf, daß der eigentliche Kernpunkt der Angelegenheit, der westdeutsche Verteidigungsbeitrag, besprochen wurde.

Vor dem Hintergrund der Nichtkonsultierung der Kabinettsmitglieder bei der Formulierung des Memorandenpaars hat darauf Gerhard Wettig so hingewiesen:

"Am 25. August beriet das Bundeskabinett über die neue Lage in der Sicherheitsfrage. Anscheinend befaßte es sich vor allem mit der Eventualität einer Europaarmee einschließlich westdeutscher Kontingente, wie sie durch Churchills Vorschlag und McCloys Frage in die Diskussion geworfen worden war. Der Bundeskanzler soll den Ministern eröffnet haben, er sei von der Hochkommission aufgefordert worden, eine genaue Darstellung seiner Ansichten zu den Problemen der äußeren und inneren Sicherheit vorzulegen, doch dürfte sicher sein, daß keine Beschlüsse gefaßt wurden. Allem Anschein nach wollte Adenauer die Meinung im Kabinett erkunden, wie er bereits vorher die Ansichten der Fraktionsvorsitzenden der Koalitionsparteien sondiert hatte." (625)

Diese Sondierung hatte noch vor der Kabinettssitzung am 22.8. im Bundeskanzleramt stattgefunden. Brentano war dafür kurzfristig aus Straßburg nach Bonn gereist (626). Er traf bei Adenauer an diesem Tag um 11.00 Uhr seine Kollegen Schäfer und Mühlenfeld sowie den Leiter der Verbindungsstelle zur Alliierten Hochkommission, Herbert Blankenhorn (Vgl. Anlage II). Wenn es auch keine protokollartigen Aufzeichnungen über dieses Koalitionsgespräch zur Wehrfrage gibt, so scheint schon festzustehen, daß das Sicherheitsmemorandum in diesem Kreis besprochen wurde. Denn wie so oft bat auch diesmal Heinrich von Brentano anschließend brieflich beim Kanzler um einen Gesprächstermin und erläuterte dabei ausführlich Ansichten und Befürchtungen zum Thema deutscher Wehrbeitrag. Brentano formulierte in den Schreiben (627) "im Anschluß an unsere heutige Unterredung" zunächst, er habe sich noch einmal Gedanken über den Inhalt des Memorandums gemacht, das der Kanzler an die Hohe Kommission abzuschicken beabsichtige. Deutet dies schon auf eine Diskussion dieser Angelegenheit im Koalitionskreis um

Adenauer hin, gibt es wenig später eine Passage im Brentano-Brief, die schließen läßt, daß Adenauer schon einen ersten Textentwurf bei dieser Gelegenheit präsentierte:

"Sie unterscheiden (...) in dem Entwurf des Memorandums einmal zwischen der möglichen Gefahr, die der deutschen Bundesrepublik durch einen Überfall der Volkspolizei drohen könnte, und der allgemeinen Gefahr, die ein russischer Angriff gegen Deutschland und damit gegen Europa und die Welt auslösen kann." (628)

Dergleichen Erörterungen sind, hält man die beiden Texte gegeneinander, nur im ersten Konstrukt, dem Sicherheitsmemorandum vorhanden. Damit scheint abgesichert, daß Adenauer bei dieser Gelegenheit zumindest dem Fraktionschef der CDU/CSU einen Entwurf dieses Papiers zugänglich gemacht hat. Wie dieses Vorpapier auch immer beschaffen gewesen sein mag, im entscheidenden Punkt - dem westdeutschen Verteidigungsbeitrag in einer europäischen Armee - war vom CDU/CSU-Fraktionsvorsitzenden keine Opposition zu erwarten, wie sein Brief an den Kanzler bewies (629).
Damit hatte Adenauer in der politischen Kernfrage den Chef der größten Regierungsfraktion auf seiner Seite. Schwierigkeiten scheint er auch nicht auf der Ebene des Kabinetts erwartet zu haben. Diether Koch zufolge erklärte Adenauer nach der Diskussion am 25.8. in der Kabinettssitzung vom 29. August lediglich, die Vorlage des Memorandums werde am Abend fertig und versicherte, sie werde alle befriedigen. Heinemann habe daraufhin angeregt, das Memorandum, über das in der nächsten Sitzung beschlossen werden sollte, vorher an die Kabinettsmitglieder zu geben und tags darauf telefonisch noch einmal erfolglos darum ersucht. Als der Innenminister am 30. August die Tagesordnung für die nächste Kabinettssitzung erhalten habe und die Sicherheitsfrage nicht aufgeführt fand, war er nach Kochs Worten erstaunt, nahm dies aber hin, da hochpolitische Fragen oft ohne Ankündigung in der Tagesordnung behandelt worden seien (630). Daß die telefonische Anmahnung in Sachen Sicherheitsmemorandum am 30. August durch Innenminister Heinemann erfolglos war, hat - folgt man der Erinnerung des US-Diplomaten und alliierten Verbindungsoffiziers, Charles W. Thayer - einen recht einfachen Grund: Die Endform des Memorandums war noch nicht erstellt. Der Amerikaner zu den Ereignissen Ende August 1950:

"Es war ein warmer Nachmittag im Herbst des Jahres 1950. (...) Ich war gerade im Begriff, das Büro zu schließen und Rebhühner auf den Rübenfeldern am anderen Rheinufer zu jagen, als das Telefon läutete. Es war das

alter ego des Bundskanzlers, Herbert Blankenhorn. Er berichtete mir, daß
der 'Alte' gerade dabei sei, einen Brief aufzusetzen, der für die Außenministerkonferenz in New York bestimmt sei und der das Angebot enthalte,
zwölf deutsche Divisionen aufzustellen als einen Beitrag für die gemeinsame Verteidigung Europas.
'Aber McCloy fliegt morgen in aller Frühe von Frankfurt ab', sagte ich.
'Das ist ja der Haken' antwortete Blankenhorn. 'Wir müssen den Brief fertig haben, bevor er startet.'
Im allgemeinen bittet keine Regierung einen ausländischen Diplomaten, ihr
bei ihren Briefen behilflich zu sein, aber inzwischen wußte ich bereits,
daß die Bonner Regierung keine gewöhnliche Regierung war. (...) Ich hängte
den Hörer ein und eilte – nach einem sehnsüchtigen Blick auf mein Jagd-
gewehr – in die Bundeskanzlei. Mit einer Schar von Stenographen und Über-
setzern nahmen wir uns den Brief vor, setzten ihn von neuem auf, redigierten, übersetzten und sahen ihn noch einmal durch. Zuweilen erschien der
Alte in Person, um zu helfen. In den frühen Morgenstunden raste ein Son-
derkurier über die Autobahn zum Flughafen, von dem McCloy startete." (631)

Mit der rasanten Fahrt des Sonderkuriers nach Frankfurt weist Thayer auf
einen Umstand hin, der als Grund dafür angegeben wird, warum Adenauer zwischen Erstellung der Memoranden und Weitergabe an McCloy nicht das Kabinett konsultierte: Er habe aus rein zeitlichen Gründen keine Gelegenheit
mehr dazu gehabt. Adenauer-Biograph Weymar nennt dies zwar ein ungewöhnliches Vorgehen, gibt aber an, der Kanzler habe an sich beabsichtigt, die
Memoranden zunächst einmal bei der Kabinettssitzung am 31. August zur
Sprache zu bringen. Plötzlich wäre ihm jedoch mitgeteilt worden, daß der
US-Hochkommissar, der die Vorlagen zur Außenministerkonferenz nach New
York mitnehmen sollte, bereits am 30. August abflog. Er habe sie ihm deshalb schon vor der Kabinettssitzung übermitteln müssen (632). Adenauer
selbst hat davon gesprochen, er sei in großer Eile gewesen, weil die deut-
sche Frage auf der New Yorker Außenministerkonferenz einen wesentlichen
Beratungspunkt bilden sollte (633). Arnulf Baring hat die Eile des Kanzlers so beschrieben:

"Adenauer hatte seine Gründe, wenn er die beiden Memoranden am 29. August
überstürzt fertigstellen und ohne Abstimmung mit dem Kabinett, geschweige
denn mit den Koalitionsparteien, dem in die Vereinigten Staaten abreisen-
den Hochkommissar übermitteln ließ. (...) Denn im August hatte dieser den
Vorsitz in der Hochkommission inne und war damit der korrekte Adressat für
Adenauers Denkschriften. Am 1. September würde er von Francois-Poncet ab-
gelöst werden. Es erschien dem Bundeskanzler höchst unsicher, ob die französische Regierung, die eine deutsche Wiederbewaffnung in jeder Form
scharf ablehnte, seine Vorschläge überhaupt der Außenministerkonferenz der
Westmächte unterbreiten werde, die am 12. September in New York beginnen
sollte. Dagegen hatte er gute Gründe für die Annahme, daß Washington seine
Äußerungen sehr willkommen waren." (634)

Ob man nun der Version von der plötzlichen Abreise McCloys oder dem Wechsel im Vorsitz der Hochkommission mehr Relevanz zubilligt (oder gar beide akzeptiert oder ablehnt), ist eine Frage, die letztlich offen bleiben kann. Im Rahmen dieser Studie reicht es aus, sich auf den eigentlichen Kern des Vorfalls zu beschränken, der unzweifelhaft erscheint: Der Kanzler hat die endgültige Form der beiden Memoranden im Kabinett vor ihrer Übermittlung an den US-Hochkommissar weder beraten noch darüber abstimmen lassen.

Dies berechtigt nach den vorstehenden Erkenntnissen nicht, wie Baring ganz allgemein davon zu sprechen, die beiden Memoranden seien ohne Abstimmung mit dem Kabinett, geschweige denn den Koalitionsparteien, fertiggestellt worden. Im Kabinett wurden zumindest die relevanten Grundfragen besprochen. In einem Koalitionsgespräch wurde sogar ein Entwurf des Sicherheitsmemorandums präsentiert. Minister und Koalitionsparteien scheinen damit über die relevanten Grundlinien der angestrebten Politik orientiert gewesen zu sein. Nicht beteiligt scheinen sie an der endgültigen Ausformulierung der Texte. Übergangen wurde das Kabinett, als die Endfassung der Memoranden vorlag und den Alliierten zuging. Damit kann auf die Ausgangsfrage zurückgekommen werden, ob sich vor dem Hintergrund der bereits präsentierten Erkenntnisse über die Konkretisierung der Politik im Regierungsbereich ein einem vielschichtigen Geflecht von formellen und informellen Ebenen präzisieren läßt, wo und wie diese Besprechungen im Fall Sicherheitsmemorandum stattfanden. Es ist nicht davon auszugehen, daß dies ganz lückenlos dargestellt werden konnte. Besprechungen zum Sicherheitsmemorandum fanden aber auf einer formellen Ebene, im Kabinett, (freilich nicht in der wichtigen Endphase) statt; Konsultationen in dieser Hinsicht hat es auch auf der informellen Ebene des Koalitionsgesprächs gegeben. Nach heutigem Informationsstand war die informelle Ebene insofern bedeutender, als hier fertige Entwürfe des Sicherheitsmemorandums vorgelegen haben dürften.

Damit kann man letztlich auch zu eine Wertung der beiden sich widersprechenden Strauß-Zitate (Anmerkungen 611 und 612) kommen. Vieles spricht dafür, daß man pauschal beim Sicherheitsmemorandum im Sinne der zweiten Strauß-Aussage nicht von einem einsamen Entschluß des Kanzlers sprechen kann. Ein "Alleingang" (Vgl. erstes Strauß-Zitat) liegt nur in Bezug auf das Kabinett in der Schlußphase der regierungsinternen Gestaltung vor, als

der endgültige Text erstellt war und McCloy überreicht wurde.
Sicherlich kann man auch diesen eingegrenzten Umstand als einsamen Beschluß deklarieren. Er hat aber weitaus weniger politisches Gewicht, als ihm viele politische Akteure und publizistische Beobachter zumessen. Die geringere politische Relevanz erklärt auch einen Sachverhalt, der eher erstaunlich erscheint: Wieso erhob sich, als bekannt wurde, daß Adenauer die beiden Memoranden McCloy übersandt hatte, ohne in der Ministerrunde eine förmliche Abstimmung vorzunehmen, kein durchgängiger Protest im Kabinett? Allein Heinemann griff den Kanzler scharf an und trat schließlich als Minister zurück (635). Die Haltung des übrigen Kabinetts wird deutlich in folgender Beschreibung des damaligen Innenministers:

"In den Morgenzeitungen des 31. August war eine Notiz über die Überreichung des Memorandums zu lesen. Sie war das Gespräch unter den sich versammelnden Kabinettsmitgliedern. Man war über die Eigenmächtigkeit des Kanzlers empört, bis er als letzter hinzukam und die Sitzung eröffnete. Dr. Adenauer entwickelte seine Sicht von der Lage und verlas das Sicherheitsmemorandum, (...). Ich erklärte, daß ich sein Angebot für verhängnisvoll hielte und es nicht mitzuverantworten gedächte. Dr. Adenauer fragte erregt, was das bedeuten solle? Ich sagte: 'Ich scheide aus der Bundesregierung aus.' Der Eklat war da. Die übrigen Mitglieder der Bundesregierung ließen von ihrer Ungehaltenheit über die Art, wie sie übergangen worden waren, nichts merken." (636)

Wieso diese Zurückhaltung? Hätte sich der Vorfall nicht angeboten, um – wie Werner Lederer formuliert – die Politik der Regierung und vor allem den Regierungsstil demokratischer zu gestalten (637)? Auch der CDU-Abgeordnete Gerd Bucerius spricht davon, eigentlich hätten die Minister – obwohl mit der Politik inhaltlich einverstanden – Adenauers Eigenmächtigkeit mit der ultimativen Drohung des Rücktritts für den Wiederholungsfall beantworten müssen (638). Daß sie das nicht taten, dafür liefert Bucerius selber einen ersten wichtigen Grund: Die Minister waren außer Heinemann mit der Politik des Kanzlers einverstanden. Der zweite Grund ist vorstehend dargestellt worden: Die wichtigsten Leitlinien der Sicherheitspolitik inklusive der Frage eines deutschen Verteidigungsbeitrags waren auch im Kabinett vorgetragen und erörtert worden. Zwar konnten sich die Minister über die Vorgangsweise Adenauers beim Alleingang hinsichtlich der Übergabe der fertigen Memoranden "empören", aber wie lange kann eine Empörung über eine politische Handlung anhalten, die man im Grunde für richtig hält und deren Inhalte man zudem noch vorher mit dem Handelnden besprochen hat? Gustav Heinemann selbst hat eine Antwort darauf gegeben: Nicht einmal bis zum Ende der Kabinettssitzung, in der diese Eigenmächtigkeit besprochen wurde. Daß Heinemann – im Gegensatz zu den Ministerkollegen – bei seiner Empörung blieb, wird von ihm selber nicht allein auf die Eigenmächtigkeiten des Kanzlers bezogen: Die unterschiedliche Beurteilung der Sachfragen spielte für ihn eine gleich große Rolle (639). Dies gab seiner Empörung über die Eigenmächtigkeit des Kanzlers Energie und Dauer. War dergleichen nicht vorhanden (wie bei anderen Ministern), verschwand das Empörtsein schnell. Der Widerspruch in der Sache mag daneben für manchen der Grund gewesen sein, die einsame Entscheidung Adenauers beim Gesamtkomplex Sicherheitsmemorandum politisch relevanter zu sehen, als dies nach den Erkenntnisses dieser Studie gerechtfertigt erscheint.

### e) Brief an Nahum Goldmann

In diesem Schreiben (640) des Bundeskanzlers an den Vorsitzenden des "Conference of Jewish Material Claims against Germany" machte Adenauer klar, daß er die materielle Wiedergutmachung für die durch die Nationalsozialisten an den Juden verübten Verbrechen als eine in erster Linie moralische Verpflichtung betrachtete. Der Kanzler unterstrich weiter, daß für ihn damit eine Anerkennung eines moralischen Anspruches des Staates Israel auf Wiedergutmachung verbunden war. Im Schreiben Adenauers wird das so formuliert:

"Die Bundesregierung wird in diesem Zusammenhang die Möglichkeit begrüßen, durch Warenlieferungen zu dem Aufbau des Staates Israel einen Beitrag zu leisten. Die Bundesregierung ist bereit, bei diesen Verhandlungen die Ansprüche, die die Regierung des Staates Israel in ihrer Note vom 12.3.1951 gestellt hat, zur Grundlage ihrer Beratungen zu machen." (641)

In dieser Note vom 12.3.1951, die sich nicht an die Bundesregierung, sondern an die vier Siegermächte richtete (642), war von einem Entschädigungsbeitrag von einer Milliarde Dollar für die Bundesrepublik ausgegangen worden (643), eine Summe, die der Kanzler mit seinem Schreiben als Verhandlungsgrundlage akzeptierte. Daß das Akzeptieren dieses Betrages für die Bundesrepublik in der damaligen Lage eine erhebliche finanzielle Belastung darstellte, wußte auch Nahum Goldmann, bevor er in das Vier-Augen-Gespräch mit Konrad Adenauer in London am 6. Dezember 1951 ging (644), nachdem der Kanzler das Schreiben an den Vorsitzenden der Claims-Conference absandte. Goldmann erinnert daran, daß die späteren wirtschaftlichen Erfolge der Bundesrepublik im Jahre 1951 unmöglich vorauszusehen waren.

Die Akzeptierung dieses Betrages als Diskussionsgrundlage habe natürlich
bedeutet, daß ein erheblicher Teil davon wirklich bezahlt werden mußte. Er
habe sich vor diesem Hintergrund gefragt, ob der Kanzler, ohne langwierige
Gespräche mit seiner Regierung zu führen, sich auf so etwas einlassen
konnte (645). Adenauer konnte. Nachdem ihn Goldmann unter vier Augen aufgefordert hatte, sich über "die Regeln der Routine" hinwegzusetzen (646),
erklärte der Kanzler:

"Ich bin bereit, die Verantwortung über die Erklärung, die sie wünschen,
auf mich zu nehmen. Ich bitte sie, gleich jetzt im Nebenzimmer meiner
Sekretärin den Entwurf eines solchen Briefes zu diktieren, und sie werden
noch im Laufe des heutigen Tages ein Schreiben von mir erhalten." (647)

Goldmann charakterisiert dies als "mutige und große Geste" (648). In der
Bundesrepublik wurde dieses Vorgehen in die Kategorie der Einsamen Entscheidungen eingereiht. Felix von Eckardt hat dies so beschrieben:

"Der ganze Vorgang, der schließlich zu einem Vertrag mit dem Staate
Israel führte, war einem jener so oft zitierten 'einsamen Beschlüsse' des
Kanzlers entsprungen. Ich bin noch heute der Überzeugung, daß, hätte er
nicht die Verantwortung für die Ingangsetzung der Verhandlungen ganz
allein auf sich genommen, das Werk niemals zustande gekommen wäre. Über
die erste Hürde mußte er dieses schwierige Problem allein bringen, sonst
hätte es in den Klippen der juristischen Bedenken schon am Anfang Schiff-
bruch erlitten. Adenauer ging ohne jede Ermächtigung im Namen der Bundesregierung eine Verpflichtung ein, die sich - wie schon damals erkennbar -
auf 3 1/2 Milliarden Mark belaufen würde. Die moralische Verpflichtung
war es, die er zutiefst im Namen des deutschen Volkes empfund und die ihn
zu dieser außergewöhnlichen Handlungsweise veranlaßte." (649)

Paul Weymar spricht von einem spontanen Entschluß, der aus der Lage des
Augenblicks hervorgegangen sei, wobei der Kanzler nicht aus kalter Berechnung, sondern unter dem Zwang seines Gewissens gehandelt habe. Er
weist aber auch darauf hin, daß dies einer jener charakteristischen
"Alleingänge" gewesen sei, die Adenauer in entscheidenden Augenblicken
gern unternommen habe, und die ihm oft bittere Vorwürfe der Opposition
und heftigen Widerspruch in den eigenen Reihen eingetragen hätten (650).
Heftigen Widerspruch gab es auch diesmal. Nahum Goldmann macht innerhalb
des Kabinetts, unter den Parteiführern sowie in der Bank- und Industrie-
welt eine erhebliche Gegnerschaft gegen derlei Riesenbeträge aus (651).
Herbert Blankenhorn, der schon bei der Einfädelung des Kontaktes zwischen
Adenauer und Goldmann eine wichtige Rolle spielte (652), sieht erhebliche
Differenzen in der Bundesregierung zu diesem Punkt. Zum einen hätten die

Ansichten über die Leistungsfähigkeit differiert, zum anderen sei die
Abgabe dieses Angebots ohne vorherige Fühlungnahme mit dem Kabinett beträchtlich kritisiert worden (653).

Daß schließlich nach durchaus schwierigen Verhandlungen (654) auch der
auf einem einsamen Beschluß des Kanzlers beruhende finanzielle Rahmen beibehalten werden konnte, hatte sicherlich auch folgenden Grund: In einer
vorher von den Parteien und dem Bundespräsidenten gebilligten Regierungserklärung (655) am 27. September 1951 im Bundestag hatte Adenauer anerkannt, daß im Namen des deutschen Volkes unsagbare Verbrechen begangen
worden wären, die zur moralischen und materiellen Wiedergutmachung gegenüber dem Judentum und dem Staate Israel verpflichteten (656).

Damit ist die punktuelle Vorstellung von politischen Ereignissen, die in
Zusammenhang mit einsamen Entschlüssen Adenauers gebracht werden, abgeschlossen. Dabei war nicht beabsichtigt, jedweder Einstufung von Adenauerschem Handeln als einsamer Beschluß nachzugehen (657). Schon die Auswahl
der politischen Ereignisse macht aber klar, daß es durchaus in der ersten
Legislaturperiode zu einsamen Entscheidungen des Kanzlers gekommen ist.
Dabei stellte sich heraus, daß die Klassifizierung als "Einsamer Beschluß" aus unterschiedlichsten Motiven bei unterschiedlichsten politischen Abläufen erfolgte, ohne daß die Einordnung in diese Kategorie
immer all das an politischer Substanz enthielt, was man zunächst damit
verbinden mußte. Von einsamen Entscheidungen bei Adenauer ausgehend
haben sich dann auch zahlreiche politische Akteure und wissenschaftliche
Beobachter mit dieser politischen Stilform des ersten Bundeskanzlers beschäftigt. Da ist zunächst die Meinung Theodor Eschenburgs zu erwähnen,
im Zusammenhang mit der Richtlinienkompetenz sei der Kanzler der einsamen Entscheidungen eine verfassungsgemäße Figur (658). Am "Spezialfall"
Konrad Adenauer hat dies Eschenburg zu folgender vielzitierter Passage
(659) ausformuliert:

"Gleichgültig, ob der Bundeskanzler die Richtlinien selbst bestimmt oder
sie von anderen übernimmt, ob er sich dem Mehrheitsbeschluß des Kabinetts
fügt oder diesen umstößt: immer trägt er allein die Verantwortung. Wird
der Bundeskanzler überstimmt, so muß er sich, symbolisch ausgedrückt, aus
der Kabinettssitzung in sein Arbeitszimmer zurückziehen und noch einmal
die Entscheidung für sich fällen, die dann die endgültige ist. 'Einsame
Entscheidungen' sind also nicht nur aus der Eigenheit Adenauers zu erklären, sondern werden durch den Art. 65 GG geradezu verlangt; allerdings
muß eine Beratung und Beschlußfassung der Bundesregierung vorangegangen
sein. Schon aus der Alleinverantwortlichkeit des Bundeskanzlers vor dem

Parlament ergibt sich die Berechtigung zu 'einsamen Entschlüssen'." (660)

An anderer Stelle hat Eschenburg den Beratungs- und Beschlußfassungsvorbehalt durch die Bundesregierung gegen die Einschränkung vertauscht, einsame Entscheidungen sollten nicht allzu oft vorkommen. Aber auch hier spricht er davon, diese Entschlüsse seien nicht aus der Eigenheit bestimmter Politiker zu erklären, sondern stellten generell für gewisse heikle politische Angelegenheiten konforme Verfahren dar (661). Abweichend vom Eschenburgschen Grundkonzept sieht Ernst Junker keine Legitimation zu einsamen Beschlüssen, falls eine Beratung und Beschlußfassung in der Bundesregierung vorausgeht. Denn er geht davon aus, daß es keine praktische Möglichkeit gibt, den Bundeskanzler in einer Richtlinienfrage förmlich zu überstimmen (662). Handelt der Kanzler davon abgehoben in Richtlinienfragen, ist es auch für Junker sicher, daß einsame Entschlüsse gerechtfertigt sind (663).

Auch Werner Lederer sieht die einsamen Entschlüsse des ersten Bundeskanzlers als legitimiert an. Er formuliert, nachträglich unterstützt von Erich Mende (664), daß sich dergleichen Praxis nur zum Teil aus Eigenheiten Adenauers erklären lasse, zum anderen lege dies die Struktur des bundesdeutschen Regierungssystems nahe und sei eine Folge dieses Systems. Einsame Entscheidungen müßten um den Preis der Stabilität in Kauf genommen werden, seien aber deshalb nicht grundsätzlich und a priori als undemokratisch anzusehen (665). Keine Verletzung grundsätzlicher demokratischer Spielregeln erkennt daneben auch Werner Caro, dem die einsamen Entscheidungen weitaus weniger strukturbedingt, als vielmehr personenspezifisch erscheinen. Adenauer habe sich dabei der Verfassung bedient, sich jedoch nicht über sie hinweggesetzt (666).

Diese personenspezifische Betrachtung führt zu einem zweiten Blickwinkel, unter dem die spezielle Stilform einsame Entscheidungen gesehen werden kann. Adenauer war ein Politiker, für den der Zwang zur Entscheidung unausweichlich war (667), der gegenüber Günter Gaus anmerkte, es habe für ihn nie eine Last bedeutet, Entschlüsse zu fassen. Als der Interviewpartner sich erkundigte, ob er ein Bundeskanzler gewesen sei, der, wann immer er in die Lage kam, allein entscheiden zu müssen, sich am sichersten fühlte, antwortete der damalige Ex-Kanzler:

"Wenn ich in die Lage kam, mich allein entscheiden zu müssen, und die

Überzeugung hatte, daß ich das Material, das zum Treffen einer Entscheidung nötig war, wirklich vor mir hatte, war ich sehr ruhig im Treffen einer Alleinentscheidung." (668)

Alleinentscheidungen werden aber als durchaus legitime Verfahren des demokratischen Prozesses klassifiziert. Theodor Eschenburg spricht davon, es habe auch in der Demokratie Einzelentscheidungen zu geben, sie seien überhaupt nicht zu entbehren (669). Felix von Eckardt fragt sich, inwiefern Mitarbeiter dem verantwortlichen Regierungschef in entscheidenden Tagen und Stunden tatsächlich helfen könnten. Es wäre möglich, als Gesprächspartner zu fungieren, zahlreiche Auskünfte zu geben – aber die Entscheidung treffen, könne immer nur der eine, verantwortliche Mann (670).

Zu welchem Zeitpunkt der Kanzler mit seiner Entscheidung in den demokratischen Willensbildungsprozeß eingreift, ist in diesem Zusammenhang von zusätzlicher Relevanz. Die Bedeutung der richtigen Zeitpunktwahl für "prozeßorientierte Förderungsimpulse" bei Entscheidungsvorgängen hat Eberhard Witte generell unterstrichen. Danach lassen sich für spezielle Entscheidungsprozesse typische Phasen angeben, in denen bestimmte Eingriffe der Prozeßförderer oder Promotoren besonders notwendig und effizient seien (671).

Bei "einsamen Entschlüssen" hielt es Adenauer nun in der Regel für effizient und notwendig, seinen "Eingriff" in den Willensbildungsprozeß des Regierungsbereiches so zu plazieren, daß er vor der Entscheidungsfindung in formellen Gremien (z.B. dem Kabinett) stand. Werner Lederer hat dies wie folgt beschrieben:

"Diese 'einsamen Entschlüsse' des Kanzlers sind nun, abgesehen davon, daß sie von Artikel 65 GG gedeckt werden, eine taktische Finesse. Bei allen größeren Entscheidungen, und dies ist auch bei den hier angeführten Beispielen ersichtlich, war Adenauer bestrebt, zuerst eine Meinung zu äußern, bevor die anderen reagiert haben. Bevor das Kabinett zustimmte, begrüßte Adenauer den Schuman-Plan, die Wiederaufrüstung hat er durch Interviews eingeleitet und vorwärtsgetrieben, und bei der Saarfrage hat er – auf deutscher Seite – die Europäisierung als erster aufgegriffen und bejaht. Diese Beispiele ließen sich fortsetzen. Sie zeigen aber auch so deutlich, daß der Kanzler bestrebt war, Vorentscheidungen zu treffen. Es war dann für das Kabinett bzw. die Koalitionspartner sehr schwierig, ihn davon wieder abzubringen. Diese Vorentscheidung bedeutete ja auch die Ausübung der Richtlinienkompetenz, und dieses Recht stand dem Kanzler zu." (672)

Von gezielten Vorentscheidungen geht ja wohl auch Karl Carstens aus, wenn er sein Modell des "voranschreitenden Führungsstils" als generelle Handlungspraxis des Kanzlers präsentiert (Vgl. zuvor Anmerkung 395)). Auch wenn natürlich einsame Entschlüsse nur ein weitgehend durch die Richtlinienkompetenz abgedeckter Spezialfall dieser Handlungsweise sein können (Stichwort: Carstens geht davon aus, daß normalerweise faktisches politisches Handeln im Regierungsbereich erst nach der "durchkämpften" Beschlußfassungskette erfolgt. Einsame Entscheidungen warten dieses Kettenende nicht ab), kann dennoch ein wichtiges Versatzstück der von Carstens beschriebenen Ablauffolge auch auf das normale Prozedere bei einsamen Entschlüssen übertragen werden: Einsame Entscheidungen mußten keineswegs ohne vorherige Beratung zustandekommen (673).

Bei dem Beratungsbedürfnis Adenauers in diesen Fällen ging es offensichtlich zunächst darum, sich in relevanten Gremien bereits vor der Abstimmung einer Mehrheit sicher zu sein. In diese Kategorie könnte man die Diskussionen im Kabinett sowie mit den Fraktionsvorsitzenden im Falle des Sicherheitsmemorandums einordnen. Bruno Heck hat angemerkt, daß es sich bei diesem Beratungsbedürfnis um eine generelle Charakteristik des Adenauerschen Führungsverhaltens handelte. Er sieht des Kanzlers spezielle Leistung beim Führungsstil darin, daß er wichtige Fragen vorweg abklärte, d.h. die Entscheidungen in den Gremien durch intensive Konsultationen vorbereitete (674).

Eine zweite Zielrichtung des Adenauerschen Beratungsbedürfnisses in dieser Hinsicht richtete sich wohl darauf, auch vor einsamen Entscheidungen im Kreise von Vertrauten die Vorzüge und Nachteile der jeweiligen politischen Problemlage zu besprechen (675). In dieser Beratung und Unterrichtung durch persönliche Vertraute sehen einige Betroffene aus der unmittelbaren Umgebung des Kanzlers einen ziemlich griffigen Beweis, um die Modellvorstellung von einsamen Entscheidungen bei Adenauer ganz ad absurdum zu führen. So beispielsweise Heinrich Krone, der sich dazu dezidiert äußert:

"Es wird noch immer gesagt, Konrad Adenauer sei in seiner Politik ein Mann einsamer Entschlüsse gewesen. Wer ihn kannte, kann dem nicht zustimmen. Vor der Verantwortung hat sich Adenauer nie gescheut, und der Entschluß einen entscheidenden Schritt zu tun, will schon vom Verantwortlichen selber gefaßt sein. Doch einsam war dieser Politiker nicht, und er ist auch nicht in die Einsamkeit geflüchtet. Der Kreis, mit denen er sich beriet, mag meist klein gewesen sein. In diesem Kreis aber fand ein offener, oft auch harter Meinungsaustausch statt." (676)

Ähnlich formuliert auch der langjährige Regierungssprecher Felix von Eckardt:

"Ich habe nur wenige Politiker gekannt und agieren sehen, die eine solche Flexibilität wie er aufweisen. Dazu war er in keiner Weise der Mann der 'einsamen Entschlüsse'. Handelte es sich um etwas wirklich Wichtiges, so besprach er das Problem mit zahlreichen Menschen, auf deren Urteil er etwas gab, und nicht selten modifizierte er aufgrund dieser Gespräche mit Fachleuten seine anfängliche Einstellung." (677)

Es muß jedoch darauf hingewiesen werden, daß diese Argumentation mit dem Meinungsaustausch im Beraterkreis am eigentlichen Vorwurf eines "totalen demokratischen Defizits" (678) bei einsamen Entscheidungen vorbeigeht. Angemahnt wird die Nicht- (nicht rechtzeitige) Beteiligung "formeller Gremien" (wie z.B. des Kabinetts) an der politischen Willensbildung. Der Hinweis auf entsprechenden Meinungsaustausch in informellen Kreisen (wie z.B. einem "Küchenkabinett") kann diese Kritik logischerweise kaum zum Schweigen bringen. Geht man andererseits davon aus, daß einsame Entscheidungen nicht a priori undemokratisches Tun jenseits des Verfassungsrahmens darstellen, kann man auf der Basis des im Rahmen dieser Studie entwickelten Verständnisses von der Regierungspraxis Adenauers als eines Prozesses der Konkretisierung der Politik in einem vielschichtigen Geflecht von formellen und informellen Ebenen zu einer sinnvollen Einordnung des Prinzips der einsamen Beschlüsse auch unter dem vorstehend geschilderten Vorbehalt von Krone und Eckardt kommen.

Einsame Entscheidungen sind demnach nichts anderes als der Umstand, daß Adenauer gewisse politische Komplexe nicht auf allen regelmäßig benutzten Ebenen abschließend konkretisierte, bevor er sie in faktische Politik umsetzte. Das heißt nicht, daß er auf keiner dieser Ebenen jene Fragen ansprach und der mögliche (strenger formuliert: nötige) Rahmen nicht ausgeschöpft wurde. Je weniger formelle und informelle Ebenen beteiligt waren, umso "einsamer" war letztlich die Politik des Kanzlers. Die "reine" einsame Entscheidung fiel demnach ganz ohne Konsultation. Der Brief an Nahum Goldmann kann als mögliches Beispiel dafür gelten. Den Ausnahmecharakter einer solchen Aktion hat denn auch einer der engsten Mitarbeiter des Kanzlers aus dieser Zeit, Herbert Blankenhorn, angesprochen:

"Ich glaube nicht, daß man von 'Einsamen Entscheidungen' Adenauers reden kann. Sicherlich gab es besondere Umstände, die Entscheidungen des Kanzlers ohne vorherige Beratungsmöglichkeit notwendig machten. In der Regel ließ er sich aber von niemanden in seiner vorklärenden Gesprächsbereitschaft übertreffen." (679)

Und so geht man auch mittlerweile davon aus, daß tatsächlich einsame Entscheidungen des Kanzlers viel seltener waren, als lange Zeit angenommen (680). Eugen Gerstenmaier hat formuliert, einsame Entscheidungen seien dem Kanzler viel zu oft nachgesagt worden (681). Horst Osterheld spricht davon, daß Adenauer auf Gebieten, für die er die Zustimmung des Parlaments gebraucht habe, viel weniger "einsame Entschlüsse" faßte, als vermutet wurden (682).

## 5. Adenauers Beziehungen zu Interessenvertretern

Im vorigen Kapitel ist darauf hingewiesen worden, daß der Vorwurf an die Adresse Adenauers, er habe sehr oft durch einsame Entscheidungen regiert, fast schon die Qualität eines politischen Allgemeingutes erhalten hatte. Auch für den Sonderfall des Verhältnisses zwischen Adenauer und den Interessengruppen gibt es einen Pauschalvorwurf hinsichtlich des Handelns des ersten Kanzlers. Er habe den Interessenvertretern übermäßig viel Macht und Einfluß eingeräumt, das politische Institutionengefüge damit kräftig deformiert, so daß es letztlich zu einer "Herrschaft der Verbände" (683) gekommen sei.

Als wesentliche Einbruchstelle verbandsmäßigen Interesses in das politische Entscheidungsfeld gilt im "Damm" der staatlichen Institutionalität die Kanzlerposition selbst. Und dies insofern, als Adenauer den Präsidenten und Vorsitzenden wichtiger Verbände eine Art gewohnheitsmäßiges Immediatrecht eingeräumt habe (684). Die Praxis Adenauers, die Verbandssprecher wichtiger Interessengruppen zum unmittelbaren Vortrag zu empfangen, hat Theodor Eschenburg so beschrieben:

"Der jetzige Kanzler ist aber nicht nur Führer der Regierung und der größten Regierungspartei - eine Verbindung, die ich für durchaus legitim halte - sondern neigt mehr und mehr zum alleinigen Arbiter elegantiarium zwischen den Interessengruppen. Er nimmt das Recht des Immediatenempfangs der Interessenvertreter in zunehmenden Maße für sich in Anspruch und diese das entsprechende Recht der unmittelbaren Verhandlung mit dem Bundeskanzler unter Umgehung des zuständigen Fachministers. Adenauer berät gleichsam wie ein mittelalterlicher Fürst unter der Linde oder Eiche mit den großen Lebensverbänden und scheint auch manchmal direkt über ihr Anliegen zu entscheiden. Hier bahnen sich neue Feudalformen an, von denen man noch nicht weiß, ob und wie sie unsere Verfassungswirklichkeit ändern können." (685)

Wieso man sich kritisch mit diesen neuen "Feudalformen" auseinandersetzte, dafür hat Eschenburg gleich eine erste Erklärung mitgeliefert: Die jeweils betroffenen Fachminister wurden bei diesen Gesprächskontakten oftmals ausgeschaltet. Der Vertriebenen-Politiker Linus Kather hat sich recht deutlich zu diesem Thema geäußert:

"Es war nicht Adenauers Art, sich viel von seinen Ministern dreinreden zu lassen, meist zog er sie erst garnicht zu. Ich bin etwa dreißig Mal vom Bundeskanzler offiziell empfangen worden, als Vorsitzender des ZvD bzw. BvD oder als Sprecher der CDU-Vertriebenen, allein oder auch in Begleitung von anderen. Ich glaube nicht, daß der Bundesvertriebenenminister Lukaschek mehr als dreimal dabei gewesen ist. Der Kanzler hatte kein Gefühl dafür, daß das an sich unkorrekt war. Der Minister wußte in der Mehrzahl der Fälle garnicht, daß ich empfangen wurde. Ich hätte mir das als Minister nicht bieten lassen." (686)

Nach Meinung anderer Beobachter wurden die Minister meist dann nicht hinzugezogen, wenn Interessenverbände beim zuständigen Ressortchef kein Gehör für ihre Anliegen zu finden glaubten und daraufhin den Kanzler direkt ansprachen (687). Die Ausschaltung verbriefter Mitspracherechte durch den Immediatvortrag der Interessenvertreter beim Kanzler wird aber nicht nur in Bezug auf die Kabinettsmitglieder ausgemacht, auch Parlamentarier fühlten sich betroffen. Einer von ihnen, der CDU-Abgeordnete August Dresbach, hat dies klar zum Ausdruck gebracht:

"Diese Kooperation von Parlament und Verbänden muß aber leiden, wenn die obersten Verbandsrepräsentanten ihre Geschäfte bereits mit dem Kanzler weitgehend bis ins Detail regeln und dann für die Ausschußarbeit und die Anhörung in den Ausschüssen nur das übrigbleibt, was früher im Jargon der großen Zeitungsredaktionen als 'Kartoffelschälerei' honoriert wurde. Diese Entwicklung entbehrt nicht eines gesellschaftspolitischen Beigeschmacks. Wer auf sich hält, geht schon nicht mehr zum Ressortminister, geschweige denn zum Parlamentsausschuß - dessen Mitglieder werden bestenfalls zu einer nachträglichen Aussprache ins Verbandsgebäude mit anschließendem Imbiß eingeladen. Mit einem solchen Immediatvortrag beim Kanzler ist dann die höchste Stufe der Gesellschaftsfähigkeit im Sinne der bundesrepublikanischen Gesellschaft erreicht." (688)

Dergleichen kritische Distanz zur Adenauerschen Praxis hat Desbach auch fraktionsintern zu erkennen gegeben und erklärt, man habe die Verbände allzusehr poussiert und das Parlament etwas sehr als Quantité négligeable behandelt (689). So wird denn auch festgestellt, der Immediatvortrag bei Adenauer sei geeignet gewesen, verbandsmäßige Anliegen kabinetts- und fraktionsfest zu machen (690). Der spätere FDP-Generalsekretär Karl-Hermann Flach sieht den Verbändestaat dadurch demonstriert, daß Adenauer mit den Spitzen der Interessengruppen über den Kopf der Koalitionsparteien und Fachminister hinweg die entscheidenden Fragen besprach und regelte (691). In dieser Funktion als Regulator staatlichen Handelns liegt wohl auch der eigentliche Zielpunkt für die Kritik an den Immediatempfängen durch Konrad Adenauer. Ihre Resultate waren demnach oft genug bindende Zusagen den Verbänden gegenüber (692).

Auf die Verbindlichkeit von Absprachen aus dem Direktkontakt zum Kanzler haben die Verbände denn auch immer hingewiesen. Nach der ersten großen landwirtschaftspolitischen Aussprache des Kanzlers mit Spitzenvertretern des Deutschen Bauernverbandes am 17.2.1951 in Rhöndorf (693) mahnte der Präsident des DBV, Andreas Hermes, schon im April 1951, daß nach den klaren Rhöndorfer Zusagen der Bundesregierung bis jetzt noch keine Taten gefolgt seien (694). Dementsprechend kommt eine Untersuchung zur Entstehungsgeschichte des Landwirtschaftsgesetzes zu dem Resultat, daß die Ausführungen, die Adenauer im Verlauf der Rhöndorfer Besprechungen gemacht hätte, von den Befürwortern der Paritätsidee, der landwirtschaftspolitischen Grundkonzeption des Bauernverbandes, immer wieder als ausdrückliche Zusage einer solchen Politik interpretiert worden seien (695).

Auch die Versicherungen, die Adenauer nach dem vorläufigen Scheitern der Verhandlungen der Tarifpartner in Sachen Mitbestimmung im Montanbereich (696) bei seinem Eingreifen am 25.1.1951 machte, wurden als eine solche bindende Zusage gewertet. Der Verhandlungsführer der Arbeitnehmer, der DGB-Vorsitzende Hans Böckler, verdeutlichte dies in einer Rundfunkansprache durch den Hinweis, der Kanzler als Vertreter der Bundesregierung habe in den Verhandlungen die bindende Zusage abgegeben, unverzüglich Bundestag und Bundesrat ein Gesetz zu unterbreiten, welches die Vereinbarung der Sozialpartner zu geltendem Recht mache (697). Johannes Groß spricht denn auch davon, Adenauer sei mit den großen Verbänden in eine "unmittelbare geschäftsmäßige Beziehung" getreten und habe unter Ausschaltung der zuständigen Ressorts die "Vorabbefriedigung der organisatorischen Interessen" betrieben: Das steigende Sozialprodukt ermöglichte es ihm danach, den Pluralismus durch direkte Staatszusagen zu befriedigen, wobei die Befassung des Parlaments nur noch zum Zweck der Ratifikation in der Form eines möglicherweise benötigten Gesetzes geschehen sei (698).

Diese "geschäftsmäßige Beziehung" des Kanzlers zu den Interessenverbänden hat Udo Bermbach ähnlich wie Gross beschrieben, allerdings geht seine Kritik viel weiter: Für ihn wird dadurch die Geschäftsordnung der Bundesregierung (Kürzel: GOBReg.) eindeutig verletzt:

"Zur politischen Schwächung sowohl des Parlaments als auch des Kabinetts und damit indirekt zur Stärkung der eigenen Position trug wesentlich bei, daß Adenauer – entgegen der Vorschrift des § 10 der GOBReg. – direkten Kontakt mit den organisierten Interessengruppen pflegte, wann immer ihm das nützlich schien, daß er diesen Zusagen gab, die das Parlament, wenn notwendig, nur noch zu bestätigen hatte. Systematisch eingesetzt wurde solche Interessenbefriedigung vor allem in Zeiten von Wahlkämpfen, eine Taktik, die freilich nur bei guter Wirtschaftslage erfolgreich sein kann." (699)

Ob ein Abweichen von der Geschäftsordnung der Bundesregierung durch die bloße Tatsache vermehrten Immediatsempfangs beim Kanzler gegeben ist, muß bezweifelt werden. Denn parallel zur starken Ausdehnung der Kanzlerposition durch das Grundgesetz hat die Geschäftsordnung der Bundesregierung dem Regierungschef auch in diesem Feld einen ziemlichen Manövrierbereich eingeräumt. Dies wird deutlich, wenn man die einschlägigen Passagen aus der Geschäftsordnung der Bundesregierung mit den entsprechenden Vorläufern für die Reichsregierung vergleicht. Hatte es in der Geschäftsordnung der Reichsregierung (Kürzel: GORReg.) vom 3.5.1924 in § 11 noch geheißen:

"Der Reichskanzler empfängt Abordnungen nur in Ausnahmefällen selbst, und zwar in der Regel nur auf Befürwortung des zuständigen Reichsministers und erst nach dem Empfang durch ihn oder in seiner Abwesenheit." (700)

gibt die Geschäftsordnung der Bundesregierung dem Kanzler in § 10, Absatz 2 unvergleichlich mehr Handlungsmöglichkeiten:

"Der Bundeskanzler empfängt Abordnungen nur in besonderen Fällen." (701)

Es ist darauf hinzuweisen, daß im ersten Entwurf zur neuen Geschäftsordnung im Jahre 1950 noch die überkommene Formulierung stand, der Kanzler empfange Außenstehende nur "in Ausnahmefällen". Adenauer hat dies dann handschriftlich zur danach gültigen Formel "in besonderen Fällen" abgeschwächt (702). Daß einem aktionsfreudigen Kanzler trotz dieser Weichenstellung Grenzen gezogen sind, daß er nicht willkürlich agieren kann, geht aus dem Kommentar zur hier behandelten Passage der Geschäftsordnung der Bundesregierung hervor. Honnacker/Grimm führen darin aus:

"Die Vorschrift, die in erster Linie der Entlastung des Bundeskanzlers gilt, bringt keine Einschränkung seiner Rechte mit sich. Der Bundeskanzler kann, wenn er will, stets Abordnungen empfangen. Das läßt sich u.a. auch daraus folgern, daß die frühere Regelung der GORReg (...) nicht beibehalten wurde. Die jetzige Vorschrift ist der stärkeren Stellung des Kanzlers angepaßt.
Aus dem Ressortprinzip folgt aber, daß der Bundeskanzler grundsätzlich bei dem Empfang von Abordnungen den federführenden Ressortminister zu unterrichten und gegebenenfalls hinzuzuziehen hat. Nur in besonderen Fällen wird er hiervon Ausnahmen machen können.
An Empfehlungen des Bundesministers ist der Bundeskanzler dabei nicht gebunden. In der Praxis kommt aber der Empfang von Abordnungen durch den Bundeskanzler ohne oder gegen den Willen des zuständigen Bundesministers kaum vor. Vielmehr werden Gesprächswünsche durchweg sogar an den Fachminister weitergeleitet und ein Empfang beim Bundeskanzler wird grundsätzlich erst nach einem Empfang beim zuständigen Fachminister ins Auge gefaßt." (703)

Vor allem der letzte Teil der vorstehenden Ausführung ist schwerlich mit dem bislang präsentierten Bild vom Bundeskanzler Konrad Adenauer in Einklang zu bringen, der mit dem Stilelement des Immediatvortrages unter Umgehung der Minister eine den Interessenwünschen gefällige Politik betreibt. Die hier festgestellte Differenz mag aus der Tatsache erklärlich sein, daß der Kommentar erst dann verfaßt wurde (1968/69), als Adenauer schon längst seinen exekutiven Spitzenplatz geräumt hatte und das Verhältnis der "neuen" Kanzler zu den wichtigsten Interessengruppen eine andere Dimension erhielt (704).

Die Darstellung im Geschäftsordnungskommentar kann aber auch als Anstoß dazu benutzt werden zu fragen, ob denn das Bild vom "Immediat-Kanzler" Adenauer nicht schon zu Regierungszeiten des ersten Bundeskanzlers eine Zeichnung war, die allzu grobe Konturen enthielt, abgesicherte Einzelumstände recht großzügig verallgemeinerte und damit eher eine überzeichnende Karikatur als ein weitgehend getreues Abbild der Regierungsrealität schuf.

Ausgangspunkt von Überlegungen in dieser Hinsicht soll sein, daß für viele Beobachter Adenauer den Interessenverbänden insofern in innenpolitischen Fragen sehr stark entgegenkam, als ihm diese dafür treue Gefolgschaft in der Außenpolitik, des Kanzlers Hauptbetätigungsfeld in der Frühgeschichte der Bundesrepublik, gewährten (705).

Die außenpolitische Unterstützung durch Interessengruppen für den Kanzler kann durchaus punktuell aufgeschlüsselt werden. So wird beispielsweise der BDI-Präsident, Fritz Berg, als eine Person eingestuft, die außenpolitisch ganz der Gefolgsmann Adenauers gewesen sei (706). Arnulf Baring nennt als generelle Fixpunkte der Anerkenntnis eines Adenauerschen Führungsanspruchs durch Berg (und seinen Verband) die Politik der Westorientierung und -integration, als konkrete Projekte der Zustimmung den Schuman-Plan, Wiederbewaffnung und Europäische Verteidigungsgemeinschaft (707). Auch bei einem zweiten wichtigen Interessenverband, den Gewerkschaften, kann eine weitgehende Unterstützung für die Außenpolitik des Kanzlers festgestellt werden. Dies wurde insofern vielbeachtet, als es dem Kanzler bei der Präsentation des Petersberger Abkommens vor dem Bundestag gelang, der heftig opponierenden SPD unter Schumacher dadurch den Wind aus den Segeln zu nehmen, daß er ein zustimmendes Votum des DGB präsentieren konnte (708). Dies setzte sich fort, als der DGB dem Schuman-Plan zustimmte und sich an entsprechenden Verhandlungen in Paris beteiligte (709). Dies wurde schließlich dadurch deutlich, daß der DGB unter seinem Vorsitzenden, Ernst Böckler, der Wiederbewaffnung keinen Widerstand entgegensetzte. Dabei sieht Arnulf Baring das taktische Kalkül des Gewerkschaftschefs darin, für das gewerkschaftliche Stillhalten, für die stillschweigende Unterstützung der Adenauerschen Außen- und Verteidigungspolitik, als Gegenleistung eine demokratische Wirtschaftsverfassung zu verlangen (710).

Baring bringt damit zum Ausdruck, daß außenpolitische Hilfsdienste nicht unbedingt ein aktives Eintreten für die Politik Adenauers beinhalteten, wohl aber durchaus Vorteile für die "Helfenden" versprachen. Im Falle des DGB wird als ein innenpolitisches Resultat der außenpolitischen Hilfsdienste immer wieder die Montanmitbestimmung angeführt (711).

Hat diese "Vorabfertigung der organisatorischen Interessen" nun wirklich hauptsächlich über das Stilelement der unmittelbaren Vereinbarung des Kanzlers mit Interessengruppen bei Ausschaltung der zuständigen Ressortchefs, also vermittels jener geschilderten "Immediatvorträge", stattgefunden? Hier muß zunächst eine Tatsache Erwähnung finden, die im Zusammenhang mit den Untersuchungen zum Primat der Außenpolitik bei Adenauer bedeutsam war (Vgl. S. 83):

Adenauer hat demnach seinen Ministern in der Ausführung der internen Politik weitgehend freie Hand gelassen. Wenn dem so war, müssen bei der Absicherung des außenpolitischen Handlungsfeldes des Kanzlers durch innenpolitische Zugeständnisse gegenüber den Interessengruppen die Minister in irgendeiner Form beteiligt gewesen sein. Für die Relevanz der Minister als Ansprechpartner der Interessengruppen kann der Umstand angeführt werden, daß sich zahlreiche Verbände darum bemühten, für ihr interessenspezifisches Fachgebiet ein Ministerium zu schaffen und auf den Ministersessel eine Persönlichkeit zu plazieren, die dem Verband möglichst nahe stand. Die Erwartungshaltung der Interessengruppen in dieser Angelegenheit hat Rupert Breitling so beschrieben, daß sie davon ausgegangen seien, "ihr" Minister werde die speziellen Ideen und Interessen des Verbandes innerhalb der Bundesregierung vertreten (712). Man sprach denn auch bald von dem Wunsch nach "Verbandsherzogtümern" (713).

Daß gewisse Ministerposten von "betroffenen" Interessengruppen als verbandsmäßige Brückenköpfe innerhalb der Regierung betrachtet wurden, darauf hat der langjährige Sprecher der Vertriebenen, Linus Kather, schon im September 1949 vor dem Bundestag in aller Deutlichkeit hingewiesen. Kather in Sachen Flüchtlingsministerium:

"Worauf es uns ankommt, daß einer von uns als verantwortlicher Minister im Kabinett sitzt und dafür sorgen kann, daß man uns nicht mehr vergißt. Es wird Sache der Bundesregierung sein, insbesondere auch des Bundeskanzlers, dem Flüchtlingsminister jede Unterstützung zuteil werden zu lassen. (...) Wir von den Flüchtlingsorganisationen begrüßen es, daß einer von uns an dieser Stelle steht. Ich kann dem Herrn Minister die Erklärung abgeben, daß wir seine Arbeit in jeder Weise unterstützen werden; und da er selbst einer von uns ist, auch einer von der Organisation her, sind wir einer vertrauensvollen Zusammenarbeit sicher." (714)

Als diese vertrauensvolle Zusammenarbeit mit dem Vertriebenenminister Hans Lukaschek nach Meinung des Zentralverbandes vertriebener Deutscher (ZvD) deshalb nicht zustande kam, weil der Ressortchef nicht jede spezifische Forderung aus den Reihen der Vertriebenen als Richtwert für seine Politik ansah, sprach ihm der ZvD öffentlich sein Mißtrauen aus und verlangte in letzter Konsequenz die Demission von Lukaschek. Die wohl kräftigste Formulierung in dieser Hinsicht stammt aus einer Kundgebungsrede des ZvD-Vorsitzenden Linus Kather:

"Der Herr Bundeskanzler hat aus der Vertrauenskrise um den Vertriebenenminister keinerlei Konsequenzen gezogen. Er hat es nicht getan, obwohl es nicht zweifelhaft sein kann, daß die überwältigende Mehrheit der Vertriebenen dem Minister kein Vertrauen mehr entgegenbringt und obwohl der Kanzler auch nicht bestreiten kann, daß die Vertriebenen einen Anspruch darauf haben, einen tatkräftigen und energischen Sachwalter im Kabinett zu haben." (715)

Obwohl Adenauer dem Drängen der Vertriebenen, ihren "Sachwalter" im Kabinett auszutauschen, erst nach langem Zögern im Rahmen der Regierungsbildung nach der zweiten Bundestagswahl nachkam (716), gibt es durchaus einen Hinweis darauf, daß auch der Regierungschef diese Sachwalterrolle sah. Der damalige Regierungssprecher, Felix von Eckardt, hat folgendes zur Ernennung von Theodor Oberländer zum Vertriebenenminister notiert:

"Als ich von seiner bevorstehenden Erneuerung hörte, machte ich den Kanzler auf die Vergangenheit dieses Mannes während der Nazizeit aufmerksam und warnte vor den zu erwartenden Angriffen, denn ich kannte einen Teil des Materials, das die Zonenmachthaber bereithielten. Adenauer wußte selbst genug über Oberländer, meinte aber resignierend: 'Ich habe die Flüchtlingsverbände mehrmals gebeten, mir einen anderen Mann zu präsentieren, aber sie bestehen auf Oberländer!' " (717)

Ein Ministerkollege von Oberländer, Hans-Joachim von Merkatz, hat beschrieben, welche Interessengruppe welches Fachressort als ihren eigentlichen Resonanzboden ansah. Merkatz geht davon aus, daß - obwohl Sozialpolitik, Wirtschaftspolitik, Gesundheitspolitik oder Landwirtschaftspolitik nicht bloß zugunsten einer Bevölkerungsgruppe und isoliert von der Gesamtpolitik betrieben werden könne - die Arbeitnehmer und Arbeitgeber, die Ärzte und die Landwirtschaft diese Ressorts als ihre Domäne betrachteten (718). Um im Merkatzschen Bild von der Domäne zu bleiben: Die Zielrichtung Domänenwesen kann für die Verbände nur dann einen Sinn gehabt haben, wenn der anvisierte "Besitz" ertragreich war, d.h. die Domänenverwalter (die Minister) führten die Geschäfte (die Ressortpolitik) so, daß für die Verbände ein zählbarer Gewinn entstand. Anders: Das Interesse der Verbände an einem adäquat besetzten Fachressort ist nur dann erklärlich, wenn sie in den jeweiligen Ministerien einen aufnahmebereiten Ansprechpartner für die Realisierung ihrer Interessenpolitik fanden. Dergleichen Verbandsneigung liegt offenbar vor, man kann also nicht davon ausgehen, daß die innenpolitische Absicherung der außenpolitischen Handlungsvollmacht des Kanzlers von vornherein am betroffenen Ministerium oder zuständigen Ressortchef vorbei erfolgen mußte.

Die Beteiligung von Ressortchef und Fachministerium an der innenpolitischen Interessenabsicherung ist auch insofern zu vermuten, als sich sehr schnell zwischen Verband und verbandsmäßig geprägtem Ressort eine Affinität im Denken und Handeln herstellen konnte. Daß beim Auftauchen eines solchen Identitätsgefühls nirgendwo anders interessenpolitische Wünsche besser aufgehoben waren als beim entsprechend ausgerichteten Fachressort, ist immer wieder betont worden (719).

Erst wenn dieses generelle Identitätsgefühl im konkreten Fall nicht in spezielle Politik umzusetzen war (aus welchen Gründen auch immer, z.B.: überschneidende Interessen von relevanten Verbänden), kam es häufiger zum Eingreifen des Kanzlers in den innenpolitischen Absicherungsprozeß. Das Immediatgespräch beim Kanzler war aber oftmals keineswegs der erste, vielmehr einer der letzten Versuche von Interessenvertretern, den Gesetzgebungsprozeß zu beeinflussen (720).

Dieses Eingreifen des Kanzlers in die Endphase eines politischen Entscheidungsprozesses (Adenauer geht hier genau umgekehrt wie bei den "Einsamen Entscheidungen" vor) nach klärenden Verhandlungen mit Interessenvertretern kann in der ersten Legislaturperiode durch mehrere markante Beispiele belegt werden. Da ist zum einen Adenauers Eingreifen in die Bemühungen, die zur Verabschiedung eines Lastenausgleichsgesetzes (LA-Gesetz) führten, wobei sich die Vertriebenenverbände bewußt nicht bei Beginn der Auseinandersetzungen um das Feststellungsgesetz an den Kanzler wandten, weil sie ihn als "Trumpfkarte" für die Schlußauseinandersetzung zurückbehalten wollten (721).

Rudolf Fritz sieht denn auch einen Kanzler, der beim Lastenausgleich nur in Krisensituationen eingreift und dann wichtige Entscheidungen außerhalb des Parlaments nach Absprache mit Kather getroffen habe. Adenauer habe sich dabei gegenüber der CDU/CSU-Bundestagsfraktion durchgesetzt und die unterschiedlichen Auffassungen der beiden wichtigsten Ressorts (Finanz- und Vertriebenenministerium) koordiniert (722). Der Hauptpartner bei diesen Immediatgesprächen, Linus Kather, hat denn auch das entscheidende Eingreifen Adenauers über den eigentlichen Bereich der LA-Gesetzgebung hinaus bei allen vertriebenenrelevanten Gesetzen auf dem CDU-Parteitag in Hamburg 1953 gewürdigt (723).

Die vermittelnde Rolle Adenauers via Immediatgespräch mußte sich aber nicht unbedingt auf direkte Dissonanzen im politischen Prozeß beschränken, die durch parteiinterne oder regierungsspezifische Differenzen zu innenpolitischen Fragen ausgelöst wurden. Es konnte beim Direktkontakt Adenauers mit Interessenvertretern auch darum gehen, zur Entspannung verhärteter Fronten zwischen Einzelverbänden beizutragen. Der bekannteste Fall in dieser Hinsicht sind die Gespräche, die Adenauer 1951 mit den

Tarifvertragsparteien des Montanbereiches führte, nachdem Verhandlungen über eine Mitbestimmungsregelung auf dieser Ebene zusammengebrochen waren. Adenauer meisterte diese Krise, indem er nach getrennten Aussprachen die Kontrahenten wieder an einen Tisch bringen konnte und mit ihnen eine Einigung über die wesentlichsten Punkte eines paritätischen Mitbestimmungsmodells erzielte. Unmittelbar nach der Kompromißfindung billigte das Kabinett die Vorstellungen und leitete den Gesetzgebungsprozeß ein (724). Theo Pirker hält vor dem Hintergrund eines drohenden, letztlich politischen Streiks eine Belastungsprobe auf Biegen und Brechen für diskutabel, die der junge deutsche Staat noch nicht durchstehen konnte und wertet Adenauers erfolgreiches Eingreifen so, daß der Kanzler in dieser prekären Lage seine großen und diplomatischen Fähigkeiten beweisen konnte (725). Auch beim ersten hier erwähnten Fall von Krisenintervention des Kanzlers, der Regelung des Lastenausgleichs, ging es Adenauer darum, eine negative Entwicklung zu verhindern. Diesmal weniger aus staatspolitischen, eher aus wahltaktischen Gründen. Eine Belastungsprobe war insofern abzusehen, als einer der entscheidenden Personen des Vertriebenenlagers, der CDU-Bundestagsabgeordnete Linus Kather, offen damit drohte, seine Partei zu verlassen und mit einem Überwechseln zum BHE den Vertriebenen eine neue politische Heimat zu bieten, wenn beim LA-Gesetz nicht noch wesentliche Verbesserungen in seinem Sinne erreicht würden (726).

Das Winken mit dem Parteiwechsel inklusive seiner hochrechenbaren Auswirkungen für das Wählerpotential der Union brachten Kather in eine äußerst starke Position (727). Und so zitiert denn auch der Vertriebenenpolitiker in seinen Erinnerungen einen Spiegel-Artikel vom 25. Juni 1952 als "zutreffende Darstellung", indem der Erfolg der Gruppe um Kather mit Adenauers Furcht davor erklärt wird, daß ein um Kathers Vertriebenenorganisation erweiterter BHE bei der nächsten Bundestagswahl einen starken Koalitionspartner für die SPD abgeben würde (728). Auch beim Bundesvertriebenengesetz griff Kather dementsprechend auf das Druckmittel Wählerpotential zurück und konnte erleben, daß Adenauer auch diesmal den Vertriebenen zur Hilfe kam (729).

Wie zuvor geschildert, war dieses Entgegenkommen des Kanzlers oftmals nur der Endpunkt einer Kette von Gesprächen, die (vor allem bei krisenhafter Zuspitzung) im Immediatvortrag bei Adenauer für die Interessenverbände ihren Höhepunkt fand. Damit scheint gerechtfertigt, die Frage nach dem

System der innenpolitischen Absicherung der außenpolitischen Handlungsvollmacht des Kanzlers dahingehend zu beantworten, daß die "Vorabbefriedigung organisatorischer Interessen" keineswegs allein über das Stilelement des Immediatvortrages erfolgte. Adenauer griff vielmehr dann verstärkt zu diesem Instrumentarium, wenn vorstehende Abklärungen keine Resultate brachten und er dadurch seine Machtbasis gefährdet sah, was natürlich in zeitlicher Nähe zu Bundestagswahlen öfters der Fall war. Damit ist aber gleichzeitig ausgesagt, daß das Bild vom reinen Immediat-Kanzler nicht als zutreffende Beschreibung für das Verhältnis Adenauers zu den Interessengruppen Verwendung finden kann. Sicherlich gab es Immediatempfänge beim Kanzler. Sie hatten jedoch oftmals durch ihre verhandlungstechnische Vorgeschichte weitaus weniger diskriminierenden Charakter gegenüber Ministerien und Ressortchefs, als dies aus der Sicht vieler Beobachter erscheint. Zumal es auch vereinzelt Stimmen gibt, die im direkten Gespräch des Kanzlers mit Interessenvertretern eine Unterstützungsaktion Adenauers für das Gespräch von Ressortchefs mit den Verbänden sehen. Hans-Günther Sohl hat dies für die Verhandlungspraxis des Wirtschaftsministers Ludwig Erhard bei Preisgesprächen mit der Stahlindustrie in Erinnerung (730).

Es gibt aber noch andere Überlegungen, die die Bedeutung des Immediatenempfanges beim Kanzler relativieren. Es ist bereits der Umstand angesprochen worden, daß nach solchen Unterredungen oftmals bindende Zusagen des Kanzlers hinsichtlich der Wünsche des jeweiligen Verbandes präsentiert wurden. Freilich gibt es eine ganze Reihe von Stimmen, die vor einer Überschätzung der Bindungskraft solcher Zusagen warnen (731). Auch Linus Kather hat angemerkt, daß Zusagen von Adenauer oft nicht oder nur mit großer Verspätung realisiert wurden (732), Jürgen Weber spricht davon, daß Adenauer seine häufigen Zusagen genauso häufig wieder vergaß (733). Dieses Vergessen mag daraus resultieren, daß die Verbände oftmals eher vage und substanzlose Versprechen des Kanzlers in den Immediatgesprächen aus agitatorischen Gründen für die Öffentlichkeit zu inhaltsschweren Kanzlerdirektiven umbogen. Junker erklärt dieses Verhalten der Verbandsvertreter mit einer natürlichen Motivation; da der Kanzler das dann eigentlich gebotene Dementi schwerlich tatsächlich erklärte, entstünde daraus eine Art von gruppenpolitischem Besitzstand, ein fait accompli, der sich kaum noch rückgängig machen lasse (734). Genau dies hat Theodor

Sonnemann für das Rhöndorfer Gespräch Adenauers mit den Vertretern des Bauernverbandes beschrieben. Danach habe Adenauer am Ende der Zusammenkunft eine Erklärung zur Agrarpolitik seiner Regierung abgegeben, ohne daß dies ein Langzeitprogramm mit unveränderter Gültigkeit für alle kommenden Situationen sein sollte. Über Jahre hinaus seien jedoch Adenauer seine angeblichen Rhöndorfer Versprechungen von den Bauern vorgehalten und jede vermeintliche Abweichung als Bruch einer festen Zusage registriert worden (735).

Die Verbände gaben den Immediatgesprächen beim Kanzler damit oft eine inhaltliche Dimension, die lediglich aufgesetzt erscheint. Denn wenn überhaupt Zusagen Adenauers möglich waren, handelte es sich um Versprechen, sich für dieses und jenes zu verwenden. Diese "Verwendungszusagen" (736) konnten durchaus Erfolg haben. Es gab aber keine Garantie, daß in die politische Realisierung all das einfloß, was die Verwendungszusage beinhaltete. Sahen die Interessengruppen Adenauers angebliche Versprechungen dann tatsächlich nicht ganz eingelöst, gab es häufig öffentlichen Protest, dessen Grundlage – wie Theodor Eschenburg erstaunt formuliert – ein Bild vom Partei- und Staatsdiktator Adenauer zu sein schien, der nur auf den Knopf zu drücken brauche, und seine Gefolgschaft, die Beamten und CDU-Abgeordneten, erfüllen seine Wünsche (737).

Dieser Vorstellung vom politischen Prozeß als einem von Adenauer weitgehend problemlos dirigierten "motorisierten Gesetzgeber" (738) muß vor dem Hintergrund der bislang in dieser Studie erarbeiteten Erkenntnisse über den Regierungsstil des ersten Kanzlers eine klare Absage erteilt werden. Adenauer war zwar mächtig, aber nicht allmächtig. Die Konkretisierung der Regierungspolitik erfolgte in einem mehrstufigen Geflecht formeller und informeller Ebenen, wobei der Kanzler nur in abgegrenzten Bereichen (z.B. Außenpolitik) der überragende Einflußfaktor war. Auch die Interessengruppen mußten mit einer mehrpoligen Prozeßstruktur rechnen (739).

Natürlich gibt es auch Beispiele dafür, daß Interessengruppen auf dem Weg Immediatgespräch Erfolg hatten. Dies wird überhaupt nicht bestritten. Es muß aber angemerkt werden, daß die Verbände bei dergleichen nicht immer beim Kanzler Erfolg hatten, daß manche von ihnen nach Gesprächsschluß vermeldete Zusage des Kanzlers so inhaltlich gar nicht abgegeben worden war und daß tatsächliche Zusagen des Kanzlers erst einmal im politischen

Willensbildungsprozeß realisiert werden mußten. Die Vorstellung, daß Adenauer den Verbänden regelmäßig durch bindende Zusagen entgegengekommen ist, muß vor diesen Hintergrund gestellt und damit nicht unerheblich relativiert werden.

Damit kann die zuvor gestellte Frage, ob das Bild vom reinen Immediat-Kanzler Adenauer nicht eine Überzeichnung war, insofern mit ja beantwortet werden, als der Direktkontakt Kanzler/Verbände
- oftmals das letzte Glied einer Kette von Gesprächen zu interessenpolitischen Fragen zwischen Regierungs- und Verbandsvertretern war, wobei der Kanzler vor allem in Krisensituationen intervenierte
- weniger verbindliche Zusagen zeitigte, als dies Verbandsvertreter nachträglich angaben, zumal die Versprechungen des Kanzlers immer vorbehaltlich ihrer tatsächlichen Realisierung im politischen Willensbildungs- und Entscheidungsprozeß gesehen werden mußten.

Die Vorstellung, daß den Interessengruppen in erster Linie durch ihren Direktkontakt zum Kanzler Möglichkeiten zum Einfluß auf den politischen Prozeß gegeben waren, kann auch insofern korrigiert werden, als empirische Studien (740) nachweisen, daß die Verbände versuchen, den Gesetzgebungsprozeß in allen Phasen seiner Entwicklung zu beeinflussen. Jürgen Weber hat aus dieser Erkenntnis heraus als "Muß" für die Interessenpolitik formuliert, Einflußaktivitäten möglichst breit zu streuen und sich in allen Phasen des Entscheidungsprozesses für ein Gesetzgebungswerk zu Wort zu melden und sein Machtpotential in die Waagschale zu werfen (741). Diese Vorgangsweise hat Gerard Braunthal auch bei der Industriellenvereinigung BDI bemerkt. Deren Hauptaufgabe hinsichtlich des politischen Prozesses habe darin bestanden, Zugang zu den politischen Entscheidungsträgern zu finden, wo immer das möglich gewesen sei (742).

Otto Stammer hat den Umstand, daß Verbände dazu neigen, alle beteiligten Akteure im Handlungsbereich von Regierung und Parlament zu beeinflussen, nicht gruppenspezifisch, sondern gesetzesspezifisch beschrieben. Zu der Auseinandersetzung um das Personalvertretungsgesetz formuliert er:

"Es bestätigt sich die (...) Vermutung, daß die Einflußnahme der Verbände tatsächlich auf allen Stationen dieser Gesetzgebung erfolgte. Es handelt sich in den hier untersuchten Fällen um eine von den Verbandsführungen beabsichtigte, von den übrigen Akteuren und den Adressaten der Druckausübung, wie der Ministerialbürokratie, den Parteien und den zur Entscheidung berufenen Parlamentsgremien, in Rechnung gestellte Teilnahme am politischen Prozeß, die sich zwar im Rahmen der rechtlichen Bestimmungen der Verfassungen und der Geschäftsordnungen der Regierungen und gesetzgebenden Körperschaften abspielte, im wesentlichen aber den informellen Gewohnheiten und Regeln der wechselseitigen Information und Beeinflussung aller 'Teilnehmer am Verfassungsleben' folgte." (743)

Stammers Ausführungen zeigen, daß sich Beeinflussungsversuche der Verbände nicht nur auf das formelle Institutionsgefüge richteten, sondern auch die "informellen Gewohnheiten und Regeln" berücksichtigen. Dies umschreibt nichts anderes als den Umstand, daß der politische Formierungsprozeß im Bereich der Regierung, der in den vorstehenden Kapiteln als mehrstufiger Konkretisierungsprozeß mit formellen und informellen Elementen beschrieben wurde, stetig von Versuchen der Verbandsbeeinflussung begleitet wurde. Das schließt logischerweise ein, daß dergleichen Beeinflussungsversuche auch über den Kanzler liefen, und schließt keinesfalls aus, daß diese Verbandsaktivitäten erfolglos waren. Das heißt aber auch, daß den Interessengruppen ein ziemlich breiter Beeinflussungsfächer zur Verfügung stand, dessen Sinn nur dadurch erklärlich ist, daß man nicht allein über den Kanzler und seine unmittelbare Umgebung wirken, sondern auch auf anderen Ebenen Resultate erzielen konnte. Dies unterstreicht, daß das Immediatgespräch beim Kanzler ein, keinesfalls aber "der" Beeinflussungskanal war. Also muß auch nach dieser Argumentationsfolge die Vorstellung von der überragenden Bedeutung der Immediatgespräche eingeschränkt werden. Damit erscheint es letztlich auch als unberechtigt, die Stilform Immediatgespräch beim Kanzler als wesentliches Konstruktionselement für eine Modellvorstellung wie die Konzeption von der Herrschaft der Verbände zu verwenden.


Z u s a m m e n f a s s u n g

Die Schilderung der Genese des Regierungsstiles des ersten Bundeskanzlers Konrad Adenauer, die Darstellung über das Entstehen der "Kanzlerdemokratie", kann im folgenden Überblick konzentriert werden:
Adenauer hat die Anlagen, die das Grundgesetz in dieser Hinsicht bietet, tatsächlich zu einer starken Kanzlerposition ausbauen können. Dies muß als ein vielschichtiger, multifunktionaler Prozeß verstanden werden, dessen eigentlicher Ausgangspunkt in der Vorgeschichte der Bundesrepublik zu

finden ist.

Adenauer hat sich demnach innerhalb der CDU der britischen Zone eine starke Stellung durch parteipolitische Ämterkumulation schaffen können. Die Führungsrolle innerhalb dieser Zonenpartei hatte bei der regionalisierten Struktur der Gesamtunion deshalb erhebliches Gewicht, weil die Briten als erste gesamtzonale Parteiorganisationen im Westen zuließen, weil die östliche "Konkurrenzorganisation" um Hermes und Kaiser zunehmend an Boden verlor und weil die Zonen-CDU um Adenauer ein gangbares außenpolitisches Konzept (Westorientierung) und schließlich auch eine vertretbare wirtschaftspolitische Konzeption (soziale Marktwirtschaft) präsentieren konnten. Adenauers Führungsinstrument innerhalb der Gesamtunion war dabei nicht ein Gremium der offiziellen Arbeitsgemeinschaft, vielmehr ein informeller Kreis der Landesvorsitzenden, der als nichtformelles Instrument wesentlich flexibler zu handhaben war.

Das zweite Versatzstück für Adenauers wachsende Bedeutung vor der bundesrepublikanischen Staatlichkeit war der Umstand, daß man ihn zum Präsidenten des Parlamentarischen Rates wählte. Diese Position - eher als würdiger Karriereschlußpunkt für einen alternden Politiker gedacht - macht ihn quasi automatisch zum Sprecher des werdenden Staates gegenüber den Besatzungsmächten. Obwohl Adenauer nicht im eigentlichen Sinne populär war, wurde er zu einer Autorität, die im informellen Kontakt zu den Militärgouverneuren ihr generelles Politikprinzip, die Kooperation mit den Besatzern, instrumentieren konnte.

Adenauers Führungsrolle innerhalb der regionalisierten CDU ermöglichte es ihm nach der ersten Bundestagswahl, die Willensbildung innerhalb seiner Partei so zu präformieren (durch ein weitgehend bewährtes Verfahren, eine informelle Zusammenkunft mit starker Beteiligung der Landesvorsitzenden der "Rhöndorfer Konferenz"), daß sich die Union für eine kleine bürgerliche Koalition entschied und Adenauer selbst zum Regierungschef gewählt wurde. Des Kanzlers Plan, eine nach der Ausschaltung möglicher Konkurrenten formierte Bundes-CDU als 1951 gewählter Parteivorsitzender quasi im Durchgriff durch einen Adenauer nahestehenden Generalsekretär zu führen, scheiterte. Dies war aber letztlich ohne Bedeutung, da Adenauer die Gesamtunion ohne zusätzliche institutionelle Absicherungen (wie in Besatzungstagen, Vgl. Ämterkumulation) "regieren" konnte, wobei ihm seine wachsende Popularität und Autorität als Kanzler das nötige, auch parteipolitische nutzbare, Resonanzfeld gab.

Die wachsende Autorität kam regierungsintern auf einer sehr eigentümlichen Grundlage zustande. Die Bundesrepublik war zunächst durch das parallel zum Grundgesetz verkündete Besatzungsstatut ein nur teilsouveräner Staat, wichtige Vollmachten lagen letztendlich bei der neuinstallierten Alliierten Hochkommission. Adenauer akzeptierte als Ausgangspunkt den teilsouveränen Status der Bundesrepublik, sein Rezept zu dessen Abbau hieß Kooperation mit den Westalliierten, um über Vorleistungen deren Vertrauen zu erringen. Vertrauensgewinn erzielte Adenauer tatsächlich, zunächst nur auf seine Person bezogen, wobei sein Agieren als berechenbarer Partner der Siegermächte in seiner Zeit als Präsident des Parlamentarischen Rates ein ausbaufähiges Grundkapital war. Das schon zur Besatzungszeit praktizierte Verfahren des informellen Gesprächs zwischen deutschen und alliierten Spitzenvertretern, welches jetzt in der Form der Kanzlervisiten auf dem Petersberg, dem offiziellen Sitz der Alliierten Hochkommission, beibehalten wurde, ermöglichte es dem Regierungschef, diesen für die Frühgeschichte der Bundesrepublik entscheidenden Kontakt auf sich und seine unmittelbare Umgebung aus dem Kanzleramt zu konzentrieren. Das weitgehende Verhandlungsmonopol stärkte die regierungsinterne Position Adenauers durch die Kraftquelle des alleinigen Zugangs zum eigentlichen Souverän, eine Entfaltungsmöglichkeit für den Regierungschef, den der grundgesetzliche Rahmen nicht vorsehen kann. Dieser extrakonstitutionelle Faktor untermauerte die Position des Kanzlers nicht zuletzt gegenüber seinem Kabinett. Es gab der verfassungsrechtlichen Anlage zum "starken" Regierungschef insofern eine gute Basis, als die darauf abgestellte Politik der "vorleistenden Kooperation" immer erfolgreicher wurde, d.h. die Akzeptierung der Bundesrepublik als vollsouveräner Partner des westlichen Systems schritt voran, wobei die Vorleistungen immer bedeutungsloser wurden. Damit kann man sagen, daß die eigentliche Schwäche der frühen Bundesrepublik wesentlich mit dazu beigetragen hat, daß die grundsätzliche Möglichkeit eines starken Kanzlers zur realpolitischen Autorität Adenauers wurde.

Die baldige Gewöhnung der Institutionen des Regierungsbereiches an einen starken Kanzler Adenauer war auch insofern möglich, als "das" Problem der vorsouveränen Bundesrepublik, die Frage nach der Aufhebung dieser Souveränitätsbeschränkungen, eine an sich außenpolitische Frage war, die

de jure von den Deutschen nicht angegangen werden konnte, weil die
Außenpolitik zunächst als Reservat der Westmächte ausgewiesen war.
Adenauer hat die Nichtmöglichkeit zu eigener Außenpolitik immer für eine
Fiktion gehalten. Abgesehen vom Umstand, daß allein schon die Beziehung
Bundesrepublik/Hochkommissare ein eminent außenpolitisches Problem war
(dessen deutschen Handlungspart Adenauer weitgehend besetzte), entwickelte der Kanzler eine für diese spezielle Situation zugeschnittene Methode
sich außenpolitisch Gehör zu verschaffen, die sogenannte "Interview-
Außenpolitik". Dies sicherte dem Kanzler, da kein Außenminister vorhanden
war und "außenpolitische" Dienststellen im Bundeskanzleramt konzentriert
wurden, eine dominante Rolle im zunächst "außenpolitischen" Feld, weil
er einmal allein auf dem Petersberg verhandelte, zum anderen die diversen
Interview-Texte kaum mit seinen Ministern abzustimmen waren.
Als deutsche Außenpolitik nicht nur mehr de facto geduldet wurde, sondern
de jure erlaubt war, ließ Adenauer keinen Zweifel an seiner überkommenen
Prädominanz auf diesem Sektor aufkommen und besetzte den Außenministerstuhl in Personalunion mit der Kanzlerposition. Daß die persönliche Entscheidungsautorität in diesem Feld weitgehend beim Kanzler verblieb,
zeigte die auswärtige Politik nach der Rückkehr der Bundesrepublik auf
die völkerrechtliche Bühne recht plastisch: Außenpolitik bestand in
erster Linie aus umfangreichen Vertragsverhandlungen (z.B. Deutschlandvertrag), die der Kanzler fast ausschließlich mit Beratern und Beamten
aus dem Palais Schaumburg und dem Außenamt führte. In der formativen
Phase hatten weder Kabinett noch Parlament realen Einfluß auf diese Vertragsverhandlungen. Sie wurden erst konsultiert, als die eigentlichen
Texte bereits paraphiert waren. Zwar erhob sich dann (gelegentlich durchaus erfolgreicher) Protest von Parlamentariern und Ministern. In der
Regel konnte Adenauer seine Dominanz im außenpolitischen Bereich aber
ohne allzuviel Mühe verteidigen. Da aber die Außenpolitik allgemein
durchaus als Schicksalsfrage der Bundesrepublik angesehen wurde, wird
erkennbar, wie stark die Position eines Regierungschefs sein mußte, der
die wichtigsten Fragen in diesem Zusammenhang bei sich monopolisieren
konnte.
Ein letztes Faktorenbündel kann zur Erklärung der starken Kanzlerposition
herangezogen werden. Adenauers Kanzlerschaft fiel mit dem staatlichen
Neubeginn zusammen. Er war der erste Amtsinhaber, der die entsprechenden

Bestimmungen des Grundgesetzes konkretisieren konnte. Dabei ist von Bedeutung, daß die umfassende Neukonstruktion eines Verfassungsgebäudes nicht so ausfallen kann, daß der gesamte Verfassungsrahmen bis in alle Details ausgefüllt ist. Es bleibt somit – vor allem dem ersten Amtsinhaber – breiter Raum zur Normierung der Verfassungswirklichkeit. Adenauer machte davon in Richtung auf die Stärkung der Kanzlerposition intensiv Gebrauch. Seine formative Kraft, die dadurch plastisch deutlich wird, daß man das Verfassungsinstitut der Richtlinienkompetenz lange Zeit weitgehend an jener Interpretation maß, die Adenauer ihr mit seinem Wirken gab, war auch insofern beträchtlich, als der erste Bundespräsident, Theodor Heuss, den politischen Primat des Kanzlers anerkannte und so Adenauer mögliche Leer- und Schattenräume des Verfassungsgebäudes im Sektor der Regierung einigermaßen ungestört normieren konnte.

Trotz dieser starken Position war Adenauer im Bereich der Regierung kein autoritärer Diktator. Die Konkretisierung der Regierungspolitik ging vielmehr in einem Geflecht von formellen und informellen Ebenen vor sich, wobei der Kanzler durchaus ein (häufig machtvoller) Prozeßfaktor war, aber eben nur  e i n  Faktor.

Der innerste Kern dieses Konkretisierungsprozesses kann im Bundeskanzleramt angesiedelt werden (was nicht heißt, das von dieser Stufe alle politischen Impulse ausehen mußten). Die eigentliche Kanzlerbehörde ist oft beschrieben, ihr Wirken aber wohl auch häufig verzeichnet worden. Weder das düstere Bild vom Bundeskanzleramt als Treibhaus voller von der Spitze gefördertem konkurrenzbewußten Intrigantentum noch die Vorstellung, daß Adenauer bei seinen unmittelbaren Mitarbeitern weitgehend auf fügsame Gehilfen zurückgriff, die ihm quasi marionettenhaft zuarbeiteten, kann als realistische Zustandsbeschreibung akzeptiert werden. Das Arbeitsklima in der Bundeskanzlei war vielmehr von zahlreichen, sich teilweise widersprechenden Faktoren geprägt. Diese Gemengegelage erlaubt es nicht, eine stets passende Klischeevorstellung des Amtes zu entwickeln. Es gab den Adenauer, der mit Herrschsucht, Mißtrauen und der Ausnutzung menschlicher Schwächen regierte, es gab eine "Mannschaft" um den Kanzler, deren Unterschiedlichkeit in Temperament, Herkunft und Fähigkeiten keine schlagwortartige Zusammenfassung erlaubt, es gab den Kanzler, der seine Mitarbeiter öffentlich belobigte, der ihnen viel Freiheit ließ, Widerspruch akzeptierte und zum Meinungswandel bereit war. Auf der Basis dieses vielschichtigen personalpolitischen Rahmens entwickelte sich eine Arbeitsordnung, bei der der Kanzler sein politisches Kalkül nicht nur im Zweigespräch reflektierte, sondern durchaus so etwas wie ein "Küchenkabinett" installierte, eine erste informelle Zusatzebene, bei der die Politik in Gruppenform behandelt wurde. Für die Stilform Küchenkabinett lassen sich drei Einzelaspekte voneinander trennen, die verdeutlichen, daß diese Beratungsform teilweise über das Bundeskanzleramt hinausging.

Es gab:
- Beratungen Adenauers ausschließlich mit Angehörigen des Bundeskanzleramtes
- Beratungen Adenauers mit Angehörigen des Bundeskanzleramtes und anderen
- Beratungen Adenauers mit Unionspolitikern.

Die Reflexionen in einem dieser Kreise konnte durchaus die einzige relevante Beratung des Kanzlers in einer wichtigen politischen Angelegenheit sein. Die Außenpolitik kann hier häufig als Beispiel angeführt werden. Vielfach war jedoch die Besprechung im "Küchenkabinett" (wie auch immer strukturiert) nur die erste Stufe eines weitergehenden Abstimmungsprozesses, d.h. die Umsetzung in praktische Politik erforderte weitere Konsultationsmechanismen auf zusätzlichen (formellen und informellen) Ebenen.

Als eine sicherlich bedeutende formelle Ebene bei der Konkretisierung der Regierungspolitik muß das Kabinett (schon von seiner grundgesetzlichen Ausstattung her) angesehen werden. Die Regierungsbildung 1949 läßt erkennen, daß der Kanzler es hier nicht mit einem Gremium zu tun hatte, dessen personelle Zusammensetzung in sein Belieben gestellt war. Adenauer mußte bei der Kabinettskonstruktion vielmehr erhebliche Konzessionen an die seine Regierung tragenden Fraktionen machen. Das Präsentationsrecht des Kanzlers für sein Kabinett wurde durch ein faktisches Benennungsprivileg der Koalitionsfraktionen hinsichtlich der Ministerposten weitgehend überlagert. Dies verdeutlichte, daß Konrad Adenauer, wie jeder westdeutsche Regierungschef, ein "parlamentarischer Kanzler" war, dessen persönliche Handlungsautorität immer vor dem Hintergrund seiner Anbindung an die ihn unterstützende Parlamentsmehrheit gesehen werden muß.

Nun gibt es durchaus Stimmen, die diesem Gremium im politischen Entscheidungsprozeß nur eine minimale Bedeutung zuweisen. Das nicht zuletzt, weil Adenauer in seinem Kabinett habe mit autoritärer Strenge schalten und

walten können. Die Ressortchefs seien bestenfalls Experten gewesen, die
ihr Arbeitsfeld in technokratischer Selbstbeschränkung verwalteten. Dieses
Kabinett der politisch neutralen Wesen ist freilich genauso eine Fiktion
wie das von Adenauer total beherrschte Kanzleramt. Und parallel zu den
differenzierenden Erkenntnissen über die Bundeskanzlei muß auch hier
angemerkt werden, daß es "die" durchschnittliche Kabinettssitzung bei
Adenauer nicht gab. Die Kabinettspraxis war vielmehr von einer Vielzahl
von Faktoren geprägt, das Berufen auf die eine oder andere Kombination
ermöglichte durchaus sich widersprechende Momentaufnahmen. Da gab es den
Adenauer, der im Kabinett lange Monologe hielt, der Wortmeldungen übersah
und Redebeiträge unwirsch unterbrach. Da gab es den Kanzler, der an zügig
effektiver Kabinettsarbeit interessiert war, der eine nie hinterfragte
Autorität ausstrahlte. Es gab aber auch den Regierungschef, der vor dem
Widerstand eines Ministers kapitulierte, der sich auf intensive Diskussionen einließ, der außenpolitische Fragen ansprach oder sich bitter über
die politischen "Sonntagsreden" diverser Regierungsmitglieder beklagte.
Wie man seine Gewichtung auch immer wählt: Ein politisch neutralisiertes
Gremium war das Kabinett jedenfalls nicht. Es war durchaus eine wichtige
Stufe in dem beschriebenen Konkretisierungsprozeß, wobei die Kabinettspraxis manchem Minister nicht behagte, weil er im Kabinettsdurchgang häufig nur eine legal vorgeschriebene Konkretisierungsstufe der Politik,
nicht aber den eigentlichen Ursprungsort für Regierungsinitiativen zu erkennen glaubte.

Parallel zur Vorstellung, Adenauer habe das Kabinett nicht besonders ernst
genommen, gibt es auch die Überzeugung, der Kanzler habe das Parlament
weitgehend an die Wand gespielt, der Unions-Fraktion praktisch seinen
Willen aufgezwungen und Widersprüche aus dem Lager der Koalitionsparlamentarier nicht als relevant eingestuft. Dieses Pauschalurteil läßt sich
so nicht halten. Die Möglichkeiten einer gegen den Willen der Parlamentsmehrheit gerichteten Regierungspolitik müssen vielmehr als sehr beschränkt
erscheinen. Man kann von einem Übereinstimmungszwang zwischen Parlamentsmehrheit und Regierungschef ausgehen und im Kontakt zu den Abgeordneten
der Koalition kann man durchaus eine der wichtigsten Führungsaufgaben
eines Kanzlers sehen. Daß die Koalitionsfraktionen keine für Adenauer
willenlos agierenden Ratifikationsmaschinen waren, zeigte sich in der
ersten Legislaturperiode beispielsweise in der Endphase der Behandlung

der Westverträge. Gleiches wurde beim Wahlgesetz für den zweiten Bundestag deutlich. Waren also die Fraktionen ein nicht zu vernachlässigender Faktor im Prozeß der Konkretisierung der Regierungspolitik, muß dargestellt werden, wie die politische Abstimmungsprozedur zwischen den Beteiligten auf dieser Ebene ablief. Dabei scheinen nicht die eigentlichen Fraktionsvorstände der Dreh- und Angelpunkt des Abstimmungsverfahrens gewesen zu sein, vielmehr hat Adenauer in Vorgesprächen mit wichtigen Koalitionsparlamentariern die Meinungsbildung in den formellen Fraktionsgremien (Vorstand, Plenum) in der Regel so vorbereiten können, daß es zu keinen für ihn unkalkulierbaren Abläufen kam.

Es soll nicht verheimlicht werden, daß es eine gewichtige Stimme gab, deren Votum auf den ersten Blick das Funktionieren dieser Abstimmungsprozedur zwischen Adenauer und wichtigen Koalitionsparlamentariern als unwahrscheinlich klassifiziert. Da ist nämlich von der fast schon permanenten Klage des CDU/CSU-Fraktionsvorsitzenden, Heinrich von Brentano, zu berichten, der Kanzler konsultiere die Fraktion und die Fraktionsspitzen nur höchst ungenügend. Untersucht man Brentanos Beschwerde jedoch detailliert, wird klar, daß sich sein Monitum darauf richtet, der Kanzler konsultiere wichtige Fraktionsmitglieder nicht immer dann im nötigen Umfang, wenn politische Beratungen im Bundeskanzleramt anständen. Brentano beklagt sich damit über mangelnde Berücksichtigung der Parlamentarier im Bereich der Stilform "Küchenkabinett", wo er eine stetige Mitberatungszusage für sich und seine Fraktion erhalten wollte. Der Fraktionschef hatte damit weniger die letztendliche Abstimmung der Regierungspolitik zwischen Kanzler und Fraktion im Auge. Er wollte vielmehr die Politik schon im Entstehungsstadium mitreflektieren. Da dies vor dem Hintergrund der hier als Grundlage verwendeten Vorstellung einer mehrstufigen Konkretisierung der Regierungspolitik eine andere Ebene der Politikreflexion ansprach, kann die Klage Brentanos, was des Kanzlers Gesprächskontakt hinsichtlich der Fraktionsarbeit angeht, vernachlässigt werden.

Wenn man vor diesem Hintergrund zu den die Fraktionsarbeit lenkenden Vorgesprächen zurückkehrt, macht man eine überraschende Entdeckung. Vorgespräche dieser Art fanden nicht nur in gänzlich unstrukturierter Form statt, es kam zu durchaus institutionellen Verfestigungen, die sich nicht nur auf die Ebene Kanzler/Fraktionen beschränkten. Dies ist insofern erstaunlich, als die vorhandenen Koalitionsabsprachen keine institutionelle

Dimension enthalten. Im Rahmen dieser Studie ist für diese verfestigte
Besprechungsart die Vokabel von den "Koalitionsbesprechungen" als Sammelbegriff gewählt worden. Es lassen sich zwei voneinander unabhängige
Formen dieser informellen Gremien isolieren:
- der regelmäßig tagende "Koalitionsausschuß" auf Fraktionsebene
- regelmäßig stattfindende "Koalitionsgespräche" zwischen Kanzler,
  Kabinett und Koalitionsfraktionen.

Historisch gesehen ist die Form des Koalitionsausschusses die "ältere"
Variante in der Frühgeschichte der Bundesrepublik. Es spricht einiges dafür, daß die kleineren Koalitionsparteien auf eine dergleichen verfaßte
Koordinationsstelle drängten, wohingegen sich die Union nur sehr mühsam
mit diesem Abstimmungsinstrument anfreunden konnte. Darin liegt auch
möglicherweise ein Grund, warum es neben dem Koalitionsausschuß zu einer
verfestigten Förmlichkeit des Abstimmungsprozesses zwischen den exekutiven und legislativen Rollenträgern innerhalb der Koalition kam. Diese
zweite Ebene - die Koalitionsgespräche - hat strukturelle Wandlungen
durchgemacht. Letztlich scheint sich aber ein gewisser Doppelcharakter
herausgebildet zu haben:
- auf der einen Seite nahmen Vertreter der Koalitionsfraktionen an wichtigen Kabinettssitzungen teil
- auf der anderen Seite gab es eigens angesetzte Koalitionsgespräche beim
  Kanzler. Der weiteste Personenrahmen umfaßte hierbei Regierungschef,
  Minister und Fraktionsvertreter.

Vor dem Hintergrund der Erkenntnis, daß Adenauer einerseits ein starker
Regierungschef war, andererseits zur Realisierung seiner Politik ein umfangreiches Geflecht von formellen und informellen Ebenen benutzte, lassen
sich weitere Elemente der Adenauerschen Regierungspraxis sinnvoll einordnen.

Adenauer ist immer wieder vorgeworfen worden, er sei ein Kanzler der
"Einsamen Entschlüsse" gewesen, er habe in politisch relevanten Fragen
weitgehend im Alleingang regiert. Einmal abgesehen von der Tatsache, daß
im Zusammenhang mit der Richtlinienkompetenz der Kanzler der einsamen
Entscheidungen eine durchaus verfassungsgemäße Figur sein kann, haben
Fallstudien für die erste Legislaturperiode im Rahmen dieser Arbeit eindeutig ergeben, daß es zu einsamen Entschlüssen des Kanzlers gekommen ist.
Nur hatten diese oft weniger politisches Gewicht, als man ihnen anfänglich

zubilligte (Beispiel: Angebot einer Wiederbewaffnung an die Westalliierten) und waren oftmals nicht so einsam, wie es die politische Legende verheißt. Vielmehr scheint Adenauer sich auch vor einsamen Entschlüssen beraten zu haben, einmal um sich in den relevanten Gremien einer Mehrheit sicher zu sein, zum anderen, um die Vorzüge und Nachteile eines politischen Problems zu durchleuchten. Diese Beratungen fanden häufiger in den de jure nicht zuständigen, den informellen Gremien statt. Dies kann unter einem demokratietheoretischen Ansatz in Richtung auf Legitimitätsfragen sicherlich kritisiert werden, auf der Basis des hier verwandten Verständnisses von der Regierungspraxis ist davon unabhängig eine Einbeziehung des Prinzips der einsamen Entscheidungen wie folgt möglich: Einsame Entscheidungen sind nichts anderes als der Umstand, daß Adenauer gewisse politische Komplexe nicht auf allen regelmäßig benutzten Ebenen abschließend konkretisierte, bevor er sie in faktische Politik umsetzte. Dies heißt nicht, daß er auf keiner dieser Ebenen jene Fragen ansprach, daß er nirgendwo seine Politik reflektierte und sie mit niemandem abstimmte. Das heißt aber, daß der mögliche (strenger formuliert: nötige) Rahmen nicht ausgeschöpft wurde. Je weniger formelle und informelle Ebenen beteiligt waren, umso "einsamer" war letztlich die Politik des Kanzlers.

Ein zweiter Pauschalvorwurf an die Adresse Adenauers lautet dahingehend, er habe den Spitzen der wichtigsten Interessenverbände bei sich ein gewohnheitsmäßiges Immediatrecht eingeräumt, wobei er unter Umgehung von Ministern und Parlament durch bindende Zusagen deren materielle und verbandspolitische Wünsche vorab befriedigte. Diese Immediatvorträge beim Kanzler seien ein wesentliches Konstitutiv der "Herrschaft der Verbände". Die Berechtigung dieser Schilderung kann auf verschiedenen Argumentationswegen angezweifelt werden. Da ist zum einen das Bemühen der Verbände, für ihr interessenspezifisches Fachgebiet ein Ministerium zu schaffen und auf den Ministersessel eine Persönlichkeit zu hieven, die dem Verband möglichst nahestand. Dieses Fordern von "Verbandsherzogtümern" hat nur dann einen Sinn, wenn schon auf dieser Ebene interessenpolitische Einflüsse Wirkungen erzielen können, d.h. es muß neben den Immediatgesprächen noch andere entscheidende Kanäle gegeben haben. Dies wird auch insofern deutlich, als davon ausgegangen werden muß, daß das Immediatgespräch beim Kanzler oftmals keineswegs der erste, vielmehr einer der letzten Versuche

von Interessenvertretern war, den politischen Prozeß zu beeinflussen.
Adenauers Eingreifen in solchen Situationen hatte vielfach den Grund, daß
es zu krisenartigen Entwicklungen gekommen war. Der Kanzler mußte Interventionspolitik betreiben, um negative Entwicklungen zu verhindern. Dies
unterstreicht aber, daß die Immediatgespräche häufig eine verhandlungstechnische Vorgeschichte hatten und deshalb weniger diskriminierend gegenüber den Ministerien und Ressortchefs waren, als dies in der Sicht
vieler Beobachter erscheint. Daß in diesen Immediatgesprächen bindende Zusagen des Kanzlers abgegeben werden konnten, beruht zudem in letzter
Konsequenz auf einem Politikverständnis, das Adenauer als allmächtigen
Partei- und Staatsdiktator sah, der um Wirkungen zu erzielen, nur auf den
Knopf zu drücken brauchte, und der motorisierte Gesetzgeber exekutiert
befehlsgemäß. Dem kann in Anbetracht der in dieser Studie erarbeiteten
Ergebnisse nur eine Absage erteilt werden, da das vielschichtige Konkretisierungsgeflecht informeller und formeller Ebenen zur Realisierung der
Regierungspolitik bei dieser Vorstellung total vernachlässigt wird. Die
Verbände selber scheinen bei ihrer interessenpolitischen Arbeit diese
differenzierte Verfaßtheit des politischen Prozesses eher zu würdigen.
Wie entsprechende empirische Studien beweisen, versuchten sie auf allen
Ebenen, auch den informellen, den politischen Prozeß zu beeinflussen. Dies
wäre sicherlich überflüssig, wenn eine entsprechende Wirkung durch den
Spitzenkontakt, das Immediatgespräch, erzielt werden könnte. Dies heißt
auf der anderen Seite, daß Immediatgespräche zwar Realität waren, ihre
Wirkung aber weitgehend überschätzt wurde. Vor allen Dingen dann, wenn
man in ihnen mehr als die Möglichkeit zu einer kanzlerischen Verwendungszusage vermutet, die dann noch auf den Ebenen des politischen Prozesses
realisiert werden muß, wobei der Kanzler zwar ein mächtiger, aber kein
allmächtiger Faktor ist. Die Vorstellung, daß die Herrschaft der Verbände
über das Immediatgespräch weitgehend instrumentiert wurde, erweist sich
damit als Trugschluß.

B   DIE "HOCH"-ZEIT DER KANZLERDEMOKRATIE
    (1953 - 1959)


In den vorstehenden Kapiteln ist die Entstehungsgeschichte des Regierungsstiles des ersten Bundeskanzlers Konrad Adenauer, gemeinhin als "Kanzlerdemokratie" tituliert, beleuchtet worden. Konstitutive Elemente und spezielle Stilformen der Regierungspraxis aus der Frühgeschichte der Bundesrepublik wurden dargestellt. Nun ist der Regierungsstil eines Bundeskanzlers kein Phänomen, das sich in eine Folge makellos voneinander getrennter Abschnitte aufgliedern läßt. Der politische Prozeß auf Bundesebene ist ganz sicher ein Geschehen, das man nicht monokausal erklären kann. Die Multikausalität der politischen Ereignisfolge erlaubt es auch für den Bereich der Regierung nur schwerlich, bei der Prägung der Handlungsmuster von stets parallelen Entwicklungslinien in synchronen Zeiträumen auszugehen. Somit wurden auch in die vorstehende Schilderung Erklärungswege eingebaut, die sich nicht ausschließlich in zeitlicher oder inhaltlicher Hinsicht auf die 1. Legislaturperiode beschränken lassen. Dennoch kann man ein wenig vergröbernd davon ausgehen, daß der Instrumentenkasten der Stilform Kanzlerdemokratie bis zur 2. Bundestagswahl voll entwickelt und adäquat bestückt war (1).

Daß die Kanzlerdemokratie spätestens ab 1953 in voller Blüte stand, darüber sind sich denn auch die meisten Betrachter einig. Wie lange diese "Hoch"-Zeit währte, dafür gibt es keinen gemeinsamen Nenner. Johannes Groß geht davon aus, die Blütezeit der Kanzlerdemokratie sei ungefähr mit dem zweiten deutschen Bundestag (1953 bis 1957) gleichzusetzen (2). Für Wilhelm Hennis dauerte die "ausgebildete" Kanzlerdemokratie eine Legislaturperiode länger (3), er befindet sich damit im Einklang mit der Zeitvorstellung von Jürgen Domes, für den die Jahre von 1953 bis 1961 den Höhepunkt der sogenannten "Ära Adenauer" darstellen (4). Von diesem durchgehenden Wahlterminschema abweichend, hat Eberhard Pikart im Hinblick auf die Vorfälle bei der Bundespräsidentenwahl 1959 dieses Jahr als Wendepunkt in der Regierungszeit Adenauers bezeichnet, der sich unmittelbar vor diesen Ereignissen auf dem Höhepunkt seiner Kanzlerschaft befunden habe (5). Dieser terminlichen Festlegung für das Ende der Blütezeit der

Adenauerschen Kanzlerdemokratie soll hier gefolgt werden, die Begründung dafür ist in mehreren Erklärungsvarianten aus dem letzten Abschnitt über den Adenauerschen Regierungsstil ersichtlich.

## I. Die spezielle historische Situation

### 1. Adenauer und die CDU

Wie vorstehend geschildert wurde (Vgl. S. 48 ff), hat Adenauer die Union der frühen Bundesrepublik nicht - wie ursprünglich geplant - durch innerparteiliche Institutionalisierung geführt (Stichwort: Generalsekretär), sondern in seiner Rolle als Kanzler soviel außerparteiliche Autorität aufgebaut, daß diese als unionsinternes Führungsmittel nutzbar war. Die persönliche Autorität des Kanzlers war für die Union aber auch ein Faktor, den sie selbst gezielt einsetzen konnte. Adenauers Persönlichkeit wurde in Wahlkämpfen demonstrativ herausgestellt und bei den Urnengängern von 1953 und 1957 als Wählermagnet benutzt (6).

Diese übergreifende Feststellung wird durch die vorliegende Wahlstudie bestätigt. Schon 1953 war sich die CDU-Wahlkampfleitung nach dem Vorliegen entsprechender Meinungsumfragen sicher, daß der Popularität des Kanzlers besondere Bedeutung zukomme und daß dieser Persönlichkeitsfaktor in der Wahlpropaganda systematisch zu nutzen sei (7). Die naheliegende Folgerung war, Konrad Adenauer zum Symbol des Wahlkampfes der Unionsparteien hochzustilisieren, eine Strategie, die nach den Erkenntnissen von Hirsch-Weber und Schütz gerade auf dem Hamburger Wahlparteitag der CDU Mitte April 1953 deutlich wurde:

"Der Ablauf des Parteitages in Hamburg zeigt, daß im Zentrum des Wahlkampfes Konrad Adenauer stand. Die CDU sollte - das war von Anfang an ein strategisches Ziel - den Wählern nicht als eine Partei wie alle anderen erscheinen. Sie sollte sich von ihren Konkurrenten unterscheiden als Partei, die mit ihren Freunden und Anhängern aus allen Schichten des deutschen Volkes eine 'Partei des gesamten Volkes' sei, und sie sollte selbst überhaupt nur mittelbar auftreten. In erster Linie war sie die Partei Konrad Adenauers." (8)

Diese Zentrierung auf die Persönlichkeit des Kanzlers wiederholte sich bei der dritten Bundestagswahl 1957. Kitzinger sieht eine starke Konzentration des Wahlkampfes der Union auf die Anziehungskraft seiner Person, in der

Propaganda der CDU sei die Person Adenauers immer noch der größte Aktivposten gewesen (9).
Mit diesen den Kanzler als Kulminationspunkt präsentierenden Wahlkampagnen hatte die Union in beiden Fällen überragenden Erfolg: Sowohl 1953 als auch 1957 errang sie die absolute Mehrheit der Mandate im Bundestag, wobei der Stimmenanteil 1957 sogar auf über 50 Prozent stieg und das Mehrheitspolster der CDU/CSU damit kräftig anschwoll (10).
Wer der Vater dieser Siege war, ist dann auch unumstritten. Man spricht selbst in Kreisen der CDU (11) und in des Kanzlers unmittelbarer Umgebung (12) davon, daß die Bundestagswahl 1953 eine "Adenauerwahl" war; andere Betrachter haben diese Bezeichnung für beide hier interessierenden Wahlgänge benutzt (13). Fritz René Allemann sieht im Zusammenhang mit der zweiten Bundestagswahl ein "Adenauer-Plebiszit" (14). Nur unwesentlich anders formuliert Johannes Groß, der bei den gesamtstaatlichen Wahlen ab 1953 "Kanzlerplebiszite" ausmacht (15).
Mit dieser Klassifizierung als Kanzlerplebiszite ist gleichzeitig eine prägnante Formel für das gefunden, was im Rahmen dieser Studie an den Bundestagswahlen der Jahre 1953 und 1957 so interessant erscheint. Bundesweite Wahlen sind von ihrer Anlage her Parlamentswahlen. Durch die geschilderte Personalisierung der Wahlentscheidung wird der auf legislative Formierung angelegte Charakter des Wahlaktes nicht unerheblich erweitert. Parlamentswahlen werden damit zu einem "Volksentscheid" für oder gegen die präsentierten Kanzler-Kandidaten (16). Nach Alfred Rapp gewann die Kanzler-Demokratie damit eine volkhafte, plebiszitäre Erscheinung, da sich die Wahl des Parlaments in eine Volksabstimmung für den Regierungschef verwandelt (17). Von Interesse für uns sind Veränderungen, die mit diesem Volksentscheid verbunden sind. Da ist zum einen der Umstand, daß der so "bestallte" Kanzler eine völlig neue Dimension für seine Legitimität erhält. Rüdiger Altmann hat dies so erläutert:

"Die CDU und die SPD mögen ihre festen Anhänger haben. Aber den Ausschlag gaben sowohl 1953 wie 1957 die breiten Wählermassen, die nicht mehr zwischen den Parteien und ihren Programmen, sondern für oder gegen Adenauer stimmten. Das war der entscheidende Schritt zur Kanzlerdemokratie.
Nun konnte sich Adenauer ebenso auf die Legitimität seiner Wahl durch das Volk wie auf die Legalität seiner parlamentarischen Bestätigungen berufen." (18)

Diese doppelte Fundierung der Kanzlerposition ist für Dolf Sternberger

de facto nicht gegeben. Vor dem Hintergrund der Bundestagswahl 1957 sieht
er ein Überwiegen der "neuen" Legitimität, wenn er darauf hinweist, daß
eine elementare Aufgabe des Parlaments, die Bestallung des Regierungschefs, in ihrem vitalen Kern nicht vom Bundestag, sondern von den Wählern
gelöst worden sei (19). Auch auf einer anderen Ebene sorgt die ungeplante
Volkswahl des Regierungschefs für ein verändertes Verhältnis zwischen
Kanzler und Bundestag respektive zwischen Kanzler und seinen parlamentarischen Gefolgsleuten. Johannes Groß hat diese neuartige Beziehung wie
folgt illustriert:

"Der plebiszitär bestätigte Kanzler hat gegenüber dem Bundestag eine
politische Selbständigkeit und Unabhängigkeit, die über das ihm vom
Grundgesetz Gewährte hinausgeht. Der Kanzler ist von den Abgeordneten abhängig, denn sie sollen ihn wählen, seinem Budget zustimmen, sein Gesetzgebungsprogramm verabschieden, aber nun werden die Abgeordneten – die
der Regierungsmehrheit – vom Kanzler abhängig, von seiner Popularität bei
der Menge und seinem Erfolg. Bei der Wahl, die zum Personalplebiszit geworden ist, reiten sie auf seinen Rockschößen auf die Hinterbank. Das bedeutet eine Schwächung des Parlaments, ..." (20)

Die dritte Veränderung aufgrund der Existenz von Kanzlerplebisziten kann
im Verhältnis zwischen Adenauer und seiner eigenen Partei, der Union, ausgemacht werden. Adenauer wurde nicht deshalb Kanzler, weil die Mehrheit
der Stimmen in erster Linie seiner Partei gegeben wurde. Seine Partei erhielt vielmehr deshalb die Mehrheit, weil sein Prestige die Stimmen anzog, die sich dann in Voten für die Unionsparteien niederschlugen. Das
Kanzlerprinzip dominierte bei diesen Wahlen also klar über das Parteiprinzip, ein Effekt, der für beide Wahlgänge getrennt beschrieben worden
ist (21).

Noch einen Schritt weiter geht Arnold J. Heidenheimer. Der von ihm festgestellte "Kanzler-Effekt" hat zur Folge, daß die parteipolitische Seite
im plebiszitären Wahlakt oftmals ganz ausgeblendet erscheint. Heidenheimer sieht die Wahlerfolge Adenauers seit 1953 darin begründet, daß ein
Großteil der Stimmen von Wählern kamen, die sich in erster Linie vor-
stellten, eine Regierung, einen Kanzler zu wählen, also aus Bevölkerungs-
kreisen, denen nicht gewärtig war, daß in Bonn die CDU an der Regierung
sei, sowie von Neuwählern und denen, die generell über die Regierungsstruktur im Unklaren waren (22).

Nicht im Unklaren kann man aber darüber sein, welchen Effekt die hier vorstehend in drei Wirkungsbereiche aufgeschlüsselte Existenz der Kanzler-

plebiszite hatte: Adenauer als Kanzler erschlossen sich Resonanzfelder
für eine amtsbezogene Autorität, die einem "normalen" Regierungschef in
Bonn nicht offenstehen. Anders: Adenauer konnte als plebiszitär bestätigter Kanzler auch dort in seiner Amtsrolle agieren, wo sein Kanzlertum
unter "normalen" Bedingungen keine Prägekraft hatte. Einer jener neu erschlossenen Aktionsräume für den Kanzler Konrad Adenauer war seine eigene
Partei, die Union. Hat dies nun Adenauer benutzt, um im Bereich der CDU/
CSU als Kanzler zu "regieren", oder war hier trotz allem der Parteivorsitzende Adenauer die Leitfigur?
Vieles spricht für den Kanzler. Selbst prominente CDU-Akteure bezeichnen
die Union jener Tage als "Kanzlerpartei". In dieser Hinsicht hat sich
Bruno Heck geäußert (23), mit eher gemischten Gefühlen auch Kurt Georg
Kiesinger, der davon spricht, man habe langezeit das Etikett der Kanzlerpartei getragen, dies habe aber Stärke und Schwäche zugleich umrissen
(24).
Wenn also hier eher der Kanzler die Leitfigur war, ist von Interesse,
welches Selbstverständnis die Partei hatte und welchen Charakter die
Union annahm. Da gibt es das Bild von der "Wahlkampfmaschine" CDU/CSU,
die immer dann unter Dampf gesetzt wurde, wenn es darum ging, dem Kanzler
parlamentarische Mehrheiten zu verschaffen (25). Eugen Gerstenmaier hält
dergleichen Sicht für primitiv (26), auch Bruno Heck meldet größte Bedenken gegen diese Wortschöpfung an, wenn sie in dem Sinne wie in den
USA gebraucht werde, d.h. die Wahlkampfmaschine ist nur im zeitlich eng
begrenzten Wahlkampf selber tätig und sonst quasi nicht existent (27).
Nimmt man dem Erklärungsbild Wahlkampfmaschine jedoch seine ausschließlich auf die unmittelbare Vorwahlzeit eingegrenzte Existenz, geht man also
davon aus, daß die Union  a u c h  Wahlkampfmaschine war, aber eben
nicht nur das, gibt es eine weitflächige Zustimmung zu dieser Betrachtungsweise. Bruno Heck selber hat dergleichen Zweckbestimmung Adenauers
für die Union schon in der Zeit der britischen Zonenpartei festgemacht
(28) und dies auch für Adenauers Kanzlerschaft bestätigt (29). Weitere
Unionspolitiker haben daneben zu erkennen gegeben, daß sie die "gereinigte" Version von der Wahlkampfmaschine CDU/CSU zumindest als Zustandsbeschreibung akzeptieren. Mit ziemlicher Offenheit hat Klaus Jaeger, Parteitagsdelegierter aus Baden-Württemberg auf dem CDU-Konvent von 1962, davon
gesprochen, es sei in der Union bislang häufig so gewesen, daß die Partei

eine Art Wahlvorbereitungsmaschine und allenfalls noch eine Art Popularisierungsmaschine für das von Bundestag und Landtagen verabschiedete Gesetzgebungswerk dargestellt habe (30). Den gleichen Erklärungsrahmen, wenn auch wesentlich zurückhaltender formuliert, benutzt auch der damalige Innenminister Gerhard Schröder in einem Leserbrief zu dieser Frage:

"Es fehlt an der Festigkeit und an genügender normaler Leistungsfähigkeit des organisatorischen Rahmens. Erst in Wahlkämpfen treten wir genügend und eindrucksvoll in Erscheinung. Eine der Ursachen dafür liegt darin, daß beinahe nur in den Wahlzeiten die notwendigen Mittel aufzubringen sind, um sowohl einen guten Apparat als auch entsprechende Leistungen der Propaganda finanziell zu ermöglichen. Auch in personeller Beziehung bringt nur die Wahlzeit die nötigen Blutzufuhren, da dann der spärliche 'Apparat' beinahe automatisch durch die im übrigen von ihren politischen Ämtern aufgesogenen Männer (und Frauen) verstärkt wird. Solange wir nicht dazu kommen, daß beinahe alle unsere Politiker einmal wirklich eine Zeitlang 'Organisationsarbeit' - sozusagen als einen notwendigen Bestandteil politischer Laufbahn - leisten, wird sich hier schwerlich etwas bessern lassen." (31)

Schröder bietet damit freilich einen Erklärungsweg an, weshalb das Bild von der "Nur-Wahlkampflokomotive" Union entstehen konnte. Die Parteiorganisation war in der Nichtwahlkampfzeit so rudimentär, daß sie leicht übersehen werden konnte. Erst vor den Wahlterminen trat sie deutlich sichtbar in Erscheinung. Gar mancher konnte vermuten, dazwischen sei sie ganz und gar stillgelegt. Ähnliche Gedanken wie Gerhard Schröder haben Pütz, Rudunkski und Schönbohm geäußert (32).

Diese rudimentäre Verfaßtheit der Parteiorganisation kann als zweites Charakteristikum der Union in ihrer Phase als Kanzlerpartei angesehen werden. Adenauer selber hat diesen Themenkreis auf dem Parteitag von 1956 als "Fehler" angesprochen und betont, man müsse auf diesem Gebiet noch sehr viel Versäumtes nachholen (33). Die beklagten Versäumnisse wurden aber tatsächlich (auch durch diesen Parteitag) nicht abgestellt (35). Da die lokale Struktur im Zusammenhang dieser Studie vernachlässigt werden kann und die Bedeutung des regionalen Parteigefüges für die Partei bei Geoffrey Pridham ziemlich deutlich herausgearbeitet wird (36), soll in diesem Zusammenhang aber allein auf das Manko im bundesweiten Rahmen Bezug genommen werden. Die fehlende Organisation an der Parteispitze war ohnehin der Bezugspunkt, der immer wieder angesprochen wurde. Gerhard Elschner, einstmals Referent für Öffentlichkeitsarbeit in der CDU-Bundesgeschäftsstelle, hat diese Problematik in einem Diskussionspapier zu

"Überlegungen zur Parteireform" offen angesprochen und darauf hingewiesen, daß es die CDU auf Bundesebene überhaupt nicht oder nur fiktiv gegeben habe, da sie keinen arbeitenden Bundesvorstand besitze und die Bundesgeschäftsstelle ein Büro ohne Auftrag und Aufgabenstellung sei. Überspitzt formuliert hieße das, die CDU müsse als Bundespartei überhaupt erst wirklich gegründet werden; hätte sich die Bundesgeschäftsstelle nicht als Wahlkampfbüro legitimiert, wäre sie überhaupt nicht als Koordinationsstelle organisatorischer Fragen bemüht worden (37). Den sinnfälligen Ausdruck für den organisatorischen Leerraum an der Spitze der CDU sehen manche darin, daß Adenauer die Bundesgeschäftsstelle praktisch nie aufsuchte (38). Für Wilhelm Hennis ist dies insofern verständlich, als der Kanzler dafür sorgte, daß die wichtigsten Parteiprobleme auch im Palais Schaumburg auf seinen Tisch kamen (39).

Hennis spricht damit einen wesentlichen Hintergrund für die mangelnde Organisiertheit an der Spitze der Bundes-CDU an: Eine funktionierende Organisation war insofern nicht nötig, als die Führungsfunktion der CDU-Spitze vom Bundeskanzleramt wahrgenommen wurde. Dies hat der langjährige wissenschaftliche Assistent der SPD-Bundestagsfraktion, Ulrich Dübber, in einem vielzitierten Beitrag zum SPD-Theorie-Magazin "Neue Gesellschaft" so dargestellt:

"Frühzeitig ist das Bundeskanzleramt mit Parteiführungsaufgaben verwoben worden, was besonders durch den verstorbenen Staatssekretär Otto Lenz begünstigt wurde. (...) Suchte man in dieser Partei bis zur Wahl Dufhues' nach einer Art Generalsekretär, hätte eher Globke als De-facto-Generalsekretär gelten können als der Bundesgeschäftsführer Kraske oder sein Vorgänger Heck. Diese Partei-Nebenregierung aus dem Palais Schaumburg mußte die Bundesgeschäftsstelle noch mehr abwerten, als sie es ihrer Konstruktion nach ohnehin schon war, und der Parteivorsitzende scheut sich nicht, diese Tatsache sinnfällig zu unterstreichen. Niemals setzte er einen Fuß in das CDU-Haus in der Nasse-Straße. Verständlicherweise blieb die Parteiarbeit im Bundeskanzleramt nicht auf den dortigen Staatssekretär beschränkt, sondern Persönlicher Referent, Kanzlerbüro, Planungsbüro nehmen ebenfalls Führungsfunktionen innerhalb der CDU wahr." (40)

Diese Erkenntnis war kein Produkt, das nur in Kreisen der Opposition Befürworter fand. Vor allen Dingen was die Person Globkes betrifft, kann man zahlreiche zustimmende Bemerkungen in dieser Hinsicht registrieren (41). In einer parteipolitischen Rolle hat auch Kanzleramtsmitarbeiter Franz Josef Bach Hans Globke kennengelernt. Er warnt jedoch davor, Globke damit ein Übermaß an Einfluß auf die CDU einzuräumen. Bach geht in seiner

Argumentation vom Kanzler selbst aus:

"Wenn für Adenauer die Fraktion, auf deren Zustimmung er bei der Durchsetzung seiner Politik angewiesen war, noch eine wichtige, wenn auch unbequeme Rolle spielte, so war seine Partei für den Regierungschef eine Größe, auf die er sich nur vor Wahlen oder bei personellen Entscheidungen, die von der Partei zu tragen waren, besann. Der Gedanke, daß die Partei und ihre mittlere Führerschaft ein wichtiges und überaus wirksames Instrument seiner Machtpolitik werden könnten, war Adenauer nicht nahezubringen. Globkes wiederholte Ansätze, diese falsche Einschätzung der Rolle der Partei bei Adenauer zurechtzurücken, mißlangen. Der Regierungs- und Parteichef war der festen Überzeugung, daß die notwendigen Verbindungen zur Partei von seinem Staatssekretär neben allen anderen Aufgaben wahrgenommen werden konnten. Globke konnte sich dieser Aufgabe allerdings nur in sehr bescheidenem Umfang widmen. Er betrachtete sich mehr als eine Verbindungsstelle zwischen dem Regierungschef, der gleichzeitig Parteiführer war, und dem Parteiapparat. Er konnte nicht Motor sein für intensive Parteiarbeit." (42)

Intensive Parteiarbeit war aber wohl auch nicht das Ziel dieser Führung der Union aus dem Bundeskanzleramt heraus. Vielmehr scheint es einen Zusammenhang zwischen der Tatsache zu geben, daß hier ein plebiszitär fundierter Kanzler seine Partei führte, und dem Umstand, daß diese Partei an ihrer eigentlichen Spitze starke organisatorische Schwächen aufwies. Fritz René Allemann hat das so zusammengefaßt:

"Die geringe Organisationsdichte der CDU und das relativ geringe Gewicht des Parteiapparates auf der einen, die hervorragende Bedeutung führender Persönlichkeiten (besonders Adenauers) für ihre Integration auf der anderen Seite hängen eng miteinander zusammen. Weil die Organisation nur wenig Eigengewicht entwickelt, kann das Geflecht der persönlichen Beziehungen und der 'Richtungs'- und Gruppenrivalitäten bestimmender hervortreten, bedürfen die inneren Widersprüche einer breitgelagerten Sammlungspartei ohne scharfe politisch-soziale Konturen aber auch einer um so strafferen Führung von der Spitze her. Die Autorität Adenauers, durch großartige politische Erfolge an der Spitze der Regierung legitimiert, hat der Partei diese Führung zu geben und damit die Vorteile auszunützen vermocht, die in ihrer Spannweite lagen." (43)

Diese Vorstellung, daß rudimentäre Parteiorganisation und plebiszitäre Kanzlerherrschaft zwei Seiten ein und derselben Münze sind, kann als zweite Stufe jenes Erklärungsmodelles angesehen werden, das für den innerparteilichen Führungsstil Adenauers in der Union während der Frühgeschichte der Bundesrepublik auszumachen war. Dort wurde beschrieben, daß Adenauer die Union damals nicht - wie ursprünglich geplant - durch innerparteiliche Institutionalisierung (Stichwort: Generalsekretär) führte, sondern durch die Kraft seiner wachsenden außerparteilichen Autorität.

Je mehr Autorität der Kanzler durch seine Erfolge auf sich vereinigen
konnte, desto geringer mußte für ihn die Notwendigkeit angesetzt werden,
auf institutionelle Organisiertheit zurückzugreifen, wenn es um seine
Partei ging. Der Regierungschef des Kanzlerplebiszits ist schließlich eine
so beherrschende Figur, daß bei ihm ein rudimentärer Parteiapparat keinerlei Negativwirkungen hinsichtlich der intendierten Führungsfunktion hat.
Damit kann zusammenfassend davon gesprochen werden, daß Adenauer das überkommene Führungsmodell in Bezug auf seine Partei auch unter "kanzlerplebiszitären" Umständen beibehalten konnte.

Abgesehen von ihrer Zweckbestimmung als Wahlkampfmaschine und ihrer
sonstigen organisatorischen Schwäche muß aber noch ein drittes Charakteristikum der Union als Kanzlerpartei angesprochen werden: Die wichtigsten
Parteigremien waren ohne wirkliche politische Bedeutung. Dieses Faktum
ist bereits im Zusammenhang mit der Frühgeschichte der Union in der Bundesrepublik erwähnt und entsprechend dokumentiert worden. In der Zeit
der Kanzlerpartei änderte sich daran nichts. Rüdiger Altmann hat unterstrichen, die höchsten Parteigremien, Vorstand und Bundesparteiausschuß,
seien nicht arbeitsfähig und träfen auch nicht oft genug zusammen. Die
Mitglieder des Geschäftsführenden Vorstandes seien ebenfalls, da einflußreiche Politiker, zu überlastet, um sich außerhalb des Wahlkampfes um die
Organisation zu kümmern. Auch die Bedeutung des Parteitages für das innere
Leben der Union setzt Altmann als gering an. Für den Kanzler erfülle er
in erster Linie die Aufgabe, die Geschlossenheit der Partei nach außen
zu demonstrieren (44). Dazu weitgehend parallele Wertungen haben Dorothee
Buchhaas und Alois Schardt abgegeben, die jedoch als selbständige Handlungseinheit auf der Ebene der Bundespartei die Bundestagsfraktion der
CDU/CSU erwähnen (45). Daß die Fraktion im Gegensatz zu den genannten
Parteigremien ein durchaus relevanter politischer Faktor war, hat auch
Jürgen Domes bestätigt. Als ein Resultat seiner Studie über die Gesetzgebungsarbeit in der zweiten und dritten Legislaturperiode kann gelten,
daß die Mehrheitsfraktion kräftig an der Gestaltung der Innenpolitik mitwirkte, wohingegen dies von der CDU- und CSU-Parteiorganisation kaum behauptet werden kann. Nur in ganz seltenen Fällen sei es ihnen gelungen,
politisch wirksame Initiativen zu entwickeln (46).

Die generelle Schwäche der obersten Parteigremien ist dann auch immer
wieder an den Einzelinstitutionen festgemacht worden (47). Oftmals waren

die Sitzungen der Spitzengremien der Partei auch so angelegt, daß politische Impulse unmöglich wurden. Josef Hermann Dufhues hat dies 1964 sehr offen so beschrieben:

"Bis vor einiger Zeit hatten wir die 'löbliche' Angewohnheit, auf den Sitzungen des Bundesvorstandes und des Parteiausschusses wie folgt zu verfahren:
Punkt 1: Bericht zur Lage
Punkt 2: Gemeinsames Mittagessen
Wir haben aber die Art der Abwicklung unserer Beratungen inzwischen verbessert." (48)

Die minimale Bedeutung der obersten Parteigremien kann aber auch von einem inhaltlichen Aspekt her gesehen werden. Auch hier hat Josef Hermann Dufhues verdeutlicht, wo die eigentliche Crux der Union lag:

"Die politische Mitwirkung der Bundespartei hat sich während der Legislaturperioden darauf beschränkt, die Entscheidungen von Bundesregierung und Bundestagsfraktion gutzuheißen, als Parteilinie zu übernehmen und der Öffentlichkeit gegenüber nach bestem Können zu vertreten. Solange Entscheidungen noch nicht ausgereift waren, war die Partei zum Schweigen verurteilt; gelegentliche Ausnahmen bestätigen nur diese Regel.
Die Partei - als die Vertreterin ihrer Mitglieder und Wähler - wird ihrer großen Aufgabe nur gerecht werden können, wenn sie ein Eigenleben hat und mehr ist als eine Hilfsorganisation der Regierung oder ein Anhängsel der Bundestagsfraktion." (49)

In der Blüte der Kanzlerdemokratie kann die inhaltliche Bedeutung der Union jedoch mit solchen Vokabeln wie "Hilfsorganisation" oder "Anhängsel" charakterisiert werden. Helmuth Pütz spricht denn auch von der Partei als "Nachhut" der CDU-Politik, diese Nebenrolle gelte sowohl für die programmatische Weiterentwicklung als auch für die tagespolitische Aktivität. Nicht die Partei habe die Marschrichtung und Geschwindigkeit der CDU-Politik auf Bundesebene bestimmt, sondern die Bundestagsfraktion und an ihrer Spitze die Regierungsmitglieder der CDU/CSU. Die Partei habe allenfalls nachträglich zugestimmt (50). So kam die Union letztendlich zu einer Programmatik, bei der Kabinettsentscheidungen an die Stelle programmatischer Konzeptionen traten (51). Diese Sicht teilt auch Alois Schardt, der darauf hinweist, das im parlamentarischen Prozeß verwirklichte Regierungsprogramm stelle gleichzeitig auch das politische Programm der Partei dar. Wichtig sei aber, daß dieses Programm durch die von der CDU gestellte Regierung verkündet werde, ohne eine Kontrolle durch die Partei zu kennen (52). Diese zusätzliche programmatische Realität für die Regierungspolitik hat auch Dorothee Buchhaas beschrieben (53) und unterstrichen, daß die

Partei an der Konzipierung dieser Regierungspolitik nicht substantiell beteiligt war (59). So hat man denn auch immer wieder davon gesprochen, die CDU sei eine "Regierungspartei" geworden; um die machtpolitischen Verhältnisse deutlicher hervorzuheben, hat Rüdiger Altmann die Teile dieser Substantivkonstruktion vertauscht und davon gesprochen, die CDU habe sich von der Regierungspartei in eine "Partei der Regierung" verwandelt (55).

Dabei müssen sich die Vokabeln von der "Kanzlerpartei" und der "Partei der Regierung" als zeitgleich benutzte Schlagworte keineswegs widersprechen. Als Brücke kann die Tatsache benutzt werden, daß - wie bereits geschildert - Adenauer seinen Ministern in der Innenpolitik weitgehend freie Hand ließ, während er die Außenpolitik eindeutig dominierte. Wurde also die Partei innenpolitisch den Inhalten nach tendenziell von der Gesamtregierung geprägt, war der Kanzler in der Außenpolitik das wesentliche Kraftfeld. Damit ist die Schilderung über das Selbstverständnis und den Charakter der Union abgeschlossen. Betont werden soll erneut, daß die Formation Adenauer/CDU in dieser Aufstellung lange Zeit überaus erfolgreich war. Bruno Heck hat die Zugkraft dieser "Zweierbeziehung" charakterisiert:

"Die Partei ist mit Adenauer großgeworden; sie ist mit ihm die erste große deutsche Volkspartei geworden, der es gelang, das Vertrauen der absoluten Mehrheit der Wähler auf sich zu vereinigen; natürlich haben dabei viele mitgeholfen und viele ihre Verdienste gehabt - aber eben nur mit ihm. Und sie ist so kräftig geworden, daß sie heute schon mit Selbstverständlichkeit bei Bundestagswahlen um die absolute Mehrheit kämpft. Man sollte nicht übersehen: Adenauers Verhältnis zu seiner Partei und das Verhältnis zu ihm waren die Voraussetzungen für seinen Erfolg wie für den Erfolg der Partei." (56)

Die Voraussetzungen für den Nichterfolg der Formation konnten damit auch definiert werden. Bundesgeschäftsführer Konrad Kraske ging dabei im Juni 1959 von der ihm nicht zusagenden Führungsstruktur der Union aus und erläuterte:

"Der bisherige Zustand, der weitgehend durch Improvisation gekennzeichnet ist, läßt sich ohne ernsthaften Schaden nur aufrechterhalten, solange
1.
es innerhalb der Partei keine wesentlichen politischen Meinungsverschiedenheiten gibt
2.
die unbestrittene Autorität des ersten Vorsitzenden die Partei nach außen und im Inneren zusammenhält

3.
die Partei durch ihre Leistungen und die Gunst der Umstände so erfolgreich wie in der Vergangenheit bleibt." (57)

## 2. Adenauer und sein Vertrauensverhältnis zu ausländischen Politikern

Es gab ein zweites politisches Feld außerhalb des eigentlichen Regierungsbereiches, in dem die Persönlichkeit des Kanzlers erhebliche Wirkungen zeigte: Im Ausland galt fast ausschließlich Konrad Adenauer selbst als die Verkörperung des "neuen" Deutschland, Rüdiger Altmann fand dafür die Formel vom Kanzler als dem Symbol der deutschen Außenpolitik (58). Adenauers außenpolitische Strategie läßt sich nahtlos an die vorleistende Kooperation anbinden, die in einem der vorstehenden Abschnitte (Vgl. S. 52 ff) als des Kanzlers Richtwert im Verhältnis zu seinen zunächst "außenpolitischen" Gesprächspartnern, den drei westalliierten Hochkommissaren, dargestellt wurde. Adenauer war darum bemüht, durch gradlinige Stetigkeit bei seinem Kurs der vollständigen Westintegration Vertrauen in die junge bundesrepublikanische Demokratie aufzubauen. Ihm kam es darauf an, die deutsche Politik für die Westmächte berechenbar zu machen (59). Das Vertrauen des Auslandes hat Adenauer auf dem Unionsparteitag des Jahres 1954 denn auch als wichtigen Fortschritt herausgestellt, der unbedingt bewahrt werden müsse. Der Kanzler vor dem Plenum:

"Ich habe an anderer Stelle schon gesagt: das einzige, aber große Kapital des deutschen Volkes im Ausland ist, daß ihm wieder Glauben geschenkt wird, trotz allem, was vorgegangen ist. (Lebhafter Beifall.) Dieses Kapital dürfen wir aber nicht verwirtschaften um unser selbst willen, um der Wiedervereinigung willen und auch um unserer Brüder an der Saar willen." (60)

Was Adenauer in diesem Zusammenhang nicht sagte (wohl auch nicht sagen konnte) war, daß die wichtigste Relaisstation, auf die dieses Vertrauen zunächst übertragen wurde, niemand anders als er selbst war. Diese Aussage muß nicht durch analytische Betrachtungen abgesichert werden. Es gibt vielmehr eine nahezu erdrückende Fülle von persönlichen Zeugnissen, die dies ganz klar offenbart. Da ist zunächst die Gruppe seiner ausländischen Partner. Allen voran Robert Schuman, der zwar betont, man dürfe keinen Personenkult treiben (61), dennoch aber zu einer Wertung wie "er ist ein Geschenk der Vorsehung" (62) kommt und letztendlich in Richtung Adenauer formuliert:

"Seine Weisheit, seine Geduld, seine unerschütterliche Redlichkeit berechtigen, ihn nicht nur Vater seines Vaterlandes zu nennen, dem er das Vertrauen zurückgewann, sondern auch einen ersten Eidgenossen Europas. Einzig und allein der Politik und der geistigen und moralischen Persönlichkeit Konrad Adenauers verdankt es Deutschland, daß es sobald die volle Souveränität erlangte und gleichberechtigt aufgenommen wurde in die Familie der Nationen." (63)

Diesem Zeugnis des langjährigen französischen Außenministers kann das Urteil des ersten israelischen Ministerpräsidenten, David Ben Gurion, beigegeben werden, der unter die vier großen Taten, die er von Adenauer vollbracht sah, an erster Stelle einordnete, der Kanzler habe dem zerschlagenen, in Schande untergegangenen Nazi-Deutschland wieder zu jener ehrenvollen Stellung des 19. Jahrhunderts verholfen, die es als eine der am meisten geachteten und zivilisierten Mächte einnahm (64). Ähnlich argumentiert auch der ehemalige amerikanische Hochkommissar James B. Conant, der ausführt, die Geschichte würde einmal verzeichnen, daß der größte Dienst, den Audenauer seinem Land geleistet habe, darin bestünde, daß er und seine Helfer das moralische Ansehen Deutschlands in den Augen der freien Welt wiederhergestellt hätten (65). Diese Gedankenkette an konkreten politischen Gegebenheiten erläutert hat Andre Francois-Poncet, Hochkommissar und Botschafter Frankreichs in der Bundesrepublik:

"Niemand - auch die Gegner nicht - bestreitet die Verdienste Adenauers. Er war, wie alle es wissen, der Befreier seines Vaterlandes. Er hat der Bundesrepublik eine erstrangige Stellung in der Welt verschafft, indem er, dem gegen ihn geschleuderten Anathema Schumachers zum Trotz, nicht zögerte, sich mit den USA zu verbinden und mit den Siegern über das Dritte Reich loyal zusammenzuarbeiten und sich zum Apostel der deutsch-französischen Verständigung, des europäischen Zusammenschlusses und des Gemeinsamen Marktes machte. Er erst hat sein Land aus der Atmosphäre der Vorwürfe befreit, die auf ihm lastete, und ihm einen Kreis von Freunden gewonnen." (66)

Auch seine persönlichen Mitarbeiter haben sich zu diesem Thema geäußert. Als Beispiel sei hier auf Walter Hallstein hingewiesen, der davon spricht, Adenauer habe einer hoffnungslos scheinenden Nation wieder eine Stellung gegeben (67), und dies so weiter verdeutlicht:

"Rasch erwarb Adenauer als deutscher Sprecher eine beispiellose Autorität. Weithin verkörperte er dem Ausland gegenüber das deutsche Volk. Das lag kaum an formaler Legitimation. Es lag an dem Ernst und der Festigkeit, an der Überzeugungskraft seines Auftretens, an dem Eindruck der Vorurteilslosigkeit und Generosität der Gesinnung, den er ausstrahlte. Um ein vielgebrauchtes Modewort unserer Zeit nicht preziös zu umgehen: Er war glaubwürdig oder - wie man früher einfacher und treffender zu sagen pflegte - er erwarb Vertrauen." (68)

**Letztlich haben auch die politischen** Kontrahenten des Kanzlers die Vorreiterrolle Konrad Adenauers hinsichtlich der Vertrauensbildung im westlichen Ausland anerkannt. Diese Würdigung hat kein anderer als Herbert Wehner angesprochen:

"Konrad Adenauer hat Vertrauen für unser Volk erworben. Er hat die Bundesrepublik Deutschland mit dem Kern einer europäischen Gemeinschaft verbunden und unsere Freundschaft mit Frankreich besiegelt. Konrad Adenauer hat das enge Verhältnis zur Weltmacht des Westens, den Vereinigten Staaten von Amerika, geschaffen." (69)

Die geschilderte Zentrierung auf den Kanzler beim westlichen Vertrauenspotential für die Bundesrepublik hatte aber für manche eine Dimension, die nicht positiv war. Sie sahen den "Personalkredit" Konrad Adenauers nicht in einen "Realkredit" für die Bundesrepublik verwandelt (70). Eigentlicher Zielpunkt dieser Kritik war die Befürchtung, daß sich auf dieser personenspezifisch ausgerichteten Vertrauensbasis keine zukunftweisende politische Kontinuität herausbilden könnte (71).

Daß eine Nichtweitergabe des auf Adenauer zentrierten westlichen Vertrauens auf den westdeutschen Staat vermutet wurde, kann durchaus an einige Bezugspunkte angeknüpft werden. Auf einen davon bezieht sich offensichtlich Willy Brandt, der Adenauer zwar zugesteht, er habe durch persönliche Autorität und durch Ansehen, das er sich erwarb, Vertrauen in der Welt gewonnen. Er habe es aber weniger gut verstanden, dieses Vertrauen auf das deutsche Volk zu übertragen, sondern vielmehr voller Sorge von der Zeit gesprochen, in der er die Zügel nicht mehr in der Hand halten würde (72). Brandt weist damit auf ein nächtliches Dreiergespräch im Londoner Hotel Claridges am 28./29. September 1954 zwischen Adenauer, dem Luxemburger Ministerpräsidenten Joseph Bech und Belgiens Außenminister Paul-Henri Spaak anläßlich der Londoner Konferenz hin. In dieser Gesprächsrunde, zufällig vom Pariser "Spiegel"-Korrespondenten und Adenauer-Verehrer Lothar Ruehl belauscht (73), gab der deutsche Regierungschef eine recht düstere Prognose über das Nach-Adenauersche Deutschland hinsichtlich der Gefahr, einem neuen Nationalismus zu erliegen und faßte diese unerfreuliche Perspektive in der oftmals wiederholten Bemerkung zusammen, wenn er einmal nicht mehr da sei, wisse er nicht, was aus Deutschland werden solle (74).

Adenauer schien offensichtlich der Meinung zu sein, nur er könne Deutschland nach Europa führen und die Einbindung seines Landes so zementieren, daß den deutschen Nationalisten kein nutzbarer Spielraum verblieb.
Adenauer unterlegte sein Mißtrauen über die mögliche negative Entwicklung in seinem eigenen Land nach Ruehl mit folgender Warnung an seine Gesprächspartner:

"Nutzen Sie die Zeit, solange ich noch lebe, wenn ich nicht mehr bin, ist es zu spät – mein Gott, ich weiß nicht, was meine Nachfolger tun werden, wenn sie sich selbst überlassen sind; wenn sie nicht in fest vorgezeichneten Bahnen gehen müssen, wenn sie nicht an Europa gebunden sind." (75)

Adenauer war demnach voller Skepsis über die politische Reife der Bundesrepublik. Diese Distanziertheit zum eigenen Volk trifft sich mit einer Zurückhaltung gegenüber den Deutschen, die schon Lord Francis Pakenham, als Minister im britischen Kabinett für die englische Besatzungszone im Nachkriegsdeutschland verantwortlich, beim damaligen Unionsvorsitzenden bemerkte (76).
Auch Francois Seydoux, französischer Diplomat und Botschafter in Bonn, hat diese ungewöhnliche Bereitschaft Adenauers, sein Volk mit einiger Reserve zu betrachten und sich gleichzeitig eine außenpolitische Garantenrolle zuzuweisen, beim ersten Bundeskanzler registriert. Er glaube, daß er allein imstande sei, seine Mitbürger vor neuen Abwegen zu schützen. Wenn er es für nötig halte, schildere er sie in wenig schmeichelhaftem Licht, als desorientiert, hin und her gerissen, von Hochmut erfüllt (77). In Seydoux Analyse kommt aber auch zum Vorschein, daß der Kanzler die beschriebene Konstruktion als taktisches Moment benutzte. Erste Zweifel am Modell der "Vertrauens-Nichtübertragung" werden verstärkt durch die Tatsache, daß bei den geschilderten Stimmen zur Adenauerschen Vertrauensarbeit fast immer im zweiten Schritt auch die Bundesrepublik als Nutznießer genannt wird.
Daß dem tatsächlich so war, läßt sich vor allem an Hand einer weiteren Überlegung zeigen. Danach hat die Persönlichkeit des Kanzlers die Vertrauenszuweisungen nicht nur bei sich zentriert, seine Präsenz hat deren "Zufluß" vielmehr enorm ansteigen lassen. Horst Osterheld hat dies so umrissen:

"Ohne den Respekt und die Sympathie, die der Kanzler bei amerikanischen Staatsmännern errang, wären sie nicht bereit gewesen, uns soviel Freiheit und Sicherheit zu gewähren. Ohne das Vertrauen westlicher Politiker, voran der französischen und der jüdischen, das Adenauer persönlich erwarb, wären wir nicht so rasch und vorbehaltlos in die Völkergemeinschaft wieder aufgenommen worden." (78)

Dies heißt aber gleichzeitig, daß eine wachsende Aufgeschlossenheit des Westens gegenüber der jungen deutschen Demokratie auch ohne Adenauer hätte geweckt werden können. Nur wäre der Prozeß vermutlich wesentlich langsamer und mühseliger vonstatten gegangen. Bezogen auf die deutsch/französische Aussöhnung hat dies auch Francois Seydoux gesehen, der dergleichen zwischen den beiden Völkern zwar durch die Paarung Charles de Gaulle und Konrad Adenauer personifiziert, aber nicht alleinursächlich initiiert sieht:

"Zweifellos hat Frankreich nicht auf de Gaulle gewartet, um Deutschland die Hand entgegenzustrecken, jedoch darauf, daß de Gaulle seinerseits die Geste vollzieht und damit der Versöhnung entscheidenden Aufschwung gibt. Niemand täusche sich darüber.
Der Zufall hat seine Sache gut gemacht, als er ihm Konrad Adenauer zum Partner zuteilte. (...) Er machte sich Adenauer zum Freund, zu einem Freund, der aus seiner Sicht in nobelster Form das durch Prüfungen geläuterte Deutschland vertritt. (...) Ohne Adenauer hätte de Gaulle sich der deutsch-französischen Annäherung nicht mit dem gleichen Elan gewidmet." (79)

Daß die deutsch-französische Annäherung zu einer Angelegenheit wurde, die über die Zweierbeziehung der politischen Führungsgestalten hinausging, daß sich das persönliche Vertrauen damit auch auf andere Ebenen übertrug, hat der Kanzler selber unterstrichen. Vor dem CDU-Parteitag 1962 erklärte er zu dieser Frage:

"Es kann keine europäische Einheit geben, wenn Frankreich und Deutschland nicht Freunde bleiben. (Starker Beifall). Glauben Sie mir, es handelt sich dabei nicht, wie jene Journalisten meinen, um eine Freundschaft zwischen de Gaulle und mir. Sicher: Mein persönliches Verhältnis zu General de Gaulle ist ausgezeichnet. Aber was doch unendlich viel wichtiger ist, das ist die enge Verbundenheit zwischen dem französischen und dem deutschen Volk. (Starker Beifall)." (80)

Auch das gute Verhältnis zwischen Bonn und Washington in den fünfziger Jahren scheint nicht allein durch den persönlichen Kontakt des Kanzlers zum amerikanischen Außenminister Dulles geprägt, hier erleichterte der persönliche Gleichklang ebenfalls die Gestaltung einer an sich kongruent angelegten Interessenlage (81).
Damit ist die Darstellung der Hintergründe abgeschlossen, die es als un-

wahrscheinlich anmuten lassen, den Kontakt der Bundesrepublik zum westlichen Ausland nur über die Kategorie eines Personalkredits zugunsten Adenauers zu interpretieren, der dann nicht in einen Systemkredit zugunsten Westdeutschlands erweitert wurde. Adenauers eigenwillige Persönlichkeit mit ihrer Potenz, ein ansehliches Vertrauenskapital personenbezogen zu binden, traf demnach auf eine politische Konstellation, die zumindest latente Kooperationsbereitschaft mit der Bundesrepublik einschloß. Adenauers beeindruckende Individualität gab dieser Kooperationsbereitschaft einen Kristallisationspunkt wie kaum für möglich gehalten, indem sie den Westen ermunterte, den Plan zu vorsichtig dosierter Vertrauenszuweisung in Richtung Bundesrepublik radikal zu beschleunigen. Der Personalkredit für Adenauer war damit immer so etwas wie ein vorgezogener Systemkredit für die Bundesrepublik.

Die damit abgeschlossene Einordnung der Adenauerschen "Vertrauensarbeit" im westlichen Ausland hat freilich die strukturellen Aspekte dieses Prozesses nur in zufälligen Schlaglichtern behandelt. Wie also kam der Kanzler zum Vertrauensgewinn, wie sicherte er die erzielten Resultate ab? Franz Meyers hat generell darauf hingewiesen, daß Adenauer persönliche Beziehungen zur Grundlage seiner Politik machte (82). Eugen Gerstenmaier zentriert dies auf den außenpolitischen Raum und merkt an, der Kanzler habe ausländische Staatsmänner von hohem Rang als persönliche Freunde gewonnen (83). Adenauer selber hat die Wichtigkeit der persönlichen Kenntnis und des gegenseitigen Vertrauens im außenpolitischen Bereich unterstrichen (84) und in Sachen Relevanz des Vertrauensverhältnisses zu außerdeutschen Amtsträgern in einem Brief an den FDP-Fraktionsvorsitzenden Euler darauf hingewiesen, daß das persönliche Vertrauen, das er bei den maßgebenden ausländischen Politikern genieße, einen großen realen Faktor zugunsten Deutschlands darstelle (85). Dieses Netz des Zutrauens, das Adenauer im Laufe seiner Kanzlerschaft mit zahlreichen ausländischen Politikern knüpfte, hat Horst Osterheld personell detailliert beschrieben (86). Der Kanzleramtsmitarbeiter führt weiter aus, Adenauer habe dabei das Glück gehabt, in seiner politischen Laufbahn auf so viele bedeutende und kooperationsbereite Partner gestoßen zu sein. Auf der anderen Seite müsse man aber auch erwähnen, daß es durchaus eigener Aufgeschlossenheit und erheblichen Bemühens beim Kanzler bedurft habe, damit diese Beziehungen so fruchtbar wurden (87).

In diesem Zusammenhang kann erneut auf ein erstaunliches Phänomen bei
Adenauer hingewiesen werden, das bereits zweimal im Verlauf dieser Arbeit
angesprochen wurde (Vgl. S. 88 und S. 124) und auch bei des Kanzlers
Gesprächskontakten mit ausländischen Politikern seine Wirkung hatte:
Adenauer strahlte eine starke persönliche Autorität aus.
Was diese Autorität letztlich ausmachte, läßt sich hier nur bedingt schildern. Sie war allem Anschein nach ein Phänomen, das sich irgendwie der
rationalen Erklärung entzieht. Bruno Heck geht davon aus, diese Autorität lasse sich nur sehr schwer beschreiben. Man müsse sie ganz einfach erlebt haben, sie sei ein Erfahrungswert (88). Kurt Georg Kiesinger hat
dieser Darstellung vom Erfahrungswert, den keine nachträgliche Schilderung
fassen könne, ausdrücklich zugestimmt (89), Walter Hallstein wagte aus
Ratlosigkeit über das Autoritätsphänomen bei Adenauer einen Erklärungsversuch:

"Ich habe einmal den Bundespräsidenten Theodor Heuss gefragt, und zwar in
den Anfängen meiner Zusammenarbeit mit Adenauer: Worauf beruht eigentlich
die eigentümliche, ganz unleugbare und unverkennbare Wirkung dieses
Mannes? Dieser Mann ist nicht ein Intellektueller, er ist kein Literat,
er ist kein Professor, dieser Mann ist nicht ein zündender Redner, trotzdem hat dieser Mann eine starke Wirkung auf die, die mit ihm zusammentreffen. Darauf hat Heuss in seiner schlichten schwäbischen Art geantwortet, ich höre seine Stimme noch: Ha no, er ist halt ein Herr. Und das
trifft ins Schwarze. Er ist einer der wenigen geborenen Politiker, die mir
in meinem Leben begegnet sind." (90)

Das Vorhandensein dieser schwer definierbaren Autorität (91) beim Kanzler
haben denn auch immer wieder seine ausländischen Gesprächspartner beschrieben. André Francois-Poncet berichtet, er sei von der Autorität, die
von Adenauer ausgegangen sei, sehr angetan gewesen, von seiner natürlichen
Vornehmheit, der Einfachheit und Zurückhaltung seiner Sprache, seiner
vollkommenen Würde (92). Francois Seydoux sieht bei ihm "persönliches
Charisma" (93) und belegt seinen Eindruck durch ein Zusammentreffen aus
der vor-bundesrepublikanischen Zeit (94). Sehr beeindruckt von seiner
Persönlichkeit zeigt sich auch Nahum Goldmann, der sicher ist, kaum jemand
habe ein Gefühl tiefster Achtung bei Begegnungen mit Adenauer ausschalten
können (95). Er kommt abschließend auf jenes Autoritätsphänomen beim
Kanzler zu sprechen:

"Das eindrucksvollste und entscheidende an ihm war die ungewöhnliche
Autorität, die er besaß und die von ihm ausging. An ihm, wie an wenigen
anderen Staatsmännern meiner Generation, habe ich das Geheimnis Charisma,

der Magie der Persönlichkeit, der Autorität eines Führers erlebt. Er wirkte durch die bloße Tatsache seines Daseins, was die Franzosen 'présence' nennen. Ich habe an Sitzungen teilgenommen, deren Atmosphäre sich in dem Augenblick, da er den Saal betrat, wie durch ein Wunder radikal änderte. Alle spürten, wenn er seinen Sitz einnahm, daß plötzlich ein Zentrum da war, um das sich alles andere gruppierte." (96)

Konrad Adenauer verließ sich bei seinen persönlichen Kontakten mit wichtigen ausländischen Politikern aber nicht auf seine Wirkung im unmittelbaren Gespräch, obwohl er Wert auf regelmäßige Treffen legte (97). Der Kanzler pflegte seine Partnerschaften auch auf andere Art und Weise. Wichtigstes Medium neben dem Gespräch scheint ein intensiver Briefwechsel gewesen zu sein, wobei der Regierungschef nach den Worten von Franz Josef Bach besonders bei wichtigen und delikaten außenpolitischen Vorgängen keine Entwürfe durch das Auswärtige Amt erstellen, sondern die Schreiben von Staatssekretär Globke oder andere ihm nahestehenden Mitarbeitern entwerfen ließ. Die Schriftstücke seien auch sehr oft unter Umgehung des normalen diplomatischen Weges durch persönliche Kuriere Adenauers direkt überbracht worden (98). Weitverzweigte Briefkontakte hat auch Horst Osterheld bemerkt, der angibt, es habe wohl nicht viele Staatsmänner gegeben, die einen so regen Briefwechsel unterhielten wie Adenauer (99). Einer von Adenauers wichtigsten Partnern, Charles de Gaulle, hat denn auch die Dichte der Brieffolge umschrieben. Der französische Präsident geht davon aus, der Kanzler und er hätten bis Mitte 1962 rund 40 Briefe ausgetauscht (100). Wie wichtig Adenauer diese Kommunikationsebene gerade bei de Gaulle nahm, hat der damalige französische Botschafter in Bonn, Seydoux, belegt (101).

Damit sind die wichtigsten Versatzstücke von Adenauers persönlichen Beziehungen zu zahlreichen relevanten politischen Köpfen seiner Epoche dargestellt. Verdeutlicht dies in Umrissen das "Kanalsystem", auf dem die Kommunikation geführt wurde, die zum schnell wachsenden politischen Vertrauen in Adenauer und die Bundesrepublik führte, soll abschließend untersucht werden, zu welchen Partnern der Kanzler besonders intensive Beziehungen entwickelte.

In diesem Zusammenhang wird immer wieder ein Name genannt: der des amerikanischen Außenministers John Foster Dulles. Adenauer selber hat Dulles mehrfach als Freund bezeichnet (102), der amerikanische Außenminister wählte die gleiche Anrede (103). Zahlreiche politische Akteure jener Zeit sehen diese Freundschaft als gegeben an (104). Wenn man nach der Basis dieser Freundschaft fragt, kann man zwei Motivgruppen voneinander trennen. Da ist zunächst das mehr persönlich-wertbezogene, das schnell ein gemeinsames Fundament schuf. Adenauer hat diesen Aspekt in einem Interview mit Günther Gaus selber beschrieben:

"ADENAUER: John Foster Dulles und mich verband schon nach relativ kurzer Zeit eine wirkliche Freundschaft. Ich glaube nicht, daß Dulles mich irgendwann einmal belogen hat, ebensowenig wie ich ihn belogen habe. Wir waren sehr offen miteinander. Aber das Wichtigste war, daß auch seine Politik ebenso wie die meinige auf ethischer Grundlage beruhte, und daher fanden wir uns immer wieder verhältnismäßig schnell und kamen auch über Gegensätze hinweg. Daraus entwickelte sich diese echte Freundschaft.
GAUS: Könnten Sie diese ethische Grundlage einmal skizzieren?
ADENAUER: Das war die christliche Grundlage. John Foster Dulles war ein sehr christlich denkender Mensch. Ich hoffe, daß ich es auch war. Und so fanden wir uns leicht." (105)

Diese gemeinsame ethische Grundlage haben auch Drummond/Coblentz in ihrer Untersuchung zur Außenpolitik von Dulles beschrieben (106).
Waren also Dulles und Adenauer Gesinnungsfreunde, gibt es einen zweiten Bereich, auf den ihre Freundschaft gründete: Sie waren sich in ihrer politischen Analyse und den daraus zu ziehenden Schlußfolgerungen weitgehend einig. Dies führte zu einer beträchtlichen Harmonie zwischen der amerikanischen und der westdeutschen Exekutive. Ganz auf diese sachlich-politische Basis sieht Dieter Oberdörfer zunächst die Freundschaft Adenauers zu Dulles abgestellt (107). Er gibt jedoch zu, daß die "Zweckfreundschaft" der beiden Staatsmänner in den letzten beiden Jahren vor dem Tode Dulles dann doch in sehr viel tieferen emotionalen Schichten Wurzeln geschlagen habe (108). Damit werden die beiden "Freunschaftsebenen" letztlich aber miteinander verknüpft. Es scheint sowieso fraglich, ob man das eine durchgängig vom anderen trennen kann. Drummond/Coblentz weisen beispielsweise darauf hin, wie aus der verwandten persönlichen Ethik eine übereinstimmende politische Analyse entstand. Ausgangspunkt war eine jeweilige tiefe Religiosität, die eine gemeinsame Basis trotz unterschiedlichen Glaubensbekenntnisses ermöglichte. Von dieser Grundeinstellung her hätten sie dann ein fortgesetztes Mißtrauen in die Aufrichtigkeit der atheistischen Kreml-Machthaber geteilt. Wenn sie daraufhin vom "gottlosen" Kommunismus sprachen, sei dies keine Phrase gewesen, beide meinten dies vielmehr wortwörtlich (109). So scheint es letztlich auch angebracht, die beiden Motivgruppen für die Freundschaft ineinander verwoben zu sehen. Dies entspricht

der Einschätzung von Herbert Blankenhorn, der bei Adenauer und Dulles
Gemeinsamkeit der Charaktere, der weltanschaulichen und religiösen Vorstellungen vorfindet und betont, sie hätten in allen politischen und
menschlichen Fragen die gleiche Sprache gesprochen (110).
Sicherlich war die Beziehung zwischen Adenauer und Dulles eine "politische Freundschaft" und so ist es auch kaum verwunderlich, daß es in ihrem
Verhältnis durch die Politik ausgelöste Krisen gab (111). Freundschaft
unter diesen Vorzeichen hieß auch nicht, daß man die letzten persönlichen
Reserven über Bord warf. Drummond/Coblentz haben darauf hingewiesen, daß
die beiden Männer beträchtliche Zeit darauf verwandten, einander auf den
Zahl zu fühlen (112). So blieb auch stets ein Rest an gegenseitigem Mißtrauen, trotz aller Freundschaft. Dieter Oberndörfer erwähnt, daß beiden
nach Erfahrungen eines jeweils ereignisreichen Lebens das Mißtrauen zur
zweiten Natur geworden sei. Man müsse aber sehen, daß vor allem für
Adenauer die Vokabel Freundschaft die weitere Vokabel Mißtrauen keineswegs ausschließe. Dieses Mißtrauen Adenauers, das auch gegenüber seinem
Freund Dulles nie erlosch, sei aber nicht moralisch-emotional besetzt
gewesen (113). Im Adenauerschen Charakterzug eines starken Mißtrauens gegenüber politischen Partnern wird dann auch weniger ein abwertender Argwohn, als vielmehr so etwas wie eine politische Tugend gesehen. Der letzte
persönliche Referent des Bundeskanzler Adenauer, Heinrich Barth, hat genau
diese Frage angesprochen:

"Das war kein kleinliches Mißtrauen. Dieses Mißtrauen gehörte zu seinem
persönlichen Instrumentarium, das er sich in langjähriger Erfahrung erarbeitet hatte. Adenauer war stets darauf aus, alles und jedes immer
wieder an der Realität zu prüfen. Es war eine skeptische Vorsicht in fast
allen Bereichen, die er fast nie ablegte und die ich für eine politische
Notwendigkeit von Rang halte." (114)

In diese Richtung hat sich auch Horst Osterheld geäußert, den Problemkreis aber speziell auf die Außenpolitik bei Adenauer abgestellt:

"Er hielt Mißtrauen in der Politik für notwendig; und als er bei Kennedy
ein Gutteil davon bemerkte, rechnete er es ihm auf die Haben-Seite. Sein
eigener Argwohn war eigentlich ständig wach. Ja, gerade die Tatsache, daß
er sich 'nicht leicht hereinlegen ließ', war für manche Menschenkenner ein
zusätzlicher Grund, dem Kanzler zu vertrauen. Selbst bei de Gaulle und
Dulles war Adenauer stets auf der Hut." (115)

Die Feststellung dieses politischen Mißtrauens auch bei seinem zweiten
ausländischen Vorzugspartner, Charles de Gaulle, verdeutlicht, daß der

Kanzler dergleichen nicht personenspezifisch anwandte, sondern generell eine letzte Reserve behielt. Eugen Gerstenmaier geht bei einer Beschreibung des Verhältnisses zwischen Adenauer und dem französischen Staatspräsidenten noch einen Schritt weiter: Nicht Reserve sieht er beim deutschen Bundeskanzler, vielmehr so etwas wie ehrfürchtige Befangenheit (116).

Wie immer man es auch ausdrücken mag, Adenauer war von der Persönlichkeit des Generals stark beeindruckt. Francois Seydoux spricht von Faszination (117). Der Beginn dieser hohen Wertschätzung Adenauers für de Gaulle kann sogar datumsmäßig fixiert werden: Es war der 14. und 15. September 1958. Der damals erst kurz amtierende französische Ministerpräsident hatte an diesen Tagen Konrad Adenauer, den er persönlich nicht kannte, in sein Privathaus in Colombey-les-deux-Eglises eingeladen. Der Kanzler trat allem Anschein nach diese Reise nach Lothringen mit größten Bedenken an. Der ihn begleitende Karl Carstens erlebte auf der Hinfahrt im Gegensatz zu seinem sonstigen Verhalten einen sehr nervösen Regierungschef (118). Adenauer selber hat seine Vorbehalte offen formuliert und erklärt, er sei damals von großer Sorge erfüllt gewesen, die Denkweise von de Gaulle sei von der seinigen so grundverschieden, daß eine Verständigung zwischen ihnen außerordentlich schwierig würde (119). Daß dieses erste Treffen zwischen de Gaulle und Adenauer nicht von seiner Anlage her schon zum Erfolg "verdammt" war, hat auch Francois Seydoux erwähnt. Danach lag es im Bereich des Möglichen, daß entweder der General den Kanzler nicht beachtenswert oder daß der letztere seinerseits an de Gaulle keinen Geschmack finden würde (120). Die Begegnung auf dem Landsitz des Generals - von ihm selber (121), Adenauer (122) und dem zeitweilig anwesenden Francois Seydoux (123) geschildert - wischte die Bedenken Adenauers nicht nur vollständig weg, sie nahm den Kanzler fast restlos für de Gaulle ein (124). In seinen Erinnerungen äußert sich dann Adenauer auch sehr erleichtert, spricht davon, er habe sich de Gaulle ganz anders vorgestellt und sei im Gespräch mit ihm auf das angenehmste überrascht worden durch seine Einfachheit und Natürlichkeit. Der Kanzler bewertet den Besuch als "sehr befriedigend" und gibt zu verstehen, er sei glücklich darüber gewesen, einen ganz anderen Menschen vorgefunden zu haben, als er befürchtete. Danach habe er aber die Gewißheit gehabt, daß mit dem General eine gute und vertrauensvolle Zusammenarbeit möglich sei (125).

Die positive Einstellung gegenüber dem General hat Adenauer sein ganzes
Leben lang behalten. Auf de Gaulle im Dezember 1965 angesprochen, sieht er
einen sehr klugen, sehr weitblickenden und sehr erfahrenen Mann, mit dem
er nur die denkbar besten Erfahrungen gemacht habe (126).
Doch es gab nicht nur Respekt und Zutrauen von Adenauer in Richtung de
Gaulle, auch in Gegenrichtung ist erhebliches persönliches Bemühen zu verzeichnen. De Gaulle selber möchte dem ersten Treffen mit Adenauer, das er
als "historische Aussprache" bezeichnet, ein außergewöhnliches Gepräge
geben (127). Daß er den Kanzler in sein Privathaus bittet, wird als persönliche Geste allerersten Ranges bewertet und hat sich bei keinem anderen
ausländischen Politiker wiederholt (128). Die außerordentliche Hochachtung, die der Franzose dem Deutschen gegenüber empfindet, notiert ein er-
leichterter Francois Seydoux gleich zu Beginn ihres ersten Zusammen-
treffens:

"Ist es wirklich de Gaulle, der Adenauer nobel mit einladend ausgestreck-
ter Hand, ein herzliches Wort auf den Lippen, entgegenkommt? Welch ab-
grundtiefer Unterschied zwischen dem Hausherrn und dem Bild, das sich der
Kanzler von ihm wie von allen Militärs gemacht hat! Einfach herzlich, fast
mit Ehrerbietung für einen Mann, der fast 15 Jahre älter ist als er und
dennoch imstande, zu regieren und sich durchzusetzen, begrüßt der General
seinen Gast und läßt dabei mit vollendeter Höflichkeit das ganze Register
seiner Verführungskünste spielen." (129)

Im Gespräch mit dem Kanzler wird die Ebene zeremonieller Höflichkeit
schnell verlassen; Seydoux notiert, de Gaulle habe den deutschen Regierungschef ins Vertrauen gezogen, ihm seine Sorgen und Hoffnungen mitgeteilt (130). Der Kanzler ist, wie geschildert, sehr beeindruckt, er er-
liegt - wie Ziebura sich ausdrückt - dem konzentrierten Charme seines Ge-
genübers - ein Produkt wohldurchdachter Taktik, aber auch ehrlicher Bewunderung de Gaulles (131). Der französische Präsident scheint im Laufe
der Zeit nicht bei einer ehrlichen Bewunderung für den deutschen Kanzler
stehengeblieben zu sein. Er sah in ihm so etwas wie einen kongenialen
Partner, eine Einschätzung, zu der er nur äußerst selten bereit war (132).
Diese gleichrangige Freundschaftsbeziehung hat de Gaulle bei seinem
Deutschlandbesuch im September 1962 unterstrichen und ging sogar noch
einen Schritt weiter: Adenauer habe ihm im Bereich der deutsch-französischen Politik den Weg gewiesen. Der General zum Kanzler:

"Nichts hätte in der Praxis geschehen können von all dem, was sich zwischen Frankreich und Deutschland in den letzten Jahren entwickelt hat,

nichts Großes hätte werden können von all dem, was wir jetzt begonnen
haben, wenn Sie nicht gewesen wären. Ihr Werk ist eine historische Leistung ersten Ranges. Wenn Sie von der Freundschaft sprechen, die uns beide
verbindet, so darf ich auch von dieser Freundschaft sprechen, die zwischen
uns beiden besteht, und sagen, daß Sie aus Ihrem Lande und ich aus dem
meinigen gekommen sind und daß wir uns getroffen haben in dieser Freundschaft und, wie ich hoffe, in gemeinsamem Handeln. Das ist nur möglich
gewesen, weil Sie den Weg gezeigt haben, der sich mir wie so vielen anderen als der Weg des gesunden Menschenverstandes, der Weg der Vernunft,
als der Weg der menschlichen Vernunft und des europäischen gesunden Menschenverstandes erwiesen hat." (133)

Diese kongeniale Partnerschaft hatte - ähnlich wie beim Verhältnis Adenauer/Dulles - ihre Basis sicherlich in einer tiefen menschlichen Übereinstimmung. So erkennt denn auch Gilbert Ziebura trotz mancher Unterschiede
wesentliche gemeinsame Charakterzüge, hohe Selbsteinschätzung, Unnahbarkeit und die damit oft zusammenhängende Menschenverachtung, der ein pessimistisches Menschen- und Geschichtsbild zugrunde liege; aber auch die
sichere Erkenntnis für das Wesentliche, die Orientierung der politischen
Aktion an wenigen einfachen, klaren und einprägsamen Prämissen und Glaubensartikeln (134). Auswirkungen dieses charakterlichen Gleichklangs sieht
Francois Seydoux schon beim ersten Treffen in Colombey, er erblickt darin
ein wesentliches Konstruktionselement ihrer Vertrautheit. Der Botschafter
spricht von "höchsten Höhen des Denkens und Fühlens in harmonischer
Gleichsamkeit" und vermutet darin das eigentliche Geheimnis für die gegenseitige Freundschaft (135).

Dabei muß angemerkt werden, daß die Adenauersche Freundschaft zu de Gaulle
schon der zweite "Fall" von besonders engem Kontakt des Kanzlers mit einem französischen Spitzenpolitiker war. Sein erster Partner in dieser Hinsicht war der langjährige Außenminister Robert Schuman, für den der Kanzler - wie André Francois Poncet sich ausdrückt - Freundschaft empfand
(136). Francois Seydoux geht davon aus, der Kanzler und der Außenminister
hätten sich aufs Beste verstanden (137), und hat deren Beziehung näher beschrieben:

"Unzweifelhaft fühlt sich Konrad Adenauer zu Robert Schuman besonders hingezogen; dies ist der Franzose schlechthin, ein Franzose zudem, der
Deutschland und die Deutschen besonders eingehend kennt. Beiden ist es
eine große Freude, Seite an Seite wirken zu können. Um sich zu verstehen,
bedarf es nicht vieler Worte. Wenn sie sich einmal von ihrer Arbeitslast
freimachen können, haben sie keine Hemmungen, sich für Augenblicke in ausgelassene Schulbuben zu verwandeln, und die Späße, die sie miteinander
treiben, zeugen von einer Herzlichkeit ihrer Beziehungen und gehören zu

ihrem engsten persönlichen Bereich." (138)

Die enge Verbundenheit zwischen Schuman und Adenauer hatte also ganz andere Dimensionen, als dies bei der Beziehung zwischen dem Kanzler und General de Gaulle der Fall war. Freilich war auch hier der Arbeitskontakt oft so eng und exklusiv, daß die Mitarbeiter des Kanzlers Grund zu leicht resignativer Klage hatten. Felix von Eckardt hat sich dazu so geäußert:

"Für die Mitarbeiter des Kanzlers hatte diese Intimität der beiden Staatsmänner aber auch Schattenseiten. Der Kanzler sprach mit Schuman meist ohne Zeugen – ein Dolmetscher war überflüssig –, und so wußte man nie ganz genau, was die beiden Herren miteinander verhandelt und vereinbart hatten. Der Kanzler pflegte über seine Gespräche mit Robert Schuman dem Kabinett und seinen Mitarbeitern nur mündlich zu berichten: 'Ich habe mit dem Herrn Schuman gesprochen...' pflegten seine oft recht spärlichen Mitteilungen zu beginnen. Dieser Satz wurde zeitweilig bei uns zum geflügelten Wort, wenn wir nicht so recht Bescheid wußten, sagten wir: 'Ich habe mit dem Herrn Schuman gesprochen!'" (139)

Damit ist die Präsentation der besonders intensiven Vertrauensverhältnisse des Kanzlers mit ausländischen Spitzenpolitikern abgeschlossen. Sie können als das persönliche Kernstück der Adenauerschen Vertrauensarbeit im befreundeten Ausland angesehen werden. Sie waren sozusagen die Hauptstränge der Infrastruktur an Personalkontakten, die der Kanzler zur Wiederakzeptierung der Deutschen im Westen knüpfte.

Man muß aber auch sehen, daß der Vertrauensgewinn im Ausland für Adenauer keine Größe darstellte, die nur außenpolitisch nutzbar war. Innen- und außenpolitische Erfolge waren vielmehr stark miteinander verknüpft (beim Subjekt "Mißerfolge" hätten die Satzkonstruktionen nicht anders gelautet), bedingten und steigerten sich gegenseitig (140). Bei politischem Erfolg war dies ein zweiseitiger Vertrauensmechanismus mit Wachstumsgarantie.

## II. Die strukturellen Vorgaben

### 1. Die Kabinettsbildungen

Im Abschnitt A ist beschrieben worden, daß man den Einfluß des Kanzlers auf die Regierungsbildung im Jahre 1949 in zwei Segmente unterteilen kann: Hinsichtlich der generellen Ausrichtung der Regierung auf eine bürgerliche Koalition kann von einer weitgehenden Vorreiterrolle des Kanzlers gesprochen werden; bei der personellen Ausgestaltung des Kabinettsrahmens hingegen werden starke Einflüsse der Koalitionsfraktionen sichtbar. Es stellt sich jetzt die Frage, ob das Bild vom in personeller Hinsicht Konzessionen machenden Adenauer auch für die Regierungsbildungen zutrifft, die im jetzt behandelten Zeitraum anstanden.

Dabei muß zunächst auf einen Umstand hingewiesen werden: Anders als 1949 war 1953 und 1957 die generelle Ausrichtung der Regierungskoalition innerhalb der Union unumstritten; bürgerliche Koalition gegen die Sozialdemokratie lautete die Devise. Als einzige Ausnahme wird von einer gegenläufigen Stellungnahme Jakob Kaisers vom 27.8.1953 berichtet, der sich dafür einen deutlichen Verweis des Bundeskanzlers einhandelte (141).

Auch ein zweiter Sachverhalt unterschied die erste Bundestagswahl von den darauf folgenden Wahlgängen: 1953 und 1957 war Adenauer im Gegensatz zu 1949 die eigentliche Wahllokomotive der CDU/CSU. Mit dem Herausstellen seiner Persönlichkeit "provozierte" die Union Kanzlerplebeszite, deren tatsächlicher überragender Erfolg es auch ohne partei- oder fraktionsmäßigen Nominierungsvorgang zum Kanzlerkandidaten (142) vollkommen klar sein ließ, daß niemand anders als Konrad Adenauer der designierte Regierungschef war. Damit standen

– die generelle Ausrichtung der Regierungskoalition

und

– die Person des Kanzlers

bei den hier interessierenden Kabinettsbildungen praktisch nicht zur Disposition. Der eigentliche Verhandlungsspielraum lag damit in struktureller Hinsicht allein in der Frage, wie das übrige Kabinett parteienspezifisch und personell zusammengestellt wurde. In diesem Zusammenhang gibt es zwei höchst konträre Versionen über die Rolle des Kanzlers bei der Kabinettsbildung. Vertreter der ersten Version gehen wie Thomas Ellwein davon aus, der Kanzler habe 1953 und 1957 sein Kabinett unangefochten bilden können (143). Werner Lederer spricht davon, 1953 hätten sich die Fraktionen das Recht zur Kandidatenauswahl nehmen lassen und dem Kanzler einen "Blankoscheck" für die Ministerliste gegeben (144). Diese Vorstellung kann durchaus auf entsprechenden Äußerungen von beteiligten Politikern aufbauen. So hat beispielsweise Konrad Adenauer in einem Brief an Thomas Dehler im September 1955 darauf hingewiesen, daß der Kanzler bei der Zusammensetzung des Kabinetts "freie Hand bei der Auswahl der Persönlichkeiten" haben

müsse (145). Der angeschriebene FDP-Vorsitzende vermerkte in diesem Zusammenhang schon während seines Diskussionsbeitrages im Bundestag am 28.10.1953 zur 2. Regierungserklärung Adenauers, Regierungsbildung heiße, daß der Kanzler sich die Leute suche, die er zur Erfüllung seiner politischen Aufgaben brauche, daran sei nichts zu deuteln (146).
Vertreter der zweiten Version sprechen wie Wolfgang Kralewski davon, zu den Eigenheiten von Regierungsbildungen in der Bundesrepublik gehöre der Umstand, daß der Kanzler nur sehr geringen Einfluß auf die Zusammensetzung seines Kabinetts habe (147). Bei der Kabinettskonstruktion des Jahres 1953 sieht denn auch Theodor Eschenburg die Schranken des Ministervorschlagsrechtes des Kanzlers deutlich dargestellt: Die Parteien hätten sich über die Verteilung der Ressorts geeinigt und danach "ihre" Amtsinhaber präsentiert (148). Auch hier gibt es durchaus relevante Stimmen, die zur Stützung dieser Version herangezogen werden können. Da ist beispielsweise Felix von Eckardt, der sich darüber wundert, wieso Adenauer nach seinem Wahlsieg Anno 1953 den Parteien der Koalition so viele Zugeständnisse gemacht habe (149).
Eine dritte Version versucht, zentrale Aspekte beider vorgestellter Einflußbilder miteinander zu kombinieren. Durchaus verschieden in der jeweils exakten Austarierung der Einflußpotentiale geht man hier davon aus, daß der Kanzler zwar ein dominanter Faktor bei der Kabinettskonstruktion war, andere Einwirkungen aber stets mitzuberücksichtigen sind. Gerhard Loewenberg spricht davon, bei der Regierungsbildung habe der Kanzler eine sehr starke Position, sei jedoch nicht allmächtig (150). Anton Böhm kommt zu dem Resultat, die formale Kompetenz des designierten Regierungschefs sei in diesem Fall uneingeschränkt, es sei aber ebenso sicher, daß bei der Regierungsbildung neben seinem Willen noch andere Einflüsse mitwirkten. Böhm sieht die Auswahl der Kabinettsmitglieder durch den Kanzler quasi als Spruch einer letzten Instanz, die erst dann erfolgt, nachdem Verhandlungen auf der Basis der realen Machtverhältnisse zu einem Ausgleich kamen (151). Die Beteiligung von "kanzlerunabhängigen" Faktoren an der Regierungsbildung wird auch in jener Studie beschrieben, die in vielen Fällen als die eigentliche Grundlage für die Beurteilung der Kabinettskonstruktionen nach der zweiten und dritten Bundestagswahl benutzt wird (152). Gemeint ist der Teil der Untersuchungen von Jürgen Domes zum Verhältnis von Mehrheitsfraktion und Bundesregierung, der sich mit den Regierungsbildungen von

1953 und 1957 beschäftigt (153). Domes geht darin davon aus, daß Adenauer bei der Bildung seines zweiten und dritten Kabinetts durchaus die dominierende Figur war, die im Grunde alleine die neuen Minister ernannte (154). Die Dominanz wurde freilich nicht zum Monopol, da er laut Domes in einigen Fällen Konzessionen machen mußte. Dies sei 1957 stärker ausgeprägt gewesen als 1953, wo Adenauer bei vier Koalitionsparteien einen größeren Handlungsspielraum zum gegenseitigen Ausbalancieren der Wünsche gehabt habe als bei der Bildung seines dritten Kabinetts (155).
Domes kann in seiner Studie, die so detailliert ist, daß es hier überflüssig erscheint, die Ablauffolge der Kabinettskonstruktion in den Wahljahren 1953 und 1957 erneut Schritt für Schritt darzustellen, durchaus wichtige Einflußpotentiale neben dem Kanzler isolieren:

- Da ist zum einen die Landesgruppe der CSU, die es in beiden Fällen verstanden habe, ihre Unabhängigkeit als mächtiges Einflußmittel bei den Regierungsbildungen zu benutzen (156). Diese Wertung von Domes ist durch die Spezialstudie von Günter Müchler bestätigt worden, der dem bayerischen Teil der Union einen "erstaunlichen Einfluß" bei der Regierungsbildung zuschreibt (157).

- Da ist zum zweiten die gesamte CDU/CSU-Bundestagsfraktion, deren Einflußmöglichkeiten Domes 1953 nur sporadisch auftreten, 1957 aber beträchtlich verstärkt sieht. Die Mehrheitsfraktion habe, ohne die dominierende Stellung Adenauers bedrohen zu können, vor allem auf die Auswahl des Kabinettspersonals im Jahre 1957 in nicht unerheblichem Maße eingewirkt (158).

Dieser dritten Version vom Existieren mehrerer Einflußfaktoren bei den hier interessierenden Regierungsbildungen soll im Rahmen dieser Studie gefolgt werden. Dies vor allem deshalb, weil sich in der geschilderten Arbeit von Domes der empirische Befund fugenlos mit der theoretischen Systematik verbindet. In dieser Systematik wird - wie Loewenberg sich ausdrückt - eine komplexe Struktur der Verhandlungen zur Regierungsbildung deutlich (159), was als Fortschreibung jenes Einflußnetzes verstanden werden kann, welches beim ersten Vorgang dieser Art im Jahre 1949 zutage trat (Vgl. S. 74). Daß in diesem Netz nun einige Fäden und Seile anders gewirkt waren als bei der ersten Regierungsbildung - d.h. das Einflußpotential Adenauers in Bezug auf die Kabinettskonstruktion wuchs kräftig an -, ist vor dem Hintergrund der vorstehenden Schilderungen zur Rolle des

Kanzlers innerhalb der Union und seiner Bedeutung als Katalysator für den Vertrauensgewinn im westlichen Ausland keineswegs erstaunlich.
Dies heißt aber andererseits, daß das 1949 "aufgenommene" Bild von einem Kanzler, der bei der Regierungsbildung ganz erhebliche Zugeständnisse in personeller Hinsicht macht, bei den folgenden Kabinettsbildungen nur teilweise die Realität wiedergeben konnte. Jedoch ist es auch nicht so, daß man die zwei nachfolgenden Kabinettskonstruktionen mit einer Elle messen darf; allem Anschein nach war Adenauer 1953 bei der Kabinettsbildung stärker als 1957. Die Mehrfachfaktorenkonstruktion erlaubt es aber, diese unterschiedlichen Einflußmuster unter ein gemeinsames Dach zu plazieren, und liefert damit ein letztes Argument, wieso der dritten Version in punkto Regierungsbildung hier der Vorrang gegeben wird.
Wie unterschiedlich der Vorgang des personellen Ausfüllens des Kabinettsrahmens strukturiert sein konnte, wird deutlich, wenn man sich vielbeachteten Einzelphänomenen in diesem Gesamtzusammenhang zuwendet. Da ist zum einen ein Vorgang aus dem Jahre 1953, der immer wieder Stoff zu Betrachtungen liefert: die Nichtwiederberufung des damaligen Justizministers Thomas Dehler ins zweite Kabinett Adenauer. Hauptursache für die Nichtberücksichtigung des FDP-Mannes scheinen dabei weder Bedenken beim Kanzler noch bei den Koalitionsfraktionen gewesen zu sein sondern vielmehr die Tatsache, daß der Präsident des Bundesverfassungsgerichtes, Hermann Höpker-Aschoff, mit dem der impulsive Justizminister im Streit um das Verfassungsgutachten zur Wiederbewaffnung aneinandergeraten war, gegen die Wiederbestallung seines Parteifreundes bei Bundespräsident Heuss intervenierte (160). Dehler selber fühlte sich daraufhin aber vor allem vom Kanzler im Stich gelassen und entwickelte nach Mende eine "Haßliebe" gegenüber Adenauer (161).
Dieser hingegen war über die Dehlerschen Angriffe erstaunt, da er sich selbst bei der Nichtberücksichtigung des FDP-Mannes keinen aktiven Part zuwies. Erich Mende berichtet von wiederholten Äußerungen Adenauers, es sei ihm unverständlich, was Dehler eigentlich von ihm wolle. Er - Adenauer - habe ihm doch nichts getan, er habe ihn doch wieder zum Bundesminister vorgeschlagen. Es seien seine eigenen Freunde Theodor Heuss und Höpker-Aschoff gewesen, die sich gegen seine Ernennung zu Wehr gesetzt hätten. Höpker-Aschoff habe gegenüber Heuss klargemacht, es sei für das Bundesverfassungsgericht und seine Mitglieder unzumutbar, mit einem Bundes-

Justizminister zusammenzuarbeiten, der das Gericht im ganzen oder einzelne Mitglieder öffentlich beschimpfe (162). Auch wenn Wildenmann vermutet, daß die Entlassung Dehlers nicht allein durch die über Heuss instrumentierte Intervention Höpker-Aschoffs zustande kam (163), wird in den Aktionen des Verfassungsgerichtspräsidenten und seinen Auswirkungen dennoch allgemein der Hauptgrund für die nicht erfolgte Wiederernennung des Justizministers gesehen.

Mit diesem "Fall Dehler" wird aber gleichzeitig deutlich, daß auch bei den Regierungsbildungen in der "Hoch"-Zeit der Kanzlerdemokratie Faktoren diesen Gestaltungsprozeß beeinflußten, die keineswegs im legislativ/exekutiven Bereich beheimatet waren. Dabei hatte von außen eingebrachter Einfluß keineswegs automatisch Erfolg; dies zeigt in Bezug auf die Regierungsbildung 1957 der Vergleich der Fälle Schäffer und Lübke.

Fritz Schäffer, seit 1949 Adenauers Finanzminister, war ein durchaus ernstzunehmender politischer Faktor (Vgl. S. 125). Er hatte sich aber durch sein Agieren als Minister zahlreiche Feinde geschaffen (164). So kam eine Koalition gegen ihn zustande, die Jürgen Domes wie folgt aufschlüsselt: BDI, mehrere Gruppen des DIHT, einige Verbände des gewerblichen Mittelstandes, Bund der Steuerzahler; eine starke Gruppe in der CDU/CSU-Fraktion, das "Handelsblatt", die "Deutsche Zeitung" sowie der "Rheinische Merkur". Diese Liga der Schäffer-Gegner habe es nach gründlichen Vorbereitungen geschafft, den Finanzminister aus seinem Ressort zu drängen. Domes fragt sich aber, ob dies möglich gewesen wäre, wenn Adenauer strikt an Schäffer festgehalten hätte, was aber nicht der Fall gewesen sei. Auch habe Ludwig Erhard am Sturz seines Kabinettskollegen mitgewirkt (165). Letztlich kamen hier interessenpolitische Bestreben und zumindest latente Bereitschaft bei wichtigen politischen Rollenträgern, sich von Schäffer zu trennen, zusammen und führten dazu, daß der CSU-Politiker das Finanzressort aufgeben mußte und sich mit dem weniger "mächtigen" Justizressort begnügte, obwohl ihn seine Partei anfänglich vorbehaltlos unterstützte (166).

Wie wenig hingegen singuläre Druckausübung aus dem interessenpolitischen Feld auszurichten vermochte, zeigte sich bei der gleichen Regierungsbildung im Falle des Landwirtschaftsministers Heinrich Lübke. Hier gab es massive Interventionsversuche des Bauernverbandes gegen seine Wiederernennung (167), die aber so rigoros vorgetragen wurden, daß sie Lübke wohl eher nützten, als tatsächlich seinen Stuhl ins Wanken zu bringen (168). Allzu rüdes interessenpolitisches Vorgehen barg also die Gefahr von ungeplanten "Rückstoßeffekten", zumal dann, wenn der angegriffene Minister über Rückhalt in der Fraktion verfügte (169) und sich kein wichtiger politischer Förderer für den Protest bei den eigentlichen Entscheidungsträgern im Bereich Regierungsbildung fand. Das Abblocken Adenauers in dieser Hinsicht darf aber nicht so verstanden werden, daß er generell bei der Kabinettskonstruktion keinen interessenpolitischen Einfluß mehr zuließ; denn er hat 1957 der Arbeitnehmergruppe innerhalb der Unionsfraktion die Entscheidung über die Person des Arbeitsministers (den Posten besetzte Theodor Blank) überlassen (170).

Die drei vorstehenden Fälle von interessenpolitischer Einflußnahme zeigen in der Gesamtschau, wie unterschiedlich instrumentiert, erfolgreich und mit anderen relevanten Faktoren verknüpft dergleichen Bestrebungen bei einer einzigen Regierungsbildung sein können. Sie verdeutlichen auch, daß es neben dem Kanzler sicherlich andere relevante Einflußfaktoren bei den Kabinettskonstruktionen gegeben hat. Die Vorstellung vom Netz der Einflußfaktoren (mit einer starken Zentralstellung Adenauers) bestätigt sich auf diesem Wege erneut.

Neben den zielgerichteten Einflußfaktoren erhielten bei der Regierungsbildung im Jahre 1953 aber noch ganz andere politische Dimensionen Bedeutung. Wenn es auch praktisch unumstritten war, eine "bürgerliche" Koalition unter Führung der Union zustande zu bringen, hieß dies noch lange nicht, daß alle Parteien außer der SPD an ihr partizipierten. Dennoch war genau dies das Ziel des Kanzlers, der eine Zweidrittelmehrheit für die anstehenden außenpolitischen Entscheidungen hinter sich wissen wollte. Tatsächlich erreichte Adenauer diese "Ausschlußkoalition" gegenüber der SPD. Als Grund wird durchgängig die Absicherung seiner Vertragspolitik mit dem Westen angesehen (171). Diese außenpolitische Perspektive der breitangelegten Regierungskonstruktion ist denn auch von CDU-Politikern offen angesprochen worden. Heinrich von Brentano hat dazu auf dem CDU-Parteitag von 1954 bemerkt, daß die innenpolitische, mehr aber noch die außenpolitische Lage der Bundesrepublik eine breite Regierungsmehrheit verlangt (172).

Das Zustandekommen dieser breiten Regierungsmehrheit hatte schließlich einen personalpolitischen Effekt: Das Kabinett wurde um zusätzliche

Ministerposten aufgebläht, man schuf dabei vier Sonderminister ohne Geschäftsbereich, so daß auch die kleinste Koalitionsfraktion mindestens zwei Vertreter an den Kabinettstisch entsenden konnte. Die Sonderminister sind denn auch als "Preise" für die Koalition bezeichnet worden (173). Arnd Morkel spricht davon, Adenauer habe 1953 vier Minister ohne Portefeuille in sein Kabinett aufgenommen, nicht weil er sich für die Kabinettsarbeit etwas davon versprach, sondern weil er glaubte, auf diese Art und Weise am bequemsten die Wünsche der Regierungsfraktionen nach mehr Ministersitzen erfüllen zu können (174). So hat man denn auch immer wieder darauf hingewiesen, daß 1953 neue Ministersessel geschaffen wurden, um mit der "Koalitionsarithmetik" zurechtzukommen (175). Felix von Eckardt spricht davon, die Sonderminister seien mehr oder weniger als Resultat des Parteienproporzes ins Kabinett gelangt (176). Auch Adenauer hat sich in dieser Richtung recht eindeutig vor der Unionsfraktion geäußert:

"Hier darf ich Sie auch daran erinnern, wie wir an ein so zahlreiches Kabinett gekommen sind. Aus wohl erwogenen Gründen bekam die DP zwei Minister. Das war die Schlüsselzahl. Wenn man der DP zwei Minister zubilligte, mußte man dem BHE auch zwei zubilligen, der FDP ein Mehr, schließlich vier. Dann kam die CDU/CSU. Da man nicht so viele Minister auf einmal schaffen konnte und sie auch nicht notwendig hatte, so kam man, und ich bekenne mich schuldig, auf den Gedanken, Verbindungsminister zu den Fraktionen zu bestimmen." (177)

In der Öffentlichkeit wurde 1953 aber eine andere Version als die der Parteiarithmetik hinsichtlich der Neukonstruktion der Sonderminister verbreitet. Nach offizieller Lesart war hier eine Art Liaisonstelle zwischen Kabinett und Koalitionsparteien geplant (178), was schon vom Ansatz nicht durchgehalten wurde, da nur vier Koalitionsparteien (CDU, CSU, FDP, BHE) einen Sonderminister erhielten, die Deutsche Partei hingegen ohne diese spezielle Verbindungsinstitution auskommen mußte (179). Dennoch hat der Kanzler in der Regierungserklärung vor dem Bundestag am 20. Oktober 1953 vor allem auf jene Aspekte in Sachen Sonderminister abgehoben, die sich Linus Kather in einer drei Tage zuvor stattfinden Fraktionssitzung der CDU/CSU als Adenauers Leitidee in dieser Hinsicht notierte. Es bestehe eine Notwendigkeit für Verbindungsleute zwischen dem Kabinett und den Fraktionen (180). Der Regierungschef dazu ausführlich vor dem Plenum:

"Auch die Zusammensetzung und die Vergrößerung des Kabinetts (...) beruht auf dem Bestreben, möglichst viele Gruppen wirksam an dieser Verantwortung teilnehmen zu lassen. Sie ist auch von mir für notwendig gehalten worden. Ich habe um die Bewilligung dieser Stellen gebeten aufgrund der Erfahrungen der vergangenen vier Jahre. Es erscheint mir notwendig, das politische Element im Kabinett stärker zur Geltung kommen zu lassen und dadurch auch eine stärkere Verbindung mit den hinter dem Kabinett stehenden Fraktionen des Bundestages und mit diesem selbst herbeizuführen. Weiter hat sich als notwendig herausgestellt, durch Mitglieder des Kabinetts dessen Politik auf Versammlungen von Organisationen und überhaupt in der Öffentlichkeit in stärkerem Umfange als bisher darzulegen. Ich bin davon überzeugt, daß durch die stärkere Verbindung mit den Fraktionen, dem Bundestag und der Öffentlichkeit das Werk der Gesetzgebung sich besser, schneller und reibungsloser vollziehen wird und daß dadurch die durch die Vergrößerung des Kabinetts entstehenden Mehrkosten im Endergebnis um ein Vielfaches wieder eingebracht werden." (181)

Diese Ausführungen Adenauers sind im Rahmen dieser Arbeit gleich mehrfach interessant. Da muß zu einem auf den Umstand verwiesen werden, daß es nach den Erkenntnissen dieser Studie in der ersten Legislaturperiode durchaus ein - wenn auch informelles - Verbindungsglied zwischen dem Kabinett und den Koalitionsfraktionen gab. Dies waren die sogenannten "Koalitionsgespräche", die auf S. 153 ff vorgestellt worden sind und in Anlage II dokumentarisch präsentiert werden.

Es besteht nun die Möglichkeit, daß trotz der erwähnten Vorbehalte (koalitionsarithmetische Konstruktion; kein Verbindungsminister für alle Koalitionsparteien) das Institut Sonderminister:
- eine zusätzliche Ebene jenes mehrstufigen Konkretisierungsprozesses im Bereich der Regierung darstellen sollte, der für die Zeit der ersten Legislaturperiode immer wieder umschrieben worden ist (Vgl. in der Zusammenfassung S. 199 ff)
- das System der Koalitionsgespräche ganz oder teilweise ersetzen sollte. Dies muß in den folgenden Abschnitten untersucht werden, zumal Theodor Eschenburg eine Substruktur der Koalitionsgespräche, die Teilnahme von Koalitionsvertretern an den Kabinettssitzungen, (Vgl. S. 154 f) mit der Ernennung der Sonderminister fortgeführt und institutionalisiert sieht (182).

Die Legalisierung der Verbindungsstränge zwischen dem Kabinett und den Koalitionsfraktionen in Form der Sonderminister war dabei keine Konstruktion von langer Dauer. Die Sonderminister waren wie alle anderen Kabinettsmitglieder am 20. Oktober 1953 ernannt worden, am Ende der zweiten Legislaturperiode bekleidete keiner von ihnen mehr diese Position:
- am 20.10.1955 wurde Franz Josef Strauß zum Atomminister ernannt.

- am 12.11.1955 starb Robert Tillmanns.
- am 16.10.1956 wurden Waldemar Kraft und Hermann Schäfer entlassen, sie hatten jeweils zuvor ihre Fraktionen verlassen (Kraft: 16. Juli 1955; Schäfer: 6. März 1956) (183).

Da keine Nachfolger ernannt wurden, ging die Konstruktion Sonderminister etappenweise in Liquidation, ein Umstand, der nicht gerade für den Erfolg dieser Neueinrichtung spricht. Vielmehr haben immer wieder auch politische Akteure davon gesprochen, daß diese Konstruktion ihren Aufgaben nicht gerecht werden konnte (184). Schließlich hat Adenauer selber vor dem Bundestag zugegeben, daß sich die Konstruktion der Verbindungsminister nicht bewährt habe. Der Kanzler am 19.1.1956 nach Äußerungen von Alfred Gille (BHE):

"Nun möchte ich zur Frage der Verbindungsminister etwas sagen. (...) Diese Sonderminister sollten die Verbindung zwischen dem Kabinett und den einzelnen Fraktionen herstellen. Ich habe zu meinem großen Bedauern feststellen müssen, daß, sobald ein Mitglied einer Fraktion – das geht nicht auf ihre Fraktion allein – Sonderminister geworden war, sein Einfluß und sein Ansehen in seiner Fraktion bedenklich sanken. (...) Weshalb soll ich etwas, was offenbar ist, nicht ruhig gestehen?" (185)

Noch deutlicher wurde der Kanzler vor seiner eigenen Fraktion, nahm jedoch dabei seinen Parteifreund Robert Tillmanns von der Kritik aus:

"Nur einer dieser Minister, unser verstorbener Freund Tillmanns, hat diese Funktion wirklich erfüllt; er hat die Verbindung zwischen Regierung und Fraktion in hervorragender Weise herbeigeführt, während dies bei den drei anderen nicht gelungen ist. Dabei messe ich die Schuld nicht den Ministern zu, sondern dies lag an den Fraktionen oder deren Vorstand, die nicht ertrugen, daß sie nicht selbst mit der Regierung verhandeln sollten, sondern daß dies nur noch durch den betreffenden Minister ginge." (186)

Man kann wohl davon ausgehen, daß die Ausklammerung von Tillmanns bei der allgemeinen Verbindungsministerschelte in erster Linie vom Respekt vor dem Verstorbenen geprägt war, hatte sich doch auch innerhalb der Unionsfraktion Unmut über die Verbindungskonstruktion breitgemacht. So beschwerte sich der Unionsparlamentarier Johannes Kortmann schon 1954 vor der Fraktion:

"Bei der Regierungsbildung sei erklärt worden, die Minister ohne Geschäftsbereich seien ausdrücklich dazu da, die Verständigung zwischen Regierung und Fraktion sicherzustellen. Die Erfüllung dieser Aufgabe habe er aber bis heute vermißt." (187)

So ist dann auch immer wieder die Gesamtkonstruktion der Sonderminister als nichtgeglücktes Experiment hingestellt worden (188). Wenn Adenauer also tatsächlich mit den Verbindungsministern eine neue Koordinationsebene zwischen dem Kabinett und den Koalitionsfraktionen schaffen wollte, ist dieser Plan offensichtlich recht bald gescheitert. Im Rahmen dieser Studie wird ja ohnehin davon ausgegangen, daß die Verbindungsrolle maximal der Zweitnutzen dieser Konstruktion war, die Koalitionsarithmetik stand eindeutig im Vordergrund.

Es gibt daneben einen weiteren Hinweis, daß die Rolle als Vermittlungsinstanz für die Sonderminister nicht im Zentrum ihrer Tätigkeit stand. Bereits im Jahre 1954 wies Adenauer ihnen spezielle Arbeitsbereiche zu:
- Atomenergie für Strauß
- Berliner Angelegenheiten für Tillmanns
- Mittelstandsfragen für Schäfer
- Wasserwirtschaft für Kraft (189)

Adenauer hat selber darauf hingewiesen, daß diese Zweckbestimmung von ihm vorgenommen wurde, nachdem ihm klar erschien, daß die Verbindungsminister ihrer angekündigten Funktion nicht gerecht werden konnten (190). Wenn es also wirklich "reine" Verbindungsminister gab, dann nur sehr kurzfristig. Schon bald stand auch bei ihnen ein Sachbezug im Vordergrund, wobei nicht jeder die personellen und thematischen Vorgaben hatte, um aus seiner Sonderrolle wie Franz Josef Strauß zum "ordentlichen" Ressortchef aufzusteigen.

Damit ist das Kapitel Sonderminister in diesem Zeitzusammenhang abschließend beschrieben. Wie immer man es auch bewerten will: Waren es wirkliche Verbindungsminister, waren es Koalitionspreise, war es eine Mischung aus beidem? - stets wird deutlich, daß der Kanzler bei der Kabinettskonstruktion seine parlamentarische Basis im Auge haben mußte, auch der starke, der dominante Adenauer aus der "Hoch"-Zeit der Kanzlerdemokratie war ein "parlamentarischer" Kanzler.

Andere Faktoren bei der Kabinettskonstruktion sind schon vorstehend angesprochen worden. Zum Schluß soll noch auf einen Umstand hingewiesen werden, der zumindest nach Aussage eines engen Adenauer-Vertrauten auslösendes Moment für die Kabinettsumbildung des Jahres 1956 war. Dieser Vertraute - Felix von Eckardt - hat betont, daß er nach der Rückberufung von seinem Beobachterposten bei der UNO in New York nach Bonn als Regierungssprecher den Kanzler darauf aufmerksam gemacht habe, daß die

damalige Kabinettsmannschaft alles andere als ein schlagkräftiges Team
für die kommenden Bundestagswahlen sei. Adenauer sprach nach Eckardts
Erinnerungen diesen Komplex mit dem Regierungssprecher immer wieder
durch und schließlich "einigte" (191) man sich, das Kabinett zu straffen.
Neben einigen Umbesetzungen wurden zwei Posten kassiert: die letzten beiden Sonderminister.

2. Die Koalitionsabsprachen

Hinsichtlich der Frage nach den Koalitionsvereinbarungen des Jahres 1949
ist beschrieben worden, daß diese aus einem Briefwechsel zwischen Konrad
Adenauer und den Führern der kleineren Koalitionsparteien, Blücher und
Hellwege, bestanden. Dabei wurde auch darauf hingewiesen, daß diese Koalitionsabsprachen sich allem Anschein nach nur auf inhaltliche Fragen bezogen. Die im Rahmen dieser Arbeit wesentlich interessanteren Komplexe
der Regierungsstruktur und der Koalitionstechnik blieben, wie es scheint,
unbehandelt.
Auch 1953 hat man offensichtlich dieses Verfahren des Briefaustausches
wieder angewandt, wobei im Gegensatz zur ersten Regierungsbildung auch
Festschreibungen in strukturellen Fragen erfolgten. Diese neue Dimension
ist aber kein durchgängiges Prinzip, wozu noch der Umstand kommt, daß die
Dokumentation der Koalitionsvereinbarungen von 1953 keineswegs vollständig ist. Folgende Erkenntnisse lassen sich aber dennoch in diesem
Zusammenhang auflisten.
Genauso wie 1949 bestand auch vier Jahre später die Koalitionsvereinbarung zwischen Union und Deutscher Partei in einem Briefwechsel, der
zwischen den Parteivorsitzenden, Adenauer und Hellwege, zustande kam.
Wie der DP-Chef mitteilte, wurden darin erneut nur inhaltliche Fragen
abgeklärt, Strukturelles hingegen nicht erörtert (192).
Zum Austausch von Schreiben kam es auch zwischen Adenauer und dem Vorsitzenden der einzigen neuen Koalitionspartei, des BHE, wobei der Antwortbrief des Kanzlers an Waldemar Kraft im Wortlaut vorliegt (193). Darin
geht Adenauer auch auf strukturelle Fragen der Regierungsorganisation
ein, indem er einer der Hauptforderungen des BHE, der Kompetenzerweiterung
des Vertriebenenministeriums, in wichtigen Aspekten zustimmt (194).
Adenauer machte jedoch bei anderen zentralen Problemen des Forderungskatalogs des BHE (195) nur - wie Neumann sich ausdrückt - "in der allge-

meinen Form einer Vertröstung auf die Zukunft gehaltene Zusagen" (196).
Dies führte dann auch bald zu Konflikten im Bereich sozialer Forderungen
des BHE, die erst nach einer ultimativen Drohung des Blocks weitgehend zu
seinen Gunsten entschieden wurden (197). Während seiner Verhandlungen
mit dem Block der Heimatvertriebenen und Entrechteten verdeutlichte der
Kanzler aber auch, daß er keineswegs gewillt war, allzu detaillierte Vereinbarungen, vor allem aber keine vertraglichen Übereinkünfte, abzuschließen. Der Fraktionsvorsitzende des BHE, Horst Haasler, hat die Position Adenauers in diesem Punkt so beschrieben:

"Er konnte sich auf diesen Wahlausgang hin den Standpunkt leisten zu sagen: Ich vermag im Rahmen der Verhandlungen um die Regierungsbildung Ihnen nur allgemeine Grundlagen, allgemeine Richtlinien aufzeigen, nach denen ich meine Politik führen will; auf Einzelheiten bis ins Letzte oder überhaupt auf Einzelheiten merkbaren Umfangs lege ich mich nicht fest; es entspricht nicht unserer Verfassung, daß ich vorher eine Kapitulationsurkunde gegenüber den Parteien unterzeichne, die mich und meine Politik, die mein künftiges Kabinett stützen wollen; ich bestimme nach der Verfassung, sofern Ihr mich wählt, die Grundlagen der deutschen Politik und über diese Grundlagen allerdings will ich auch etwas sagen, mehr nicht."
(198)

Diese Grundlagen der Politik dürfte Adenauer genauso mit dem dritten
Koalitionspartner, der FDP, besprochen haben, wenn auch über die Form
der dabei getroffenen Vereinbarungen nur Ausschließendes gesagt werden
kann. Mit ziemlicher Sicherheit ist hier ebenfalls kein vertragsähnliches
Papier ausgehandelt worden; ob es sich um mündliche oder briefliche Absprachen handelte, konnte nicht geklärt werden.

Die einigermaßen abgesicherte Vermutung vom Fehlen eines schriftlichen
"Koalitionspaktes" ergibt sich aus der Betrachtung des weiteren Schicksals der Regierungskoalition nach 1953. Schon bald kam es nämlich zu
schweren Zerwürfnissen innerhalb des Regierungslagers. Diese Krisen (199)
können hier nicht detailliert dargestellt werden; sicherlich kamen dabei
Faktoren unterschiedlichster Art zusammen. Zu den wichtigsten zählen:
- außenpolitische Differenzen, die sich beispielsweise an der Frage der
  Akzeptierung des Saarstatutes entzündeten,
- innenpolitische Differenzen, die ihren Kulminationspunkt in der Frage
  der Wahlgesetzgebung fanden,
- persönliche Differenzen, wie sie sich im Verhältnis zwischen
  Adenauer und Dehler manifestierten,

- innerparteiliche Differenzen, die zur Aufspaltung des BHE und danach der FDP in einen regierungstreuen Ministerflügel und eine aus der Koalition ausscheidende Rumpfpartei führten sowie
- systemspezifische Folgen der Kanzlerdemokratie, die Adenauer zum eigentlichen "Übervater" des gesamten bürgerlichen Lagers machten und ihm damit über Parteigrenzen hinweg politische Gefolgschaft sicherte.

Im Verlauf dieser Zerwürfnisse prangerte man sich nun gegenseitig in der Weise an, daß der jeweilige Kontrahent die Bahnen der bislang allgemein akzeptierten Koalitionspolitik verlassen hätte. Dies unternahm beispielsweise Konrad Adenauer in einem Brief an Thomas Dehler, in der er den Liberalen vorwarf, sie wollten eine ganz andere als bisher von der Koalition vertretene Außenpolitik (200). Der angeschriebene FDP-Fraktionsvorsitzende hat den Vorwurf des außenpolitischen Abweichlertums durch die FDP nie akzeptiert. Für ihn war es die Union, die vom festgelegten Weg abkam. In der Rückschau hat dies Thomas Dehler bereits beim Saarabkommen festgestellt und in diesem Zusammenhang ausdrücklich auf entsprechende Koalitionsvereinbarungen verwiesen. Der damalige FDP-Chef zum Punkt, wo sich die Wege trennten:

"Das war der Streit über das Saarstatut, also über das damals zustandegekommene Abkommen zwischen der Bundesrepublik und Frankreich, die Saar von Deutschland getrennt zu halten, zu europäisieren, sie in Wirklichkeit dem politischen, dem militärischen, dem wirtschaftlichen und finanziellen Einfluß Frankreichs zu überlassen. Das stand im Widerspruch zu dem, was wir damals im Koalitionsabkommen festgelegt hatten. Es war festgelegt, daß wir niemals zustimmen, daß die deutsche Saar von Deutschland getrennt wird." (201)

Wäre damals ein schriftlicher Koalitionspakt mit inhaltlichen Setzungen vorhanden gewesen, hätte ihn bestimmt bei wachsender Schärfe der Kontroversen eine der streitenden Seiten hervorgeholt, um die Richtigkeit ihrer Argumentation zu untermauern. Daß dies nicht geschah, wird daran gelegen haben, daß vertragsähnliche Konstrukte gar nicht vorlagen, und die möglicherweise vorhandenen schriftlichen Abmachungen in Briefform teilweise so unbestimmt waren, daß sie zu griffiger Beweisführung wenig taugten. Bei seinem Hinweis auf die Koalitionsabsprachen hat Dehler jedoch noch eine andere Dimension der auftauchenden Regierungskrisen angesprochen. Nicht nur in inhaltlichen Unterschieden sieht er sie begründet, die Zerwürfnisse seien auch entstanden, weil die Union einen bedenklichen Koalitionsstil praktiziert habe. Dehler auf dem FDP-Parteitag in Würzburg im April 1956:

"Wir haben kein schlechtes Gewissen. Keine Fraktion konnte einen besseren Willen zeigen zur Zusammenarbeit und zur Verwirklichung der vornehmlich von uns bei den Koalitionsvereinbarungen aufgestellten und angenommenen Forderungen. Die Koalition ist nicht an Gründen, die an uns liegen, gescheitert, sondern ich sage es noch einmal: an den bedenklichen Methoden und Rücksichtslosigkeiten des führenden Koalitionspartners." (202)

Dieser Vorwurf wurde von der FDP auf einem Gebiet präzisiert, welches im Rahmen dieser Studie von Gewicht ist: Nach Aussage wichtiger liberaler Akteure soll die Union spätestens ab Ende 1954 dazu übergegangen sein, das Institut der Koalitionsgespräche nicht mehr zu verwenden. Der stellvertretende FDP-Fraktionsvorsitzende Max Becker machte dies deutlich:

"Koalitionsbesprechungen fanden, insbesondere seit Ende 1954, trotz Drängens der FDP nicht mehr statt. In der ersten Legislaturperiode hatten sie regelmäßig stattgefunden und gute Ergebnisse gehabt. Die Übermacht der CDU trat aber ab 1953/54 nicht nur zahlenmäßig, sondern auch darin in Erscheinung, daß man nur zu deutlich fühlen ließ, daß man den kleineren Koalitionspartner nicht mehr so unbedingt brauche." (203)

Diese Einschätzung wurde von Erich Mende geteilt, der vor seiner Fraktion am 29.11.1955 beklagte, daß das Koalitionsgespräch schon seit Monaten nicht mehr geführt worden sei (204). Thomas Dehler hat diese Tatsache auf dem FDP-Parteitag in Würzburg im Jahre 1956 unterstrichen:

"Wir haben immer und immer wieder die Jahre hindurch darum gerungen, daß die Praxis des ersten Bundestages, wöchentliche Besprechungen in den entscheidenden Fragen des Kabinetts durchzuführen, wieder aufgenommen würde. Wir sind niemals mit unserer Bitte gehört worden. (...)
Seit Februar vorigen Jahres ist, abgesehen von den Gesprächen, die ich mehr oder minder erzwungen habe, eine wirklich gründliche Aussprache über die Lebensfragen unseres Volkes, über die Fragen der Wiedervereinigung, über das Ziel Europa nicht geführt worden. (...) Die Konferenz der Regierungschefs in Genf im Juli vorigen Jahres, die Einladung des Kanzlers nach Moskau, die Situation nach der Moskau-Reise, die zweite Genfer Konferenz der Außenminister — alle diese verschiedenen Situationen, mit ihren Verpflichtungen, sie intensiv zu analysieren und Folgerungen zu ziehen, waren niemals Gegenstand einer Koalitionsaussprache." (205)

Damit sind die Koalitionsgespräche bereits zum zweiten Mal im Rahmen dieses Gesamtabschnittes angesprochen. War bei der Einführung von Sonderministern bereits darauf hingewiesen worden, daß bei der Betrachtung dieser neugeschaffenen exekutiven Rolle Momente auftauchen, die es als möglich erscheinen lassen, daß die Sonderminister die Koalitionsgespräche ersetzen oder doch in paralleler Wirkung verstärken sollten, ist die

Quintessenz hier die zumindest zeitlich begrenzte Nichtbenutzung des Verbindungsgliedes Koalitionsgespräche. Auch die jetzt gewonnenen Erkenntnisse lassen es also angeraten erscheinen, nicht von vorneherein von einer Übertragung der informellen Struktur der ersten Legislaturperiode auf den jetzt interessierenden Zeitraum auszugehen.

Immerhin scheint der Wunsch nach Fortsetzung der Koalitionsgespräche ein starkes Bedürfnis bei den Liberalen gewesen zu sein. Als die Auseinandersetzungen zwischen der FDP und der Union Ende 1955 immer heftiger wurden, traf sich die Fraktion der Liberalen am 12.12.1955 zu einer vierstündigen Abendsitzung und erarbeitete dabei etwas für den Bereich der Bundespolitik total Unbekanntes: den Entwurf einer schriftlich fixierten Koalitionsvereinbarung. Dieses vertragsähnliche Dokument, das die Zusammenarbeit innerhalb der Koalition auf eine bessere Basis stellen sollte, hatte zwar auch inhaltliche Abschnitte, das eigentliche Neue lag aber in Bereichen, die sich der Koalitionstechnik zuwandten und auf eine Institutionalisierung der Koalitionsgespräche drängten. Im Entwurf der Koalitionsvereinbarung haben diese Passagen folgenden Wortlaut:

"Die Bundestagsfraktionen der CDU/CSU, der FDP und der DP sind entschlossen, die außenpolitische Linie der Bundesregierung weiterhin gemeinsam zu verfolgen und gemeinsam nach außen zu vertreten. Zwischen den drei Fraktionen und der Bundesregierung besteht Einigkeit darüber, daß jede neue außenpolitische Situation künftig unverzüglich in gemeinsamen Koalitionsbesprechungen unter dem Vorsitz des Bundeskanzlers und unter Hinzuziehung des Bundesministers des Auswärtigen geprüft werden muß.
(...)
Es besteht Einigkeit darüber, daß die im ersten Bundestag üblich gewesenen Koalitionsbesprechungen unter dem Vorsitz des Bundeskanzlers unverzüglich wieder aufgenommen werden und künftig mindestens in jedem Drei-Wochen-Turnus des Bundestages stattfinden. Bei diesen Besprechungen werden alle aktuellen politischen Probleme erörtert und wird versucht, einen gemeinsamen Standpunkt für ihre Lösung zu erarbeiten. Keine der drei Koalitionsfraktionen reicht in Zukunft einen Initiativgesetzentwurf ein, ohne daß der Gesetzentwurf vorher in einer Koalitionsbesprechung vorgelegen hat und erörtert wurde. Kommt bei der Erörterung eine Einigung nicht zustande, so behält jede Fraktion das Recht selbständigen Handelns."
(206)

Damit sollten die Koalitionsgespräche zwar nicht zu einem Institut aufgewertet werden, das einen Einigungszwang beinhaltete und folglich bei Nichtübereinstimmung zu einem Blockadeinstrument werden konnte, den Koalitionsgesprächen kam aber dennoch beim anvisierten Modell eine nicht unerhebliche Filterwirkung zu. Diese Konstruktion schien geeignet, das

nach Ansicht der Liberalen stattfindende langsame Hinausdrängen der kleineren Koalitionspartner aus dem eigentlichen Entscheidungsprozeß abzustoppen und umzukehren (207).
Auch Erich Mende geht davon aus, daß mit diesem Papier der damalige Druck Adenauers auf die FDP mit Gegendruck beantwortet werden sollte (208). Die Vermutung einer zumindest indirekten Stoßrichtung gegen den Kanzler kann durch die Tatsache mitabgestützt werden, daß der Vertragsentwurf auf einer Ausarbeitung von Adenauers Hauptkontrahenten in der FDP, Thomas Dehler, fußte. Das FDP-Fraktionsprotokoll vom 12.12.1955 schildert die Vorgeschichte des FDP-Entwurfs in seinen wesentlichen Zügen:

"Dr. Dehler unterrichtet die Fraktion, daß von Dr. Becker, Dr. Berg und ihm je ein Entwurf erarbeitet worden sei, der eine Fixierung der wichtigsten Punkte darstellte, die in den Koalitionsbesprechungen geklärt werden sollten. Nachdem der Kanzler erklärt habe, daß keine sachliche Übereinstimmung garantieren könne, daß die Außenpolitik der Regierung nicht gestört werden könne, sei er der Ansicht, daß - um dem unfruchtbaren Gespräch eine Wendung zu geben - jetzt von uns aus eine Art Koalitionsvertrag den Verhandlungspartnern vorgelegt werden soll.
Dr. Dehler verliest die Entwürfe von Dr. Becker, Dr. Berg und seinen eigenen.
Dr. Schneider (...) empfiehlt keinen Brief zu schreiben, sondern den Gesprächspartnern bei Beginn der nächsten Koalitionsverhandlungen ein 'Statement' der strittigen Punkte vorzulegen.
(...)
Die Fraktion beschließt:
1. Es wird kein Brief geschrieben, sondern bei den morgigen Verhandlungen wird eine Punktation übergeben.
2. Als Grundlage der Erarbeitung wird der Vorschlag Dr. Dehlers genommen.
(...) Es wird eine Redaktionskommission bestehend aus den Herren Dr. Nowack, Dr. Berg und Niebel gebildet, die der Fraktion einen Entwurf vorlegen, der einstimmig angenommen wird." (209)

Dieser Auszug aus dem FDP-Fraktionsprotokoll macht aber auch deutlich, daß der Vorschlag zu einem Koalitionsvertrag ein durchaus zielgerichtetes politisches Unternehmen war. Das Papier sollte in einem tags darauf stattfindenden Koalitionsgespräch auf den Verhandlungstisch gelegt werden. Tatsächlich ist der Vorschlag der Liberalen, zu einem Koalitionsvertrag zu kommen, nicht einmal behandelt worden. Dies hat Erich Mende bestätigt (210), nach Presseberichten bestimmten weiterhin persönliche Kontroversen das Geschehen (211), was vom FDP-Pressedienst bestätigt wurde (212). Auch Max Becker geht davon aus, daß Besprechungen über dieses Programm nie stattgefunden haben, obwohl die FDP nach dem Jahreswechsel am 20.10.1956 diesen Vorschlag einstimmig erneuerte und ihn sodann der Union mitgeteilt habe (213). Damit steht fest, daß der erste Anlauf in der Geschichte der Bundesrepbulik zu einem schriftlichen Koalitionsvertrag zu kommen, nicht einmal in die Phase der inhaltlichen Diskussion eingetreten ist.

Im Verlauf der Diskussionen innerhalb der FDP, die zur Erstellung des Entwurfes für einen Koalitionsvertrag führten, hatten sich die Liberalen mit dem anderen verbliebenen Koalitionspartner der Union, der DP, in Verbindung gesetzt. Der Abgeordnete Dr. Schneider führte in der entscheidenden Fraktionssitzung Ende 1955 aus, er habe Gespräche mit Hans-Joachim von Merkatz geführt, der genauso wie die FDP der Überzeugung sei, daß das Koalitionsklima verbessert werden müsse. Deshalb habe der DP-Minister in der letzten Koalitionsbesprechung auch Ausführungen über die beiderseitigen Verpflichtungen innerhalb der Koalition gemacht (214). Eben dieser Hans-Joachim von Merkatz war ein wichtiger Akteur bei jenen Bestrebungen, die dann nach der dritten Bundestagswahl auf eine vertragliche Abmachung unter den verbliebenen Koalitionspartnern abzielten und mit hoher Wahrscheinlichkeit dabei erfolgreich waren.

In der Bundestagswahl 1957 hatte die DP (genauso wie beim Wahlgang vier Jahre zuvor) insofern von der CDU indirekte Wahlhilfe erhalten, als die Union in gewissen niedersächsischen Wahlkreisen auf die Nominierung eines eigenen Direktbewerbers verzichtete (215). Die DP machte sich jedoch unmittelbar nach dem Wahltag am 15. September 1957 daran, vor ihren allseits erwarteten Eintritt in eine Koalition mit der Union die Hürde eines Koalitionsvertrages zu stellen. Wie aus den Unterlagen von Hans-Joachim von Merkatz zu den Koalitionsverhandlungen des Jahres 1957 hervorgeht (216), traf sich bereits einen Tag nach der Wahl ein nicht näher aufgeschlüsselter Freundes-Kreis der DP und faßte hinsichtlich der Koalitionsbeteiligung folgende Empfehlung:

"Der am 16. September 1957 versammelte Freundeskreis der DP war nach einer Überprüfung der Wahlergebnisse für den Bundestag und nach einer Durchleuchtung der Ursachen einhellig der Ansicht, daß die DP von sich aus nicht in Koalitionsverhandlungen eintreten dürfe, sondern derartige Gespräche an sich herankommen lassen sollte. Der Abschluß einer Koalitionsvereinbarung könne nur auf einer ehrenhaften die Selbständigkeit der DP wahrenden Basis erfolgen. Wie 1949 sollten die Koalitionsvereinbarungen schriftlich abgefaßt werden." (217)

Anders als 1949 und 1953 war die DP diesmal bemüht, die Schriftlichkeit nicht durch den Austausch von Briefen herzustellen. Der damalige Bundes-

minister von Merkatz ging vielmehr daran, einen förmlichen Koalitionsvertrag zu entwerfen. In seinen Unterlagen findet sich eine erste handschriftliche Version mit zahlreichen Korrekturen (218) sowie ein zweiter handschriftlicher Entwurf in ausgesprochener Schönschrift (219). Diesen Entwurf einer Koalitionsvereinbarung schickte von Merkatz als maschinenschriftliche Vorlage am 26.9.1957 an:
- Heinrich Hellwege
- Hans-Christoph Seebohm
- Herbert Schneider
- Margot Kalinke (220)

Im Begleitbrief an den Parteivorsitzenden und Ministerpräsidenten von Niedersachsen, Heinrich Hellwege, machte von Merkatz klar, was als Hintergrund für diesen Koalitionsvertrag angesehen werden muß:

"In der Anlage darf ich Dir, wie abgesprochen, den Entwurf einer Koalitionsvereinbarung zustellen. Das Schriftstück ist etwas länger geworden als vorgesehen. Ich halte es aber für erforderlich, daß die allgemeinen Richtlinien und konkreten Punkte jetzt, wo wir die Dinge noch gestalten können, zum Gegenstand von Vereinbarungen gemacht werden.
(...)
Die Sorge, daß wir damit der CDU Anregungen für eigene Anträge geben, teile ich nicht. Jedenfalls würden wir beim Abschluß einer solchen Vereinbarung das Vetorecht der Initiative gewahrt haben und überhaupt für die Zukunft etwas in der Hand haben, auf das wir uns berufen können. Der Entwurf ist praktisch das konkrete Regierungsprogramm für die nächsten vier Jahre." (221)

Eher noch etwas mehr, und dies macht den Entwurf in diesem Zusammenhang so interessant: Denn der DP-Vorschlag sah nicht nur vor, daß diese Koalitionsvereinbarung zu unterzeichnen war (222), man schrieb nicht nur allgemeine Grundsätze und politische Inhalte fest (223), man äußerte sich auch ziemlich ausführlich zur parlamentarischen Zusammenarbeit (224). Dieser Teil des angestrebten Koalitionsvertrages ist in der Anlage abgedruckt (Vgl. Anlage III).

Das hier besonders Relevante dieser Formulierungen findet sich in den Passagen, die den zwischen der Regierung und der sie tragenden Fraktionen sowie den unter den Koalitionsfraktionen bestehenden Teil des Systems der informellen Koalitionsgremien festschreiben. Es handelt sich dabei um:
- die Ziffern 1, 3 und 4, die die Arbeit des Koalitionsausschusses beschreiben,
- die Ziffer 5, die auf die Koalitionsgespräche abhebt.

Interessant ist weiterhin der Umstand, daß eine Teilnahmemöglichkeit des Kanzlers an den Sitzungen des Koalitionsausschusses eingeräumt wird (die Sitzung würde nach der hier gebräuchlichen Strukturvorstellung damit zum Koalitionsgespräch) und daß dem Koalitionsausschuß und den Fraktionsvorsitzenden ein "Laderecht" von Kanzler und Ministern für die Sitzungen dieses primär im Fraktionsbereich agierenden informellen Gremiums konzidiert wird (Vgl. Ziffer 4 des Entwurfs).

Würde dieser Koalitionsvertrag mit den geschilderten informellen Festlegungen zur Zusammenarbeit innerhalb der Koalition Realität werden, wäre zum einen ein Gegengewicht zu Vermutungen des Abbaus des informellen Gremiensystems vorhanden, die im Zusammenhang mit den Sonderministern und der Behandlung der FDP geäußert werden mußten. Zum anderen läge erstmalig eine vertragsähnliche Festschreibung des informellen Koordinierungssystems vor.

Die Konjunktivkonstruktion in den vorstehenden Sätzen ist keineswegs zufällig. Es liegen zwar zahlreiche Hinweise in dieser Richtung vor, es gibt nicht wenige Fakten, deren Verknüpfung recht eindeutig in diese Richtung weisen, aber: Der allerletzte Beweis für ein beiderseitiges Akzeptieren dieses Koalitionspapiers kann im Rahmen dieser Studie nicht erbracht werden. Heinrich Hellwege beispielsweise erinnert sich noch an diese Bestrebungen, zu einem schriftlich fixierten Koalitionsvertrag zu kommen, über das letztendliche Schicksal dieses Papiers ist er sich aber nicht mehr sicher (225). Hans-Joachim von Merkatz entsinnt sich zwar daran, daß das Thema Koalitionsabkommen tatsächlich in der DP-Fraktion behandelt wurde und eine Abstimmung dahingehend erfolgte, mit der Union zu einer schriftlichen Koalitionsvereinbarung zu kommen. Er möchte jedoch nicht von einem Abkommen, eher von einer Richtlinie reden, wobei er schon daran glaubt, "daß wir so etwas abgeschlossen haben" (226).

Daß dem ursprünglich mit eindeutigem Vertragscharakter ausgerüsteten Entwurf viel von seinem vertraglichen Charakter genommen wurde, geht auch aus den noch vorhandenen Unterlagen hervor. Danach wurde das Koalitionspapier bei der ersten Verhandlung zwischen dem Kanzler und Vertretern der DP zur Bildung einer neuen Regierung am 30. September 1957 (227) Adenauer noch nicht präsentiert. Wobei der Regierungschef die angekündigte Vorlage eines solchen Dokumentes in keiner Weise negativ gesehen zu haben scheint. Der damalige Staatssekretär des Bundesratsministers von Merkatz, der spätere MdB Georg Ripken, in einem Schreiben an seinen Chef vom 2.10.1957:

"Die Verhandlungskommission hat am Montag dem Herrn Bundeskanzler versprochen, die Auffassung der DP über die Koalitionsvereinbarungen 1957 bis zu seiner Rückkehr aus Schweden nachzureichen. Aufgrund der internen Besprechungen vor und nach den Verhandlungen im Bundeskanzleramt hat Herr Dr. Seebohm heute - unter Verwertung ihrer Ausarbeitung - eine neue Fassung vorgenommen, von der ich Ihnen ein Doppel anbei vorlege." (228)

Diese neue Fassung (229) hat drei große Charakteristika:

1.) Der gesamte Anfangsteil, in dem eine Unterzeichnung vorgesehen war, fiel weg,
2.) der inhaltliche Teil wurde verändert und ergänzt,
3.) der Abschlußteil, der sich mit der Zusammenarbeit innerhalb der Koalition beschäftigt (Vgl. Anlage III), präsentiert sich unverändert.

Damit blieben die für uns wichtigen Passagen zur Koordinierungsarbeit innerhalb der Koalition erhalten. Der Verbindlichkeitscharakter der Gesamtvereinbarung wurde aber durch die Streichung der Abzeichnungspassage deutlich herabgestuft. Das Papier wurde erneut in inhaltlichen Fragen überarbeitet (230) und danach Adenauer bei der zweiten Koalitionsverhandlung am 10. Oktober 1957 in dieser Form präsentiert. Der Fakt der Präsentation ist klar (231), ob Adenauer dieses Papier

- nur entgegennahm,
- es stillschweigend akzeptierte
- oder ihm bewußt zustimmte

kann hier nicht geklärt werden.

Selbst das Parteiorgan der Deutschen Partei, die "Deutschen Stimmen", druckten das Koalitionspapier acht Tage nach dem Gespräch beim Kanzler im Inhaltlichen weitgehend komplett, im Strukturellen zusammenfassend als Hauptbericht auf der Titelseite ab, wählte dafür aber eine Aufmachung, die es nicht erlaubt, den Grad der Übereinstimmung und die Form der Verbindlichkeit exakt zu definieren. Dies wird plastisch deutlich, wenn man Dachzeile, Überschrift, Unterzeile und dem weitgehend die strukturellen Fragen behandelnden Vorspann des Aufmachers des DP-Organs betrachtet:

" Vorschläge und Wünsche der Deutschen Partei für die neue Regierungs-Koalition
PROGRAMM FÜR DIE NÄCHSTEN VIER JAHRE
(Koalitionsausschuß mit wechselndem Vorsitz - Konzentration der parlamentarischen Arbeit - Die Freiheit der Initiative bleibt gewahrt)

Die Deutsche Partei wird in der neuen Bundesregierung durch zwei Minister (Bundesratsministerium: Dr. von Merkatz, Bundesverkehrsministerium: Dr. Seebohm) vertreten sein und außerdem einen der vier Vizepräsidenten des Bundestages stellen. Dies ist das Ergebnis des Gesprächs, das eine unter Führung des Parteivorsitzenden, Ministerpräsidenten Hellwege, stehende Verhandlungsdelegation der Deutschen Partei am 10. Oktober mit dem Bundeskanzler geführt hat. Hauptgegenstand des Gesprächs waren umfassende Vorschläge der Deutschen Partei für die Zusammenarbeit in der neuen Koalitions-Regierung. Danach soll ein Koalitionsausschuß gebildet werden, dessen Vorsitz von Woche zu Woche unter den Fraktionen wechselt und der die gemeinsame parlamentarische Arbeit vorzubereiten und die Auffassung der beiden Koalitionspartner aufeinander abzustimmen hätte. Der Bundeskanzler wird möglichst in regelmäßigen Zeitabständen die Vorsitzenden der Koalitionsfraktionen zu grundlegenden Aussprachen über die Richtlinien der politischen Arbeit zusammenrufen. Über die Planung ihrer parlamentarischen Vorarbeit werden sich die beiden Fraktionen wechselseitig in Kenntnis setzen und konsultieren. Die Koalitionspartner werden sich außerdem über einen Plan verständigen, wie die parlamentarische Arbeit vereinfacht und zweckmäßiger gestaltet werden kann. Die Freiheit der eigenen Initiative soll beiden Fraktionen nicht beschränkt werden." (232)

Sicherlich gibt es Hinweise darauf, daß die Koalitionsvereinbarung, wie in den "Deutschen Stimmen" weitgehend dargestellt, allgemein akzeptiert wurde. So meldete die "Frankfurter Rundschau" zwei Tage nach dem Gespräch beim Kanzler, die Fraktion der DP habe am 11.10.1957 "die zwischen dem Bundeskanzler und der DP-Verhandlungsdelegation am Vortage getroffene Abmachung" gebilligt (233). Konnte das Organ der DP daraufhin etwas anderes als diese Abmachungen abdrucken?

Daß die letzte Version des DP-Koalitionspapiers einiges an Verbindlichkeit erhielt, geht auch aus einem anderen Umstand hervor. Am Schluß der Merkatzschen Akte über die Koalitionsbildung im Jahre 1957 ist das Koalitionspapier erneut abgeheftet, wenngleich in einer speziellen Ausführung: Es ist die erste und einzige hektographierte Version (239). Bislang hatte man stets mit maschinengeschriebenen Dokumenten gearbeitet, daß man jetzt Abzüge herstellte, kann nur eine sinnvolle Erklärung haben: Man wollte das Koalitionsabkommen einem größeren Kreis zugänglich machen. Dies konnte aus Gründen der Zustimmung (bei der Fraktion) oder aus Gründen der Information (nach der Fraktionssitzung) notwendig gewesen sein. In beiden Fällen mußte ein Verhandlungsergebnis hektographiert werden, die Übereinstimmung mit der letzten maschinengeschriebenen Konzeption legt rückschlüssig die Annahme der Akzeptierung durch den Kanzler (und die Fraktion) sehr nahe. All dies führt dazu, eine allgemeine Übernahme der Koalitionsvereinbarung als sehr wahrscheinlich anzusehen, Sicherheit mit allerletzter Beweiskraft bietet das allerdings nicht. Wenn man das Ganze am Ende aber von der Frage der Form löst und auf das Gebiet der faktischen Auswirkungen beschränkt, so ist sich Hans-Joachim von Merkatz im Bereich der strukturellen Zusammenarbeit innerhalb der Koalition aber sicher, daß dies so technisch gehandhabt wurde, wie es im Koalitionspapier seiner Partei inklusive der informellen Strukturen umschrieben wurde (235).

## III. Adenauers Regierungspraxis

### 1. Weiterhin Dominanz Adenauers in der Außenpolitik

Es gibt zahlreiche Faktoren, die es als abgesichert erscheinen lassen, daß Adenauers Dominanz auf dem Feld der Außenpolitik auch in den Jahren nach der ersten Legislaturperiode Bestand hatte. Ohne das hier detailliert darstellen zu wollen, kann als erster Faktorenblock dafür der Umstand ins Feld geführt werden, daß es zahlreiche von der Außenpolitik geprägte Ereignisse gab, die für die Bundesrepublik von erheblicher politischer Relevanz waren. Adenauer war also "gezwungen", außenpolitisch sehr aktiv zu sein. Zu den außenpolitisch wichtigsten Vorgängen dieses Zeitraums zählen:
- Die Berliner Außenministerkonferenz im Januar/Februar 1954 (236),
- das Scheitern der Europäischen Verteidigungsgemeinschaft im August 1954 und die darauf folgenden Ersatzkonstruktionen über die WEU und die NATO (237),
- die Ratifizierung der Pariser Verträge inklusive des Saarvertrages im Bundestag (238),
- die Genfer Viererkonferenz der alliierten Regierungschefs im Juli 1955 und die anschließende Konferenz der Außenminister im Oktober dieses Jahres (239),
- Adenauers Moskaubesuch im September 1955 (240),
- Unterzeichnung der Römischen Verträge im März 1957 (241),
- die Formulierung der Hallstein-Doktrin und ihre erstmalige Anwendung im Fall Jugoslawien im Oktober 1957 (242),
- Chruschtschows Berlin-Ultimatum im November 1958 (243),
- Genfer Außenministerkonferenz in den Monaten Mai und Juni sowie

August und September 1959 (244).

Diese zahlreichen, für die Bundesrepublik aus unterschiedlichen Gründen wichtigen politischen Vorgänge machen deutlich, daß der Bundeskanzler auf der außenpolitischen Bühne stets folgenreiche - wenn auch inhaltlich wechselnde - "Aufführungen" vorfand, wobei von größeren Pausen im Spielplan nichts zu merken ist. Konnte also Adenauers Hauptinteresse an der Außenpolitik auf keinen Fall sozusagen "mangels Masse" erlahmen, gibt es auch noch qualitative Aspekte, die es als wenig wahrscheinlich anmuten lassen, daß der Kanzler seine außenpolitische Präferenz einschränken mußte:

- Adenauers Autorität in den eigenen Reihen wuchs durch zwei in erster Linie von ihm erfolgreich gestaltete Bundestagswahlen beträchtlich an, die Voten galten seiner Person und seiner Politik, es schien wenig angebracht, hier auch nur die Gewichtungen zu verändern.
- Adenauers freundschaftliche Beziehungen zu wichtigen ausländischen Politikern des Westens schufen Ebenen des direkten persönlichen Kontaktes, die es dem Kanzler sehr erleichterten, zu meßbar positiven Resultaten in der Außenpolitik zu kommen.

Waren also die Rahmenbedingungen für eine Sonderrolle Adenauers in der Außenpolitik eher noch verbessert, kam es im Laufe des Jahres 1955 zu einer personalpolitischen Veränderung, die den strukturellen Voraussetzungen für des Kanzlers Dominanz innerhalb einer generellen Vorrangigkeit außenpolitischer Fragen (was als "Primat der Außenpolitik" bezeichnet wird, vgl. S. 81 ff) eher abträglich erschien: Adenauer gab mit Wirkung vom 7. Juni 1955 die Personalunion zwischen Regierungschef und Außenminister auf, ins Außenamt zog als dessen neuer Leiter der langjährige Fraktionsvorsitzende der CDU/CSU im Bundestag, Heinrich von Brentano, ein. Der CDU/CSU-Fraktionsvorsitzende erscheint zunächst einmal als Wunschkandidat des Kanzlers. Adenauer überschreibt das dem Wechsel im Außenministerium gewidmete Kapitel seiner Erinnerungen mit der Dachzeile "Notwendige Gewährleistung der Kontinuität meiner Politik - Heinrich von Brentano -" (245). Er tituliert den ehemaligen Fraktionschef als "wichtigsten Bürgen für die Fortsetzung meiner Politik" (246), gibt zu verstehen, er habe den Außenministersessel "keinem lieber als Heinrich von Brentano" überlassen (247), und nennt ihn schließlich einen "überdurchschnittlich begabten Politiker" (248).

Soviel konzentriertes Lob hat der Ex-Kanzler recht spärlich ausgeteilt. Es gibt aber durchaus Stimmen, die Adenauer in Bezug auf Brentanos Berufung viel skrupelhafter agieren sehen (249). Wie dem auch immer gewesen sei - ein wichtiger Fakt war auch im Jahre 1955, daß der Kanzler - wie Gerstenmaier vermerkt - das Amt des Außenministers nicht gerne abgab (250). Adenauer selber spricht davon, er habe sich nicht leichten Herzens von dieser Aufgabe getrennt, die Arbeitsfülle als Bundeskanzler und CDU-Vorsitzenden habe jedoch den Verzicht nahegelegt (251). Dies hieß jedoch nicht, daß der Kanzler bereit war, dem neuen Außenminister die Führung in den Kernbereichen der auswärtigen Politik zu überlassen.

Denn als Brentano Chef im Auswärtigen Amt wurde, machte der Kanzler gleich auf zwei Ebenen klar, daß er bei der inhaltlichen Ausgestaltung der wesentlichen Fragen der Außenpolitik weiter das Heft in der Hand zu halten gedenke. Er wies Bundespräsident Theodor Heuss bei seinem Vorschlag, den Unions-Fraktionschef zum Außenamtsleiter zu ernennen, ausdrücklich auf die Einschränkung hin, daß er sich gewisse Gebiete der Außenpolitik vorbehielte (252). Heinrich von Brentano selber bekam die Vorbehaltsklausel des Kanzlers am Verhältnis zum wichtigsten Verbündenten, den USA, eindringlich noch vor seinem Amtsantritt erläutert, wobei Adenauer sein Verhältnis zum amerikanischen Außenminister Dulles in den Vordergrund der Argumentation stellte:

"Ich bitte Sie daher, mich nicht mißzuverstehen, wenn ich bis auf weiteres, um meine Verbindung mit Dulles immer richtig einsetzen zu können, die Führung der europäischen Angelegenheiten, der Angelegenheiten der USA und der SU, sowie der Konferenzangelegenheiten nach innen in der Weise in der Hand behalte, daß ich über alles informiert werde, daß Sie die Schritte, die Sie zu tun beabsichtigen, mir rechtzeitig mitteilen, wie ich auch umgekehrt ihnen entsprechende Mitteilungen rechtzeitig machen werde. Nach außen soll das nicht hervortreten, es sei denn, daß besonders zwingende Gründe vorliegen. Bei solchen zwingenden Gründen tritt ja auch in anderen Ländern der Regierungschef als Führer der Außenpolitik hervor. Ich schreibe Ihnen absichtlich so ausführlich darüber, weil ich großen Wert darauf lege, daß wir in voller Übereinstimmung handeln. Ich möchte unterstreichen, daß ich zu Ihren Fähigkeiten und Ihrem Einfühlungsvermögen volles Vertrauen habe, daß aber nun einmal die persönlichen Verbindungen, die bei der Führung so delikater Angelegenheiten außerordentlich wichtig sind, erst im Laufe der Zeit erworben werden. Das gilt namentlich von dem Verhältnis zu einem so eigenartigen und zunächst sehr zurückhaltenden Manne wie Dulles." (253)

Wie eng der Kanzler seinen neuernannten Außenminister an der Leine zu führen gedachte, mußte dieser schon eine Woche nach seinem Amtsantritt feststellen. Adenauer, der zu Besprechungen mit der amerikanischen Regierung in Washington weilte, hatte nach Presseberichten den Eindruck, daß Brentano auf einer Pressekonferenz in Sachen bundesrepublikanische Beobachter-Delegation bei der geplanten Genfer Gipfelkonferenz der alliierten Regierungschefs im Juli 1955 Gesprächsbereitschaft auf dieser Ebene gegenüber dem Osten signalisiert habe. In einem kurzen Fernschreiben forderte der Kanzler seinen Minister auf, sich aller derartiger Äußerungen, falls die Nachrichten zutreffen sollten, zu enthalten (254). Brentano antwortete einen Tag später mit einer, wie er wohl meinte, ausreichenden Aufklärung des Tatbestandes, indem er dem Kanzler einen "entlastenden" Auszug aus dem Protokoll dieser Pressekonferenz schickte (255). Am Tag darauf wurde Adenauer unter ähnlichen Prämissen in einem Fernschreiben noch massiver:

Herrn
Außenminister Dr. H. von Brentano persönlich
Nach der heutigen 'Washington Post' haben Sie am 14. Juni erklärt, die westdeutsche Regierung wäre bereit, in informelle Gespräche mit der Ostzonenregierung über die Wiedervereinigung einzutreten. Auf Grund des Artikel 65 des Grundgesetzes ersuche ich Sie, bis auf weiteres, alle Gespräche und jede Verlautbarung, die meinen Ihnen bekannten Richtlinien über die Behandlung der Ost-Westfrage widersprechen, zu unterlassen. Ich ersuche um Empfangsbestätigung nach New York, Generalkonsulat.
Adenauer - Bundeskanzler
Washington am 15. Juni 1955." (256)

Dieser barsche Ton war Brentano denn doch zuviel. Am gleichen Tag antwortend bekräftigte er, er habe dergleichen Äußerungen nicht getan, schickte erneut Protokollauszüge aus der Pressekonferenz vom 14. Juni und beschwerte sich wie folgt über das überdeutliche Winken mit der Richtlinienkompetenz des Kanzlers:

"Ich habe Ihre Politik sechs Jahre lang als Vorsitzender Ihrer Fraktion mitentwickelt und in jedem Zeitpunkt ohne jede Einschränkung unterstützt. Eines Hinweises auf Artikel 65 des Grundgesetzes hätte es darum nicht bedurft.
Wäre dankbar, wenn Mitteilungen dieser Art an mich nicht ohne vorherige Aufklärung des Sachverhaltes ergehen würden." (257)

Brentano ließ in einem darauf folgenden persönlichen Brief an den Kanzler seine Betroffenheit über die Art und Weise, wie der Kanzler ihm Mangel an Loyalität, ja, sein Mißtrauen bescheinigt habe, deutlich werden (258), doch diese Zusammenstöße in Form von "Abmahnungen" Adenauers gab es immer wieder (259). Der Kanzler selber hat darauf hingewiesen, daß er sich anfangs genötigt sah, seinen Außenminister durch Interventionen bei der Stange zu halten (260). Und so kam es denn auch wohl zu Schreiben an Brentano in einer Art, wie es Adenauer in seinen Erinnerungen, datiert von Anfang 1956, abdruckt, ohne daß der spezielle Umstand der Intervention bekannt wäre:

"Ich bin in Sorge, daß Sie die Stellung eines Bundesministers sowohl gegenüber seinen Kollegen wie auch gegenüber dem Bundeskanzler nicht richtig verstehen und sich daher Schwierigkeiten zuziehen, die sich leicht vermeiden ließen. Der Bundeskanzler gibt nicht nur die Richtlinien der Politik an. Gegenüber der früheren (Weimarer) Verfassung, die die gleiche Bestimmung enthielt, ist seine Verantwortung für die Tätigkeit aller Bundesminister viel größer als früher die Verantwortung des Reichskanzlers für die Tätigkeit der Reichsminister, denn er muß gegenüber dem Parlament, und zwar er allein, die Verantwortung auch für die Tätigkeit der Bundesminister tragen. Das setzt voraus, daß er von den Bundesministern über wichtige Angelegenheiten rechtzeitig orientiert wird, rechtzeitig, damit er - falls nötig - andere Weisungen erteilen kann." (261)

Dies hieß für Brentano, daß er stets mit einem "Über-Außenminister" Adenauer rechnen mußte. Der letztere gibt zwar selber an, er habe nach anfänglichen Schwierigkeiten eine sehr freundschaftliche und fruchtbare Zusammenarbeit mit dem Bundesaußenminister gehabt (262), dies hinerte ihn aber nicht, an gleicher Stelle mit Bezug auf das Jahr 1959 die Wertung abzugeben, er habe mit Brentano in jüngster Zeit über außenpolitische Fragen verschiedene Auseinandersetzungen gehabt. Nach seiner Auffassung würde das Auswärtige Amt nicht straff genug gelenkt. Vielleicht habe dies aber auch an Brentanos schlechtem Gesundheitszustand gelegen (263). Dergleichen Klagen über das Außenamt registrierte auch der mittlerweile nach Paris als Botschafter gewechselte Herbert Blankenhorn im Jahre 1957 (264). Zwei Jahre später notierte er im gleichen Zusammenhang bei einem Besuch in Bonn, der Kanzler verbreitete sich - in gewohnter Weise - über das Versagen des Auswärtigen Amtes (265).

Adenauer wollte also seine Rolle als eigentlicher außenpolitischer Kristallisationspunkt trotz der Bestallung eines eigenen Außenministers behalten, er wollte seinen persönlichen Primat innerhalb eines generellen Primats der Außenpolitik nicht aufgeben. Dies scheint ihm, wie in zahlreichen zusätzlichen Einzelaspekten deutlich wird, im hier interessierenden Zeitraum auch gelungen zu sein.

So gehen Heino Kaack und Reinhold Roth in ihrer Studie über die außenpolitische Elite der Bundesrepublik auch in den Jahren 1953 bis 1957

davon aus, daß Adenauer eine optimale Stellung im Entscheidungssystem hatte und damit letztlich der dominante Faktor in der Außenpolitik war (266). Erst im Verlauf der dritten Legislaturperiode wird in der Modellvorstellung der Autoren ein Umstrukturierungsprozeß des außenpolitischen Führungspotentials sichtbar (267). Brentano zählte sicherlich stets zur außenpolitischen Führungsschicht, was aber nicht heißen mußte, daß der Kanzler ihn in alle relevanten politischen Optionen einweihte. Ein Beispiel dafür sind Adenauers Versuche einer flexibleren Ostpolitik (Vgl. dazu S. 447 ff), worüber der Außenminister allem Anschein nach nicht informiert wurde (268).
Brentanos Beziehung zu Adenauers Staatssekretär Hans Globke, der nicht nur bei der Konzipierung der ostpolitischen Initiativen eine große Rolle spielte, wird zudem als "kühl" bezeichnet, der notwendige Informationsfluß zwischen Bundeskanzlei und Außenamt kam allem Anschein nach erst mit Verzögerung zustande (269). Seine eigene Behörde, das Auswärtige Amt, stärkte Brentanos Position gegenüber dem Kanzler nur sehr bedingt: Zumindestens Staatssekretär Walter Hallstein hatte bis zu seinem Wechsel an die EWG-Spitze im Januar 1958 direkten Zutritt zum Kanzler (200). Der Außenminister selber war offensichtlich nicht in der Lage, das Außenministerium zumindest administrativ an eine Führungsrolle zu gewöhnen (271).

Beobachter sahen denn auch von Brentano nicht als eigentlichen Motor der deutschen Außenpolitik an (272). Und so wird Adenauers Dominanz im außenpolitischen Feld trotz der Existenz eines Außenministers Brentano immer wieder festgestellt (273).
Ein übergreifendes Interesse des Kanzlers an außenpolitischen Fragen hatte dabei durchaus eine verfassungsrechtliche Basis. Konrad Adenauer war – wie das jeder Bundeskanzler während seiner Amtszeit ist – Inhaber der in Artikel 65 Grundgesetz normierten Richtlinienkompetenz, die es ihm erlaubt, in allen grundlegenden politischen Fragen die Vorgaben für die gesamte Bundesregierung zu formulieren.
Wilhelm Hennis hat in einem Aufsatz aus dem Jahre 1964 bemerkt, es werde verläßlich berichtet, daß Adenauer in seiner 14jährigen Amtszeit nur ein einziges Mal in einem Rundschreiben an seine Minister diesen Terminus verwendet habe (274). Das führte zu der weitverbreiteten Überzeugung, der Kanzler habe sich mit einem ausdrücklichen Pochen auf die Richtlinien-

kompetenzen sehr zurückgehalten (275). Auch Heinrich Hellwege sieht in diesem Feld einen sehr zurückhaltend agierenden Adenauer, der sich nur sehr selten auf die Richtlinienkompetenz berufen habe. An schriftliche Aufforderungen in diesem Zusammenhang kann sich Hellwege überhaupt nicht mehr erinnern (276). Das Bild vom übervorsichtig mit der Richtlinienkompetenz operierenden Kanzler kann, obwohl das Quellenmaterial aus dieser Zeit erst in Ansätzen bearbeitet ist, schon heute nicht mehr aufrecht erhalten werden. Adenauersches Berufen auf diese Verfassungskompetenz war gar nicht so selten (277), und – was den Umstand im Zusammenhang mit diesem Abschnitt interessant macht – wurde recht häufig in außenpolitischen Zusammenhängen getätigt. Zwei Verweise des Kanzlers auf die Richtlinienkompetenz in Schreiben an von Brentano sind hier bereits erwähnt worden (278). Auch in anderen Zusammenhängen verwies Adenauer expressis verbis auf diese Kanzlerkompetenz:
- am 30.1.1950 erinnerte er Jakob Kaiser nach dessen Memorandum zur Saarfrage (279) an die Richtlinien seiner Saarpolitik (280),
- am 16.6.1953 sprach Adenauer in einem Brief an Kaiser erneut seine Richtlinienkompetenz an (281),
- am 15.11.1955 mußte sich der Parlamentarier (!) und Vorsitzende des Auswärtigen Ausschusses, Kurt Georg Kiesinger, nach einem Appell zu gemeinsamer Außenpolitik der Bundestagsparteien einen Rüffel von Adenauer in dieser Hinsicht gefallen lassen, wobei der Kanzler ausdrücklich auch seine Richtlinienkompetenz erwähnt (282),
- am 19.1.1956 erließ Adenauer seine bekannte "Messina-Richtlinie" hinsichtlich der deutschen Europa-Politik und stellte sie allen Bundesministern zu (283),
- in einer Fraktionssitzung am 11.9.1956 führte der Kanzler aus, er habe die Kabinettsmitglieder für morgen zu einer Aussprache bestellt, um mit ihnen einige eklatante Verstöße gegen die Kabinettsdisziplin zu besprechen. Er sei entschlossen, mehr als bisher von dem Artikel des Grundgesetzes Gebrauch zu machen, wonach der Bundeskanzler die Richtlinien der Politik bestimme (284),
- im Sommer 1958 schrieb Adenauer nach Unterlagen von Hans Buchheim an einen nichtgenannten Bundesminister und verwies auf die Richtlinienkompetenz (285),
- am 24.3.1959 kritisierte Adenauer eine Rede Ludwig Erhards vom 23.3.1959

in Rom, in der dieser seine Vorstellungen einer wirtschaftlichen Zusammenarbeit in Europa verdeutlicht hatte (286), in einem kurzen Schreiben an seinen Wirtschaftsminister und bemerkt, daß Ausführungen dieser Rede im größten Gegensatz zu Erhard doch bekannten Richtlinien seiner Politik stünden (287).

Man muß jedoch davon ausgehen, daß Adenauer noch viel häufiger als "Richtlinienkanzler" auftrat. Es ist schließlich immer wieder darauf hingewiesen worden, daß zur faktischen Ausübung der Richtlinienkompetenz nicht zwingend notwendig eine ausdrückliche Benennung dieses Verfahrens als Richtlinienausgabe gehören muß (288). Von einer häufigen Nichtkodifizierung der Richtlinien gehen auch Mitarbeiter des Kanzleramtes aus. Reinhold Mercker hat darauf verwiesen, daß der Bundeskanzler seine Wünsche den Ressorts normalerweise nicht unter Berufung auf sein verfassungsgemäßes Recht der Richtlinienbestimmung bekanntgegeben habe (289).

Günter Bachmann zur ausdrücklichen Kennzeichnung als Richtlinienkompetenz:

"Aber ein solches Etikett ist ja auch gar nicht nötig. Auch wenn es nicht aufgeklebt wird, sind bestimmte grundsätzliche Äußerungen des Kanzlers eben Richtlinien. Sie können in der Regierungserklärung enthalten sein, die zwar vom Kabinett gebilligt ist, aber doch nicht notwendigerweise in allen Einzelheiten, in Briefen des Kanzlers an seine Minister, in Gesprächen mit einzelnen Ministern oder mit allen Regierungsmitgliedern im Kabinett. Ja sogar öffentliche Erklärungen, die nicht vor dem Bundestag oder dem Bundesrat abgegeben werden, können m.E. unter gewissen Voraussetzungen Richtlinienentscheidungen enthalten." (290)

Dies heißt natürlich nicht, daß man gleich jede Äußerung und Entscheidung des Kanzlers in den Bereich der Wahrnehmung der Richtlinienkompetenz einordnen muß, das Feld der latenten Anwendung des Richtlinienprinzips ist aber ziemlich umfangreich. Als klassisches Beispiel für eine zulässige Richtlinie bewertet beispielsweise Friedrich Karl Vialon (291) Adenauers Anweisung an Bundesfinanzminister Fritz Schäffer vom 29.2.1952, die Verhandlungen über einen Wiedergutmachungsvertrag mit Israel unter größtmöglicher Beschleunigung und Zurückstellung obligater finanzpolitischer Vorbehalte durchzuführen. Des Kanzlers nicht so kodifizierte Richtlinie in diesem Fall:

"Ich gebe dem Wunsche Ausdruck, daß die Verhandlungen unter weitgehender Hintanstellung aller Bedenken, die in einem anderen Falle sehr verständlich wären, in einem Geiste vorbereitet und durchgeführt werden, der dem moralischen und politischen Gewicht und der Einmaligkeit unserer Verpflichtung entspricht." (292)

Auch die von Buchheim erwähnte Ermächtigung Adenauers an Franz Böhm, im Rahmen einer Krisis der Wiedergutmachungsverhandlungen in einem Gespräch mit Nahum Goldmann am 23. Mai 1952 in Paris eine Vorvereinbarung über die Höhe der Entschädigung zu vereinbaren (293), kann als nicht so deklarierte Aktion des Richtlinienkanzlers Adenauer eingestuft werden.

Ein anderes, wie es scheint häufig praktiziertes Verfahren der latenten Richtlinienbestimmung waren jene knappen Schreiben, in denen Adenauer seine Minister — vor allem nach öffentlichen Auftritten — ziemlich kurzangebunden zur Ordnung rief. Hans Buchheim hat sozusagen den "Prototyp" eines solchen Kurzbriefes entwickelt und ihn so formuliert:

"Einer Meldung der 'Frankfurter Allgemeinen Zeitung' vom (...) zufolge sollen Sie am letzten Sonntag in einer Rede in (...) gesagt haben, (...) Eine solche Äußerung würde sich nicht in Übereinstimmung mit der erklärten Politik der Bundesregierung befinden. Ich bitte Sie deshalb, mir mitzuteilen, was Sie tatsächlich gesagt haben." (294)

Dergleichen Ordnungsruf erhielt beispielsweise Jakob Kaiser, den Adenauer am 26.11.1956 wie folgt anging:

"Nach Zeitungsberichten über Erklärungen, die Sie auf der Tagung des Kuratoriums 'Unteilbares Deutschland' abgegeben haben, könnte es zweifelhaft erscheinen, ob Sie noch auf dem Boden der Bundesregierung stehen. Ich bitte um gefällige Rückäußerung." (295)

Auch Ludwig Erhard erhielt — wie Alfred Müller-Armack erklärt — oft nicht gerade in sehr verbindlicher Diktion gehaltene Mahnungen, diese oder jene wirtschaftspolitische Auffassung nicht mehr öffentlich zu vertreten (296); des Wirtschaftsministers Staatssekretär hat zudem beschrieben, daß sich aus den Adenauerschen Monita eine regelrechte Korrespondenz entwickelte, da Erhard die in fast regelmäßigem Abstand eintreffenden Mahnungen des Bundeskanzlers schriftlich beantwortete. Dieser Briefwechsel habe aus kurzen Apostrophierungen Adenauers und sehr umfangreichen Rechtfertigungen Erhards bestanden (297).

Damit ist nach Bundesaußenminister von Brentano mit Ludwig Erhard das zweite Kabinettsmitglied benannt, das mit Sicherheit öfters Mahnbriefe von Adenauer erhielt. Dies verdeutlicht auf der anderen Seite, daß der Kanzler auch dann bestrebt war, die von ihm als richtig erachtete Politik (sei es nun mit expliziter Berufung auf die Richtlinienkompetenz oder nicht) durchzusetzen, wenn ihm keine ressortspezifische Präferenz nachgesagt werden konnte. Vielmehr muß man dann davon ausgehen, daß Adenauer auf einem Gebiet, dem sein persönliches Interesse gehörte, bestrebt war, seinen Vorstellungen Wirkung zu verschaffen. Daran dürfte ihn im Feld der Außenpolitik die Aufgabe des Ministersessels kaum gehindert haben. Oder anders: Die verfassungsmäßige Figur des Richtlinienkanzlers ermöglichte es Adenauer auch weiterhin in der Außenpolitik dominant zu bleiben, obwohl im Jahre 1955 ein eigener Außenminister bestallt wurde.

2. Die Rolle des Bundeskanzleramtes

Die wichtigsten Aspekte von Adenauers Bundeskanzlei hinsichtlich ihrer personellen und strukturellen Form in der ersten Legislaturperiode sind vorstehend dargestellt worden. Es muß nun zunächst angemerkt werden, welche Veränderungen sich in diesem Bereich im hier interessierenden Zeitraum in den Jahren 1953 bis 1959 ergeben haben:

- Am 1.11.1953 (298) wurde der bisherige Ministerialdirektor Hans Globke zum Staatssekretär für den in den Bundestag eingezogenen Otto Lenz ernannt.
  Globkes Nachfolge als Ministerialdirektor trat der bisherige stellvertretende Leiter der Rechtsabteilung des Auswärtigen Amtes, Dr. Janz, an. Janz verblieb bis zum 1. November 1959 im Bundeskanzleramt und wechselte dann zurück ins Außenamt (299).
- Am 6.6.1955 wurde mit der Ernennung von Theodor Blank zum Bundesverteidigungsminister das bisherige "Amt Blank" aus dem Verbund des Bundeskanzleramtes herausgelöst und in ein eigenes Ressort umgewandelt (300).
- Am 30.4.1955 war der bisherige Leiter des Bundespresseamtes, Felix von Eckardt, als Regierungssprecher ausgeschieden und ging als ständiger Beobachter der Bundesregierung zu den Vereinten Nationen nach New York. Eckardt verblieb nur etwas mehr als ein Jahr in dieser Position. Er kehrte mit Datum vom 1.7.1956 in seine alte Stellung nach Bonn zurück. Am 30.7.1958 wurde von Eckardt zum Staatssekretär ernannt, das Presse- und Informationsamt der Bundesregierung wurde aus seiner zumindest haushaltstechnischen Einbindung in das Bundeskanzleramt herausgelöst und avancierte zu einer eigenen Obersten Bundesbehörde. Der Regierungssprecher wurde dem Kanzler direkt unterstellt (301).

- Im September 1958 wurde die bis dahin einzige Abteilung des Bundeskanzleramtes in zwei Abteilungen aufgespalten. Nachdem bereits im Jahre 1953 die Zusammenfassung mehrerer Referate zu Unterabteilungen unter Leitung von Ministerialdirigenten erfolgte (so gab es 1955 zwei Unterabteilungen mit insgesamt 9 Referaten), leitete jetzt Dr. Janz die Abteilung I (Unterabteilung A; Referat 1, das sich mit innerer Verwaltung beschäftigte), die Abteilung II (Unterabteilungen B und C) wurde vom neuberufenen Ministerialdirektor Dr. Vialon übernommen (302).

Hingewiesen werden muß auch noch auf zwei personalpolitische Veränderungen, die formaljuristisch nichts mit dem Bundeskanzleramt zu tun haben, insofern aber von Bedeutung sind, als beide Akteure zum engsten Beraterkreis um Adenauer (Vgl. S. 108 ff und S. 101 ff) gehören:

- Der Ministerialdirektor im Auswärtigen Amt, Herbert Blankenhorn, wechselte Mitte 1955 als erster deutscher Botschafter zur NATO nach Paris (303),
- Der langjährige Staatssekretär im Auswärtigen Amt, Walter Hallstein, schied Anfang 1958 aus dem Außenamt aus und wurde zum Präsidenten der EWG-Kommission in Brüssel ernannt (304).

Damit verblieb aus dem vorstehend aufgeführten engsten Beraterkreis um Adenauer nur eine Person stets in unmittelbarer Tuchfühlung zum Kanzler: Hans Globke. Seine Bedeutung als Staatssekretär im Bundeskanzleramt soll im folgenden näher beleuchtet werden, zumal Felix von Eckardt hervorhebt, daß sich seine Wirksamkeit in der Nachfolge von Otto Lenz als Staatssekretär vervielfältigt habe. Er könne sich nicht vorstellen, wie der Kanzler ohne Globke seine Regierungszeit durchgestanden hätte. Globke habe Adenauer im wahrsten Sinne des Wortes "gedient" (305). Diese Allgemeinbezeichnung des "Dienens" kann in zwei spezielle Tätigkeitsfelder Globkes aufgeschlüsselt werden. Der Staatssekretär wurde:
- Adenauers wichtigster Administrator
- Adenauers wichtigster Berater.

Auf die administrative Bedeutung Globkes ist schon zuvor hingewiesen worden. Er war der eigentliche Konstrukteur des Bundeskanzleramtes, sein personalpolitischer Einfluß ging aber weit über die Bundeskanzlei in die restliche Bundesverwaltung hinein. Globke war aber mehr als ein hervorragender administrativer Konstrukteur, er war ein ebenso exzellenter

administrativer Exekutor. Dies wird dem Kanzleramtsstaatssekretär aus
unterschiedlichsten Perspektiven her bestätigt (306).

In den meisten plakativen Würdigungen dieses "befähigten Kanzleichefs"
(307) wird eine Unterscheidung zwischen der konstruktiven und der exekutiven Rolle des Administrators Hans Globke nicht vorgenommen. Er war ganz
allgemein ein "schöpferischer Verwaltungsbeamter" (308), wie es Hans
Buchheim formuliert, ein "hervorragender Administrator" (309), wie es sein
Nachfolger Ludger Westrick umreißt, ein Mann, der nach Hans-Joachim von
Merkatz das Bundeskanzleramt zu einem umfassenden, äußerst leistungs-
fähigen Arbeitsstab entwickelte (310).

Die Rolle Globkes als Administrator kann dabei durchaus über das vorgestellte Kategorienschema des bedeutsamen Konstrukteurs und Exekutors
hinaus weiter aufgeschlüsselt werden. Hier ist zunächst zu berücksichtigen, daß Globkes Leistung vor dem Hintergrund gesehen werden muß, daß hier
ein Beamter agierte, dessen Selbstverständnis Anton Böhm mit "asketischer
Dienstgesinnung" (311) umschreibt. In dieser Hinsicht haben sich auch
politische Akteure jener Zeit geäußert. Für Eugen Gerstenmaier kam Globke
aus der Tradition des preußischen Berufsbeamtentums (312), Hans-Joachim
von Merkatz sieht in ihm die "letzte eindrucksvolle Verkörperung des uneigennützigen Staatsdieners" (313), selbst Konrad Adenauer wies vor dem
Bundestag darauf hin, daß er kaum jemals einen Beamten kennengelernt habe,
der mit gleicher Pflichttreue und Objektivität seines Amtes walte wie
sein Staatssekretär (314). Von einer uneigennützigen Beamtenauffassung
ausgehend, schuf Globke im Bundeskanzleramt eine organisatorische Neuerung, die für die präzise Arbeit der Kanzlerkanzlei von erstrangiger Bedeutung war: das Referentensystem. Darunter ist zu verstehen, daß
praktisch jedes Bundesministerium im Kanzleramt ein verkleinertes Double
in der Form eines Referates hatte. Arnulf Baring hat die Relevanz dieser
Einrichtung so charakterisiert:

"Globkes wichtigste Leistung, das Referentensystem des Bundeskanzleramtes,
ermöglichte ihm - und damit dem Bundeskanzler - bekanntlich die wirksame
Lenkung des gesamten Bonner Regierungssystems. Ohne Vorbild in früheren
Reichskanzleien, denen sachliche Ressortarbeit unbekannt war, hat Globke
das Kanzleramt mit einer (im Laufe der Zeit wachsenden) Zahl qualifizier-
ter Referenten ausgestattet, deren jeder große Sachbereiche der Ministe-
rialverwaltung koordinierte und kontrollierte. Der Referentenstab des
Bundeskanzleramtes, dessen Aufgaben das entsprechende Vorwort des Bundes-
haushaltsplans exakt beschreibt, hatte - und hat - die Vorlagen der
Minister zu beurteilen, den formlos informativen Kontakt zu den Referenten

der einzelnen Sachgebiete in den Ministerien zu halten, die Entscheidungen des Regierungschefs, in Eilfällen ohne vorherige Rücksprache mit den Ministerialressorts, vorzubereiten und in der Durchführung zu überwachen. Operative Planung wie taktische Koordinierung der Regierungsarbeit, zu der auch die zentrale Steuerung der Personalpolitik gehört, lagen im Bundeskanzleramt – der Führungszentrale, einem politischen Generalstab des Bundeskanzlers." (315)

Das Gewicht der Neukonstruktion Referentensystem ist von vielen Seiten bestätigt worden, wobei die Bewertung seiner durchgängig als erfolgreich angesehenen Existenz natürlich unterschiedlich ausfällt. Das Magazin "Der Spiegel" sieht im Referentensystem so etwas wie einen mißtrauischen Herrschaftsakt des Kanzler-Staatssekretärs Globke (316). Für Ulrich Scheuner verbindet sich mit dem Referentensystem eher eine unterstützende und fördernde Tätigkeit hinsichtlich der notwendigen Koordination im Regierungsbereich (317). Auch Thomas Ellwein sieht im Referentensystem keinen primär politischen Einflußweg, für ihn ist die Informationsbeschaffung die eigentliche Sinngebung dieser Globkeschen Erfindung. Nach Ellwein kann das Referentensystem aber nur als eine Seite der Medaille "Neue Führungstechnik" betrachtet werden; die zweite Seite heißt spezifische Personalpolitik, das Ganze wird so umrissen:

"Durch Globke bekam das Bundeskanzleramt neben einigen Sonderreferaten im wesentlichen eine den Bundesministerien entsprechende Struktur, die es gewährleistete, daß neben dem der Geschäftsordnung entsprechenden Informationsfluß von den einzelnen Ministerien zur Zentrale die Zentrale über ein eigenes Informationsbeschaffungsorgan verfügte. Dieses Organ arbeitet vielfach informell; es setzte das Funktionieren der 'Referentenebene' voraus und beruhte weithin auf der Globkeschen Personalpolitik, die einen gewissen Wechsel zwischen Bundeskanzleramt und Nahtstellen der Ministerien zu einem wesentlichen Führungsmittel machte. Entscheidend war dabei, daß es um Informationsbeschaffung, nicht um unmittelbaren Einfluß ging. Der Bundeskanzler wurde durch sein Amt direkt informiert und konnte damit schon vor der offiziellen Information durch den zuständigen Minister entscheiden, ob er sich für eine Angelegenheit interessieren wollte oder nicht." (318)

Ablauf und Intention dieser Personalrotation waren denn auch häufig Gegenstand der öffentlichen Diskussion. Viele sahen darin eine unstatthafte Praxis Globkes, zwecks verstärkter Einflußnahme auf die Arbeit der Ressorts sorgfältig ausgewählte Vertrauensleute in die einzelnen Ministerien "einzuschleusen" (319). Als einer dieser Vertrauensleute Globkes ist immer wieder Karl Gumbel benannt worden (320). Der spätere Staatssekretär im Bundesinnenministerium hat der Version vom gezielt eingesetzten

Informanten jedoch heftig widersprochen:

"Über die Personalpolitik Globkes ist überhaupt viel geredet worden. Es heißt, er habe 'seine Leute' in die Ministerien eingeschleust und mit Ihrer Hilfe den gesamten Regierungsapparat kontrolliert und aus dem Hintergrund gelenkt. In diesem Zusammenhang ist häufig mein Name gefallen; ich soll der Vertrauensmann Globkes im Verteidigungsministerium gewesen sein. Mit meinem Wechsel in das Verteidigungsministerium hatte es folgende Bewandtnis: Der neuernannte Bundesverteidigungsminister Blank hat mich während der Parlamentsferien im Sommer 1955 aufgesucht und mich gefragt, ob ich zu ihm kommen und die Personalabteilung übernehmen wollte. (...) Globke wußte nicht davon, daß Blank mir das Angebot machen würde. Ich bin anschließend zu ihm gegangen und habe es ihm gesagt. Er war also an dem Wechsel völlig unbeteiligt. Ihm kamen solche Veränderungen eher ungelegen, als daß er sie begünstigt hätte.
Völlig abwegig ist die Vorstellung, daß er mich als Informanten für das Bundeskanzleramt benutzt und mit bestimmten Aufträgen versehen habe. Wer Globke auch nur einigermaßen kennt, weiß, ein wie korrekter Beamter er gewesen ist. Ein solches Verhalten wäre mit seiner Berufsauffassung unvereinbar gewesen." (321)

Auch Herbert Blankenhorn hat es im Zusammenhang mit der Personalrotation als falsch tituliert, daß sich Globke als graue Eminenz mit "Überwachungsaufgaben" beschäftigt habe. Er sei vielmehr ein gewissenhafter und erfahrener Verwaltungsmann gewesen (322). In diese Richtung argumentiert auch Günter Bachmann, der die Projektion eines fast schon geheimdienstmäßigen Weges in diesem Zusammenhang für falsch hält. Globke sei viel zu loyal gewesen, um dergleichen zu praktizieren. Außerdem habe er zu den Ministern und den Staatssekretären einen hervorragenden Kontakt gehabt (323). Wenn man aber diese Personalrotation vom Vorwurf der vorsätzlichen Kontrolle und des zielgerichteten Informationseinsatzes freispricht, gibt es auch Beteiligte, die spezielle Beziehungen Globkes zu gewissen Beamten in den meisten Ministerien bestätigen. Franz Josef Bach hat davon gesprochen, daß Globke in fast allen Bundesministerien ihm persönlich freundschaftlich verbundene Beamte hatte (324). An anderer Stelle erklärte er, der Staatssekretär habe persönlichen Kontakt zu hohen Beamten anderer Häuser gehabt, die zum Teil durch seine Schule gegangen seien (325). Als einer jener Globke-Protegés galt Staatssekretär Franz Thedieck vom gesamtdeutschen Ministerium (326), der seine Beziehung zum Chef des Bundeskanzleramtes keineswegs abgestritten hat:

"In der Veröffentlichung heißt es gelegentlich, daß ich der Vertrauensmann Globkes im Bundesministerium für gesamtdeutsche Fragen gewesen sei. Das trifft nur bedingt zu. An meiner Berufung zum Staatssekretär war er völlig unbeteiligt. Sie erfolgte ausschließlich durch Jakob Kaiser. Auch

hat Globke zu keinem Zeitpunkt mir irgendwelche Weisungen oder auch nur
Direktiven gegeben. Sicher vertraute er meiner Arbeit aufgrund unserer
sehr alten Bekanntschaft. In persönlichen dienstlichen Fragen hat er mir
auch manchen guten Rat gegeben." (327)

So kann man vermuten, daß eine mehrjährige Tätigkeit im Kanzleramt ein
günstiges Sprungbrett für den weiteren Aufstieg in der Bundesverwaltung
war (328). Einige der ehemaligen Untergebenen Globkes im Kanzleramt, die
in die Personalrotation einbezogen wurden, rückten dann auch nach dem
Weggang aus dem Palais Schaumburg in Positionen ein, die dem beamtenrechtlichen Status ihres bisherigen Chefs entsprachen: Sie wurden Staatssekretäre. Auf dieser Spitzenebene der Beamtenhierarchie wird denn auch ein
weiterer Kanal für die Einflußnahme des Chefs des Bundeskanzleramtes auf
die Regierungspolitik vermutet; es handelt sich dabei um die vielzitierte
"Gewerkschaft der Staatssekretäre" (329).
Die Existenz dieses Kreises in Verbindung mit einer als aktiv deklarierten
Führungsrolle Globkes im Staatssekretärsclub fand ein breitgestreutes
Interesse. Heinz Laufer formuliert noch sehr zurückhaltend und sieht in
der Staatssekretärsgewerkschaft eine Art berufsständischen Interessenbund
unter Führung Globkes, der sich durch regelmäßige Zusammenkünfte und durch
engen beruflich-politischen Zusammenhalt ausgezeichnet habe (330). Als
restriktiven Ordnungsfaktor stellt der "Spiegel" die Runde der Staatssekretäre hin, da nach Überzeugung des Kopfes der "Gewerkschaft", Hans
Globke, die Unordnung, die die Minister "machten", durch den Staatssekre-
tärs-Kreis wieder in Ordnung zurückverwandelt werde (331). Noch drasti-
scher hat Hermann Proebst formuliert, für den Adenauer sich zur Erleichterung seiner Regierungsgeschäfte eine Art von Neben- und Notstandskabinett
schuf, nämlich den in keinem Verfassungsparagraphen vorgesehenen Ausschuß
der Staatssekretäre: ein hinter dem Rücken der Minister auf ein Kommando
hörendes Exekutivorgan, unter der Obhut des allwissenden Vertrauensmannes Globke (332).
Es gibt natürlich auch Autoren, die eine allzu bedrohliche Schilderung
des Aktionsradius der Staatssekretärsgewerkschaft für überzogen halten.
Einer von ihnen ist Ulrich Echtler, für den das Bild eines Machtkartells,
eines Schattenkabinetts, das hinter dem Rücken der zuständigen Minister
agiere, ein Produkt aus dem Arsenal der Propaganda darstellt (333).
Die Existenz einer Konstruktion wie der "Gewerkschaft der Staatssekretäre"
war also ein durchgängig akzeptierter Fakt. Streitig erscheint allein die

tatsächliche Bedeutung dieser hochkarätigen Beamtenrunde: War sie wirklich ein unkontrollierbares Schattenkabinett, oder kann dergleichen Einordnung mit Fug und Recht als politisch motivierter Zweckpessimismus eingestuft werden? Als möglicher Weg zur Klärung dieser Frage bietet sich das Verfahren an, Stimmen von Beteiligten oder bedeutenden politischen Akteuren aus dieser Zeit in Richtung Staatssekretärsclub zu untersuchen. Als erstes Resultat in dieser Richtung ist dann gleich eine nicht unbeträchtliche Überraschung zu vermelden: Hans Globke wird als "Nichtmitglied" der "Gewerkschaft der Staatssekretäre" eingestuft, der spätere "Boss" dieser Runde, Franz Thedieck, hat klar herausgestellt, daß Globke diesem Kreis fast ganz ferngeblieben ist (334). Damit konnte Globke auch nicht "Boss" dieses illustren Kreises sein, Thedieck fügt jedoch sofort hinzu, daß dies genausowenig wie die Nichtmitgliedschaft in der "Gewerkschaft" etwas an der faktischen Vorrangstellung von Adenauers Staatssekretär änderte:

"Für das Verhältnis zwischen Staatssekretär Globke und den übrigen Staatssekretären ist sicher dies bemerkenswert: Globke gehörte, wie erwähnt, nicht zur 'Gewerkschaft' der Staatssekretäre und konnte so auch nicht der Vorsitzende sein. Er nahm auch nie für sich in Anspruch, der Erste der Staatssekretäre zu sein. Dennoch war er es praktisch, und zwar nicht nur aufgrund der Autorität seiner Stellung als Staatssekretär und Chef des Bundeskanzleramtes, sondern auch und vor allem aufgrund seiner natürlichen, auf fachlicher Kompetenz beruhenden Autorität." (335)

Bevor nun untersucht werden kann, wie Hans Globke seine generelle Vorrangstellung im Staatssekretärslager im Spezialfall der geschilderten "Gewerkschaft" benutzte, muß gefragt werden, wie dieser Staatssekretärsclub denn überhaupt funktionierte. Unbestritten ist, wie Walter Strauß formuliert, daß "monatliche nichtdienstliche Zusammenkünfte" (336) den institutionalisierten Kern der "Gewerkschaft der Staatssekretäre" darstellten. Ob dabei mehr Berufsbezogenes oder vielmehr Geselliges im Vordergrund stand, ist eine Frage, die sich zunächst nicht beantworten läßt, da es dazu widersprüchliche Aussagen gibt. Primär von der Arbeitswelt geprägt sieht Franz Thedieck die Zusammenkünfte des Staatssekretärsclubs:

"Nachdem Ende September 1949 die erste Bundesregierung der Bundesrepublik Deutschland unter Bundeskanzler Dr. Adenauer gebildet worden war, fanden sich die zunächst kommissarisch bestellten Staatssekretäre der neuen Bundesministerien schon Anfang 1950 zu zwanglosen Zusammenkünften im

Rahmen von Abendessen – später hätte man so etwas Arbeitsessen genannt –
in regelmäßigen Abständen zusammen. Bei diesen Gelegenheiten wurden die
gemeinsamen Sorgen beim Aufbau der Ministerien, Fragen der Beamtenrechts-
entwicklung, der personellen Besetzung, der räumlichen Unterbringung, der
materiellen Ausstattung und ähnliche Probleme besprochen und Wünsche, die
sich an die Bundesregierung insgesamt und den Bundeskanzler richteten,
beraten. Diese Gesprächsrunde entwickelte sich zu einer festen Einrichtung, wenn auch völlig zwangloser Art, die während der gesamten Regierungszeit Adenauers Bestand hatte und eine recht erfolgreiche, unbüro-
kratische Zusammenarbeit der beamteten Leiter der Bundesministerien gewährleistete." (337)

Eine andere, vor allem aufs Gesellschaftliche abgehobene Dimension gibt
Ludger Westrick dem Staatssekretärsclub. Er führt aus, daß es selbstverständlich sei, daß bei diesen Zusammenkünften dann auch hin und wieder
berufliche Fragen angesprochen wurden. Es sei aber nicht so gewesen, daß
man sich regelmäßig und in erster Linie wegen dienstlicher Angelegenheiten getroffen habe (338).

Wie man auch immer die Schwerpunktsetzung vornehmen will, entscheidend
bei der hier interessierenden Fragestellung ist, daß selbst das vorrangig
auf Gesellschaftliches abhebende Modell von Westrick Raum für die Abklärung von berufsspezifischen Problemen läßt. Der Staatssekretärsclub
konnte also auch unter diesem Aspekt zum sachlichen Forum werden, er war
stets ein zumindest latentes Konsultationsgremium von politischer Bedeutung.

Daß unterschiedliche Wertungen über den Grundcharakter der "Gewerkschaft
der Staatssekretäre" zustandekommen, kann daneben mit einer Wandlung erklärt werden, die an die fortschreitende politische Entwicklung in der
Bundesrepublik angebunden ist. War der Club der Staatssekretäre nach dem
politischen Neubeginn naturgemäß äußerst klein und auf politisch aktives
"Personal" beschränkt, wuchs der Kreis der Teilnahmeberechtigten im Laufe
der Jahre immer weiter an, da zu den Veranstaltungen alle amtierenden und
ehemaligen Staatssekretäre eingeladen wurden (339).

Diese personalpolitische Ausweitung war eine Folge der fortschreitenden
Geschichte der Bundesrepublik. Es ist vom Ansatz her bestimmt nicht zu
verneinen, daß eine Tendenz zu mehr Gesellschaftlichem sich umso mehr verstärkte, je größer der Anteil der "Ehemaligen" wurde und je politisch
differenzierter die Couleur der diversen Bundesregierungen war. Kann also
die Gewerkschaft der Staatssekretäre zunächst als durchaus politisch
relevantes Konsulationsgremium verstanden werden (Modell Thedieck), schob

sich im Laufe der Zeit das Gesellschaftliche immer zwingender in den Vordergrund (Modell Westrick).

Mit diesem Postulat vom allmählichen Bedeutungswandel des Staatssekretärsclub läßt sich der Umstand verbinden, daß spätestens mit der Regierung Brandt/Scheel unter dem Vorsitz des damaligen Staatssekretärs im Bundeskanzleramt, Horst Ehmke, ein "Ausschuß der Staatssekretäre" formal installiert wurde, der alle beamteten Staatssekretäre einmal wöchentlich zusammenführte (340). Von Bedeutung ist, daß ein solcher formaler Kreis zu Adenauers Regierungszeit nicht bestand.(341), was auch so interpretiert werden kann, daß die damalige Verfaßtheit der "Gewerkschaft der Staatssekretäre" eine solche Konstruktion überflüssig machte. Als sich der Charakter der "Gewerkschaftssitzungen", wie vorstehend geschildert, notgedrungen änderte, wurde der Bedarf zu "amtlichen" Gesamttreffen immer größer und gipfelte schließlich in der Einrichtung einer offiziellen Staatssekretärsrunde.

An einer offiziellen Veranstaltung hätte Globke teilnehmen müssen, zeitgeschichtliche Realität war aber ein indirekter Kontakt zu informellen Treffen seiner Beamtenkollegen. Diese anscheinend bewußt gewählte Distanzierung läßt es auf der anderen Seite als einigermaßen unwahrscheinlich anmuten, daß Globke mit der "Gewerkschaft der Staatssekretäre" ein letztlich unkontrollierbares Machtkartell zur Ausschaltung der verfassungsmäßig normierten Kabinettsverantwortung konstruierte. Denn wenn man – wertfrei gesprochen – das Regierungsgeschäft durch die Konstruktion eines staatssekretärlichen Nebenkabinetts erleichtern wollte, wieso baute man dann in diese Konstruktion die Erschwernis einer indirekten Führungsspitze ein?

Oder anders: Wenn Globke mit seiner anerkannten Vorrangstellung die "Gewerkschaft der Staatssekretäre" sozusagen am ganz langen Zügel von außen führen konnte, welchen Sinn hätten diese Zusammentreffen dann gehabt? Es wäre doch ebenso leicht möglich gewesen, auf dieses Schattenkabinett zu verzichten und mit einer weniger aufwendigen Konstruktion den kanzlerischen Willen via Globke und seinen "nachgeordneten" Kollegen zu verwirklichen. Die Tatsache der "Nichtmitgliedschaft" des Chefs des Bundeskanzleramtes in der "Gewerkschaft" seiner Staatssekretärskollegen und die darauf aufbauenden Überlegungen lassen es vielmehr als angebracht erscheinen, die Vorstellung vom Machtkartell der Bonner Spitzenbeamten

zur Ausschaltung der eigentlich politisch verantwortlichen Minister als tatsächlich politisch motivierten Zweckpessimismus einzuordnen.
Dies heißt aber nicht, daß man Globke und seinen Beziehungen zu den anderen Staatssekretären keine Dimension politischer Relevanz zubilligen kann. Ohne darin Ansätze zu verurteilungswürdiger Machtpolitik zu sehen, aber auch ohne auf die dabei verwandten Techniken und Strukturprinzipien allzu detailliert einzugehen, haben zahlreiche politische Akteure dieser Zeit darauf hingewiesen, daß Globke insofern ein Stück Führungsarbeit leistete, als er zahlreiche strittige Punkte zwischen den Ressorts und dem Kanzleramt oder zwischen einzelnen Ministerien durch Kontakte mit seinen Staatssekretärskollegen aus der Welt schaffen konnte (342). Karl Gumbel hat die vorweggenommene Klärung und Beseitigung regierungsinterner Differenzen letztendlich als eine Leistung des Chefs der Bundeskanzlei eingestuft, die nicht unbedingt durch Bestrebungen Globkes ausgelöst werden mußte.

Er formuliert:

"Es bürgerte sich verhältnismäßig rasch ein, daß die Ressorts bereits vor und auch während der Arbeit an größeren Projekten das Bundeskanzleramt einschalteten, um sich zu vergewissern, ob sie auf der Kanzlerlinie liegen würden. Gerade Globke ist in solchen Fällen häufig von den Ministern selbst oder seinen Kollegen in den Häusern angegangen worden, die ihn aufgesucht haben, um seinen Rat einzuholen. Diese 'Beratertätigkeit' kann in ihrer Bedeutung für die Regierungsarbeit schwerlich überschätzt werden. Globke hat in seiner klugen und behutsamen Art viele Schwierigkeiten aus dem Weg geräumt und drohenden Konflikten vorgebeugt." (343)

Globke benutzte die Ebene der Staatssekretäre also durchaus erfolgreich als Einflußkanal. Ohne etwas über den exakten Stellenwert der "Gewerkschaft der Staatssekretäre" aussagen zu wollen, belegt auch dieser Punkt der Aufschlüsselung der Rolle des Administrators Globke zunächst, daß der Chef des Kanzleramtes bei seiner administrativen Sonderleistung auf ein verzweigtes Netz von Einflußmöglichkeiten zurückgreifen konnte.

Dies waren im Überblick:
- die "normale" administative Struktur,
- die Globkesche Neuschöpfung des Referentensystems,
- das Personalroulement zwischen Kanzleramt und den Ministern,
- Globkes gute Beziehungen zu seinen Staatssekretärskollegen, wobei die bewußte Distanzierung von informellen Strukturen ("Gewerkschaft der Staatssekretäre") die Einflußwege und Optionen des Kanzleramtschefs nicht erkennbar einschränkte.

Daß Adenauers Staatssekretär als Administrator so erfolgreich war, mag auch die indirekte Folge der Tatsache gewesen sein, daß Globke eben mehr als nur "der" Administrator des Kanzlers war: Er wurde zu Adenauers wichtigstem Berater. Dies hieß aber auch, daß es keinen Sinn ergab, dem Administrator Globke administrativen Widerstand entgegenzusetzen, da er als Berater Adenauers am politisch längeren Hebelarm saß.

Diese Beratertätigkeit Globkes machte den eigentlichen Kern der Bedeutung des Staatssekretärs für Adenauer aus, darauf ist schon vorstehend hingewiesen worden (Vgl. S. 106). Daß Globkes Rolle als erstklassiger Administrator für Adenauer nicht im Mittelpunkt des Interesses stand, hat auch Heinrich Krone angemerkt und darauf erwähnt, daß Globke für den Kanzler immer mehr zu einem nicht zu entbehrenden Berater wurde (344).

Die Bedeutung der Beraterrolle Globkes bei Adenauer wird denn auch von vielen Beobachtern ganz eindeutig normiert (345). Manchmal rückt die Charakterisierung den Staatssekretär im Bundeskanzleramt gelegentlich noch näher an Adenauer heran. Für seinen Nachfolger Ludger Westrick war er vom vollen Vertrauen Adenauers getragen (346); Reinhold Mercker erinnert sich gleichlautend daran, der Kanzler sei nicht geneigt gewesen, irgend jemand das volle Vertrauen zu schenken, das er Globke entgegenbrachte (347). Auch Josef Rust ist davon überzeugt, daß Globke das uneingeschränkte Vertrauen des Kanzlers besaß (348), er macht jedoch darauf aufmerksam, daß man sich hüten sollte, die Nähe der beiden Männer zu überinterpretieren:

"Adenauer schätzte an seinem obersten Gehilfen den enormen Fleiß und die unbedingte Zuverlässigkeit der Geschäftsführung. Er schenkte ihm restloses Vertrauen, weil er von seiner Loyalität, seiner Diskretion und Treue überzeugt war. Freundschaftlich im eigentlichen Sinne kann man die Beziehung Adenauer-Globke nicht nennen; sie war aber beträchtlich mehr und auch anders geartet als eine bloße dienstliche Zusammenarbeit." (349)

Diesen Umstand der "Nichtfreundschaft" hat auch Franz Josef Bach angesprochen, der als Grund dafür angibt, daß Adenauer und Globke in ihrer Anlage und Ausprägung viel zu verschieden waren (350). Horst Osterheld hat dieses Vertrautsein ohne Freundschaft so interpretiert, daß beide darauf Wert legten, das Verhältnis "Chef-erster Gehilfe" beizubehalten (351).

Wenn also nicht persönliche Freundschaft mit Nivellierung amtsbezogener Unterschiede das enge Vertrautsein zwischen Bundeskanzler und Bundeskanzleramtschef ausmachte, wo lag dann die Basis der gegenseitigen Affinität? Eugen Gerstenmaier hat den Kernpunkt der Partnerschaft Adenauer/ Globke im Bereich grundsätzlicher Fragen des Weltanschaulichen angesiedelt und so formuliert:

"Man kann aber auch kaum daran zweifeln, daß das politische Vertrauen bei weitem nicht alles war, was das Verhältnis der beiden bestimmte und ausmachte. Es war nicht nur die rationale Übereinstimmung in einer Vielzahl politischer Einzelfragen, in der politischen Konzeption und in politischen Grundsätzen, die sie verband. Das alles beruhte auf einer vor- oder überrationalen Übereinstimmung ihrer Lebensorientierung, auf einer kaum formulierten Gesinnungsgemeinschaft. Im Laufe ihrer Zusammenarbeit hat sie sich immer mehr vertieft und verdichtet, so daß sie der Worte gar nicht mehr bedurfte. Sie trug den Charakter eines Konsens im Religiösen." (352)

Nun hat es sicherlich auch in Adenauers unmittelbarer Umgebung weitere Personen gegeben, deren Wertordnung mit der des Kanzlers wie bei Globke im wesentlichen harmonierte. Eine Gesinnungsgemeinschaft kann also durchaus den ethischen Kernbereich für ein gegenseitiges Vertrauensverhältnis ausmachen, als hinreichende Voraussetzung dafür ist sie aber nicht anzusehen. Was konnte also darüber hinaus Globke seinem Kanzler "bieten", das ihn so nahe an Adenauer heranrücken ließ?

An Hand der vorliegenden Materialien lassen sich durchaus einige wichtige Punkte in dieser Hinsicht voneinander trennen. Als grundlegend für die Sonderbeziehung Adenauer/Globke wird vielfach der Umstand angesehen, daß der Staatssekretär keinen eigenen politischen Ehrgeiz entwickelte. Heinrich Barth hat dazu bemerkt, der Kanzler habe an seinem Staatssekretär geschätzt, daß er ein Mann ohne persönliche Ambitionen war, und bei allen Spannungen, die es zwischen den beiden gegeben habe, sei Adenauer immer klar gewesen, daß das Urteil Globkes wohlabgewogen sei, und dies habe ihn zum intimen Gesprächspartner des Kanzlers gemacht (353). Horst Osterheld spricht davon, hätte Adenauer den Eindruck gewonnen, daß sich Globke selbst zu profilieren suchte, hätte er ihm nicht so vertraut. Das hieße, Globkes Zurückhaltung sei für seinen Einfluß essentiell gewesen. Der Staatssekretär habe dies gewußt und beachtet (354). Neben diesem Mangel an politischem Ehrgeiz zeigte Globke eine zweite Eigenschaft, die Adenauer allem Anschein nach sehr schätzte: Er verzichtete konsequent auf jegliches Auftreten in der Öffentlichkeit. Stellt Felix von Eckardt diese öffentliche Zurückhaltung des Staatssekretärs und Globkes Tätigkeit während der Nazizeit noch in eine zumindest räumliche Nähe (355), erklärt

Horst Osterheld, daß Adenauer in der Scheu vor öffentlichen Auftritten eher eine respektable Charaktereigenschaft seines Kanzleichefs sah (356). Daß diese Scheu vor persönlicher Profilierung Globkes tatsächlichem Naturell entsprach, kann daraus geschlossen werden, daß er dergleichen Zurückhaltung auch im nichtöffentlichen Rahmen, beispielsweise bei Gesprächen beim Kanzler, zeigte. Eugen Gerstenmaier erinnert sich, daß es schon einer besonderen Aufforderung Adenauers bedurft habe, um Globke zur Äußerung, zur Stellungnahme zu bewegen (357). Das Zurücktreten Globkes hat letztlich auch Horst Osterheld für beide Sektoren, öffentlich wie nichtöffentlich, festgestellt:

"Von ausschlaggebender Bedeutung war aber noch eine weitere Eigenschaft Globkes: die völlige Zurückhaltung sowohl in der Öffentlichkeit wie im engsten Kreis. Er ließ nie sichtbar werden, wieviel Einfluß er hatte, wieviel er steuern und zu regeln vermochte. Er schwieg im Kabinett, es sei denn, daß man ihn fragte. Bei Adenauers berühmten Teegesprächen hielt er sich ganz zurück und suchte nicht, sich hervorzutun. Selbst unter vier Augen sprach er nie von sich selbst oder pochte auf seine Position. Er lenkte den Regierungsapparat unauffällig und lautlos, mit beispielhafter Diskretion. Das war kein Verbergenwollen, keine Heimlichtuerei, sondern entsprach seinem Wesen und seiner Überzeugung. Er war gar nicht gefallsüchtig und drängte nicht in den Vordergrund. Für ihn zählte nur die Sache." (358)

Diese "beispielhafte Diskretion" war ein weiterer hier wichtiger Charakterzug des Staatssekretärs im Bundeskanzleramt, der ihm von den meisten Akteuren jener Zeit zugesprochen wird (359). Eugen Gerstenmaier hält diese Verschwiegenheit für eine eher untypische Bonner Tugend, beschreibt aber gleichzeitig, wie wichtig dies letztlich für den Kanzler war:

"Globke wurde für Adenauer der schließlich unentbehrliche tägliche Gesprächspartner mit dem er die großen und die kleinen Fragen des Tages, die Personal- und die Sachprobleme ausloten und abklären konnte, ohne je befürchten zu müssen, mißverstanden zu werden oder einer Indiskretion zum Opfer zu fallen. Auch im damaligen Bonn gab es nicht viele Schweiger. Hans Globke war einer ihrer eisernen." (360)

Diese Diskretion Globkes, auf die man nach Osterheld wie auf einen Felsen bauen konnte (361), verdeckte wohl auch den Umstand, daß Adenauer in seinem Staatssekretär nicht einen devoten Ja-Sager hatte. Heinrich Krone hat darauf hingewiesen, daß im Fall des Falles Globke auch ein erfolgreiches Nein gegenüber seinem Vorgesetzten vertreten konnte, und mehr als einmal habe der Kanzler nachgegeben (362).

Neben diesen charakterlichen Eigenschaften verfügte Globke über weitere

Qualitäten, die ihn zum vertrauten Berater des Kanzlers prädestinierten. Die wichtigsten zusätzlichen Vorzüge des Chefs der Bundeskanzlei sollen hier kurz dargestellt werden:
- Globke verfügte - wie Ludger Westrick es formuliert - über ein phänomenales Gedächtnis (363). Horst Osterheld klassifiziert ihn als für den Kanzler wandelndes Lexikon, eine umfassende und praktisch unersetzliche Auskunftei (364).
- Globke besaß - nach Aussage von Horst Osterheld - ein fast unbegrenztes Registriervermögen, was ihm bei der Zusammenarbeit mit Adenauer sehr zustatten kam, da dieser die gefürchtete Eigenart besessen habe, manchmal in wenigen Minuten mehr zu fragen, als bei größtem Arbeitseifer in Stunden oder gar Tagen erledigt werden konnte (365)
- Globke hatte - wie Heinrich Krone feststellt - umfassende Kenntnisse im personellen Bereich (366). Dies hat recht bald zur Legende geführt, der Staatssekretär verfüge über eine ausgebaute Sammlung persönlicher Dossiers (367). Dieser Version hat Karl Gumbel eine eindeutige Absage erteilt (368)
- Globke konnte - wie Horst Osterheld bemerkt - auch die schwierigsten Probleme auf das Wesentliche reduzieren, das Für und Wider darstellen und das voraussichtliche Verhalten der wichtigsten betroffenen Personen eingrenzen. Daneben habe er stets den Blick für Auswege und neue Kombinationen besessen (369).

Damit ist die Schilderung der wichtigsten Charaktereigenschaften und personellen Vorzüge Globkes abgeschlossen, die es verständlich erscheinen lassen, wieso aus der Gesinnungsgemeinschaft Adenauer/Globke die fundierte Vertrauens- und Arbeitsgemeinschaft Adenauer/Globke wurde. Diese Nähe von Kanzler und Staatssekretär hatte zur Folge, daß Globke sehr viel Zeit beim Regierungschef verbrachte, der ständige Kontakt zu Adenauer war gewissermaßen für ihn reserviert (370).

Vor diesem Hintergrund ist es auch kaum verwunderlich, daß Globke als sehr häufiger Gesprächspartner Adenauers bei einer Gelegenheit auftaucht, die schon vorstehend (Vgl. Walter Hallstein, Abschnitt A, Anmerkung 302) angesprochen wurde: des Kanzlers nachmittägliche Spaziergänge im Park des Palais Schaumburg. Adenauer maß dieser Promenade zu zweit nach seinem regelmäßigen Mittagsschlaf mehr als eine kreislauffördernde Wirkung (371) zu; dies hat sein persönlicher Referent Hans Kilb als gelegentlicher

"Mitspazierer" unterstrichen (372). Der Kanzler selber spricht davon, es sei seine Gewohnheit gewesen, am frühen Nachmittag mit Staatssekretär Globke durch den Park des Palais Schaumburg zu gehen, um mit ihm jeweils zur Entscheidung anstehende Fragen zu beraten (373).
Die Bedeutung dieses Zwiegesprächs im Freien hat auch Franz Josef Bach unterstrichen und vermerkt, dies seien nicht Stunden der Entscheidung, sondern des Abwägens und Diskutierens, die Stunden der Vorbereitung und Überprüfung, die Zeit des Zweifels und der Information gewesen (374). Diesen Spaziergängen des Kanzlers mit Globke, die nach Aussage von Horst Osterheld Anfang der sechziger Jahre seltener wurden (375), wird aber nicht nur eine Beratungs- respektive Informationsfunktion zuerkannt. Heinrich Krone geht davon aus, daß eine Unterhaltung auf dem üblichen Spaziergang im Garten des Palais Schaumburg durchaus den Ausschlag im politischen Entscheidungsprozeß bei Adenauer geben konnte (376).
Ob nun Information, Beratung oder Entscheidung - Globke scheint bei Adenauer stets präsent gewesen zu sein. War der Regierungschef nicht in Bonn, wurde sein Staatssekretär - wie Franz Josef Bach es bezeichnet - Arm und Ohr des Kanzlers (377). Siegfried Schöne geht noch einen Schritt weiter: Für ihn war Globke im Fall der Kanzlerabwesenheit der eigentliche Stellvertreter des Regierungschefs, dem Amt des Vizekanzlers kann er maximal einen koalitionsarithmetischen Charakter zubilligen (378). Läßt man die Festlegung in politische und beamtenmäßige Rollen außer acht, scheint ohnehin abgesichert, daß Globke einen nicht unerheblichen Part im politischen Konzert der Bundesrepublik hatte. Zur Verdeutlichung können Heinrich Krones Tagebücher herangezogen werden, in denen das Agieren des Chefs der Bundeskanzlei so zusammengefaßt wird:
- März 1963: "Hans Globke hat weit mehr die Politik der Jahre nach 1949 mitgeführt, als das je bekannt werden wird." (379)
- Ende September 1963: "Wer die Geschichte der Ära Adenauer würdigt, kann an Hans Globke nicht vorbeigehen." (380)

Andere Akteure jener Tage haben das mit anderen Worten beschrieben. Eugen Gerstenmaier spricht davon, Hans Globke sei ein Glücksfall für Bundeskanzler Adenauer gewesen, wobei er zu verstehen gibt, daß der Regierungschef sich dessen durchaus bewußt gewesen sei (381). So sieht es auch Horst Osterheld, der ausführt, Adenauer habe besser als alle anderen gewußt, was er an Globke hatte (382).

Die Bedeutung der Rolle Globkes wuchs auch insofern, als er am Ende des hier interessierenden Zeitraums im Jahre 1959 der einzige aus dem ursprünglichen "Küchenkabinett" der beamteten Berater um Adenauer aus der 1. Legislaturperiode war (Vgl. dazu S. 101 ff und 113 ), der auch in den nächsten sechs Jahren in steter Tuchfühlung zum Kanzler blieb.

Daß der anfänglich so wichtige "Clan der Kanzlerberater" (383), sukzessive auseinanderging, ist von Betroffenen selbst beschrieben worden. Felix von Eckardt merkt dazu an, er sei nie dahintergekommen, ob Adenauer mit diesen Veränderungen eigentlich ganz einverstanden war oder nicht. Nach außen schien er mit den Umbesetzungen zufrieden zu sein (384).

Eher unzufrieden mit dieser Entwicklung war Herbert Blankenhorn. In seinem Tagebuch hat er dies mit Datum vom 21.7.1960 so niedergelegt:

"Was mich schmerzlich bewegt und mit Sorge erfüllt, ist die wachsende
Isolierung, in der der Kanzler lebt, und in der er sich ohne eine intensive Beratung durch Dritte Urteile über Menschen und Dinge bildet, die
entweder einseitig sind oder auf Tatsachen beruhen, denen er zu große
Bedeutung beimißt. Das hohe Alter und seine große Autorität verstärken
natürlich diesen Vereinsamungsprozeß, denn nur wenige in Bonn wagen ihm
gegenüber anderer Meinung zu sein und dies auch zu sagen. Gewiß ist dies
auch nicht leicht, da der Kanzler aus Auffassungen, die ihm nicht behagen,
Schlüsse auf den Gesprächspartner zieht, die für den Betreffenden negative
Folgen haben können." (385)

Blankenhorn hat an anderer Stelle die beiden wichtigsten Gründe für diesen Isolierungsprozeß benannt, im ersten Punkt hebt er dabei auf den Weggang der Kanzlerberater ab. Der spätere Botschafter zur Vereinsamung des Kanzlers:

"Das lag zum einen daran, daß viele seiner ursprünglichen Berater Bonn
anderer Aufgaben wegen verließen. Ich nenne die Namen Hallstein, Grewe,
v. Eckardt und mich. Auf der anderen Seite muß man aber auch sehen, daß
sich das außenpolitische Feld, und ich möchte hier nur personenbezogen
argumentieren, stark verändert hatte. Viele seiner politischen Freunde
wie Dulles, Schuman, de Gasperi, Churchill waren nicht mehr 'im Geschäft',
als neuer Ansprechpartner für den stark mit persönlichen Beziehungen
arbeitenden Kanzler kam lediglich de Gaulle hinzu." (386)

Kann die Quintessenz dieser personellen Veränderungen im Nahbereich des Kanzlers zur Tatsache zusammengezogen werden, daß das "Küchenkabinett", das zu Beginn dieser Studie als innerste gremienmäßige Stufe eines vielschichtigen Konkretisierungsprozesses der Regierungspolitik geschildert wurde, im hier interessierenden Zeitraum allmählich verschwand? Dies kann an Hand vorliegender Materialien verneint werden.

In diesem Zusammenhang muß zunächst auf den Umstand hingewiesen werden, daß unter dem Signum "Küchenkabinett" im ersten Abschnitt der Arbeit als Strukturtype nicht nur der beschriebene Kreis der beamteten Berater um den Kanzler vorgestellt wurde. Zwei weitere informelle Gremien mit und ohne Beteiligung beamteter Kanzlerberater ließen sich von der ersten Runde deutlich abheben (Vgl. 114 ff). Ein Wegfall der Gremienart "Küchenkabinett" hätte zur Voraussetzung, daß von Aktivität in allen drei Strukturtypen nicht mehr die Rede sein kann. In dieser Hinsicht spricht vor allem eine vorliegende Untersuchung von Jürgen Domes eine ganz andere Sprache. Diese Studie aus dem Jahre 1962 mit dem Titel "Mehrheitsfraktion und Bundesregierung" ist im Verlauf dieser Ausarbeitung schon mehrfach angesprochen worden. Sie untersucht für die zweite und dritte Legislaturperiode das Verhältnis zwischen der Unionsfraktion und den Kabinetten Adenauer. Vielzitierter Kernpunkt der Domesschen Untersuchung sind die Ergebnisse der Fragestllung, wo in diesen acht Jahren das eigentliche Entscheidungszentrum für die Bundespolitik lag (387). Domes beantwortet diese Frage zunächst in der Negativkategorie. Er schließt für den politischen Regelablauf:

- das Kabinett
- den Vorstand der Mehrheitsfraktion
- den "Elferrat" der Unionsfraktion (388)

als Handlungsmittelpunkt aus (389). Wo also liegt für Domes das Zentrum für die wesentlichen Entscheidungen in der untersuchten Zeitspanne? Der Autor bezieht sich auf die vorangestellte detaillierte Untersuchung und resümiert:

"Will man versuchen, diese Frage zu beantworten, so empfiehlt es sich, noch einmal an jene im Verlauf eines Gesetzgebungsaktes so häufig feststellbaren informellen Gespräche zwischen Ministern, Beamten und Abgeordneten zu erinnern, von denen im vierten Kapitel die Rede war. Nicht nur bei Gesetzgebungsverhandlungen trifft man auf solche Gespräche, sondern ebenso – und hier mit einem ziemlich klar umschreibbaren, kontinuierlichen Teilnehmerkreis – bei grundsätzlichen Entscheidungen personeller und sachlicher Natur. Sie fielen, meist von Beamten des Bundeskanzleramtes sachlich vorbereitet, durch den Kanzler selbst, und zwar in informeller Beratung mit Ministern, Mitgliedern des Fraktionsvorstandes und einzelnen, in Spezialfragen als besonders kompetent geltenden Abgeordneten der Mehrheitsfraktion." (390)

Domes hat diesen zunächst einmal nur generell angesprochenen Personenkreis, auf den die Bezeichnung Entscheidungszentrum zutrifft, in der Folge

dann personell präzisiert und nach den beiden hier relevanten Legislaturperioden aufgeschlüsselt präsentiert (391). Mit den Vorbehalten, daß zu den genannten Personen noch fachspezifisch wechselnde Experten hinzukamen, daß die Liste durchaus noch um den einen oder anderen Namen zu erweitern sei und daß nicht immer alle genannten Personen bei jedem Treffen gleichzeitig anwesend waren (392), kommt man somit zu einem Kreis von Entscheidungsträgern, der als Anlage IV hier listenmäßig präsentiert wird. Bezieht man die ausdrücklich gemachten Vorbehalte von Domes mit ein, kann man auch nach zusätzlichen Recherchen davon ausgehen, daß die personelle Dimension dieses Entscheidungskreises in der Substanz richtig dargestellt wurde. Diese Aussage scheint zulässig, wenn man von folgenden Fakten ausgeht:
- der mit einem präzisen Erinnerungsvermögen ausgestattete Erich Mende (393) hat die personelle Zusammensetzung dieses Kreises für die 2. Legislaturperiode an Hand der Domesschen Liste bestätigt (394),
- Günter Bachmann, Adenauers Persönlicher Referent in den Jahren 1958/59, akzeptierte die Personalzusammenstellung für die 3. Legislaturperiode bis auf die Namen Erhard, Schwarz, Katzer und Helene Weber (395),
- Horst Osterheld, in der dritten Legislaturperiode ins Kanzleramt gewechselt, war für diese Zeit mit den Namen Schwarz, Arndgen, Hellwig, Katzer, Helene Weber und Majonica nicht einverstanden, präsentierte zusätzlich die Namen Lücke und Blank und wies auch auf Gerstenmaier hin (396).

Sicher spielt bei diesem vereinzelten Streichen oder Hinzufügen hinsichtlich der Domes-Liste die persönliche Wertung eine große Rolle; sichtbar wird dadurch aber auch, daß der Kern des informellen Entscheidungszentrums bei allem persönlichen Korrekturwillen nicht verändert wird. Dies erlaubt nun in einem weiteren Schritt zu untersuchen, ob die vorgestellte Kategorie des informellen Entscheidungszentrums, wie sie Domes geschildert hat, an eine der überkommenen Strukturtypen der Gremienart "Küchenkabinett" angebunden werden kann.

Wird eine rein quantitative Vergleichsskala gewählt, geht man, anders gesprochen, von der Tatsache aus, daß man den Beamtencharakter von Hans Globke als ohnehin "geborenem" Teilnehmer an allen wichtigen Gesprächen beim Kanzler für diese spezifische Einordnung vernachlässigen kann, ist eine Anbindung des Entscheidungszentrums à la Domes an die dritte

Strukturtype der Gremienart "Küchenkabinett" äußerst naheliegend (Vgl.
S. 114 ff). Will man uneingeschränkt qualitativ zugliedern, bietet sich
die zweite Strukturtype an (Vgl. S. 114).
Für eine Zuordnung des beschriebenen Entscheidungskreises zur 3. Strukturtype der Sammelform "Küchenkabinett" spricht daneben der Umstand, daß
Domes bei den Recherchen zu seiner Studie, die ja auf die 2. und 3. Legislaturperiode beschränkt war, von einem seiner wichtigsten Interviewpartner, dem Kanzler-Intimus Robert Pferdmenges, den Hinweis darauf erhielt,
daß sich ein kleiner Kreis von Abgeordneten der CDU/CSU-Fraktion und
Ministern auch schon in der 1. Wahlperiode recht häufig beim Kanzler besprochen habe. (397)
Welchen der beiden Wege zu einer Anbindung an das überkommene Strukturgefüge man auch wählen mag, von zentraler Bedeutung ist zunächst einmal,
daß mit der in Etappen vor sich gehenden Auflösung des ursprünglichen
beamteten Beraterkreises um Adenauer kein genereller Fortfall der in-
formellen Gremienart des "Küchenkabinetts" verbunden sein kann, da die
Beratungstradition zumindest auf einer weiteren Ebene fortgeführt wurde.
Weitere Überlegungen zum Thema interne Strukturierung der Gremienart
"Küchenkabinett" mit Fragestellungen wie:
- Gab es eine zeitliche Abfolge der beschriebenen informellen Strukturtypen?
- Gingen im Laufe der Zeit informelle Strukturtypen ineinander über oder
  entstanden aus einer gemeinsamen "Urform" voneinander abgetrennte
  Kreise?
- Gab es Zeiträume, wo alle (mehrere) informelle Strukturtypen nebeneinander genutzt wurden?
scheinen im Augenblick wenig angebracht. Dies hat einen sehr einfachen,
schon früher angesprochenen Grund (Vgl. S. 112 und 115 f). Bislang war
dokumentarisches Material (z.B. Adenauers Terminkalender), das im Rahmen dieser Studie für abgesicherte Aufklärung sorgen könnte, nur bis Ende
1951 benutzbar. Erst die Zugänglichkeit weiteren einschlägigen Quellenmaterials wird es in Zukunft ermöglichen, die interne Strukturierung
der unmittelbaren gremienmäßigen Beratung Adenauers im Bundeskanzleramt
zu dechiffrieren und damit inhaltlich zu gewichten.
In diesem Zusammenhang kann auch die Studie von Domes keine benutzbare
Ansatzmöglichkeit anbieten. Domes spricht zwar von 118 von ihm festge-

stellten Sitzungen des Entscheidungskreises (398) in der 2. und 3. Legislaturperiode, die er auf Grund der Beobachtung der Tagespresse, des Studiums der Akten der Mehrheitsfraktion und von Gesprächen mit Abgeordneten und Ministern datenmäßig nachzeichnen konnte (ohne dabei einen Anspruch auf Vollständigkeit zu erheben), diese über hundert Sitzungen des "Küchenkabinetts" werden aber in seiner Studie bis auf eine Ausnahme (399) nicht exakt terminiert und nur teilweise pauschal mit Themenangaben präsentiert (400).

Domes hat daneben erklärt, daß er seine umfangreichen Notizen zu dieser Studie mitsamt der vor allem nach Interviews mit Pferdmenges, Globke und Etzel zustandegekommenen Liste der 118 Einzeldaten anläßlich eines Umzuges eleminiert hat, so daß ein Aufbauen auf der Materialgrundlage dieser Spezialstudie ein für allemal unmöglich ist (401). Versuche des Autors dieser Arbeit, über das themenmäßig geordnete publizistische Material der Pressedokumentation des Bundestages zu einer Rekonstruktion der Sitzungen des Domesschen Entscheidungskreises zu kommen, hatten nur punktuellen Erfolg und eignen sich nicht zur Präsentation im Rahmen dieser Ausarbeitung.

So bleibt erneut nur der Verweis auf die kommende Verbesserung der dokumentarischen Quellensituation, wobei nicht verschwiegen werden soll, daß es schon jetzt Äußerungen gibt, die als brauchbare Vorstrukturierung der in Zukunft möglichen Untersuchungen gewertet werden können. Hier müssen die Angaben von Horst Osterheld zum Thema Beratung des Kanzlers Erwähnung finden, der davon ausgeht, man könne drei Kreise von Mitarbeitern unterscheiden. Im äußersten und ranghöchsten sieht Osterheld die Kabinettsmitglieder und Spitzenpolitiker der Unionsfraktion. Zum mittleren Kreis zählt er die Angehörigen des Kanzleramtes sowie einige führende Beamte des Presse- und des Auswärtigen Amtes. Die engsten Mitarbeiter seien schließlich jene wenigen Kanzleramtsbediensteten gewesen, die Adenauer täglich sahen. Osterheld rechnet allen drei Kreisen Globke zu und sieht ihn auch stets am einflußreichsten an (402). Osterheld hat diese Beschreibung an anderer Stelle fortgeführt und weiter aufgefüllt:

"Über den Einfluß dieser verschiedenen Kreise wäre viel zu sagen. In mancher Hinsicht war der äußere der wichtigste, weil Adenauer ihn politisch in Rechnung stellen und gelegentlich auch Rücksicht nehmen mußte. Bei dem mittleren und dem engsten Kreis brauchte er keine politischen Rücksichten zu nehmen. Sie waren aber deshalb wichtig, weil sie erheblichen Einfluß hatten auf die Meinungsbildung und Entscheidungsvorbereitung. Dementsprechend würde ich zum äußeren Kreis (...) die wichtigsten Kabinettsmitglieder rechnen, natürlich der jeweils aktiven Kabinette; dazu kämen die wichtigsten Männer seiner Fraktion und auch der Koalition. Das heißt, daß dieser Kreis im Laufe der Jahre verschieden zusammengesetzt war." (403)

Ohne Osterhelds Schilderung zu überinterpretieren, kann man wohl davon sprechen, daß dieser bei seiner Darstellung der drei Kreise um Adenauer davon ausgeht, daß der abgestufte Beratungsmodus zeitgleich ablief. Osterhelds Darstellung kann daneben mit bereits Bekanntem verknüpft werden, weil man seinen "äußeren Kreis" in Verbindung zur dritten Strukturtype der Gremienart des "Küchenkabinetts" (Vgl. S. 114 ff) setzen kann, der "engste Kreis" weist starke Parallelen zur ersten Form der vorgestellten informellen Gesamtform (Vgl. S. 113) auf.

Eine mit Quellenmaterial arbeitende dokumentarische Grundierung des Gesamtbereiches "Küchenkabinett"/informelles Entscheidungszentrum um Adenauer könnte auch die Genese und Geschichte eines informellen Kreises um den Regierungschef aufhellen, dessen Schicksal bislang weitgehend im dunklen liegt: Es handelt sich dabei um den später so bezeichneten "Montagskreis". Einer seiner Regularteilnehmer, der langjährige Fraktionsgeschäftsführer und spätere Fraktionsvorstand der CDU/CSU, Heinrich Krone, hat diese Zusammenkünfte beim Kanzler so beschrieben:

"Von besonderer Bedeutung im Rahmen seiner Arbeitsmethode waren für Konrad Adenauer die Gespräche am Montagmorgen mit seinem Staatssekretär und der Fraktionsführung. Mit einer Handvoll Zettel, auf die Fragen geschrieben waren, begann er das Gespräch. Für besondere Fragen zuständige Personen wurden für diesen Teil des Gesprächs hinzugezogen. Ausführlich legte der Kanzler seine Überlegungen dar. Er schätzte es nicht, wenn man ihn dabei unterbrach. Das hatte meist eine Zurechtweisung zur Folge, etwa mit der Bemerkung, diese Frage sei zu schwerwiegend, als daß die richtige Antwort so schnell zu finden sei. Überhaupt endete das Gespräch über wichtige Punkte oft mit der Aufforderung, sich das Ganze noch einmal zu überlegen und am nächsten Tage die Aussprache fortzusetzen." (404)

Zwar gibt es vor allem vor dem Hintergrund der Tatsache, daß ein ähnlich gearteter Kreis während der Kanzlerschaft Erhards regelmäßig tagte (405), Hinweise auch auf einen durchgängigen Montagstermin bei Konrad Adenauer (406), sonst aber ist fast alles in dieser Hinsicht unbekannt. Zur Zeit noch nicht zugängliches dokumentarisches Quellenmaterial könnte beispielsweise die Frage klären, ob sich hier nach dem allmählichen Weggang des ursprünglich so wichtigen beamteten Beraterkreises um Adenauer der Kern einer neuartigen Form des "Küchenkabinetts" bildete. Oder ob die informelle Form des Montagskreis schon zu dem Zeitpunkt ein wichtiger Wochentermin für den Kanzler war, als die erste Strukturtype der Gremienart "Küchenkabinett" noch in der überkommenen Personalbesetzung funktionierte. In diesem Montagskreis Adenauers waren mit Sicherheit zwei Personen vertreten, deren Sonderbeziehung zum Abschluß der Darstellung der Rolle des Bundeskanzleramtes vorgestellt werden soll: Es handelt sich um Hans Globke und Heinrich Krone. Der langjährige Unionsfraktionsvorsitzende hat Globke einen Partner genannt, mit dem er sich bestens verständigen konnte (407). An anderer Stelle tituliert er ihn als Freund (408). Wie wichtig dieser enge Kontakt für beide Seiten war (und im Rahmen dieses Abschnitts speziell für Globkes "Funktionieren" im Bundeskanzleramt), hat Franz Josef Bach dargelegt:

"Krone war – wie Globke – ein besonders ergebener Ratgeber des Kanzlers. Er war gleichzeitig ein enger Vertrauter und Freund Globkes. Beide kannten sich seit langen Jahren: aus der Zeit des Berliner Widerstandes gegen Hitler. Der Informationsfluß zwischen beiden riß nie ab.
Globke war genau über die Stimmung in der Fraktion informiert, ebenso wie Krone immer ausführlich über die Gedankengänge im Hause Schaumburg auf dem laufenden gehalten wurde. Die Abschätzung des politisch Mach- und Tragbaren wurde dadurch erheblich erleichtert.
(...)
Der enge Kontakt zu Heinrich Krone war für die Stellung Globkes im Verhältnis zu Adenauer wichtig. Adenauer liebte es, Menschen um sich zu haben, die auch über ihr eigenes Aufgabengebiet hinaus über die Vorgänge auf der Bonner politischen Szene gut informiert waren. Besonders kam es ihm darauf an, über die Stimmung in der Fraktion, die ja – und dessen war Adenauer sich bewußt – die Basis seiner eigenen Macht darstellte, bis ins letzte Detail informiert zu sein. Dank seiner engen Freundschaft mit Krone, der mehrfach am Tag mit ihm telefonierte, konnte Globke Adenauer zu jeder Stunde die voraussichtliche Reaktion der Mehrheit der Fraktion auf Ideen und Schritte des Regierungschefs mit verhältnismäßig großer Genauigkeit vorhersagen." (409)

Für die Kenntnis Globkes über die Stimmung in der Fraktion gab es in späteren Jahren einen weiteren Kanal: gemeinsame Morgenspaziergänge der beiden Freunde über die Höhen von Godesberg nach Bonn. Krone weist darauf hin, dies sei die Stunde gewesen, wo man sich aussprechen und verständigen konnte, was in der Politik, bei der Regierung wie in der Fraktion anstand (410). Diese persönliche Beziehung zwischen Globke und Krone dürfte den Konnex zwischen dem Bundeskanzleramt (und damit letztlich Adenauers) und der Unionsmehrheit im Bundestag sehr erleichtert haben und kann als weiterer Vorzug Globkes eingeordnet werden. Wie sich die Beziehung

Adenauers zu den politisch relevanten Institutionen im Regierungsbereich generell entwickelte, wird im nächsten Abschnitt beschrieben.

## 3. Formelle und informelle Gremien im Regierungsbereich

Der Kabinettsstil Adenauers ist bislang (Vgl. S. 124 ff) als ein Phänomen charakterisiert worden, das von einer Fülle von widersprüchlichen Faktoren geprägt wurde. Diese wurden detailliert dargestellt. Man kann für den jetzt interessierenden Zeitraum der "Hoch"-Zeit der Kanzlerdemokratie weiterhin davon ausgehen, daß das durch die Kombinationsmöglichkeit einzelner Faktoren umrissene Handlungsfeld des Regierungschefs hinsichtlich seiner Kabinette nicht wesentlich verändert wurde. Dies wird deutlich, wenn man die zusammenfassende Schilderung eines regelmäßigen nichtministeriellen Teilnehmers an den Kabinettssitzungen aus den Jahren 1958/59 betrachtet, die Darstellung von Günther Bachmann, Adenauers damaligem Persönlichen Referenten. In ihr tauchen viele vorstehend angesprochene Einzelbereiche wieder auf; so geht Bachmann davon aus, daß der Kanzler normalerweise die Kabinettssitzungen mit einem kurzen Vortrag zur politischen Lage noch vor der eigentlichen Tagesordnung eröffnete (411), und resümiert dann weiter:

"Man kann schon sagen, daß Adenauer eine straffe Kabinettsarbeit bevorzugte. Das schloß freilich nicht aus, daß es in schwierigen Punkten oder in Gebieten, in denen sich der Kanzler selbst nicht sicher war, zu oft stundenlangen Diskussionen kam. Man kann also nicht sagen, daß die Kabinettssitzungen bei Adenauer immer zeitlich sehr kurz waren.
Aber eines ist wichtig. Bei ihm hatte man nie das Gefühl, auch in einer stundenlangen Diskussion nicht, daß das Gespräch ausuferte, man war irgendwie immer hart am Thema, und hier griff Adenauer auch ein, wenn sich einer der Diskutanten allzu weit davon weg bewegte. Aber das ist doch eigentlich die Aufgabe jedes Diskussionsleiters. Adenauer kehrte auch keineswegs zusätzliche Diskussionspunkte unter den Tisch. Er notierte sie sich in der Regel und sprach sie dann nach Abschluß des ersten Themas wieder an.
(...)
Und es war auch so, daß es bei Adenauer im Kabinett zu durchaus heftigen Kontroversen kam. (...) Aber auch wenn es einige Verärgerung gab, beim Kanzler hielt dies in der Regel nicht lange vor. Er hat es immer wieder verstanden, wenig später in der gleichen Sitzung noch ein Extra-Lob für den Kontrahenten auszusprechen und so eine versöhnliche Atmosphäre zu schaffen. Dazu kommt, daß er mit seinem trockenen rheinischen Humor die Kabinettsrunde immer wieder zu schallendem Gelächter animierte; dies war ein Mittel, mit dem er so manche verfahrene Situation wieder auflockern konnte." (412)

Zudem scheint Adenauer in außenpolitischen Fragen die Praxis fortgeführt zu haben, der Kabinettsrunde nicht allzu weitreichende Mitgestaltungsmöglichkeiten einzuräumen. War dies bereits anhand des Deutschlandvertrags präsentiert worden (Vgl. S. 85 ff), wird es jetzt bei einem anderen grundlegenden Vertragswerk deutlich: den Römischen Verträgen, der völkerrechtlichen Basis der Europäischen Gemeinschaft (413).

Vor dem Hintergrund der Erkenntnis eines mehrdimensionalen Kabinettsstils Adenauers bei gleichzeitiger Unterentwicklung des Kabinettsprinzips im außenpolitischen Raum wurde im ersten Abschnitt darauf hingewiesen, daß das Kabinett oftmals nur als eine weiterführende Konkretisierungsstufe (also kein fortwährendes Initiativzentrum) jenes vielschichtigen politischen Abstimmungsprozeßes in formellen und informellen Ebenen erscheine, der häufig im unmittelbaren Umfeld des Kanzlers seinen Ursprung habe. Darauf aufbauend war dort dann die Frage gestellt worden, ob das Kabinett nicht zu einem rein formal agierenden Gremium verkümmert sei, das heißt, der politische Charakter des Ministeramtes sei weitgehend ausgehöhlt, da Adenauer im Kabinett allenfalls eine reine Experten-Mannschaft sehe, die ebenso fachlich wie unpolitisch handle. Dies wurde als nicht brauchbare Charakterisierung abgelehnt. Für den hier interessierenden Zeitraum gibt es geradezu einen Paradefall, welcher zeigt, daß die Minister keineswegs entpolitisiert waren und daß der Kanzler mit der politischen Relevanz seines Kabinetts rechnen mußte. Ausgangspunkt des Vorfalls war der Umstand, daß der Zentralbankrat in Frankfurt auf einer Sitzung im Mai 1956, bei der zeitweilig die Minister Schäffer und Erhard anwesend waren, den Diskontsatz für Wechselkredite um einen ganzen Prozentpunkt auf 5,5 Prozent heraufsetzte, obwohl sich der Wirtschafts- und der Finanzminister nach Aussage Schäffers gegen dergleichen Pläne wandten (414). Kurz nach dem Beschluß erhob der Präsident des Bundesverbandes der Deutschen Industrie, Fritz Berg, auf der Jahresversammlung des BDI im Kölner Gürzenich in Anwesenheit des Bundeskanzlers heftigste Vorwürfe gegen die Kreditpolitik der Notenbank und kritisierte mit deutlichen Worten ganz allgemein die Wirtschafts- und Steuerpolitik der Bundesregierung sowie die dafür zuständigen Ressortchefs Schäffer und Erhard (415). Adenauer, der nach Angaben Heinrich Krones weder Bergs Rede vorher kannte, noch seine eigene Ansprache vorbereitet hatte (416), war in der geladenen Atmosphäre der Industriellenversammlung alles andere als gewillt, die konjunkturelle

Notbremsung der von der Bundesregierung weitgehend unabhängigen Notenbank zu verteidigen. Genausowenig sah er sich veranlaßt, seine beiden Minister in Schutz zu nehmen. Er begrüßte vielmehr einen großen Teil der Rede von Berg mit ausdrücklichem Verweis auf die Tatsache, daß er an den Frankfurter Beschlüssen unbeteiligt gewesen sei (417) und formulierte dann recht harsch weiter:

"Ich bin, ich sage das in aller Offenheit, heute abend noch nicht in der Lage, mir ein definitives Urteil zu bilden über die Einzelheiten der Beschlüsse, die da gefaßt worden sind. Aber eines weiß ich schon jetzt: es ist der deutschen Konjunktur ein schwerer Schlag versetzt worden, und, meine Herren, auf der Strecke bleiben werden die Kleinen. Und zwar, meine verehrten Herren, gilt das sowohl für die kleinen Industrien wie für die kleineren Landwirte, wie für die kleineren Handwerker - kurz und gut, meine verehrten Herren, das Fallbeil trifft die kleinen Leute. Und deswegen bin ich sehr betrübt darüber. Ich habe bisher nicht die Überzeugung gewonnen, daß eine derartige Maßnahme notwendig war. Ich habe nicht einmal die Überzeugung gewonnen, daß sie den gewollten Effekt erreicht. Ich habe für morgen abend eine Kabinettssitzung anberaumt, in der wir uns mit diesen Fragen beschäftigen werden, und in der natürlich auch der Wirtschaftsminister und der Finanzminister, die an diesen Beratungen des Zentralbankrates teilgenommen haben, uns darüber Rechenschaft geben werden, warum und was sie dort vorgeschlagen haben." (418)

Vor allen Dingen Adenauers Wortwahl von der "Rechenschaft" hinsichtlich seiner Minister vor dem klar erkennbaren Hintergrund wirtschafts- und finanzpolitischer Meinungsunterschiede in der Bundesregierung führte zu einer fast durchgängigen Verurteilung seines Auftritts. Zahlreiche Betrachter sprechen von einer "öffentlichen Desavouierung" der Ressortchefs (419), selbst vor der Unionsfraktion mußte sich der Kanzler Vorwürfe anhören, die in diese Richtung tendierten. Sein Parteifreund Gerd Bucerius:

"Er sei der Meinung, es wäre besser gewesen, beim Zentralbankrat einen Aufschub von einer Woche zu erwirken. Aber nachdem der Beschluß des Zentralbankrates gefallen sei, habe der Bundeskanzler im Gürzenich den Paukenschlag gesetzt und die Öffentlichkeit in einer Weise alarmiert, wie man es noch nicht erlebt habe. Das Gremium des BDI sei doch nicht das Forum, in dem sich der Bundeskanzler zu solchen Sachen äußern könne." (420)

Adenauer hingegen wollte von einer von ihm ausgehenden persönlichen Desavouierung Erhards und Schäffers nichts wissen. Schon vor der Stellungnahme von Bucerius hatte er den Unionsparlamentariern erklärt, es handele sich um eine sehr ernste, nicht persönliche, sondern sachliche Angelegenheit (421). Nach dem Redebeitrag des Hamburger Verlegers kam er auf diesen Punkt zurück. Das Fraktionsprotokoll notiert:

"Bundeskanzler Dr. Adenauer stellt fest, daß die Bemerkung des Abg. Bucerius, daß der Gürzenich nicht der geeignete Ort gewesen sei, von der Fraktion außerordentlich begrüßt worden sei. Er wolle dazu sagen, daß er auch in einem anderen Saal, etwa, wenn er mit Gewerkschaften zusammen gewesen wäre, zu diesem Thema gesprochen hätte. Die Öffentlichkeit habe ein Recht darauf, daß er darüber spreche. Das Thema sei von Dr. Berg angeschnitten worden und er habe dazu nicht schweigen können. Dr. Bucerius habe offenbar überhört, daß er dort gar kein Urteil über die Minister gefällt habe. (...) Er meine, es handle sich wohl um eine Differenz zwischen Ministern und dem Bundeskanzler. Die persönliche Seite sei nicht so wichtig. Man solle an das Wort denken: Pack schlägt sich, Pack verträgt sich. Die wichtigere Seite seien die sachlichen Folgen. Diese werde man noch zu spüren bekommen und müsse versuchen, sie zu vermeiden. Er wolle noch einmal wiederholen, daß er kein Urteil über die Minister im Gürzenich gesprochen habe." (422)

Mit dieser Betrachtungsweise ihres Kanzlers konnte sich die Mehrheitsfraktion jedoch nicht anfreunden. Der CSU-Abgeordnete Alois Niederalt entgegnete dem Kanzler ziemlich eindeutig:

"Er wolle sich mit der formellen Seite befassen. Er gestatte sich, dazu anderer Meinung zu sein als der Herr Bundeskanzler. Der Bundeskanzler habe gesagt, es sei richtig gewesen, vor einem Interessenverband diese Kritik an der Bank deutscher Länder zu üben und indirekt einen gewissen Affront gegen die beiden Minister zu begehen. Er habe gesagt, er hätte das gleiche getan vor einem Kongreß der Gewerkschaften. Das sei nach seiner, Niederalts, Auffassung gleich falsch. (...) Denn die Geschlossenheit des Kabinetts bei Äußerungen nach außen gelte auch für den Kanzler. Das heißt, wenn so weittragende Fragen nicht abgeklärt seien, dann könne keiner aus dem Kabinett sich dazu äußern. Er glaube, daß ein großer Teil der Fraktion so denke wie er." (423)

Zumindest der Fraktionsvorstand dachte so. Heinrich Krone berichtete dem Fraktionsplenum, daß sich das Spitzengremium in Anwesenheit Adenauers mit dem Vorfall im Gürzenich beschäftigt habe. Das Resultat war zwar keine ausformulierte Kritik am Kanzler, Krones referierende Schilderung vor der Fraktionsvollversammlung läßt aber darauf schließen, daß auch der Führungszirkel der Unionsfraktion Adenauers Äußerungen in Köln nicht gerade für geglückt hielt:

"Während in der Presse gestanden habe, der Bundeskanzler werde die beiden Minister zur Rechenschaft ziehen, habe dieser nur gesagt, er werde dafür sorgen, daß die beiden Minister Rechenschaft im Kabinett geben würden. Dieser Punkt sei es gewesen, der am meisten Kritik hervorgerufen habe. Es habe sich ergeben, daß der Eindruck dieser Rede in der Öffentlichkeit sehr heterogen gewesen sei. Über diesen Punkt habe dann im Vorstand eine Aussprache stattgefunden, die zum Methodischen des Ganzen folgendes erbracht habe: Der Vorstand sei der Auffassung, daß im Interesse des Ansehens des Kabinetts und unter Hinblick auf die vorstehenden Wahlen dringend zu wünschen sei, daß alle anstehenden Fragen, bevor sie in der

Öffentlichkeit erörtert werden, dem Kabinett vorgelegt, dort beraten und einer gemeinsamen Abstimmung zugeführt werden sollen." (424)

Auch wenn man die Aussagen des Fraktionsvorstandes zum "Methodischen" so interpretiert, daß sie nicht allein auf Adenauer gemünzt waren (Krone hatte immerhin darauf hingewiesen, daß sich Adenauer über mangelnde Geschlossenheit im Kabinett beklagt und die Ereignisse von Frankfurt als letzten akuten Fall einer Reihe von innerkabinettlichen Meinungsverschiedenheiten deklariert habe, die in die Öffentlichkeit drangen (425)), der Regierungschef war auf jeden Fall  a u c h  gemeint.

Auf Adenauer bezogen bedeutete der Hinweis auf die Beratungskompetenz des Kabinetts nichts anderes als die Erwartung der Mehrheitsfraktion an ihren Kanzler, daß auch er dem höchsten Gremium im exekutiven Bereich mehr politische Relevanz bei der Formulierung der Gesamtpolitik zubilligen möge. Zu einer nach außen sichtbaren Handlungseinheit konnte es demnach nur kommen, wenn die politische Dimension der Ministerrunde und die politische Führungsrolle des Regierungschefs wieder parallel geschaltet werden konnten.

Dieses Ziehen an einem Strang durch die politisch wichtigen Köpfe der Bundesregierung schien durch den Vorfall im Gürzenich in Frage gestellt, so auf jeden Fall interpretierte Franz Josef Strauß - eben aus Amerika zurückgekommen, wie das Fraktionsprotokoll vermerkt (426) - die Reaktion beim wichtigsten westlichen Verbündeten. Der damalige Atomminister schilderte die amerikanische Sicht so:

"Der Name des Bundeskanzlers habe noch - noch - einen stolzen Klang vom Hafenarbeiter bis in die höchsten Kreise, wie er nicht weiter gesteigert werden könne. Auch die Namen Erhard und Schäffer genössen einen starken Respekt, wenn sie auch nicht ungeteilt populär waren. Aber wenn hier ein Affront entstünde, würde das zu einer Minderung des Ansehens in dem Land führen, auf dessen Unterstützung man mehr denn je angewiesen sei. Gestern morgen sei die 'New York Herald Tribune' mit der Schlagzeile erschienen: 'Adenauer kommt mit geschwächter politischer Macht'. Das sei das Ergebnis des Wortes: 'Ich werde sie zur Verantwortung ziehen'. Das habe eingeschlagen. Adenauer, Erhard und Schäffer gelten als das Team in der deutschen Politik. Nun frage man sich, ob dieses Team auseinanderbreche." (427)

Einen Autoritätsverlust des Kanzlers registrierten diverse deutsche Presseorgane (428). Auch Heinrich Krone war klar, daß die Kanzlerrede in Köln zur Diskontsatzerhöhung Adenauers Reputation geschadet hatte. Vor der Konjunkturdebatte im Bundestag am 22. Juni 1956 schilderte er die Lage vor der Unionsfraktion so, daß die breite Masse des Volkes beunruhigt sei und frage, wie es mit dem Geld stehe und ob der Kanzler die Dinge noch in der Hand habe (429). Dieser Autoritätseinbruch bei Adenauer, der spätestens nach dem Triumph der Bundestagswahl 1957 wieder wettgemacht werden konnte, war nicht zuletzt darauf zurückzuführen, daß nach des Kanzlers Ankündigung von ministerieller "Rechenschaft" im Kabinett alles andere als dies bei der anberaumten Sondersitzung erfolgte. Adenauers zornige Worte brachten vielmehr nun den Kanzler selber unter Druck, weil sich die beiden Minister persönlich brüskiert fühlten, das Ganze aber mit einer Rücktrittsdrohung auf die politische Ebene hoben und damit dem Regierungschef eine handfeste Kabinettskrise bescherten (430). Die eigens einberufene Kabinettssitzung wurde damit nicht zum "Tribunal" über Schäffer und Erhard, man tauschte vielmehr gegensätzliche Standpunkte aus und ging unversöhnt auseinander (431). Erst als tags darauf Adenauer mit Erhard zu gesonderten Besprechungen zusammentraf und sich widerwillig bei seinem Wirtschaftsminister entschuldigte (432), konnten die Wogen der Erregung erstmals wirkungsvoll geglättet werden. Dabei stellte der Kanzler in der Form des Gesprächskommuniques Erhard ein umfassendes persönliches und politisches Leumundszeugnis aus (433).

Adenauers Vertrauensbeweis für seinen Wirtschaftsminister kam zustande, obwohl – und das ist das eigentlich Entscheidende – die sachlichen Gegensätze nicht beseitigt waren (434). Adenauer hatte sich zugetraut, diese sachlichen Differenzen via "Rechenschaftsgebung" der betroffenen Minister vor dem Kabinett einer Lösung in seinem Sinne zuzuführen. Er mußte erkennen, daß er sich mit diesem öffentlich angekündigten Modell in erster Linie in der Form sowie im Ton vergriffen hatte. Politische Arbeit schien erst wieder möglich, wenn dieser Fauxpas beseitigt war. Dies geschah und macht andererseits klar, daß dem Kanzler eine selbstveranlaßte Lektion hinsichtlich der politischen Potenz wichtiger Minister erteilt worden war. Die Vorstellung von durchgängig entpolitisierten Ministerämtern, das Bild eines fachlich-unpolitischen Gesamtkabinetts, läßt sich vor diesem Hintergrund (wie gehabt) nicht aufrechterhalten.

Damit ist die Einordnung des Kabinetts in das politische Gremiengefüge im Regierungsbereich für den hier interessierenden Zeitraum abgeschlossen. Dem Selbstverständnis dieser Arbeit gemäß müssen nun weitere relevante Institutionen beschrieben werden. Hier soll zunächst die Mehrheitsfraktion des Bundestages behandelt werden, die sowohl nach den Wahlen von 1953 als auch 1957 eine Position im Parlament innehatte, die nie wieder von einer politischen Kraft im Bundestag erreicht wurde: Die Union besaß die absolute Mehrheit.

Zunächst muß dabei auf einen wichtigen personalpolitischen Wechsel in der Mitte der 2. Legislaturperiode hingewiesen werden: Mit dem Aufrücken Heinrich von Brentanos zum Außenminister wurde der langjährige Parlamentarische Geschäftsführer der Unionsfraktion, Heinrich Krone, am 15.6.1955 zum neuen Fraktionsvorsitzenden gewählt (435). Dies war mehr die formelle Bestätigung eines Zustandes, der an sich schon seit geraumer Zeit gegeben war: Heinrich von Brentano, in erster Linie an Außenpolitik, und dabei besonders an europäischen Fragen interessiert, war nicht allzu häufig in Bonn, überließ Heinrich Krone immer mehr die tatsächliche Führungsarbeit in der Fraktion, so daß dieser allmählich zum faktischen Vorsitzenden aufrückte (436).

Dies hatte hinsichtlich der speziellen Fragestellung dieser Arbeit durchaus erwähnenswerte Folgen. Heinrich Krone kann schon früh zum Kreis jener gezählt werden, die in Adenauers "Küchenkabinett" saßen und damit nicht unbeträchtlichen politischen Einfluß hatten (Vgl. Abschnitt A, Anmerkung 382). Auch Jürgen Domes, der den Entscheidungskreis um Adenauer für die 2. und 3. Legislaturperiode beschrieben hat (Vgl. Anlage IV, Heinrich Krone war stets Mitglied dieses Kreises), hält es für zutreffend, daß Krone schon in der ersten Parlamentsperiode zum Entscheidungszirkel um den Kanzler gehörte (437).

Heinrich von Brentanos Verhältnis zu Adenauer gestaltete sich, wie geschildert (Vgl. S. 132 ff; 142 ff), durchaus nicht reibungsfrei. Arnulf Baring faßt das Selbstverständnis des ersten Fraktionschefs der Union gegenüber dem ersten Bundeskanzler mit dem Satz zusammen, ihn habe eine tiefe, aber eben nicht unkritische, nicht grenzenlose Verehrung an den kühl kalkulierenden Patriarchen gebunden (438). Diese Bindung ging jedoch nicht soweit, daß man Brentano mit solchen Rollenbildern wie Freund, Berater oder Vertrauter des Kanzlers charakterisieren könnte. Dergleichen Titulierung träfe in diesem Fall nicht zu und hierin unterscheidet sich eben Heinrich Krone von seinem Vorgänger: Bei ihm sind solche Beschreibungen hinsichtlich seines Verhältnisses zu Adenauer häufig anzutreffen (439).

Dimensionen wie Vertrauen oder persönliche Beratung hat es in Adenauers unmittelbarem Umfeld bislang nur bei einem Mitarbeiter gegeben: bei Hans Globke. Wie vorstehend bereits geschildert wurde (Vgl. S. 283 f), bestand nun seinerseits zwischen Globke und Krone eine enge persönliche Beziehung mit durchaus "dienstlichen" Auswirkungen. So wird es auch kaum verwundern, daß Betrachter das jeweils gegenseitig gute Verhältnis von Adenauer, Globke und Krone zu einer politisch relevanten Trias zusammenfassen (440). Die Zusammenarbeit dieser drei so unterschiedlichen Rollenträger wurde sicherlich auch dadurch erleichtert, daß ihre Übereinstimmung weit über die jeweiligen Fragen der Tagespolitik hinausging. Bei Adenauer und Globke wurde von einer Gesinnungsgemeinschaft gesprochen (Vgl. zuvor, Anmerkung 352), kaum anders darf man das Verhältnis zwischen dem Regierungschef und dem Vorsitzenden der Unionsfraktion einordnen. Die Publikation derjenigen Teile der Tagebücher Heinrich Krones, die sich mit der Deutschland- und Ostpolitik beschäftigen, läßt erkennen, wie intensiv der Dialog zwischen Kanzler und Fraktionschef in grundsätzlichen Fragen der Politik war (441). Krone selber hat an anderer Stelle durch Zitate aus seinen Tagebuchnotizen belegt, daß auch solche Fragen wie der immer wieder geforderte Rücktritt des Kanzlers zu den relevanten Gesprächsthemen zwischen den beiden Politikern gehörten (442). Schließlich hat der Fraktionschef in seinem Beitrag zur Adenauer-Festschrift verdeutlicht, daß auch die elementarsten Probleme menschlicher Existenz im Gespräch unter vier Augen behandelt wurden (443). Adenauers Vertrauen zu Krone kann auch vor dem Hintergrund gesehen werden, daß der Fraktionsvorsitzende der CDU/CSU im Bundestag mehr als eine charakterliche Eigenschaft mit des Kanzlers engstem Berater, Hans Globke, gemeinsam hatte. Wenn Adenauer Globke wegen dieser Eigenschaften so sehr schätzte, was liegt dann näher als zu vermuten, daß auch die Wertschätzung des Regierungschefs für Krone auf dessen charakterlicher Anlage basierte? Genauso wie bei Globke (Vgl. S. 273 f) gehen bei Heinrich Krone politische Weggefährten davon aus, daß der Fraktionschef kein Mann war, der von politischem Ehrgeiz gejagt wurde (444). Keinerlei politischen Geltungsdrang bei Heinrich Krone sieht auch Eugen Gerstenmaier, er kommt jedoch nach einer generellen Schilderung des Verhältnisses des Kanzlers zu den Spitzen der Koalitionsfraktion zu einer über den ehrgeizlosen Unionsfraktionschef hinausgehenden Beschreibung:

"Die mit Abstand idealste Verbindung dieser Art entwickelte sich zwischen Konrad Adenauer und Heinrich Krone. Der Niedersachse mit alter parlamentarischer Erfahrung – Krone war schon in jungen Jahren Reichstagsabgeordneter des Zentrums – und ohne eigenen Ehrgeiz, verstand sich mit Adenauer ohne viele Worte. Er nahm rasch auf, reagierte ohne Eile, ließ sich Adenauers Vorstellungen durch den eigenen Kopf gehen und scheute sich nicht, wenn ihm Zweifel oder Bedenken kamen, dies zur Geltung zu bringen. Er tat dies in der Regel so taktvoll und mit so sparsamem Wort, daß er Adenauers Sympathie auch dann sicher sein konnte, wenn er ihm widersprach." (445)

Krone war also genau wie Globke kein devoter Ja-Sager (Vgl. S. 274). Ob Widerspruch des Fraktionschefs gegen Ansichten des Kanzlers Adenauer stets so gelassen reagieren ließ, wie Gerstenmaier es vermutet, sei dahingestellt. Immerhin erwähnt Krone mit Datum vom 19.6.1960 in seinem Tagebuch ein Gespräch mit Kanzler in Gegenwart von Globke, das nicht ohne einige harte Zusammenstöße verlief. Ausgangspunkt waren Hinweise des Fraktionschefs auf Neigungen der Bevölkerung, eine gemeinsame Außenpolitik aller Parteien zu wünschen. Adenauer reagierte harsch und nach Krones Schilderung wohl auch ziemlich ungerecht ihm gegenüber (446).

Krone konnte also durchaus bei Adenauer Themenkomplexe angehen, die den Regierungschef sichtlich reizten. Dies spricht bei aller vertraulichen Verbundenheit mit dem Kanzler für eine nicht unbeträchtliche Unabhängigkeit des Fraktionsvorsitzenden. So sieht es auch Bruno Heck, der Krone einerseits als wichtigsten Gesprächspartner des Kanzlers in der Fraktion bezeichnet, andererseits aber darauf abhebt, daß Krone als politische Persönlichkeit alles andere als ein Befehlsempfänger des Kanzlers war (447). In dieser Richtung hat sich auch Heinrich Barth geäußert, für den das Verhältnis Adenauer/Krone als eine offene und ehrliche Partnerschaft galt, wobei Krone durchaus in der Lage war, Adenauer dezidert die Meinung zu sagen, Barth spricht davon, für Krone sei das Ganze kein Verhältnis reiner Ergebenheit gewesen (448).

Krone war also durchaus ein eigenständiger Partner des Regierungschefs; der weltanschauliche und politische Grundkonsens zwischen ihm und Adenauer ließ sie natürlich sehr oft in der gleichen Richtung agieren (449). Krone selber hat diesen Zustand der normalerweise vorhandenen Harmonie bei keineswegs wegzudiskutierenden Einzelstreitfällen als generelles Beziehungsmuster zwischen Fraktion und Regierung auf dem Kieler CDU-Parteitag im Jahre 1958 gekennzeichnet (450). Das eigentliche Gegenüber Krones in diesem Wechselspiel, Konrad Adenauer, schien seinerseits mit dem Fraktionschef, seinem Selbstverständnis und Arbeitsstil einverstanden. Auf dem gleichen Parteikongreß hat er dies so umrissen:

"Da wir uns hier auch mit politischen Fragen beschäftigt haben, möchte ich den Dank, den wir der Bundestagsfraktion und insbesondere ihrem Vorsitzenden, Herrn Dr. Krone, schuldig sind, besonders unterstreichen (Beifall). Eine Fraktion von über 270 Köpfen zu leiten und sie immer auf einen Nenner zu bringen ist eine Sisyphusarbeit. Wir sind glücklich, daß Herr Dr. Krone die nötige Geduld neben der erforderlichen Energie aufbringt, um schließlich doch immer eine einheitliche Willensbildung in der Fraktion zustande zu bringen. (Beifall)" (451)

Adenauer spricht hier einen weiteren Vorzug an, der Krone für ihn (und nicht nur für den Kanzler) so wertvoll machte. Genauso wie Heinrich von Brentano war Heinrich Krone eine Persönlichkeit, die diese oft sehr heterogene Fraktion mehr als einmal im entscheidenden Moment zusammenführen konnte. Krone schaffte dies, weil er ein Mann des Ausgleichs war, dessen Kunst darin bestand, immer wieder erfolgreich zu vermitteln (452). Dies konnte fast übersehen werden, er führte die Fraktion nahezu lautlos, fast diskret, wie sich Eugen Gerstenmaier ausdrückt (453). Der Fraktionsvorsitzende blieb stets im Hintergrund, er war eine Schlüsselfigur des Parlamentslebens, die das Scheinwerferlicht der Öffentlichkeit weitgehend mied (454). Diese Scheu vor öffentlichen Auftritten war ein weiterer Charakterzug, den Heinrich Krone mit Hans Globke gemeinsam hatte (Vgl. S. 273 f). Dabei bezog sich diese ungewöhnliche Zurückhaltung und Publizitätsscheu Heinrich Krones, wie sie auch der Bearbeiter der Krone-Tagebücher, Klaus Gotto, sieht (455), nicht allein auf die rein politische Szene. Der Fraktionsvorsitzende war jeder gesellschaftlichen Repräsentation abhold, das Bonner Veranstaltungsparkett mußte ohne ihn auskommen (456).

Damit ist die Schilderung der Persönlichkeit und des Stellenwertes von Heinrich Krone abgeschlossen, der seit 1955 auch ganz "offiziell" die Unionsfraktion führte. Schon vor dieser personellen Neubesetzung hatte es daneben eine wesentliche strukturelle Änderung im Arbeitsgefüge der Unionsfraktion gegeben: die Einführung von Arbeitskreisen im Oktober 1953 (457).

Die Errichtung dieser thematisch fixierten Hilfsorgane der Fraktionsvollversammlung in ungefährer Analogie zum Fachausschußsystem des gesamten Bundestages war auch eine Folge des sprunghaften Anwachsens der Unions-

fraktion um über 100 neue Sitze auf 244 Mandatsträger (458). Das System
der fünf fraktionsinternen Arbeitskreise bei der Union, das zwar bei der
Opposition eine strukturelle Äquivalenz fand, nicht aber bei den anderen
Koalitionsfraktionen (459), hatte laut Deutschland-Union-Dienst (DUD) den
Zweck, alle Anträge und Anfragen der Fraktion zu einer gewissen "Vorreife" zu bringen (460). Vorreife konnte nichts anderes heißen als das
Bestreben, die Struktur der Fraktionsvollversammlung maßstabgerecht auf
ein personalextensiveres Niveau zu übertragen, so daß die Meinungsland-
schaft in den wesentlich kleineren Arbeitskreisen der Interessenvertei-
lung im Gesamtgremium entsprach, wodurch die Filterwirkung bei Beratung
oder Beschluß trotz stark reduzierter Teilnehmerzahl gleich blieb. Dieses
verkleinernde Vorschalten war immer dann erfolgreich, wenn die Empfehlung
der Arbeitskreise über die Stellungnahme der Gesamtfraktion zu den einzelnen Entschlüssen tatsächlich von der Vollversammlung der Fraktion bestätigt wurde (461).

Bei der Union scheint dieses System durchaus positiv gewirkt zu haben
(462). Diese Zufriedenheit der Union mit dem neuerrichteten Arbeitskreis-
system übertrug sich nicht auf die anderen Koalitionsfraktionen, im Gegenteil. Heinrich Hellwege spricht davon, die Einrichtung dieser Arbeitskreise beim größten Koalitionspartner sei sicherlich ein Punkt gewesen,
den die Deutsche Partei mit berechtigter Skepsis aufgenommen habe (463).
Wo der Kern der Unzufriedenheit lag, hat Robert Strobel in der "Zeit"
klar umrissen:

"Die Arbeitskreise der CDU/CSU (in der Anlage gut, denn anders wäre die
Partei wohl nicht mehr arbeitsfähig) werden mit der Zeit immer mehr zu
einem Hindernis für die Ausschußberatungen. So wie wir eigentlich zwei
Parlamente haben: das ganze und das halbe, aber ausschlaggebende der
CDU/CSU-Fraktion, so gibt es auch zwei häufig mehr neben- als miteinander
arbeitende Ausschüsse: den betreffenden Arbeitskreis der Unionsparteien
und außerdem den zuständigen Bundestagsausschuß. Es kommt nicht selten
vor, daß die Arbeit im Ausschuß stockt, weil man sich im Arbeitskreis der
größten Regierungspartei noch nicht geeinigt hat. Manchmal wieder fühlt
man sich im Ausschuß überflüssig, weil ja im Grunde doch schon vorher im
Arbeitskreis der CDU/CSU entschieden worden ist, worüber erst der Bundestag zu befinden hätte. Das hat die anderen Koalitionspartner häufig ver-
schnupft." (464)

So kam zu den Krisenmonaten, die vorstehend für das Regierungslager in den
Jahren nach 1953 beschrieben wurden (Vgl. S. 243 f), noch der "Unruhefak-
tor" der Arbeitskreise innerhalb der Unionsfraktion hinzu. Im Mai 1954

spielten diese Fragen in einem der nicht so seltenen Krisengespräche zwischen Adenauer und Dehler eine wichtige Rolle. Nachdem sich die FDP immer öfters durch die Unionsfraktion in den Bundestagsausschüssen majorisiert sah, weil alles Wesentliche in den Arbeitskreisen der CDU/CSU abgeklärt wurde, versprach Adenauer jetzt, diesen Zustand zu ändern. Das Medium dazu sollten Fühlungnahmen zwischen den Koalitionsparteien vor den Ausschußberatungen sein. Keiner dürfe den Eindruck gewinnen, daß er von vorneherein keine Chance habe, mit seiner Auffassung durchzudringen, möge sie auch noch so schlagkräftig sein (465).

Dieses Gefühl der Koalitionspartner, in Anbetracht der alleinentscheidungsfähigen Größe der Unionsfraktion zum reinen Mitläufer degradiert zu sein, trat im innenpolitischen Bereich immer wieder auf und wurde bei solchen Anlässen wie dem CDU/CSU-Alleingang in Sachen Kindergeld (466) allgemein sichtbar. Teilweise erscheint das Machtgefühl der Unionsfraktion selbst dem Kanzler bedenklich erschienen zu sein. Bevor sich die Unionsparlamentarier Ende September 1956 in Honnef mit internen Fragen der Arbeit der Fraktion beschäftigten, gab ihnen Adenauer entsprechende Warnungen mit auf den Weg (467).

Daß Adenauer die Fraktion zur Mäßigung gegenüber den Koalitionspartnern aufforderte, mag durchaus auch von eigenem Erfahren mitbestimmt gewesen sein. Der Kanzler mußte nämlich feststellen, daß sich die Unionsfraktion zwar in außen- und verteidigungspolitischen Fragen so gut wie immer hinter ihn stellte, im innenpolitischen Bereich ging sie aber häufig eigene Wege. Auf diesen Umstand ist schon bei der Präsentation der Genese des Adenauerschen Regierungsstiles hinsichtlich des Vorkommens uneinheitlichen Abstimmungsverhaltens im Unionslager hingewiesen worden (Vgl. S. 136 ff).

Für die 2. und 3. Legislaturperiode hat nun Jürgen Domes das Abstimmungsverhalten der Mehrheitsfraktion im Bundestag untersucht, indem er die namentlichen Abstimmungen jener Zeit im Bonner Parlament auswertete. Domes präsentiert seine Erkenntnisse in tabellarischer Form (468). Das Ganze deutet wie gehabt darauf hin, daß die Fraktion im Bereich der Außen- und Verteidigungspolitik die Bundesregierung in aller Regel voll unterstützte, während bei nicht wenigen innenpolitischen Komplexen abweichendes Abstimmungsverhalten auf das Beharren auf eigenen Vorstellungen bei wechselnden Fraktionsgruppierungen hinweist. Domes interpretiert seine Resultate so, daß das Bild von der "Ja-Sager-Fraktion" im Bereich der Integra-

tion der Bundesrepublik ins westliche Lager nahezu uneingeschränkt gelte. Im Bereich der Innenpolitik, besonders der Wirtschafts- und Sozialpolitik, wandele es sich aber erheblich. Die dominierende Figur des Bundeskanzlers trete zurück, es gäbe Unklarheiten und Unstimmigkeiten innerhalb der Regierung, einzelne Minister und ihr jeweiliger persönlicher Anhang wirkten nicht selten innerhalb von Kabinett und Fraktion gegeneinander. Vor allem aber meldeten sich die in der Fraktion sehr stark vertretenen Gruppen politischer und sozialer Interessen zu Wort (469). Domes untermauert seine Erkenntnisse, indem er abweichendes Verhalten der Fraktion im Abstimmungsprozeß bei innenpolitischen Themen weiter aufschlüsselt:
- Er präsentiert eine Chronologie solcher Abweichungsfälle von der Regierungskonzeption, in der verdeutlicht wird, in welchen Fragen sich welche Kräfte der Fraktion gegen die Vorstellung der Regierung mit ihrem Abstimmungsverhalten wandten (470).
- Er kommt darauf aufbauend zur Isolierung einzelner Gruppen in der Fraktion, die bei innenpolitischen Fragen geneigt waren, sich von Fall zu Fall dem Kabinett Adenauer entgegenzustellen. (471)

Domes macht daran anschließend aber sofort klar, daß in abweichendem Abstimmungsverhalten von Teilen der Mehrheitsfraktion nur eine Dimension von Einwirkungen dieses Kreises auf die Regierungspolitik deutlich wird. Der zweiten Seite des Einwirkens mißt er kaum weniger Bedeutung zu:

"Es wäre gewiß falsch, eine Untersuchung des Einwirkens der Mehrheitsfraktion auf sachliche Entscheidungen darauf zu beschränken, ihr Abstimmungsverhalten in namentlichen Abstimmungen zu analysieren. Man gewinnt jedoch hier nützliche Anzeichen für Auseinandersetzungen innerhalb der Fraktion und zwischen Mehrheitsfraktion und Regierung, die dazu angetan sind, das Bild von der 'Ja-Sager-Fraktion' ganz wesentlich zu modifizieren. Denn was hier sichtbar wird ist nur - um es mit einem Bilde zu sagen - die über das Wasser hinausragende Spitze des Eisberges. Hinter abweichendem Abstimmungsverhalten bei den von der Öffentlichkeit stark beachteten namentlichen Abstimmungen verbergen sich zumeist massive Versuche, die Konzeptionen der Bundesregierung von der Mehrheitsfraktion oder einzelner Gruppierungen her zu ändern." (472)

Daß diese Änderungsversuche aus dem Bereich der Unionsfraktion erfolgreich waren, demonstriert Domes an Hand quantitativer Aussagen über die Gesetzgebungsarbeit, in der die innenpolitische Ausgestaltung der Bundesrepublik vorrangig vertreten war. Nach Abzug aller Ratifikationsgesetze und solcher Gesetzgebungsakte, die keiner Detailberatung unterlagen, kommt Domes in der 2. und 3. Legislaturperiode auf 233 Gesetze, die als

Vorlagen der Bundesregierung in den Bundestag kamen und im Parlament nach ausgiebigen Beratungen verabschiedet wurden. Von diesen Entwürfen der Bundesregierung seien 177 oder etwa 80% in den Bundestagsausschüssen oder den Beratungen des Plenums der Volksvertretung mit Hilfe der Abgeordneten der Mehrheitsfraktion oder ihrer Gruppierungen mehr oder weniger stark verändert worden, wobei die Unions-Parlamentarier in die Substanz der Regierungsentwürfe eingriffen und eigene, in ihrem Schoß und nicht im Kabinett entstandene Vorstellungen durchsetzten (473).

Die abschließend-übergreifende Wertung von Domes, daß die Mehrheitsfraktion in der Zeit von 1953 bis 1961 kräftig an der Gestaltung der Innenpolitik mitgewirkt habe (474), wobei sie als selbständige Größe neben der Bundesregierung in Erscheinung trat (475), hat Eugen Gerstenmaier ohne Zeitbezug und mit Abhebung auf die Außenpolitik bestätigt (476).

Wie schon angemerkt (Vgl. S. 138 f), ist die Trennung in einen außenpolitischen Parlamentsdominator und einen innenpolitischen Parlamentspartner bei Adenauer ein Erklärungsbild, das keinen Ausschließlichkeitsanspruch erheben kann. Genau die gleiche Einschränkung gilt auch für formelhaftes Erklären, wenn man die Ergebnisse von Domes als Bezugspunkt wählt, d.h. wenn Kanzler und Bundesregierung auf der einen, die Mehrheitsfraktion auf der anderen Seite als Sollpunkte für eine Kurzformel gelten. Zwar folgte die Mehrheitsfraktion in der Außen- und Verteidigungspolitik in aller Regel, wohingegen sie im innenpolitischen Bereich kräftig mitgestaltete. Daß dies aber wirklich nur eine Faustformel war, läßt sich an einem wichtigen Gesetz aus dem verteidigungspolitischen Sektor zeigen: dem Freiwilligengesetz aus dem Jahre 1955.

Dank einer weiteren Studie von Jürgen Domes, die sich ziemlich ausführlich mit der Entstehung und Verabschiedung des Freiwilligengesetzes, des ersten Wehrgesetzes der Bundesrepublik, befaßt (477), ist es überflüssig, im Rahmen dieser Arbeit die Vorgeschichte dieses Gesetzes detailliert nachzuzeichnen. Auf Anregung des Kanzlers wurde dieses erste provisorische Soldatengesetz (478) in kürzester Frist vom Amt Blank in Zusammenarbeit mit dem Bundeskanzleramt erstellt und am 26.5.1955 vom Kabinett als Regierungsentwurf verabschiedet. Unmittelbar danach wurde es dem Bundesrat zwecks Stellungnahme zugeleitet, der Gesetzgebungsprozeß war damit eingeleitet (479). Wenn man nun den ursprünglichen Regierungsentwurf mit dem am 26. Juli 1955 tatsächlich in Kraft getretenen Freiwilli-

gengesetz (480) vergleicht, wird man feststellen, daß der Entwurf in so entscheidender Weise abgeändert worden ist, daß das Ergebnis dem endgültigen Entwurf kaum noch ähnlich seh (481).
Dies konnte nur deshalb geschehen, weil die übliche "Schlachtordnung" im Parlament, d.h. Regierung plus sie unterstützende Parlamentsmehrheit versus Opposition, in diesem Fall durchbrochen wurde. Selbst die Mehrheitsfraktion der CDU/CSU stand zusammen mit der Opposition gegen die eigene Regierung und veränderte das auf Betreiben Adenauers vorgelegte Vorschaltgesetz total (482).
Daß dies ein "exzeptioneller Vorgang" (483) war, ändert nichts an der für uns wichtigen Tatsache des Verlassens der normal gepflegten "Ja-Sager-Rolle" der Mehrheitsfraktion im außen- und verteidigungspolitischen Sektor. Pauschale Formeln über die Einwirkungsmöglichkeiten oder die Folgebereitschaft der Unionsfraktion sind also immer nur als Annäherungswerte zu betrachten. Die Studie zum Freiwilligengesetz von Domes ist aber noch unter einem ganz anderen Aspekt im Rahmen dieser Arbeit von Interesse. Wie zuvor geschildert, gibt es widersprüchliche Hinweise darauf, ob das System der Koalitionsbesprechungen mit Koalitionsausschuß (Vgl. Anlage I, sowie S. 148 ff) und Koalitionsgespräch (Vgl. Anlage II, sowie S. 152 ff) auch in den Jahren nach 1953 durchgängig Bestand hatte. Dieser Problemkreis wurde angesprochen:
- bei der Vorstellung der Rolle der Sonderminister, die anläßlich der Regierungsbildung im Jahre 1953 zu Amt und Würden kamen. Die Amtsinhaber sollten als Verbindungsglieder zwischen der Regierung und den sie tragenden Koalitionsfraktionen dienen. Es muß in diesem Zusammenhang zumindest die Möglichkeit diskutiert werden, ob diese neugeschaffene exekutive Rolle die Koalitionsgespräche ersetzen oder doch zumindest in paralleler Wirkung ergänzen sollte (Vgl. S. 238 f).
- bei der Schilderung der Umstände, die zum Bruch der Koalition zwischen der CDU/CSU und der FDP zur Jahreswende 1955/56 führten. Die Liberalen warfen damals ihrem großen Koalitionspartner vor, er habe das in der ersten Legislaturperiode praktizierte System der Koalitionsgespräche schon seit geraumer Zeit annulliert und damit nicht unerheblich zur Zerrüttung des gegenseitigen Verhältnisses beigetragen (Vgl. S. 244 ff).
- bei der Präsentation des mit ziemlicher Sicherheit bei der Regierungsbildung von 1957 zwischen der Union und der Deutschen Partei verein-

barten Koalitionspapiers. In dessen strukturellem Teil (Vgl. Anlage III) werden nicht nur die Koalitionsgespräche festgeschrieben, auch der Koalitionsausschuß wird als informelles Gremium normiert (Vgl. S. 249 ff). Damit ist praktisch ein Gegengewicht zu den vorstehenden Vermutungen eines Abbaus des informellen Gremiensystems gegeben.

Die detaillierte Fallstudie von Domes zum Freiwilligengesetz mit ihrem zeitlichen Kernbereich in den Monaten Mai bis Juli 1955 fällt in eine Periode, wo es die Sonderminister noch gab und der Bruch mit der FDP in weniger als Jahresfrist bevorstand. Lassen sich nun in dieser Studie Anhaltspunkte finden, die das Pro oder Contra in Sachen Weiterlaufen der Koalitionsbesprechungen abstützen könnten?

Diese Frage muß mit "Ja" beantwortet werden. Die Studie verdeutlicht, daß beide bislang bekannte Unterformen der Stilart Koalitionsgespräch im Untersuchungszeitraum Verwendung fanden. Domes beschreibt:

- zum ersten die Teilnahme von führenden Vertretern der Koalitionsfraktionen an einer Kabinettssitzung (Vgl. S. 154 f), und zwar am Freitag, dem 13.5.1955 (484),
- zum zweiten vier eigens dafür angesetzte Koalitionsgespräche beim Kanzler (Vgl. S. 155 ff), und zwar am 26. Mai, 24. Juni, 4. und 8. Juli (485).

Wird also schon punktuell klar, daß Koalitionsgespräche weiterhin stattfanden, kann der Vermutung der Aufgabe oder zeitweiligen Reduzierung dieses informellen Abstimmungsmechanismus zwischen der Regierung und den Koalitionsfraktionen auch flächendeckend begegnet werden. Wie aus Anlage V ersichtlich wird, hat es ganz sicher bis zum Bruch zwischen CDU/CSU und FDP regelmäßige Koalitionsgespräche gegeben. Daß danach die Frequenz dieser Treffen scheinbar nachläßt, dürfte in erster Linie auf die verringerte dokumentarische Grundlegung der erstellten Liste für den Rest der 2. Legislaturperiode zurückzuführen sein (Vgl. Anlage V, Vorbemerkung zum Quellencharakter).

Allein Mendes Vorwurf vom 29.11.1955 vor der FDP-Fraktion, das Koalitionsgespräch sei schon seit Monaten nicht mehr geführt worden (Vgl. zuvor Anmerkung 204), kann eine Berechtigung nicht abgesprochen werden. Diese lange Pause mag sicherlich auch durch die sich zunehmend verschlechternde Situation in der Koalition bedingt gewesen sein. Nicht wenig Anteil an diesem mehrmonatigen Gesprächsstop dürfte aber auch der Umstand gehabt haben, daß es stets in der sommerlichen Ferienperiode des Bundestages ein nicht gerade unwesentliches "Gesprächsloch" gab; die Übersicht über die Koalitionsgespräche in den Jahren 1951, 1952 und 1954 macht dies deutlich.

Verläßt man die geschilderte empirische Basis, so gibt es auch noch andere Versatzstücke, die ein Weiterlaufen des Systems der Koalitionsgespräche nahelegen. Das mögliche formelle Substitut für diesen informellen Mechanismus, die Sonderminister, erwiesen sich recht bald als Fehlkonstruktion und verschwanden wieder von der politischen Bühne (Vgl. S. 239 f). Der FDP-Politiker Erich Mende hat daneben darauf verwiesen, daß die Teilnahme der Vorsitzenden der Koalitionsfraktionen an wichtigen Kabinettssitzungen auch in der zweiten Legislaturperiode üblich war (486). Der ehemalige Vorsitzende der DP, Heinrich Hellwege, geht davon aus, daß die Koalitionsgespräche nach 1953 wie gewohnt weitergingen (487). Adenauers Mitarbeiter Herbert Blankenhorn ist sich sicher, daß es Koalitionsgespräche solange gab, solange er in Bonn war (488). Und schließlich hat Hans-Joachim von Merkatz angemerkt, daß - wie immer man in Sachen Koalitionsabkommen von 1957 verblieben sei - der Bereich der strukturellen Zusammenarbeit zwischen den Koalitionspartnern in der 3. Legislaturperiode, so wie im Abkommen niedergelegt, also mit Koalitionsgespräch und Koalitionsausschuß, gehandhabt wurde (Vgl. zuvor Anmerkung 235).

Daß nach 1957 der Koalitionsausschuß tagte, ist auch von seiten der Union bestätigt worden. Der langjährige Parlamentarische Geschäftsführer der CDU/CSU-Fraktion, Will Rasner, hat Ende 1961 erklärt, der Koalitionsausschuß sei etwas, was mit der Deutschen Partei in der letzten Legislaturperiode laufend praktiziert worden sei (489). Tags zuvor hatte Rasner die Angelegenheit, zeitlich noch weiter zurückverlagert, so beschrieben:

"Was den Koalitionsausschuß selber anbelangt, so enthalten die Bestimmungen über ihn lediglich eine Regelung der Technik der Zusammenarbeit der beiden Fraktionen in einer Koalition. Das ist im übrigen gar nichts Neues. Neu ist lediglich, daß die Technik schriftlich festgelegt worden ist. Wir haben in allen früheren Koalitionen das im Grunde genauso gehandhabt, das letzte Mal mit der DP-Fraktion, als die mit uns in einer Koalition war." (490)

Dies hat auch der 1961 noch amtierende Vorsitzende der CDU/CSU-Bundestagsfraktion, Heinrich Krone, bestätigt, der mit Blick auf angebliche Erfolge der Liberalen bei den Koalitionsverhandlungen in dieser Zeit darauf verwies, ein Koalitionsausschuß habe auch schon bei der früheren

Koalition bestanden und regelmäßig getagt (491). Der damalige FDP-Vorsitzende Erich Mende hat zur gleichen Zeit bestätigt, es habe auch nach 1953 regelmäßige Zusammenkünfte der Fraktionsspitzen der Koalition beim Chef der Unionsfraktion im Bonner Bundeshaus gegeben, mit dem Ziel, den Arbeitsplan des Bundestages und die jeweiligen politischen und parlamentarischen Vorhaben miteinander abzustimmen (492). Vor diesem Hintergrund erscheint es kaum verwunderlich, daß auch für die Stilform des Koalitionsausschusses in der zweiten Legislaturperiode eine listenmäßige Übersicht erstellt werden konnte (Vgl. Anlage VI), wenngleich ausdrücklich darauf hingewiesen werden muß, daß die Rubrizierung in keiner Weise die Qualität der Zusammenstellung über die Koalitionsgespräche in dieser Zeit erreicht (Vgl. Anlage VI, Vorbemerkung zum Quellencharakter). Die dokumentarische Situation in diesem Spezialfall dürfte aber kaum mehr als lückenhafte Näherungswerte zulassen. Oftmals geht auch aus den Fraktionsprotokollen der CDU/CSU oder der FDP aus dieser Zeit hervor, daß Sitzungen des Koalitionsausschusses stattgefunden haben; es lassen sich Themen und Teilnehmer rekonstruieren. Exakt terminieren läßt sich das Ganze aber meistens nicht. Ein grundlegender Wandel in dieser Beziehung ist nicht zu erwarten, da es allem Anschein nach auch keine protokollartigen Aufzeichnungen über die Sitzungen des Koalitionsausschusses in dieser Zeit gibt. Dennoch lassen sich noch weitergehende Erkenntnisse über die Arbeit des Koalitionsausschusses präsentieren. Ähnlich wie bei den Koalitionsgesprächen bei Adenauer scheinen sie durchaus regelmäßig mit einem Abendessen (Stichwort: Arbeitsessen) verbunden gewesen zu sein. Das Protokoll der Vorstandssitzung der FDP-Fraktion vom 5.4.1954 berichtet in dieser Hinsicht:

"Dem Vorschlag von Scharnberg (CDU), regelmäßig am Montag der ersten Arbeitswoche ein gemeinsames Abendessen der Fraktionsvorsitzenden mit Stellvertretern und Parlamentarischen Sekretären innerhalb der Koalition stattfinden zu lassen, wurde zugestimmt. Dr. Blank soll das Schreiben beantworten." (493)

Die montäglichen Abendtermine auf der präsentierten Liste der Koalitionsausschußsitzungen (Vgl. Anlage VI) lassen sich so erklären. Daneben scheint es noch lange Zeit so gewesen zu sein, daß der Chef der Unionsfraktion im Bundestag automatisch den Vorsitz im Koalitionsausschuß innehatte. Erst kurz vor der Wahl 1957 kamen anscheinend Gedanken auf, einen alternierenden Vorsitz einzuführen. Heinrich Hellwege hat dies nach einem Gespräch mit Adenauer in einem Brief an den Unionsfraktionsvorsitzenden Heinrich Krone angesprochen:

"Von dem Herrn Bundeskanzler bin ich in dem Gespräch mit ihm in der Heide am 10. August darüber unterrichtet worden, daß gerade Sie volles Verständnis dafür gezeigt hätten, daß das Koalitionsverhältnis CDU/DP bei der Fortsetzung nach dem 15. September unbedingt harmonischer gestaltet werden müsse, als dies in den letzten vier Jahren oft der Fall war. Ihr Vorschlag, von dem mir der Kanzler erzählte, daß der Vorsitz in dem Bonner Koalitionsausschuß des Bundestages unter den Partnern wechseln sollte, dient sicherlich diesem Ziel." (494)

Diesen Gedanken Krones griff Hellwege nach der Bundestagswahl 1954 bei der Regierungsbildung erneut auf und formulierte:

"Worauf ich besonderen Wert legen werde - ich glaube, daß da auch der Herr Bundeskanzler zustimmen wird - das ist, daß wir im Koalitionsausschuß vielleicht monatlich einen Wechsel im jeweiligen Vorsitz vornehmen, so daß einmal im Monat der stärkere Partner die Führung des Ausschusses hat, im anderen Monat der kleinere, also in diesem Falle die DP. Wir wären dann in der Lage, daß wir doch manche Wünsche im Koalitionsausschuß mehr als bisher zur Aussprache bringen würden." (495)

Der Vorschlag Krones ging auch leicht modifiziert in das Koalitionspapier der DP ein (Vgl. Anlage III Punkt 3), bei dieser "überparteilichen" Ausrichtung ist wohl davon auszugehen, daß der alternierende Vorsitz im Bonner Koalitionsausschuß der Jahre 1957 ff tatsächlich praktiziert wurde. Damit ist die Schilderung des Systems der Koalitionsbesprechungen im hier interessierenden Zeitraum abgeschlossen. Genauso wie beim Kabinettsstil Adenauers wird auch im Bereich der informellen Gremien zwischen Regierung und Koalitionsfraktionen kein grundlegender Wandel sichtbar. Das strukturelle Netz für die Konkretisierung der Regierungspolitik in einem vielschichtigen Geflecht von formellen und informellen Ebenen war also auch während der "Hoch"-Zeit der Kanzlerdemokratie vorhanden. Adenauers Position mag durch seine fortlaufenden Erfolge in dieser Zeit sehr verstärkt worden sein, er regierte nichtsdestoweniger vom regierungstechnischen her mit der gleichen Grundstruktur wie in den ersten vier Jahren seiner Kanzlerschaft. Es erhebt sich natürlich jetzt die Frage, ob auch andere vorstehend geschilderte Regierungspraktiken in dieser Zeit Bestand hatten. Die "Einsamen Entschlüsse" sollen im nächsten Abschnitt angesprochen werden.

## 4. Weiterhin "Einsame Entscheidungen" Adenauers

Über den Bereich der "Einsamen Entschlüsse" Adenauers ist zuvor schon Grundsätzliches gesagt worden, dies gilt natürlich weiterhin. Von Interesse ist allein die Frage, ob es auch in der "Hoch"-Zeit der Kanzlerdemokratie Ereignisse gibt, die im Zusammenhang mit "Einsamen Entscheidungen" Adenauers gesehen werden (müssen). Der Einstieg in eine fallweise Beweisführung ist ohne große Komplikationen möglich: Der Kanzler selber hat sich für den hier angesprochenen Zeitabschnitt zu einer "Einsamen Entscheidung" bekannt. Adenauer äußert sich in dieser Hinsicht gegenüber Anneliese Poppinga wie folgt:

"Der einzige 'einsame Entschluß', wenn man es mal so nennen will, den ich gefaßt habe, ohne vorher die Zustimmung der Partei und der Bundestagsfraktion einzuholen, war die Verzichtserklärung zur Herstellung von ABC-Waffen, seinerseits in London auf der Neunmächtekonferenz im Jahre 1954. Und ich will Ihnen sagen wieso: Es mußte schnell gehandelt werden, das war aus der Verhandlungssituation heraus zwingend notwendig. Das Scheitern der Konferenz stand auf dem Spiel. Aber sonst? Nein!" (496)

Adenauer spricht dieses Ereignis außerdem fast wortgleich in seinen "Erinnerungen" an, er fügt lediglich hinzu, daß auch mit der Ministerrunde aus Zeitgründen eine Abstimmung nicht möglich war, und merkt an, er sei aber damals davon überzeugt gewesen, daß die Verzichtserklärung vom Kabinett, seiner Fraktion, der Union und dem Bundestag insgesamt gebilligt werde (497).

Die ausgesprochene Einzelfalldefinition des Regierungschefs wirkt keinesfalls überzeugend (498). Die Berechtigung der Kritik an Adenauers Einstufung seines Londoner ABC-Waffen-Verzichts als einmalige Anwendung des Handlungsmusters der "Einsamen Entscheidung" mag auch insofern gelten, als es auch in der Zeit nach 1953 politische Situationen gab, in denen sich der Kanzler zumindest den Vorwurf des Alleinentscheids gefallen lassen mußte.

Natürlich ist vorstehend bereits verdeutlicht worden, daß dieser Vorwurf oft durch politische Dissonanzen motiviert wurde und insofern überzogen war, als eine "Einsame Entscheidung" beim Kanzler nicht die Abwesenheit jedweder konsultativer Kontakte bedeuten mußte. Und so soll an zwei wichtigen Begebenheiten in dieser Hinsicht aus dem hier relevanten Untersuchungszeitraum analysiert werden, auf welchen realen Kern sich der Vorwurf einsamen Handelns bei Adenauer zurückführen läßt. Gleichzeitig kann

damit geprüft werden, ob sich für die eher "unvorwurfsvolle" Einordnung
der Stilform der "Einsamen Entscheidung" in die vielschichtige, formelle
und informelle Entscheidungsstruktur des Regierungsbereichs, wie sie als
Erklärungsmuster im Rahmen dieser Studie verwandt wurde, auch hier Anknüpfungspunkte finden lassen.

Einer der meistbeachteten Fälle, bei denen Adenauer im Verlauf der 2.
Legislaturperiode eine "Einsame Entscheidung" vorgehalten wurde, war die
Unterzeichnung des Saarstatuts (499) durch den Kanzler und den französischen Ministerpräsidenten Mendès-France in Paris am 23.10.1954 (500).
Die pauschale Kritik am Alleingang des Kanzlers haben vor allen Dingen
FDP-Politiker weiter aufgeschlüsselt. Max Becker spricht davon, der
Kanzler habe zugesagt, den Saarvertrag nicht abzuschließen, ohne vorher
das Kabinett zu fragen. Er habe trotzdem abgeschlossen (501). Dies bemängelt auch das Regierungsmitglied Victor-Emanuel Preusker, damals
Bundesminister für Wohnungsbau, der sich gleichlautend vor der FDP-Fraktion äußerte und als Folge der Nichtkonsultation gleich die Koalitionsfrage stellte (502).

Thomas Dehler hat die Haltung der Liberalen vor dem Hintergrund der
kanzlerischen Konsultationszusage weiter präzisiert. In einem vom Parlamentspräsidenten Eugen Gerstenmaier abgebrochenen Diskussionsbeitrag
machte der FDP-Chef vor dem Bundestag einen Unterschied zwischen Paraphierung und Unterzeichnung des Saarvertrages.

"Damals hat der Herr Bundeskanzler erklärt, er werde nicht unterzeichnen,
sondern er werde nur paraphieren. Am Ende hat er unterzeichnet, obwohl
auch nicht einer seiner Minister eine Ahnung davon hatte, obwohl er seinem Kabinett versprochen hatte: Selbstverständlich, diese lebenswichtige
Entscheidung .........." (503)

Ob Adenauer tatsächlich definitiv zugesagt hatte, vor einer Unterzeichnung des Saarvertrages das Kabinett auf jeden Fall zu konsultieren,
konnte durch weiteres Quellenmaterial nicht zusätzlich untermauert werden.
Gesetzt den Fall, es war so, hatte der liberale Koalitionspartner natürlich allen Grund, sich über einen Alleingang des Kanzlers zu beklagen.
Die "Einsame Entscheidung" Adenauers in diesem Fall muß jedoch auch noch
aus anderen Blickwinkeln betrachtet werden.

Da ist zunächst zu berücksichtigen, daß es ziemlich eindeutige Hinweise
darauf gibt, daß Adenauer kaum eine andere Chance als die sofortige
Unterzeichnung des Saarvertrages zu diesem Zeitpunkt hatte. Selbst wenn

der Kanzler nur eine Paraphierung der Saarregelung im Auge gehabt hätte, das Junktim der Franzosen mit den Pariser Verträgen ließ praktisch nur eine Unterzeichnung des Saarstatuts oder eine Verweigerung der Unterschrift mit weitreichenden Konsequenzen für die außenpolitische Situation der Bundesrepublik zu.

Ob ein Saarvertrag zustande kommen würde, war praktisch bis zur letzten Minute offen. Adenauer selbst spricht davon, daß sich am Freitag dem 22. Oktober Mendès-France und er in Fragen der Saarregelung noch völlig unnachgiebig gegenüberstanden. Bei dem von Eden am gleichen Abend gegebenen Abendessen, dessen Atmosphäre Adenauer als sehr gespannt einschätzt, machte der französische Ministerpräsident erneut klar, daß er bereit sei, an der Saarregelung die bisherigen Ergebnisse der Konferenzen von London und Paris scheitern zu lassen (504). Robert H. Schmidt sieht denn auch ein scharfes Ultimatum, vor das sich der Kanzler gestellt sah. Er weist darauf hin, daß alle anderen Verträge und Abkommen zur Unterschrift bereit lagen, 14 Minister aus 14 Atlantikpaktstaaten warteten praktisch nur noch auf das Saarabkommen. Als sich nach dem Abendessen bei Eden der deutsche und der französische Regierungschef zu einem letzten Verständigungsversuch in die Bibliothek der britischen Botschaft zurückzogen, stand Adenauer unter ziemlichem Erfolgsdruck und Zeitzwang. Wollte er die anderen Verträge haben, mußte er bis zum nächsten Morgen einer Regelung der Saarfrage zustimmen (505).

Das Unmögliche wurde Wirklichkeit, erst nach Mitternacht – also am 23.10.1954 – kam tatsächlich eine Einigung zustande, die Adenauer als ein Paket bezeichnete, das beiden Seiten Zugeständnisse abverlangte, wobei der Kanzler sich in der für die Bundesrepublik grundsätzlichen Frage der Nichtendgültigkeit der Abtrennung der Saar von Deutschland gegen erbitterten Widerstand von Mendès-France erfolgreich sah (506). Keine zwölf Stunden später wurde der Saarvertrag ebenso wie alle anderen Abkommen und Verträge unterzeichnet. Auch der kritischste Betrachter wird zugeben müssen, daß dies keine Zeitspanne war, die allzu viel Möglichkeiten zu intensiven Konsultationen ließ. Wenn Adenauer in diesem Fall wirklich gegen ein von ihm dem Kabinett gegebenes Konsultationsversprechen verstieß und den Vertrag ohne Rücksprache mit diesem Kreis unterschrieb – der Kanzler hätte sich zur Entschuldigung für diese Vorgangsweise kaum "bessere" Rahmenbedingungen als die tatsächlichen Umstände in Paris wünschen können. Die Qualität von Adenauers postuliertem Alleingang in Sachen Saar anläßlich seines Pariser Aufenthaltes Ende Oktober 1954 wird aber noch durch eine andere Tatsache berührt. Der Kanzler hatte, als ihm das Ausmaß der Nichtübereinstimmung mit Mendès-France und die Verhärtung der gegenseitigen Standpunkte zur Saarfrage deutlich wurde, wichtige Bonner Parlamentarier zu sich in die französische Hauptstadt gerufen. Er selbst hat diesen Vorgang so beschrieben:

"Ich hatte bereits nach der ersten harten Auseinandersetzung am 19. Oktober die Vorsitzenden der Koalitionsfraktionen des Bundestages sowie den Vorsitzenden des Außenpolitischen Ausschusses nach Paris gebeten, um sie jeweils über den Stand der Beratungen zu unterrichten und mit ihnen gemeinsam das deutsche Vorgehen zu besprechen. Als sich keine Lösung der Saarfrage abzeichnete, bat ich auch Vertreter der Oppositionspartei, der SPD, um ihre Anwesenheit in Paris, um auch sie zu informieren. Notfalls war ich bereit, Paris zu verlassen, doch wollte ich diesen Schritt, der ein Scheitern der Konferenz bedeuten würde, nicht ohne vorhergehende Beratungen mit den wichtigsten Vertretern des Deutschen Bundestages tun. Ich wollte, daß sie mich autorisierten, alles scheitern zu lassen, falls die französiche Regierung bei der Forderung blieb, daß die von ihr vorgeschlagene Saarregelung eine endgültige Regelung sein solle. Dies war der Punkt, bei dem ich auf keinen Fall nachzugeben bereit war." (507)

Und so flogen:
- am Mittwoch, dem 20.10.1954, Heinrich von Brentano für die CDU/CSU, Thomas Dehler für die FDP, Joachim von Merkatz für die DP und Horst Haasler für den BHE zusammen mit dem Vorsitzenden des Auswärtigen Ausschusses, Eugen Gerstenmaier, in die französische Hauptstadt (508),
- am Donnerstagabend, dem 21.10.1954 die Sozialdemokraten Erich Ollenhauer, Carlo Schmid, Herbert Wehner und Karl Mommer nach Paris (509).

Die nachträgliche Hinzuziehung von Oppositionspolitikern durch Adenauer war dabei ein Verlangen, das in der Unionsfraktion breite Zustimmung fand, zumal Fraktionschef Brentano in einer Sitzung am 20.10. seiner Hoffnung Ausdruck gegeben hatte, daß die SPD ihre bislang starre Haltung in dieser Frage aufgeben würde (510). Diese Annäherung der Positionen schien dann auch tatsächlich zu erfolgen. Nachdem bei zwei vorausgegangenen Gesprächen am Donnerstag, dem 21.10.1954, zwischen Regierungschef und den angereisten Koalitionsparlamentariern Übereinstimmung in der Saarfrage vermeldet wurde (511), einigten sich nach übereinstimmenden Presseberichten am Freitagvormittag, dem 22.10.1954, der Bundeskanzler und alle angereisten Bonner Politiker auf ein Saarprogramm, das die Minimalposition der Deutschen festschrieb (512).

Daß Adenauer in dem Gespräch am Freitagvormittag ein saarpolitisches Konzept vortrug, das aus sieben Einzelpunkten bestand, ist unbestritten. Doch nur auf diesen eingegrenzten Fakt bezieht sich der allgemeine Konsens. Streitig ist:
- ob diese Sieben-Punkte-Erklärung, die textmäßig noch nicht vorliegt (513), und das spätere Saarabkommen in den Kernfragen übereinstimmen, d.h. wurde eine gemeinsame deutsche Handlungsposition aufgebaut und erfolgreich verwirklicht? Der Kanzler hat dies vor dem Bundestag behauptet (514), ihm widersprochen hat beispielsweise Thomas Dehler, der vor seiner Fraktion das Gegenteil erklärte (515).
- ob an diesem Freitagvormittag wirklich ein allgemeiner Konsens hergestellt werden konnte. Thomas Dehler hat für sich in Anspruch genommen, nicht zugestimmt zu haben. Vor dem Bundestag führt er aus:

"......, daß der Herr Bundeskanzler in diese Besprechung in der deutschen Botschaft in Paris zurückkam und eine Stipulation bei sich hatte, die er vorlas und die sich auf die vorausgegangene Besprechung bezog, sieben Punkte, die er zur Forderung gegenüber den Vertretern der französischen Regierung erheben wollte, über die gesprochen worden ist. Das war aber nicht der Vertrag, das war kein Entwurf. Natürlich hat man sich geäußert, ich glaube, nicht sehr ausführlich. Ich habe meine ablehnende Äußerung zumindest zum Ausdruck gebracht." (516)

Unklar ist weiterhin, ob zwischen den Koalitionsvertretern Übereinstimmung erzielt werden konnte, als Adenauer nach seiner nächtlichen Einigung mit Mendes-France am folgenden Samstagvormittag, dem 23.10.1954, die Verhandlungsergebnisse zum Saarvertrag allen Bonner Parlamentariern vortrug. Daß der SPD-Vorsitzende Ollenhauer das Statut ablehnte, scheint gesichert (517), Thomas Dehlers Reaktion wird höchst unterschiedlich dargestellt:

- Er selber gibt an, nicht einverstanden gewesen zu sein, wobei er als Beweis anführt, daß er sich schon immer gegen ein Referendum gewandt und diesen Widerstand auch am 23.10.1954 ausgesprochen habe (518),
- Karl Mommer hat einen Thomas Dehler in Erinnerung, der in Sachen Saarstatut zwar nicht ausdrücklich gesagt habe, dies sei unannehmbar, durch seine Gesamthaltung aber zum Ausdruck gebracht habe, wie schwer ihn das Problem belastete (519),
- Eugen Gerstenmaier erinnert sich daran, man habe sich innerhalb der Koalition (er nennt Adenauer, Strauß, Gerstenmaier, Dehler, von Merkatz

und Haasler) über den getroffenen Kompromiß verständigt (520).

Die Vielzahl der widersprüchlichen Aussagen über eine Kette von gemeinsam erlebten Ereignissen läßt es kaum erwarten, daß die Beteiligten zu einer übereinstimmenden Wertung des politischen Gehalts dieser Konsultationen zwischen dem Kanzler und den Spitzen der Bonner Parlamentsfraktionen kamen. Die unterschiedliche Beurteilung der Reihe der Pariser Treffen zeigte sich dann auch in den Debatten des Bonner Bundestages zur Saarfrage am 15. und 16.12.1954 (521) sowie am 24., 25., 26. und 27.2.1955 (522) sehr deutlich. Nun soll nicht behauptet werden, der Dissens habe in erster Linie auf diesem Feld gelegen. Im Mittelpunkt stand sicherlich die Frage des politischen Gehalts der erzielten Saarregelung. Dieser wurde höchst kontrovers beurteilt und ausgelegt (523) und sorgte immer wieder für Zündstoff.

In der allgemeinen Diskussion über das Schicksal der Saar wurde immer wieder von Gegnern der zwischen Adenauer und Mendès-France erzielten Übereinkunft die Überzeugung geäußert, der kanzlerische Parlamentarierruf an die Seine sei eine Inszenierung für die Öffentlichkeit ohne politische Relevanz gewesen. Der "Spiegel" überschreibt eine Titelgeschichte zur FDP in dieser Zeit, die sich auch mit der Rolle der Liberalen in Paris beschäftigt, mit Worten aus einem Dehler-Zitat zur Bedeutung der Oktober-Gespräche in der französichen Hauptstadt wie folgt: "Wir sind das Feigenblatt" (524). Nicht weniger deutlich hat sich der Gesprächsteilnehmer Carlo Schmidt geäußert: Für ihn sollte die Anwesenheit der Parlamentarier Adenauer nur als Alibi dienen (525). Beteiligte und Beobachter, die von einer Alibifunktion der Gespräche zwischen Adenauer und den Bonner Parlamentarier ausgehen, werden kaum bereit sein, im Wissen um die Existenz dieser mehrmaligen Treffen die postulierte "Einsame Entscheidung" des Kanzlers beim Saarstatut in ihrem Bedeutungsgehalt kräftig herabzustufen. Diejenigen, die dem Gesprächskontakt Einfluß und Wichtigkeit attestieren, werden in den Konsultationen ein beweiskräftiges Argument sehen, um die Alleinentscheidung Adenauers stark in Frage zu stellen.

Alibifunktionen hier, Wichtigkeit der Gespräche dort - das sind Positionen, die letztlich in den Bereich politischer Wertigkeit führen, was verdeutlicht, daß die Beurteilung der tatsächlichen Relevanz einer postulierten "Einsamen Entscheidung" immer auch ein Vorgang ist, der durch die politische Position zum Entscheidungsobjekt (in diesem Fall zum Saarstatut)

bestimmt wird. Läßt man sich allein von strukturellen Kriterien leiten, kann der Ereignisablauf in Paris so zusammengefaßt werden:
- eine "Einsame Entscheidung" Adenauers, falls eine Konsultationszusage für das Kabinett nicht eingehalten wurde.
- eine "Einsame Entscheidung" stimulierende Rahmenbedingung durch die besonderen (Zeit-) Umstände der Entscheidungssituation in Paris.
- Einbettung (man könnte auch formulieren: Reduzierung der Gewichtigkeit) dieser "Einsamen Entscheidung" in (durch) Konsultationen zwischen Adenauer und den Fraktionsspitzen der Koalition und der Opposition.

Die politische Wertigkeit der persönlichen Position gegenüber einer postulierten "Einsamen Entscheidung" wird besonders deutlich, wenn man einen weiteren Fall dieses Entscheidungstypus bei Adenauer im hier interessierenden Zeitraum betrachtet, der zahlreiche Parallelen zu den Vorgängen in Paris aufweist:
- wieder eine Entscheidungssituation nicht in Bonn, sondern in einer ausländischen Hauptstadt,
- wieder konsultiert Adenauer beim Entscheidungsvorgang seine deutschen Mitreisenden (Beamte und Politiker),
- wieder steht eine wichtige außenpolitische Entscheidung zur Debatte.

Es handelt sich um die Frage, ob die Bundesrepublik mit der Sowjetunion diplomatische Beziehungen aufnehmen sollte. Bei Adenauers Moskaubesuch vom 8. - 14. September 1955 wurde dieses Problem gleich am ersten Verhandlungstag, dem 9.9.1955, in einer längeren Grundsatzerklärung vom sowjetischen Ministerpräsidenten Bulganin angesprochen (526). Adenauer kam in seiner Erwiderung auf die Verhandlungsschwerpunkte der deutschen Seite, die Freilassung der verbliebenen Kriegsgefangenen und die Wiedervereinigung zu sprechen (527). Der Kanzler sah danach die beiderseitigen Verhandlungspositionen umrissen. Die Russen wünschten die Aufnahme diplomatischer Beziehungen ohne jedwede Vorbedingung. Der Standpunkt der Bundesregierung: Diplomatische Beziehungen nur dann, wenn die Sowjets sich zur Freilassung der Kriegsgefangenen und zur Erörterung der deutschen Wiedervereinigung bereit erklärten (528).

Daß die deutschen Verhandlungsschwerpunkte im Verlauf der Moskauer Gespräche intensiv diskutiert wurden, zeigen die Berichte von Mitgliedern der bundesrepublikanischen Delegation (529), wobei klar war, daß eine Entscheidung über die Wiedervereinigung bei den Besprechungen nicht fallen würde (530). Beim zweiten deutschen Verhandlungsschwerpunkt, der Frage der Kriegsgefangenen, den man von seiten der bundesrepublikanischen Delegation sicherlich in Moskau für entscheidungsfähig hielt, zeigten die Sowjetführer zunächst keinerlei Konzessionsbereitschaft. Adenauer hielt am dritten Verhandlungstag, dem 12. September 1955, die Konferenz für gescheitert und gab Order, die Flugzeuge für die Rückreise einen Tag früher als geplant bereitzustellen (531). Am Abend, bei einem Staatsempfang im Kreml, kam die große Wende. Bulganin nahm Adenauer zur Seite. Nach einem längeren Gespräch erklärte der Russe unvermittelt, er sei bereit, alle Kriegsgefangenen freizugeben, wenn die Deutschen in einer Note ihre Zustimmung zur Aufnahme diplomatischer Beziehungen gäben. Bulganin versprach nach Adenauer das Gefangenenproblem in einer Woche zu lösen und, bot als Sicherheit sein Ehrenwort an (532).

Als der Regierungschef nach dem Ende des Empfangs im Kreml seiner Delegation – bestehend aus Außenminister von Brentano, dem Vorsitzenden und stellvertretenden Vorsitzenden des Auswärtigen Ausschusses, Kurt Georg Kiesinger und Carlo Schmid, dem Vorsitzenden des Auswärtigen Ausschusses des Bundesrates, dem nordrheinwestfälischen Ministerpräsidenten Karl Arnold sowie Herbert Blankenhorn, Felix von Eckardt, Hans Globke, Wilhelm Grewe und Walter Hallstein, um nur die wichtigsten Beamten zu nennen – die veränderte Situation schilderte, stieß er keineswegs auf einhellige Zustimmung. Adenauer erinnert sich:

"Es gab heftige Auseinandersetzungen. Wie könne ich ohne schriftliche Zusage der Russen zur Rückkehr der Deutschen meine Zustimmung zur Aufnahme der diplomatischen Beziehungen geben? Ich, der stets auf Vertragsbrüche der Russen verwiesen hätte? Namentlich von Brentano und Hallstein waren nach all dem, was vorgefallen war, absolut gegen die Aufnahme diplomatischer Beziehungen. Wie könnte ich zustimmen, ohne in der Frage der Wiedervereinigung weitergekommen zu sein? Nur auf ein Ehrenwort hin hinsichtlich der Kriegsgefangenen? Sie verstanden mich nicht, sie beschworen mich, meinen Entschluß zu ändern." (533)

Adenauer ließ sich nicht beirren. Er faßte den Entschluß zur Aufnahme diplomatischer Beziehungen auf dieser Basis "gegen den Willen meiner außenpolitischen Berater", wie er es im Jahre 1958 gegenüber dem Bonner Sowjetbotschafter Smirnow ausdrückte (534). Diese Einzelentscheidung ist dem Kanzler auch immer wieder vorgeworfen worden. Werner Lederer spricht von einem Alleingang des Kanzlers in Moskau (535), der FDP-Politiker Max Becker beklagt die Aufnahme diplomatischer Beziehungen zur

UdSSR als plötzlichen Beschluß entgegen einer gegenteiligen Vorankündigung und ohne Konsultation mit der FDP (536).

Daß die Idee von einer erneuten "Einsamen Entscheidung" des Kanzlers keineswegs aus der Luft gegriffen ist, verdeutlicht die genaue Betrachtung der Reaktion Adenauers auf eine entsprechende Interviewfrage, in der er die Vorstellung zunächst einmal rundweg ablehnt, dann aber doch klarmacht, daß mit dergleichen Kategorien hier gearbeitet werden kann:

"Gaus: War also die Aufnahme diplomatischer Beziehungen der Preis, den Sie zahlen mußten für die Freigabe der Gefangenen, und ist Ihnen das schwergefallen?
Adenauer: Aber ich bitte Sie, wie kann man da von Preis sprechen. Wenn man etwas haben will von einem Land, mit dem man keine diplomatischen Beziehungen unterhält, bekommt man doch sicher nichts. Und ich habe eigentlich gar nicht eingesehen, warum wir nicht die diplomatischen Beziehungen aufnehmen sollten.
Gaus: Sind seinerzeit alle Ihre Ratgeber dieser Meinung gewesen?
Adenauer: Nein, einige Mitglieder der Regierung, aber auch einige Parlamentarier waren anderer Meinung. Aber ich habe mich dadurch nicht beirren lassen.
Gaus: Ist das vielleicht ein einsamer Entschluß gewesen?
Adenauer: Nein, ich hatte ja einige Gefährten dabei. Aber es hätte ruhig ein einsamer Entschluß werden können." (537)

Was bei den Pariser Gesprächen zur Saarfrage unklar ist (Gab es einen Konsens mit den herbeigerufenen Parlamentariern und konnte diese Handlungsposition durchgesetzt werden?), kann in Moskauer Gesprächen als geklärt gelten: Es gab keinen Konsens des Kanzlers mit der Majorität seiner Berater, Adenauer setzte "sein" Konzept voll durch. Genau dies haben einige der betroffenen Politiker in Paris als Handlungsmuster des Kanzlers erkannt und kritisiert. Aus dem Moskauer Begleiterkreis Adenauers liegt dergleichen Protest nicht vor, eher das Gegenteil. Carlo Schmid, der die Reise nach Paris als "Alibi" deklarierte (Vgl. Anmerkung 525, zuvor), hat den Alleingang des Kanzlers hier offen verteidigt. Schmid äußert sich über eine Beratung im Kreise der deutschen Delegation:

"Ich gab zu, daß man bezüglich der diplomatischen Beziehungen gewisse Bedenken haben könne, aber es sei nicht zu verantworten, aus Moskau zurückzukehren, ohne die Gefangenen mitzubringen. Dürfe man aus Gründen der Außenpolitik Zehntausende, die für ihr Vaterland gekämpft hatten, in den sibirischen Lagern zugrunde gehen lassen – oder aus Gründen der Menschlichkeit, vielleicht auch um innenpolitischer Reaktionen in Deutschland willen, unsere außenpolitische Position verschlechtern? Hier könne die Delegation nur helfen, das Problem klar zu definieren, aber sie könne dem Kanzler nicht raten, wie er sich zu entscheiden habe; die Last der Entscheidung habe er in diesem Stadium allein zu tragen." (538)

Daß Carlo Schmid den aus seiner Sicht sicherlich gegebenen Alleingang des Kanzlers in Paris kritisierte, in Moskau hingegen Adenauer zum Alleingang aufforderte, gibt nur dann einen Sinn, wenn man sich den unterschiedlichen politischen Hintergrund vor Augen führt: Die SPD lehnte das Saarstatut ab (Vgl. Anmerkung 517, zuvor), mit der Politik der Bundesregierung in Moskau war sie einverstanden (539).
Damit wird klar, was schon zuvor angesprochen wurde: Die Einordnung der Relevanz einer "Einsamen Entscheidung" hängt nicht zuletzt auch von der Frage ab, welche politische Position gegenüber dem Entscheidungsobjekt als solchem eingenommen wird. Sieht man von politischen Werturteilen einmal ab, beschränkt man sich auf ein rein strukturelles Kategorieschema, so kann man durchaus sagen, daß die beiden präsentierten Fälle von "Einsamer Entscheidung" Anknüpfungspunkte bieten, um sie in die im Rahmen dieser Arbeit benutzte Entscheidungsstruktur mit einem vielschichtigen Geflecht von formellen und informellen Ebenen einzufügen (Vgl. S. 181). Adenauers Gesprächskreis in Paris war zunächst nichts anderes als ein Koalitionsgespräch, nur eben nicht in Bonn. Dieser Kreis wurde dann um die Fraktionsspitze der Opposition erweitert. Nach Moskau flog Adenauer mit einem Großteil seines Küchenkabinetts, dem wichtige außenpolitische Mandatsträger zur Seite gestellt wurden, das somit ansatzmäßig die präsentierte zweite Form dieses informellen Beraterkreises (Vgl. S. 114) darstellte. Die "Einsame Entscheidung" in beiden Fällen fiel als keineswegs ohne (gremienmäßige) Konsultation.

5. Adenauer und die Interessenverbände

Wie für die Genese der Kanzlerdemokratie dargestellt wurde, ist das Bild von einem Bundeskanzler Adenauer, der mittels der Konstruktion des "Immediatgesprächs" mit den Spitzen der wichtigsten Interessenverbände eine Befriedigung der innenpolitisch relevanten Gruppenansprüche in Szene setzte, oftmals ohne die zuständigen Ressortminister daran zu beteiligen, eine Charakterisierung ohne Realitätsbezug. Sicherlich gab es diese Spitzengespräche beim Kanzler, sicher scheint aber auch, daß der Direkt-Kontakt auf dieser Ebene:
- oftmals nur das letzte Glied einer Kette von Gesprächen zu interessenpolitisch bedeutsamen Fragen zwischen betroffenen Politikern und Beamten einerseits, sowie Verbandsvertretern andererseits war, wobei der

Regierungschef vor allem in Krisensituationen intervenierte,
- weniger an verbindlichen Zusagen zeitigte, als dies Verbandsvertreter
nachträglich angaben, zumal die Versprechungen des Kanzlers immer vorbehaltlich ihrer tatsächlichen Realisierung im politischen Prozeß
gesehen werden mußten.

Daß Verbände bestrebt waren, auf anderen Wegen als über die Kanzlerposition wirksam Einfluß auf das politische Geschehen zu suchen, wird an den Resultaten einer Studie zu den Regierungsbildungen und zum Gesetzgebungsprogramm in der 2. und 3. Legislaturperiode des Bundestages deutlich, die nach den Überlegungen zum "Immediatsystem" in diese Arbeit eingebracht wurde.

Diese Untersuchung von Jürgen Domes (549) zum Verhalten der Unionsfraktion in jener Zeit macht in einem Aspekt, der Betrachtung zum Gesetzgebungsverfahren (Vgl. S. 295 ff), deutlich, daß die Mehrheitsfraktion im Bereich der Innenpolitik höchst wirkungsvoll an der politischen Ausgestaltung teilhatte. Diese Ausgestaltung war keineswegs eine Summe von Einzelhandlungen der Unionsparlamentarier, die ohne interessenpolitische Beimengung zustande kam. Domes verdeutlicht vielmehr, daß sich bei der innenpolitischen Mitwirkung die in der Fraktion sehr stark vertretenen mannigfaltigen Gruppen politischer und sozialer Interessen zu Worte meldeten (541). Er beschreibt einzelne interessenpolitisch geprägte Kreise (542) und gibt als einen Grund für die Modifikation oder gar die Revision bestimmter Vorstellungen der Bundesregierung massive Verbandseinflüsse an. Wo organisierte wirtschafts- oder sozialpolitische Interessen durch Regierungsentwürfe stark betroffen waren, seien die den jeweiligen Interessen nahestehenden Abgeordneten in der Mehrheitsfraktion phalanxartig aufgetreten und erzwangen, oft im Bund mit anderen Gruppen, denen sie bei Gelegenheit dann assistierten, Änderungen an den Kabinettskonzeptionen (543).

Wird hier ein Beispiel präsentiert, welches verdeutlicht, daß interessenpolitisches Bestreben neben der Kanzlerebene auf einem zusätzlichen Kanal über einen längeren Zeitraum im Gesetzgebungsprozeß erfolgreich sein konnte, zeigt das Einzelbeispiel einer Gesetzeskonstruktion aus dieser Zeit, auf wie vielen Kanälen Interessenpolitik fast gleichzeitig eingesetzt wurde, um verbandspolitische Ziele zu verwirklichen: Dieser Einzelfall ist das Kartellgesetz. Aufgrund der Vielzahl vorliegender Studien zur Genese des "Gesetzes gegen Wettbewerbsbeschränkungen", wie das Kartellgesetz offiziell tituliert wird (544), ist es nicht nötig, die Geschichte dieser Vorlage detailliert darzustellen, die am 27.7.1957 in letzter Lesung den Bundestag passierte. In diesem "siebenjährigen Kartellkrieg" (545) verstand sich vor allem ein Interessenverband als Bannerträger des deutschen Wirtschaftslebens: der BDI (546). Vereinfacht gesagt sah er das Kartellrecht unter dem Stichwort der Mißbrauchsgesetzgebung. Sein großer Kontrahent war Wirtschaftsminister Erhard, der es auf eine Verbotsgesetzgebung anlegte. Was schließlich realisiert wurde, war zwar prinzipiell eine Verbotsgesetzgebung, jedoch äußerst stark verwässert, mit vielen Ausnahmen, schwachen Vollzugseinrichtungen und praktisch ohne Monopolaufsicht (547).

Diese weitgehende Demontage des ursprünglich recht rigorosen Regierungsentwurfes erreichte der BDI durch gezielte Einflußnahme auf diversen Ebenen. Die für den Gesetzgebungsprozeß wichtigsten seien hier kurz vermerkt:

- Nachdem in der ersten Legislaturperiode durch die Obstruktionspolitik des Wirtschaftsausschusses (548) der Regierungsentwurf den Bundestag nicht passieren konnte, beschloß das Kabinett trotz interner Widerstände am 17.2.1954 nach einer Rücktrittsdrohung Erhards die Regierungsvorlage in der ursprünglichen Form wieder einzubringen (549). Tags darauf erreichte ein geharnischter fernschriftlicher Protest des BDI-Präsidenten Berg Adenauer im Palais Schaumburg. Der Kanzler lud BDI-Vertreter daraufhin zu einem Spitzengspräch ein, an dem auch Erhard teilnahm. Das Resultat lautete zwar, den "alten" Entwurf in der ursprünglichen Fassung den parlamentarischen Gremien zuzuleiten, gleichzeitig wurde aber auch klar, daß sich das Bundeswirtschaftsministerium und der BDI zur Überarbeitung dieses Entwurfes an einen Tisch setzen würden (550). Adenauer übernahm in diesem Immediatgespräch die Rolle des Schlichters zwischen den streitenden Parteien (551). Er brachte einen Burgfrieden (552) zustande, bei dem der BDI das Verbotsprinzip als Basis, Erhard den BDI als relevanten Verhandlungspartner anerkannte.
- Ein um die Jahreswende 1953/54 gegründeter Arbeitskreis Kartellgesetz, in dem der BDI die Experten der Unternehmerseite zusammenfaßte (553), traf sich ab Juli 1954 zu mehreren Sitzungen mit den Kartellspezialisten der Bonner Ministerialbürokratie, um die anvisierte Abstimmung der

Standpunkte durchzuführen (554). Als es im Verlauf der Besprechungen klar wurde, daß die Unternehmerseite trotz aller Beteuerung immer noch auf ein Mißbrauchsgesetz hinaus wollte, kam es zum Eklat: Die Regierungsvertreter brachen die Besprechungen ab. Erst nachdem im wirtschaftspolitischen Ausschuß der CDU durch Franz Etzel eine Vermittlung geglückt war (555), setzten sich die Sachverständigen wieder an einen Tisch und brachten tatsächlich eine Übereinkunft zustande, die Erhard billigte, obwohl die ursprüngliche Version des Gesetzentwurfes stark verändert wurde (556). Daß der BDI damit zufrieden sein konnte (557), wird klar, wenn man die Wertung von Rüdiger Robert in dieser Hinsicht betrachtet, der BDI habe im Jahre 1954 bei diesen Gesprächen einen entscheidenden Durchbruch bezüglich einer Auflockerung des Regierungsentwurfs erzielt. Zwar sei es bei der grundsätzlichen Anwendung des Verbotsprinzips geblieben, ansonsten sei es aber gelungen, zahlreiche Zugeständnisse zu erringen. Der Entwurf sei erheblich modifiziert und weitgehend mit den von der Industrie aufgestellten Minimalforderungen in Übereinstimmung gebracht worden (558).

- Der BDI war freilich mit seinen Erfolgen auf der bürokratischen Ebene nicht zufrieden. Die Einflußpolitik, die er im vorparlamentarischen Stadium des Gesetzentwurfs praktiziert hatte, wurde während der parlamentarischen Beratungen mit unverminderter Energie fortgesetzt. Der Zielpunkt der Industrievertreter: möglichst doch noch eine Mißbrauchsgesetzgebung durchzusetzen (559).

Um dies zu erreichen, beschritt man verschiedene Wege:

o Der BDI bestellte bei diversen Professoren Gutachten, um seinen Standpunkt zu untermauern (560),

o Der BDI schuf hinsichtlich der Beeinflussung der Parlamentarier ein eigens dafür herausgegebenes Kampforgan (561), die "Kartelldebatte", die nach der Verabschiedung des Gesetzes dann auch prompt wieder verschwand (562),

o Der BDI machte zahlreiche Eingaben und Denkschriften in Richtung Legislative (563),

o Mit Unterstützung der bayerischen Industrie lancierte Hermann Höcherl einen Gegenentwurf zum Regierungsentwurf, der weitgehend den Interessen des BDI entsprach (564).

Zwar blieb der große Umschwung hin zur Mißbrauchsgesetzgebung aus, zwar

wurde vom Wirtschaftsausschuß nicht total jene Vorstellung verwirklicht, die die Experten erarbeitet hatten (565), dennoch kam ein Gesetz zustande, das den Vorstellungen der Industrie weit entgegenkam (566).
Der Einfluß der Interessenpolitik wurde bei den Ausschußberatungen auch in verfahrenstechnischer Hinsicht deutlich. Eine beharrliche Obstruktionspolitik des Industrieflügels im Wirtschaftsausschuß machte einen Fortschritt in den Beratungen so lange unmöglich, bis sich der Vorsitzende Wilhelm Naegel in einem Brandbrief an den Kanzler wandte und dieser durch sein Eingreifen eine konstruktive Behandlung des Entwurfes durchsetzte (567). Die letzte Attacke kam von der Industrie nahestehenden Mitgliedern des Rechtsausschusses (568), die erst kurz vor Beratungsschluß rechtliche Vorschriften zur Befugnisverteilung zwischen Kartellbehörde und Gerichten angriffen, eine Überarbeitung des Gesetzes forderten und damit eine erneute Blockade erreicht hätten. Staatssekretär Strauss verließ daraufhin unter Protest die Ausschußsitzung (569). Wiederum mußte der Kanzler eingreifen und sogar eine Sitzung seines "Küchenkabinetts" bemühen (570), um den Streit zu schlichten und eine endgültige Verabschiedung kurz vor Schluß der Legislaturperiode zu erreichen (571).
Damit ist die Darstellung des interessenpolitischen Herangehens des BDI an das Kartellgesetz abgeschlossen. Sichtbar wurde ein breiter Fächer benutzter Einflußkanäle, wobei die Kanzlerebene durchaus vertreten war. Aber der Regierungschef war nicht   d e r   Einflußweg, der Gang zum Kanzler war   e i n   Einflußweg. Zusammen mit der Präsentation der Erkenntnisse aus der Studie von Domes zum Verhalten der Mehrheitsfraktion dürften die Resultate der Betrachtung des interessenpolitischen Einflußes beim Kartellgesetz eine Basis für die Aussage bilden, daß der Direktkontakt zum Kanzler für Verbandspolitiker auch im hier interessierenden Zeitraum keineswegs der einzig benutzte Einstieg in das politische System war. Immediatgespräche bei Adenauer hat es auch sicherlich nach 1953 gegeben, vor ihrer Hochstilisierung zum Dreh- und Angelpunkt der pluralistischen Gesellschaft wird aber gewarnt.

## Zusammenfassung

Ohne Frage war Konrad Adenauer in den Jahren von 1954 bis 1959 die zentrale politische Figur der Bundesrepublik. Auskunft über die Genese seines Regierungsstils im Zeitraum davor ist im ersten Abschnitt dieser Studie erteilt worden. In den Jahren danach wähnt man Adenauers Regierungsprinzip, das als "Kanzlerdemokratie" tituliert wird, nicht nur strukturell als voll entwickelt, man geht auch davon aus, daß der Kanzler mit seiner Art und Weise die Bundesrepublik politisch zu lenken, nie erfolgreicher war, als in den sechs Jahren nach der zweiten Bundestagswahl. Es wird von einer "Hoch"-Zeit der Kanzlerdemokratie gesprochen. Was die "Hoch"-Zeit ausmachte, läßt sich so aufschlüsseln:
Adenauers Position gegenüber der Union wandelte (verbesserte) sich grundlegend. Aufgrund seiner bisherigen Politik wurde er zu einem Wählermagnet für seine Partei, er war der Vater zweier Siege in Bundestagswahlen, die absolute Mehrheiten für die CDU/CSU im Bonner Parlament brachten. Diese Wahlen waren Kanzlerplebiszite, d.h. die an sich auf Konstruktion der Legislative ausgerichteten Wahlgänge wurden zur Spitze hin personalisiert, wurden zu einem plebiszitären Volksentscheid für den Kanzler. Diese Umformung des Wahlaktes bedeutet für Adenauer eine ganz neue, direkte Legitimation durch die Wählerschaft. Dies berührte sein Verhältnis zur Union unmittelbar. Adenauer wurde nicht deshalb Kanzler, weil er die Union repräsentierte, die Union wurde vielmehr deshalb so stark gemacht, weil die Wähler nur so eine Chance hatten, für den Kanzler Adenauer zu votieren. Das Kanzlerprinzip dominierte also ganz klar das Parteiprinzip, Adenauer konnte mit seinem plebiszitär abgestützten Kanzlertum auch die Union über außerparteiliche Resonanzfelder als Partei regieren, die CDU/CSU wurde zur Kanzlerpartei.
Dieser plebiszitären Kanzlerherrschaft entsprach das Selbstverständnis und die organisierte Verfaßtheit der Union. Sie besaß eine so rudimentäre Parteiorganisation, daß die Existenz dieses bürokratischen Körpers außerhalb der Wahlkampfzeit leicht übersehen werden konnte. Hinzu kam, daß die Union im Normalfall aus dem Bundeskanzleramt gesteuert wurde, das Palais Schaumburg (was nicht auf die Person des Kanzlers zu zentrieren ist) wurde insofern zur eigentlichen Schaltzentrale, als die wichtigsten Parteigremien (z.B.: Vorstand und Bundesausschuß) ohne wirkliche politische

Bedeutung in Bezug auf die Lenkung der Partei waren.
Eine starke persönliche Wirkung des Kanzlers ist auch in einem zweiten Bereich festzustellen. Adenauer galt lange Zeit im Ausland als die Verkörperung des gewandelten Deutschland, auf ihn zentrierte sich das westliche Vertrauenspotential in die junge deutsche Demokratie. Es gibt dabei durchaus Stimmen, die davon ausgehen, dieser Personalkredit Konrad Adenauers sei nicht in einen Systemkredit für die Bundesrepublik umgewandelt worden. Dem muß entgegengehalten werden, daß eine latente Vertrauensbereitschaft im Westen in Richtung Bundesrepublik höchstwahrscheinlich schon allein aufgrund der geänderten weltpolitischen Situation vorhanden war. Das Wachsen der Aufgeschlossenheit gegenüber dem ehemaligen Kriegsgegner wäre aber sicherlich ein wesentlich langsamerer, mühseliger Prozeß gewesen, hätte nicht Konrad Adenauers beeindruckende Individualität der unterschwelligen Kooperationsbereitschaft einen Kristallisationspunkt geboten, der es ermöglichte, den Plan zu vorsichtig dosierten Vertrauensbeweisen in Richtung Bundesrepublik radikal zu ändern und zu beschleunigen. Adenauer war also durchaus eine Relaisstation, die Vertrauen anzog und übertrug, den Prozeß der Übertragung beschleunigte und vereinfachte.
Wie aber erzielte der Kanzler den Vertrauensgewinn, wie sicherte Adenauer die erzielten Resultate ab? Er machte auch hier persönliche Beziehungen zur Grundlage seiner Politik, zahlreiche ausländische Staatsmänner wurden seine Freunde. Dabei kam Adenauer ein erstaunliches Phänomen zur Hilfe, seine starke persönliche Autorität. Die Ausstrahlung des Kanzlers war ein Erfahrungswert, der sich irgendwie der rationellen Erklärung entzieht. Obwohl die Wirkung also nicht definiert werden kann, beeindruckte er viele ausländische Politiker durch sein ungewöhnliches Charisma.
Innerhalb der großen Gruppe seiner ausländischen Partner gab es durchaus einzelne Persönlichkeiten, zu denen der Kanzler besonders intensive Beziehungen pflegte. Da muß zunächst der Name des amerikanischen Außenministers John Foster Dulles erwähnt werden, mit dem Adenauer engsten Kontakt hielt. Die Grundlage ihrer vertrauten Kooperation dürfte darin liegen, daß sie Politik auf einer gemeinsamen ethischen Grundlage trieben, daß sie in der Analyse vieler Zeitumstände und in den daraus zu ziehenden Schlußfolgerung weitgehend übereinstimmten. Die Harmonie war jedoch die Basis einer politischen Freundschaft, das schloß gelegentliche Zusammen-

stöße und die stets präsente Tugend des politischen Mißtrauens nicht aus.
Eine letzte Reserve behielt Adenauer auch gegenüber seinem zweiten Vorzugspartner, dem französischen Präsidenten de Gaulle. Adenauer, der der ersten Begegnung mit dem General mit tiefer Skepsis entgegengesehen hatte, war danach von der Persönlichkeit des Franzosen stark beeindruckt, man könnte fast von Bewunderung reden, sicherlich aber von der Überzeugung, daß mit de Gaulle eine gute und vertrauensvolle Zusammenarbeit möglich sein würde. Auch der General begegnete dem Kanzler mit Respekt und Hochachtung, es entstand so etwas wie eine kongeniale Partnerschaft mit gegenseitiger Wertschätzung der Andersartigkeit des anderen. Der General war aber nicht der erste politische Akteur aus Paris, mit dem Adenauer freundschaftlichen Kontakt pflegte: Schon zuvor hatte der Kanzler zum französischen Außenminister Robert Schuman eine fast herzliche Beziehung entwickelt.

Das intensive Verhältnis des Kanzlers zu ausländischen Spitzenpolitikern, die Rolle Adenauers als wesentlicher Kristallisationspunkt für westliches Vertrauen, die starke Stellung des Regierungschefs innerhalb der Union - dies alles verdeutlicht, daß sich die Handlungsposition Adenauers im allgemeinen, wie auch im speziellen hinsichtlich des Regierungsbereiches alles andere als verschlechtert haben dürfte. Wie stark die Position Adenauers war, läßt sich auch bei den Regierungsbildungen im hier interessierenden Zeitraum zeigen.

Es war bei den Regierungskonstruktionen 1953 und 1957 auch ohne partei- oder fraktionsmäßigen Nominierungsvorgang unstreitig, wer Kanzler werden würde: Konrad Adenauer. Auch die Beschränkung der Regierungs-Koalition auf das bürgerliche Parteienspektrum stand außerhalb jeder Frage. Der eigentliche Spielraum bei den Regierungsbildungen lag damit bei der parteienspezifischen und personellen Zusammensetzung des Kabinetts. Beim Zusammenstellen der Ministermannschaft war bei der ersten Regierungsbildung Anno 1949 ein deutlicher Einfluß der Koalitionsfraktionen festgestellt worden. Die Einordnung eines erhebliche Zugeständnisse in personeller Hinsicht machenden Regierungschefs verlor aber bei den hier interessierenden Kabinettskonstruktionen viel von seiner Berechtigung. Statt dessen dominierte der Kanzler die anstehenden Regierungsbildungen - aber er monopolisierte sie nicht. Es gab neben dem Willen Adenauers noch andere Handlungspositionen, man muß von einem komplexen Netz von Einflußfaktoren

ausgehen, das bei jeder Regierungsbildung anders geknüpft war, ohne daß man dem (designierten) Kanzler jeweils eine Zentralstellung absprechen könnte.
Welche unterschiedlichen Interessenmuster hinter dem Vorgang der personellen Ausfüllung des Kabinettsrahmens standen, wird deutlich, wenn man sich Einzelphänomenen in dieser Hinsicht zuwendet. So wurde 1953 der amtierende Justizminister Thomas Dehler in erster Linie wohl deshalb nicht wiederberufen, weil sein Parteifreund und damaliger Präsident des Bundesverfassungsgerichtes, Hermann Höpker-Aschoff, nach Attacken des impulsiven FDP-Ministers gegen das höchste bundesrepublikanische Gericht vehement intervenierte. Ähnliche Bestrebungen aus dem nicht-legislativ/exekutiven Bereich verbanden sich 1957 mit wichtigen politischen Rollenträgern, um den unbequem gewordenen Finanzminister Fritz Schäffer anläßlich der Regierungsneubildung auszubooten. Der parallel dazu vorgetragene Versuch, Landwirtschaftsminister Heinrich Lübke durch massive Druckversuche des Bauernverbandes den Weg ins Kabinett zu verbauen, scheiterte nicht zuletzt an seiner rüden Machart.
Neben Adenauers Dominanz und den geschilderten zielgerichteten Einflußfaktoren waren bei der Regierungsbildung 1953 noch ganz andere politische Dimensionen relevant. Adenauer wollte nicht zuletzt hinsichtlich der anstehenden außenpolitischen Entscheidungen (Vertragspolitik) im Bundestag eine Zweidrittelmehrheit hinter sich wissen. Er strebte eine Ausschlußkoalition gegenüber der SPD an und erreichte sie. Diese breite Regierungsmehrheit hatte einen personalpolitischen Effekt: Das Kabinett wurde um zusätzliche Ministerposten aufgebläht, man schuf dabei vier Sonderminister ohne Geschäftsbereich. Diese waren letztlich nicht notwendige Erscheinungen des Koalitionsproporzes, ihr koalitionsarithmetischer Charakter wurde freilich damals in der Öffentlichkeit abgestritten. Sie sollten vielmehr nach offizieller Lesart die Verbindung zwischen dem Kabinett und den die Regierung tragenden Fraktionen herstellen, die Verbindungsminister hatten danach eine Aufgabe in jenem koordinativen Bereich, der in der ersten Legislaturperiode durch die Koalitionsgespräche beim Kanzler abgedeckt wurde. Die Frage, ob durch die Sonderminister tatsächlich ein neues strukturelles Element in diesen Bereich eingeführt wurde, ist schnell zu beantworten. Fast durch die Bank galt dieses Experiment nach kurzer Zeit als gescheitert, was auch darin zum Ausdruck kam, daß Adenauer

seinen Verbindungsministern erst spezielle Arbeitsbereiche zuwies, dann 1956 das Ministeramt ohne Portefeuille wieder abschaffte. Nichtsdestoweniger muß das Auftreten dieser speziellen Ministerform dazu führen, nachzufragen, ob und in wieweit das System der Koalitionsgespräche durch diese Erscheinungsform verändert wurde.

Das Interesse an der Frage, ob das System der Koalitionsgespräche in den Jahren nach 1953 genauso funktionierte wie in der 1. Legislaturperiode, wird durch einen weiteren Tatbestand verstärkt. Im Verlauf der Koalitionskrisen, die Anfang 1956 zum Ausscheiden der Liberalen aus der zweiten Regierung Adenauer führten, hat die FDP immer wieder darauf hingewiesen, daß nicht nur das Offenbarwerden inhaltlicher Unterschiede die Spannungen verstärkte, die Zerwürfnisse seien auch dadurch entstanden, daß die Union einen bedenklichen Koalitionsstil praktiziere. Präzisiert wurde dieser Vorwurf auch auf dem Gebiet der Koalitionsgespräche: Nach Aussagen wichtiger liberaler Akteure soll der Kanzler spätestens ab Ende 1954 dazu übergegangen sein, das Institut der Koalitionsgespräche nicht mehr zu verwenden. Wie stark die FDP ihrerseits an einem turnusmäßig tagenden Koalitionsgesprächssystem bei Adenauer interessiert war, geht aus einem Fakt hervor, der kurz vor dem Bruch zwischen Union und Liberalen für Schlagzeilen sorgte. Die FDP-Fraktion erstellte den Entwurf einer schriftlich zu fixierenden Koalitionsvereinbarung, sie wollte in Verhandlungen mit Adenauer die Zusammenarbeit in der Koalition auf eine vertragsähnliche Basis stellen. Dieses Dokument, das sich ausführlich zur Koalitionstechnik äußert und das System der Koalitionsgespräche festschreiben wollte, wurde in den anberaumten Krisengesprächen jedoch nicht behandelt. So dauerte es nach der auch 1953 verwandten Briefform bei den Koalitionsabsprachen noch fast zwei Jahre, ehe das Thema Koalitionsvertrag erneut relevant wurde.

Bei der Regierungsbildung 1957 präsentierte die Deutsche Partei nach mehreren internen Umschreibungen dem Kanzler ein schriftlich fixiertes Koalitionsabkommen mit vertragsähnlichem Charakter. Neben umfangreichen inhaltlichen Festlegungen hatte das Papier einen ziemlich detaillierten strukturellen Teil zur Zusammenarbeit in der Regierung. In dieser Passage des vorgeschlagenen Koalitionsvertrages wurde das System der informellen Koalitionsbesprechungen in seinem Doppelcharakter (Koalitionsausschuß und Koalitionsgespräch) festgeschrieben. Dies steht im Gegensatz zu den präsentierten Umständen, die darauf hinweisen (könnten), daß zumindest am System der Koalitionsgespräche Veränderungen vorgenommen wurden. Dieser Widerspruch muß jetzt auf jeden Fall dazu führen, das System der informellen Koalitionsgremien ab 1954 näher zu beleuchten. Keineswegs sollte dabei jedoch verschwiegen werden, daß ein letzter, klarer Beweis für das beiderseitige Akzeptieren dieses Papiers nicht vorliegt. Es gibt aber zahlreiche Fakten, die deutlich gerade darauf verweisen; es gibt keine gegenteiligen Informationen, und es gibt für den strukturellen Bereich Stimmen, die aussagen, daß die informelle Koordination in der Koalition gremienmäßig so ausfiel, wie beschrieben (Koalitionsausschuß/Koalitionsgespräche), unabhängig von der Frage, welchen Verbindlichkeitscharakter das DP-Papier tatsächlich erhielt.

Bevor die tatsächliche Verfaßtheit der informellen Gremien im Regierungsbereich untersucht werden kann, müssen aber zunächst noch andere Fragen behandelt werden. Da ist zunächst der Umstand zu erwähnen, daß Adenauers Dominanz auf dem Gebiet der Außenpolitik auch im hier interessierenden Zeitraum erhalten blieb. Eine wichtige strukturelle Rahmenbedingung für seinen überragenden Einfluß in der Außenpolitik änderte sich freilich: Im Juni 1955 gab der Kanzler, eher ein wenig widerwillig, die Personalunion zwischen Regierungschef und Außenminister auf, ins Auswärtige Amt zog als dessen neuer Leiter der langjährige Fraktionsvorsitzende der CDU/CSU im Bundestag, Heinrich von Brentano, ein. Adenauer hat aber sofort klargemacht, daß der Abschied von der Doppelrolle Kanzler und AA-Chef keineswegs bedeuten konnte, daß der neue Hausherr im Auswärtigen Amt in den Kernbereichen der Außenpolitik die Führung übernahm.

Das Hineinregieren des Nur-Kanzlers ins außenpolitische Feld hatte dabei durchaus eine verfassungsrechtliche Basis. Konrad Adenauer war - wie jeder Bundeskanzler während seiner Amtszeit - Inhaber der in Artikel 65 Grundgesetz normierten Richtlinienkompetenz, die es ihm erlaubt, in allen grundlegenden politischen Fragen Vorgaben für die gesamte Bundesregierung zu formulieren. Der Kanzler scheint sich auf diese Richtlinienkompetenz durchaus öfters berufen zu haben, nicht wenige seiner Monita oder Anweisungen wurden im außenpolitischen Zusammenhang getätigt. Die Ausübung der Richtlinienkompetenz ist daneben kein dem Kanzler zuerkanntes Handlungsmittel, das an eine ausdrückliche Benennung der Richtlinienausgabe als solche gebunden ist. Der Regierungschef dürfte also noch viel häufiger als Richtlinienkanzler aufgetreten sein; der Hinweis auf das GG erübrigte sich oft, die Möglichkeit zur Anwendung reichte als Durchsetzungsimpuls aus. Häufig kleidete der Kanzler dieses Verfahren der latenten Richtlinienbestimmung in kurz angebundene Schreiben, in denen er seine Minister zur Ordnung rief.

Der wichtigste Helfer bei der Durchsetzung der Politik war für Adenauer aber keiner seiner Minister, es war ein Beamter, der Staatssekretär und Chef des Bundeskanzleramtes, Hans Globke. Wenn man nur hinterfragt, was Globke für Adenauer so wertvoll machte, kann man zwei Bereiche voneinander trennen. Der Staatssekretär war:
- Adenauers wichtigster Administrator
- Adenauers wichtigster Berater.

Die administrative Rolle Globkes kann exakt aufgeschlüsselt werden. Er war zunächst einmal der eigentliche Konstrukteur des Bundeskanzleramtes, dann dessen exzellenter administrativer Leiter. Globke schuf im Bundeskanzleramt eine organisatorische Neuerung, die für die Kanzlerkanzlei von erstrangiger Bedeutung war: das Referentensystem. Darunter ist zu verstehen, daß praktisch jedes Bundesministerium im Kanzleramt ein verkleinertes Double in der Form eines Referates hatte. Damit konnte die oftmals disperse Ressortpolitik schon im Ansatz so koordiniert werden, daß die Gesamtpolitik einen einheitlichen Charakter erhielt. Daß der Konnex zwischen dem Palais Schaumburg und den einzelnen "Häusern" dann tatsächlich nutzbringend hergestellt werden konnte, muß auch vor dem Hintergrund einer zweiten "Erfindung" Globkes gesehen werden: der Personalrotation zwischen dem Kanzleramt und den Fachministern.

Dies ist oft als der unstatthafte Versuch Globkes eingeordnet worden, sorgfältig ausgewählte Vertrauensleute in die einzelnen Ministerien einzuschleusen. Dieses personelle Wechselspiel als fast nachrichtendienstliche Intrige einzuordnen, das ist von vielen Beteiligten verworfen worden. Wird die Personalrotation freilich ohne intrigenhafte Ausrichtung gesehen, gibt es durchaus Zustimmung hinsichtlich der Bewertung, daß Globke in vielen Ministerien ihm freundschaftlich verbundene Beamte hatte, die einen informellen Informationsfluß zum Bundeskanzler zumindest bei Bedarf sicherstellten.

Einige derjenigen Beamten, die in das System der Personalrotation einbezogen wurden, erreichten später den beamtenrechtlichen Status von Globke:

Sie wurden Staatssekretäre. Auf dieser Spitzenebene der Beamtenhierarchie wird dann auch ein weiterer Kanal für die Einflußnahme des Chefs des Bundeskanzleramtes vermutet: die vielzitierte "Gewerkschaft der Staatssekretäre". Den institutionellen Kern dieser "Gewerkschaft" stellten monatliche, nichtdienstliche Zusammenkünfte der beamteten Staatssekretäre dar. Wobei die berufsspezifische oder politische Relevanz dieser Treffen in den ersten Jahren der Bundesrepublik durchaus evident ist und erst mit wachsendem "Alter" des westdeutschen Staates immer mehr ins gesellschaftliche transformiert wurde, weil alle aktiven und ehemaligen Amtsinhaber eingeladen wurden, unabhängig der politischen Ausrichtung der Regierung, unter der sie im Amt waren. Dieser allmähliche Bedeutungswechsel der Staatssekretärsgewerkschaft läßt immerhin noch den Vorwurf zu, in den ersten Jahren der Bundesrepublik habe Globke mit diesem Kreis ein unkontrolliertes Schattenkabinett gebildet, das oft hinter dem Rücken der beteiligten Minister die entscheidenden Fäden zog. Diese Interpretation der hochkaraätigen Beamtenrunde ist letztlich eine politisch motivierte Fata Morgana: Globke war nicht "Chef" dieser Gewerkschaft, er war nicht einmal "Mitglied", d.h. er besuchte die regelmäßigen Treffen so gut wie nie. Sein Normalverhalten war ein indirekter Kontakt zum Treffen seiner Beamtenkollegen, schon allein die Vorstellung von der Existenz einer solchen nicht durchgängig konzipierten Führungsspitze dieses als unkontrollierbares Machtkartell der Spitzenbeamten verstandenen Kreises läßt eine Bewertung als richtunggebendes Nebenkabinett ausscheiden. Die anscheinend bewußt gewählte Distanzierung Globkes von der "Gewerkschaft der Staatssekretäre" heißt aber nicht, daß den Beziehungen des Adenauer-Intimus zu anderen Staatssekretären keine politische Bedeutung zukam. Der Chef des Bundeskanzleramtes leistete ohne institutionellen Rahmen insofern ein Stück Führungsarbeit, als er zahlreiche strittige Punkte zwischen den Ressorts und der Bundeskanzlei oder zwischen einzelnen Ministern durch Kontakte mit seinen Staatssekretärskollegen aus der Welt schaffen konnte und damit die Arbeit in der Gesamtregierung wesentlich erleichterte. Bei allen vorgestellten Vorzügen Globkes, nicht seine Rolle als hervorragender Administrator, sein Part als engster Berater des Kanzlers steht im Mittelpunkt seiner Bedeutung für Adenauer. Er besaß das uneingeschränkte Vertrauen des Regierungschefs, dabei war dies ein Vertrautsein ohne Freundschaft im eigentlichen Sinne, die Basis der gegenseitigen Affinität lag vielmehr in einer durch ethische Übereinstimmung geprägten Gesinnungsgemeinschaft. Vor diesem Hintergrund rückte Globke so nahe an Adenauer heran, weil er einige Charakterzüge und Eigenschaften besaß, die der Kanzler offensichtlich sehr schätzte. Globke war ein Mann ohne politischen Ehrgeiz, seine persönliche Ambitionslosigkeit war gepaart mit dem konsequenten Verzicht auf jedwedes Auftreten in der Öffentlichkeit und einer beispielhaften Diskretion, die wohl auch gelegentlich beiderseitige Konflikte überdeckte. Dieses und andere Vorzüge machten Globke zum ständigen Arbeitspartner für den Kanzler. Der Staatssekretär verbrachte mehr Zeit mit Zwiegesprächen im Arbeitszimmer des Regierungschefs als jeder andere, er war bei den meisten wichtigen Konferenzen und Terminen zugegen, war faktischer Stellvertreter des Kanzlers bei dessen Abwesenheit. Ob nun Information, Beratung oder Entscheidung - Globke war bei Adenauer stets präsent, die Ära Adenauer kann praktisch nicht gewürdigt werden, ohne den nicht unerheblichen Part des Kanzlerberaters Globke festzuschreiben. Globke war auch insofern von Bedeutung für Adenauer, als er am Ende des hier interessierenden Zeitraums der einzige aus dem ursprünglichen "Küchenkabinett" der beamteten Berater um den Kanzler war, der die ganze Zeit in unmittelbarer Tuchfühlung zum Regierungschef blieb. Dieser anfänglich so wichtige Mitarbeiterkreis um Adenauer ging in der 2. und 3. Legislaturperiode sukzessive auseinander. Diese personellen Veränderungen im Nahbereich des Kanzlers könnten zu der Vermutung zusammengezogen werden, daß das Küchenkabinett, zu Beginn dieser Studie als innerste gremienmäßige Stufe eines vielschichtigen Konkretisierungsprozesses der Regierungspolitik geschildert, im Verlauf der Jahre allmählich verschwand. Dem muß insofern widersprochen werden, als darauf verwiesen werden kann, daß zur Gesamtkategorie des "Küchenkabinetts" zwei weitere informelle Gremientypen gezählt wurden, wobei durch eine Studie von Jürgen Domes zum Verhältnis zwischen Mehrheitsfraktion und Bundesregierung abgesichert ist, daß ein informeller Entscheidungskreis in der unmittelbaren Nähe des Kanzlers auch weiter in zumindest einer dieser beiden Variationsmöglichkeiten fortbestand. Wenn also auch die Beratungstradition des Kanzlers durch ein "Küchenkabinett" nicht generell fortfiel, ungeklärt bleiben muß bei der derzeitigen dokumentarischen Materialbasis die Frage, ob die interne Strukturierung der Gesamttype "Küchenkabinett" im Zeitverlauf wechselte, ob die Strukturelemente nacheinander auftraten, ob sie (alle) gleichzeitig vorhanden waren, ob aus gewissen Urformen später voneinander zu trennende Strukturtypen entstanden. Auch der sogenannte "Montagskreis", regelmäßige Treffen zwischen dem Kanzler und der Fraktionsführung, ist dokumentarisch noch zu wenig fixierbar, als daß man ihn schon jetzt richtig in das mehrschichtige "Küchenkabinett"-System bei Adenauer einordnen könnte.

Ohne Schwierigkeiten ist im Gegensatz zum Problembereich des "Küchenkabinetts" eine Präsentation der weiteren Kabinettspraxis Adenauers möglich. Der Kabinettsstil des Kanzlers war in jenem Abschnitt, der die Genese des Adenauerschen Regierungsstiles behandelt, als ein Phänomen charakterisiert worden, welches von einer Fülle von durchaus widersprüchlichen Faktoren geprägt wurde. Man kann für den jetzt interessierenden Zeitraum der "Hoch"-Zeit der Kanzlerdemokratie weiterhin davon ausgehen, daß das durch die Kombinationsmöglichkeit einzelner dieser Faktoren umrissene Handlungsfeld des Kanzlers hinsichtlich seiner Kabinette nicht wesentlich verändert wurde. Zudem findet die bereits angesprochene und verneinte Frage, ob das Kabinett des Kanzlerdemokraten Adenauer nicht zu einer reinen Experten-Mannschaft, zu einem formal agierenden Gremium mit an sich entpolitisierten Ministern verkümmert sei, in einem stark beachteten Vorfall aus der 2. Legislaturperiode eine erneute Widerlegung. Adenauer hatte dabei Anno 1956 vor der Jahresversammlung des BDI in Köln die Diskontsatzpolitik der Notenbank angegriffen, dabei waren auch Wirtschaftsminister Erhard und Finanzminister Schäffer ins Schußfeld des Kanzlers geraten, von denen er "Rechenschaft" in der nächsten Kabinettssitzung verlangte. Erhard und Schäffer fühlten sich mit fast einhelliger Unterstützung der Öffentlichkeit desavouiert, drohten mit Rücktritt, verlangten eine Entschuldigung und bescherten dem Kanzler statt des angekündigten fachlichen Rechenschaftsverfahren eine politische Kabinettskrise. Adenauer machte einen Rückzieher, mußte sich von seiner Fraktion deutlich an das im Grundgesetz verankerte Kabinettsprinzip erinnern lassen und ging mit geschwächter Autorität aus dem Versuch hervor, hinter wichtigen Ministern keine politische Potenz zu sehen, die auch er in Rechnung zu stellen hatte.

Die politische Potenz der Unionsfraktion hat Adenauer hingegen stets berücksichtigt. An deren Spitze trat in der Mitte der 2. Legislaturperiode der langjährige Parlamentarische Geschäftsführer der CDU/CSU im Bundestag, Heinrich Krone. Dieser hatte zu Hans Globke ein ausgesprochen freundschaftliches Verhältnis. Ihre enge persönliche Beziehung zeigte durchaus dienstliche Auswirkungen, als dies den gegenseitigen Informationsfluß zwischen Bundeskanzleramt und Mehrheitsfraktion sicherstellte und damit letztlich wesentlich zum Konnex zwischen Kanzler und Unionsmehrheit im Bundestag beitrug. Krone wird andererseits auch als Vertrauter und Ratgeber des Kanzlers eingestuft. Das jeweils gegenseitig gute Verhältnis zwischen Adenauer, Globke und Krone kann als politisch relevante Trias eingestuft werden, die im erwähnten "Montagskreis" sogar eine periodische Stilform annahm. Die vertrauensvolle Zusammenarbeit zwischen Regierungschef und Unionsfraktionschef, deren Wert immer wieder betont wurde, basiert letztlich auf dem gleichen Muster, wie die Präferenz des Kanzlers für den Chef des Bundeskanzleramtes, Hans Globke. Man kann durchaus auch von einer Gesinnungsgemeinschaft Adenauer/Krone reden; was der Kanzler bei Globke charakterlich schätzte, fand er auch beim Fraktionschef: persönliche Ambitionslosigkeit, Bereitschaft zum Dienst an der Sache, eine gewisse Scheu vor der Öffentlichkeit. Krone war aber bei aller Harmonie mit Adenauer kein devoter Ja-Sager; er verkörperte gleichsam das politische Gewicht der Unionsfraktion, war damit alles andere als ein Befehlsempfänger des Regierungschefs, vielmehr ein eigenständiger Partner des Kanzlers, dessen strategischer Wert für Adenauer vor allem darin bestand, daß er es immer wieder schaffte, die oft sehr heterogene Fraktion der CDU/CSU in entscheidenden Momenten durch erfolgreiche innerfraktionelle Vermittlungstätigkeit zusammenzuführen.

Vor dieser personellen Neubesetzung hatte es eine wesentliche strukturelle Änderung im Arbeitsgefüge der Unionsfraktion gegeben: die Einführung der Arbeitskreise im Oktober 1953. In ihnen wurden analog zum Ausschußsystem des Bundestages die Entscheidungen der Gesamtfraktion zu einer gewissen Vorreife gebracht. Dieses System fand innerhalb der Unionsfraktion eine durchaus positive Bewertung, die Koalitionspartner fühlten sich hingegen oftmals von der tatsächlichen Entscheidungsfindung auch bei den Ausschußberatungen auf Parlamentsebene ausgeschlossen. Das Gefühl der Koalitionspartner, in Anbetracht der alleinentscheidungsfähigen Größe der Unionsfraktion zum reinen Mitläufer degradiert zu sein, hat selbst den Kanzler auf den Plan gerufen, der die Versammlung der Unionsparlamentarier vor allzu rücksichtslosem Gebrauch der erreichten Mehrheit warnte. Die Aufforderung Adenauers zur Mäßigung kann dabei durchaus von eigenem

Erfahren mitbestimmt gewesen sein. Der Regierungschef mußte feststellen, daß sich die Unionsfraktion zwar in außen- und verteidigungspolitischen Fragen so gut wie immer hinter ihn stellte, im innenpolitischen Bereich ging sie aber häufig eigene Wege. Die Nichtakzeptierung des Bildes einer Kanzlerschutztruppe namens Unionsfraktion im innenpolitischen Raum ist abgesichert durch Untersuchungen, die klarlegen, daß man zum einen in der 2. und 3. Legislaturperiode recht häufig abweichendes Abstimmungsverhalten von wechselnden Teilen der Unionsfraktion feststellen kann. Zum anderen wird klar, daß mit Hilfe der Mehrheitsfraktion ein großer Teil der Gesetzesvorlagen der Regierung wesentlich verändert, oft in ihrem Charakter auch so umgestaltet wurde, daß man von einer totalen Abkehr von der Ausgangsposition reden konnte. Die Mehrheitsfraktion trat als selbständige Größe im innenpolitischen Sektor neben der Regierung in Erscheinung, von einer "Ja-Sager-Fraktion" ist hier kaum etwas zu spüren.
Natürlich sind Faustformeln in dieser Hinsicht mit Bewertungen wie "Kanzler-Getreue" in der Außen- und Verteidigungspolitik, Kanzler- und Regierungspartner in der Innenpolitik hinsichtlich der Mehrheitsfraktion immer Erklärungsbilder, die keinen Ausschließlichkeitsanspruch erheben können. Dies läßt sich an einem wichtigen Gesetz aus dem verteidigungspolitischen Bereich darstellen: dem Freiwilligengesetz aus dem Jahre 1955. In einer weiteren Studie von Jürgen Domes wird gezeigt, daß in diesem Fall die übliche Schlachtordnung im Parlament durchbrochen wurde. Selbst die Mehrheitsfraktion der CDU/CSU wandte sich bei dieser ersten provisorischen Wehrgesetzgebung gegen die eigene Regierung und veränderte das auf Betreiben Adenauers eingebrachte Vorschaltgesetz total. Man kann von einer Parlamentsopposition gegen die Exekutive sprechen. Dies war sicherlich ein exzeptioneller Vorgang. Auf der anderen Seite kann mit dieser detaillierten Studie von Domes die Klärung einer weiteren wichtigen Frage im Rahmen dieser Arbeit eingeleitet werden.
Wie vorstehend geschildert, gibt es widersprüchliche Hinweise darauf, ob das System der Koalitionsbesprechungen, wie für die 1. Legislaturperiode präsentiert, auch in den Jahren nach 1953 Bestand hatte. Die angesprochene Fallstudie zum Freiwilligengesetz fällt mit ihrem zeitlichen Kernbereich in eine Periode, wo eventuelle Änderungen dieses Systems sicherlich deutlich geworden wären. Der Konjunktiv ist hier berechtigt, denn immerhin wird beim Freiwilligengesetz punktuell deutlich, daß die Stilart des

Koalitionsgesprächs mit ihren beiden bislang bekannten Unterformen (Teilnahme von führenden Koalitionsvertretern an Kabinettssitzungen; eigens angesetzte Koalitionsgespräche beim Kanzler) weiterhin praktiziert wurde. Der Vermutung einer Aufgabe oder zeitweiligen Reduzierung dieses informellen Abstimmungsmechanismus zwischen Regierung und Koalitionsfraktion kann aber auch flächendeckend begegnet werden. Wie entsprechende Recherchen verdeutlichen, hat es sicherlich bis zum Bruch zwischen CDU/CSU und FDP 1955/56 regelmäßige Koalitionsgespräche gegeben. Es scheint gesichert, daß dieses Verfahren auch über diesen Zeitpunkt hinweg praktiziert wurde, wenngleich die Absicherung im Einzelfall nicht so lückenlos ist, wie im Zeitraum davor. Dieser Vorbehalt gilt insgesamt für den Bereich des Koalitionsausschusses, den periodisch stattfindenden Treffen der Spitzen der Koalitionsfraktionen. Daß der Koalitionsausschuß genauso wie in der ersten Legislaturperiode regelmäßig tagte, ist klar; die Dokumentation dieser Termine kann aber nur sehr lückenhaft präsentiert werden.

Damit wird deutlich, daß genauso wie beim Kabinettsstil Adenauers auch im Bereich der informellen Gremien zwischen Regierung und Koalitionsfraktionen im hier interessierenden Zeitraum kein grundlegender Wandel sichtbar wird. Das überkommene strukturelle Netz für die Konkretisierung der Regierungspolitik in einem vielschichtigen Geflecht von formellen und informellen Ebenen war also auch während der "Hoch"-Zeit der Kanzlerdemokratie vorhanden. Adenauers Position mag durch seine fortlaufenden Erfolge in dieser Zeit sehr verstärkt worden sein, er benutzte nichtsdestoweniger vom regierungstechnischen her die gleiche Grundstruktur wie in den ersten vier Jahren seiner Kanzlerschaft. Es erhebt sich natürlich jetzt die abschließende Frage, ob auch die anderen geschilderten Regierungspraktiken in der Zeit nach 1953 Bestand hatten. Der Einstieg in eine Untersuchung der Frage, ob es auch in der "Hoch"-Zeit der Kanzlerdemokratie "Einsame Entscheidungen" Adenauers gegeben hat, ist ohne große Komplikationen möglich. Der Kanzler selber hat sich im Zusammenhang mit seinem Verzicht auf Herstellung von ABC-Waffen durch die Bundesrepublik bei der Londoner Neunmächtekonferenz im Jahre 1954 zu einem "Einsamen Entschluß" bekannt. Auch im Zusammenhang mit der Unterzeichnung des Saarstatus (Oktober 1954 in Paris) und der faktischen Entscheidung zur Aufnahme von diplomatischen Beziehungen zur Sowjetunion (September 1955 in Moskau) ist immer wieder von "Einsamen Entscheidungen" des Kanzlers gesprochen worden. Wie schon bei der Untersuchung von postulierten Alleinentscheidungen Adenauers in der 1. Legislaturperiode wird auch bei den zwei vorstehend genannten Fällen aus der 2. Legislaturperiode deutlich, daß die Bewertung der Relevanz von "Einsamen Entscheidungen" in erster Linie ein Vorgang ist, der durch die politische Position des Wertenden zum eigentlichen Entscheidungsobjekt bestimmt wird. Besonders plastisch wird dies an der Gewichtung beider Vorgänge in Paris und Moskau durch den jeweils anwesenden Carlo Schmid. Während er den aus seiner Sicht sicherlich gegebenen Alleingang Adenauers in Paris kritisierte, forderte er in Moskau den Kanzler zu einem Alleingang geradezu auf. Dies gibt nur dann einen Sinn, wenn man sich den unterschiedlichen politischen Hintergrund vor Augen führt: Die SPD lehnte das Saarstatut ab, mit der Politik der Bundesregierung gegenüber Moskau war sie jedoch einverstanden.

Untersucht man die beiden hier beschriebenen "Einsamen Entscheidungen" außerhalb der Dimension der politischen Wertigkeit, beschränkt man sich auf ein rein strukturelles Kategorienschema, wird man auch an diesen beiden Einzelfällen feststellen können, daß Alleinentscheidungen Adenauers nicht so "einsam" waren, wie häufig vermutet wurde. Sowohl in Paris als auch in Moskau konsultierte der Kanzler unterschiedliche Beraterkreise. In der französischen Hauptstadt war dies zunächst nichts anderes als ein Koalitionsgespräch, nur daß es eben nicht in Bonn stattfand. Diese Runde wurde dann, auch auf Betreiben der Unionsfraktion, um die Fraktionsspitze der Opposition erweitert. Nach Moskau fuhr Adenauer mit einem Großteil seines beamteten "Küchenkabinetts", dem wichtige außenpolitische Mandatsträger zur Seite gestellt wurden und somit ansatzmäßig die präsentierte zweite Strukturtype dieses informellen Beraterkreises zusammenkam. Beide Einzelentscheidungen sind also dazu angebracht, die Einordnung der Stilform der "Einsamen Entscheidungen" in die vielschichtige, formelle und informelle Entscheidungsstruktur des Regierungsbereiches, wie sie bei der grundsätzlichen Behandlung dieses Entscheidungstypus im ersten großen Abschnitt dieser Arbeit als Erklärungsmuster verwandt wurde, auch für den hier interessierenden Zeitraum abzusichern.

Auch die Skepsis vor einer Überbewertung der "Immediatgespräche" beim Kanzler findet in der Zeit nach 1953 seine Absicherung. Daß Verbände bestrebt waren, auf anderen Wegen als allein über die Kanzlerposition wirksamen Einfluß auf das politische Geschehen zu suchen, wurde gleich in doppelter Hinsicht deutlich. Es ist schon darauf hingewiesen worden, daß die Mehrheitsfraktion im Bereich der Innenpolitik höchst wirkungsvoll an der politischen Ausgestaltung teilhatte. Diese Ausgestaltung war keineswegs eine Summe von Einzelhandlungen der Unionsparlamentarier, die ohne interessenpolitische Beimengung zustande kam. Vielmehr traten bei der innenpolitischen Mitwirkung in der Fraktion vertretene verbandspolitische Gruppen stark hervor und erzwangen nicht gerade selten Änderungen in ihrem Sinne. Wird an diesem Beispiel klar, daß interessenpolitisches Bestreben auf einem anderen Kanal als der Kanzlerebene über einen längeren Zeitraum (2. und 3. Legislaturperiode) im Gesetzgebungsprozeß erfolgreich sein konnte, zeigt der Einzelfall der Erstellung des Kartellgesetzes, auf wie vielen Kanälen Interessenpolitik fast gleichzeitig eingesetzt wurde, um verbandspolitische Ziele zu verwirklichen. Träger zielgerichteter Gruppenpolitik war in diesem Fall der BDI, er erreichte ein Immediatgespräch beim Kanzler, er versuchte durch Verhandlungen mit der Bürokratie die vorparlamentarische Gestaltung des Gesetzes entscheidend zu beeinflussen. Während der parlamentarischen Beratungen setzte er seine Interventionen ständig fort; ein ganzer Katalog von Einflußmitteln kann dabei aufgezählt werden, die sicherlich nicht erfolglos waren, da auch in den entscheidenden Ausschußberatungen immer wieder klar wurde, wie stark die Kräfte waren, die auf Seiten des BDI standen. Die Relevanz des BDI in diesem Fall ergab sich nicht aus der Möglichkeit, beim Kanzler zu intervenieren; sein großer Einfluß auf das Gesetz war möglich, weil er einen ganzen Fächer von Einflußkanälen benutzen konnte, um seine Vorstellungen einzubringen. Der Gang zum Kanzler war also e i n Einflußweg, keineswegs aber d e r Einflußweg.

Anders: Es hat Immediatgespräche von Verbandsvertretern bei Adenauer sicherlich auch nach 1953 gegeben, vor ihrer Hochstilisierung zum Dreh- und Angelpunkt der pluralistischen Gesellschaft wird aber gewarnt.

## C   DAS ENDE DER KANZLERDEMOKRATIE
(1959 - 1963)

Für die letzten Jahre der Adenauerschen Regierungszeit wird von zahlreichen Beobachtern eine fortschreitende Verschlechterung der Handlungsposition des Kanzlers im politischen System festgestellt. Auch nahe Mitarbeiter Adenauers sehen Indizien für eine Schwäche des Kanzlers. Horst Osterheld beispielsweise spricht von den Jahren des langsamen Machtverlusts (1). Wann diese Zerfallsperiode einsetzte, ist umstritten. Nach Wilhelm Hennis offenbarten sich erst nach 1961 die Schwächen der Kanzlerdemokratie (2), Autoren aus dem Lager der Union datieren den Beginn dieser Periode noch früher: Karl Carstens spricht davon, Adenauer habe den Zenit seiner Machtstellung am Ende der fünfziger Jahre überschritten (3), Wulf Schönbohm hebt hervor, die Zeit nach 1959 sei gekennzeichnet durch eine langsam deutlich werdende Infragestellung Adenauers bis dato starker Autorität innerhalb von Partei und Fraktion (4). Ein mehrstufiges Erklärungsmuster für den Positionsverlust des Regierungschefs hat der Schweizer Journalist Fred Luchsinger angeboten, der zu Adenauers Rücktritt im Oktober 1963 das Folgende anmerkte:

"Die Ära Adenauer ist, nach einem grandseigneural-festlichen Ausklang, an ihr Ende gekommen. Dieses Ende ist zwar politisch seit längerem vorweggenommen worden. Es war spätestens nach der Wahl von 1961, die den deutschen Kanzler in Abhängigkeit von seinen zeitweilig schärfsten innenpolitischen Gegnern brachte, außenpolitisch aber schon bald nach dem Tode Dulles' spürbar geworden, daß die prägende Kraft dieses Mannes und seiner Politik nachließ, beziehungsweise der zu prägende Stoff widerspenstiger wurde. Die Merkmale dieser Ära, der seine Anhänger wie seine Gegner mit gleicher Selbstverständlichkeit den Namen Adenauers geben, den sie wohl behalten wird, sind vor diesen Jahren zu suchen, die zwar keineswegs Jahre des Zerfalls, aber doch weichender 'Fortüne' waren." (5)

Luchsingers differenzierende Beschreibung vom Ausklang der Ära Adenauer ist in mehrfacher Hinsicht interessant:
- Sie geht davon aus, daß die nach der Blütezeit der Kanzlerdemokratie einsetzende Erosion der Stellung Adenauers kein Phänomen war, das in all seinen Aspekten auf einen zeitlich einheitlichen Umschwungstermin festlegbar war. Dies entspricht der bereits präsentierten Erkenntnis, daß der Regierungsstil eines Kanzlers sich nicht in eine Folge absolut

durchgängig segmentierter Abschnitte aufgliedern läßt (vgl. Beginn Abschnitt B).

- Sie macht deutlich, daß die Verschlechterung der Handlungsposition des Kanzlers auch eine Folge des Umstandes war, daß der "zu prägende Stoff widerspenstiger" wurde. Es müsse sich also entscheidende politische Parameter verändert haben. Dies macht es nötig (wie gehabt), zunächst die politischen Rahmenbedingungen ins Blickfeld zu rücken und davon ausgehend zu einer Schilderung des Regierungsstiles zu kommen.

## I. Die spezielle historische Situation

### 1. Die Veränderung der außenpolitischen Rahmenbedingungen

Die wohl wichtigste außenpolitische Komponente in der ersten Dekade der Bundesrepublik war das immer enger werdende Verhältnis zwischen dem westdeutschen Staat und der westalliierten Großmacht, den USA. Diese war insofern jahrelang eine Selbstverständlichkeit, als sich zwischen dem amerikanischen Außenminister, John Foster Dulles, und dem deutschen Regierungschef, Konrad Adenauer, eine regelrechte Freundschaft entwickelte, die dieser Sonderbeziehung ein Medium verschaffte, welches die persönliche Abstimmung über die einzuschlagenden Wege der Politik als Normalfall erscheinen ließ.

Die Sonderbeziehung zwischen den USA und der Bundesrepublik löste sich Ende der 50er/Anfang der 60er Jahre auf (6). Das hatte weniger mit bilateralen Problemen zu tun, vielmehr änderte sich im Bereich des Verhältnisses zur Sowjetunion die Position der Amerikaner. Diese Positionsverschiebung hatte eine zunächst waffentechnische Basis: das sich seit Mitte der 50er Jahre allmählich abzeichnende atomare Patt der Supermächte. Die darauf bezogene grundlegende Veränderung der weltpolitischen Konstellation war der Umstand, daß für Amerika zum ersten Mal in seiner Geschichte die Möglichkeit unermeßlicher Zerstörung durch Atomwaffen bestand (7). Dies führte dazu, daß spätestens die Kennedy-Administration dazu überging, die Dimension der amerikanischen Sicherheitspolitik gegenüber der Sowjetunion zu überdenken und zu korrigieren. Im Mittelpunkt des neuen Konzeptes stand die Politik der Entspannung mit der Führungsmacht des anderen Blocks. Man

suchte aufgrund des Potentials gegenseitiger Vernichtung nach Wegen, eine
direkte atomare Konfrontation mit den Russen auszuschalten. Dieses neue
nationale Interesse der Amerikaner wurde höherrangig eingestuft als die
alte Interessenparallelität zwischen Washington und Bonn (8).
Die neue Vorrangbeziehung der USA zum potentiellen Hauptgegner des
Westens, der UdSSR, störte die bisherige Sonderbeziehung zur Bundesrepublik erheblich, als Washington sich anschickte, vitale Interessen Bonns zu
vernachlässigen. Zum einen wurde die bisherige Verknüpfung zwischen den
Fragen der Abrüstungspolitik und der Deutschlandpolitik aufgegeben. Deutlich wurde dies beim Teststopabkommen des Jahres 1963 (9). Daneben mußte
Bonn sein vitales Eigeninteresse durch die neue amerikanische Außenpolitik in der Frage der Vorrangigkeit der deutschen Wiedervereinigung
verletzt sehen. Im Deutschlandvertrag hatten sich die Amerikaner verpflichtet, zusammen mit der Bundesrepublik eine Politik zu betreiben, die
zur Wiedervereinigung führen sollte. Im Zeichen des atomaren Patts wurde
dieses Ziel von Washington herabgestuft, die Amerikaner neigten nun vorrangig dazu, eine Sanktionierung des Status quo statt der Wiedervereinigungsoption zu vertreten. Dies war für die Bonner Führung nicht akzeptabel
(10). Der Hinweis darauf, daß sich die neue amerikanische Politik nicht
mehr in Übereinstimmung mit den eingegangenen vertraglichen Verpflichtungen zugunsten Deutschlands befinde, wurde den Amerikanern in aller
Öffentlichkeit präsentiert. Der deutsche Botschafter in Washington, Wilhelm Grewe, wies auf diesen Punkt in einem Fernsehgespräch vom 22. September 1961 mit dem amerikanischen Kongreßabgeordneten Ellsworth hin. Der
Text des Interviews wurde wenig später im Bonner Regierungsbulletin veröffentlicht (11). Dies verdeutlicht, daß Grewe mit seiner Kritik nur die
regierungsamtliche Position der Bundesrepublik zur amerikanischen Außenpolitik vertreten hatte (12).
Die Bonner Querlage zum neuen außenpolitischen Trend der Vereinigten
Staaten war dabei mehr als trotziger Immobilismus nach einem Blick zurück
auf die Zeiten des Kalten Krieges. Für Beobachter ist die langanhaltende
bundesrepublikanische Skepsis hinsichtlich der Entspannungspolitik nicht
nur vom Altersstarrsinn Adenauers geprägt, sondern war auch durch die
Staatsräson geboten. Es habe nicht mehr und nicht weniger als die Frage im
Raum gestanden, was die Westintegration noch wert sei, wenn der durch sie
versprochene Preis, die Wiederherstellung der deutschen Einheit, tat-

sächlich nicht bezahlt werden würde (13).

In Bonn waren denn auch nicht wenige der Meinung, bei der neuen amerikanischen Politik gegenüber Moskau habe nur einer zu bezahlen: die Deutschen (14).

Ein Großteil der Bonner Führungsmannschaft kannte in Anbetracht der veränderten außenpolitischen Konstellation nur ein Rezept gegenüber der amerikanischen Politik: Man ging zu Störmanövern über, man startete auch öffentliche Torpedierungsversuche. Der wohl bekannteste Fall in dieser Hinsicht ereignete sich während der Berlin-Krise der Jahre 1961/62.

Zu Beginn des Jahres 1962 weiteten sich die sowjetisch-amerikanischen Kontakte in Sachen alter deutscher Reichshauptstadt zu regelrechten Sondierungsgesprächen hinsichtlich einer neuen Übereinkunft für Berlin aus. Es wurde auf diversen Ebenen verhandelt (15). Schließlich schnürten die Amerikaner ein Verhandlungspaket, in dessen Mittelpunkt eine internationale Zugangsbehörde für Berlin stand (16). Dieses Papier wurde am 9. April 1962 über den deutschen Botschafter in Washington, Wilhelm Grewe, der Bundesregierung zugeleitet (17), die zunächst die Fraktionsvorsitzenden der Bundestagsparteien über das vertrauliche Papier informierte (18). Wenig später gelangte es an die Bonner Presse, was einen scharfen Protest Washingtons auslöste (19).

Als dieses "indirekte Bonner Veto" (20) gegen die amerikanische Berlinposition keinen Erfolg zeitigte, entschloß sich Adenauer - nach der Wertung von Bruno Bandulet - zu einem in der Geschichte der deutsch-amerikanischen Beziehungen "einmaligen Schritt" (21): Anläßlich eines Berlin-Besuches am 7. und 8. Mai 1962 äußerte sich der Kanzler vor der Presse, er habe nicht die leiseste Hoffnung, daß es bei den Ost-West Verhandlungen über Berlin zu einem Ergebnis kommen würde, und lehnte insbesondere den Plan einer interantionalen Zugangsbehörde für Berlin ab, weil damit eine verklausulierte Anerkennung des Zonenregimes verbunden sei (22). Für Wilhelm Grewe sind die Berliner Äußerungen des Kanzlers die "schärfste öffentliche Distanzierung von der amerikanischen Politik", die je ein deutscher Regierungschef abgegeben hat (23), Klaus Gotto spricht von einem Tiefpunkt der deutsch-amerikanischen Beziehungen (24). Walther Stützle bezieht die auf Adenauers Attacke folgenden scharfen Äußerungen Kennedys anläßlich einer Pressekonferenz am 9. Mai 1962 mit ein und erklärt, dies sei kein Umgangston für Staatsmänner in der Öffentlichkeit, schon gar nicht, wenn sie Bündnispartner seien. Er sieht das Klima zwischen den Hauptstädten auf seinem zweifellos kältesten Punkt, die angekündigte Rückberufung von Botschafter Grewe ist für ihn Ausdruck der beiderseitigen Verstimmung (25).

Adenauer selber beschränkte sich aber nicht darauf, die von ihm als falsch angesehene amerikanische Politik zu hintertreiben. Der Kanzler begann seinerseits mit einer aktiven Ostpolitik gegenüber der Sowjetunion, wobei wichtige Versatzstücke seiner Anstrengungen für die Zeitgenossen nicht sichtbar werden konnten, da sie mit einem Mantel strikter Geheimhaltung umgeben waren. Auf diese sogenannte "Arkanpolitik" wird später detaillierter eingegangen. Hier soll nur das taktische Kalkül dieses direkten Herangehens an die Sowjetunion vor dem Hintergrund deutsch/amerikanischer Friktionen verdeutlicht werden.

Nach Hans Buchheim schien Adenauer der Weg der Arkanpolitik insofern günstig, als er kein Vertrauen mehr darauf hatte, daß die Amerikaner deutsche Interessen nachdrücklich vertreten würden und er auch die Gefahr ausschalten wollte, die deutsche Frage zum Handelsobjekt der Großmächte werden zu lassen. Obwohl sich der Kanzler fünf Jahre lang bemüht habe, direkt mit der Sowjetunion zu Vereinbarungen zu gelangen, sei ihm letztlich doch kein Erfolg beschieden gewesen (26). Diese Erfolglosigkeit muß vermeldet werden, obwohl sich der Kanzler einen quasi persönlichen Kanal zu Chruschtschow angelegt hatte. Dieses unmittelbare Medium war der ab Mai 1958 in der sowjetischen Hauptstadt tätige deutsche Botschafter, Hans Kroll. Über Krolls Persönlichkeit und seine politische Bedeutung gehen die Meinungen weit auseinander (27). Der strukturelle Wert dieses Karrierediplomaten für Adenauer scheint vor dem Hintergrund der Dissonanzen zwischen Washington und Bonn weit weniger streitig: Der deutsche Regierungschef hatte mit Hans Kroll direkten Zugang zum Kreml (28) und glaubte damit gleichzeitig ein taktisches Korrektiv zum aufkommenden sowjetisch-amerikanischen Bilateralismus einsetzen zu können (29). Die Diskrepanz zwischen Washington und Bonn hatte aber nicht nur eine inhaltlich-politische Dimension, sie waren durchaus auch von persönlichen Aspekten geprägt. John F. Kennedy hatte noch als Senator Konrad Adenauer in einem Beitrag der Zeitschrift Foreign Affairs ziemlich freimütig zum politischen Fossil deklariert, als er wortwörtlich schlußfolgerte, die Ära Adenauer sei vorbei (30). Des Kanzlers Sympathien für Kennedys Wahlkampfwidersacher,

Richard Nixon, waren andererseits dem späteren Sieger durchaus bekannt
(31), während zumindest das offiziöse Bonn in der Wahlkampfzeit Distanz
zu Kennedy und seiner Mannschaft signalisiert hatte (32). Nach seiner Wahl
übte der amerikanische Präsident denn auch vor Deutschen immer wieder
persönlich Kritik am Kanzler (33). Wenn man all dies berücksichtigt, kann
es kaum verwunderlich erscheinen, daß Felix von Eckardt im Überblick zum
Resultat kommt, das Verhältnis Adenauer/Kennedy sei durchgängig "etwas
kühl und distanziert" gewesen (34).

Die persönliche Distanz der führenden Politiker neben der geschilderten
inhaltlichen Differenz entlud sich immer wieder in Spannungen zwischen
Bonn und Washington. Ohne dies im Rahmen dieser Studie in allen Einzelheiten nachzeichnen zu können, soll als Resümee die Wertung von Roger
Morgan präsentiert werden: Für ihn ist die Ära Kennedy-Adenauer eine Zeit,
in der die deutsch-amerikanischen Beziehungen durch ein "beträchtliches
Maß an Uneinigkeit" gekennzeichnet waren (35).

Adenauers außenpolitische Bedeutung war anfänglich insofern stark gewesen,
als er als Garant dafür war, daß die Politik der jungen Bundesrepublik in
enger Tuchfühlung mit den westlichen Vorstellungen geführt wurde (vgl.
S. 54 ff). Er hatte dieses zunächst gegenüber den alliierten Hochkommissaren angewandte "Vertrauensverfahren" später zu einem System fundierter persönlicher Beziehungen zu wichtigen ausländischen Staatsmännern ausgebaut, wobei dem langjährigen amerikanischen Außenminister, John Foster
Dulles, durchaus eine Schlüsselposition zukam (vgl. S. 225 ff). Nun fehlte
dieser persönliche Vorzugspartner in Washington nicht nur, die Beziehung
zur Spitze des wichtigsten Verbündeten war vielmehr durch menschliche
Distanz und inhaltliche Differenz gekennzeichnet.

Kennedy wäre aber wohl auch bei menschlicher Zugeneigtheit zu Adenauer
und gleichzeitiger politischer Übereinstimmung mit dem Kanzler kaum bereit
gewesen, die Beziehung Bonn-Washington auf einen persönlichen Akkord mit
dem deutschen Regierungschef zu zentrieren. Hatte er nicht gerade diese
Vorgangsweise in der Ära Dulles heftig kritisiert (36)? Folglich liefen
die tatsächlichen Beziehungen zwischen den Hauptstädten nach Kennedys
Amtsantritt auch auf einer verbreiterten Basis ab. Verstärkt wurden die
Außenministerien und die parlamentarischen Experten eingeschaltet. Auch
die SPD, und dabei besonders Willy Brandt, trat für Washington in den
Kreis der Ansprechpartner herein (37).

Wenn damit auch die außenpolitische Position Adenauers verschwand, für seine innenpolitische Wirkung hätte dies nicht unbedingt gravierende Folgen haben müssen, zumal die SPD 1960 weitgehend auf die überkommene außenpolitische Grundlinie der Regierung einschwenkte. In diesem Zusammenhang sei nur an die Bundestagsrede von Herbert Wehner vom 30. Juni 1960 erinnert (38). Mußte nicht gerade die amerikanische Abkehr von den deutschen Optionen in Bezug auf die Wiedervereinigung dem Kanzler neue Resonanzfelder einer gewissen Widerstandshaltung erschließen, die den außenpolitischen Positionsverlust zumindest innenpolitisch abfingen?
Dies ist insofern eine hypothetische Frage, als mit dem Beidrehen der Sozialdemokratie zwar die alte außenpolitische Frontlinie innerhalb der Bundesrepublik verschwand, sich aber ein neuer Konfliktbereich an der Problemstellung herausschälte, wie der geänderten außenpolitischen Konstellation zu begegnen sei. Der neue Streitpunkt führte einen Riß quer durch die Union, das Schlagwort von der Differenz zwischen den "Atlantikern" und "Gaullisten" wurde geboren. Auf dieses Phänomen wird später eingegangen (vgl. S. 411 f). Erwähnt sei in diesem Zusammenhang nur, daß Adenauer selber einem Flügel zugerechnet wurde, und zwar den Gaullisten (39). Zum externen Positionsverlust kam also auch eine interne Schwächung des Kanzlers, da sich seine bislang durchgängige Resonanzfläche für außenpolitische Aktionen innerhalb der Union drastisch verkleinerte. Unter einem Teilaspekt ist der "Gaullist" Adenauer wenig überraschend. Mit Frankreich konnte er den für ihn typischen Stil außenpolitischer Kontakte mit starkem persönlichen Engagement aufrechterhalten, da er in de Gaulle einen Partner für die von ihm so geschätzte Direktbeziehung fand (40).

## 2. Die Bundespräsidentenkrise 1959

Neben der beschriebenen, durch außenpolitische Faktoren geprägten Positionsverschlechterung des Kanzlers kamen aber auch innenpolitische Umstände hinzu, die Adenauers Stellenwert im politischen System beträchtlich reduzierten. Der wohl gravierendste Vorfall in dieser Hinsicht war das Verhalten des Regierungschefs während der Suche nach einem Nachfolger des 1959 aus Amt und Würden scheidenden ersten Bundespräsidenten, Theodor Heuß. Das Geschehen in der so titulierten "Präsidentenkrise" (41) soll hier nur in jenen Teilbereichen angesprochen werden, die hinsichtlich des gewählten Themas von Bedeutung sind.

Der Kanzler

- betrieb zunächst eine Präsidentschaftskandidatur Ludwig Erhards, die der Wirtschaftsminister, auch nach heftigem Widerspruch der Unionsfraktion, bald zurücklegte.
- ließ sich danach davon überzeugen, daß er der richtige Mann sei, um Theodor Heuß nachzufolgen. Als Adenauer jedoch klar wurde, daß die CDU/CSU-Fraktion nach dieser allgemein begrüßten Kandidatur des 84jährigen Regierungschefs nicht auf den von ihm gewünschten Franz Etzel als neuen Kanzler zusteuerte, sondern Ludwig Erhard als neuen Hausherrn im Palais Schaumburg sehen wollte, trat er von seiner Kandidatur zurück, wobei er als wichtigen Grund die außenpolitische Situation heranzog.
- dämpfte die nach seinem Rückzug aufgetretene tiefsitzende Verärgerung der Unionsfraktion über seinen Zickzack-Kurs keineswegs. Er fuhr fort, die allgemeinpolitischen Fähigkeiten des von ihm als Kanzlernachfolger abgelehnten Erhard über massenmediale Kanäle in Frage zu stellen. Dieses "Nachkarten" des Kanzlers führte zu einer noch weitergehenden Entfremdung zwischen Adenauer und den Unionsparlamentariern. Schlimmeres konnte nur insofern verhindert werden, als sich die Fraktionsspitze um Heinrich Krone als erfolgreicher Vermittler und Wogenglätter in den in der Endphase in aller Öffentlichkeit ausgetragenen Schlagabtausch zwischen Regierungschef und Wirtschaftsminister einschaltete.

Der interne Friede im Regierungslager konnte abschließend durch die Tatsache versinnbildlicht werden, daß sich Adenauer und Erhard in einem Briefwechsel (42) "versöhnten". Trotz dieser eher harmonischen Note am Ende der Präsidentenkrise hatte der Kanzler in diesen Monaten offensichtlich mehr an politischem Porzellan zerschlagen, als die schließlich erfolgte Schlichtung mit seinem Wirtschaftsminister wieder zusammenfügen konnte.

Die erste Dimension der Adenauerschen Fehlleistung hat ohnehin wenig mit der persönlichen Kontroverse zu tun. Der Kanzler saß insofern einem machtpolitischen Trugschluß seinerseits auf, als er wohl davon ausging, als Bundespräsident mit Anklängen an jenes Verfahren regieren zu können, das ihm sein Freund Charles de Gaulle mit seinem Muster von der "Präsidialdemokratie" präsentierte (43). Eine zweite Ebene seiner Fehlleistung kann dahingehend zusammengefaßt werden, daß sich der Kanzler ganz offensichtlich in der Wahl seiner Mittel vergriff. Jess M. Lukomski wertet die

Vorgänge um seinen Rückzug von der Präsidentenkandidatur als ein "Musterbeispiel byzantinischer Intrige und Durchtriebenheit" (44), nicht weniger hart urteilt Theodor Heuß (45).
Die dritte Perspektive der Fehlleistung Adenauers scheint darin zu liegen, daß der Kanzler von sich aus kaum etwas unternahm, um die aufgewühlten Gemüter seiner Partner aus der Union in dieser Lage zu beruhigen. Er ging vielmehr so weit, selbst machtpolitische Reizschwellen zu berühren. Als beispielsweise der Fraktionsvorstand der CDU/CSU am Tage nach des Kanzlers Rückzug von der Präsidentenkandidatur zu einer stürmischen Sitzung zusammentrat, in deren Verlauf Bundestagspräsident Gerstenmaier Adenauer erklärte, daß keines seiner vorgebrachten Argumente zum Verzicht die Runde habe überzeugen können, konterte der Regierungschef mit dem Hinweis, man könne ja das konstruktive Mißtrauensvotum gegen ihn einbringen und verließ ohne weitere Erklärungen die Sitzung (46).
Adenauers geschildertes Gesamtverhalten war ein wesentlicher Faktor in dem Prozeß, der die Nachfolgefrage von Theodor Heuß zu einer Situation aufheizte, die Kai-Uwe von Hassel nachträglich als Zerreißprobe für die Union deklarierte (47). Heinrich Krone, wesentlich daran beteiligt, daß der Streit nicht in ein umfassendes Debakel ausartete, charakterisiert die Lage nicht weniger drastisch:

"Die CDU ist in den letzten Wochen von einer Unruhe erschüttert worden, die weit über die Partei hinaus die deutsche und internationale Öffentlichkeit erfaßte. Vielleicht hatten wir uns alle zu sehr daran gewöhnt, die CDU inmitten der großen Umwälzungen in der Politik als einen festen, unerschütterlichen Block zu empfinden. Gerade die ruhige Entschlossenheit der vergangenen Jahre, die für den Aufbau der Partei und des Staates so wichtig gewesen ist, hatte uns in zu große Sicherheit gewiegt. Daher war das Erdbeben, als es überraschend wie ein Naturereignis hereinbrach, um so verwirrender (48).

Viele Beobachter sahen aber von der Präsidentenkrise des Jahres 1959 Wirkungen ausgehen, die weit über den Rahmen der Union hinaus Folgen hatten. Sie wähnen den Staat durch diese Krise erschüttert (50), nicht weniger harsch urteilten viele Politiker außerhalb der Union: So äußerte Erich Mende die Befürchtung, daß Adenauer als ein Mann in die Geschichte eingehen würde, der die ersten Ansätze einer selbstbewußten parlamentarischen Demokratie zerschlagen habe (51). Daß der Staat durch die Ereignisse um die Präsidentenwahl 1959 in Mitleidenschaft gezogen worden sei, ist ein Vorwurf, der später auch in anderen politischen Lagern verneint wurde

(52), die Union hat die Einordnung der Vorkommnisse als Staatskrise sowieso nie akzeptiert. Dies machte schon Mitte 1959 kein anderer als Heinrich Krone deutlich, er zog jedoch eine Negativbilanz auf einem anderen Feld:

"Der Staat und seine Organe arbeiten so zuverlässig wie zuvor. Es ist nicht so, als ob der Staat gefährdet wäre. Nur das Vertrauen in die politische Führung ist in Mitleidenschaft gezogen worden. Diese Tatsache dürfen wir nicht bagatellisieren, denn das sichere Vertrauen zur Führung der deutschen Politik ist in der Vergangenheit eine der stärksten politischen Kräfte in der Bundesrepublik gewesen und muß es auch in Zukunft wieder sein. Aber zwischen einer vorübergehenden Schwächung des Vertrauens zur Staatsführung und einer Erschütterung der Fundamente des Staates besteht ein großer Unterschied." (53)

Ob Heinrich Krone mit seiner Ansicht von einem nur zeitweiligen Vertrauensverlust Adenauers (und davon spricht wohl der Unionsfraktionschef, ohne den Kanzler ganz offen beim Namen zu nennen) die Tendenzen unmittelbar nach dem Geschehen richtig eingeschätzt hat, muß bezweifelt werden. Vieles spricht vielmehr dafür, daß kein temporäres Vertrauenstief, sondern eine handfeste, permanente Autoritätskrise die Folge war. Klaus Gotto spricht davon, daß der Vorschuß an Vertrauen, den Adenauer bis dato in schwierigen Situationen genossen habe, nach den Vorfällen zerronnen sei. Adenauer habe viel Kredit verloren und es habe nur des Wahlausgangs von 1961 bedurft, um ihn zum Kanzler auf Zeit zu machen (54). Einen Abnützungseffekt für Adenauers Autorität, die bis dahin praktisch als unerschütterlich galt (55), befürchtete offensichtlich auch Theodor Heuß, dem es noch während der eigentlichen Krise unbegreiflich erschien, wieso Adenauer seine Leistung im Bewußtsein seiner Anhänger so ins abwertende Gespräch bringen konnte (56).

Einen Autoritätsverlust Adenauers haben politische Akteure aus dieser Zeit auch noch nach zahlreichen Jahren bestätigt. Erhards rechte Hand, Ludger Westrick, erklärt, der ganze Vorgang sei für die hohe und bis dahin nie angezweifelte Autorität Adenauers eine Minderung gewesen (57), Franz Josef Bach, zur Präsidentenkrise persönlicher Referent des Kanzlers, sieht in der dann folgenden Zeit einen gewissen Autoritätsverlust des Regierungschefs (58).

Diese Entwöhnung von der Adenauerschen Ausnahmeautorität hatte durchaus einen spezifischen Kern. Wie vorstehend für die erste Dekade der Innenpolitik der Bundesrepublik gezeigt worden ist (vgl. S. 136 ff und 295 ff), hat es in diesem Bereich schon immer eine tatkräftige Mitbestimmung der

Unionsfraktion im Bundestag gegeben. Daß die CDU/CSU Bundestagsfraktion im Verlauf der Präsidentenkrise fast geschlossen mehrfach meuterte (und im Fall der Kandidatur Erhards sogar erfolgreich war), hat dennoch einen anderen Stellenwert. Klaus Gotto resümiert, es habe sich mit bestürzender Klarheit gezeigt, daß Adenauer seine in entscheidenden Grundsatzfragen unumstrittene Autorität erstmals verloren habe (59). Das gleiche hält auch Bruno Heck für richtig, der den Widerstand gegen die Entscheidung des Kanzlers in der Hauptsache von der Unionsfraktion getragen sieht (60). In diesem Ringen um den richtigen Weg ging es zwischen der Mehrheitsfraktion und dem Bundeskanzler oftmals mehr als hart zu. Der noch amtierende Bundespräsident Theodor Heuß sprach davon, daß die innerdeutsche Politik ganz offenkundig durch einen "Krieg Adenauers mit seiner Fraktion" bestimmt sei (61). Die Unionsfraktion machte ihrem Regierungschef in diesem Duell mit festgezurrten Bandagen klar, daß es durchaus politische Entscheidungen Adenauers von Grundsatzqualität gab, wo sie zäh die Gefolgschaft verweigern konnte. Übereinstimmend sprechen Zeitzeugen und Beobachter davon, die Präsidentenkrise habe dem Kanzler deutlich die Grenzen gezeigt, die ihm die Fraktion bei ihrer Gefolgschaft setzte (62). All dies heißt aber auch, daß sich die Distanz zwischen dem Kanzler und seinem Parlamentsclub vergrößerte. Jürgen Domes kommt vor diesem Hintergrund zu der Einschätzung, die Mehrheitsfraktion habe seit 1959 in stärkerem Maße denn zuvor den Charakter einer eigenständig wirkenden Körperschaft angenommen (63). Das neue Selbstbewußtsein der Fraktion gegenüber dem Kanzler (64) wurde auch auf dem eigentlichen Siedepunkt des damaligen Geschehens deutlich. Als Adenauer nach einer ersten Versöhnung mit Erhard per Handschlag vor der Fraktion (65) in einem wenig später gegebenen Interview mit der "New York Times" die Qualitäten seines Vizekanzlers erneut in Frage stellte (66), war die Erregung in der CDU/CSU-Fraktion ungeheuer (67). Diese Stimmung kam auch darin zum Ausdruck, daß die Mehrheitsfraktion zwar eine außerordentliche Vollversammlung einberief, den Kanzler aber ausdrücklich auslud (68). Dies war sicherlich ein außergewöhnlicher Vorgang und hatte wohl gestenhaften Charakter. Er machte aber gleichzeitig deutlich, daß sich die Fraktion als Handlungseinheit nicht nur unabhängig vom Kanzler bewegen konnte, sie konnte auch in deutlicher Distanz zu Adenauer reagieren.
Dieses Handeln der CDU/CSU-Fraktion aus einem eigenverantwortlichen

Schwerpunkt heraus wurde auch sichtbar, als mit dem bereits erwähnten Briefwechsel zwischen Adenauer und Erhard der interne Frieden im Regierungslager erneut besiegelt wurde. Fraktionschef Heinrich Krone wies nämlich ganz offen darauf hin, daß die nunmehr erreichte Harmonie von der Fraktion quasi kontrolliert werden würde (69).

Die Fraktion gab damit zu verstehen, daß sie in dieser Angelegenheit (auch) dem Kanzler auf die Finger sehen wollte, dies setzt ein nicht unbeträchtliches Selbstbewußtsein voraus. Dieses Selbstbewußtsein konnte sich nur durch eine verstärkte Verselbständigung der Mehrheitsfraktion gegenüber einem Kanzler entwickeln, der als plebiszitäres Zugpferd bislang zumeist willige Gefolgschaft bei den Unionsparlamentariern gefunden hatte. Verselbständigung heißt praktisch, daß die Fraktion Adenauer sicher im Griff geglaubte Einflußkanäle in Richtung Parlament zwar nicht zuschüttete, ihren Tiefgang aber reduzierte und sich den Einbau von Schleusen vorbehielt.

So kann man denn auch mit Franz Josef Bach von einem merklichen Machtverfall der Kanzlerschaft Adenauers nach der Präsidentenkrise sprechen (70). Jürgen Domes schlüsselt das weiter auf, wenn er darauf hinweist, daß sich das Verhältnis der Mehrheitsfraktion zur Bundesregierung, besonders aber zu deren Chef, dem Bundeskanzler, nach den Vorfällen des Jahres 1959 grundlegend wandelte, so daß es der Exekutive in der restlichen Legislaturperiode immer schwerer wurde, ihre Vorstellungen unverändert "durch die Fraktion zu bringen" (71).

Viele sehen denn auch als eigentliches Resultat der Ereignisse im Vorfeld der Bestallung von Heinrich Lübke eine "Kanzlerkrise" (72). Bei anderen wird das gleiche Empfinden in die Formel des Anfangs vom Ende der Adenauer-Ära gegossen (73). Es gibt aber auch Beobachter, die den fast durchgängig registrierten Autoritätsverlust Adenauers aufgrund der Vorfälle bei der Heuß-Nachfolge nicht nur in machtpolitischen Einflußkategorien sehen, sondern auch verfahrensmäßige Terrainverluste des Regierungschefs erkennen. So hat beispielsweise Klaus Gotto darauf verwiesen, daß Adenauer bei der Präsidentenkrise insofern Schwierigkeiten in den eigenen Reihen hatte, als der Kanzler Änderungen in seiner Partei und Fraktion, Änderungen aber auch in der öffentlichen Meinung übersehen habe, die den bewährten Handlungsablauf der politischen Entscheidungsfindung unmöglich machten (74). Gotto präzisiert das an Hand der von Adenauer gewünschten Kanzlernachfolge:

"Der entscheidende Fehler Adenauers lag darin zu glauben, daß auch in der Nachfolgefrage sein bisher verwandtes Verfahren, Entscheidungen in informellen Gremien de facto vorzubereiten, angebracht sei. Die Umsetzung informeller Vorausentscheidungen in Entscheidungen der zuständigen Gremien schlug in dieser Frage fehl." (75)

Gotto hebt hier auf die Tatsache ab, daß Adenauer nach Vorgesprächen im kleinen Kreis der offensichtlichen Überzeugung war, daß seine Bereitschaft, für das höchste Staatsamt zu kandidieren, allgemein als ein Schritt des Regierungschefs verstanden worden wäre, zu dessen notwendigen Vorbedingungen die Kanzlernachfolge durch Adenauers Favoriten, Franz Etzel, gehörte (76). Adenauer mußte aber spätestens nach der Rückkehr aus seinem obligaten Urlaub in Cadenabbia erkennen, daß die Fraktion in diesem Punkt nicht bereit war, ihm zu folgen (77).

Noch ein anderer Vorfall in dieser Zeit kann als Signal für Schwierigkeiten bei der Umsetzung informeller Vorklärungen in formelle Entscheidungen verstanden werden. Als ein informeller Kreis um Adenauer (78), nach vorausgegangenem Telefonkontakt mit dem Wirtschaftsminister Ludwig Erhard durch die Herausgabe eines Kommuniqués (79) quasi offiziell zum Bundespräsidentschaftskandidaten kürte, erhob sich in einer zwei Tage später angesetzten, außerordentlichen Plenarsitzung der Mehrheitsfraktion erheblicher Widerstand gegen die Kandidatur des Vizekanzler. Ein gewichtiger Kritikpunkt dabei war das weitverbreitete, ungute Gefühl der Unionsparlamentarier, daß das Auswahlgremium die Fraktion in dieser Frage überspielt und vor vollendete Tatsachen gestellt habe (80).

Kann nun aus diesen, zeitlich eng beieinanderliegenden Vorfällen geschlossen werden, daß die Adenauersche Art zu regieren, d.h. die vorstehend in zahlreichen Variationen geschilderte und dokumentarisch belegte Verfahrensweise, die politische Entscheidungsfindung durch einen fortschreitenden Konkretisierungsprozeß in einem Netz formeller und informeller Ebenen zu betreiben, im Verlauf der Präsidentschaftskrise ganz grundlegend in Frage gestellt wurde? Es gibt plausible Gründe für die Annahme, daß die geschilderten Schwierigkeiten in verfahrenstechnischer Hinsicht in Wirklichkeit verdeckte inhaltliche Probleme waren.

Hier soll zunächst auf die Beschwerde der Unionsfraktion eingegangen werden, sie sei bei der Nominierung von Erhard vor ein fait accompli gestellt worden. Daß dies keine wirkliche Kritik am Verfahren, sondern substantiell nur die Verurteilung der inhaltlichen Festlegung auf den Wirtschaftsminister darstellte, dafür lieferte der Parlamentsclub der Union wenig später einen griffigen Beweis. Als es zur Nominierung von Adenauer durch ein zweites informelles Auswahlgremium (81) kam, wiederholte sich vom Ablauf her das Erhardsche Selektionsverfahren: Die CDU/CSU-Fraktion wurde erneut vor vollendete Tatsachen gestellt. Kritik an der Wiederholung des Ablaufmusters kam anscheinend nicht auf, die Unionsparlamentarier waren mit der "Fremdentscheidung" zufrieden, da sie ihren Vorstellungen entsprach (82). Wer parallele Vorgangsweisen bei Ablehnung des Resultats kritisiert und bei Zustimmung akzeptiert, macht überdeutlich, daß es ihm eigentlich nur um Inhaltliches geht. Hinzu kommt das Faktum, daß der spätere Bundespräsident Heinrich Lübke kaum anders gekürt wurde: Wieder trat ein informelles Auswahlgremium zusammen, wieder fiel in diesem Kreis die faktische Entscheidung über die Kandidatur. Von Protesten der Fraktion zum Verfahren ist auch hier nichts bekannt.

Auch beim zweiten Fall mit dem Ausgangspunkt der Verknüpfung der Kandidatur Adenauers für das Amt des Bundespräsidenten und der Nachfolgegarantie für Etzel, liegen letztlich inhaltliche Gründe für das Scheitern der Übertragung der informellen Ergebnisse in institutionell-formelle Resultate vor. Nach Adenauers eigener Aussage hat der Kanzler dieses Junktim in der entscheidenden Sitzung des informellen Auswahlgremiums nicht ausdrücklich verdeutlicht (83). Wenn bei informeller Abklärung die conditio sine qua non nicht präsentiert wurde, kann das Scheitern der Übertragung der dort erreichten Resultate auf einen förmlicheren Rahmen kaum überraschen. Dies kann aber nur schwerlich an der Verfahrensstruktur liegen. Sind die inhaltlichen Voraussetzungen für das informelle Resultat falsch, wird dann im Umfeld des anschließenden institutionellen Prozesses dieses Manko deutlich und scheitert daran die Übernahme des Resultates, so liegt kein Versagen des Verfahrens vor, sondern allenfalls ein Fehler der Akteure, die die Inhalte bestimmen und mit einer widersprüchlichen Ausstattung des Gehaltes hie und da eine inhaltliche Sollbruchstelle in das Ablaufmuster einbauen. Anders: Nicht am Verfahren scheiterte die Bundespräsidentenkandidatur Adenauers, sondern die inhaltlichen Widersprüche, die zeitweilig verdeckt waren, führten zum Eklat.

Die angeführten Beispiele für eine verfahrensmäßige Änderung können also realistischerweise nicht als Ausgangspunkte benutzt werden, den Adenauerschen Autoritätseinbruch bei der Präsidentenkrise dahingehend zu interpretieren, daß das überkommene strukturelle Handlungsnetz im Regierungsbereich durch die Vorkommnisse im Jahre 1959 beschädigt wurde. Dagegen spricht auch noch ein anderer Umstand: Jürgen Domes hat die informellen Gespräche der CDU/CSU vor der Bundespräsidentenwahl 1959 zu jenen Sitzungen des "Entscheidungskreises" um Adenauer gezählt (im Rahmen dieser Studie in die Kategorie "Küchenkabinett" eingeordnet, vgl. S. 278 ff), der noch lange Zeit nach der Bundespräsidentenkrise aktiv war (84).

3. Adenauer und die CDU

Es scheint außer Frage zu stehen, daß die sogenannte "Präsidentenkrise" die Autorität Adenauers entscheidend erschütterte. Nicht wenige Beobachter sehen den eigentlichen Kern der beschriebenen politischen Zuspitzungen in einer "Kanzlerkrise". Dieser Positionsverlust Adenauers im Jahre 1959 muß mit einer gewissen inneren Logik dazu führen, des Kanzlers Stellung innerhalb der Union zu untersuchen. War doch vorstehend für die "Hoch"-Zeit der Kanzlerdemokratie die Beziehung zwischen Adenauer und der CDU als eine eigenartig enge Symbiose dargestellt worden. Dabei gab der Parteivorsitzende Adenauer durch seine plebiszitären (Wahl-) Erfolge als Kanzler der Union politische Bedeutung und führte die Partei in der Rolle als populärer Regierungschef mit seiner Autorität über quasi außerparteilich Resonanzfelder. Dieser Konstellation entsprach die Rolle der Union als "Kanzlerpartei". Sie präsentierte kein eigentliches parteiliches Profil, war organisatorisch auf Bundesebene – bis auf kurze Scheinblüten in der Wahlkampfzeit – durchgängig unterentwickelt, programmatisch ein Multiplikator der Politik der Regierung.

Mit dieser ungewöhnlichen Konstruktion war das "Gespann" Adenauer/Union dennoch politisch überaus erfolgreich (zweimal Mehrheiten in den Bundestagswahlen von 1953 und 1957). Ein grundlegendes Konstruktionselement der vorgestellten Symbiose zwischen Kanzler und Partei, die umfassende Autoritätsposition Konrad Adenauers, hatte nun durch die Präsidentenkrise nicht unbeträchtliche Substanzverluste hinnehmen müssen. Es stellt sich damit die Frage, ob und inwieweit Veränderungen auf diesem Einzelsektor Auswirkungen für die Gesamtkonstruktion hatten. Weitet man diesen spezifischen Bezugsrahmen in eine allgemeine Fragestellung aus, gilt es zu untersuchen, wie sich das dargestellte Verhältnis zwischen Kanzler und Partei in den letzten Jahren der Adenauerschen Regierungszeit entwickelte, ob neue personelle, organisatorische oder programmatische Tendenzen festzustellen sind.

Als Ausgangspunkt in dieser Hinsicht bietet sich ein Ursachenkatalog an, in dem der langjährige Bundesgeschäftsführer der CDU, Konrad Kraske, die Voraussetzungen für den Erfolg (damit bei Negativbewertung: Mißerfolg) der überkommenen "Schlachtordnung" des Unionsbereiches wie folgt festschrieb (vgl. Abschnitt B/Anmerkung 57):

- keine wesentlichen politischen Meinungsverschiedenheiten innerhalb der Partei,
- Zusammenhalt der Partei durch die unbestrittene Autorität des ersten Vorsitzenden nach innen und außen,
- weiterhin Erfolge der Partei durch ihre Leistungen und die Gunst der Umstände.

Das CDU-nahe Magazin "CIVIS" hat im Jahre 1964, von Kraskes Raster als Grundlage ausgehend, eine fast durchgängige Negativbilanz für die Partei auf allen drei Ebenen gezogen (85). Vor diesem Hintergrund soll das angebotene Kategorienschema des damaligen Bundesgeschäftsführers der CDU benutzt werden, um die für eine Wertung im Rahmen dieser Arbeit notwendigen Details zielgerichtet zu untersuchen.

Selbst wenn man Kraskes erste Betrachtungsebene (politische Meinungsverschiedenheiten) nur politisch-inhaltlich versteht, lassen sich dennoch einige Punkte aufzählen, die verdeutlichen, welche gravierenden Differenzen im Lager der Union in der Zeit nach 1959 auftraten. Für das außenpolitische Bezugsfeld muß dabei zunächst auf den Umstand hingewiesen werden, daß eine Verschiebung wichtiger überstaatlicher Parameter für die Bundesrepublik keine einheitliche "Verarbeitung" innerhalb der Union fand, d.h. die darauf abgestellte außenpolitische Konzeption war nicht mehr (wie bislang) parteiübergreifend. Vielmehr ergab sich eine quer durch die Union gehende Differenzierung, die im Schlagwortpaar von den "Atlantikern" und den "Gaullisten" (vgl. dazu S. 409 ff) ihren Ausdruck fand.

Auch im Bereich der innerstaatlichen Politik standen die Zeichen für die Union mehr als einmal auf Sturm. Zu den gewichtigsten Streitfragen in dieser Hinsicht zählte ganz sicherlich das Problem, wie ein zweites bundesweites Fernsehsystem neben der regionalisierten ARD konstituiert sein sollte. Der sogenannte "Fernsehstreit" (86) war von seinem Ansatz her

zunächst einmal ein Ringen um das bundesstaatliche Selbstverständnis der westdeutschen Republik (87). Dabei stand in erster Linie ein mit allen Kniffen agierender, unitarisch ausgerichteter Kanzler den "parteifremden" Ministerpräsidenten im Bereich der elektronischen Medien gegenüber. Neben dieser "Frontstellung" gab es aber auch starke innerparteiliche Friktionen, bevor das ZDF aus der Taufe gehoben werden konnte. Das Problem wurde selbst auf den Bundesparteitagen der CDU zu einem Thema (88).
Die mangelnde sachpolitische Geschlossenheit der Union in innenpolitischen Fragen jener Zeit wurde neben dem Fernsehstreit bei der damals angestrebten Sozialreform deutlich. Vor allen Dingen ein Teil dieses übergreifenden Reformwerkes geriet auch wegen interner Unionsdifferenzen in die Schlagzeilen: die Krankenversicherungsreform.
Sicherlich muß das Scheitern der Neuordnung des sozialen Krankenversicherungswesens der Bundesrepublik als ein Vorfall eingeordnet werden, der zum Großteil auf die Erfolge einer interessenpolitisch ausgerichteten Druckpolitik der organisierten Ärzteschaft zurückzuführen ist (89). Daß es soweit kommen konnte, ist aber nicht zuletzt der Tatsache zu verdanken, daß es starke Konflikte zu diesem Thema innerhalb der Union gab, die dann von den ärztlichen Standesorganisationen zu ihren Gunsten ausgenutzt werden konnten (90).
Damit ist eine Vorstellung wichtiger inhaltlicher Konflikte innerhalb der Union in den Jahren ab 1959 abgeschlossen. Es gab gravierende Differenzen aus außenpolitischer Motivation, Streitigkeiten an der föderalistischen Grenzlinie der Union, Schwierigkeiten mit interessenpolitischer Grundierung. Die politisch-inhaltlichen Meinungsverschiedenheiten innerhalb der Union waren vom Thematischen her breit angelegt und gingen von strukturell sehr unterschiedlichen Konstellationen aus. Vor dem Hintergrund dieses ausgefächerten innerparteilichen Konfliktmusters kann man ohne Probleme zu der Wertung kommen, daß die erste Betrachtungsebene Kraskes hinsichtlich des Weiterbestehens der ursprünglichen "Schlachtordnung" im Unionsbereich als Negativstelle einzuordnen ist.
In der zweiten Betrachtungsebene des benutzten Kategorieenschemas (Zusammenhalt der Partei durch die unbestrittene Autorität Adenauers) kann als gravierendes Negativum zunächst die bereits detailliert beschriebene Präsidentenkrise des Jahres 1959 mit ihrem Autoritätsverlust für Adenauer angegeben werden. Einen Einbruch in die Autoritätsposition des Kanzlers

bewirkte daneben ein Ereignis von Mitte 1961: der Bau der Berliner Mauer vom 13. August jenes Jahres. Es ist fast durchgängige Meinung von Zeitzeugen und Beobachtern, daß es in dieser heißesten Phase der mehrjährigen Berlin-Krise zu einer Reihe von Fehlreaktionen des Kanzlers kam. Der damalige Botschafter der Bundesrepublik in Washington, Wilhelm Grewe, hat diese Vorfälle zusammengefaßt und so bewertet:

"An Adenauers Haltung in diesen Tagen und Wochen ist damals und bis zum heutigen Tag bittere Kritik geübt worden. Mit scheint (...), daß dieses Kapitel in der Tat kein Meisterstück seiner Staatskunst mehr gewesen ist und daß es nicht der geschichtlichen Logik entbehrte, wenn es zum Verfall seiner Autorität führte und schließlich mit seinem Rücktritt endete. Seine psychologischen Mißgriffe betrafen mehr den deutschen Schauplatz als mein Tätigkeitsfeld: sein Versäumnis, rechtzeitig in Berlin präsent zu sein; seine diffamierenden Ausfälle gegen Willy Brandt im Zuge einer Wahlkampagne, als sei nichts geschehen; sein unbegreifliches Kommuniqué über sein Gespräch mit dem sowjetischen Botschafter Smirnow am 16. August, in dem er versicherte, 'daß die Bundesregierung keine Schritte unternimmt, welche die Beziehungen zwischen der Bundesrepublik und der UdSSR erschweren und die internationale Lage verschlechtern könnten'." (91)

Grewe bezieht sich bei der Aufzählung der "psychologischen Mißgriffe", die zu einem Autoritätsabbau bei Adenauer führten, zunächst auf den Umstand, daß der Kanzler an diesem Sonntag trotz gegenteiliger Ratschläge von Kanzleramtschef Globke (92) und Pressechef Felix von Eckardt (93) sowie Bitten der Berliner CDU (94) nicht in die alte Reichshauptstadt kam. Auch der damalige gesamtdeutsche Minister Ernst Lemmer bemühte sich am Telefon erfolglos, Adenauer nach Berlin zu holen (95).

Die von Lemmer als Gerüchte eingestuften Hinderungsgründe für den Besuch sind von Adenauer und seiner Umgebung als ausschlaggebende Hemmnisse für eine sofortige Berlin-Reise des Kanzlers angegeben worden. Der Regierungschef kam demnach nicht nach Berlin weil

- die Amerikaner abrieten,
- Adenauer einen Aufstandsimpuls durch sein Erscheinen an der Mauer ausgelöst haben könnte (96).

Die Tatsache, daß Adenauer nicht unmittelbar nach den Sperrmaßnahmen nach Berlin kam, muß noch unter einem zweiten Aspekt betrachtet werden. Sein Kontrahent im damals laufenden Bundestagswahlkampf war der Regierende Berliner Bürgermeister, Willy Brandt. Der SPD-Politiker - auf Wahlkampftour in der Bundesrepublik - eilte verständlicherweise sofort nach Bekanntwerden der Sperrmaßnahmen nach Berlin zurück. Daß Brandt "vor Ort"

war und aufgewühlte Gemüter beruhigte, während der Kanzler in Bonn verblieb, ist dann immer wieder so ausgelegt worden, nicht die Bundesregierung, vielmehr der Berliner Bürgermeister allein habe verhindert, daß es Mitte August an der Spree zu einer unkalkulierbaren Explosion kam (97). Dies ist quasi als Kulisse wichtig, wenn man die zweite Fehlreaktion des Kanzlers zu diesem Zeitpunkt beschreibt. In einer Wahlkundgebung am Abend des 14.8. in Regensburg griff Adenauer seinen Kontrahenten Brandt nicht nur politisch an, er garnierte seine Ausführungen vielmehr mit zweifelhaften persönlichen Attacken, als er mit der Apostrophierung seines Widersachers als "Herr Brandt alias Frahm" das Emigrantenschicksal des Berliner Bürgermeisters zur Sprache brachte (98). Ein Großteil der westdeutschen Presse reagierte mit herber Kritik (99), auch Parteifreunde des Kanzlers zeigten sich eher erschrocken (1oo).
Der dritte Punkt des Greweschen Monitum führt in den inhaltlichen Bereich. Adenauer empfing auf Smirnows Wunsch den sowjetischen Botschafter in Bonn am 16.8.1961. Für die Öffentlichkeit wurde ein – wie Bandulet sich ausdrückt – "überraschendes Kommuniqué" (101) des Gesprächs präsentiert. Es ließ nur vermuten, daß Adenauer Kritik an dem von Moskau zumindestens gedeckten Vorgehen in Berlin geäußert hatte. Dagegen war zu lesen, daß Bonn keinerlei Schritte unternehmen würde, die die Beziehungen zur Sowjetunion erschwerten und die internationale Lage verschlechterten (102). Viele sahen darin wohl – parallel zu Grewe – eine durch nichts zu entschuldigende Verschleierung der Tatsache, wer in diesem Moment tatsächlich die internationale Lage verschlechterte.
Es liegt nahe, daß die Mißgriffe diverser Art durch Adenauer beim Bau der Berliner Mauer einen Autoritätsabbau für den Kanzler bewirkten. Daß es tatsächlich zu einem Autoritätseinbruch kam, wird deutlich, wenn man einen kurzen Abstecher in die dritte Kategorienebene von Kraske (weiterhin Erfolge der Partei) unternimmt. Die kurz nach dem Mauerbau gelegene Bundestagswahl war allerdings alles andere als ein Erfolg für die Union, die fast schon gewohnte absolute Mehrheit ging verloren (103). Adenauer selbst hat das Nichterreichen des eigentlichen Wahlzieles zugegeben, als er auf dem folgenden Bundesparteitag der CDU feststellte, die Wahl habe nicht das Ergebnis gezeigt, das man sich erwartet habe (104).
Als "der" Impuls beim Verlust der absoluten Mehrheit für die Union gilt nun in vielen Analysen Adenauers Verhalten im Rahmen des Berliner Mauer-

baus (105). Anders: Das langjährige plebiszitäre Zugpferd hatte die
Partei nicht mehr wie gewohnt über die 50-Prozent-Hürde getragen. Es hatte
an politischer Zugkraft verloren. Zum festgestellten Autoritätsabbau ist
es von dieser Position nur noch ein terminologischer Schritt.
Zusammenfassend kann man damit auch die zweite Ebene des Kategorienschemas
von Konrad Kraske für die Jahre 1959 ff. als negativ bewerten. Bei der nun
anstehenden dritten Ebene ist der generelle Negativfaktor (Verlust der
absoluten Mehrheit in der Bundestagswahl) schon angesprochen worden. Es
gibt aber noch einige Aspekte, die den Majoritätsverlust in Hinblick auf
die hier an sich grundlegenden innerparteilichen Strukturfragen noch
gravierender erscheinen lassen.

Im Gegensatz zu den vorausgegangenen Bundestagswahlkämpfen verließ sich
die Union bei der Kampagne von 1961 nicht mehr ausschließlich auf die
Magnetwirkung Adenauers. Sicherlich wurde der Bundeskanzler noch herausgestellt, aber nicht mehr wie vorher als "einsame Größe", sondern abgestützt durch anderes politisches Führungspersonal der im Amt befindlichen
Unions-Regierung. Dies kommt plastisch im CDU-Wahlslogan zum Ausdruck, der
mit "Adenauer, Erhard und die Mannschaft" firmierte und der vom Kanzler
nur widerwillig akzeptiert worden sein soll (106).

Als wichtiges Irritationsmoment für diese Phase der Union (und damit auch
als Risikofaktor im vierten Bundestagswahlkampf) kann die ungeklärte
Nachfolgefrage von Adenauer angesehen werden. Sie war in der Präsidentenkrise mit aller Deutlichkeit hervorgetreten, hatte starke Erschütterungen
ausgelöst, jedoch konnten nicht einmal Ansätze einer Lösung erreicht werden. Von diesem Unsicherheitsfaktor ausgehend erklären Wildenmann/Scheuch
die Notwendigkeit einer veränderten Wahlkampfstrategie der Union:

"Da sie um ihre Schwäche in der Nachfolgefrage wußte, stelle die CDU
die Partei als Träger der Regierung in den Vordergrund. Selbst Dr.
Adenauer sprach unentwegt davon, daß die Wähler 'keinen Kanzler, sondern
Parteien' zu wählen hätten, obwohl gerade er mit der umgekehrten Devise
die Wahl von 1957 gewonnen hatte. Der Wahlspruch 'Adenauer, Erhard und die
Mannschaft' sollte die in der Bevölkerung sich verbreitenden Zweifel an
Dr. Adenauer als Kanzler sozusagen auffangen: Zum ersten mal in ihrer Geschichte mußte die Partei den Kanzler stützen, nicht umgekehrt." (107)

Diese Stützungsaktion, hat man die absolute Mehrheit als eigentliches
Unionsziel vor Augen, mißlang gründlich, zumal es ein Ventil gab, das ein
Dilemma zahlreicher auf die CDU ausgerichteter Wähler löste. Diese Zwangslage bestand zunächst darin, daß viele von ihnen zwar nach wie vor die

CDU/CSU an der Regierung wissen wollten, jedoch nicht mehr bereit waren, den Regierungschef Adenauer zu akzeptieren (108).
Einen Ausweg aus dieser mißlichen Lage präsentierte die FDP, deren Wahlkampf 1961 in Richtung auf eine Koalition mit der Union ohne die Fortsetzung der Kanzlerschaft Konrad Adenauers geführt wurde (109). Das angebotene Anti-Adenauer-Votum zugunsten der Liberalen wurde allem Anschein nach von einer relativ starken Wählergruppe genutzt; Max Kaase spricht davon, daß eine beträchtliche Anzahl von Bundesbürgern bei der Bundestagswahl von 1961 ihre Stimme der FDP "anstelle" der CDU gab, und zwar als deutliches Votum gegen eine weitere Kanzlerschaft Konrad Adenauers (110). Die veränderte Wahlkampfstrategie der Union war also von den Liberalen erfolgreich unterlaufen worden. Für die übergeordnete Fragestellung nach der aktuellen Bewertung der Union in der dritten Kraskeschen Kategorienebene heißt dies aber, daß die sonst so erfolgsgewohnte Partei einen Einbruch hinnehmen mußte, obwohl sie sich vor der Bundestagswahl '61 darüber im Klaren war, daß das überkommene Erfolgsrezept nicht mehr zeitgemäß war und obgleich sie aus dieser Erkenntnis heraus erste Veränderungen im strategischen Bereich vorgenommen hatte. Daß dies nichts genutzt hatte, mußte die Union eigentlich dazu führen, das Problem der Veränderungen noch grundsätzlicher anzugehen.
Zunächst einmal sei aber nun für alle drei Kategorienebenen Kraskes festgestellt, daß es abgesicherte Fakten für eine negative Bilanzierung des gesamten vorgestellten (Erfolg-/Nichterfolg-) Schemas hinsichtlich der Verfaßtheit der Union in Jahren nach der "Hoch"-Zeit der Kanzlerdemokratie gibt. Die vorgestellte Negativbilanz des CIVIS wurde also durch weitausgreifende Untersuchungen bestätigt.
Wenn also die in der "Hoch"-Zeit der Kanzlerdemokratie politisch so wirksame Symbiose zwischen Adenauer und "seiner" Partei kein brauchbares Erfolgsrezept mehr für die Bundesrepublik Deutschland in den Jahren unmittelbar danach darstellte, bleibt natürlich zu fragen, ob die Union und ihr erster Vorsitzender, Konrad Adenauer, nach dem "Schock" der Bundestagswahlen von 1961 (111) neue Wege hinsichtlich der innerparteilichen Ausrichtung gingen.
Protagonisten einer ausschließlichen Kausalbeziehung zwischen dem Wahlergebnis vom September 1961 und der kurz darauf tatsächlich einsetzenden

Diskussion über die sogenannte "Parteireform" (112) gibt es praktisch nicht, zumal es durchaus richtig ist, daß es schon Jahre vor der Unions-Enttäuschung bei der vierten Bundestagswahl Überlegungen und Konzepte gab, eine Parteireform voranzubringen (113). Letztlich waren dies aber alles Reformüberlegungen, die keine faktischen Auswirkungen hatten. Gerhard Elschner, damals Referent in der Bundesgeschäftsstelle der CDU, hat dies ganz klar unterstrichen:

"Der Ruf nach Parteireform erfolgte nicht erst nach dem Rückgang der Wählerstimmen im Jahre 1961. Schon 1958/59 hatte der Bundesgeschäftsführer die Arbeitsmängel der Partei, zumal der Führungsspitze, das Finanzproblem und das Problem des Verhältnisses Partei/Fraktion sehr deutlich dargestellt. Erstaunlicherweise hat sich damals fast niemand für seine Expertise ernstlich interessiert. Auch nicht, als 1959 in der Präsidentschaftskrise sichtbar wurde, daß 'irgendetwas' bei der CDU nicht funktionierte. Erst der Streit um das Fernsehen belebte die informellen Diskussionen auch über den Zustand der Partei; aber ernsthafte Beratungen gab es kaum. Kein Organ der Partei war für so etwas eigentlich zuständig oder handlungsfähig, um in kritischen Fragen 'Politik zu machen'. So wurde weitergewurstelt." (114)

Vor diesem Hintergrund erscheint der Wahlausgang des Jahres 1961 letztlich doch als entscheidender Impuls für den Beginn der Diskussionen über eine Parteireform. Dies hat auch Josef-Hermann Dufhues auf dem CDU-Konvent des Jahres 1964 bestätigt:

"Die Entscheidungen des Parteitages von Dortmund waren das Ergebnis einer langen Diskussion in der CDU. Diese Diskussion war vor allem ausgelöst durch das Wahlergebnis vom 17. September 1961 und auch die Erfahrungen, die seitdem in der Koalition gesammelt wurden. Ziel der Diskussion war es, die Schlagkraft der Partei zu erhöhen, und ihr stärkeres Profil zu geben." (115)

Ein eigenständiges Profil als Partei hatte die Union in der "Hoch"-Zeit der Kanzlerdemokratie nie besessen; keineswegs Kritiker der CDU sprachen davon, sie sei eine Hilfsorganisation der Bundesregierung, ein Anhängsel der Fraktion gewesen (vgl. S. 216). Dies sollte jetzt ganz anders werden. Man strebte ein eigenes "Parteibewußtsein" an, Josef-Hermann Dufhues gab präzise Auskunft darüber, wie der Weg dahin auszusehen habe:

"Nun, meine lieben Parteifreunde, wenn die CDU aus ihrem weitgehend als unbefriedigend empfundenen Zustand herauskommen will, dann bieten sich folgende Aufgaben an: Sie muß über die bisher üblichen formelhaften Erklärungen hinaus die politischen Sachentscheidungen vorbereiten und beeinflussen. (Beifall). Naturgemäß kann es sich hierbei nur um Entscheidungen handeln, die Grundfragen der Politik der Christlich-Demokratischen Union berühren oder für die öffentliche Meinung von großer Bedeutung sind.

Nachhaltiger als bisher muß sie die politischen Entscheidungen ihrer Mitglieder in Regierungen und Fraktionen koordinieren und dabei auftretende Meinungsverschiedenheiten mit der ganzen Autorität der Christlich-Demokratischen Union ausgleichen (Beifall). (...)
Die Christlich-Demokratische Union muß als solche Stellung nehmen zu neuen Ereignissen und wichtigen Fragen. Sie muß antworten auf die Herausforderungen anderer Parteien, aber auch auf Fragen aus der Wählerschaft." (116)

Die CDU als Partei sollte einen eigenen Schwerpunkt, ein auch nach außen sichtbares Gewicht und damit eine von den Staatsorganen abgehobene Eigenexistenz bekommen. Dies war in den vorausgegangenen Jahren der Ägide Adenauers nicht der Fall gewesen. So spricht denn auch Wulf Schönbohm unter Berufung auf die geschilderten Äußerungen von Dufhues davon, hier sei zum ersten Mal in aller Deutlichkeit und Schärfe vom Adenauerschen Parteiverständnis der CDU Abschied genommen worden (117).

Bei dem angestrebten Emanzipationsprozeß sah sich die Union vor zwei Teilaufgaben gestellt:
- einer Überholung des programmatischen Profils der Partei,
- einer organisatorischen Reform der Parteistruktur.

Im Rahmen dieser Studie soll zunächst auf die programmatischen Anstrengungen eingegangen werden. Zahlreiche wichtige Akteure der 1961/62 anlaufenden Theoriediskussion innerhalb der Union machten dabei klar, daß die Beschäftigung mit programmatischen Inhalten nicht dahingehend mißzuverstehen sei, daß die Partei die Erstellung eines Parteiprogramms im herkömmlichen Sinne anvisiere (118). Dennoch gab es auf dem CDU-Parteitag des Jahres 1962 zum ersten Mal in der Geschichte der Union in aller Deutlichkeit kritische Ansätze zur Programmdiskussion (119). Gerhard Stoltenberg formulierte auf eben diesem CDU-Konvent, die Union brauche in wesentlichen Fragen eine programmatische Klärung (120). Was also war das Ziel dieser Programmdiskussion?

Eugen Gerstenmaier spricht in dieser Hinsicht, mit klarer Abgrenzung von der überkommenen politischen Programmatik, von einer "Ausarbeitung zum Selbstverständnis der Partei" (121), wobei er kurz vor dieser Fixierung besonders die Verständlichmachung des "C" der Union in den Vordergrund stellte (122). Als auslösenden Faktor im Hintergrund gibt der Parlamentspräsident eine gewissen Wandlungen unterworfene CDU an (123). Hier stimmt er mit Gerhard Stoltenberg überein, der den seit geraumer Zeit anhaltenden Mangel von Aussagen über das Grundverständnis einer christlichen Partei, einer christlichen Politik durch die Programmdiskussion erstmals beseitigt

sieht (124). Wie eine "Ausarbeitung" formal aussehen sollte, dazu hat sich
Rainer Barzel detailliert geäußert:

"Die CDU hat erstens ein klares Programm und sie hat zweitens eine klare
Politik. Wenngleich man zugeben muß, daß die programmatischen Erklärungen
der CDU etwas verstreut sind. Wir gründen uns weiter, und ich betrachte
das als einen großen Vorteil, auf eine grundsätzliche ungeschriebene Übereinkunft, und das ist viel mehr wert als ein künstliches, frisiertes
'Grundsatzprogramm'. Mir schwebt vor, der CDU vorzuschlagen, ein Grundsatzprogramm zu machen. Ich meine, daß wir eine kurze Prinzipienerklärung,
eine Art Visitenkarte, abgeben sollten, die eine Aussage über unser
Selbstverständnis und über unsere prinzipiellen Ziele enthält. Das könnte
sehr kurz sein." (125)

Diese Prinzipienerklärung, die Helmut Kohl als Leitlinien in Fragen der
Gesellschaftspolitik normierte (126), sollte aber nicht nur eine innerparteiliche Binnenwirkung haben, sondern auch nach außen hin für die
Partei programmatische Flagge zeigen. Eine Verdeutlichung des programmatischen Profils der Union zählte Rainer Barzel zu den zentralen Aufgaben
dieser Selbstdarstellung, als er zum Thema Ausarbeitung des Selbstverständnisses der Partei vor dem Bundesausschuß der CDU am 2. Juni 1962
referierte (127).

Daß Rainer Barzel zum Thema Programmdiskussion vor dem Bundesausschuß am
Vorabend des CDU-Parteitages von 1962 sprach, war alles andere als ein
Zufall: Der Unionspolitiker war derjenige, welcher die erste schriftliche
Fixierung in Richtung auf eine solche Prinzipienerklärung vorlegte. Wie es
zu diesem Barzelschen Papier mit dem Titel: "Untersuchungen über das
geistige und gesellschaftliche Bild der Gegenwart und die künftigen Aufgaben der CDU" (128) kam, soll hier ebenso wie das weitere Schicksal
dieser bis dato noch unveröffentlichten Studie knapp geschildert werden.
Nach einer Beauftragung durch den Bundesvorstand beendete der CDU-Bundestagsabgeordnete seine Studie am 20.3.1962 (129). Am 10.5.1962 diskutierte
das Gremium die Barzelsche Vorlage und entschied, ihre Ergebnisse in der
Bundesausschußsitzung vom 2.6.1962 vom Autor mündlich vortragen zu lassen
(130). Es gibt nun durchaus Autoren, die zu der Wertung kommen, die
Barzelsche Broschüre sei im eigentlichen Sinn nur eine programmatische
Seifenblase gewesen, da sie mangels Verwendungseignung auf der Bonner
Bühne alsbald wieder in der Versenkung verschwunden sei (131). Dem entspricht, daß nicht wenige Publizisten das Produkt für so banal hielten,
daß sie sich allenfalls zu einer Stilkritik durchringen konnten (132).

Wie immer man den Gehalt der Denkschrift von Rainer Barzel einordnen mag, in der Versenkung verschwand die Studie nur bei sehr oberflächlicher Betrachtung. Da muß zunächst darauf hingewiesen werden, daß Barzel selber erwähnt hat, daß es nie beabsichtigt war, das Papier dem CDU-Bundesparteitag Anno 1962 vorzulegen (133). Dennoch fand die Ausarbeitung auf diesem Unionskonvent nicht gerade wenig Zustimmung. Eugen Gerstenmaier sprach von einer interessanten Arbeit (134), Helmut Kohl sieht ein sehr verdienstvolles Gutachten (135), Heinrich von Brantano ist Barzel für das Referat sogar dankbar (136). Das Barzelsche Produkt wurde zudem nie als Endprodukt, sondern immer nur als Ausgangspapier für eine programmatische Diskussion verstanden. Darauf hat Gerhard Stoltenberg auf dem Unionskonvent ganz deutlich hingewiesen und angefügt, Barzel selber propagiere eine Weiterentwicklung und kritische Prüfung der Studie (137). Der Vorstellung des Autors, diese Weiterformulierung in einem eigenen Gremium zu betreiben (138), wurde vom Parteitag entsprochen: Er beschloß eine Arbeitsgruppe einzusetzen, die, von dem Papier ausgehend, beraten und Vorstand und Parteiausschuß Bericht erstatten sollte (139).

Obwohl es eigentlich den zeitlichen Rahmen dieses Abschnittes sprengt, soll das weitere Schicksal dieser Arbeitsgruppe und ihrer Ergebnisse hier kurz beleuchtet werden. Nach Eugen Gerstenmaier präsentierte das Gremium zwei Jahre später eine ganze Reihe interessanter Ausarbeitungen (140), eine endgültige Fassung der geplanten Grundsatzerklärung war auf dem Parteitag des Jahres 1964 jedoch noch nicht spruchreif (141). Nach vehementem Einsatz von Helmut Kohl (142) beschloß der Parteitag daraufhin, dem nächsten Unionskonvent eine Grundsatzerklärung zur Verabschiedung vorzulegen. Der Entwurf sollte in den Landes- und Kreisverbänden rechtzeitig vordiskutiert werden können (143). Dazu ist es dann offensichtlich aber nicht mehr gekommen. Das Thema Grundsatzerklärung verschwand von der parteilichen Agenda. Allein eine erfolglose Mahnung von Alo Hauser auf dem Bundesparteitag des Jahres 1966 ist noch zu verzeichnen (144). Sicherlich war damit der von Barzel eingeleitete Versuch einer programmatischen Festschreibung endgültig gescheitert. Aus diesem Scheitern kann aber wohl kaum abgeleitet werden, daß die Barzelsche "Urstudie" schon bald in der Versenkung verschwunden sei. Nicht die Denkschrift Barzels wurde auf Eis gelegt, das ganze Projekt verschwand nach Jahren von der Bildfläche.

Von entscheidender Bedeutung im Rahmen unserer speziellen Fragestellung ist aber nicht das tatsächlich erzielte Endresultat, sondern vielmehr die Tatsache, daß diese Diskussion überhaupt zustande kam. Der schließlich im Sande verlaufende Programmimpuls der Jahre 1961/62 ist vom strukturellen her auf jeden Fall als ein Emanzipationsversuch einer Partei zu werten, deren programmatische Grundausrichtung nur allzu lange in treuer Gefolgschaft der vom Kanzler dominierten Regierungspolitik bestand. Nicht der inhaltliche Mißerfolg ist hier zu beachten, vielmehr die Tatsache, daß die Union sich überhaupt bemühte, ein eigenes, kanzlerunabhängiges programmatisches Profil aufzubauen.

Daß die CDU Abschied von ihrer bisherigen Ausrichtung als Kanzlerpartei nahm, wurde auch auf dem zweiten Teilgebiet der angestrebten Parteireform deutlich, dem organisatorischen Umbau der Unionsstruktur. Im Mittelpunkt dieses Reformzweiges stand die Schaffung einer neuen parteilichen Spitzenposition innerhalb der Union, der Rolle des Geschäftsführenden Vorsitzenden der Partei. Nach entsprechenden Beratungen im Bundesvorstand der CDU am 7.2.1962 zur Neugliederung der Parteispitze wurde dem Bundesparteitag der Union im Juni 1962 dafür der nordrheinwestfälische Innenminister Josef-Hermann Dufhues vorgeschlagen. Nach den notwendigen Satzungsänderungen wählte ihn der Unionskonvent von Dortmund in dieses Amt, wobei Dufhues für seine Position 35 Ja-Stimmen mehr erhielt als der erneut für den Bundesparteivorsitz kandidierende Bundeskanzler Konrad Adenauer (145). Dies kann sicherlich als innerparteilicher Denkzettel für den Regierungschef gewertet werden. In diese Richtung argumentiert auch Wulf Schönbohm, wenn er feststellt, auf dem Dortmunder Parteitag habe sich starker Unmut gegen Adenauer als Parteivorsitzenden gezeigt (146).

Diese Faktoren und die beginnende Parteireform können nach Ansicht wichtiger Unionsakteure nun aber nicht so interpretiert werden, daß damit insgesamt eine gezielte Aktion gegen Adenauer vorläge. Der stellvertretende Parteivorsitzende, Kai-Uwe von Hassel, sprach im Verlauf des Parteitages davon, die Parteireform sei keine Reform gegen Adenauer, sondern gehe von ihm aus, weil sie helfen solle, seine Lasten mitzutragen (147). Auch der Hauptinitiator des damaligen programmatischen Reformimpulses, Rainer Barzel, hat sich dahingehend geäußert und erklärt, die Parteireform könne nicht ohne den Kanzler oder gegen den Kanzler, sondern nur mit ihm vorgenommen werden (148). Ein Bild reger Anteilnahme Adenauers am organisatori-

schen Teil der Parteireform skizziert denn auch Kai-Uwe von Hassel im
weiteren Verlauf des Unions-Konvent von 1962. Danach war die Auswahl von
Dufhues ein Vorgang, der mit Zustimmung und dank der Initiative des
Kanzlers zu einem Ergebnis kam (149).

Adenauer selbst hat sich in Dortmund ausgesprochen positiv zur Kandidatur
von Dufhues geäußert. Dabei stellte er seine Zustimmung in einen ganz
bestimmten sachlichen Zusammenhang. Vor dem Hintergrund der verlorenen
Bundestagswahl kam er zu der Wertung, man habe den Organen der öffentlichen Meinung zu wenig Beachtung geschenkt und resümierte:

"Es scheint mir, daß wir diesen Werkzeugen, die auf die öffentliche
Meinung einwirken, eine viel größere Beachtung schenken müssen, als wir
das in den vergangen Jahren getan haben. (Lebhafter Beifall).
Ich begrüße es darum, daß entsprechend einem Wunsch, den ich schon vor
Jahren gehabt habe, ein Geschäftsführender Vorsitzender gewählt wird. Herr
Dufhues, der die Parteileitung gerade auf diesem Gebiet entlasten und führen kann. (Beifall). Herr Dufhues, meine Freunde, ist Ihnen bekannt. Er
ist Ihnen bekannt aus seiner Tätigkeit als ausgezeichneter Organisator der
Partei in Nordrhein-Westfalen. Er ist Ihnen bekannt als Minister des Inneren in diesem Lande. Wir alle miteinander freuen uns, wenn er kommt, und
wir setzen in seine Arbeit sehr große Erwartungen." (150)

Der daraus ablesbaren Erwartungshaltung des Kanzlers, in Dufhues so etwas
wie einen "gehobenen Fernsehbeauftragten" (151) zu sehen, wurde vom
Parteitag aber eine klare Absage erteilt. Bruno Heck erläuterte, daß
Dufhues kein Sonderbeauftragter für Öffentlichkeitsarbeit sein sollte
(152). Noch deutlicher wurde Eugen Gerstenmaier hinsichtlich der Rolle des
Geschäftsführenden Vorsitzenden:

"Nun gibt es einige besorgte Freunde, die mir gesagt haben: Jetzt müssen
Sie aber wirklich mal den Dufhues unterstützen, denn sonst könnte es am
Ende sein, daß die Leute noch auf die Idee kommen, er solle zum Fernseh-
referenten der Bundeszentrale bestellt werden. - So haben wir natürlich
nicht gewettet. Der Herr Bundeskanzler hat es inzwischen auch gemerkt."
(153)

Die Entlastung der Parteileitung durch Dufhues sollte also weit über
medienpolitische Fachfragen hinausgehen, sie sollte allgemeinpolitischen
Charakter tragen. Dufhues rückte nicht als Spezialist an die Parteispitze,
er war Generalist, der praktisch die Funktion des Parteivorsitzenden übernehmen sollte (154). So hat es auf dem Dortmunder Bundesparteitag der
Union auch der Berichterstatter des Arbeitskreises III, in dem die Parteireform in ihren diversen Aspekten diskutiert wurde, bei seinem Referat vor
dem Parteitagsplenum dargestellt. Bruno Heck erklärte dabei, der

Geschäftsführende Vorsitzende habe die Partei zu führen und alle Kräfte zu mobilisieren (155). Dieses eigenständige Führungsverhalten der neuen Spitzenrolle eröffnete der Partei zwei bislang praktisch kaum genutzte Profilbereiche.

Zum einen war es für die Union, die bisher fast nur als "Wahlkampfmaschine" sichtbar geworden war, auch in der restlichen Zeit möglich, politische Präsenz zu vermitteln und damit letztlich dauernden politischen Einfluß auszuüben. So sah es auch der soeben gewählte Geschäftsführende Vorsitzende in Dortmund, als Dufhues davon sprach, er werde sich bemühen, die politische Führungsaufgabe der Union nicht nur zu Zeiten des Wahlkampfes sicherzustellen (156). Zum zweiten konnte die personelle Trennung seiner Rolle von einer staatlichen Spitzenstellung in Bonn zum ersten Mal auf Bundesebene ein eigenes, allein parteiinitiiertes Kraftfeld wachsen lassen (157).

Die Führungsrolle von Dufhues war natürlich keine Neukonstruktion, die die bisherige Führungsstruktur der Partei nur erweiterte, ohne das überkommene Gefüge nachhaltig zu verändern. Es wurden alte Führungslinien vielleicht nicht durchtrennt, aber doch anders gewichtet und gebündelt, neue Einflußkanäle kamen hinzu. Dies konnte keine machtpolitisch wertfreie Operation sein, die Wahl von Dufhues mußte ein neues innerparteiliches Kräfteparallelogramm schaffen. In diesem Parallelogramm sollte Dufhues ganz sicherlich eine mitbestimmende Position einnehmen. Diese Vorstellung von einem "machtvollen" Rollenträger Josef-Hermann Dufhues fand auf dem Dortmunder Parteitag in Helmut Kohl einen überzeugten Anwalt:

"Wir wünschen uns, daß dieser Geschäftsführende Vorsitzende mit Möglichkeiten so ausgestattet wird, auch - ich will das Wort hier gebrauchen - mit politischer Macht, daß er auf keinen Fall nur zu einem Erfüllungsgehilfen des übrigen Vorstandes wird, (Lebhafter Beifall.) sondern daß er eigenständig, auch kraft eigener Position in der Satzung der CDU, zur Übernahme politischer Führungsaufgaben sich bereit finden kann, ja bereit finden muß." (158)

Diese Führungsrolle von Dufhues veränderte, personenbezogen gesprochen, den durchaus anders gearteten Führungsmechanismus des Kanzlers in seiner Rolle als Parteichef. Und im Gegensatz zum öffentlich deklarierten Einverständnis Adenauers mit der neuen Parteifunktion scheint der Kanzler tatsächlich alles andere als einverstanden mit der zusätzlichen Spitzenrolle in seiner Partei gewesen zu sein. Bruno Heck hat die Frage, ob

Dufhues Adenauer gegen seinen Willen von der Partei aufgezwungen worden
sei, bejaht, dabei aber darauf verwiesen, daß sich des Kanzlers Ablehnung
nicht gegen die Person von Dufhues, sondern gegen das Amt als solches
richtete (159). Eugen Gerstenmaier erklärt, daß Adenauer den notwendigen
Bewegungsspielraum des Geschäftsführenden Vorsitzenden mit Argusaugen betrachtet habe, da er seinen eigenen Herrschaftsbereich nicht gerne gefährdet sah (160). An anderer Stelle hat der ehemalige Parlamentspräsident davon gesprochen, daß Adenauer überhaupt keinen wollte, der ihm die
Parteiführung mehr oder weniger aus der Hand nahm (161). Der Kanzler war
also durchaus kein Freund des organisatorischen Zweigs der Parteireform,
sobald es seinen eigenen Herrschaftsbereich innerhalb der Union tangierte.
Dies aber implizierte die neue Führungsposition für Dufhues, und so kam
es durchaus zu heftigen Kontroversen zwischen dem Parteichef und seinem
Geschäftsführenden Vorsitzenden. Eugen Gerstenmaier berichtet von einer
bitteren brieflichen Klage Adenauers aus dem Jahre 1965, Dufhues wolle ihn
von den entscheidenden Fragen ausschließen; für ihn sei damit jede weitere
Zusammenarbeit mit Dufhues unmöglich (162). Horst Osterheld bemerkte einen
der wenigen Wutausbrüche, die von Adenauer bekannt geworden sind, als
Dufhues 1962 ohne ihn zu fragen (der Kanzler war in Cadenabbia) eine
Sitzung des Parteipräsidiums anberaumte, worin Adenauer eine Gefährdung
seiner Position gewittert habe (163).

Der wesentlichste organisatorische Aspekt der Parteireform, die neue Rolle
von Josef-Hermann Dufhues als Geschäftsführender Vorsitzender, fand bei
Konrad Adenauer also nur wenig Gegenliebe. Wurde Dufhues dennoch zum
Motor einer Parteireform, konnte er seine auf dem Dortmunder Parteitag
selbst gesteckten Ziele (164):
- Verstärkung des Eigengewichts der Partei gegenüber Fraktion und
  Regierung
- Aktivierung der Parteiarbeit durch Mitgliederwerbung
- Verbesserung der Organisation sowie der Meinungs- und Willensbildung
  auf allen Ebenen der Partei
- Einrichtung eines Studienzentrums

dennoch erreichen?
Es muß zunächst wohl auf den Umstand hingewiesen werden, daß Dufhues in
diesen Perspektiven langfristige Maximalziele sah, keinesfalls aber von
heute auf morgen zu realisierende Kurzzeitprogramme. Daß dies von vielen

in der Union aber genauso empfunden wurde, hat beispielsweise Eugen
Gerstenmaier schon auf dem Parteitag in Dortmund kritisiert (165). Dufhues
selbst hat daraufhin nach der Wahl seine Parteifreunde gebeten, nicht
allein von seiner Bestallung her eine plötzliche Wunderheilung der Parteigebrechen zu erwarten (166).
Dennoch scheint in der Partei das Gefühl vorgeherrscht zu haben, die
Parteireform brauche nur vom Parteitag beschlossen und vom Vorstand verordnet zu werden, dann sei alles, alles wieder gut (167). Genau diese
Meinung, die Kohl als weitverbreitet in der Partei deklariert, hat der
damalige Fraktionschef im Landtag von Mainz beim nächsten CDU-Konvent erneut beklagt und darauf verwiesen, daß viele wohl von Dortmund weggegangen seien mit dem Motto oder mit dem stillen Vorsatz, jetzt habe man
einen Geschäftsführenden Vorsitzenden und alles werde nun ganz von allein
laufen (168). Der sich selbst tragende Radikalumschwung blieb jedoch aus,
die daraufhin schnell ausgegebene Wertung lautete damals wie heute: Auch
dieser Teil der Parteireform ist gescheitert (169). Diese Negativbilanz
vieler Betrachter war Dufhues durchaus bekannt, er hat dieses Meinungsbild
auf dem Parteitag der Union in Hannover im Jahre 1964 selbst angesprochen
und in seinen darauf folgenden Ausführungen einige wichtige Einzelbereiche
benannt, in denen er kaum Fortschritte sah (170).
Als Dufhues seine Position als Geschäftsführender Vorsitzender zwei Jahre
später aufgab (sie verschwand damit gleichzeitig als Amt aus der Union),
machte er aber vor dem Parteitagsplenum in Bonn deutlich, daß er seine
Arbeit nicht als überflüssig ansah:

"Bevor ich (...) auf einige aktuelle Fragen eingehe, die unsere Partei
existenziell berühren, lassen Sie mich Ihnen noch einige Daten vortragen,
die nicht bloß das letzte Jahr, sondern meine ganze Amtszeit als
Geschäftsführender Vorsitzender betreffen. Sie werden verstehen, daß ich
nicht eine Bewertung versuchen kann, ob sich die Einführung des Geschäftsführenden Vorsitzenden bewährt hat. Zweifellos, meine Freunde, sind manche
der Hoffnungen, die sich mit Einrichtung dieser Institution verbanden, bei
weitem übersetzt gewesen. Kein Mann und keine Frau, und wäre er oder sie
mit umfassenden Vollmachten ausgestattet, hätte eine Generalreform der
CDU, ihre Reorganisation bis in alle Einzelheiten hinein, ihr ideologisches Aggiornamento vollbringen können! Aber in den letzten Jahren, meine
Freunde - das lassen Sie mich hervorheben -, war das Amt des Geschäftsführenden Vorsitzenden unter den besonderen Bedingungen des Übergangs
ohne Frage ein notwendiges, ein unersetzliches Amt. (Lebhafter Beifall)."
(171)

Dufhues sah eine Erfolgsbilanz für sich vor allen Dingen deshalb, weil es der Union gelungen war, die diversen (nicht nur parteilichen) Aspekte der Adenauer-Nachfolge zu regeln. Und hier wird ein zweiter großer Aufgabenbereich deutlich, der sich mit der Einrichtung des Parteiamtes für Dufhues verband: die Regelung der politischen Nachfolge des Kanzlers Adenauer. Eugen Gerstenmaier hat schon auf dem Parteitag von 1962 darauf hingewiesen, daß die organisatorischen Änderungen, wie beispielsweise die Auswahl von Dufhues, natürlich auch der Erleichterung, ja der Lösung der schwierigen Aufgabe, die Nachfolgefrage befriedigend zu regeln, galten (172). Rainer Barzel sprach damals davon, daß der Sinn der Bestallung von Dufhues zum Geschäftsführenden Vorsitzenden auch darin zu suchen sei, einen ersten Schritt zu tun, um die Zeit nach Adenauer vorzubereiten (173). Daß die Union damit nicht nur Vorsorge für ihren parteieigenen Raum betrieb, sondern auch eine Hilfskonstruktion für den Kanzlerwechsel aufbaute, wurde deutlich, als der Übergang von Adenauer zu Erhard erfolgte. Helmut Kohl nannte bei seinem Dank für die würdige Form der Überleitung auf dem Parteitag von 1964 Josef-Hermann Dufhues als einzigen namentlich (174), der CIVIS schreibt unter Berufung auf Konrad Kraske davon, der Geschäftsführende Vorsitzende sei zunächst mit großem Zeitaufwand – und viel Geschick – damit beschäftigt gewesen, den schwierigen Übergang im Kanzleramt von Adenauer zu Erhard zu arrangieren (175). Daß er die Nachfolge Adenauers in der Kanzlerfunktion als eigentliches parteiliches Problem ansah, hat Dufhues selber ganz offen ausgesprochen:

"Es ist ein nicht geringer Ruhmestitel unserer Partei, daß sie allen besorgten und böswilligen Kritiken, allen düsteren Prophezeiungen zum Trotz den Übergang von der Kanzlerschaft Adenauers zur Kanzlerschaft Erhards vollzogen hat. Unsere Partei hat damit bewiesen, daß sie mit und durch Adenauer so stabil, so kräftig, so attraktiv geworden ist, daß sie auch über Adenauer hinaus ihre Aufgaben erfüllen kann. Unsere Partei, die Union, ist personenunabhängig geworden. Sie wird auch nach Adenauer, auch nach Erhard sein. Sie wird sich aus eigener Kraft erhalten und weiterentwickeln." (176)

Die Union war damit wieder zur Kanzlerpartei geworden, diesmal aber unter total entgegengesetzten Vorzeichen. Einstmals von Adenauer durch seine Rolle als Kanzler beherrscht, sorgte sie nun durch innerparteiliche Vorkehrungen (Geschäftsführender Vorsitzender) mit dafür, daß der Übergang an der Regierungsspitze, nach den großen Erschütterungen in der Präsidentenkrise, in geregelten Bahnen über die Bühne ging. Nichts kann besser beschreiben, daß der angestrebte Emanzipationsprozeß der Partei von ihrer alten Rolle erfolgreich war als der Umstand, daß sie nun hierbei als eigenständiger politischer Faktor agieren konnte.

Dies läßt die Schlußfolgerung zu, daß die organisatorische Seite der Parteireform nicht so unerfolgreich war, wie der programmatische Teilaspekt. Es läßt sich nicht nur ein Emanzipationsversuch konstatieren, es kam sogar zu faktischen Veränderungen, selbst wenn man die Rolle der Partei beim Kanzlerwechsel einmal nicht mit einbezieht. Dufhues konnte zwar sein Maximalprogramm (verständlicherweise) nicht verwirklichen, ganz ohne Resultat blieb der von ihm gesteuerte organisatorische Impuls aber auch nicht. Der CIVIS sieht im Jahre 1964 die Bundes-CDU zu einem schlagkräftigen Parteiapparat gewachsen, mit intensiver Wirkung nach innen und außen. Die Partei habe auch in der Publizistik ein weitaus größeres Gewicht bekommen, hier wirke sich die Tätigkeit des ersten Pressesprechers, Arthur Rathke, der seit September 1963 amtiere, bereits aus (177). Dufhues selber berichtete auf dem Parteitag des gleichen Jahres über erste Erfolge seiner Arbeit (178). Auch Wulf Schönbohm sieht trotz aller Negativtendenzen den Organisator Josef-Hermann Dufhues nicht als erfolglos an und attestiert ihm wichtige Anstöße für das gewandelte Verständnis der Partei und den Aufbau eines schlagkräftigen Parteiapparates (179).

Die Annahme von wichtigen Anstößen für das Selbstverständnis der Partei durch Dufhues führt zur Ausgangsfrage zurück, wie sich das Verhältnis zwischen Kanzler und Partei in den letzten Jahren der Adenauerschen Regierungszeit in personeller, organisatorischer und programmatischer Hinsicht entwickelte. Die überkommene Symbiose in dieser Hinsicht wurde ganz sicherlich abgebaut. An die Stelle der treuen Kanzlergefolgschaft durch die Union traten unterschiedlich ausgeprägte Tendenzen zum eigenverantwortlichen Agieren der Partei. Der Emanzipationsversuch über eine Parteireform in programmatischer Hinsicht mißlang, erste Gehversuche in organisatorischer Hinsicht zeitigten Erfolge, wenn auch keine Durchbrüche. Auf dem personellen Sektor kam es zum größten Umschwung. Die Union erhielt mit dem Geschäftsführenden Vorsitzenden eine rein parteilich grundierte Führungsfigur, die der CDU erstmals ein von der Regierung abgehobenes Profil geben konnte. Mehr noch: Die parteiliche Führungsfigur beeinflußte ihrerseits ganz bewußt Entwicklungen im exekutiven Bereich. Dies wurde deutlich bei der Rolle, die Dufhues beim Übergang von Adenauer zu Erhard spielte.

## II. Die strukturellen Vorgaben

### 1. Die Kabinettsbildungen

Die Bundestagswahlen des Jahres 1961 hatten für die Unionsparteien unter der Führung von Konrad Adenauer trotz erster, durch des Kanzlers Autoritätsverlust bedingter wahlkampfstrategischer Konsequenzen, keine absolute Mehrheit (dies war das eigentliche Wahlkampfziel der Union) wie im vorausgegangenen Urnengang für das Bonner Parlament erbracht. Es ist ebenfalls beschrieben worden, daß dieser Majoritätsverlust auf Bundesebene der eigentliche Anstoß für eine programmatische und personelle Reformdiskussion innerhalb der Union war, die unter dem Schlagwort "Parteireform" firmierte. Wenn der Adenauersche Autoritätsverlust und seine Folgen parteiintern zu ideologischen Aktivitäten und personellen Umgruppierungen führte, erhebt sich natürlich auch die Frage, ob die beschriebenen Impulse Wirkungen im Regierungsbereich hatten. Dies soll zunächst bei der parteilichen und personellen Gestaltung der Exekutive in den Jahren 1961 und 1962 untersucht werden.

Die Darstellung der Kabinettsbildungen in den Jahren der "Hoch"-Zeit der Kanzlerdemokratie konnte von einem feststehenden Grundmuster ausgehen:
- Konrad Adenauer stand durch quasi plebiszitäre Bestätigung als Kanzlerkandidat von vorneherein fest.
- Die Ausrichtung der Regierungskoalition war auf ein bürgerliches Bündnis (ohne die SPD) beschränkt, allein die Frage der Form der Beteiligung der anderen politischen Gruppierungen dieses Spektrums neben der CDU/CSU an den jeweiligen Kabinetten Adenauers stand zur Disposition.

Es ist angebracht, zunächst einmal zu analysieren, inwieweit dieses Grundmuster weiterhin Bestand hatte.

Zu einer Designation Adenauers als Regierungschef durch ein Kanzlerplebiszit konnte es bei der Bundestagswahl des Jahres 1961 eigentlich gar nicht mehr kommen, da die Union ihre Wahlkampagne nicht mehr wie gehabt allein auf den Bundeskanzler zentrierte. Als der erhoffte absolute Wahlerfolg

dann ausblieb, machten entsprechende öffentliche Kommentare von Franz
Josef Strauß (180) und Eugen Gerstenmaier (181) noch in der Wahlnacht
klar, daß ein Kanzlerkandidat Adenauer auch im eigenen politischen Lager
keine Selbstverständlichkeit mehr war.
Vielmehr gab es ernstzunehmende Bestrebungen auch innerhalb der Regierungsparteien, Adenauer als Kanzler durch einen anderen Unionspolitiker
zu ersetzen. Kern dieses "Komplotts" (182) gegen den langjährigen Regierungschef waren entsprechende Kontakte zwischen Spitzenpolitikern
von CSU und FDP am Tage nach der Bundestagswahl im Hause des Düsseldorfer
Unternehmers Helmut Horten. In diesem Gespräch zwischen Franz Josef
Strauß, Erich Mende und Willi Weyer, das nach Aussage des damaligen FDP-
Chefs aufgrund einer bereits vor dem Wahlsonntag getroffenen Vereinbarung
zustande kam (183), ging es ganz offensichtlich um Fragen einer Regierungsbildung ohne Konrad Adenauer. Die Liberalen plädierten dabei für
einen Kanzlerkandidaten Ludwig Erhard. Der CSU-Vorsitzende war nach Erich
Mende mit dieser personellen Vorgabe einverstanden und animierte den FDP-
Chef daraufhin zu Konsultationen mit Erhard und zu einem Besuch bei Bundespräsident Lübke, um diesem mitzuteilen, die FDP werde den Wirtschaftsminister als Kanzler vorschlagen (184). Es wird damit deutlich, daß der
erste Teilbereich des überkommenen Grundmusters für die Regierungsbildung
auf Bundesebene hinfällig geworden war.
Dies hatte aber nicht zur Folge, daß der designierte Kanzlerkandidat der
Union ein anderer war als in den Jahren zuvor: Am 27. September 1961,
zehn Tage nach dem Urnengang, trat die Fraktionsvollversammlung der CDU/
CSU zu ihrer konstituierenden Sitzung zusammen und nominierte als letztes
der relevanten Gremien von CDU und CSU Adenauer einstimmig zum Regierungschef (185). Zumindest zu diesem Zeitpunkt mußte allen Beteiligten klar geworden sein, daß die interne "Verschwörung" gegen die vierte Kanzlerschaft
Adenauers, wie auch immer konstruiert, zusammengebrochen war.
Das potentielle "Opfer" hatte durch eigene Aktivitäten nicht unwesentlich
dazu beigetragen, daß bereits kurz nach der Wahlenttäuschung diese innerparteiliche Festschreibung auf ihn erfolgte, obwohl es zunächst durchaus
beachtliche Hindernisse für ein Verbleiben Adenauers im Palais Schaumburg
zu geben schien. Ohne das Anlaufen des Willensbildungsprozesses in seiner
eigenen Partei auch nur abzuwarten, rief Adenauer schon am Morgen nach dem
Wahlsonntag in Bonn überraschend eine Pressekonferenz ein, auf der er sich

wie selbstverständlich als künftiger Bundeskanzler präsentierte (186).
Diese neuartige Eröffnungsvariante zur Regierungsbildung im Jahre 1961
wird fast durchgängig als taktisches Kabinettstück des Kanzlers betrachtet (187).
Nach diesem ersten Zug in aller Öffentlichkeit hatte Adenauer seine innerparteiliche Nominierung zwar nicht gesichert, ein unionsinternes Abrücken
von seiner Person war aber nur zum Preis einer öffentlichen Desavouierung
des CDU-Vorsitzenden möglich geworden. Der Schadenswert für die Union bei
einer solchen Vorgangsweise wuchs jedoch von einer persönlichen Bloßstellung des langjährigen Kanzlers zu einem Politikum ersten Ranges an:
Einen Tag nach der Adenauerschen Pressekonferenz beschlossen der Vorstand
und die Bundestagsfraktionen der FDP einstimmig, eine Koalition mit der
Union einzugehen, wenn der nächste Bundeskanzler nicht Adenauer heiße
(188). Die erste Reaktion aus Kreisen der CDU/CSU auf die liberale Absage
an Adenauer war denn auch die Feststellung, damit sei nun die Union geradezu gezwungen, am ursprünglichen Kanzler festzuhalten (189). Der
parallel zur FDP-Spitze tagende Bundesvorstand der CDU nominierte Adenauer
daraufhin tatsächlich zum Kanzlerkandidaten, eine Entscheidung, die die
Beschlüsse der übrigen Parteigremien, die in dieser Angelegenheit "tätig"
werden mußten (Fraktionsvorstand/Gesamtfraktion) geradezu präjudizierte
(190).
Das Ansteigen des Außendrucks ging zudem mit einer Entschärfung der innerparteilichen Widerstände gegen eine Renomierung Adenauers einher. Falls
sich die FDP darauf verlassen haben sollte, nach ihrer Kampfansage an
einen Kanzler Adenauer würde sich die innerparteiliche Opposition gegen
eine Rückkehr des 85jährigen ins Palais Schaumburg deutlich artikulieren,
sah sie sich schon bei der Sitzung des CDU-Parteivorstandes getäuscht. Wie
Erich Mende resignierend im Rückblick feststellt, haben sich bei dieser
Gelegenheit weder der als Gast teilnehmende Franz Josef Strauß noch Ludwig
Erhard gegen eine Wiederbestallung Adenauers gewandt. Im Endeffekt sei es
dem Kanzler damit gelungen, in 48 Stunden sowohl das publizistische Bonn
als auch den eigenen Bundesvorstand so zu überrumpeln, daß man schon fast
vor vollendeten Tatsachen stand (191).
Die Hintergründe für das Scheitern der internen Fronde gegen eine Wiederwahl des Regierungschefs sind aus diversen Blickwinkeln erörtert worden
(192). Welchem Argumentationsweg man bei diesem Teilaspekt auch immer

folgen mag, das Gesamtresultat scheint eindeutig: Adenauer war auch 1961 der letztlich unbestrittene Kanzlerkandidat (193), seine Aufstellung durch die Union für die anstehende Kanzlerwahl blieb also nur für kurze Zeit fraglich.

Des Kanzlers taktisches Geschick, die Absage der FDP an Adenauers Wiederwahl sowie das schnelle Ende der innerparteilichen Fronde gegen die Renominierung des Regierungschefs schufen also einen Rahmen, der Adenauer schon bald nach dem für die Union so enttäuschenden Wahltag wieder zum Spitzenkandidaten seiner Partei für die anstehenden Kabinettsverhandlungen machte. Unter strukturellen Aspekten ist diese, im Vergleich zu 1953 und 1957 nur leicht verzögerte innerparteiliche Renominierung Adenauers mehr als ein kleiner Schönheitsfehler. Im Gegensatz zur "Hoch"-Zeit der Kanzlerdemokratie mußte sich der CDU-Vorsitzende sein Verbleiben im Amt diesmal erkämpfen, es fiel ihm nicht wieder automatisch zu. Dies war für Adenauer jedoch keine ganz neue Erfahrung. Schon 1949 hatte er mit viel taktischem Geschick eine einigermaßen offene Anfangssituation so vorgeprägt, daß er von der Union zum Kanzler bestallt wurde. Sein Agieren 12 Jahre später hat denn auch viele Beobachter an diese Vorfälle aus der Frühgeschichte der Bundesrepublik erinnert (194).

Wenn man so will, hatte Adenauer bei der Regierungsbildung des Jahres 1961 jenen Vertrauensbonus aus der "Hoch"-Zeit der Kanzlerdemokratie, der seine jeweilige Kanzlernominierung inhaltlich überflüssig machte, verloren. Dies hieß genausowenig wie 1949, daß er nicht gute Chancen hatte, für die Wahl zur exekutiven Spitzenrolle benannt zu werden. Bloß setzte dies genauso wie in der Anfangszeit der Bundesrepublik gezielte Aktionen seinerseits voraus. Seine Autorität in dieser Frage hatte sich keineswegs verflüchtigt, sie hatte aber viel von ihrer Selbstverständlichkeit eingebüßt. Auch an diesem Spezialfall zeigt sich also deutlich der Autoritätseinbruch Konrad Adenauers.

Die Regierungsbildung des Jahres 1961 unterschied sich auch noch in zahlreichen anderen Aspekten von den Kabinettskonstruktionen in den Jahren der Blütezeit der Kanzlerdemokratie. Ohne den gut dokumentierten Geschehensablauf (195) hier detailliert präsentieren zu wollen, sei auf einige wichtige Einzelkomplexe eingegangen.

Der Formung einer neuen Bundesregierung im Jahre 1961 gingen wohl die schwierigsten und vor allem langwierigsten Verhandlungen voraus, die bis

dato in Bonn in Sachen Kabinettsbildung durchgeführt worden waren (196).
In dem ungewöhnlich langen Intervall vor der Präsentation einer neuen
Regierungsmannschaft im Jahre 1961 kam es dabei zu einer ungewöhnlichen
Entwicklung in staatsrechtlicher Hinsicht, die Wildenmann/Scheuch pauschal
so beschrieben haben, daß an sich "tot" geglaubte Aspekte der geschriebenen Verfassung (197) plötzlich (wieder) Relevanz erhielten. Was die Autoren konkret darunter verstehen, haben sie ganz klar normiert:

"Als vorübergehend die Koalitionsgespräche in eine Sackgasse zu geraten
schienen, schaltete sich zunehmend Bundespräsident Lübke ein. Unabhängig
von den offiziellen Delegationen, die mit Koalitionsgesprächen betraut
waren, versuchte der Bundespräsident, die verschiedenen Möglichkeiten
einer Koalition zu ermitteln. Damit handelte er durchaus in Übereinstimmung mit seinem Verfassungsauftrag, nämlich das Zustandekommen einer
Regierung zu ermöglichen, wenn auch nicht selber zu regieren; dieses Verhalten des Bundespräsidenten galt jedoch als etwas ungewöhnlich. Die Länge
und Art der Koalitionsverhandlungen hatte damit zur Folge, Aspekte des
institutionellen Rahmens zu aktivieren, welche die Parteien zunächst nicht
als existent behandelten – und bei einer vornehmlichen Orientierung an
bloßem und unsystematisch ermitteltem Erfahrungswissen auch nicht als
existent erkennen konnten." (198)

Damit schaltete sich erstmals ein politischer Faktor in eine Regierungsbildung in Bonn ein, der bislang allenfalls durch eine Dignitätskontrolle
bei der Ministerauswahl in diesem Raum tätig geworden war: der Bundespräsident. Heinrich Lübke wurde bei seinen Bestrebungen durchaus von gewichtigen Stimmen aus der Publizistik unterstützt (199); sein politisches
Ziel, die Formierung einer "Allparteienregierung" (200), hatte dabei eine
Dimension, die uns zum zweiten Teil jenes Grundmusters kommen läßt, der
die Regierungsbildungen der Jahre 1953 und 1957 vorprogrammierte und
dessen erste Kategorie bereits als nicht mehr prägend eingestuft werden
konnte.

Des Bundespräsidenten letztlich gescheiterter Versuch der Installierung
eines Allparteienkabinetts beinhaltete logischerweise, daß sich die SPD
an diesem Regierungsbündnis beteiligte. Dies verdeutlichte Lübke auch
gegenüber dem FDP-Vorsitzenden Erich Mende, als dieser ihn in Sachen
Kanzlerkandidatur Ludwig Erhards Ende September 1961 aufsuchte (201). Mit
der Vorstellung einer Allparteienregierung lag Lübke sicherlich auf der
Linie der SPD, die dergleichen immer wieder gefordert hatte (202). Der
entscheidende Punkt in unserem Zusammenhang ist nun die Tatsache, daß das
Denkmodell der Regierungsbeteiligung der Sozialdemokraten keine politische

Projektion war, die allein vom Bundespräsidenten und der SPD selber ins Auge gefaßt wurde.

Nach Meinung höchst unterschiedlich ausgerichteter Betrachter (203) gab es 1961 auch innerhalb der Union politisch relevante Gruppen, die auf eine Koalition mit der SPD reflektierten, wobei weniger eine Allparteienregierung im Gespräch war, sondern vielmehr eine Große Koalition anvisiert wurde. Peter H. Merkl sieht diese Tendenz vor allem bei den Sozialausschüssen (204), ebenso Heribert Knorr, der die diversen Aktivitäten der Arbeitnehmergruppe innerhalb der Union in Richtung auf eine Große Koalition detailliert nachgezeichnet hat (205).

Damit war zumindest von zwei für die Union bei der Regierungsbildung 1961 wichtigen Positionen her die alte Übereinstimmung über die Ausschließlichkeit einer bürgerlichen Koalition beiseite geschoben worden. Auch der zweite Teil des beschriebenen Grundmusters für die Koalitionskonstruktionen aus den Jahren 1953 und 1957 hatte also nach der vierten Bundestagswahl keine durchgängige Akzeptierung mehr gefunden und war damit genauso wie die erste Kategorie ("geborene" Kanzlerschaft Adenauers) hinfällig geworden.

Diese Wertung wird abgestützt durch den Umstand, daß für Adenauer selbst eine Regierungsbeteiligung der Sozialdemokraten insofern kein totales Tabu mehr zu sein schien, als er diese Vorstellung zumindest als taktisches Korrektiv gegenüber der FDP bei den laufenden Koalitionsverhandlungen einsetzte. Denn zum großen Schrecken der Liberalen sprach Adenauer nach dem unerbittlichen FDP-Nein zur Fortsetzung seiner Kanzlerschaft mit führenden SPD-Vertretern, was sogleich Spekulationen auslöste, ob hier nicht doch die ersten Abtastversuche hinsichtlich einer Großen Koalition unternommen würden. Die Verunsicherung über das Kanzler-Gespräch mit der SPD-Führung am 25.9.1961 wurde für Erich Mende keineswegs gemildert, nachdem er sich zwei Tage später im Hause des Industriellen Hugo Stinnes in Mühlheim/Ruhr mit Willy Brandt getroffen hatte. Der FDP-Vorsitzende war über diese Unterhaltung vielmehr "beunruhigt", für ihn ging daraus hervor, daß Überraschungen durch neue Schachzüge Adenauers nicht auszuschließen waren (206). Falls es also, wie auch Willy Brandt vermutet, für Adenauer beim Gesprächskontakt mit der SPD nur darum gegangen sein sollte, einen taktischen Vorteil zu erringen und die FDP dadurch kräftigst zu irritieren (207), dann war diese Rechnung des CDU-Vorsitzenden ganz offensichtlich aufgegangen.

Unabhängig davon, ob Adenauers Kontakt mit der SPD nun rein taktisch oder doch schon in einem Minimalansatz von Politisch-Inhaltlichem her motiviert war – die Ausgrenzung der Sozialdemokratie, wie sie der Kanzler noch 1957 mit der Formel vom Untergang Deutschlands im Falle eines SPD-Wahlsieges (208) verdeutlicht hatte, mußte spätestens mit dem Aufdecken der SPD-Karte im "Koalitionspoker" des Jahres 1961 allgemein als obsolet erscheinen. Die SPD war damit – auch durch Aktionen Adenauers –, vor dem Hintergrund einer weitgehenden Reform ihrer Politik (209), praktisch auf jene Straße geraten, die unweigerlich zur Koalitionsfähigkeit führte. Auch dies erklärt, wieso die zweite Kategorie des überkommenen Grundmusters zur Regierungsbildung bei der Kabinettskonstruktion im Jahre 1961 hinfällig wurde. Unabhängig davon kam es auch bei dieser Koalitionsbildung schließlich zu einer Regierungsstruktur, die der bürgerlichen Ausrichtung der Bonner Koalition seit der Gründung der Bundesrepublik entsprach. Dies wurde möglich, weil die FDP ihr kategorisches Nein gegen eine Wiederwahl Adenauers schließlich doch zurücknahm. Dieses Zurückstecken der Liberalen in personalpolitischer Hinsicht bei der Regierungsspitze, das recht häufig mit Prädikaten wie "Umfall der FDP" (210) versehen wurde, ist im Rahmen dieser Studie von weitaus geringerem Interesse als ein zweiter Aspekt des gleichen personalpolitischen Problems: Adenauer erklärte sich dazu bereit, das Amt des Bundeskanzlers nicht für die ganze vierte Legislaturperiode auszuüben.

Dieses Versprechen eines vorzeitigen Rücktritts ohne exakte terminliche Fixierung ist in zwei offensichtlich gleichlautenden kurzen Schreiben Adenauers an Heinrich Krone und Erich Mende festgehalten, die der Kanzler einen Tag nach seiner Wiederwahl am 7.11.1961 beiden damaligen Fraktionsvorsitzenden zukommen ließ (211). Adenauer selbst hat auf dem CDU-Parteitag von 1962 den wesentlichen Inhalt dieser Briefe erläutert:

"Ehe ich die Wahl als Bundeskanzler annahm, habe ich dem damaligen Vorsitzenden der Bundestagsfraktion, Herrn Dr. Krone, in einem Brief geschrieben, ich beabsichtige nicht, den nächsten Wahlkampf im Jahre 1965 zu führen. Ich würde so rechtzeitig von dem Amt als Bundeskanzler zurücktreten, daß mein Nachfolger in der Lage wäre, diesen Wahlkampf zu führen. Ein Datum habe ich nicht genannt! Ich glaube, es war auch richtig, das nicht zu tun, meine Freunde; denn der Entschluß von diesem Amt zurückzutreten, wird abhängig sein von einer Reihe von Umständen innenpolitischer, außenpolitischer und persönlicher Art." (212)

Wenn Adenauer sich damit in seine Rücktrittszusage auch einige in ihrem Bedeutungsinhalt schwer auszulotende Wenn und Aber eingebaut hatte, die generelle Rücktrittsabsicht war bekundet und praktisch nicht mehr zu revidieren.

Der Rücktrittsbrief kann ganz sicherlich auch als eine Rückversicherung eingestuft werden, die Adenauer bei seiner Kanzlerwahl zugunsten der FDP auszustellen hatte. Diese Wertung scheint berechtigt, wenn man verfolgt, wie Erich Mende das Zustandekommen des Schreibens schildert. Nach einer schwerwiegenden Krise in den Koalitionsverhandlungen zwischen CDU/CSU und FDP Ende Oktober präsentierte der Regierungschef dem FDP-Vorsitzenden in einem vertraulichen Vieraugengespräch den westlichen Wissensstand über das Anlaufen der sowjetischen Raketenrüstung in Kuba. Mende erhielt damit erste Informationen über Ereignisse, die dann kurze Zeit später tatsächlich zu einer weltpolitischen Krise der ersten Kategorie führten. Der FDP-Vorsitzende zeigte sich durchaus beeindruckt (213). Die Brisanz der vorgestellten Konstellation benutzte der Kanzler aber auch, um mit dieser gewichtigen Frage die Notwendigkeit zur Weiterführung des Amtes durch ihn zu begründen. Adenauer fügte nach Erinnerung von Erich Mende an, er schlage daher vor, die Geschäfte als Bundeskanzler bis Mitte der Wahlperiode, also 1963, auszuüben und dann zurückzutreten (214). Der FDP-Vorsitzende wollte es bei dem mündlichen Versprechen Adenauers nicht bewenden lassen; zumal er von seinem Wissen über die Entwicklung in Kuba keinen weiteren Gebrauch machen konnte, ging er nach eigener Aussage den CDU-Vorsitzenden wie folgt in Richtung auf eine Gewährleistung der befristeten Kanzlerschaft an:

"Ich fragte Dr. Adenauer, welche Garantie er für seinen Rücktritt zum angegebenen Zeitpunkt geben könne. Dr. Adenauer erklärte, daß er dem Fraktionsvorsitzenden der CDU/CSU-Fraktion, Dr. Krone, und mir in einem persönlichen Brief eine solche Erklärung abgeben würde. Er habe auch nichts dagegen, daß von der Tatsache des Briefes, nicht von seinem Inhalt, Gebrauch gemacht werde." (215)

Der Rücktrittsbrief war also auch eine Art öffentlich präsentierbarer Garantieschein, der der FDP das Gefühl vermitteln sollte, daß die politischen Abmachungen über die Begrenzung der Kanzlerschaft Adenauers ein durchaus reelles "Geschäft" auf einer fast vertragsähnlichen Basis waren. Abgesehen von diesem Aspekt, hatte die ungefähre Begrenzung des zeitlichen

Aktionsraumes des Kanzlers aber noch eine zweite Seite, die hier nur kurz angesprochen werden soll, da sie später in anderem Zusammenhang geschildert wird (vgl. S. 431 f). Der Kanzler auf Zeit mußte sich allein von seiner Anlage her in einer wesentlich schwächeren Position befinden als derjenige Regierungschef, von dem man annimmt, daß er die volle Legislaturperiode im Amt bleiben würde. Auf diese Schwächung hat der frühere Bundespräsident Heuß unzweideutig hingewiesen, der in einem frühen Stadium des Koalitionsbildungsprozesses von Ludwig Erhard aufgesucht wurde und dessen Notizen diese Unterredung so zusammenfassen:

"Dich interessiert es mehr, daß Erhard am Nachmittag fast 2 Stunden bei mir war. Sehr offenherzig über die inneren Spannungen in der CDU/CSU. Ob ich Mende zureden könne, daß die FDP an einem befristeten Kabinett Ad(enauer) sich beteilige. Strauß sei mir auch dankbar. Ich konnte ihm das nicht versprechen. Ad. müßte dann brieflich der CSU und der FDP mit Befristung seinen Rücktritt heute schon zusagen. Derlei geht aber nicht, weil es dann doch herauskommt, und Adenauer dann völlig schwächen würde." (216)

Diese Schwächung der Kanzlerrolle durch den vorprogrammierten und schriftlich fixierten Rücktritt Adenauers ist nun hinsichtlich der Regierungsbildung 1961 insofern wieder interessant, als es nicht wenige Beobachter gibt, die in dieser Abmachung so etwas wie einen Preis sehen, den die Union (und Adenauer) für den Eintritt der Liberalen in ein Regierungsbündnis mit der CDU/CSU unter dem zunächst so vehement abgelehnten Kanzler Adenauer zu zahlen hatte (217).

Die zeitliche Befristung der Kanzlerschaft Adenauers spielt auch eine Rolle beim letzten Aspekt der Regierungsbildung 1961, der hier kurz präsentiert werden soll: Zum ersten Mal in der Geschichte der Bundesrepublik wurde nämlich nach der 4. Bundestagswahl ein schriftlich formuliertes Koalitionsabkommen abgeschlossen, in dem auch eine Festschreibung erfolgte, die Adenauer zum Kanzler auf Zeit machte. In dem als Präambel anzusehenden Eröffnungsabschnitt dieses Papiers heißt es:

"Die Koalitionspartner gehen davon aus, daß der Vorsitzende der Christlich-Demokratischen Union, Dr. Konrad Adenauer, das Amt des Bundeskanzlers entsprechend seiner vor der Fraktion der CDU/CSU am Dienstag, den 17. Oktober 1961, abgegebenen Erklärung nicht für die ganze Dauer der Legislaturperiode bekleiden wird. Auf die Briefe Dr. Adenauers vom ... 1961 an die Vorsitzenden der Koalitionsfraktionen wird Bezug genommen." (218)

Damit ist die Schilderung wichtiger Einzelkomplexe der Regierungsbildung des Jahres 1961 abgeschlossen. Die vorgestellte Faktenbasis ist ausreichend, um zu erörtern, inwieweit der durch Autoritätsverlust beim Kanzler zustandegekommene Majoritätsverlust der Partei Auswirkungen auf die Regierungsbildung nach der 4. Bundestagswahl hatte. Ausgangspunkt soll hierbei jene Positionsbestimmung für Adenauer aus den Regierungsbildungen der Jahre 1953 und 1957 sein, die ihn als Dominator einordnet, ohne ihn zum Monopolisten zu machen, da die Kabinettskonstruktion in einem Netz von Einflußfaktoren vonstatten ging, wobei Adenauer eine starke Stellung, aber keine alleinige Prägekraft besaß (vgl. S. 233 f). Daß dieser Dominator Adenauer bei der Kabinettskonstruktion von 1961 der Vergangenheit angehörte, muß nicht einmal durch Veränderungen in der Netzstruktur selber belegt werden. Der Einbruch war viel grundsätzlicher. Zunächst einmal mußte Adenauer überhaupt darum kämpfen, mit dem gleichen Positionswert wie gehabt (Kanzlerkandidat) von seiner Partei in das Einflußfeld geschickt zu werden. Das Selbstwertgefühl des notwendigen Koalitionspartners war aber durch den relativen Wahlsieg der FDP so angewachsen, daß die Liberalen die Kanzlerkandidatenrolle erst dann akzeptierten, als Adenauer bereit war, seine Amtszeit zu beschränken, d.h. seinen Positionswert nach der Kanzlerwahl drastisch zu reduzieren.

Adenauer konnte zudem bei der Kabinettskonstruktion den anvisierten Koalitionspartner FDP weniger durch interne Einflußkraft stimulieren, als vielmehr durch externe Druckpolitik beeindrucken. Er drohte den Liberalen mit der Großen Koalition, mit dem Austauschen von FDP und SPD. Die Projektion einer neuen Koalitionssituation erschien Adenauer also erfolgversprechender als sein Agieren im bislang üblichen Rahmen. In der "Hoch"-Zeit der Kanzlerdemokratie war dieser Umweg nie nötig gewesen.

Abgesehen davon zog sich die Regierungsbildung unter zahlreichen Krisen so lang hin, daß das Gesamtsystem als solches nicht mehr praktikabel erschien, der Bundespräsident schaltete sich ein. Dies spricht zunächst gegen die aktuelle Verfassung der Gesamtstruktur, nicht gegen den Positionswert des Kanzlerkandidaten. Dies heißt aber auch, daß niemand die Kabinettsbildung aus eigener Kraft heraus weitgehend vorbestimmen konnte, man blockierte sich maximal gegenseitig und machte somit den Einflußversuch von "außen" (Bundespräsident) erst möglich. Letztlich heißt dies aber auch, daß es überhaupt keinen Dominator, also auch keinen namens Adenauer, bei der Kabinettskonstruktion von 1961 mehr gab.

Die vorgestellten Überlegungen aufgrund der präsentierten Fakten deuten

alle in eine Richtung: Adenauers Position bei der Regierungsbildung 1961
war wesentlich schwächer als seine Stellung bei den Kabinettskonstruktionen der Jahre 1953 und 1957. Der Autoritätsverlust Adenauers, der einen
Majoritätsverlust der Partei bewirkt hatte, verursachte zusätzlich einen
Positionsverlust bei der anstehenden Regierungsbildung.
Vergleichbare Ereignisse zu zwei der vorgestellten Aspekte der Regierungsbildung 1961 (Große Koalition, Kanzler auf Zeit) spielen auch eine Rolle,
als nur ein Jahr später eine umfassende Neukonstruktion der Bundesregierung erforderlich wurde. Die Notwendigkeit, eine neue Koaltion ohne vorausgegangene Bundestagswahl auszuhandeln, war im Verlauf der sogenannten
"Spiegelaffäre" (219) entstanden; dergleichen Vorgang trat während der
Kanzlerschaft Konrad Adenauers nur einmal zu diesem Zeitpunkt auf. Auch
diese Regierungsbildung ist von ihrem Geschehensablauf fast lückenlos
dokumentiert (220). Es ist daher auch hier ausreichend, die im Rahmen dieser Studie wichtigen Fragen herauszuarbeiten.
Ausgangspunkt soll die damalige Möglichkeit sein, zwischen CDU/CSU und SPD
zu einer Großen Koalition zu kommen. Als Impulsgeber in diesem Fall wirkte der damalige Bundesminister für Wohnungswesen und Städtebau, Paul
Lücke. Der CDU-Politiker, ein Verfechter des Mehrheitswahlrechts, traf
sich am Abend des 26.11.1962 zu einem Meinungsaustausch mit Herbert
Wehner in seinem Ministerium, um neue Wege aus der Regierungskrise auszuloten. Paul Lücke hat den Dreh- und Angelpunkt dieser mehrstündigen Unterredung so beschrieben:

"Im Mittelpunkt dieses Gesprächs steht die für mich entscheidende Frage:
Ist eine Große Koalition unter der Kanzlerschaft Dr. Adenauers mit dem
Ziel möglich, durch Verabschiedung eines Mehrheitswahlrechtes unsere junge
Demokratie zu stabilisieren?
Die Aussprache ist offen und vertrauensvoll. Das Ergebnis ist positiv.
Vor allem besteht volle Übereinstimmung in der Beurteilung und Bedeutung
des Mehrheitswahlrechtes für die Funktionsfähigkeit der parlamentarischen
Demokratie. Nach diesem Gespräch vereinbaren Wehner und ich, die Führungsgremien beider großen Parteien zu hören." (221)

Es ist für uns von geringerem Interesse, daß aus diesem privaten Kontakt
dann mit ausdrücklicher Billigung Adenauers tatsächlich ein offizielles
Abtasten und erste offizielle Gespräche in Richtung auf die Formierung
einer Großen Koalition entstanden (222). Beachtung finden muß hingegen,
daß es Stimmen gibt, die in Adenauers Bereitschaft zum Verhandlungskontakt
mit der SPD nichts anderes sehen als einen Versuch des Kanzlers, über eine

Große Koalition die ungeliebte Kanzlerschaft auf Zeit in einen auf die ganze Legislaturperiode ausgedehnten Führungsauftrag zu verwandeln (223). Im ersten offiziellen Gespräch zwischen den Verhandlungsdelegationen von CDU/CSU und SPD im Palais Schaumburg wurde dies vom Kanzler ganz anders interpretiert, indem er Ollenhauer auf den Brief an Heinrich Krone verwies, der ein rechtzeitiges Ausscheiden seinerseits vor dem Wahlkampf des Jahres 1965 festgelegt hatte (224). Und so hat denn auch Herbert Wehner der Theorie vom Versuch Adenauers, seine Amtszeitbeschränkung über das Medium Große Koalition aufzubrechen, eine Absage erteilt (225).

Dieser Aspekt einer gemeinsamen Zukunftssicherung trotz der gnadenlosen Gefechte von einst war aber keine Vorstellung, die in der SPD breite Zustimmung fand, solange der gegnerische Hauptmatador der Polarisierung der letzten Legislaturperioden, Konrad Adenauer, wie selbstverständlich für sich das Palais Schaumburg reklamierte. Es wird hier nicht die These vertreten, die projektierte Große Koalition des Jahres 1962 sei vor allem an Adenauers Person gescheitert. Der Kanzler mußte aber erleben, daß, wenn er "a" (sprich: Große Koalition) sagte, ein nicht unbeträchtlicher Teil der Sozialdemokratie über "b" (sprich: Wahlreform und Kanzlerwechsel) zumindest nachdachte.

In den beiden Einzelpunkten von "b" sehen denn auch die meisten Betrachter den eigentlichen Kern für die Distanz eines Großteils der SPD-Parlamentarier gegenüber einem Projekt Große Koalition (226). Otto B. Roegele stellt den Widerstand eines Großteils der SPD-Fraktion in einen breit angelegten Rahmen und kommt zu folgender innerparteilichen Zustandsbeschreibung:

"War die dreiköpfige Führungsspitze der SPD einhellig, der Parteivorstand nur noch mit einer schwachen Zwei-Drittel-Mehrheit für die Große Koalition, und mit einem Stimmenverhältnis von 23 zu 13 für das Mehrheitswahlrecht, so ergab sich bei der langen und stürmischen Fraktionssitzung, die am 5. Dezember abgehalten wurde, keine klare Mehrheit für ein Zusammengehen mit der CDU/CSU – wenigstens unter den Bedingungen, die bisher als Grundlage ausgehandelt worden waren. Wortführer der Gegner war der Abgeordnete Dr. Karl Mommer, der vor allem auf die Stimmung der Mitglieder hinwies, die es nicht verstehen könnten, wenn die langjährige Opposition der SPD gegen Adenauer und sein Regime sich über Nacht in Gefolgschaft verwandeln würde." (227)

Die erwähnte bisherige Verhandlungsgrundlage beinhaltete (in zeitlicher Hinsicht mit keiner weiteren Spezifikation versehen) ein Fortdauern der Kanzlerschaft Konrad Adenauers im Falle einer Großen Koalition (228);

der in der beschriebenen Sitzung der SPD-Fraktion gefaßte Beschluß wich ganz offensichtlich auch von dieser Festlegung ab:

"Die sozialdemokratische Bundestagsfraktion beschließt in Übereinstimmung mit dem Parteivorstand die Fortsetzung der Verhandlungen mit der CDU mit der Maßgabe, daß alle sachlichen und personellen Fragen, die für eine Regierungsbildung notwendig sind, zur Verhandlung gestellt werden (...)" (229)

Damit wurde auch Adenauers Kanzlerrolle zur Verhandlungsdisposition gestellt, das mögliche Resultatsspektrum in dieser Hinsicht war also umfassend. Es reichte theoretisch von der "unbegrenzten" Kanzlerschaft bis zur sofortigen Ablösung des CDU-Vorsitzenden. Bei den geschilderten Mehrheitsverhältnissen in der SPD-Fraktion brauchte man sich jedoch über die Intentionen, die ein Großteil der sozialdemokratischen Parlamentarier mit dem Beschluß verband, keine Illusionen zu machen. Genau in diese für Adenauer negativste Richtung argumentierte dann auch SPD-Sprecher Franz Barsig, als der entsprechende Fraktionsbeschluß an die Medien herausging. Barsig hatte zwar das Ganze als Privatmeinung deklariert und um Vertraulichkeit gebeten (230), die Deutsche Presse-Agentur (dpa) verbreitete aber:

"daß der SPD-Sprecher Franz Barsig erklärt habe, die Verhandlungskommission der SPD müsse der CDU/CSU darstellen, welche schwerwiegenden Bedenken in der SPD-Fraktion gegen eine Weiterführung des Kanzleramtes durch Adenauer bestünden. Mit der CDU/CSU müsse erörtert werden, ob eine Ablösung Adenauers schon jetzt möglich sei. Werde das nicht erreicht, so müsse die Kommission der Fraktion Bericht erstatten, die dann erneut abstimmen werde. Die SPD könne eine Kanzlerschaft Adenauers akzeptieren, wenn die CDU/CSU unbedingt darauf beharre. Dann müßte jedoch ein fester Rücktrittstermin genannt werden." (231)

Barsig verdeutlichte ganz klar, daß für Adenauer das maximal zu erreichen sei, was noch nicht einmal im Kanzlerbrief an Mende und Krone vom November 1961 (Stichwort: kein Rücktrittstermin) festgehalten war: Kanzlerschaft, wenn überhaupt, nur bei einem exakt fixierten Rücktrittstermin. Dies mußte für Adenauer, vor allem vor dem Hintergrund des bisherigen Verhandlungsstandes, weniger als eine Minimallösung gewesen sein.
Adenauer sagte daraufhin die weiteren Gespräche mit der SPD sofort ab. Obwohl dpa fast simultan zur Kanzler-Reaktion den Text der Barsig-Erklärung zurückzog und durch eine praktisch inhaltslose Formulierung ersetzte (232), kamen die Gespräche trotz eines dementierten Briefes von Ollenhauer (233) und eines erneuten Verhandlungsangebotes Adenauers an den SPD-Vorsitzenden

auf der alten Grundlage (234) nicht wieder in Gang.

Es wurde auch nicht weiterverhandelt, als Adenauer tagsdarauf jene Position bezog, die Barsig als letzte Möglichkeit einkalkuliert hatte. Der Kanzler erklärte nach Beratungen mit seinen Vertrauten Globke und Krone vor der Verhandlungskommission der CDU/CSU, er wolle im Herbst 1963 zurücktreten (235). Diese erstmalige Fixierung eines konkreten Rücktrittstermins wiederholte Adenauer bei einem abendlichen Gespräch mit Erich Ollenhauer, der seinerseits aber darauf hinwies, dies sei nicht mehr die entscheidende Schwierigkeit, seine Fraktion widersetze sich vor allem der Forderung der CDU/CSU nach einer Änderung des Wahlrechts (236). Ob nun Adenauers exakt terminierte Kanzlerschaft in der SPD-Fraktion (bei einer hypothetisch vorgenommenen Lösung der Wahlrechtsfrage) akzeptiert worden wäre, muß offen bleiben. Wenn Barsigs Kommentierung der Fraktionsbeschlüsse keine Einzelgängeraktion war (und dagegen spricht ziemlich deutlich der Verlauf der Fraktionssitzung), ist keinesfalls gesichert, daß die Mehrheit der SPD-Parlamentarier diesem Modell ganz einfach zugestimmt hätte.

Unter diesem Aspekt ist es auch verständlich, wieso die alte Konstellation mit der FDP wiederhergestellt wurde. Das Beschlußprotokoll der gemeinsamen Sitzung von FDP-Bundesvorstand und Bundestagsfraktion vom 6.12.1962 verzeichnet zum Kanzlerproblem:

"In der Frage der Ablösung des Bundeskanzlers ist die bisherige Vereinbarung zeitlich genau zu fixieren." (237)

Was bei der SPD zumindest mit Fragezeichen versehen war, wurde bei der FDP akzeptiert: Rücktritt Adenauers nach der nächsten Sommerpause.

Vor dem Hintergrund der Schilderung der Aspekte des Dominanzverlustes Adenauers bei der Regierungsbildung 1961 läßt sich nun zeigen, daß Adenauers Position bei der Neukonstruktion der Bundesregierung ein Jahr später noch schwächer war. Zwar führte er den 1961 allein taktisch angedrohten Wechsel des Verhandlungspartners diesmal durch, mußte aber dann feststellen, daß seine eigene Position bei einem Großteil der SPD zur Disposition stand. Er brach diesen Versuch daraufhin ab, da seine Autorität als Regierungschef in Frage gestellt wurde (238). Er ging erneut mit der FDP ein Regierungsbündnis ein, wobei er als Kanzler auf Zeit eine neue Stufe der Beschränkung hinnehmen mußte: der Zeitraum war diesmal exakt fixiert.

## 2. Die Koalitionsabsprachen

Auch im Jahre 1961 kam es zum Abschluß einer Koalitionsvereinbarung. Diese Absprache zwischen den Koalitionspartnern CDU/CSU und FDP hatten diesmal jedoch eine bislang nie erreichte Qualität: Es wurde ein umfangreiches Koalitionspapier ausgehandelt (239), das Ganze erhielt die Form eines Vertragswerkes, da es von den Bonner Fraktionschefs sowie den Parteivorsitzenden der beteiligten politischen Gruppierungen am 7.11.1961 im Bundeskanzleramt förmlich unterzeichnet wurde (240).

Bevor die Entstehungsgeschichte, der Inhalt und die faktische Bedeutung dieses Koalitionsvertrages von 1961 im speziellen Blickwinkel dieser Studie behandelt wird, soll zunächst der Frage nachgegangen werden, auf wessen Betreiben das Koalitionspapier nach der 4. Bundestagswahl zustande kam. Wie bereits geschildert, hatte einer der damaligen Partner, die FDP, bereits im Jahre 1956 erfolglos versucht, eine schriftlich fixierte Koalitionsvereinbarung mit der Union zustande zu bringen (vgl. S. 246 ff). Auch wenn der 1961 amtierende Parteivorsitzende der Liberalen, Erich Mende, keinen Zusammenhang mit entsprechenden Bestrebungen der FDP zu einem schriftlichen Koalitionspakt Mitte der 50er Jahre sieht (241), machten die Liberalen auf einem Parteitag unmittelbar vor dem Wahlgang im September 1961 deutlich, daß für sie vor einem Eintritt in eine Koalition die Fixierung eines schriftlichen Koalitionspaktes als conditio sine qua non stand. Der auf dem FDP-Konvent von Ende März 1961 verabschiedete Wahlaufruf formuliert dies in seiner Abschlußpassage folgendermaßen:

"Die FDP ist bereit, zur Durchsetzung dieser Ziele in der kommenden Bundesregierung Verantwortung zu übernehmen, wenn eine Zusammenarbeit der Koalitionspartner im Geiste guter Partnerschaft gewährleistet ist.
Dazu gehört:
die schriftliche Festlegung der politischen und sachlichen Ziele der Regierungskoalition in einem Koalitionsabkommen;
die gemeinsame Beratung und Entscheidung aller wichtigen politischen Fragen in einem Koalitionsausschuß." (242)

An diese Festlegung knüpfte die neue FDP-Fraktion des 4. Bundestages bei ihrer konstituierenden Sitzung am 16.10.1961 an, indem sie einem entsprechenden Antrag von Thomas Dehler mit folgendem Kernsatz ihre einstimmige Billigung erteilte:

" (Die FDP-Fraktion beschließt), daß die Koalitionsvereinbarungen entsprechend der Festlegung des Frankfurter Parteitages vor der Wahl des Bundeskanzlers in einer förmlichen Vereinbarung gebilligt werden müssen." (243)

Dehler hat sich denn auch in aller Öffentlichkeit als "im besonderen Maße schuldig an dem 'Papier'" bezeichnet (244) und hier ergibt sich eine indirekte Brücke zum gescheiterten Koalitionspakt-Versuch der Liberalen im Jahre 1955, weil Dehler auch damals ganz entscheidend den FDP-Vorstoß mitbeeinflußt hatte. Der Impuls der FDP im Jahre 1961 zur Schaffung eines schriftlichen Koalitionspaktes ist nach Auffassung führender liberaler Akteure jener Zeit sowieso nur dann zu verstehen, wenn man sich die Belastungen vor Augen führe, die sich aus der Koalitionsbeteiligung der FDP insbesondere am zweiten Kabinett Adenauers im liberalen Lager ergeben hätten (245).

Daß der kleinere Koalitionspartner im Koalitionsvertrag vor dem Hintergrund der parteipolitischen Entwicklung der letzten Jahre so etwas wie einen Schutzbrief gegen entsprechende Tendenzen in der kommenden Legislaturperiode sah, war auch Konrad Adenauer klar, der seinerseits diese Gedankenkette benutzte, um die Existenz eines Koalitonspapiers der eigenen Fraktion zu erklären:

"Wenn Sie noch hinzuhalten, daß die FDP die ganzen Jahre in der Oppositionsstellung war, und wenn Sie sich weiter vor Augen halten, daß in der FDP, solange sie mit in der Regierung war, eine Spaltung erfolgt ist, und daß auch unserem anderen Koalitionspartner, der DP, eine Spaltung widerfahren ist, dann können Sie sich vorstellen, daß bei der FDP Leute sind, die sich fragen, was mit ihrer Fraktion passieren wird. Auch wenn man mit einem anderen eine Arbeit gemeinsam leisten will, muß man sich über die psychologische Einstellung des anderen klar sein, damit man ihm gegenüber gerecht verfährt. Was ich Ihnen eben gesagt habe, erklärt manches bei dem sonst unverständlichen Verhalten der FDP. Sie hat bei den ganzen Verhandlungen immer wieder erklärt, sie wolle Sicherheit, Sicherheit und immer wieder Sicherheit. Ich bitte Sie, das bei allem zu berücksichtigen." (246)

Auch Werner Dollinger machte 1961 klar, daß die Verhandlungen zur Regierungsbildung durch "alte Hypotheken" belastet gewesen seien (247). Der CSU-Politiker ging aber noch einen Schritt weiter und konstatierte "ein gewisses Mißtrauen", das die Koalitionsgespräche belastet habe (248). Dergleichen Zweifel auf beiden Seiten sah auch Erich Mende, der ausführt, das wechselseitige Mißtrauen habe dazu beigetragen, die Verhandlungen zu erschweren und auch das Koalitionsabkommen ausführlicher zu gestalten (249). Der Impuls zu einem Koalitionspakt in der abgeschlossenen Form kam aber sicherlich von der FDP, so daß es durchaus nicht abwegig erscheint,

im Streben nach einem Koalitionspapier eine Manifestation des Mißtrauens
der Liberalen in der damaligen politischen Situation zu erblicken. Praktisch keine Bedenken gegen diese Betrachtungsweise ließ Siegfried Zoglmann, Mitglied der FDP-Verhandlungskommission bei der Regierungsbildung
des Jahres 1961, erkennen, als er am Ende der Kabinettskonstruktion in
der Bonner Fernsehrunde "Unter uns gesagt" vom Moderator Kurt Wessel
daraufhin angesprochen wurde:

"**Wessel:**
(...) Was soll der Vertrag, warum ist er gekommen? Ganz ehrliche Frage.
Das Mißtrauen der FDP in den Koalitionspartner war so groß, daß sie dieses
Papier - was sie nicht wollen - diesen Vertrag brauchte, nicht?
**Zoglmann:**
Wir wollen nicht bestreiten, daß ein Mißtrauen vorhanden war und daß es
vernünftigerweise so sein mußte, daß man zunächst einmal das Mißtrauen
ausräumt. Sonst können Sie zu keiner vernünftigen Zusammenarbeit kommen."
(250)

Beteiligte und Beobachter haben denn auch eine Gleichung zwischen dem
FDP-Mißtrauen und dem Koalitionspakt des Jahres 1961 hergestellt (251).
Daß unter diesem Aspekt das Koalitionspapier in der Union befremdlich
wirken mußte, hat der Parlamentarische Geschäftsführer der CDU/CSU-Bundes-
tagsfraktion, Will Rasner, in der bereits angesprochenen Wessel-Runde
erwähnt:

"Ich war auch für Treu und Glauben, aber unser Koalitionspartner wollte
es und wir haben es verstanden, wir sehen es ein, und jetzt will ich Herrn
Zoglmann einmal helfen. Wir haben weniger Mißtrauen noch abzubauen gehabt
als Sie. Ich verstehe zwar Ihr Mißtrauen nicht, Herr Kollege Zoglmann,
ich halte es erst recht für völlig unbegründet, aber mit dieser Realität
in Ihrer Fraktion mußten wir nun einmal rechnen." (252)

Die Union beließ es aber keineswegs bei einem Ausdruck der Verwunderung
über dieses Mißtrauen der Liberalen. Adenauer selber wandte sich jedoch
nicht auf der Ebene des Koalitionsvertrages dagegen, sondern setzte die
Argumentation praktisch daneben an, wodurch wohl auch eine Verminderung
der Bedeutung des Koalitionspaktes erreicht werden sollte. Der Kanzler
machte nämlich, wie schon bei Regierungsbildungen zuvor (vgl. Abschnitt
A, Anmerkung 223) deutlich, daß es in erster Linie auf gegenseitiges Vertrauen, auf beiderseitigen guten Willen und weniger auf die schriftlichen
Abmachungen ankomme, um eine Regierungskoalition erfolgreich sein zu
lassen. Die Distanz zu "papierenen Sicherungen" (253), ist in ihrem Kern
auch jetzt bei Adenauer erkennbar:

"Nun, bei einer Koalitionsbildung kommt es sehr auf das Klima an, meine Herren. Man kann vereinbaren, schriftlich darlegen, alles mögliche, es kommt da immer auf das Koalitionsklima an, es kommt darauf an, daß man sich bei den Koalitionsverhandlungen kennenlernt, die politische Anschauung des anderen kennenlernt, weil ja schließlich der Geist, der eine Koalition erfüllt, das Entscheidende ist und nicht das Wort." (254)

Ging Adenauer davon aus, daß man weitgehend unabhängig von der Existenz einer Koalitionsvereinbarung zu einer vertrauensvollen Zusammenarbeit kommen müsse, um eine Koalition mit Leben zu erfüllen, sah sein eigentlicher Gegenspieler im Jahre 1961, Erich Mende, die Gewähr zum Erfolg des Regierungsbündnisses wesentlich formalistischer vorgeprägt. Sicherlich hoffte auch Mende auf gute Kooperation aus der koalitionspolitischen Eigendynamik heraus. Sollte es dazu aber nicht kommen, gab es für den FDP-Vorsitzenden (im Gegensatz zu Adenauer) die Auffangstellung der Koalitionsvereinbarung, um diesen Prozeß bei Bedarf quasi institutionell zu erzwingen. Schilderte Adenauer die notwendige Vertrauensgrundlage der Koalition praktisch antiinstitutionell, war für Mende die Institution des Koalitionspaktes die Absicherung, um auf jeden Fall von einer Phase des Mißtrauens zu einer Phase des Vertrauens zu gelangen (255).

Die Koalitionsvereinbarung war für Erich Mende aber mehr als nur latente Rückversicherung, er deklarierte sie zur gleichen Zeit auch als Trägerin eines aktiven Veränderungsimpulses. Auch hier fällt wieder das Stichwort vom Mißtrauen, ganz offen verknüpft mit der Praxis des bisherigen Kanzlerregimes, wenn der damalige FDP-Chef das Koalitionspapier wie folgt interpretiert:

"... es ist ein Versuch der Koordinierung, ein Versuch der besseren, der reibungsloseren Zusammenarbeit, ja, ich gebe zu, es ist auch ein Stück Mißtrauen gegen die sehr starke Stellung des Bundeskanzlers in der Vergangenheit. Wir haben doch eine Kanzlerdemokratie. Und wenn wir wieder etwas mehr zu den Spielregeln der parlamentarischen Demokratie zurückkehren wollten, mußten wir die Fraktionen, mußten wir die Parlamentarier wieder stärker ins Gewicht bringen. Und das ist allerdings ein Stück Rückentwicklung von der sogenannten 'Kanzlerdemokratie', wieder auf das, was der Parlamentarische Rat wirklich gewollt hat - eine starke Regierung, aber nicht eine Regierung, in der nur ein Mann bestimmt, sondern in der das Kollegium des Kabinetts bestimmt und in der auch die Fraktionen des Parlaments etwas zu sagen haben." (256)

Die Projektion einer mit der Koalitionsvereinbarung intendierten Demontage der Kanzlerdemokratie Adenauers kann an eine Erkenntnis gebunden werden, die in den vorstehenden Abschnitten dieser Studie für die Zeit-

spanne nach 1959 immer wieder als Resultat präsentiert wurde. Danach erlitt Adenauers überragende Autoritätsstellung aus den Jahren der "Hoch"-Zeit der Kanzlerdemokratie in diesem Abschnitt der bundesrepublikanischen Geschichte fortlaufend Einbußen. War also der Koalitionspakt des Jahres 1961 "nur" ein weiteres Glied in einer Kette von Ereignissen und Umständen, die den Autoritätseinbruch Adenauers kennzeichneten? Unter der speziellen Fragestellung dieser Studie heißt dies zu ergründen, ob die Mißtrauensimplikationen von Seiten der FDP ausreichten, um das überkommene Strukturgefüge der politischen Konkretisierung im Regierungsbereich durch die Festlegung des Koalitionspaktes so zu revidieren, daß von neuen (geänderten) formalen Gegebenheiten gesprochen werden muß.
Dies setzt zunächst einmal die Klärung der Frage voraus, welchen Verbindlichkeitsgrad die neue Variante der Koalitionsvereinbarung des Jahres 1961 erhielt. Dieses Problem wurde jedoch in unmittelbarem Anschluß an die Erstellung des Koalitionspaktes kaum erörtert, da ein anderer Ansatz die Diskussion beherrschte: Es stand die Frage des staatsrechtlichen Gehaltes des Koalitionspapiers im Vordergrund des Interesses, seine juristische Reichweite wurde behandelt. Andererseits setzt dies voraus, daß man die Koalitionsvereinbarung für verfassungsrechtlich relevant erachtete und somit wohl kaum als ganz unverbindlich deklarieren konnte. War ein Ansatz von Verbindlichkeit durch diesen juristischen Kontext auch quasi postuliert, muß dennoch hinterfragt werden, wie stark die Verbindlichkeit tatsächlich ausgeprägt war.
Viele Beteiligte an dieser staatsrechtlichen Diskussion sahen dabei im Koalitionspakt Tendenzen verwirklicht, die weit über Mendes Ansatz einer Demontage der Kanzlerdemokratie Adenauers hinausgingen: Sie diagnostizierten schwerste Eingriffe durch die Koalitionsvereinbarung in das bundesrepublikanische Verfassungssystem. Angeführt von Theodor Eschenburg, der das Koalitionspapier als "Pakt wider die Demokratie" deklarierte (257), machten Wissenschaftler (258) und Journalisten (259) deutlich, daß nach ihrer Auffassung das abgeschlossene Koalitionsabkommen in seinen wesentlichsten Passagen dem Grundgesetz widersprach. Vor allen Dingen zwei Verfassungsgebote sahen die Kritiker durch den Koalitionsvertrag erheblich verletzt:
- Die Gewissensfreiheit der Abgeordneten (Art. 38)
- Die Richtlinienkompetenz des Bundeskanzlers (Art. 65).

Führende Vertreter der vertragsschließenden Koalitionspartner haben den Vorwurf einer Verfassungsbeugung durch das Koalitionspapier von Anfang an nicht akzeptiert.
Ludwig Erhard nennt dergleichen Vorwürfe unberechtigt (260), Heinrich Krone ging davon aus, daß in dem Koalitionspapier nichts steht, was gegen das Grundgesetz sei (261). Dies verdeutlichte auch Will Rasner mit aller Entschiedenheit:

"Durch das Koalitionsabkommen und durch den Teil im Koalitionsabkommen, der den Koalitionsausschuß behandelt, sind weder die Rechte des Verfassungsorgans Bundesregierung, noch die Rechte des Verfassungsorgans Bundestag, noch die verfassungsmäßigen Rechte der einzelnen Bundestagsabgeordneten in irgendeiner Weise angetastet. Auf diese Feststellung lege ich besonderen Wert. Wir haben das Dokument auch durch unsere Verfassungsjuristen daraufhin überprüfen lassen." (262)

Zu einer ähnlichen Aussage kam auch der baden-württembergische Justizminister Wolfgang Haußmann, Mitglied der FDP-Verhandlungskommission, der mit Datum vom 5.11.1961 eine Erklärung zur Frage der Verfassungsmäßigkeit des Koalitionsabkommens abgab (263), die offensichtlich publizistische Resonanz fand (264). Auch Erich Mende hat auf diesem Feld präzise Position bezogen:

"Damit beantwortet sich auch die Frage, ob der Koalitionsvertrag verfassungswidrig ist. Er ist nicht verfassungswidrig, sondern betont im Gegenteil, daß die Gesetzesnormen durch das Abkommen in keinster Weise in Frage gestellt werden dürfen. Das Bemühen der Koalitionspartner um eine Geschlossenheit der Willensbildung ist nicht verfassungswidrig, solange es nicht die entscheidenden Grundgesetznormen einschränkt. Das ist in keiner Weise der Fall." (265)

Man könnte die übereinstimmende Stellungnahme der politischen Akteure aus dem Koalitionslager zu diesem Thema natürlich als Schutzbehauptung werten, da es nicht anzunehmen ist, daß diejenigen, die eine Koalitionsvereinbarung gerade abgeschlossen haben (abschließen mußten), sie praktisch im gleichen Atemzug als verfassungswidrig hinstellen. Die Vermutung einer Schutzbehauptung kann in diesem Fall jedoch leicht widerlegt werden. Vom Koalitionspakt des Jahres 1961 ausgehend beschäftigte sich eine ganze Reihe von Staatsrechtlern intensiv mit dem Phänomen der Koalitionsvereinbarung (266) und zerstreute viele der gravierenden Bedenken in verfassungsrechtlicher Hinsicht, die beim Bekanntwerden des Koalitionspapiers im November 1961 spontan geäußert wurden. Sicherlich gab es in Einzelfragen des Koalitionspapiers von 1961 weiterhin staatsrechtliche Bedenken

(267), der Gesamtansatz einer Koalitionsvereinbarung wurde aber (nach intensiver Beschäftigung mit den Schwerpunkten des Papiers aus dem Jahre 1961) als akzeptabel eingestuft. Helmut Gerber spricht davon, daß der Abschluß von Koalitionsabkommen grundsätzlich nicht unstatthaft sei (268). Für Adolf Schüle sind Koalitionsvereinbarungen an sich zulässig (269), nach Harald Weber muß der Koalitionsvertrag hingenommen und ernstgenommen werden (270).
Nach einer schnellgeäußerten Ablehnung des Koalitionspaktes von CDU/CSU und FDP durch zahlreiche Publizisten und Wissenschaftler kam es bei intensiverer Beschäftigung mit der Materie bei vielen Staatsrechtlern zu einer Umkehr: Aus dem generellen Nein wurde ein prinzipielles Ja, Ablehnung in Einzelfragen eingeschlossen. Damit hatte sich der Standpunkt der betroffenen politischen Akteure und der Verfassungsrechtler nach einiger Zeit sehr angenähert. Die Annahme von Verfassungskonformität bei der Koalitionsvereinbarung durch Liberale und Unionspolitiker muß damit nicht als Schutzbehauptung eingestuft werden.
Eine staatsrechtliche Grundqualität wurde dem Vertrag ohnehin nie abgesprochen. Die sich intensiv mit dem Koalitionspapier beschäftigenden Staatsrechtler sprechen unisono von einer verfassungsrechtlichen Relevanz der Koalitionsvereinbarung (271) und befinden sich dabei in wortwörtlicher Übereinstimmung mit dem Unions-Rechtsexperten Matthias Hoogen (272). Die darin implizierte Verbindlichkeitsannahme beinhaltete jedoch nicht, daß im Streitfall ein nach juristischen Normen ablaufendes Klärungsverfahren den Vertragstext in rechtsbindender Weise auslegen könnte. Matthias Hoogen spricht vielmehr davon, eine juristische Garantie gäbe es im gesamten Abkommen an keiner Stelle (273). Für Wolfgang Haußmann ist der juristische Gehalt dieser Vereinbarungen dahingehend zu werten, daß es sich natürlich nicht um eine einklagbare Forderung eines Beteiligten handeln könnte (274). Unter diese Einschränkung hat auch Harald Weber die Koalitionsvereinbarung gestellt (275), sein Kollege Helmut Gerber macht mit einem Hinweis auf die "clausula rebus sic stantibus", d.h. das außergerichtliche Rechtsinstrument der Möglichkeit der Aufkündigung des Koalitionsvertrages bei tiefgreifender Veränderung der politischen Verhältnisse (276), darauf aufmerksam, daß in den Koalitionspakt als Sicherheitsmechanismus nicht eine Aufzwingung, sondern allenfalls eine Aufkündigung der Verbindlichkeiten eingebaut war.

Auf diese "clausula rebus sic stantibus" hat sich Erich Mende bei der konstituierenden Sitzung der FDP-Fraktion am 16.10.1961 nach einer entsprechenden Frage des FDP-Abgeordneten Robert Margulies hinsichtlich einer Sicherheitsgarantie im Koalitionsvertrag expressis verbis berufen (277). Auch bei der Union erkannte man die Bedeutung dieser Klausel an. Der Parlamentarische Geschäftsführer der CDU/CSU-Bundestagsfraktion, Will Rasner, formulierte bei einer Interpretation des Koalitionsabkommens:

"Alles politische Handeln steht natürlich in gewisser Weise unter der Klausel der rebus sic stantibus. Wir haben in dem außenpolitischen Teil Passagen drin, die heißen: in der gegenwärtigen Situation sind sich die Koalitionspartner einig. Wir sind uns selbsverständlich darüber im klaren, daß morgen die außenpolitische Situation ganz anders sein kann." (278)

Die Berufung auf die clausula rebus sic stantibus macht also deutlich, wie gering der juristische Verbindlichkeitsgrad des Koalitionsabkommens von 1961 angesetzt werden muß. Es ist aber immer wieder darauf hingewiesen worden, daß nicht die juristische Bindekraft, sondern vielmehr die politische Verbindlichkeit die entscheidende Größe war. So geht auch Adolf Schüle davon aus, daß bei der Koalitionsvereinbarung der beschriebenen Art an die Stelle einer rechtlichen Gebundenheit eine - allgemein nicht minder wirksame - faktisch-politische Gebundenheit trete (279). Auch Karl Carstens argumentiert in diese Richtung, wenn er Koalitionsabkommen beschreibt:

"Über ihre rechtliche Natur und über die Frage, ob sie überhaupt verbindlich sind, gehen die Meinungen auseinander. Aber dieser Streit geht am Kern der Sache vorbei. Niemand ist jemals auf die Idee gekommen, das in einer Koalitionsvereinbarung Versprochene vor Gericht einzuklagen. Deswegen kann der rechtliche Charakter dieser Absprachen dahingestellt bleiben. Politisch pflegen sie die Tätigkeit der Regierung weitgehend zu bestimmen, und zwar in der Hauptsache dadurch, daß sie ihren Niederschlag im Regierungsprogramm und in der Regierungserklärung des Bundeskanzlers finden. Dadurch werden sie zu einer für die gesamte Regierungstätigkeit verbindlichen Richtlinie des Bundeskanzlers im Sinne des Artikels 65 GG." (280)

Wenn also die juristische Verbindlichkeit eher minimal war, die politische Bindungskraft hingegen relevant erscheint, ist es naheliegend, den Koalitionspakt von 1961 allein auf der Ebene politischer Kriterien zu analysieren. Das Herangehen an diese Gesamtaufgabe kann in zwei Teilbereiche aufgegliedert werden:

1.) Beschreibung des Entstehungsprozesses der Koalitionsvereinbarung,

2.) Analyse des Gehalts der Koalitionsvereinbarung.

Zunächst soll auf den Entstehungsprozeß eingegangen werden. Wenn man von dem beschriebenen FDP-Impuls für eine schriftlich fixierte Koalitionsvereinbarung absieht, ist der erste terminliche Fixpunkt der 30. September 1961. An diesem Tag stellte der noch amtierende Außenminister, Heinrich von Brentano, Adenauer ein Positionspapier zur Außenpolitik für die kommenden Koalitionsverhandlungen zur Verfügung, das er nach Gerstenmaiers eigener Ausage zuvor mit dem Bundestagspräsidenten besprochen hatte (281). Zur Bedeutung seiner Ausarbeitung für die Koalitionsverhandlungen, die am 2. Oktober 1961 mit einem Gespräch zwischen Adenauer und Strauß sowie Mende und Weyer begannen (282), hat sich von Brentano von der CDU/CSU-Fraktion wie folgt geäußert:

"Meine Damen und Herren, der Bundeskanzler hat in seinem Bericht darauf hingewiesen, daß die erste Besprechung mit der FDP der Erörterung der Grundlagen der Außenpolitik gedient hat. Und er hat auch darauf hingewiesen, daß ich für dieses Gespräch auf seinen Wunsch hin ihm eine Aufzeichnung über die Grundsätze der Außenpolitik zur Verfügung gestellt hatte, die, wie ich glaube, auch für die zukünftige Außenpolitik der Koalitionsregierung gelten müssen. Ich möchte gar nicht auf Einzelheiten eingehen, sondern ich möchte nur einige Punkte erwähnen, die ich in dieser Aufzeichnung festgestellt habe, und ich stelle fest, daß in der Aufzeichnung, die dann die FDP zur Verfügung gestellt hat, erfreulicherweise diese Punkte alle positiv behandelt worden sind." (283)

Brentano spricht im letzten Satz den Umstand an, daß dieses außenpolitische Papier den Liberalen nach der ersten Verhandlungsrunde zugänglich gemacht wurde (284), die daraufhin ihrerseits nach Beratungen des außenpolitischen Arbeitskreises der FDP-Fraktion praktisch als Gegenstück ein außenpolitisches Memorandum erstellten und es den Unions-Unterhändlern übermittelten (285). Brentano kam augenscheinlich sofort in den Besitz des FDP-Papiers und fand kaum etwas daran auszusetzen. Er sandte Adenauer mit Datum vom 5. Oktober eine erste Stellungnahme, in der er formulierte:

"Eine erste sorgfältige Durchsicht der Aufzeichnungen der FDP zeigt das überraschende Ergebnis, daß die FDP sich eigentlich in allen entscheidenden Fragen positiv geäußert hat. Die Formulierungen der FDP sind etwas weniger klar und zuweilen etwas evasiv; sie bilden aber durchaus eine Grundlage, auf denen die Gespräche geführt werden können." (286)

Der Text des Brentano-Memorandums ist genauso unbekannt wie das darauf "antwortende" FDP-Papier; ebenfalls unbekannt ist der Inhalt einer Ausarbeitung, die Franz Josef Strauß als amtierender Verteidigungsminister zu sicherheitspolitischen Fragen vorlegte und die gleichfalls in den Koalitionsverhandlungen erörtert wurden. In diesem Fall ist auf der hier verwandten Materialbasis auch nicht zu rekonstruieren, ob die FDP, wie bei der Außenpolitik, ein Antwortpapier erstellte. Gleichwohl kann das Resultat dieser ersten Phase der Koalitionsverhandlungen fixiert werden: In außen- und sicherheitspolitischen Fragen wurde nach den Gesprächen am 2. und 5. Oktober (287) weitgehende Übereinstimmung erzielt. Adenauer selbst erklärte dazu vor der Unionsfraktion:

"Es haben drei Besprechungen bisher stattgefunden. Die beiden ersten in Anwesenheit von Herrn Strauß und mir und von Herrn Mende und Herrn Weyer. (...) Die wichtigsten Fragen, die wir augenblicklich haben und wahrscheinlich auch noch für die nächsten Jahre haben werden, das sind die Fragen unserer auswärtigen Politik und die Fragen der Verteidigungspolitik. Und wir haben die beiden ersten Sitzungen auf diese Fragen verwandt. Es hat Herr Brentano für die auswärtige Politik ein (...) 'Statement' (...) gemacht, in der die Grundsätze unserer auswärtigen Politik enthalten sind. Diese Grundsätze sind mit dem Herrn Mende und mit dem Herrn Weyer durchgesprochen worden und das gleiche gilt dann von den Grundsätzen der Verteidigungspolitik. Es hat sich ergeben, meine Damen und Herren, daß hier und da kleine Mißverständnisse zunächst bestanden, über die man gesprochen hat. Aber diese Mißverständnisse sind dann sehr schnell geklärt worden. Ich muß überhaupt sagen, meine Damen und Herren, über die ganzen Verhandlungen: Sie wurden in einem sehr ruhigen, sehr sachlichen und guten Tone geführt. Auch, meine Damen und Herren, über die Grundsätze der Verteidigung wurde volle Übereinstimmung erzielt in diesem kleinen Kreise." (288)

In den nächsten beiden Verhandlungsrunden am 10. und 12. Oktober (289) wurde dann bei gleicher Stammsmannschaft unter Hinzuziehung von sachverständigen Politikern über innenpolitische Fragen gesprochen (290). Worin sich dieser Teil der Koalitionsverhandlungen vom vorherigen unterschied, hat Hermann Höcherl vor den Unionsparlamentariern klar umrissen:

"Es hätten zwei Arten von Koalitionsbesprechungen stattgefunden: Zur Verteidigungs- und Außenpolitik habe man völlige Übereinstimmung erzielt, über die Innenpolitik habe man nicht an Hand von Papieren verhandelt, sondern die Frage nur mündlich skizziert. Die FDP sollte dieses Gespräch durch einen Brief bestätigen. Dies sei aber nicht geschehen. (291)

Das, was Höcherl als Brief bezeichnet, war wohl eher ein Memorandum, in dem der stellvertretende FDP-Vorsitzende Willi Weyer auf Wunsch seiner Verhandlungspartner das niederlegte, was er als inhaltliche Bilanz der vorausgegangenen Koalitionsverhandlungen zur Innenpolitik empfand (292). Ganz offensichtlich war vorgesehen, daß Willi Weyer dieses Papier Franz Etzel zuleiten sollte, was aber unterblieb (293). Dies hätte dann der

erste Akt eines inhaltlichen Abstimmungsmodus zu innenpolitischen Fragen
parallel zum Memorandenaustausch in der Außenpolitik sein können.
Dazu kam es nicht, weil mittlerweile eine ganz andere Entwicklung eingesetzt hatte. Wie beschrieben forderte die FDP-Fraktion des Bundestags
auf ihrer konstituierenden Sitzung am 16.10.1961 den Abschluß einer
schriftlich fixierten Koalitionsvereinbarung. Ein Entwurf in dieser Hinsicht ist dann tatsächlich bei den Liberalen erarbeitet worden. Wer dieses Papier erstellte, von welchen Vorarbeiten es ausging, ließ sich an
Hand des hier verwandten Materials nicht klären, auf eine Entstehungsversion im "Spiegel" sei hingewiesen (294).
Wie dem auch immer gewesen sein mag, am 20. Oktober trafen sich in Bonner
Bundeshaus Heinrich Krone, Will Rasner, Wolfgang Haußmann sowie Hans-
Dietrich Genscher und redigierten das vorgelegte FDP-Papier (295). Heinrich Krone sprach anschließend davon, man habe das Schriftstück korrigiert (296), Will Rasner sieht ein "gereinigtes Dokument" (297) und
Adenauer schließlich erwähnt, man habe der Geschichte eine Reihe von Giftzähnen herausgebrochen (298). Das "gereinigte Dokument" entsprach dem Text
der später bekanntgewordenen Koalitionsvereinbarung (Quellenangaben in:
zuvor, Anmerkung 239), darauf hat Eugen Gerstenmaier schon in der Fraktionssitzung der CDU/CSU am 4.11.1961 hingewiesen (299). Das Vordokument
(respektive Urpapier) der FDP war bislang unbekannt. Es sprechen aber
einige Fakten dafür, daß sich dieser Entwurf als undatiertes, maschinenschriftliches Papier im Nachlaß von Thomas Dehler befindet (300), der sich
ja selbst als im besonderen Maße "schuldig" am abgeschlossenen Koalitionspakt bezeichnete.
Die in unserem Zusammenhang interessanteste Tatsache ist der Umstand, daß
dieser Entwurf, von Dehler mit stenographischen Randbemerkungen und
Korrekturen versehen, im organisatorischen Teil weitgehend der späteren
Koalitionsvereinbarung entspricht. Es gibt aber eine Ausnahme und die ist
von entscheidender Natur. Der später abgeschlossene Koalitionsvertrag
billigt dem Koalitionsausschuß bei der Behandlung der Regierungsentwürfe
nur eine beratende Funktion zu, da der entsprechende Abschnitt des Koalitionspaktes dazu wie folgt formuliert:

"Die Grundgedanken der Regierungsentwürfe sind vor der Einbringung im
Kabinett dem Koalitionsausschuß zur Beratung zuzuleiten. An diesen Beratungen nimmt der Fachminister teil." (301)

Im Vorpapier der FDP war dem Koalitionsausschuß im Widerspruch dazu nicht nur ein Beratungsrecht, sondern eine echte Veto-Position eingeräumt. Danach sollte folgendes gelten:

"Regierungsentwürfe sind vor der Einbringung im Kabinett dem Koalitionsausschuß zuzuleiten. Diese Entwürfe werden erst im Kabinett beraten, wenn im Koalitionsausschuß über ihre Grundzüge Übereinstimmung erzielt worden ist." (302)

Dies hätte bedeutet, daß jeder der beiden Koalitionspartner die Gesetzgebungsarbeit des Kabinetts weitgehend hätte präformieren können, indem er nur solche Gesetzesvorhaben durch die Schleuse der "Übereinstimmung" der Koalitionsausschusses hätte passieren lassen, die seinen ureigensten Vorstellungen entsprachen. Der Koalitionsausschuß hätte mehr als eine Nebenregierung werden können, er hätte sich als Überregierung installieren und dem Kabinett die Detailarbeit überlassen können.

Der damalige FDP-Vorsitzende Erich Mende hat darauf hingewiesen, daß eine solche Verbindlichkeitsklausel für die Entscheidungen des Koalitionsausschusses in die ursprüngliche Version des Koalitionsabkommens aufgenommen werden sollte (303). Diese Übereinstimmung von persönlicher Rückerinnerung (vgl. dazu quellenkritisch Abschnitt B, Text Anmerkung 393) und unabhängig davon aufgefundenem Koalitionsvereinbarungs-Entwurf sowie der Forderung nach einer Entscheidungskompetenz im FDP-Parteitagsbeschluß für den Koalitionsausschuß läßt die Indizienkette zu, daß es sich beim Papier aus dem Dehler-Nachlaß tatsächlich um die "nichtüberarbeitete" Form des späteren Koalitionspaktes handelt.

Daß die Redaktionskommission mit Krone/Rasner/Haußmann/Genscher bei der Überarbeitung des ursprünglichen FDP-Papiers am 20.10.1961 die Veto-Position des Koalitionsausschusses hinsichtlich der Gesetzgebungsarbeit des Kabinetts eliminierte, kann auf der hier verwandten Materialgrundlage nicht punktuell bewiesen werden. Daß das "gereinigte" Dokument aber keinen "vetomächtigen" Koalitionsausschuß mehr enthielt, machte der "Mitredakteur" Will Rasner am 24.10.1961 bei einer ersten Präsentation des Koalitionsvertrages vor der Unionsfraktion deutlich, die immerhin rund zehn Tage vor der durch Indiskretionen ausgelösten Publikation des Koalitionsabkommens in der Presse erfolgte. Rasner verlas dabei die Koalitionsvereinbarung in ihren wichtigsten Passagen, wobei er vorausschickte, Unzumutbares sei bereits beseitigt worden (304). Die in unserem Fall relevanten Sätze fixiert das Fraktionsprotokoll wie folgt:

"Entscheidend sei, daß durch den Koalitionsausschuß die Rechte keiner Verfassungsinstitution angetastet werden dürften, ebensowenig wie die dieser souveränen Fraktion.
(...)
MdB Rasner erklärt, es sei schon lange ein Anliegen der Fraktion, daß die Grundgedanken von Regierungsentwürfen vor ihrer Verabschiedung den Fraktionen und jetzt dem Koalitionsausschuß zugeleitet werden sollten. Ebenso solle versucht werden, bei Initiativentwürfen die Unterschrift des Koalitionspartners zu erhalten. Die Fraktionsvorsitzenden seien gebeten worden, Initiativentwürfe aus ihren Fraktionen im Koalitionsausschuß zur Debatte zu stellen.
Es sei festgehalten, daß entgegen verschiedenen Pressestimmen keine Elemente des Koalitionsausschusses österreichischer Art in diesen Vorschlägen enthalten seien." (305)

Zu den Elementen des Koalitionsausschusses österreichischer Art zählte aber genau die Position dieses Gremiums im Gesetzgebungsprozeß, wie sie durch das Papier aus dem Dehler-Nachlaß festgeschrieben werden sollte. Wenn Rasner also hier das österreichische Modell für das "gereinigte" Papier in Abrede stellte, wird klar, daß - falls es dergleichen Bestrebungen vorher gegeben haben sollte - diese jetzt nicht mehr relevant waren. Von Anstrengungen der Liberalen, nach der gemeinsamen Redigierung des Koalitionspaktes durch Vertreter von CDU/CSU und FDP am 20.10.1961 ein Koalitionsausschußmodell österreichischer Provenienz einzuführen, ist nichts bekannt. Vielmehr mußte die FDP darum kämpfen, daß dieses "gereinigte" Dokument von der Union überhaupt akzeptiert wurde. Das Koalitionsausschußmodell österreichischer Prägung wurde von beiden Koalitionspartnern als unakzeptabel hingestellt (306).
Wenn man also auch von Bestrebungen bei der FDP zu einem Koalitionsausschußmodell mit der beschriebenen Veto-Rolle ausgehen muß, so scheint ebenfalls festzustehen, daß sich dergleichen Pläne auf die Frühphase der Konstruktion der Koalitionsvereinbarung des Jahres 1961 beschränkten. Gleichzeitig kann damit aber auch konstatiert werden, daß ein Versuch der Liberalen, das überkommene Strukturgefüge der Kanzlerdemokratie vermittels einer Aufwertung des Koalitionsausschusses im angestrebten Koalitionspakt aufzubrechen, schon in den Anfängen scheiterte. Dies kann natürlich hier noch nicht als struktureller Mißerfolg der Mendeschen Implikation zur Rückentwicklung der Kanzlerdemokratie gewertet werden, da noch die weitere Entwicklung bis zur Unterzeichnung des Koalitionspaktes am 7.11.1961 in dieser Hinsicht untersucht werden muß.

Der gemeinsam redigierte Koalitionspakt passierte am 21. Oktober den Bundeshauptausschuß der FDP, der in Sachen Koalitionsbeteiligung der Liberalen in der Bonner Beethovenhalle tagte (307). Als drei Tage später die Koalitionsvereinbarung in ihren wesentlichen Aspekten der Unionsfraktion präsentiert wurde, kam es - wie Erich Mende formuliert - zu "unerwarteten Schwierigkeiten" (308). Tatsächlich wurde in der fünften Fraktionsvollversammlung der Union nach der Bundestagswahl herbe Kritik an der Koalitionsvereinbarung laut. Als Sensation wurde dabei empfunden, daß sich Adenauer selbst an die Spitze der Kritiker stellte und die Koalitionsvereinbarung abfällig als "Papier der FDP" (309) deklarierte.
Die Kritik der Unionsparlamentarier am Koalitionspakt hatte jedoch keinen flächendeckenden Ansatz. Wenn man das 16-seitige Protokoll der Fraktionssitzung der CDU/CSU von diesem Dienstag (310) durcharbeitet, wird deutlich, daß Kritik in zwei Bereichen praktisch nicht vorkam:
+ den organisatorischen Fragen inklusive der Festlegung auf einen Koalitionsausschuß,
+ den außenpolitischen sowie den sicherheitspolitischen Fragen.

Kritik wurde aber bei den innenpolitischen Festschreibungen der Koalitionsvereinbarung laut. Der Unwille der Opponenten äußerte sich dabei auf zwei Ebenen. Zum einen betrachtete man es als Zumutung, daß die Koalitionsvereinbarung in der beschriebenen Art und Weise fertiggestellt (d.h. von Krone/Rasner/Haußmann/Genscher gemeinsam redigiert) worden sei, ohne daß es in innenpolitischen Fragen zu einer Abstimmung mit den Verhandlungsgremien der Union gekommen sei. Hans Katzer sprach davon, man habe damit eigentlich die Rechtsbasis verlassen (311), für Hermann Höcherl wurde etwas durchgeführt, was nicht korrekt gewesen sei (312). Sicherlich war das in erster Linie Kritik am Impuls der FDP zu einer Koalitionsvereinbarung; unüberhörbar war aber auch das Unbehagen daran, daß Vertreter der Fraktionsspitze das von der FDP vorgelegte Dokument mit den Liberalen zusammen ohne gremienmäßige Absicherung redigiert hatten.
Zum zweiten distanzierte man sich wie Etzel von den innenpolitischen Passagen, die Will Rasner aus der Koalitionsvereinbarung vorgelesen hatte (313) oder forderte wie Katzer und Höcherl (314) die inhaltliche Umschreibung des innenpolitischen Teils. Zwar machte Heinrich Krone zu Beginn der Fraktionssitzung den Versuch, die redigierte Koalitionsvereinbarung als ein Schriftstück zu präsentieren, auf dessen Grundlage man in die Koali-

tion mit der FDP hereingehen könne (315). Der noch amtierende Fraktionsvorsitzende schwenkte aber bald auf das allgemeine Bestreben nach einer Revision der bereits von ihm (zusammen mit Will Rasner) redigierten Koalitionsabkommen ein und präsentierte folgende Entschließung, die die Fraktion einstimmig verabschiedete:

"Die Verhandlungsgremien der CDU/CSU haben Verhandlungen geführt mit dem Ziel, die sachlichen Grundlagen für das Zusammenwirken in einer Koalition und eine weitgehende Einigung zu erarbeiten. Die Fraktion beauftragt ihre Verhandlungsführer, die Verhandlungen über die Sachgebiete und die Personenfragen fortzusetzen mit dem Ziel, die Wahl des Kanzlers noch in dieser Woche durchführen zu können." (316)

Dies war nichts anderes als die Feststellung, daß die Union in der revidierten Koalitionsvereinbarung nur ein Dokument sah, über das erneut verhandelt werden müsse. So trat denn auch zur Vorbereitung der für den gleichen Abend terminierten 9. Runde der Koalitionsverhandlungen mit der FDP (317) nach einem entsprechenden Vorschlag von Konrad Adenauer (318) ein neuer, unionsinterner Redaktionsausschuß mit den Mitgliedern von Brentano, Schröder, Blank, Etzel, Lücke und Furler (319) zusammen, um Abänderungswünsche der Union zu sammeln und zu formulieren.

Adenauer gehörte ohne Zweifel in dieser Fraktionssitzung der Union zu den entschiedensten Befürwortern einer Revision des Koalitionspapiers. Wenn man nun untersucht, welche Grundlegung sein persönlicher Veränderungsimpuls hatte, erlebt man vor dem Hintergrund der bereits vorgestellten Kritik Katzers zu innenpolitischen Komplexen eine Überraschung. Nicht inhaltliche Probleme irgendwelcher Art waren für Adenauer ausschlagebend, allein taktische Motive zählten. Der Kanzler glaubte, die Liberalen könnten dieses Papier künftig propagandistisch dergestalt ausnutzen, daß sie ihre alleinige Autorenschaft ganz klar herausstellten und darauf verwiesen, daß die Union allenfalls mitredigiert habe. Dies sah Adenauer als gefährlich an und deshalb forderte er eine Überarbeitung wie folgt:

"Was mir nicht paßt, und dabei bleibe ich, das ist weniger der Inhalt, - das sind zum Teil Plattheiten - aber die FDP wird sich das zuschreiben als große Dinge; hier handelt es sich darum, kurz zusammengefaßt, daß das Ganze herauskommt als eine gemeinsame Arbeit, nicht als eine 'entschärfte' Arbeit der FDP, damit wir bei den Wahlen entsprechend bestehen können." (320)

Die befürchtete Propagandafunktion des Koalitionspaktes hatte Adenauer zuvor noch deutlicher herausgestellt:

"Was ich bemängele ist das, daß wir zwar der Geschichte eine Reihe von Giftzähnen ausgebrochen haben, daß aber das, was übrig geblieben ist, alles von der FDP stammt und nicht von uns. Ich will Ihnen dazu einige Sachen vorlesen; ein solches Papier muß doch gemeinsam angefertigt werden, schon aus Propagandagründen. Stellen Sie sich doch vor, wie die im Lande herumziehen werden'
(...)
Wogegen ich mich wehre - und ich glaube, daß ich von Wahlen etwas verstehe - ist das, daß ich nicht heute dieses 'entschärfte Papier', das ein Papier der FDP bleibt, einfach hinnehmen und der FDP damit für die nächsten Wahlen ein Propagandamittel ersten Ranges in die Hand geben will." (321)

Damit wird aber auch deutlich, daß die Kritik am Koalitionspapier während der Fraktionssitzung der Union aus total unterschiedlichen Quellen gespeist wurde. Eine beträchtliche Gruppe hatte Schwierigkeiten mit dem inhaltlichen Gestaltungsablauf in der Innenpolitik, Adenauer sah wahlkampftaktische Probleme heraufziehen. Einig war man sich hingegen in dem Ziel eine erneute Revision des bereits revidierten FDP-Papiers zu erreichen. Der Redaktionsausschuß der Union fixierte dann auch 38 Änderungsvorschläge zum revidierten Koalitionspapier (322), die in der neunten und zehnten Runde (323) der Koalitionsgespräche am 24. und 25. Oktober den Vertretern der FDP präsentiert wurden. Als die FDP-Fraktion dann am 25.10.1961 zusammentrat, um über die laufenden Koalitionsverhandlungen unterrichtet zu werden, erteilte sie dem Änderungsbegehren der Unionsparlamentarier eine totale Absage. Ein Entschließungsantrag verdeutlichte, daß die Liberalen nicht bereit waren, auch nur Teile des Koalitionsvertrages zu opfern (324).

Nach diesem Rückschlag unternahmen die Unterhändler der Union einen zweiten Anlauf, um die Substanz des redigierten FDP-Papiers zu verändern. Nachdem ein quasi frontaler Angriff gegen die Koalitionsvereinbarung von den Liberalen zurückgewiesen worden war, ersann man eine ziemlich ungewöhnliche indirekte Methode. Danach sollte zum einen das redigierte FDP-Papier in der am 20. Oktober von beiden Seiten fixierten Form erhalten bleiben. Zum anderen sollten aber andere, während der Koalitionsverhandlungen vorgelegte Papiere zum redigierten FDP-Papier hinzutreten und gemeinsam die Basis der Koalition bilden. "Vater" dieser Idee war allem Anschein nach Franz Josef Strauß, der auch eine entsprechende Präambel für die Sammlung der Koalitionspapiere entwickelt hatte:

"Gegenstand der Politik der Koalition ist die von Beauftragten der beiden Parteien gemeinsam redigierte Aufzeichnung vom 20. Oktober. Diese Aufzeichnung stellte zusammen mit den anderen während der Koalitionsverhandlungen vorgelegten Papieren Grundlage und Ziel der gemeinsamen Arbeit dar." (325)

Offensichtlich konnte die Union die Verhandlungsdelegation der FDP von der Tragfähigkeit dieser neuen, das ursprüngliche Papier nivellierenden Basis überzeugen, denn bevor der Vorsitzende der Unionsfraktion, Heinrich Krone, am 2.11.1961 die Straußsche Präambel als Beschlußantrag in der Fraktionssitzung der Union präsentierte, vermeldete er seine Parlamentariern einen letztlich dennoch geglückten Versuch zur Entschärfung des Papiers vom 20. Oktober:

"Die Fraktion habe einen Kreis bestehend aus den Herren Etzel, Blank und anderen beauftragt, das Papier noch zu ergänzen und das hätten diese Herren nebenan im Vorstandszimmer getan; man habe Streichungen vorgenommen und neue Vorschläge gemacht. Über diese Vorschläge sei noch am gleichen Tag im Beisein von Schütz und Etzel mit der FDP verhandelt worden. Die FDP habe Wert darauf gelegt, daß ihr Beschluß vom 20.10.1961 aufgrund jener Fassung zustandegekommen ist, die Rasner und er, der Redner redigiert hätten, die der CDU/CSU aber nicht genügt habe. Nun habe man es in langen Verhandlungen dahin gebracht, daß auch die Fassung der CDU/CSU, und zwar die letzte Fassung, mit zum Gegenstand der Grundlage der Koalitionspolitik gemacht werde, genau wie das 'Papier' auch." (326)

Was immer sonst noch in diesem neuen Koalitionspakt eingeschlossen sein sollte (möglicherweise die Positionspapiere zur Außenpolitik und ähnliches), zwei partiell unterschiedliche Koalitionsvereinbarungen sollten auf jeden Fall dabei sein. Man braucht sich keine langen Gedanken über die Praktikabilität dieser Konstruktion machen, denn wiederum kam ein Veto von der FDP-Fraktion. Nach achtstündiger Beratung am 2.11.1961 beschloß die liberale Fraktion erneut, einer Kanzlerschaft Adenauers nur auf der alleinigen Grundlage des gemeinsam redigierten FDP-Papiers zuzustimmen und verwarf damit alle Pläne zu einer Ausweitung der koalitionsvertraglichen Grundlage (327).

Nachdem auch dieser Versuch der Union zu einer Veränderung der Koalitionsvereinbarung in der Version vom 20. Oktober gescheitert war, fanden sich die Unterhändler der CDU/CSU offensichtlich mit dem redigierten FDP-Papier ab. Am Tag nach dem zweiten Veto der liberalen Bundestagsfraktion zu Modifikationsplänen der Union, trafen sich die Verhandlungskommissionen von CDU/CSU und FDP zu ihrer 15. Verhandlungsrunde (328) und fixierten das redigierte FDP-Papier zum ausschließlich gültigen Koalitionsvertragstext. Die FDP hatte sich damit in dieser Frage auf der Verhandlungsebene durch-

gesetzt. Von Interesse war nun, ob auch die CDU/CSU-Bundestagsfraktion, in der es ob des jetzt akzeptierten Koalitionsvertragstextes zu großen Spannungen gekommen war, diese ungeliebte Basis tolerieren würde.
Im Sachen Akzeptierung des Koalitionspapiers wurden die Unionsparlamentarier aus ihrer Wochenendpause zu einer Vollversammlung am 4.11.1961 ins samstägliche Bonn gerufen. Ein gegen vier Stimmen bei acht Enthaltungen angenommener Beschlußantrag von Heinrich Krone signalisierte dann am Ende dieser Sitzung, daß sich auch die Unionsfraktion mit dem revidierten FDP-Papier abgefunden hatte (329).
Im Verlauf der Fraktionssitzung kam es erneut zu Kritik am vorgelegten Koalitionspapier (330). Daß der Unmut schließlich dennoch von den meisten Unionsparlamentariern zurückgestellt wurde, muß wohl auch mit einer Veränderung des innerparteilichen Kräfteparallelogramms in dieser Frage in Zusammenhang gebracht werden. Hatte Adenauer sich auf der Fraktionssitzung vor nicht ganz 14 Tagen mit vehementer, taktisch bedingter Ablehnung an die Spitze der Kritiker der Koalitionsvereinbarung gesetzt, war es diesmal alles ganz anders: Adenauer verteidigte den Koalitionspakt, wo immer Kritik aufkam, seine Argumente waren dabei weniger taktischer, sondern überwiegend inhaltlicher Natur.
Als beispielsweise Rainer Barzel die Installation eines Koalitionsausschusses durch den Koalitionspakt angriff (331), verteidigte Adenauer dieses Koalitionsgremium mit dem Hinweis auf ähnlichen Praktiken in früheren Koalitionen (332). Als wichtigstes Resultat der Koalitionsvereinbarung stellte Adenauer daneben die Tatsache hin, daß die FDP mit den dortigen Festschreibungen die Außen- und Verteidigungspolitik der Union "geschluckt" (333) habe, wobei er tatkräftige Schützenhilfe von Heinrich Krone (334) und Ernst Majonica (335) erhielt. Beide erläuterten, daß die darauf bezogenen Teile des Abkommens fast durchgängig auf jene Papiere zurückgriffen, die von den Ministern Heinrich von Brentano und Franz Josef Strauß in diesem Zusammenhang erstellt worden seien. Den an innenpolitischen Fragen des Koalitionspaktes ausgerichteten Kritikern nahm Adenauer mit einem Wertvergleich den Wind aus den Segeln:

"Darum will ich in aller Ruhe folgendes sagen: Für uns - jetzt meine ich die Unterhändler - war das Wichtigste unsere Außenpolitik und Verteidigungspolitik. Das war richtig gesehen, das sind die wichtigsten Punkte, die am besten zu formulieren waren. Alles andere, was in der Innenpolitik noch kommen wird: Glaubt denn einer von Ihnen, daß in drei Jahren die Welt noch so aussehen wird wie heute? Wenn dann in drei Jahren einer mit diesem Papier kommt und sich darauf beruft, was in ihm steht, dann wird das Gesetz eben nicht mehr gemacht werden können, weil sich die Welt so verändert hat. Wir drücken das anders aus; nämlich so: Wenn hier (finanziell) nichts mehr drin ist, dann hören alle Utopien auf, das gilt auch von dem Papier." (336)

Auch Adenauer berief sich also auf die "clausula rebus sic stantibus", auch wenn er hier das Ganze wohl mehr als taktische Notbremse verstanden wissen wollte. Damit wird auch klar, daß Adenauer hinsichtlich des Koalitionspaktes nicht von einem Saulus zu einem Paulus geworden war. Er hatte zunächst taktische Gründe gegen das Papier ins Feld geführt; als er das Abkommen als notwendige Grundlage seiner Kanzlerschaft nicht mehr umgehen konnte, stellte er wichtige inhaltliche Positiva für die Union heraus und deutete gleichzeitig taktische Schlupflöcher in unbequemen Festschreibungen an. Daß er sich durch die Zustimmung zum Koalitionsabkommen sowieso nicht auf jeden Satz des Papiers festgelegt sah, hat der CDU-Vorsitzende am Ende der Fraktionssitzung unterstrichen. Als der CSU-MdB Guttenberg das Abkommen dahingehend interpretierte, es könne nur Grundlage sein, keinen aber verpflichten, irgendeinem Gesetz zuzustimmen (337), assistierte ihm der Kanzler sofort:

"Meine lieben Freunde, ich habe selten eine so gute und treffende Formulierung über den Sinn des Papiers gehört als die von Herrn von Guttenberg. Das verpflichtet keinen von uns zu einem bestimmten gesetzgeberischen Akt. Es ist tatsächlich nichts anderes, das Papier enthält die Verpflichtung, im Geiste dessen, was da niedergelegt ist, zu verfahren. Dann kann jeder entscheiden, ob ein Gesetz diesem Geiste entspricht, oder nicht; und niemand verpflichtet sich, etwa ein soziales Gesetz nicht zu bejahen. In keiner Weise! Ich würde niemals etwas Derartiges hinnehmen, wenn etwas Derartiges in einem solchen Papier stände." (338)

Adenauer war also bereit, zumindest die inhaltlichen Festlegungen des Koalitionspaktes großzügig zu interpretieren. Mit inhaltlichen Fragen der Koalitionsvereinbarung sind wir aber bei jenem zweiten Teilbereich der Analyse des Koalitionsabkommens angekommen, der klären soll, ob durch das Koalitionspapier der festgestellte Autoritätseinbruch des Kanzlers formal fixiert wurde, d.h. ob Erich Mendes Vorstellung von einer Rückentwicklung der Kanzlerdemokratie über diesen Koalitionspakt tatsächlich begründet war. Wie geschildert, war ein Versuch der FDP in dieser Richtung durch eine Aufwertung des Koalitionsausschusses gescheitert, aus der weiteren Beschreibung des Entstehungsprozesses der Koalitionsvereinbarung ließen sich

keine Fakten ableiten, die auf formalisierte Tendenzen zur Rückentwicklung der Kanzlerdemokratie hindeuten könnten.
Damit verbleibt als Analyseobjekt der schriftliche Gehalt der Koalitionsvereinbarung von 1961, also jenes am 20. Oktober redigierte FDP-Papier. Seine inhaltlichen Festlegungen (339) können aber aus diversen Gründen kaum als Ausgangspunkte für eine Demontage der Kanzlerdemokratie Adenauers eingestuft werden:

+ Adenauer hatte auch bei der Genese und der "Hoch"-Zeit der Kanzlerdemokratie mit Inhaltliches festschreibenden Koalitionsvereinbarungen zu tun gehabt.
+ Adenauer deklarierte wichtige Passagen des Koalitionspapiers (Außen- und Verteidigungspolitik) als ganz auf der Linie der Union liegend.
+ Adenauers beschriebene Einstellung zu innenpolitischen Festschreibungen des Koalitionspapiers ließ durchaus ein Abrücken von ihm unbequemen Fakten zu.

Folglich muß sich die Analyse auf den organisatorischen Teil des Koalitionspapiers (340) konzentrieren. Der dabei in der Präambel enthaltene Hinweis auf eine zeitliche Begrenzung der Kanzlerschaft Konrad Adenauers (341) ist jedoch keine Festlegung, die originär der Koalitionsvereinbarung zugeschrieben werden kann. Sie wurde hier quasi nur noch einmal "koalitionsnotariell" bestätigt (vgl. S. 372 ff). Als letzte Bezugsgruppe bleiben damit jene Passagen des Koalitionspapiers, die die Zusammenarbeit der Koalitionspartner instrumentell regeln (342). Hier sind in unserem Zusammenhang zwei strukturelle Festschreibungen von Interesse:

+ Ein paritätisch besetzter <u>Koalitionsausschuß</u> mit beratender Funktion wird institutionalisiert (343). Ein derartiges Gremium hat es nach den Erkenntnissen dieser Studie seit 1949 regelmäßig gegeben (vgl. S. 149 ff; 249/300 ff).
+ Den Vorsitzenden der Koalitionsfraktionen wird ein Teilnahmerecht an allen Kabinettssitzungen zugestanden (344). Die Zusage beinhaltet auch bei ihrer vollen Ausschöpfung durch die Fraktionschefs (der Text formuliert immerhin eine Kann-Bestimmung, keine Muß-Bestimmung) keine Aspekte, die eine Schwächung der Position des Kanzlers erkennen ließen. Dies ergibt sich auch rückschlüssig aus der Tatsache, daß dieses Verfahren (ohne "Kann-Recht" der Fraktionschefs) seit 1949 praktiziert wurde. Es ist im Rahmen dieser Studie als eine der beiden Unterformen der

<u>Koalitionsgespräche</u> charakterisiert worden (vgl. S. 152 ff; 299 f). Damit kann festgestellt werden, daß auch der die Zusammenarbeit der Koalitionspartner regelnde Teil des Koalitionspaktes keine Hinweise auf eine durch die Koalitionsvereinbarung formalisierte Tendenz zur Schwächung der Kanzlerposition enthält. Es wird vielmehr deutlich, daß zwei wichtige Aspekte informellen Gremienhandels (Koalitionsausschuß/Koalitionsgespräch), die bislang mit für die Regierungspraxis unter dem Kanzler Adenauer konstitutiv waren, durch den Koalitionspakt erstmals festgeschrieben wurden. Dies deutet eher auf Kontinuität und nicht auf Schwächung hin. Gleichzeitig ist damit die letzte mögliche Bezugsgruppe für Tendenzen zur Rückentwicklung der Kanzlerdemokratie über das Medium des Koalitionspaktes von 1961 untersucht und als Negativstelle eingeordnet worden. Sieht man einmal von dem gescheiterten Versuch der FDP zu einer Aufwertung des Koalitionsausschusses ab, ergaben sich somit keine Hinweise darauf, daß der Mißtrauensimpuls der Liberalen ausreichte, um das Strukturgefüge der politischen Konkretisierung im Regierungsbereich zu verändern. Damit kann auch davon ausgegangen werden, daß der Koalitionspakt keinen institutionellen Kern für eine Rückentwicklung der Kanzlerdemokratie bereit hielt. Adenauers festgestellter Autoritätsverlust schlug sich also nicht direkt in den Festlegungen des Koalitionsvertrages nieder. Mendes Ankündigung einer Rückentwicklung der Kanzlerdemokratie über die Koalitionsvereinbarung hatte also keine strukturelle und inhaltliche Basis im tatsächlich verabschiedeten Koalitionspapier. Das Koalitionspapier mag für die Liberalen eine vom Mißtrauen geprägte Rückversicherung gewesen sein, ein offensives Instrument gegen die Kanzlerdemokratie war es nicht

Dies heißt natürlich nicht, daß man schon an dieser Stelle eine Änderung der Strukturprinzipien des Regierungsstiles von Adenauer in den Jahren nach 1959 ausschließen kann. Man kann aber festhalten, daß der Koalitionspakt (im Gegensatz zu Mendes Postulat kein geeignetes Gravitationszentrum war, um eine mögliche Rückentwicklung der Kanzlerdemokratie zu bewirken. Eine abschließende Wertung ist auch insofern nicht möglich, als beispielsweise hier noch nicht abzusehen ist, welches faktische Schicksal den beschriebenen informellen Gremien (Koalitionsausschuß/Koalitionsgespräch) beschieden war. Dies zu untersuchen wird Aufgabe eines späteren Abschnitts (vgl. S. 435 ff) sein.

Daß das Medium Koalitionsvereinbarung für die Liberalen kein Weg (mehr) war, um Adenauers Positionsverluste zu fixieren, zeigte sich ein Jahr nach dem Abschluß des ersten Koalitionspaktes. Als ein erneut geschwächter Kanzler nach der Spiegel-Krise und einem kurzfristigen Zugehen auf die Sozialdemokraten dennoch wieder mit der FDP eine Regierung bildete, kam es wieder zur Erstellung eines Koalitionspapiers (345).

Dieses Dokument enthielt zwar einige Passagen zur Zusammenarbeit in der Koalition (346); es ging aber neben einer Ablehnung der Verkleinerung des Kabinetts (347) nicht auf strukturelle Probleme ein und war im wesentlichen durch sachliche Festlegungen geprägt (348). Es hatte keinen Vertragscharakter, d.h. es wurde ganz offensichtlich nicht unterschrieben (349). Nach Erich Mende diente es lediglich als "Arbeitspapier" (350), dessen Stellenwert insofern schon relativiert war, als es genau die Einbindung in andere Papiere erhielt, die beim zweiten Anlauf der Union zu einer Revision des redigierten FDP-Papiers Anfang November 1961 durch die Liberalen verhindert worden war. Im Text der neuen Vereinbarung ist nämlich zu lesen:

"Die Koalitionspartner werden ihre gemeinsame Politik auf dem bisherigen Fundament fortsetzen. Dies kommt in der Regierungserklärung vom 29.11.1961 und vom 9.10.1962 sowie in der Haushaltsrede vom 7.11.1962 und der Entschließung der Koalitionsfraktionen vom 12.10.1962 zum Ausdruck." (351)

Erich Mende hat zudem in einem Schreiben an alle FDP-Fraktionsmitglieder klargestellt, daß bei den Verhandlungen zwischen den Koalitionspartnern Einigkeit darüber bestanden habe, daß zum erwähnten "Fundament" auch das Koalitionsabkommen des Vorjahres hinzuzuzählen sei (352). Damit wurde das überkommene Strukturprinzip im Regierungsbereich indirekt bestätigt, auch nur Anläufe zu Veränderungen in diesem Feld sind nicht auszumachen. Auch hier bestätigt sich also, daß sich die Schwäche Adenauers im Koalitionsabkommen nicht wiederspiegelte.

3. Adenauer und sein Nachfolgeproblem

Wenn man die Rahmenbedingungen zum Ende der Kanzlerschaft Konrad Adenauers darlegen will, muß ein spezifischer Faktor für den betreffenden Zeitraum (1959 ff.) hier gesondert Erwähnung finden: die Schwierigkeiten im Zusammenhang mit der Nachfolgeregelung für den ersten Bundeskanzler. Der eigentliche Kern dieses Problems war der personelle Aspekt dieses Wechsels, ganz konkret der Umstand, daß der amtierende Bundeskanzler Konrad Adenauer sich bis zum letzten Moment der Nominierung des weithin als neuen Regierungschef anvisierten Ludwig Erhard hartnäckig widersetzte. Dieser Widerstand Adenauers führte einerseits zu politischen Spannungen im Regierungslager, die direkt aus der innerparteilichen Nichtübereinstimmung in der Nachfolgefrage resultierten (Bundespräsidentenkrise des Jahres 1959), bildete andererseits den notwendigen Hintergrund, um koalitionspolitische Manöver überhaupt einleiten zu können (anfängliches Setzen der FDP auf einen Kanzlerkandidaten Erhard als Alternativmodell zu einer weiteren Kanzlerschaft Konrad Adenauers bei der Regierungsbildung des Jahres 1961). Das Nachfolgeproblem und seine politischen Auswirkungen hatten also mit konstitutiven Charakter für eine Gesamtsituation, in der der Autoritätsverlust Adenauers immer plastischer wurde. Sicherlich wäre die hier angesprochene Epoche auch ohne den beschriebenen Nachfolgekonflikt für die Union und Adenauer nicht komplikationslos verlaufen. Sie hätte aber mit ziemlicher Sicherheit eine ganz andere faktisch-historische Gestalt erhalten, in der wichtige Katalysatoren für den beschriebenen Prestigeverlust des Kanzlers nicht enthalten gewesen wären. Eine auf die Zukunft ausgerichtete personalpolitische Frage hatte also schon politische Auswirkungen, bevor diese Zukunft überhaupt begonnen hatte.

Was gab dieser ungeliebten Zukunftsprojektion eines Kanzlers Ludwig Erhard nun bei Konrad Adenauer eine solche Negativbedeutung, daß er sie jahrelang, trotz schließlich schwindender Aussichten auf Verhinderung, unbeirrt ablehnte und damit in den Reihen der Union einen immer wieder aufbrechenden Dauerkonflikt installierte, der ihm keineswegs Nutzen brachte? War es persönliche Animosität, waren es politische Motive oder was stand sonst hinter dem ebenso kategorischen wie konstanten Nein Adenauers?

Daß es eine persönliche Distanziertheit zwischen den beiden Politikern gab, ist aus berufenem Munde wiederholt betont worden (353). Gerade im Zusammenhang mit der Nachfolgefrage hat Adenauer aber deutliche (bisweilen sogar doppelt angelegte) Dementis hinsichtlich der Vorstellung geliefert, daß persönliche Gefühle den Ausschlag zum kategorischen Nein seinerseits beim Kanzlerkandidaten Erhard geliefert hätten. In dem Brief, den Adenauer am 19. Mai 1959 sozusagen als letzten Versuch einer Verhinderung der Nominierung Erhards vor seinem Rücktritt von der Bundespräsidentenkandidatur an den CDU/CSU-Fraktionsvorsitzenden Heinrich Krone richtete, schrieb Adenauer:

"Ich, sehr verehrter Herr Krone, bitte Sie und die Fraktion davon überzeugt zu sein, daß ich ein Freund Erhards bin, mit dem ich nun fast zehn Jahre in der größten Eintracht zusammenarbeite, dessen Werk ich sehr hoch schätze.
Aber diese persönlichen Gefühle, die ich gegenüber Herrn Erhard habe, dürfen mich nicht verleiten, meine ernsten Sorgen zu verschweigen und mir die Frage vorzulegen, was meine Pflicht ist gegenüber unserem Volk und unserer Partei, deren Fortbestand in alter Stärke noch für lange, lange Zeit nötig ist, wenn wir Freiheit und Christentum gegenüber dem Kommunismus in Europa retten wollen." (354)

Als Adenauer fast vier Jahre später erneut die Bestallung Erhards als Kanzlerkandidat durch die Unionsfraktion bekämpfte, erklärte der Kanzler vor der Fraktionsvollversammlung, er spreche sein Negativvotum nicht aus persönlicher Animosität aus, sondern er sage dies ausschließlich aus politischen Gründen. Für ihn sei es hart, das zu sagen, aber man müsse ihm auch das Recht zugestehen, das zu sagen (355).

War dieses übereinstimmende Abheben auf politische Gründe für das Nein zu Ludwig Erhard durch Adenauer nun eine Schutzbehauptung, die ein persönliches Motiv des Kanzlers kaschieren sollte? Schon 1959 hat Theodor Eschenburg dies verneint und bemerkt, es sei allzu billig, Adenauer bei der Bewertung des Kandidaten Erhard persönliche Motive zu unterschieben (356).

Auch auf einem anderen Weg kann man dazu kommen, eine zentrale Rolle persönlicher Motive bei der Ablehnung Erhards durch Adenauer auszuschließen. Erhard selbst hat nach Zitierung durch Karl Georg von Stackelberg darauf verwiesen, daß sich ein grundsätzlicher Gegensatz zu Adenauer erst mit seinem Anspruch auf die Kanzlernachfolge ergeben habe:

"Unter den vielen Ministern, die Adenauer in seinen Regierungen hatte, gab es nur sehr wenige, über die man in der Öffentlichkeit berichtete, daß sie sich gegen Adenauer aufgelehnt oder mit ihm Auseinandersetzungen gehabt haben. Adenauer und mich dagegen hat man immer wieder als Kampfhähne dargestellt. Ich habe mich auch immer wieder verpflichtet gefühlt, gegenüber Adenauer Härte aufzubringen, um ihm dort zu widerstehen, wo ich grundsätzlich andere Auffassungen vertreten mußte. (...) Diese Auseinandersetzungen während der vierzehn Jahre, die ich als Wirtschaftsminister unter Adenauer tätig war, spielten sich jedoch stets auf der Ebene einer im Grunde fruchtbaren Zusammenarbeit ab. Echte Gegensätze ergaben sich erst ab 1959, als es Adenauer bewußt wurde, daß ich der Nachfolger sein würde, den er nicht haben wollte." (357)

Diese Auffassung teilt auch Karl Hohmann, mit Ludwig Westrick Erhards engster Berater. Hohmann ist sich sicher, daß es schon zu Anfang des

1. Kabinetts Adenauer Differenzen zwischen den beiden Politikern gegeben habe, sie seien aber niemals über den Rahmen hinausgegangen, der einfach in der Natur des Regierungsprozesses liege, dessen Spannungsfeld sich zwischen Richtlinienkompetenz und Ministerverantwortlichkeit aufbaue. Zu grundlegenden Meinungsverschiedenheiten sei es aber erst dann gekommen, als Adenauer klar wurde, daß Erhard sein potentieller Nachfolger war. Ab da habe Adenauer versucht, Erhard zum reinen Wirtschaftsfachmann abzustempeln, um ihn von der Kanzlerschaft auszuschließen (358).
Übereinstimmend wird damit festgestellt, daß sich grundsätzliche Differenzen zwischen Adenauer und Erhard erst dann einstellten, als der letztere einen Nachfolgeanspruch als Bundeskanzler erhob. Adenauers artikulierte Reserve gegenüber Erhard war also ein Reflex auf den Anspruch des Kandidaten, nachdem Adenauer über fast eine Dekade mit dem "Nicht-Kandidaten" recht gut zusammengearbeitet hatte. Adenauer stand demnach dieser Persönlichkeit wohl kaum generell distanziert gegenüber, sein Nein kam erst dann zustande, als diese Persönlichkeit auf eine spezielle politische Rolle, das Amt des Bundeskanzlers, zusteuerte. Die festgestellte Ablehnung Erhards kann also nicht generell am persönlichen Verhältnis festgemacht werden, sondern speziell an dem Umstand, daß Erhard eine neue politische Position anstrebte. Das Nein Adenauers zum Kanzlerkandidaten Erhard war also offensichtlich viel mehr von situationsbezogenen politischen Motiven als persönlichen Beweggründen geprägt, zumal diese sich logischerweise hätten viel früher bemerkbar machen müssen. Selbst wenn Adenauer sozusagen "lang verheimlichte" persönliche Animositäten gegen Erhard erst jetzt quasi "neuentdeckte", tat er das aus politischen und nicht aus persönlichen Gründen. Auch auf diesem Wege kommt man dazu, sich der Adenauerschen Einlassung vom politischen Charakter seines Einspruchs nicht zu verschließen, die Vermutung einer kaschierten Schutzbehauptung aber zu verwerfen. Ist also damit ein politischer Motivationsrahmen für die Ablehnung Adenauers hinsichtlich einer Kanzlerschaft Erhards vorgegeben, gilt es nun zu untersuchen, welche argumentativen Schwerpunkte der Kanzler auf diesem Feld verwandte. Vor allem im Jahre 1959 hat Adenauer immer wieder von einem außenpolitischen Ansatz her argumentiert. Wie in seinen "Erinnerungen" ausführlich dargelegt, sah der Kanzler die außenpolitische Situation als sehr gespannt, ja ausgesprochen schlecht an (359). Vor diesem Hintergrund ordnete er eine Nominierung Erhards als großes Risiko ein, da der

bisherige Wirtschaftsminister nicht die Eigenschaften und Kenntnisse
habe, die Richtlinien der Außenpolitik zu bestimmen (360). In dem bereits
erwähnten Brief an Krone hat Adenauer dies ganz klar umrissen:

"So ausgezeichnet Herr Erhard als Wirtschaftsminister ist, so gefährlich
würde bei den immer stärker werdenden außenpolitischen Gefahren seine
Wahl zum Bundeskanzler sein, da er ja als solcher die Richtlinien der
Außenpolitik bestimmen und das Auswärtige Amt führen muß.
Darin liegt keine Herabsetzung der Verdienste und der Fähigkeiten des
Herrn Erhard. Ein großer Wirtschaftler ist deshalb kein großer Außenpolitiker." (361)

Auf diese Ungleichung zwischen großem Wirtschafts- und großem Außenpolitiker hat Adenauer im Zusammenhang mit Erhard in dieser Zeit auch Besucher (362) und Journalisten (363) hingewiesen. Er hat seine außenpolitische Reserve gegenüber Erhard damals aber noch weiter präzisiert.
Zum einen vermißte Adenauer bei Erhard Verständnis für seine Europa-Politik (364). Zum anderen präsentierte Adenauer Erhard als einen Mann mit
einem ausgesprochenen Mangel an außenpolitischer Erfahrung (365), wodurch
die notwendige Kontinuität der deutschen Politik nicht sichergestellt sei
(366).
Adenauer hat gegenüber der Kanzlerkandidatur Erhards aber nicht nur fachpolitische Reserven geäußert, seine Distanz zu seinem langjährigen Wirtschaftsminister war viel grundsätzlicherer Natur. Er deklarierte Erhard
bei aller fachlichen Befähigung zum eigentlichen Nicht-Politiker im allgemeinen Sinne. Diese Meinung, daß Erhard kein "homo politicus" sei, hat
der Kanzler immer wieder im Gespräch geäußert (367) und fand mit seiner
Wertung bei wichtigen Akteuren der Union in dieser Zeit Unterstützung
(368). Adenauer wähnte zudem, daß Erhard nicht überschaue, welche Verpflichtungen das Amt des Bundeskanzlers mit sich bringe (369) und kam
folglich zu dem Resultat, daß Erhard überhaupt kein Verständnis für die
Rolle des Bundeskanzlers habe (370). Somit gelangte Adenauer von der Ungleichung zwischen gutem Wirtschaftspolitiker und gutem Außenpolitiker bei
Erhard zu einer entsprechenden Formel mit den Antipoden Wirtschaftsminister und Bundeskanzler (371).
Adenauer sprach Erhard ganz offen politische Führungsqualitäten in außenwie in allgemeinpolitischer Hinsicht ab. Nimmt man diese personelle Bewertung des langjährigen Kanzlers zunächst einmal als Faktum hin, wird
deutlich, wieso Adenauer so zäh an seinem Nein zu einer Nachfolgeschaft

Erhards festhielt. Er sah in ihm zwar einen guten Ressortchef, aber
keinen befähigten Kanzler. Adenauer fühlte sich deshalb irgendwie in die
Pflicht genommen, Erhards Einzug ins Palais Schaumburg zu verhindern. Er
sprach in diesem Zusammenhang von einer Gewissensentscheidung seinerseits,
die einen Kanzler Erhard nicht verantworten könne (372) und machte in
einem Schreiben an Heinrich Krone als Noch-Präsidentschaftskandidat deutlich, daß dies für ihn keine einfache Sache gewesen sei (373).

Da es in unserem Zusammenhang um den subjektiven Impuls Adenauers in der
Nachfolgefrage ging, kann die Schilderung der Gründe für die Ablehnung der
Kanzlerschaft Erhards durch Adenauer hiermit abgeschlossen werden. Dies
heißt natürlich nicht, daß die vorgestellte Blickweise Adenauers als allgemein akzeptiert hingestellt werden kann. Man muß vielmehr darauf verweisen, daß

- Erhard und zahlreiche Gefolgsleute des langjährigen Wirtschaftsministers
  die Sichtweise Adenauers sowohl nach inhaltlichen (sprich außenpolitischen) als auch qualitativen Gesichtspunkten für unzutreffend halten,
- das spätere tatsächliche Scheitern des Bundeskanzlers Erhard nicht
  allein aus den Befürchtungen Adenauers heraus erklärt werden kann.

## III. Adenauers Regierungspraxis

### 1. Adenauers Positionsverlust als Außenpolitiker

In den Jahren bis 1959 war der eigentliche Dominator der bundesdeutschen
Außenpolitik Konrad Adenauer; auch dann, als mit dem langjährigen CDU/
CSU-Fraktionschef im Bundestag, Heinrich von Brentano, im Jahre 1955 erstmals ein selbständiger Ressortminister in das Außenamt einzog.
Adenauer ließ dem neuen Ressortchef des Auswärtigen Amtes denn auch ganz
wenig Spielraum. Er verdeutlichte dem Außenminister immer wieder, daß er,
der Kanzler, die außenpolitische Zentralfigur war und bleiben wollte. Von
Brentano hat dies - bei allen Auseinandersetzungen im Detail - letztendlich auch akzeptiert, da er in den Grundsätzen deutscher Außenpolitik mit
dem Kanzler ohnehin übereinstimmte (374) und offensichtlich bemüht war,
auch als Außenminister dem von ihm verehrten Konrad Adenauer ein stets
loyaler Gefolgsmann zu sein (375). Dies heißt für einen der Persönlichen

Referenten von Brentano, Weert Börner, freilich lange noch nicht, daß sein ehemaliger Chef als Außenminister eine politische Figur war, die im eigentlichen Sinne ohne Profil geblieben sei (376). Genau dies aber hat ein anderer, mit internen Einblickmöglichkeiten in dieser Zeit versehener Betrachter, im Grunde genommen ausgesprochen. Für Heinrich Barth, Adenauers letztem Persönlichen Referenten als Kanzler, war das Verhältnis Brentanos zum Regierungschef eine Hinwendung mit weitgehender Ergebenheit. Der Außenminister habe auch nicht die kleinste Nuance in die Politik eingeführt, ohne sie vorher mit dem Kanzler ausführlichst erörtert zu haben (377).

Und es waren denn auch keine außenpolitischen Positionsunterschiede zu Adenauer, die Brentano im Verlauf der Regierungsbildung von 1961 veranlaßten, seinen Rücktritt einzureichen (378). Brentano empfand es wohl in erster Linie als persönliche Zumutung, daß man nach einer entsprechenden Ablöseforderung durch die FDP über seinen "Kopf" ohne ihn verhandelte, statt die Problematik mit ihm durchzusprechen und so kann seine Demission wohl als Akt der protestierenden Betonung seiner Selbstachtung verstanden werden (379).

Daß man das Agieren des Außenministers von Brentano weithin nur als stromlinienförmigen Anhang der Aktionen des eigentlichen außenpolitischen Entscheidungsträgers, Konrad Adenauer, bewertet, muß wohl auch vor dem Hintergrund gesehen werden, daß die Position des Brentano-Nachfolgers, Gerhard Schröder, offensichtlich ganz anders war. Der langjährige Innenminister wird allgemein als der Außenamtsleiter gesehen, der erstmals in der Geschichte der Bundesrepublik ein "eigenes Regiment" als Außenminister einführte (380). Kaack/Roth verbinden diese Zustandsbeschreibung freilich mit dem Hinweis darauf, daß dies keine Umstellung war, die allein mit personalpolitischen Kriterien erklärt werden kann, indem sie erwähnen, daß sich Schröder bei seinem politischen Tun nicht nur auf beträchtliche Teile der CDU und FDP, sondern weitgehend auch auf die SPD habe stützen können (381).

Und dies war denn auch ein wesentlicher Aspekt der veränderten Konstellation: Außenminister Schröder konnte sich auf eine neue außenpolitische Mehrheit aus SPD, FDP und Teilen der CDU stützen, die mit der eigentlichen Regierungsmehrheit nicht mehr deckungsgleich war. Diese informelle Allparteienkoalition war keinesfalls eine politische Größe, die vorübergehen-

der Natur war: Sie wurde zu einer langjährigen Konstante der deutschen
Außenpolitik und war auch noch dann relevant, als Bundeskanzler Erhard
schon über zwei Jahre im Amt war (382).

Das erstaunlichste Segment dieser neuen außenpolitischen Majorität für
Schröder war ganz sicherlich die sozialdemokratische Unterstützung für
einen CDU-Minister, der in der SPD früher als "Kanzlerknappe" und "Sozialistenfresser" verachtet und zugleich gefürchtet wurde und der nun binnen
kurzem zum Lieblingsminister der Opposition avancierte (383). Schröders
Leistung in dieser Hinsicht ist dann auch immer wieder von ihm außenpolitisch nahestehenden Koalitionspolitikern unterstrichen worden. So hat
beispielsweise der stellvertretende FDP-Fraktionsvorsitzende, Knut Freiherr von Kühlmann-Stumm, darauf hingewiesen, daß es dank der konzilianten
Amtsführung Schröders gelungen sei, die Unterstützung der SPD-Opposition
für eine gemeinsame Deutschlandpolitik zu gewinnen (384). Auf diese veränderte parteipolitische Dimension als Grundlage des gültigen außenpolitischen Kalküls hat auch Gerhard Schröder bald in aller Öffentlichkeit
selber hingewiesen, in dem er anmerkte, er glaube nicht, daß es mit der
Opposition Unterschiede in den Bereichen gebe, die er als "vaterländische
Belange" im außenpolitischen Bereich einstufte. Hier sei "zumindest im
Kern" von einer Übereinstimmung mit der Opposition zu sprechen (385).
Diese weitgehende Übereinstimmung mit der Opposition führte dazu, daß es
bei der außenpolitischen Konkretisierung zu ganz neuen Kommunikationsstrukturen kam. Bevorzugte der frühere Amtsinhaber noch das Gespräch im
außenpolitischen Arbeitskreis der Unionsfraktion, agierte der neue Amtschef auf einer verbreiterten Basis und benutzte den Auswärtigen Ausschuß
des Bundestages als regelmäßiges Ausspracheforum (386). Schröders neue
außenpolitische Formierung war aber auch insofern parteipolitisch interessant, als sie die Außenpolitik ihrer bisherigen innenpolitischen Funktion
entkleidete. Adenauers Konzept in dieser Hinsicht lief darauf hinaus, mit
den Mitteln der außenpolitischen Konfrontation den Zusammenhalt der
eigenen Partei gegenüber der Opposition ins Werk zu setzen (387). Dieser
Antagonismus mit disziplinarischem Charakter fiel bei Schröders Ansatz
fort (388).

Der Schrödersche Spielraum in der Außenpolitik in den Jahren 1962 ff.
gegenüber Adenauer war also weit mehr als eine politische Erscheinung, die
nur auf einer isolierten personellen Basis beruhte. Schröders außenpoliti-

scher Ansatz war vielmehr parlamentarisch abgesichert, wenn auch auf einer Grundlage, die mit der parteipolitischen Konstellation der bisherigen Außenpolitik und der Ausrichtung der nach 1961 in Bonn agierenden Regierungskoalition nicht übereinstimmte. Dies macht es denn auch verständlich, wieso der neue Außenminister seine Rolle aus dem bislang üblichen Schatten des außenpolitisch dominanten Kanzlers herauslösen konnte, ohne daß dieser beispielsweise mittels Richtlinienkompetenz dem wirksam gegensteuern konnte.

Und so gehen denn auch zahlreiche Beobachter davon aus, daß Adenauer zu Zeiten des Außenministers Schröder nicht mehr der allein relevante Sprecher für die Bundesrepublik in außenpolitischen Fragen war (389). Sie sehen einen Außenminister, der seine Unabhängigkeit gegenüber dem Kanzler offen demonstrierte (390) und diesen sogar zunehmend aus der Außenpolitik abdrängte (391).

Diese prinzipiell andere Politik kann jedoch nicht allein mit persönlichen und parteipolitischen Kriterien erfaßt werden. Hier müssen andere Grundlagen und Inhalte des politischen Geschehens mit berücksichtigt werden, und so kommt man letztendlich zu einem Komplex, der bereits vorstehend angesprochen wurde. Ende der 50er, Anfang der 60er Jahre löste sich die Vorrangbeziehung zwischen den USA und der Bundesrepublik, bislang "der" Eckpfeiler der Bonner Außenpolitik, angesichts des atomaren Patts der Supermächte und des heraufziehenden Bilateralismus von UdSSR und USA auf. Die westliche Großmacht stufte die Bedeutung des Deutschlandproblems in seinen diversen Einzelaspekten (z.B. Wiedervereinigung, Berlin-Frage) deutlich zurück, was zu tiefgreifenden Differenzen zwischen Bonn und Washington führte, die von John F. Kennedy und Konrad Adenauer auch in aller Öffentlichkeit ausgetragen wurden (vgl. S. 334 ff).

Die erkennbare Distanz zur Führungsspitze der westlichen Führungsmacht hätte für Adenauer aber nicht unbedingt zu einer innenpolitischen Positionsverschlechterung führen müssen, da gerade in dieser Zeit die SPD auf die über eine Dekade bekämpften Grundsätze der Außenpolitik der Bundesregierung einschwenkte. Adenauer hätte also ein parteipolitisch erweitertes Resonanzfeld einer gewissen internen Widerstandshaltung gegen die externen Positionsveränderungen erschließen können, welche die externen Gewichtsverluste durch eine zusätzliche interne Grundierung wettgemacht hätte.

Dazu kam es aber nicht. Mit dem Beidrehen der SPD verschwand zwar die
alte außenpolitische Frontlinie innerhalb der Bundesrepublik, es schälte
sich aber ein neuer Konfliktbereich an der Frage heraus, wie der veränderten außenpolitischen Konstellation zu begegnen sei. Dabei kamen verschiedene Gruppen zu verschiedenen Antworten, von einer gemeinsamen Reaktion
(oder gar politisch verwertbarer Widerstandsposition) kann also keine
Rede sein.

Der durch den beschriebenen Autoritätsverlust geschwächte Kanzler hatte
offensichtlich keine Möglichkeiten mehr, das Umschlagen dieser verschiedenen Antworten auf die veränderte außenpolitische Konstellation in eine
politisch relevante Gruppenbildung zu verhindern, die auch quer durch
seine eigene Partei ging. Die unterschiedlichen Positionen hinsichtlich
der neuen außenpolitischen Situation verfestigten sich also zu mehreren
außenpolitischen Lagern, die – nicht immer Rücksicht auf die bisherigen
parteipolitischen Grenzen nehmend – erstmals in den Jahren 1961 – 1963
eine Dezentralisierung der außenpolitischen Führungselite der Bundesrepublik mit sich brachten, während die außenpolitische Führung bislang
durch eine Zentralisierung bei Dominierung durch Adenauer gekennzeichnet
war (392).

Die politische Basis dieser Dezentralisierung soll im folgenden beschrieben werden. Dies offenbart zugleich, daß dem Schröderschen Distanzverhalten gegenüber Adenauer eine inhaltlich andere außenpolitische Konzeption zugrunde lag, womit offenkundig wird, daß persönliche, parteipolitische und inhaltliche Dimensionen das neuartige Selbstverständnis des
Brentano-Nachfolgers absicherten. Die verschiedenen Gruppierungen in der
westdeutschen Außenpolitik zu dieser Zeit sind am detailliertesten von
Arnulf Baring (393) dargestellt worden:

- Da ist zunächst eine breite Mittelgruppe im Bonner Parlament, die die
  westdeutsche Bindung an die Vereinigten Staaten besonders betonte. Zu
  dieser Mittelgruppe gehörten demnach beträchtliche Teile aller drei
  Parteien, als tatkräftige Unterstützer werden der BDI und der DGB sowie
  die Tageszeitung "Die Welt" genannt. Den eigentlichen Kern dieser Formation sieht Baring in der CDU, ihr politisches Ziel war ein gutes Verhältnis zu den Vereinigten Staaten als Eckpfeiler der westdeutschen
  Politik, wobei man laut Baring dazu neigte, die Gleichgerichtetheit
  der beiderseitigen Interessen ebenso zu überschätzen wie die Bedeutung

der Bundesrepublik als eines Partners der USA. Der Beginn einer Phase
der Entspannung, der Versuch der Vereinigten Staaten, den Kalten Krieg
auf der Grundlage des Status quo zu beenden, wurde demnach von dieser
Gruppierung - wahrscheinlich bewußt - nicht wahrgenommen. Als Repräsentanten dieser Formation werden Gerhard Schröder, Fritz Erler und
Herbert Wehner ausgemacht.
- Die zweite Gruppierung mit dem personellen Mittelpunkt Willy Brandt
nahm den Entspannungsimpuls der Amerikaner unter Kennedy ganz bewußt
auf und wollte ihn zu einem Instrument der bundesdeutschen Politik
machen. Im Unterschied zur Schröderschen Ostpolitik bezog dieser außenpolitische Ansatz die DDR als politisch relevante Größe mit ein.
Parallelen zu dieser Gruppierung entdeckt Baring beim FDP-Parteichef
Erich Mende. Zu den Unterstützern zählt er die "Süddeutsche Zeitung"
und den "Spiegel" sowie später die Wochenzeitung "Die Zeit".
- In scharfem Gegensatz zu den beschriebenen Formationen sieht Baring
eine dritte Gruppe, als deren Exponenten er Adenauer, Strauß und Guttenberg nennt. Den Kern dieser Gruppierung bildete die außenpolitisch
geschlossene CSU, verstärkt durch Teile der CDU und getragen durch eine
weite Resonanz unter den Vertriebenen. Das politische Anliegen dieser
Gruppe wurde charakterisiert durch die Hoffnungen, die sie auf Charles
de Gaulle setzte: Sie erkannte eine westeuropäische Führungsrolle des
gaullistischen Frankreich an und begrüßte einen deutsch-französichen
Bilateralismus als Magnet einer westeuropäischen Blockbildung. Endziel
sollte eine Doppelpoligkeit des westlichen Lagers sein, ein europäisch-amerikanischer Duozentrismus, wobei Baring das Verhältnis zu de Gaulle
von verehrungsvoller Erwartung (und einer völligen Verkennung seiner
ostpolitischen Intentionen) bestimmt sieht, die Bindung an die USA als
eher kühl bezeichnet.
Die Gruppierung um Willy Brandt aufgrund eines anderen Ansatzes nicht behandelnd, ist Bruno Bandulet zu ähnlichen Ergebnissen einer außenpolitischen Gruppenbildung gekommen. Seit Herbst 1962, besonders aber im Jahre
1963, sieht er die Einheitlichkeit der deutschen Führung in der Außenpolitik so gut wie ganz zerfallen (394) und isoliert parallel zu Baring:
- eine Konzeption von Adenauer und Strauß (395),
- eine Konzeption von Schröder (396).
Es kann nicht Aufgabe dieser Studie sein, die konzeptionelle Widersprüch-

lichkeit in der bundesrepublikanischen Außenpolitik jener Zeit in allen Einzelheiten darzulegen. Der für uns zentrale Umstand der neuen außenpolitischen Konstellation kann ohnehin unter Verzicht auf weitere Inhaltsanalysen im Feld der damaligen Außenpolitik schon jetzt wie folgt umrissen werden: Die Umwandlungen eines zentralisierten, von Adenauer dominierten außenpolitischen Entscheidungssystems in ein dezentralisiertes, von zumindest zwei wichtigen Personen (Adenauer, Schröder) geprägtes außenpolitisches Entscheidungssystem ging am Anfang der 60er Jahre vor dem Hintergrund einer Auffächerung des bislang weitgehend einhelligen außenpolitischen Konzeptes im regierungsrelevanten Bereich in mehrere, widersprüchliche Außenpolitikkonzeptionen internationaler Tragweite vor sich.

Das Ganze war ein Vorgang, der als politischer Faktor in jenen Jahren vor allen Dingen bei der Union registriert wurde. Man fand damals sogar ein entsprechendes Formel-Paar mit der Kurzcharakteristik, im Lager der CDU und CSU gebe es eine Spaltung in "Atlantiker" und "Gaullisten" (397). Diese stichwortartige Festschreibung der innerparteilichen Gegensätze ist von diversen Unionspolitikern attackiert worden (398). Anneliese Poppinga schließlich zitiert Konrad Adenauer, der diese Bezeichnung als "dummes Geschwätz", "groben Unfug" oder ganz einfach als "unverantwortlich" charakterisierte (399).

Die Vertraute Konrad Adenauers in seinen letzten Lebensjahren gibt freilich trotz dieser negativen Vorgabe zu, am Gegensatzpaar von Atlantikern und Gaullisten sei wohl doch ein Hauch von Wahrheit gewesen (400). Und so kann man diese Kurzbezeichnung wohl auch akzeptieren, wenn man sich ihrer Formelhaftigkeit, d.h. einer mit der Reduzierung zum plakativen Stichwort einhergehenden Vergröberung und Vereinfachung bewußt bleibt. In den politischen Sprachgebrauch ist das Stichwort ohnehin eingegangen (401). Ein reger Gebrauch durch politische Akteure macht es denn auch keineswegs erstaunlich, daß das beschriebene Stichwortpaar in zahlreichen Schilderungen auftaucht (402). Manchmal wurden sogar Listen zusammengestellt, welcher Politiker zu welcher Gruppe gehörte (403).

Es wird aber akzeptiert, daß der eigentliche Höhepunkt des Streites zwischen Atlantikern und Gaullisten in einer Epoche lag, die sich außerhalb des hier verwandten Untersuchungszeitraumes befindet, nämlich in den Jahren der Kanzlerschaft Ludwig Erhards (404). Handelt es sich dabei also um einen politischen Konflikt, dessen Schwerpunkt nicht mehr in der Regierungszeit Adenauers lag, ist es wohl auch nicht angebracht, daraus übergreifende Schlüsse auf den Positionswert Adenauers in der Außenpolitik zu ziehen. Dies ist schon eher möglich, wenn man sich wichtigen Einzelereignissen außenpolitischer Art aus dem letzten Jahr der Kanzlerschaft Adenauers zuwendet.

Dabei soll zunächst auf die offizielle Reaktion Bonns auf das französische Nein zu einem britischen EWG-Beitritt (Pressekonferenz de Gaulles am 14.1.1963; offizielles französisches Veto am 29.1.1963 in Brüssel) hingewiesen werden. Schon einen Tag nach dem Scheitern der Verhandlungen in der belgischen Hauptstadt versammelte sich das Bundeskabinett in Bonn und verabschiedete eine Erklärung (405), die ihre Sympathie für die englische Position offen zum Ausdruck brachte. Wie der damalige Sprecher der Bundesregierung, Karl-Günther von Hase, berichtet, kam diese Ausrichtung des Textes gegen den Widerstand eines auch hier eher frankreichfreundlichen Kanzlers zustande. Der Vizekanzler Ludwig Erhard habe zweimal unter Protest die Kabinettssitzung verlassen, um eine "europäischere" Version zu erreichen (406). Dementsprechend geht Ludger Westrick davon aus, daß sich bei dieser Gelegenheit die Linie Erhards und Schröders im Kabinett gegen Adenauer durchsetzen konnte (407). Auch die wenige Tage später von Adenauer selbst im Bundestag abgegebene Regierungserklärung (408) lag in dieser Frage ganz auf dem Kurs der außenpolitischen Kontrahenten des Kanzlers (409).

Ein Positionsverlust für den Außenpolitiker Adenauer verdeutlicht auch ein zweites Ereignis aus dieser Zeit. Nachdem Verhandlungen zur Schaffung einer Europäischen Union in den Jahren 1961/62 trotz zahlreicher Anläufe gescheitert waren (410), gingen de Gaulle und Adenauer daran, gleichsam als Ersatzlösung einen Bilateralismus zwischen Bonn und Paris festzuschreiben. Resultat war der deutsch-französische Freundschaftsvertrag, der am 22.1.1963 in Paris unterzeichnet wurde (411). Adenauers Intention beim Abschluß dieser Vereinbarung wird vor dem Hintergrund seines gespannten Verhältnisses zur Regierung Kennedy meist dahingehend interpretiert, daß der Kanzler damit eine politische Vorrangbeziehung zu Frankreich habe installieren wollen, wobei er eine Distanzierung zu den USA bewußt in Kauf nahm und die antienglische Haltung de Gaulles zumindest billigte (412). Washington reagierte auf diesen Vertrag denn auch mit

Befremden (413). Unabhängig davon, ob man den Wunsch der USA nach Sicherungen vor allzu exklusiver Zweisamkeit zwischen Frankreich und der Bundesrepublik auf der Basis dieser Vereinbarung nun wie Hans Graf Huyn als dreiste Einmischung in die Innenpolitik eines anderen Staates empfindet (414) oder wie Waldemar Besson davon ausgeht, die amerikanischen Bedenken hätten im Bonner Parlament eigentlich nur offene Türen eingerannt (415), der Bundestag setzte dem Vertragswerk tatsächlich eine interpretierende Präambel voraus.

Allein schon dieses Vorgehen – bei zwischenstaatlichen Absprachen höchst ungewöhnlich – hat natürlich einen gewissen Demonstrationscharakter und zeigt deutlich, daß sich der Bundestag bei diesem Vertrag als gleichgewichtiger Partner des Kanzlers fühlte. Daß dem Vertrag – und damit seinem Protagonisten Adenauer – durch die Präambel politischen Grenzen verdeutlicht wurden, macht der Inhalt dieser Einleitung sichtbar (416). Sie plädiert für engste Beziehungen zwischen Europa und den Vereinigten Staaten, betont die Treue der Bundesrepublik zu einer Nato mit integrierten Streitkräften und spricht sich für eine europäische Einigung unter Einbeziehung Großbritanniens aus.

Diese Bindefunktion der Präambel hat denn auch Ernst Majonica unterstrichen, wobei er gleichzeitig klarmacht, daß diese Ausarbeitung in Hinblick auf die politischen Ereignisse jener Zeit (konkret: das französische Nein zum britischen EWG-Beitritt) klärenden Charakter haben und zudem de Gaulle vor der Überinterpretation des Paktes warnen sollte (417). De Gaulle selber fand dies wenig hilfreich. Wie er Willy Brandt mitteilte, habe die Präambel das Vertragswerk weitgehend entwertet (418). Gegenüber Carlo Schmid ließ er verlauten, dadurch sei die ursprüngliche Absicht des Vertrages zum Teil entscheidend beeinträchtigt worden (419). Ähnlich urteilen auch viele deutsche (420) und ausländische (421) Betrachter.

Das Entscheidende in unserem Zusammenhang ist nun die Tatsache, daß diese Eingrenzung des Vertragsinhaltes über die Präambel zustande kam, obwohl sich Adenauer dagegen wehrte. Für Horst Osterheld wurde die Präambel Adenauer "aufgenötigt" (422). Waldemar Besson spricht davon, der Kanzler habe sich lange gewehrt und dann nachgegeben mit der gewiß resignierenden Einsicht, daß es ohne Präambel überhaupt keine Ratifizierung des Vertrages geben werde (423). Im Klartext heißt dies, daß Adenauer bei diesem außenpolitischen Projekt vom Bundestag majorisiert wurde, sein Einfluß reichte nicht mehr aus, um von ihm für grundsätzlich gehaltene Inhalte durchzusetzen.

Auch dieses zweite Einzelbeispiel verdeutlicht also, daß der außenpolitische Dominator Adenauer in dieser Zeit längst der Vergangenheit angehörte. Sein außenpolitischer Positionswert war sicherlich nicht zu unterschätzen, immerhin konnte er ein Projekt wie den deutsch/französischen Vertrag maßgeblich initiieren. Der Kanzler konnte aber nicht mehr verhindern, daß dieses Vorhaben weitgehend seiner ursprünglichen Intentionen entkleidet wurde. Denn der Adenauersche Ansatz in der Außenpolitik mußte nicht mehr automatisch die außenpolitische Perspektive der Bundesregierung sein. Es gab vielmehr erstmals im regierungsrelevanten Bereich mehrere außenpolitische Konzeptionen und zumindest zwei herausragende Personalfaktoren (Adenauer/Schröder), deren Blickwinkel keineswegs übereinstimmen mußte. Das zentrale, von Adenauer dominierte Entscheidungssystem in der Außenpolitik hatte sich also in ein dezentrales, von Adenauer (nur noch) mitbestimmtes System verwandelt.

Zum beschriebenen generellen Autoritätsverlust gesellte sich also eine dem parallele, spezifisch-inhaltliche Erscheinung im Regierungsbereich: der Positionsverlust in der Außenpolitik. Es erhebt sich jetzt natürlich die Frage, ob der deutlich werdende Veränderungsimpuls auch die strukturelle Ebene, also jenes wiederholt beschriebene mehrstufige System der Konkretisierung der Politik in einem Geflecht formeller und informeller Ebenen berührte. Dies soll zunächst in Adenauers unmittelbarer Umgebung untersucht werden.


2. Adenauer und das Bundeskanzleramt

Das Bundeskanzleramt ist für die erste Dekade der Regierungszeit Konrad Adenauers vorstehend als eine exekutive Zentralbehörde beschrieben worden, die - nicht zuletzt durch Globkes administrative Qualitäten und durch die Beraterrolle des Kanzleramtschefs bei Adenauer - zu einem Führungsinstrument des Regierungschefs wurde. Welchen Stellenwert muß man bei dieser Ausgangsposition nun dem Bundeskanzleramt in den letzten Jahren der Kanzlerschaft Adenauers vor dem Hintergrund zumessen, daß ein genereller Autoritätsverlust sowie ein spezieller außenpolitischer Positionsverlust für den Kanzler in dieser Zeit festgestellt werden können:
- Griff der für Adenauer negative Veränderungsimpuls auch auf das

Bundeskanzleramt über, oder wurde vielleicht sogar die beschriebene Schwächung des Kanzlers nur deshalb möglich, weil die Bundeskanzlei nicht mehr so funktionierte wie in "alten Tagen"?
- War das Bundeskanzleramt weiterhin ein verläßlicher Leistungsträger für Adenauer, funktionierte es noch immer in den beschriebenen Kategorien und kam also die Schwächung des Kanzlers zustande, obwohl das Bundeskanzleramt arbeitete wie in "alten Tagen"?

Bevor an die Klärung dieser Fragen herangegangen werden kann, soll zunächst einmal beschrieben werden, inwieweit sich die Konstruktion der Bundeskanzlei im hier relevanten Untersuchungszeitraum änderte:

- Am 1. November 1959 schied der bisherige Leiter der Abteilung I, Ministerialdirektor Dr. Janz, aus dem Bundeskanzleramt aus und ging in den Auswärtigen Dienst zurück. Wie der Nachfolger selber beschreibt, hatte Globke zuvor mit dem ehemaligen Ministerialdirigenten im Palais Schaumburg, Karl Gumbel, der mittlerweile ins Verteidigungsressort gewechselt war, die Frage seiner Stellvertretung besprochen, und so kam Gumbel am 1. Dezember 1959 als Ministerialdirektor in das Bundeskanzleramt zurück, um gleichzeitig mit der Abteilung I die allgemeine Vertretung des Staatssekretärs zu übernehmen. Dagegen meldete offensichtlich der zweite Abteilungsleiter, Karl Vialon, Proteste an. Adenauer behandelte daraufhin das Problem, wie Gumbel formulierte, "dilatorisch" und so schied der neue Mann bereits Ende Januar wieder aus und ging an seinen Platz auf die Hardthöhe zurück (424). Für Gumbel wurde der bisherige Ministerialdirigent Otto Mercker neuer Ministerialdirektor (425), der seinerseits darauf hingewiesen hat, das Experiment einer allgemeinen Globke-Stellvertretung sei wohl daran gescheitert, daß der Kanzler nicht geneigt war, irgendjemandem das volle Vertrauen zu schenken, das er seinem Staatssekretär entgegenbrachte (426). Von da an wurde die Vertretung Globkes fachbereichsspezifisch durchgeführt (427).

- Am 1. Januar 1960 kam es zu einer Neuorganisation des Bundeskanzleramtes. Die bisherige Zusammenfassung mehrerer Referate zu Unterabteilungen wurde wieder rückgängig gemacht (428). Es kam insofern zu einer Straffung, die alle den Geschäftsbereich des Auswärtigen Amtes betreffenden Vorgänge aus der Normalstruktur der Bundeskanzlei mit zwei Abteilungen ausgegliedert und zu einem "Außenpolitischen Büro" zusammengefaßt wurden,

das der Amtsspitze direkt unterstellt war (429). Der Kanzleramtsmitarbeiter Günter Bachmann führt dies allein auf eine personalpolitische Zufallssituation zurück (430), der Leiter des neugeschaffenen Büros, Horst Osterheld, hebt mehr auf zutagetretende Notwendigkeiten ab, wenn er im Zusammenhang mit diesem Teil der Organisationsreform darauf hinweist, daß seine Dienststelle dem Kanzler geholfen habe, die Richtlinien der Außenpolitik zu bestimmen, die Adenauer besonders am Herzen gelegen hätten und denen er etwa ein Drittel seiner Zeit gewidmet habe (431). Ähnlich interpretiert auch Günter Behrendt den Vorgang, der in dieser Neukonstruktion einen Hinweis auf den Vorrang sieht, den Adenauer außenpolitischen Fragen einräumte (432). Zwar entstand das außenpolitische Büro im Kanzleramt noch zu Zeiten des Außenministers von Brentano (und konnte somit maximal gegen von Adenauer gesehene Negativtendenzen im damaligen Außenamt gerichtet sein); es war aber keinesfalls eine Installation des Bundeskanzleramtes, die von ihrem Ansatz her zu Zeiten des Außenministers Schröder eine Schwächung der außenpolitischen Stellung Adenauers hätte bewirken können, das Gegenteil wäre schon eher denkbar gewesen. Die zweite Neukonstruktion im Bundeskanzleramt an der Jahreswende 1959/60 kann in unserem Zusammenhang vernachlässigt werden, weil das "Planungsbüro" nur eine ganz kurze und ebenso relevanzlose Lebensdauer hatte (433).
- Am 1. März 1962 wurde Ministerialdirektor Vialon Staatssekretär im neugeschaffenen Bundesministerium für wirtschaftliche Zusammenarbeit. Sein Nachfolger als Leiter der Abteilung II wurde Ludwig Kattenstroth, der seinerseits die Bundeskanzlei am 1. Juni 1963 verließ, um Staatssekretär im Bundesschatzministerium zu werden. Der am 1. Oktober 1963 zum Ministerialdirektor ernannte Johannes Praß leitete danach die Abteilung II des Bundeskanzleramtes (434).

Wenn man so will, funktionierte also die Personalrotation im Bundeskanzleramt (vgl. S. 265 ff) bis in die letzten Monate der Regierungszeit Konrad Adenauers; auch dies ist keineswegs ein Hinweis darauf, daß sich die Effizienz der Bundeskanzlei verringert hatte. Dennoch gibt es immer wieder Stimmen, die die Meinung vertreten, die Kanzlerbehörde habe beim Ausklang der Ära Adenauer keineswegs mehr so effektiv gearbeitet, wie in den Jahren zuvor (435).

Andere Betrachter sehen die eigentliche Schwachstelle der exekutiven Führungsstruktur in dieser Zeit aber ganz woanders: beim Kanzler selbst.

Sie heben auf Adenauers Alter ab, wenn sie wie Sebastian Haffner darauf
hinweisen, es ließe sich schlechterdings nicht mehr übersehen, daß der
86jährige nun eben doch angefangen habe, der Natur seinen Tribut zu
entrichten (436). Ähnlich argumentiert auch Hans-Joachim von Merkatz, der
von einem Substanzverlust spricht, der bei Adenauer in den letzten Jahren
seiner Regierungszeit deutlich geworden sei (437).
Dazu parallel spricht Golo Mann davon, Adenauer sei schließlich immer
schwächer geworden und habe zum Schluß nur noch lähmend gewirkt (438),
Hans Lehmann sieht Zeichen eines unübersehbaren Altersstarrsinns (439).
Als Andeutungen in diese Richtung können auch Wertungen von Heinrich Krone
gelten, der den Adenauerschen Plan, die Sowjetunion über ein Getreide-
embargo verhandlungsbereit machen, dahingehend kommentiert, das Ganze sei
ein sonderbarer Vorschlag des Alten Herrn, man treffe den Kanzler doch
schon öfter auf absonderlichen Wegen (440). Dieser altersbedingte Ver-
schleißprozeß hatte für andere wiederum nur sehr indirekte Wirkung auf
Adenauers persönliche Führungspotenz. Eugen Gerstenmaier hat hierzu in
die Schilderung über einen Besuch vom November 1962 in des Kanzlers
Privathaus in Rhöndorf folgende Passagen eingeflochten:

"Der alte Herr hörte mich aufmerksam an. Er reagierte mühsam. (...) Er
brachte kein einziges Argument gegen meine Darlegung vor. Die Stille und
die Einsamkeit um ihn griffen mir ans Herz. Er entwuchs unaufhaltsam dem
Ring der Tätigen. Er schritt in einen Bereich des kreatürlichen Daseins,
in dem sich die vitale Gemeinsamkeit mit uns, seinen Kampf- und Weggefährten, zu verflüchtigen begann. Die Zäsur wurde immer härter. (...)
Gewiß, er trennte sich auch sonst nicht gern von der Macht. Er reflektierte sie, er kannte ihre Vergänglichkeit. Aber er konnte noch immer
seines Geistes sicher sein. Nicht zu bemerken schien er jedoch, daß sein
Sichtfeld langsam enger wurde. Das blieb nicht ohne Wirkung auf seine
Amtsführung." (441)

Keine Beeinträchtigung in der Amtsführung durch Personalfaktoren beim
"späten" Konrad Adenauer sieht hingegen Bruno Heck, der es als falsch
deklariert, daß die Rolle als Bundeskanzler Adenauer in den letzten Jahren
überfordert habe (442). Auch Theodor Eschenburg kommt im März 1963 zum
Resultat, Amtsschwäche könne beim Kanzler nicht festgestellt werden
(443). Andere Betrachter mit teilweise unmittelbaren Einblickmöglichkeiten gehen noch weiter. Für Adenauers letzten persönlichen Referenten als
Kanzler, Heinrich Barth, ist es ganz sicher, daß es trotz eines hohen
Alters bei Adenauer keine Ausfälle irgendwelcher Art gab, der Kanzler sei
stets präsent und voller Spannkraft gewesen, mit ungeschmälerter Aufmerk-

samkeit und geistiger Beweglichkeit (444). Auch Kurt Georg Kiesinger geht davon aus, daß sich Adenauers hohes Alter bis gegen das Ende seiner Kanzlerschaft nicht als Behinderung, sondern als Vorteil erwiesen habe (445). Adenauer präsentierte demnach das Bild eines alten Menschen ohne intellektuellen Substanzverlust (446). Eine parallele Einschätzung dazu hat auch Rudolf Augstein herausgearbeitet, der sich dabei aber mehr auf die physische Verfassung des über 80jährigen stützt und bemerkt, hätte 1961 nur Adenauers physische Leistungskraft zur Debatte gestanden, so hätte er durchaus die absolute Mehrheit erringen können. Adenauer habe Jahre "geringerer physischer Präsenz" gehabt als 1962 und 1963 (447). Damit stehen sich also bei der Frage, ob es einen politisch relevanten Substanzverlust beim "späten" Konrad Adenauer gab, zwei Meinungsblöcke gegenüber. Dieser Widerspruch kann im Rahmen dieser Studie nicht aufgelöst werden. Immerhin gibt es Erklärungsmuster, die ein Vorkommen beider Positionsbestimmungen verständlich machen. So hat beispielsweise Michael K. Caro ein nicht weiter namensmäßig aufgeschlüsseltes Gespräch mit einem der "CDU-Kurfürsten" aus den Anfängen des Jahres 1962 beschrieben, in dem dieser beide Wertungen zu einem gewissen Dilemma für Adenauer zusammengeschlossen habe. Der CDU-Politiker versicherte demnach, Adenauer setze nach wie vor jeden, der mit ihm persönlich zu tun habe, durch seine geistige Beweglichkeit, Schlagfertigkeit und Denkklarheit in Erstaunen. Das sei angesichts seines hohen Alters ein einmaliges physisches Phänomen. Der zweite Aspekt sei aber, daß die Menschen in der Bundesrepublik, zumindest ein Großteil der entscheidenden Wählerschicht, dieses Alterswunder vor dem Hintergrund ihrer persönlichen Erfahrungen nicht akzeptiert würden. Es gebe aber praktisch keine Möglichkeit, diese Einstellung zu ändern (448). Hier wird also trotz der Überzeugung, daß es keinen Substanzverlust beim Kanzler gebe, die Existenz des Gegenbildes als politische Realität akzeptiert. Entscheidend für unsere Studie ist aber der Umstand, daß - auch wenn man das Gegenbild eines Substanzverlustes bei Adenauer nicht nur als politische, sondern auch als faktische Realität betrachtet - man nicht unbedingt zu einem tatsächlich merkbaren Führungsdefizit im exekutiven Bereich kommen muß. Als "Kronzeuge" in dieser Hinsicht kann Eugen Gerstenmaier gelten, der das Nichtumschlagen des persönlichen Substanzverlustes von Adenauer in regierungsrelevante Führungsschwäche so erklärt:

"Ich habe von ihm nie, auch im Krankenbett nicht, jemals ein Wort der Klage gehört über die ihm aus seinen Zuständigkeiten erwachsenden Pflichten oder Anstrengungen. Das larmoyante Geschwätz war dem an eiserne Disziplin Gewöhnten auch dann verhaßt, wenn das Amt seine schwindenden Kräfte überforderte. Das war zumindest in seinen letzten zwei oder drei Regierungsjahren der Fall. Die Tatsache, sorgfältig geheimgehalten, war für den Näherstehenden und Scharfsinnigen unverkennbar, auch wenn Adenauer selbst es nicht wahrhaben wollte. Daß seine volle Regierungsfähigkeit bis zu seinem Rücktritt in Staat und Partei unbestritten blieb, lag hauptsächlich daran, daß sein Griff um das Zepter seiner Macht sich auch in den letzten Jahren nicht gelockert hatte. Es ist wahr, Konrad Adenauer hat sich schwer, viel zu schwer von der Macht getrennt. Aber das war keine Folge von Machtgier oder Machtgenuß – obwohl das letztere ihm nicht fremd war – sondern das Widerstreben einer ungewöhnlichen vitalen Lebenskraft gegen das auch ihr gesetztes Ende. Tatsächlich ist seine Energie langsamer geschwunden als die Breite seines Sehfeldes. Ihm unbewußt wurde es langsam enger und enger, aber sein erstklassiger Mitarbeiterstab – Globke voran – verhinderte erkennbar werdende Sehfehler oder verfehlte Lagebeurteilungen." (449)

Mit diesem erstklassigen Mitarbeiterstab um Globke ist sicherlich das Bundeskanzleramt gemeint. Wenn Gerstenmaier also verdeutlicht, daß der von ihm erkannte Substanzverlust bei Adenauer durch die Leistungen der Bundeskanzlei abgefangen werden konnten, sind wir wieder bei jener Frage angelangt, ob das Bundeskanzleramt in der Endphase der Regierungszeit Adenauer wirklich keine effektiv arbeitende Behörde mehr war. Parallel zur Wertung von Gerstenmaier gehen Mitarbeiter des Palais Schaumburg aus jenen Jahren übereinstimmend davon aus, daß die Kanzlerbehörde bis zum Ende der Ära Adenauer adäquat funktionierte. Horst Osterheld sieht keinen Leistungsabfall der Bundeskanzlei in jener Zeit (450), Franz Josef Bach spricht davon, Globke habe seinem Nachfolger Westrick ein wohlorganisiertes und geräuschlos arbeitendes Amt übergeben können (451). Dieser war denn auch mit der strukturellen Vorgabe zufrieden und klassifiziert Globke im Nachhinein als hervorragenden Administrator (452).

Die Effizienz der Bundeskanzlei in jenen letzten Jahren der Regierungszeit Adenauer sieht Horst Osterheld auch insofern gegeben, als zwei strukturelle Probleme, die später im Bereich des Palais Schaumburg für Schwierigkeiten sorgten, damals noch weitgehend unbekannt waren:

- Das Bundeskanzleramt war eine kleine, nicht wie in den folgenden Jahren personell aufgeblähte Behörde, und war somit ohne allzuviel Kompetenzstreitigkeiten leistungsfähiger als ein bürokratisch umfangreicher Apparat (453).
- Die Führungsfunktion des Bundeskanzleramtes wurde noch kaum dadurch be-

einträchtigt, daß Einzelressorts der Zentrale gegenüber abblockten (454).

Die Effizienzbestätigung für das Bundeskanzleramt in jener Zeit wird von anderen Betrachtern personell grundiert. Erich Mende erklärt nach ausdrücklicher Zurückweisung aller Vorstellungen über eine schlechter funktionierende Bundeskanzlei in den letzten Amtsjahren Adenauers, das Palais Schaumburg sei, solange Globke darin tätig war, für ihn in bester Verfassung gewesen (455). In dieser Richtung argumentiert auch Heinrich Barth (456).

Sicherlich war der Staatssekretär am Ende der Ära Adenauer gesundheitlich angeschlagen. Sein Treueverhältnis zu Adenauer ließ ihn aber dennoch – wie Franz Josef Bach vermerkt – den Dienst so lange versehen, bis er gemeinsam mit seinem Chef das Bundeskanzleramt verlassen konnte (457). Auch Horst Osterheld erwähnt, daß Globke in den 60er Jahren gesundheitliche Probleme hatte, seine Arbeitsleistung habe aber kaum darunter gelitten und sei weiter "phänomenal" gewesen (458).

Globke "funktionierte" also bis zum Schluß der Ära Adenauer und damit funktionierte nach dem Barthschen Ansatz auch das Bundeskanzleramt bis zum Kanzlerwechsel im Oktober 1963. Daß die Bundeskanzlei in dieser Zeit nach erprobten, höchst effektiven Grundmustern vergangener Jahre weiterarbeitete, zeigt auch ein anderer Tatbestand: Der informelle Strukturtypus "Küchenkabinett" (vgl. S. 113 ff und 277 ff) blieb modifiziert erhalten. Wie schon zuvor können zwei Aspekte dieser innersten Konkretisierungsstufe der Politikreflexion bei Adenauer auch hier nicht detailliert dargestellt werden:

- Es kann keine einigermaßen komplette Terminliste von Tagungsdaten des Küchenkabinetts (der Küchenkabinette) vorgelegt werden, wenn auch einzelne Gesprächsrunden (459) oder ganze Termingruppen (460) bekannt sind.
- Die ausgewiesenen verschiedenen Einzelformen der Kategorie Küchenkabinett können auch in diesem Zeitraum nicht intern gegeneinander gewichtet werden, d.h. mögliches Parallellaufen, Abfolgeerscheinungen oder Ausschließlichkeiten sind nicht festzustellen (vgl. dazu generell S. 279 ff).

Die meisten Materialien deuten diesmal sowieso auf das Auftauchen der dritten Strukturtype (vgl. S. 114 ff) in personell modifizierter Form

hin, wenn man Globke als "geborenen" Teilnehmer an allen bekannten Kategorien des Küchenkabinetts bei der Einordnung auch diesmal vernachlässigt (vgl. entsprechendes Verhalten auf S. 279). So hat beispielsweise Horst Osterheld seinen "äußeren Kreis" der Mitarbeiter Adenauers (vgl. S. 281 f) für die 4. Legislaturperiode allgemein so umschrieben, es hätten wohl die wichtigsten Kabinettsmitglieder und die entscheidenden Leute der jeweiligen Fraktionen teilgenommen. Weitere personelle Fixpunkte neben Adenauer sieht er in Globke, Pferdmenges und Krone (461). Um nähere Aufschlüsselung gebeten, hat Osterheld folgendes generelles Teilnehmerreservoir (Stichwort: nicht immer nahmen alle gleichzeitig teil) zusätzlich benannt:
- Schröder, Höcherl, Erhard, Blank, Strauß, Lücke (Minister);
- Brentano, Meyers, Dufhues, Heck, Felix von Eckardt, Schmücker (CDU-Politiker);
- Mende, v. Kühlmann-Stumm, Weyer (FDP-Politiker) (462).

Der neue, modifizierende Aspekt war die Teilnahme von liberalen Politikern an einem Kreis um Adenauer, der bislang nur von Unionsvertretern beschickt worden war. Dieses Faktum der FDP-Teilnahme ist auch von Kurt Schmücker (463) und Heinrich Barth (464) bestätigt worden. Diese veränderte personelle Situation war sicherlich Ausdruck einer veränderten (sprich: für die Union verschlechterten) koalitionspolitischen Situation. Daß aber ein überkommenes informelles Gremium aus Adenauers unmittelbarer Umgebung nach den Bundestagswahlen von 1961 sozusagen "neugewandet" auf die Politische Bühne zurückkehrte, kann wohl kaum als Ansatz zu einem Effizienzverlust der Bundeskanzlei genommen werden. Es zeigte sich vielmehr, wie flexibel die informelle Struktur im Nahbereich des Kanzlers gehandhabt werden konnte. Anders: Der Veränderungsimpuls des politischen Positionsverlustes von Adenauer in seinen letzten Regierungsjahren führte nicht zu einer Substanzveränderung im strukturellen Geflecht des Bundeskanzleramtes, sondern nur zu einer personellen Anpassung auf der Basis unveränderten Strukturkategorien. Die Funktionalität dieses Teils des informellen Gremiengeflechts wurde damit nicht in Frage gestellt, sondern unter veränderten Rahmenbedingungen bestätigt. Auch in dieser Hinsicht funktionierte also das Bundeskanzleramt – und es funktionierte wie gehabt.

Dem möglichen Einwand, mit der koalitionsparteimäßigen Besetzung des

Küchenkabinetts nach 1961 sei wohl doch eine qualitative Veränderung verbunden gewesen, weil hier ja praktisch eine solche Form des Küchenkabinetts entstanden sei, die kräftigste Parallelen mit dem personell ähnlich verfaßten Strukturtypus der weitaus weniger auf die persönliche Beratung Adenauers ausgerichteten Koalitionsgespräche (vgl. S. 154 ff und 299 f) zeige, kann schon hier begegnet werden (also ohne die tatsächliche Gestalt dieses anderen informellen Gremientypus in dieser Zeit zu behandeln). Erich Mende hat nämlich auf die Frage nach der Gesamtstruktur des informellen Geflechts in der 4. Legislaturperiode zu Zeiten des Kanzlers Adenauer zunächst einmal Koalitionsausschuß und Koalitionsgespräche genannt und dann ein drittes, vertrauliches Gremium umschrieben, was dem Strukturtypus Küchenkabinett weitgehend entspricht (466). Mende charakterisiert diese Gremienform, die unmittelbar mit der Regierungsbildung von 1961 entstanden sei (466), wie folgt:

"Es bildete sich ein Gesprächskreis heraus, in dem in vertraulicher Atmosphäre wichtige Fragen besprochen wurden. Meist lud Adenauer mich dazu telefonisch ein. Zugegen waren dann Adenauer, Krone und manchmal Pferdmenges. Mich begleiteten Kühlmann-Stumm, Döring oder Weyer." (467)

Insgesamt lassen sich also weder personelle noch strukturelle Fakten isolieren, die auf eine verminderte Effizienz der Bundeskanzlei in den letzten Jahren der Kanzlerschaft Adenauers, wie vorstehend behauptet, hindeuten. Es muß vielmehr darauf hingewiesen werden, daß auch Betrachter, die bei Adenauer einen persönlichen Substanzverlust in jenen Jahren bemerken, im Bundeskanzleramt ein mögliche Schwächen ausgleichendes Korrektiv sehen. Damit kann auch die Ausgangsfrage, welchen Stellenwert man dem Bundeskanzleramt vor dem Hintergrund zumessen muß, daß ein genereller Autoritätsverlust sowie ein spezieller außenpolitischer Positionsverlust für den Kanzler in dieser Zeit festgestellt wurden, dahingehend beantwortet werden, daß das Bundeskanzleramt weiterhin ein verläßlicher Leistungsträger für Adenauer war, daß es noch immer in den beschriebenen Kategorien funktionierte und somit eine Schwächung des Kanzlers zustande kam, obwohl das Amt arbeitete wie gehabt. Wenn also eine Verschlechterung der Handlungsposition Adenauers in diesen Jahren festgestellt wurde, in der strukturellen und personellen Verfaßtheit des Bundeskanzleramtes hinterließ dies keine Spuren und war auch nicht in einem Leistungsabfall der Bundeskanzlei begründet.

Die Beschreibung der modifizierten Form des Küchenkabinetts hat zudem
verdeutlicht, daß Adenauer noch lange Zeit auf die unterstützende Beratung einer Person auch auf dieser informellen Gremienebene zurückgreifen konnte, die von Anfang an zu den engsten nichtbeamteten Beratern
des Kanzlers gehörte: Robert Pferdmenges. Sowohl Horst Osterheld als auch
Erich Mende nennen seinen Namen als Mitglied des beschriebenen Gesprächskreises. Pferdmenges war auch schon in der 2. und 3. Legislaturperiode
regelmäßiger Teilnehmer bei Besprechungen des Küchenkabinetts (vgl. Anlage IV); sein Hinweis auf einen ähnlichen Kreis in der ersten Legislaturperiode impliziert wohl auch seine eigene Teilnahme (vgl. Abschnitt
B, Anmerkung 397).
Pferdmenges war der einzige Duzfreund Adenauers im politischen Bereich
(468), auch wenn das vertraute "Du" erst nach langjähriger Freundschaft
anläßlich der goldenen Hochzeit des Ehepaares Pferdmenges im Jahre 1959
zustandegekommen sein soll (469). Pferdmenges und Adenauer bezeichneten
sich gegenseitig als Freunde (470). Daß ihre Freundschaft eine besondere
persönliche Dimension hatte, wird deutlich, wenn man sich jene Beziehungen
vor Augen hält, die der Politiker Adenauer sonst noch als Freundschaften
deklariert hat. Es handelt sich um jene Vorrangbeziehungen des Kanzlers
zu wichtigen ausländischen Politikern des Westens, die vorstehend beschrieben worden sind, und die bei Schuman, Dulles und de Gaulle zu politischen Freundschaften mit Adenauer führten. Wichtiges Charakteristikum
dieser Sonderbeziehungen war der Umstand, daß Adenauer (und wohl auch
seine Partner) bei aller gegenseitigen Sympathie eine gewisse Reserve, ein
gewisses Maß an Mißtrauen nie ablegten. Diese Mißtrauensreserve behielt
Adenauer auch gegenüber den meisten engen Mitarbeitern im Bundeskanzleramt bei (vgl. S. 100) und kein anderer als Robert Pferdmenges selber hat
den Kanzler daran erinnert, er sei oft viel zu mißtrauisch (471). Pferdmenges konnte sich das sozusagen "leisten", weil er einer der ganz wenigen
war, bei denen der Kanzler auf dieses Mißtrauen verzichtete. Heinrich
Barth hat diese stets latente Skepsis Adenauers als Positivum und die
Ausnahmerolle Pferdmenges' so beschrieben:

"Dies war kein kleinliches Mißtrauen. Dieses Mißtrauen gehörte zu seinem
politischen Instrumentarium, das er sich in langjähriger Erfahrung erarbeitet hatte. Adenauer war stets darauf aus, alles und jedes immer wieder an der Realität zu prüfen. Es war eine skeptische Vorsicht in allen
Bereichen, die er fast nie ablegte und die ich für eine politische Not-

wendigkeit von Rang halte. (...) Pferdmenges war nun einer der ganz wenigen Zeitgenossen, bei denen Adenauer dieses Mißtrauen beiseite legte. Dies sicherte Pferdmenges - und dieser wußte es - einen großen Einfluß beim Kanzler." (472)

Diesen Einfluß haben auch politische Akteure bemerkt. Eugen Gerstenmaier spricht davon, daß Adenauer Pferdmenges bei personalpolitischen Entscheidungen einen verhältnismäßig hohen Einfluß eingeräumt habe (473). Erich Mende sah Pferdmenges häufig dann im vertraulichen Gespräch mit dem Kanzler, wenn es um Parteifinanzen ging (474). Die Bedeutung des Bankiers aus Köln - seine berufliche Karriere und wirtschaftliche Macht ist immer wieder beschrieben worden (475) - für die politische Szene Bonns hat seinen Niederschlag in griffigen Vergleichen gefunden. Nikolaus Jakobsen erwähnt, sein Wort gelte in Bonn mehr als das Votum von einem halben Dutzend Ministern (476); Gerhard Braunthal zitiert einen nicht namentlich erwähnten BDI-Vertreter, der bemerkt habe, ein Kontakt zu Pferdmenges sei mehr wert als 10 Bundestagsabgeordnete (477). So stilisierte man Pferdmenges denn auch mehr als einmal zur "Grauen Eminenz" von Bonn hoch, und dem parallel kam der Schweizer Publizist Heinz Liepmann zu der Wertung, durch seinen außerordentlichen Einfluß, den er ausübe, besitze Pferdmenges eine Macht, die der eines politischen Diktators gleichkomme (478). Pferdmenges persönlich hat dies als "Quatsch" bezeichnet (479); die Münchener Abendzeitung kommt in einer Serie über die Männer neben und hinter Adenauer zu einem ähnlichen Resultat und formuliert, daß Pferdmenges den Kanzler dirigiere, sei ein Märchen (480). Der Bankier selber hat seine Position gegenüber Adenauer noch weiter zurückgestuft. Nicht einmal ein Ratgeber des Kanzlers wollte er sein; Pferdmenges hat dies vor dem Hintergrund ihrer Bekanntschaft schon aus der Zeit, als Adenauer noch Oberbürgermeister der rheinischen Metropole war, so erläutert:

"Hier traf ich Adenauer in einer finsteren Zeit; 1920. Ich war aus England gekommen; er war Kölns Oberbürgermeister. Man sagt, ich sei seit dieser Zeit Adenauers Ratgeber. Aber das trifft nicht zu: Ich war es weder damals noch heute. Wir tauschten Erfahrungen aus; Ideen, wenn man so will. (...) Wir setzten unsere Meinungen gegeneinander, Adenauer und ich; oft kritische Meinungen, denn damals schon ertrug er, der in Köln doch schon ein mächtiger Regent war, ein gehöriges Maß von Kritik; und das ist so geblieben bei diesem Manne, der sich in den 36 Jahren, da wir uns kennen, wenig geändert hat. Seit dem Beginn unserer Freundschaft in Köln pflegten wir unsere Gegensätze; ich, der Protestant, der aus einer liberalen Welt kam; er, der Katholik und Angehöriger einer starken Tradition. (...) Wenn Gemeinsames vorhanden ist, so fördern Gegensätze die Freundschaft: Adenauer und ich haben uns in fröhlicher, aber auch in enster Weise aneinander gerieben." (481)

Pferdmenges schien unabhängig genug, Adenauer als ebenbürtiger Gesprächspartner entgegenzutreten, dies schloß gegenseitige Kritik ein. Nikolaus Jacobsen berichtet in dieser Beziehung von einer Äußerung des Bankiers, Adenauer habe ihm oft bedeutet, das wäre ja reiner Unfug, was er jetzt sage. Dann habe er sich auch nicht gescheut, ihm dasselbe zu entgegnen (482). Daß Pferdmenges in einer Art und Weise mit dem Kanzler sprechen konnte wie kein anderer, hat auch Erich Mende bestätigt:

"Pferdmenges konnte Adenauer Sachen sagen, die bei einem anderen vom Kanzler als Beleidigung aufgefaßt worden wären. So konnte Pferdmenges immer wieder die Wogen glätten. Als Beispiel kann ich hier den Fall von Max Becker nennen. Als dieser im Bundestag von Adenauer als 'kleiner Provinznotar' abgekanzelt wurde, der sich mal lieber nicht in die große Politik einmischen sollte (Stichwort: Das war bei der Saardebatte, der Vorwurf war insofern auch schlimm, als Becker körperlich klein war), suchte Pferdmenges Adenauer auf und redete ihm ins Gewissen. Becker wurde vom Kanzler eingeladen und Adenauer entschuldigte sich förmlich. Becker hat mir die Geschichte später selber berichtet." (483)

Pferdmenges war aber mehr als ein zeitweiliger Wogenglätter und ein notwendiger guter Geist für Adenauer. Der Bankier war sicherlich einer der wichtigsten wirtschaftspolitischen Berater des Kanzlers (484). So sieht dies auch Heinrich Barth, der darauf hingewiesen hat, daß Adenauers Verständnis von Wirtschaftspolitik nicht weit über das eines guten und treusorgenden Hausvaters hinausgegangen sei. Bei schwierigen wirtschaftspolitischen Entscheidungen habe er deshalb den auf diesem Feld wesentlich beschlageneren Pferdmenges zu Rate gezogen und um Entscheidungshilfe gebeten (485).

Daß der Kanzler dies tat, mag auch mit einem Charakterzug von Pferdmenges zusammenhängen, der schon bei zwei anderen Adenauer-Vertrauten, Globke und Krone, festgestellt worden ist (vgl. S. 273 f und 291 f): persönliche Ambitionslosigkeit im Umgang mit dem Regierungschef. So hat Adenauer, nach der Basis dieser Freundschaft befragt, ausdrücklich darauf hingewiesen, Pfermenges habe für sich jedenfalls nie etwas von ihm gewollt (486). Der Bankier selbst hat erwähnt, daß Adenauer bei den Auseinandersetzungen zwischen ihnen stets die Gewißheit beruhigte, daß er nichts vom Kanzler gewollt habe, nicht einmal einen Orden (487).

Hinzu kam, daß Pferdmenges - wieder parallel zu erwähnten Eigenschaften

von Globke und Krone (vgl. S. 273 und 293) - das Scheinwerferlicht der
Öffentlichkeit weitgehend mied. Er gehörte zu den Schweigern im Parlament,
das Sprechregister verzeichnet den Namen Pferdmenges während seiner ganzen Zugehörigkeit zum Bundestag nur ein einziges Mal (488). Diese Scheu
vor der Öffentlichkeit hat dennoch nicht dazu geführt, daß man die Sonderrolle von Pferdmenges auf der Bonner Szene allzulange ignorieren konnte.
Walter Henkels hat in seinem Nachruf auf Pferdmenges darauf hingewiesen,
dieser sei ein Mann gewesen, den über ein Jahrzehnt niemand in der Bundesrepublik habe übersehen können. Er habe zwar versucht, seine Bewegungen
quasi hinter einem Vorhang zu verbergen, ohne dabei zu bedenken, daß sich
ihr Schatten dort abzeichnen könnte (489).

Adenauers engste Vertraute wiesen also durchaus ein Muster von übereinstimmenden Eigenschaften auf. Dies kann bei den drei wichtigsten "Figuren", Globke, Krone und Pferdmenges auch an der Tatsache festgemacht werden, daß sich alle drei gegenüber dem Kanzler keinesfalls als Ja-Sager ge-
rierten (vgl. dazu S. 274, S. 292 und S. 424 f). Daß Adenauer bewußt auch
Personen um sich haben wollte, die ihn einmal kritisierten, dafür ist
Pferdmenges ein ziemlich plastisches Beispiel. Der Kanzler hat selbst darauf hingewiesen, er habe Pferdmenges gegen seinen ursprünglichen Willen
dazu bewegen können, als Politiker nach Bonn zu gehen (490). Pferdmenges
hat dies bestätigt (491). Linus Kather beschreibt, daß Adenauer, nachdem
sein Freund im Jahre 1949 nicht über die entsprechende Landesliste sofort
in den Bundestag eingerückt war, Anstrengungen unternahm, um mit der Aufnahme des CDU-Abgeordneten Günther Sewald in die Bundesverwaltung den notwendigen Nachrückplatz für Pferdmenges zu schaffen. Diese Aktion brauchte
nicht abgeschlossen zu werden, da Sewald bald verstarb und Pferdmenges
nachrücken konnte (492).

Der Bankier seinerseits war schon recht bald nach dem Kriege bereit, sich
für eine politische Karriere Adenauers einzusetzen. Bestes Beispiel dafür
ist ein langer Brief vom 27.1.1946, den Pferdmenges damals an Gustav
Heinemann schrieb, und in dem er sich für ein Auswechseln des regionalen
CDU-Vorsitzenden, Leo Schwering, gegen Konrad Adenauer einsetzte (493).
Soviel gegenseitige Affinität schafft eine tragfähige Basis für ein beiderseitiges Zutrauen und dieses Vertrauen auf den jeweils anderen war wohl
auch der eigentliche Kern dieser Sonderbeziehung. Adenauer selbst hat dies
erläutert:

"Freundschaft im späteren Alter ist sehr selten, da entsteht sie sehr selten. Aber Freundschaft entsteht aus einer Harmonie der beiderseitgen Überzeugung und aus dem Vertrauen, das man gewinnt. Robert Pferdmenges war namentlich mir gegenüber ein sehr ehrlicher und zuverlässiger Mann, und so wurden wir Freunde." (494)

Die Intensität dieser Freundschaft wird für Heinrich Barth auch dadurch verdeutlicht, daß - als er 1961 zusammen mit Adenauer in Cadenabbia war und Pferdmenges schwer erkrankte - sich der Kanzler tagtäglich über den Gesundheitszustand des Patienten unterrichten ließ. Der Tod seines Freundes habe ihn dann tief getroffen (495). Wenn man die persönliche Gefühlswelt einmal ausschaltet, war dies für den Kanzler auf jeden Fall ein politischer Verlust. Dies hat Adenauer dadurch unterstrichen, daß er im Jahre 1965 darauf hinwies, er habe den klugen und guten Rat von Pferdmenges namentlich in den letzten Jahren häufig vermißt (496). Dies gilt umso mehr, als kurz nach Pferdmenges' Tod eine der schwersten Belastungen seiner Kanzlerschaft auf Adenauer zukam: die Spiegel-Krise. Nach ihr wurde der Kanzler auf Zeit endgültig fixiert. Viele Beobachter sehen hierin einen der wesentlichen Gründe für die fortschreitende Schwächung des Kanzlers. Denn obwohl das Bundeskanzleramt weitgehend optimal funktionierte, hatte es Adenauer vor diesem Hintergrund immer schwerer, sich in Bonn politisch durchzusetzen. Was dies bedeutete, soll im nächsten Kapitel beschrieben werden.

## 3. Formelle und informelle Gremien im Regierungsbereich

In den vorstehenden Kapiteln sind die diversen Aspekte eines Autoritätsverlustes von Adenauer in den letzten Jahren seiner Kanzlerschaft beschrieben worden. Dies hatte durchaus regierungsrelevante Wirkungen, wie Adenauers Positionsverlust im außenpolitischen Feld zeigte. Das letzte Kapitel zum Bundeskanzleramt verdeutlichte jedoch, daß die sich im generellen Autoritätsverlust abzeichnende Negativtendenz für Adenauer keine Auswirkungen auf das unmittelbare Führungsinstrumentarium um den Kanzler hatte (respektive von dort nicht ausgelöst oder verstärkend unterstützt wurde), da die Leistungsbilanz der Bundeskanzlei vor dem Hintergrund des Rückgriffs auf bewährte Verfahrensstrukturen (z.B. das "Küchenkabinett") weiterhin positiv war. Die dem Bundeskanzleramt damit zu attestierende Funktionalität auch in der letzten Phase der Regierungszeit Adenauers muß jedoch mit der Tatsache konfrontiert werden, daß es zahlreiche Beobachter

und Beteiligte gibt, die den Ausklang der Kanzlerschaft Adenauers von
einem sich verstärkenden Machtverlust des Kanzlers geprägt sehen (vgl. S.
333 f). Die generelle Handlungsposition des Regierungschefs wurde damit
offensichtlich immer schlechter, obwohl das Bundeskanzleramt weiterhin als
Führungsinstrumentarium funktionierte (497). Das Faktum des Positionsverlustes für den Regierungschef ist von diversen Beteiligten und Autoren bestätigt worden (498).

Der Umschreibung einer allmählichen Erosion der Stellung Adenauers in dieser Zeit entspricht nach Bildung der Bundesregierung im Jahre 1961 die immer wieder auftretende Einschätzung, die Koalition als Ganzes sei nicht
handlungsfähig (499). Als Ausdruck dafür galt der Umstand, daß die Koalition von Union und Liberalen immer wieder neue Krisen auszuhalten hatte
(500). Der eben ernannte neue Bundesminister Rainer Barzel machte die beschriebene Krisenanfälligkeit im Dezember 1962 deutlich:

"Uns allen ist es aufgegeben, aus den Affairen, Krisen, Malaisen und Dissonanzen der letzten Monate zu lernen, nach vorne zu sehen und uns neu zu
bewähren. Die vergangenen Erschütterungen können - einsichtig in ihren
Ursachen erforscht und vorurteilsfrei in ihren Konsequenzen erkannt -
wirken wie ein Fieber, das eine Krankheit überwinden hilft." (501)

Daß die Negativbeschreibung der bisherigen Koalitionsverfassung nicht die
Meinung eines einzelnen politischen Akteurs, sondern quasi koalitionsin-
ternes Allgemeingut war, kann in diesem Fall besonders plastisch dargestellt werden. Das nach der Spiegel-Affäre, der Regierungsauflösung und
der Wiederherstellung der alten Koalition zusätzlich vereinbarte zweite
Koalitionspapier enthält immerhin eine bezeichnende Festschreibung in dieser Hinsicht:

"Die Zusammenarbeit zwischen den Fraktionen der Koalition und zwischen
Regierung und Fraktionen muß verbessert, ein gegenseitiges Vertrauensverhältnis muß hergestellt und weitere Krisen müssen vermieden werden."
(502)

Dergleichen koalitionsinterne Differenzen mit Krisencharakter gab es in
jener Zeit in einer solchen Fülle, daß darüber stichwortartige Zusammenfassungen erstellt werden konnten (503). Zu den wichtigsten Unstimmig-
keitsfaktoren im damaligen Regierungslager zählten folgende Krisenpunkte:
- Nachdem Ludwig Erhard vergeblich versucht hatte, eine Preiserhöhung der
  deutschen Automobilindustrie am Anfang des Jahres 1962 zu verhindern
  (504), beschloß das Bundeskabinett gegen den Willen seiner FDP-Mitglie-

der im Mai 1962 eine fünfzigprozentige Aussetzung der Zölle für ausländische Pkw (505). Als dieses Maßnahmenpaket ins Parlament kam, blockten die Liberalen eine Abstimmung darüber zunächst ab, indem auf ihren Antrag die Beschlußunfähigkeit des Hauses festgestellt wurde (506). Mehr als aufschieben konnte die FDP die Verringerung der Autozölle tatsächlich nicht: In der Bundestagssitzung vom 18.5.1962 wurde die entsprechende Regelung gegen das Votum der Liberalen mit Stimmen von CDU/CSU und SPD verabschiedet (507).

- Gegen die Stimmen der FDP-Minister billigte das Kabinett am 13.6.62 eine sechsprozentige Lohnerhöhung für die Beschäftigten im Öffentlichen Dienst (508). Die FDP sah daraufhin Finanzminister Starke desavouiert, der auf einem ursprünglich gemeinsam vereinbarten harten Kurs gegenüber zu hohen Belastungen für den Haushalt durch Gehaltsaufbesserungen geblieben sei, wohingegen Adenauer aus wahltaktischen Gründen eine veränderte Haltung eingenommen habe (509).

- Mit einem gemeinsamen Votum von FDP und SPD wurde am 28.6.1962 im Bundestagsplenum der erste Bericht des sogenannten "FIBAG"-Untersuchungsausschusses, der sich mit Vergabepraktiken für ein geplantes, großes Wohnbauprogramm der amerikanischen Streitkräfte in der Bundesrepublik und der Rolle des damaligen Verteidigungsministers Franz Josef Strauß in diesem Zusammenhang beschäftigte, gegen den Willen der Union wieder an den Ausschuß zurückverwiesen (510).

- Im November 1962 führte die Affäre um einen angeblichen Landesverrat des Magazins "Der Spiegel" und die Vorgänge im Umfeld der polizeilichen Aktion gegen das Hamburger Verlagshaus zur wohl größten Koalitionskrise jener Jahre, die im Auseinanderbrechen der 4. Regierung Adenauer ihren Höhepunkt hatte. Erst nach neuen Koalitionsverhandlungen und personellen Veränderungen, in deren Mittelpunkt der Rücktritt des damaligen Verteidigungsministers Franz Josef Strauß stand, konnte das alte Regierungsbündnis wieder erneuert werden (511).

- Am 18.3.1963 stimmten die Bundestagsfraktionen von FDP und SPD gemeinsam gegen eine Regierungsverordnung, die die Lieferung von Großstahlrohren an die Sowjetunion untersagte. Die CDU/CSU-Fraktion konnte ein Aufheben des sogenannten "Röhrenembargos" nur dadurch verhindern, da sie - es waren nicht alle FDP- und SPD-Abgeordneten anwesend - der Abstimmung fernblieb und somit die Beschlußunfähigkeit des Parlaments herstellte. Eine erneute Sitzung des Bundestages in dieser Angelegenheit war unmöglich, da das Einspruchsrecht des Parlaments gegen die Verordnung am Tag der Abstimmung um Mitternacht auslief (512).

Wie immer die beschriebenen Einzelfälle zu bewerten sind, schon diese Auswahl von Koalitionskrisen macht deutlich, daß sich beide Partner nicht allzu kategorisch an die Verpflichtung aus der Koalitionsvereinbarung hielten, darauf hinzuwirken, im Bundestag nicht mit wechselnden Mehrheiten zu stimmen (513) und daß auf diese Art und Weise immer wieder Konfliktstoff in das Bonner Regierungsbündnis hereingetragen wurde. Es ist durchaus versucht worden, die Schuld für den ständigen Zwist in der Koalition nur einem der Partner zuzuordnen (514). Richtigerweise muß aber wohl davon ausgegangen werden, daß beide Koalitionspartner lange Zeit gleichzeitig krisenverursachende Faktoren waren: Die CDU hatte Probleme, den Verlust ihrer Alleinherrschaft im Parlament zu verarbeiten, die FDP mußte von ihrer bisherigen Rolle als Opposition in die schwierige Position eines kleineren Koalitionspartners wechseln (515). Dieses beiderseitige Schuldpotential hinsichtlich der schlechten Verfassung des Regierungsbündnisses haben denn auch politische Akteure von CDU/CSU und FDP anerkannt (516). Damit wird aber auch deutlich, daß die Schwierigkeiten des Regierungsbündnisses nach der vierten Bundestagswahl im Jahre 1961 ihre eigentliche Wurzel in Problemen hatte, die nicht direkt mit der Person des Kanzlers verknüpft werden können. Der ausschlaggebende Disharmonieimpuls lag in der parteipolitischen Ausrichtung dieser Koalition und wäre auch dann vorhanden gewesen, wenn Adenauer die politische Szene bereits verlassen hätte. Der langjährige Regierungschef verblieb hingegen auch diesmal an der Spitze der Exekutive, hatte aber nicht mehr die Autorität, das Umschlagen der konfliktorientierten Veranlagung der Koalition in tatsächliche Regierungskrisen zu verhindern. Die daraus resultierende Schwäche der Regierung, die weitgehend als eine Schwächung des Kanzlers interpretiert wurde, kam also nur dadurch zustande, daß Adenauers Autoritäsverlust mit einer zweiten, von seiner Person unabhängigen Negativtendenz koalitionspolitischen Ursprungs gekoppelt wurde. Diese Art der Schwächung des Regierungschefs kann also durchaus als Folge seines Autoritätsverlustes betrachtet werden; allerdings war der Autoritätsverlust nur eine notwendige, keinesfalls aber eine hinreichende Vorbedingung für die festgestellte Demontage des Kanzlers in dieser Zeit.

Die Schwäche des Regierungschefs hatte sowieso eine zweite Dimension, die
- weil wesentlich unabhängiger von koalitionspolitischen Parametern - hier
getrennt vom ersten Erklärungsweg für den Machtverlust des Kanzlers dargestellt werden soll. Adenauers Handlungsposition wurde auch dadurch eingeschränkt, daß sein Autoritätsverlust im eigenen politischen Lager nicht
nur registriert wurde, es fanden sich vielmehr immer mehr politische
Weggefährten, die bewußt gegen den lange Zeit von fast allen hofierten
Regierungschef agierten und damit seinen Handlungsspielraum verkleinerten.
In diesen neuen Tendenzen in des Kanzlers eigenem politischen Umfeld sieht
denn auch Horst Osterheld den eigentlichen Kern jenes "langsamen Machtverlustes" (517), den der langjährige Adenauer-Mitarbeiter für die
letzten Jahre der Kanzlerschaft des ersten bundesdeutschen Regierungschefs festgestellt hat. Osterheld beschreibt die Gründe des Machtverfalls
so:

"Adenauer hatte mit wachsenden Widerständen zu kämpfen. Von der Opposition war dies nichts Neues. Was in den letzten Jahren hinzukam, das waren
Querschüsse aus der eigenen Partei und der Öffentlichkeit. Das hat ihm
das Regieren ungemein erschwert. Dergleichen war bis zum Beginn der 60er
Jahre unbekannt; nun standen mehr und mehr 'Mitstreiter', die sich bis
dahin zurückgehalten hatten, auf und stellten sich gegen den Kanzler. Dies
hat ihn belastet und sehr gestört." (518)

Daß dies eine andere Dimension des Verhaltens gegenüber Adenauer war als
jener erfolgreiche innerfraktionelle Drang nach politischer Mitbestimmung
im innenpolitischen Feld, den Jürgen Domes für die 2. und 3. Legislaturperiode beschrieben hat und der das Bild einer "Ja-Sager-Fraktion"
namens CDU/CSU kräftigst korrigierte, hat Osterheld an anderer Stelle
selbst verdeutlicht. Er weist darauf hin, daß Adenauer sich im Laufe der
Zeit unter den führenden Männern seines politischen Lagers durch oft derbe
Handhabung in seiner Rolle als Erfolgsgarant Feinde gemacht habe. Da die
Erfolgsgewißheit nun wegfiel, seien ihn etliche ganz einfach leid gewesen,
und so manches Vorhaben sei nur deshalb auf Widerstand gestoßen, weil er
gerade es so wollte (519). Diesen verminderten Manövrierraum im eigenen
Bereich hat auch Erich Mende erkannt. Er geht davon aus, daß der Kanzler
in den 60er Jahren viel stärkere Rücksicht auf seine Partei und seine
Fraktion nehmen mußte und deshalb nicht mehr so souverän regieren konnte
wie einst (520).
Der Kanzler Adenauer hatte zudem in den Jahren der 4. Legislaturperiode

noch ein zusätzliches Handicap – dies war dann sozusagen die dritte
Dimension seiner festgestellten Schwäche als Regierungschef: Als Kanzler
auf Zeit – nach der Spiegelkrise exakt terminlich fixiert – war Adenauer
ein Regierungschef, der in seinen Möglichkeiten entscheidend beeinträchtigt war. Den negativen Einfluß auf die Handlungsfähigkeit der exekutiven
Führungsperson durch eine Festschreibung als Übergangskanzler haben zahlreiche politische Akteure bestätigt (521).
Damit ist die Schilderung der verschiedenen Dimensionen des Positionsverlustes von Adenauer in den letzten Jahren seiner Regierungszeit abgeschlossen. Die Isolierung mehrerer voneinander unabhängiger Erklärungswege für die offenbare Schwäche des Kanzlers verdeutlicht, wie tiefgreifend die Einschränkung der Handlungsposition des Regierungschefs in den
letzten Jahren der Ära Adenauer war.
Fragt man vor diesem Hintergrund nach strukturellen Auswirkungen, so erlebt man auf der Ebene des Kabinetts – ähnlich wie beim Bundeskanzleramt –
eher eine Überraschung: Es gibt kaum eine Schilderung der Kabinettspraxis
Adenauers, die darauf schließen lassen könnte, der generelle Autoritätsverlust und der spezielle Handlungsverlust als Kanzler hätten negative
Folgen auf diesem Feld mit sich gebracht. Beschreibungen des Adenauerschen Kabinettsstils aus dieser Zeit und den Jahren danach präsentieren
vielmehr (in oft übertriebenen Kategorien) einen Kabinettschef, dessen
Aktionsradius durchgängig unbeschränkt erscheint. So spricht Michael
K. Caro unter Berufung auf einen namentlich nicht genannten Bundesminister
aus der Übergangsphase von Adenauer zu Erhard davon, daß es bei Adenauer
nur autoritäre Kabinettssitzungen gegeben habe, deren Szenario er allein
festlegte und bestimmte. Er sei mit seinen Ministern umgegangen wie ein
Dozent in seinem Seminar (522). Spiegel-Reporter Dieter Schröder läßt den
Kabinettsdiktator Adenauer zwar durch den damaligen Justizminister Bucher
und den zu jener Zeit im Amt befindlichen Bundespressechef, Karl-Günther
von Hase, dementieren, schildert aber dennoch einen Vorsitzenden der
Ministerrunde, der das Heft stets in der Hand hatte (523). In diesen
Kategorien sieht auch Walter Henkels die mittwöchliche Zusammenkunft der
Regierungsmitglieder und kommt Anfang 1962 zu der Wertung, das Kabinett
werde noch lange im Bann des Kanzlers stehen (524).
Wie immer man zu den einzelnen Festschreibungen dieser Schilderungen
stehen mag, frappant ist der Umstand, daß von einer Änderung des

Kabinettsstils des "späten" Konrad Adenauer nirgendwo die Rede ist. Daß dies kein Zufall war, sondern eher Ausdruck einer unveränderten Kabinettsrealität, wird deutlich, wenn man einen der regelmäßigen Teilnehmer an den Kabinettssitzungen aller Regierungen Adenauers in den 60er Jahren zu Wort kommen läßt. Gemeint ist Heinrich Barth, Adenauers letzter Persönlicher Referent als Kanzler. Dieser hat unter ausdrücklicher Bezugnahme auf die Schwierigkeiten des Regierungschefs in seiner Rolle als "Kanzler auf Zeit" darauf verwiesen, daß diese Veränderung keine negative Auswirkung auf Adenauers Kabinettspraxis hatte (525). Der Kanzlerreferent beschreibt den Kabinettsstil Adenauers vielmehr in Kategorien, die eine weitgehende Übereinstimmung mit jenem Bild erkennen lassen, welches vorstehend (vgl. S. 123 ff und 284 ff) für den Beginn und die "Hoch"-Zeit der Kanzlerdemokratie vorgestellt wurde:

"Es lief so ab, daß Globke für die nächste Kabinettssitzung einen Entwurf der Tagesordnung anfertigte, den Adenauer intensiv studierte. Ihm war klar, daß die Entscheidung darüber, was im Kabinett zur Abstimmung gelangen sollte, immer eine politische Frage von hohem Rang war, so befaßte er sich intensiv damit. Er ging praktisch von Tagesordnungspunkt zu Tagesordnungspunkt und stellte sich bei jedem einzelnen die Frage, was inhaltlich damit bewirkt werden sollte. War er sich darüber im Klaren, folgte als zweiter Schritt die Überlegung, wie dies im Kabinett durchzusetzen sei. Sah er keine Probleme, blieb der Punkt auf der Tagesordnung, war er unsicher, ob das Gewünschte jetzt auch zu erreichen sei, setzte er den TO häufig ab.
Er ging also hervorragend vorbereitet in die Kabinettssitzungen, wo er mit allem Raffinement versuchte, seine Linie durchzusetzen und dies auch zumeist erreichte. Es gab manchmal Diskussionen, die ihm sichtlich Spaß machten und wobei er - als aufmerksamer Nur-Zuhörer - im Kabinett die Meinungen so lange 'kämpfen' ließ, bis er in einem für ihn günstigen Moment eingriff. Es gab Situationen, in denen er die Diskussion ganz bewußt steuerte, Wortmeldungen einfach übersah oder Teilnehmern ungefragt das Wort gab, von denen er wußte, daß sie seine Auffassung unterstützen. Es war ein großer Meister der Gesprächsleitung.
Er sorgte stets dafür, daß die Kabinettssitzungen zügig abliefen. In der Regel dauerten die Zusammenkünfte 2 bis 3 Stunden, längere Sitzungen waren die Ausnahme. Als der neue Finanzminister Starke im Koalitionskabinett 1961 ff. dadurch auffiel, daß er zu allem und jedem seinen Kommentar abgab, platzte dem Kanzler nach einiger Zeit der Kragen und er vergatterte Starke vor einer Kabinettssitzung in seinem Arbeitszimmer so, daß dieser zunächst einmal durch Abwesenheit glänzte. Er hat stets dafür gesorgt, daß seine Minister straffe Kabinettsdisziplin hielten." (526)

Daß in den letzten Kabinetten Adenauers keine blasse, sich als technokratische Ressortverwalter verstehende Mannschaft saß, muß in diesem Zusammenhang nicht näher herausgearbeitet werden, ist doch schon auf die

eminent politische Rolle von
- Ludwig Erhard als Adenauers ungeliebten Nachfolgeaspirant,
- Gerhard Schröder als außenpolitischer Rivale des Kanzlers
hingewiesen worden.

Fand der überkommene Kabinettsstil des Kanzlers Adenauer damit weitgehend bis zum Ende der gleichnamigen Ära Anwendung, muß jetzt nach dem Positionswert anderer Strukturen im Regierungsbereich gefragt werden. Wie Jürgen Domes festgestellt hat (vgl. S. 295 ff), war die Unionsfraktion in der gesamten 3. Legislaturperiode in innenpolitischen Fragen keine Größe, die der Kanzler vernachlässigen konnte. Seine Beziehungen zur Mehrheitsfraktion in dieser Zeit konnten aber durchaus als verläßlich gelten, als mit Heinrich Krone ein Mann die Unionsparlamentarier führte, dessen manchmal durchaus kritische Affinität zu Adenauer außer Frage stand. Seinem vermittelnden Eingreifen war es unter anderem auch zu verdanken, daß die hochexplosive Situation der Präsidentenkrise im Jahre 1959 ohne wirklich katastrophale Folgen blieb. Auf diesen verläßlichen Ausgleichsfaktor wollte Adenauer auch unter veränderten koalitionspolitischen Vorzeichen offensichtlich nicht verzichten: Er machte Krone zum Bundesminister für besondere Aufgaben. Das wurde dann auch weitgehend so interpretiert, daß Krone das "Geschäft" fortsetzen sollte, in dem er sich bislang so bewährt hatte: Transmissionsriemen des politischen Willens zwischen der Regierung und der sie tragenden Parlamentsmehrheit zu sein (527). Diese Funktionsbestimmung hat der neuernannte Minister auch von sich aus in den Vordergrund seines neuen Auftrages gestellt:

"Ich hatte schon in meiner letzten Tätigkeit als Fraktionsvorsitzender die Aufgabe, eben zwischen meiner Fraktion, die damals allein die Regierung trug, ein gutes Verhältnis zur Regierung herzustellen - nicht immer ohne Spannungen - das ist ja auch der Öffentlichkeit bekannt, das sei auch ruhig hier angedeutet: Ich werde diese Arbeit in meinem neuen Amt fortsetzen und für eine Koordinierung der Arbeit innerhalb der Regierung und für gute Kontakte zum Parlament, zur Koalition, aber auch zur Opposition besorgt sein müssen." (528)

Nun ist die Rolle eines Sonderministers mit gerade eben dieser Aufgabenstellung keine Position, die bei der Regierungsbildung des Jahres 1961 erstmalig auftauchte. Wie für die zweite Legislaturperiode 1953 ff. bereits beschrieben, gab es schon damals Amtsträger, deren offiziell verkündetes Anliegen die Verbindung zwischen der Regierung und den sie tragenden Koalitionsfraktionen war (vgl. S. 238 ff). Es ist auch dargestellt worden, was tatsächlich hinter diesen Liaisonämtern stand (parteiliche Ministerarithmetik zur Koalitionsbildung), es wurde geschildert, daß diese Verbindungsglieder praktisch nie funktionierten und bald wieder von der politischen Bühne verschwanden.

Krone hingegen verblieb zunächst einmal bis zum Ende der Ära Adenauer in seinem Amt, seine Ausgangsposition war auch faktisch eine andere, da er nicht als koalitionspolitischer "Preis" ins Kabinett einrückte, sondern als Vertrauter des Kanzlers mit einem bekannten Talent zum Ausgleich schwieriger Situationen. Er war demnach für seine Rolle prädestiniert; die koalitionspolitische Realität tat ein übriges und verschaffte dem als Verbindungsglied zwischen Regierung und Parlament gedachten Sonderminister tatsächlich ein eigenständiges Aktionsfeld. Krones beschriebene Koordinierungsrolle hätte nämlich leicht mit der Tatsache kollidieren können, daß der von den Koalitionspartnern ausgehandelte Koalitionsvertrag für die Abstimmung zwischen der Exekutive und der Legislative offensichtlich ein ganz anderes Strukturprinzip ins Auge faßte. In Ziffer 8 des zweiten Abschnittes des strukturellen Teils des Koalitionspapiers ist immerhin festgeschrieben:

"Die Vorsitzenden der Koalitionsfraktionen werden von der Anberaumung jeder Kabinettssitzung unterrichtet. Sie haben das Recht, an jeder Kabinettssitzung teilzunehmen." (529)

Wie vorstehend erörtert, stellt die Gewährung eines Teilnahmerechtes der Spitzen der Koalitionsvereinbarung im Grunde genommen die Festschreibung eines seit 1949 gebräuchlichen Verfahrens dar, das nach den Erkenntnissen dieser Studie als die eine der beiden Unterformen des Strukturtyps des Koalitionsgespräches eingeordnet werden kann (vgl. S. 398 f). Eine Konkurrenzsituation zwischen den parallel angelegten Koordinierungsinstanzen der Sonderminister und der beschriebenen Unterform der Koalitionsgespräche konnte in der 2. Legislaturperiode nicht entstehen, weil die Verbindungsminister nie die ihnen zunächst in der Öffentlichkeit zugewiesene Rolle übernehmen konnten. In der 4. Legislaturperiode kam es dann auch nicht zu Kollisionen mit dem Sonderminister Krone, weil die Fraktionsvorsitzenden ihr verbrieftes Recht der Kabinettsteilnahme praktisch nicht in Anspruch nahmen.

Für seinen Amtskollegen Heinrich von Brentano hat Erich Mende bestätigt, daß der CDU/CSU-Fraktionsvorsitzende praktisch nie an einer Kabinettssitzung teilgenommen hat (530). Auf die damalige psychologische Hemmschwelle bei Brentano in dieser Hinsicht ist bereits hingewiesen worden (vgl. S. 154 f). Vor dem Plenum der Fraktion machte der ehemalige Außenminister ganz deutlich, daß er sich keinesfalls in seiner neuen Funktion mit an den Kabinettstisch setzen werde:

"Dem Bundeskanzler habe er, Dr. von Brentano, noch einmal mitgeteilt, daß er im Einvernehmen mit der Fraktion davon Abstand nehme, an den Kabinettssitzungen teilzunehmen. Es sei besser, an der Gewaltenteilung festzuhalten. Schon die physische Teilnahme an den Kabinettssitzungen binde den Fraktionsvorsitzenden so stark, daß er innerlich nicht mehr frei bleibe. Diese Auffassung sei auch Herrn Mende mitgeteilt worden, der sich ja nun entscheiden könne, ob er teilnehmen wolle oder nicht; er, Dr. von Brentano, werde es jedenfalls nicht tun." (531)

Erich Mende entschied sich zunächst fürs Teilnehmen, dies war aber nur eine kurze Episode. Nach seinem Teilnahmerecht gefragt, antwortete er so:

"Davon habe ich nicht voll Gebrauch gemacht. Ich habe an den ersten zwei bis drei Kabinettssitzungen teilgenommen, aber dann spielte sich die Arbeit so gut ein, daß meine Anwesenheit Zeitverschwendung gewesen wäre. Die Minister meiner Fraktion haben mich bestens auf dem Laufenden gehalten." (532)

Damit ist klar, daß das Strukturprinzip der Kabinettsteilnahme der Fraktionschefs in der 4. Legislaturperiode nur eine ebenso kurze wie einseitige Angelegenheit war und wohl kaum tatsächliche Relevanz erhalten konnte. Daraus ist dann manchmal der Schluß gezogen worden, hierdurch sei ein wichtiger Informationsstrang im Koalitionsbereich gerissen (533). Dies kann vor dem Hintergrund, daß mit der Sonderministerrolle von Heinrich Krone eine auf diesem Feld parallel tätige Instanz geschaffen wurde, vom strukturellen Ansatz her als unzutreffend eingestuft werden.

Mit der Nichtteilnahme der Fraktionschefs an den Kabinettssitzungen wird aber deutlich, daß ein für unsere Untersuchung besonders interessantes Strukturprinzip trotz Festschreibung im Koalitionsvertrag keine politisch-faktische Relevanz erhielt. Dies muß zu der Frage führen, welches "Schicksal" das zweite im Koalitionspapier umrissene informelle Instrument, der Koalitionsausschuß, hatte (vgl. S. 389 ff und 398). Daß es in der 3. Legislaturperiode bis zur Auflösung der Bundestagsfraktion des letzten verbliebenen CDU/CSU-Koalitionspartners, der Deutschen Partei, im Juli 1960 einen Koalitionsausschuß gab, kann aus bereits dargelegten Fakten geschlossen werden (vgl. S. 249 ff und auch 300 f). Daß ein Nachfolge-

gremium dazu in der 4. Legislaturperiode vorhanden war, ist zwar "existenzmäßig" völlig unstreitig, höchst unterschiedlich ist freilich die Bewertung über die Relevanz dieser informellen Konstruktion.
Vor allen Dingen sozialwissenschaftlich ausgerichtete Autoren haben eine Negativbilanz für den Koalitionsausschuß der Jahre 1961 ff. ausgemacht. Wolfgang Kralewski spricht davon, die vorgesehene Konstruktion sei nie effektiv gewesen (534), für Kurt J. Körper offenbart sich in der Spiegel-Affäre das völlige Versagen des Koalitionsausschusses (535). Wolfgang Rudzio kommt in seiner Schilderung über das Bonner Koalitionsmanagement der sechziger Jahre zu Einordnungen wie "Fehlkonstruktion" oder "Insuffizienz des Koalitionsausschusses" (536). Es gibt aber durchaus auch Stimmen von politischen Akteuren, die ein Versagen des Koalitionsausschusses als naheliegend empfinden lassen. Heinrich Barth hat darauf hingewiesen, Adenauer habe vom Koalitionsausschuß nicht viel gehalten, er habe dieses Gremium umgangen, wann immer es Gründe dafür gab (537). Heinrich von Brentano sprach vor der Unionsfraktion vom "sogenannten Koalitionsausschuß" (538), Erich Mende hat darauf verwiesen, daß der Vorsitzende der CDU/CSU-Fraktion, der ja aufgrund dieser Koalition sein Außenministeramt verloren habe, nicht gerade ohne "menschliche Gefühle" an den Sitzungen des Koalitionsausschusses teilnehmen konnte (539).
Mende ist andererseits derjenige, der immer wieder die Meinung vertrat, der Koalitionsausschuß habe funktioniert (540). Gestützt wird die Mendesche "Funktionsanerkennung" hinsichtlich des Koalitionsausschusses durch die Tatsache, daß das Gremium von den betroffenen politischen Akteuren offensichtlich nie als so uneffektiv eingestuft wurde, daß man seine Arbeit einstellte. Wie aus der rein datentechnischen Zusammenstellung der im Rahmen der Recherchen zu dieser Studie bekanntgewordenen Sitzungen des Koalitionsausschusses (Stichwort: es ist nicht gesagt, daß die Recherche alle Sitzungstermine festhalten konnte) in den Jahren 1961-1963 hervorgeht (vgl. Anlage VII), war dieser Kreis während der gesamten Dauer der Kanzlerschaft Adenauers in der 4. Legislaturperiode aktiv.
Aus den benutzten Materialien geht hervor, daß der Kern der personellen Besetzung des Koalitionsausschusses abgesehen von:
- wechselnden Experten (541)
- den fachlich betroffenen Ministern (542)

die durch die Koalitionsvereinbarung fixierte Form einer Stammmannschaft bis zum Ende der Kanzlerschaft Konrad Adenauers mit folgenden Rollenträgern aufwies (543):
- die Vorsitzenden der Koalitionsfraktionen,
- die stellvertretenden Vorsitzenden der Koalitionsfraktionen,
- die parlamentarischen Geschäftsführer (544).

Es ist höchst unwahrscheinlich anzunehmen, daß sich die gesamte Spitze der Koalitionsfraktionen jahrelang und regelmäßig sozusagen auf eine politische "Spielwiese" begab, wobei der eine Partner, die FDP, die Ergebnisse dieser Zusammenkünfte dann noch in internen Protokollen festhielt (vgl. Anlage VII, Vorbemerkungen).

Die beschriebene sozialwissenschaftliche Kritik am Koalitionsausschuß muß aber nicht unbedingt eine generelle Unterfunktion beschreiben. Es gibt vielmehr die Vorstellung, eine Negativeinordnung sei insofern gerechtfertigt, als der Koalitionsausschuß, bei durchaus meßbaren Aktivitäten, seinen vorgegebenen Anforderungen nicht gerecht geworden sei. Am deutlichsten herausgearbeitet hat dies Wolfgang Rudzio, dessen Ausgangsthese auf der Basis der Ziffern 5 - 7 des strukturellen Teils der Koalitionsvereinbarung (545) wie folgt lautet:

"Das bedeutet im Grunde nichts anderes als die Ein- und Vorschaltung des Koalitionsausschusses vor Kabinett und Bundestag bei der gesamten Gesetzgebung. Wenn die Formulierung 'zuleiten' irgend einen Sinn haben sollte, konnte dabei kaum anderes gemeint sein, als daß in allen jenen Fällen die koalitionsinterne Entscheidung im Koalitionsausschuß zu suchen sei; ursprünglich hatte denn auch die Absicht bestanden, eine Verbindlichkeit von Koalitionsausschuß-Entscheidungen ausdrücklich in das Abkommen aufzunehmen, eine Bestimmung, deren Fortfall sich aus der Erwartung verfassungsrechtlicher Kritik erklären läßt. Das Bonner Koalitionsmanagement der sechziger Jahre begann also mit dem Versuch, das Kabinett einem Koalitionsausschuß unterzuordnen." (546)

Die letztgenannte Schlußfolgerung Rudzios muß vor dem Hintergrund der Erkenntnis dieser Studie als unzutreffend eingestuft werden. Seine Einordnung des Koalitionsausschusses als Entscheidungszentrum postuliert ein Selbstverständnis dieses Gremiums, wie es sich beim Koalitionsausschuß österreichischer Prägung äußerte. Die Schilderung der Genese der Koalitionsvereinbarung von 1961 hat aber gezeigt, daß eine solche Ober- oder Nebenregierung vermittels des Koalitionsausschuß zwar ursprünglich von der FDP anvisiert wurde, jedoch nicht einmal in Ansätzen im Koalitionspapier Realisierung fand. Der Koalitionsausschuß erhielt allein eine Beratungsfunktion (wie seit drei Legislaturperioden), weder eine Vetoposition noch eine übergreifende Entscheidungsrolle wurde ihm zugebilligt. Vertreter beider Koalitionsparteien haben die (schließliche) Distanz zu einem aufgewerteten Koalitionsausschuß bestätigt.

Der Koalitionsausschuß wurde durch das Koalitionspapier also gar nicht dahin ausgerichtet, wohin ihn Rudzio ausgerichtet sah. Da er die Zweckbestimmung des Koalitionsausschusses falsch einschätzt, kommt er zu seinem Fazit einer Fehlkonstruktion, obwohl er die durch die Koalitionsvereinbarung festgeschriebene Struktur des Ausschusses ganz richtig wir folgt fixiert:

"Denn der Ausschuß war allein als Verbindungsorgan zwischen den Koalitionsfraktionen konstruiert und umfaßt mit deren Vorsitzenden, ihren Stellvertretern und Parlamentarischen Geschäftsführern - 'Fachleute' der Fraktionen konnten von Fall zu Fall, sonstige 'Berater' mit Zustimmung beider Seiten hinzugezogen werden - bestenfalls die einflußreichsten Fraktionsmitglieder; Kabinettsmitglieder und damit Politiker wie Adenauer, Strauß, Erhard und Schröder aber waren ausgeschlossen." (547)

Die Beschränkung der regelmäßigen Teilnahme am Koalitionsausschuß auf "Fraktionspersonal" war aber das eigentlich spezifische dieser Form eines informellen Gremiums und so kann es auch nicht verwundern, daß diese Charakteristik von zahlreichen politisch relevanten Stimmen in der Zeit nach der Regierungsbildung 1961 beschrieben und als notwendig eingestuft wurde. Erich Mende nannte den Koalitionsausschuß eine Parlamentarische "Clearing-Stelle", die es in jeder Koalition geben müsse (548), das CDU-Organ Deutsches Monatsblatt grenzte den Ausschuß ganz klar auf eine fraktionelle Zweckbestimmung ein:

"In dem von den Fraktionen gebildeten Koalitionsausschuß, der bereits mehrere Male getagt hat, werden die im Parlament zu erledigenden Gesetzesvorhaben vorbesprochen, damit eine gemeinsame Marschroute der Koalitionsfraktionen ermöglicht wird. Der Koalitionsausschuß hat nur die Aufgabe, den Kontakt zwischen den Fraktionen und ihr gemeinsames Vorgehen sicherzustellen." (549)

Daß der Koalitionsausschuß eine Institution der Fraktionen sei, hatte bereits zuvor im Bundestag Rainer Barzel als Redner und Erich Mende als Zwischenrufer verdeutlicht. Der CDU-Politiker in der Aussprache über die Regierungserklärung des Jahres 1961:

"Die CDU/CSU ist nur bereit, einen Koalitionsausschuß wirksam werden zu lassen, der sich voll und ganz im Rahmen des Grundgesetzes hält, so wie er schon früher bestanden hat, also kurzum: einen Gesprächskreis der

Fraktionen, die die Bundesregierung tragen, zum Zwecke des Sich-Zusammenfindens. (Abg. Dr. Mende: Genau das war vereinbart!)
- Ich bedanke mich für die Klarstellung, Herr Kollege Mende." (550)

Der FDP-Politiker Siegfried Zoglmann sah dementsprechend im Koalitionsausschuß den Versuch, die beiden Fraktionsvorstände zunächst einmal ein wenig zu akkordieren (551).

Rudzio vermutet also dort eine Fehlkonstruktion, wo allgemein die auch von ihm beschriebene Struktur als passend, notwendig und zuvor bewährt angesehen wurde. Rudzios Ausgangsthese (Versuch einer Unterordnung des Kabinetts unter den Koalitionsausschuß) war ganz einfach unrichtig und in dieser falschen Zweckbestimmungsvermutung liegt der Grund für seine Fehleinschätzung. Daraus folgt ganz allgemein, daß die vorgetragene Kritik am Koalitionsausschuß weder auf einer generellen Unterfunktion (Stichwort: "Spielwiese") noch auf einer speziellen Fehlkonstruktion (Stichwort: Unzureichende Ausstattung einer Nebenregierung) aufbauen kann und somit nicht gerechtfertigt erscheint.

Aus der fortlaufenden Aktivität des Koalitionsausschusses kann also auf eine Notwendigkeit zu dergleichen Tun für die Koalition (-sfraktionen) rückgeschlossen werden, Erich Mende sieht im Ausschuß denn auch eine selbstverständliche Organisationsform (552), Bruno Heck argumentiert kaum anders:

"Es ist klar vereinbart worden, daß das nur ein Beratungsgremium ist mit dem einzigen und wie ich meine notwendigen Ziel, nun die Arbeit, die diese Koalition zu leisten hat, zu koordinieren, gemeinsam zu beraten und dort, wo man nun einmal gegensätzlicher Auffassung ist, und das wird hin und wieder bei uns der Fall sein, in diesen Fällen zu versuchen, einen Kompromiß auszuarbeiten, der für beide Seiten tragbar ist. Ich glaube, daß ein Koalitionsausschuß, der so arbeitet, eine Notwendigkeit ist für eine Koalition zwischen zwei Parteien, deren gesellschaftspolitische Vorstellungen eben doch nicht in allen Punkten übereinstimmen." (553)

Die Notwendigkeit zu einem Koalitionsausschuß der beschriebenen Art wird auch bei einem Ereignis deutlich, was häufig als durchschlagender Beweis für die Disfunktionalität des Koalitionsausschusses in dieser Zeit vorgebracht wird: die sogenannte "Friedenskonferenz" der Koalitionsparteien am 11.7.1962 im Palais Schaumburg bei Adenauer. Bei dieser 3 1/2-stündigen Besprechung, über die ein eigenes Kommuniqué herausgegeben wurde (554), einigten sich die Koalitionspartner in Anbetracht von zahlreichen Differenzen im Regierungslager darauf, in Zukunft in regelmäßigen

Abständen unter dem Vorsitz des Bundeskanzlers Koalitionsbesprechungen durchzuführen. Wolfgang Rudzio sieht darin das Ziehen der notwendigen strukturellen Konsequenzen aus der offenbaren Funktionsunfähigkeit des Koalitionsausschusses (555). Die Deutsche Zeitung berichtet, an die Stelle des schwerfälligen Koalitionsausschusses sollte nach dieser Sitzung als Diskussionsgremium eine kleine Konferenz treten, die möglichst alle vierzehn Tage unter Vorsitz des Bundeskanzlers zu einer Abstimmung politischer Fragen zusammenzutreten hätte (556). Dolf Sternberger erklärt, nachdem der "fatale Koalitionsausschuß" offenbar zu schwach geblieben sei, um die Harmonie der Partner in der Koalition zu gewährleisten, habe man es neuerdings mit einem Super-Koalitionsausschuß versucht, dem die Parteiführer und die wichtigsten Minister beider Gruppen angehörten (557). Hier wird offensichtlich allgemein eine Verbindung zwischen den zahlreichen Krisen der Regierung Adenauer in dieser Zeit und der Existenz eines Koalitionsausschusses hergestellt, zumindest insofern, als dieses Gremium dem Negativtrend in der Koalition nicht habe effektvoll gegensteuern können. Wie beschrieben, war der Koalitionsausschuß auch damals traditionsgemäß als Koordinationsgremium für die fraktionelle Ebene angelegt. Eine relevante Disfunktionalität mußte demnach in diesem Bereich geortet und abgestellt werden. Dies war aber offensichtlich nicht der Fall. Es wurde vielmehr als "Krisenhemmer" ein Gesprächskreis vereinbart, der nicht nur fraktionelle, sondern auch Rollenträger aus der Regierung als Stammpersonal umfaßte. Sollte also ein zwischenfraktionelles Problem, sprich das vermutete Nichtfunktionieren des Koalitionsausschusses, dadurch behoben werden, daß man es auf eine andere Ebene verschob, sprich den Koalitionsausschuß umkonstruierte?

Dies hätte dann offensichtlich Folgen für den ursprünglichen Koalitionsausschuß haben müssen, doch die gab es tatsächlich nicht. Wie die bereits präsentierte Übersicht über die Sitzungen des Ausschusses verdeutlicht, tagte das Gremium in unveränderter Konstellation weiter, auch das Kommuniqué der "Friedenkonferenz" beläßt in Sachen Koalitionsausschuß alles beim Alten, indem es darauf hinweist, die projektierten Koalitionsbesprechungen seien   n e b e n   den laufenden Sitzungen des Koalitionsausschusses geplant (558).

Damit gab es jetzt die gleichzeitig agierenden Formen des "alten" Koalitionsausschusses und der "neuen" Koalitionsbesprechung beim Kanzler. Die

vermeintliche Neukonstruktion kann freilich vor dem Hintergrund der Erkenntnisse dieser Studie als etwas durchaus Althergebrachtes eingeordnet werden: Sie war nichts anderes als jene zweite, mit speziellen Zusammenkünften operierende Unterform der über eine Dekade von Adenauer praktizierten Koalitionsgespräche, die im Koalitionsabkommen von 1961 – anders als die Beteiligung der Fraktionsspitzen an Kabinettssitzungen – keine Festschreibung fand. Sie wurde jetzt nachträglich als periodisch angelegte informelle Gremienform fest installiert, nachdem auf dieses Modell bislang nur sporadisch zurückgegriffen worden war (vgl. Anlage VIII).
Daß man somit auf das langpraktizierte Koalitionsgesprächsmodell (vgl. Anlage II, III und V, sowie S. 151 ff, 249 ff und 298 f) zurückkam, ist schon 1962 verdeutlicht worden (559). Mit dem Plan zur regelmäßigen Durchführung von Koalitionsgesprächen sollte – gemäß den bereits im Rahmen dieser Studie gewonnenen Erkenntnissen über diese informelle Gremienform – eine Verbesserung der Zusammenarbeit zwischen exekutiven und legislativen Rollenträgern innerhalb der Koalition des Jahres 1962 erreicht werden. Dies war notwendig, weil – wie Kühlmann-Stumm es formulierte – die Koalitionsfraktionen in den meisten Fällen zwar gut kooperiert hätten, es jedoch an einer koordinierenden Abstimmung mit dem Kabinett gefehlt habe (560). So sah es auch Erich Mende, der bemerkte, das eigentliche Schwierige im ersten Jahr der Koalition sei das Parallellaufen, ja manchmal sogar das Gegeneinanderlaufen der Regierungsarbeit des Kabinetts und der Arbeit der beiden Fraktionen gewesen (561). Den Kern der notwendigen Verbesserungen definierte Mende daraufhin so:

"Dazu gehört als wesentlichste Maßnahme, daß der Bundeskanzler selbst alle 14 Tage mit den Fraktionsvorsitzenden und den zuständigen Ministern im Bundeskanzleramt eine Art von Arbeitsbesprechung abhält. Damit soll vermieden werden, daß Bundeskanzler, Regierung und Fraktionen nebeneinander manchmal sogar gegeneinander arbeiten, wie bei der Abstimmung über die Autozölle und beim Ausbrechen aus Haushalts- und Finanzvereinbarungen."

Man sah also die notwendige Kur gegen die krisenhafte Entwicklung in der Koalition bei der "Friedenskonferenz" in einer Strukturverbesserung (sprich Periodisierung) im Bereich der Koordination zwischen Kabinett und Fraktion. Hier aber war der Koalitionsausschuß von seiner auf fraktionelle Abklärung beschränkten Ausrichtung her weder gefordert noch tätig. Der Versuch, seine Disfunktionalität via "Neueinrichtung" des Koalitionsgesprächssystems in dieser Zeit zu beweisen, geht also ins Leere, die

Existenz des Koalitionsausschusses wird vielmehr im für die Koalitionsgespräche konstitutiven Kommuniqué ausdrücklich bestätigt. Ein besserer Beweis für die Notwendigkeit des Koalitionsausschusses kann kaum geliefert werden.

Es gibt aber durchaus einige Umstände, die erklären, warum häufig als "Schuldiger" für die krisenhafte Verfassung der Koalitionsausschuß ausgemacht wurde. Wenn man beispielsweise wie Wolfgang Rudzio fälschlicherweise von einem Koalitionsausschußmodell in der Form einer Nebenregierung wie in Österreich ausgeht, erscheinen natürlich die Koalitionsgespräche als Schritt in die richtige Richtung, um den funktionsuntüchtigen Koalitionsausschuß ins zweite, wesentlich untergeordnetere Glied rücken zu lassen (563). Daneben mag es tatsächlich in der damaligen Koalition schon vom Ansatz her untaugliche Bestrebungen gegeben haben, die Schwierigkeiten der Regierung durch den fraktionellen Regelmechanismus Koalitionsausschuß beheben zu lassen. Dies hat Erich Mende ganz offen beklagt:

"Der Koalitionsausschuß hat funktioniert. Er hatte ja im wesentlichen die Harmonisierung der Zusammenarbeit im Parlament (zum Ziel) und hier haben wir keinen Anlaß etwas zu ändern. Wir wurden aber manchmal belastet mit Dingen, die uns im Grunde genommen nichts angingen, nämlich mit nicht entschiedenen Angelegenheiten des Kabinetts. Niemand würde sich mehr freuen als die Mitglieder des Koalitionsausschusses, wenn sie in Zukunft nicht mehr mit Querelen der Bundesregierung belastet würden, mit Rivalitäten und Kompetenzschwierigkeiten der Minister, wenn das sich vielleicht im Kabinett bereits löste. Am Koalitionsausschuß und seiner Zusammenarbeit braucht nichts geändert zu werden." (564)

Wenn damals überhaupt eine Schuldzuweisung vor dem Hintergrund einer offensichtlichen Notwendigkeit der Verbesserung der Koordination zwischen Regierung und Fraktionen angebracht war, dann hätte sie zunächst einmal in Richtung des Sonderministers Heinrich Krone gehen müssen. Dieser war – wie beschrieben –, da die Fraktionschefs nicht an den Kabinettssitzungen teilnahmen, allein qua Amt für das Funktionieren der Beziehungen zwischen der Bundesregierung und der Parlamentsmehrheit zuständig. Eventuelle Versäumnisse auf diesem Gebiet fielen also in seinen Aufgabenbereich. Vielleicht waren Krones anerkannte Vermittlerqualitäten aber diesmal überfordert, weil in der Koalition zwei viel zu disharmonische Partner saßen oder weil die Konstrukteure der Regierung bei der Erstellung der Koalitionsvereinbarung die jahrelang für notwendig gehaltenen gesonderten Koalitionsgespräche ganz einfach vergaßen und Krone damit überlasteten. Eine mögliche

Schuldzuweisung müßte aber Krone nicht unbedingt allein treffen, sondern
könnte auch die Fraktionschefs mit einschließen, die nicht - wie vorgesehen - an den Kabinettssitzungen teilnahmen.
Wie dies auch immer bewertet werden mag, der Sonderminister versuchte jedenfalls nicht, den Koalitionsausschuß als generelle Vermittlungsinstanz
innerhalb der Koalition auszubauen. Denn im Gegensatz zu Informationen,
wonach er die Bundesregierung im Koalitionsausschuß grundsätzlich vertreten habe (565), wird an Hand der vorgestellten Übersicht über die Koalitionsausschußsitzungen deutlich, daß Krone nur ein seltener Gast in diesem
informellen Kreis war.
Wesentlich häufiger war die Teilnahme Krones an den Koalitionsgesprächen,
deren regelmäßige Abhaltung zumindest für die Tagungswochen des Bundestages zwischen der "Friedenskonferenz" (11.7.1962) und dem Höhepunkt der
Spiegelkrise (Ende November 1962) durch die erstellte Rubrik (vgl. Anlage
VIII) nachgewiesen wird. Daß die Koalitionsgespräche bei Adenauer zu einer
ganz regelmäßigen Einrichtung werden sollten, geht auch aus einem Schreiben des Parlamentarischen Geschäftsführers der FDP-Fraktion in dieser
Zeit, Hermann Dürr, vom 4.10.1962 an alle liberalen Parlamentarier hervor,
in dem dieser die Ergebnisse einer Klausurtagung von Anfang Oktober hinsichtlich der Straffung und Verbesserung der Fraktionsarbeit so festhält:

"I. Für die 1. und 2. Arbeitswoche gilt folgende zeitliche Regelung für
den Arbeitsablauf der Fraktion:
Montag ...............14.00 Uhr Fraktionsvorstand
                     17.00 Uhr Koalitionsausschuß im Bundeskanzleramt
                               oder Sitzung des Fraktionsvorstandes mit
                               den Arbeitskreisvorsitzenden
                     19.00 Uhr Ende der Sitzung des Fraktionsvorstandes
                               mit den Arbeitskreisvorsitzenden
Dienstag .............. 9.00 Uhr Koalitionsausschuß im Bundeshaus
                     10.00 Uhr Ende des Koalitionsausschusses
                     (...)" (566)

Für die Zeit nach der Spiegel-Krise war aber an Hand der hier verwandten
Materialien keine Dokumentation einer (regelmäßigen) Koalitionsgesprächs-
reihe bei Adenauer möglich. Da für die Rekonstruktion aber ganz entscheidende Unterlagen noch nicht zugänglich sind (z.B. die Terminkalender
von Adenauer aus diesen Jahren), kann die hier vorhandene, weitgehende
Leerstelle in dieser Hinsicht nur als vorläufig, keineswegs aber als Endresultat verstanden werden. Daß es nach der Spiegel-Krise keine regelmäßigen Koalitionsgespräche bei Adenauer mehr gab, ist also möglich, kei-

neswegs aber abgesichert. Zumindest bei einem entscheidenden politischen Vorgang des Jahres 1963, der Präambel zum deutsch-französischen Vertrag, wurden wichtige Weichen in einem Koalitionsgespräch bei Adenauer in Cadenabbia am 4. April gestellt (567).

Es besteht auch die Möglichkeit, daß das vorgestellte System informeller Kontakte (Koalitionsausschuß/Koalitionsgespräch) zum Ende der Kanzlerschaft Konrad Adenauers modifiziert wurde, als man auch in diesem Strukturbereich die Kanzlerschaft Ludwig Erhards mittelfristig vorbereitete. Für das Vorhandensein einer Übergangsstruktur im informellen Gremienbereich gibt es vereinzelte Anhaltspunkte, die nachstehend präsentiert werden sollen, obwohl eine dokumentarische Absicherung auch nicht in Ansätzen mitgeliefert werden kann.

Bereits bei Erhards Nominierung zum Kanzlerkandidaten durch die CDU/CSU-Fraktion am 23.4.1963 kündigte der Unionsfraktionsvorsitzende Heinrich von Brentano die Bildung einer fraktionellen Beratungskommission an, die mit Erhard Vorarbeiten für die kommende Kanzlerschaft des Wirtschaftsministers hinsichtlich eines Regierungsprogramms aufnehmen und auch personelle Fragen erörtern sollte (568). Zur tatsächlichen Bildung dieser Beratungskommission kam es tatsächlich aber nicht: Als die Vorbereitungen für den Kanzlerwechsel nach der Sommerpause Anfang September 1963 voll anliefen, gab der Fraktionsvorstand der Union Erhard freie Hand, ohne ihm ein unionsinternes Beratungsgremium zur Seite zu stellen (569).

Dies war aber offensichtlich lange Zeit geplant gewesen; immerhin hatte derselbe Führungskreis der CDU/CSU-Fraktion am 21. Mai die Bildung eines solchen Beratungsgremiums formell beschlossen (570). All dies ist als Vorfeldinformation für die Tatsache wichtig, daß der Unionsfraktionsvorstand bei gleicher Gelegenheit die Beschickung einer zweiten Kommission beschloß: der sogenannten "Krone-Kommission", die das Gesetzgebungsprogramm der Koalitionsregierung straffen sollte. Die SZ hat dieses Gremium näher beschrieben:

"Die Krone-Kommission war in der vergangenen Woche vom Bundeskabinett gebildet worden. Ihr gehören neben Sonderminister Krone Bundesratsminister Niederalt und die Staatssekretäre des Innen-, Finanz- und Justizministeriums sowie des Bundeskanzleramtes an. Dazu sollen nun auch Abgeordnete der CDU/CSU kommen. Die Freien Demokraten werden sich ebenfalls an dieser Kommission beteiligen, weil darin nach Ansicht der Koalitionsfraktionen schon Vorarbeit für die im Herbst kommende Regierung Erhard geleistet werden muß." (571)

Obwohl auch andere Bonner Informationen dies inhaltlich bestätigten (572), ist über die Arbeit der Krone-Kommission kaum etwas bekannt geworden. Sollte sie freilich in der beschriebenen Form mit exekutiven und legislativen Rollenträgern getagt haben, kann man darin durchaus so etwas wie durch die Umbruchsituation des Kanzlerwechsels veränderte Koalitionsgespräche sehen. Ob es zu dergleichen kam, ist völlig unklar. Die SZ weist beispielsweise Ende August auf einige Tagungen der Krone-Kommission hin und präsentiert eine Übersicht des verfertigten Dringlichkeits-Kataloges. Ihrer Schilderung nach soll dieser aber ohne Koalitionsparlamentarier erstellt worden sein, die erst Anfang September in diesen Prozeß eingeschaltet würden (573).

Damit bleibt die Frage hinsichtlich der Existenz eines gesonderten Koalitionsgesprächssystems nach der Spiegel-Krise genauso offen wie das Problem, ob sich eine Modifikation dieser Gremienform durch die besonderen Umstände des Kanzlerwechsels ergab. Sieht man von diesen Leerstellen einmal ab, kann man aber davon ausgehen, daß sich das überkommene informelle Gremiensystem von Regierung und Fraktionen, sei es nun durch die Koalitionsvereinbarung fixiert oder nicht, auch in der 4. Legislaturperiode zu Zeiten des Kanzlers Adenauer weitgehend wie gehabt präsentierte, wobei die Sonderministerrolle von Heinrich Krone im Gegensatz zu früheren "Fehlversuchen" mit anderen Amtsträgern diesmal ein Substitut für die Nichtbeteiligung der Fraktionschefs der Koalitionsparteien an den Kabinettssitzungen darstellt.

Das informelle Gremiensystem bildete sich also in seinen bekannten Kategorien auch im hier relevanten Untersuchungszeitraum aus, die beschriebene Schwächung der Position Adenauers hatte in diesem Bereich keine erkennbaren strukturellen Auswirkungen. Im großen und ganzen war damit das für die "Hoch"-Zeit der Kanzlerdemokratie beschriebene Geflecht von formellen und informellen Ebenen für die Konkretisierung der Regierungspolitik auch unter der Kanzlerschaft des "späten" Konrad Adenauer erhalten geblieben, wobei auf das in diesem Kapitel nicht behandelte "Küchenkabinett" (vgl. S. 420 ff) noch einmal hingewiesen werden soll. Wie wenig Adenauer trotz der weitgehenden Kapazitätserhaltung im strukturellen Bereich für die Konkretisierung der Regierungspolitik tatsächlich gegen seine fortschreitende politische Schwächung tun konnte, wird deutlich, wenn man betrachtet, welche Auswirkungen sein Agieren hinsichtlich der Position des Kanzlers auf einem zuvor von der bundesdeutschen Politik kaum aktiv genutzten Feld hatte.

4. Der Stellenwert der Arkanpolitik

Adenauers Position als Bundeskanzler war auch deshalb zunächst so stark, weil er von Anfang an die dominierende Persönlichkeit der Bundesregierung in der westdeutschen Außenpolitik war. Es ist auch gezeigt worden, daß eine Veränderung der außenpolitischen Rahmenbedingungen am Ende der 50er Jahre der Ausgangspunkt für einen außenpolitischen Positionsverlust des Kanzlers war. Die interne Dimension der Positionsverschlechterung spiegelt sich im Umstand, daß die bundesdeutsche Reaktion auf die veränderten außenpolitischen Rahmenbedingungen im Regierungslager nicht mehr einheitlich war, d.h. es bildeten sich konkurrierende außenpolitische "Schulen" heraus, deren Differenzen offen ausgetragen wurden. Adenauer war in diesem Streit "Partei", der darin zum Ausdruck kommende Verlust an außenpolitischer Führungskraft war eine spezielle Voraussetzung für eine ganz generelle Schwächung des Kanzlers in dieser Zeit.

Daß Adenauer aus der Außenpolitik - im Gegensatz zur ersten Dekade der Bundesrepublik - keine seine Position stärkenden Impulse mehr ziehen konnte geschah, obwohl seine Reaktion auf die Veränderung des außenpolitischen Umfelds sich nicht nur in bekannten Bahnen bewegte (Stichwort: er wollte die Sonderbeziehung zu den Vereinigten Staaten durch eine Sonderbeziehung zu Frankreich ersetzen. Dies scheiterte an internem Widerstand), sondern auch erstmals eine aktive Deutschlandpolitik gegenüber der Sowjetunion verfolgte. In dieser für die Bundesregierung neuen außenpolitischen Dimension bewegte sich Adenauer freilich in einer Art und Weise, die ebenso neu war: Sein Tun war nicht nur für die Öffentlichkeit weitgehend unsichtbar, auch seine eigenen politischen Freunde und das jeweilige Regierungslager wurde die Aktivitäten des Regierungschefs nicht gewahr. Adenauer vollführte also eine Politik, die praktisch keine interne Resonanzfläche hatte und somit nur schwerlich geeignet war, seine fortschreitende Schwächung als Kanzler abzubremsen.

Er war auch deshalb zunächst ein starker Kanzler geworden, weil er die Außenpolitik generell weitgehend alleine führen konnte, und dieser Umstand ziemlich offensichtlich war; jetzt betrieb er eine spezielle Deutschlandpolitik ebenso auf sich gestellt, doch diesmal hatte sein

Handeln keinen Einfluß auf die interne Positionsbestimmung, weil sein
politischer Ansatz nicht transparent wurde.
Es kann nicht die Aufgabe dieser Studie sein, die inhaltliche Ausrichtung
dieser sogenannten "Arkanpolitik" (574) detailliert nachzuzeichnen. Sie
soll hier nur in groben Umrissen verdeutlicht werden. Adenauer mußte seine
aktive Ostpolitik gegenüber der Sowjetunion am Ende der 50er Jahre nicht
unvorbereitet beginnen. Die von Osterheld dargestellte Praxis des Bundeskanzlers, ständig neue politische Kombinationen zu erwägen, unentwegt
neue Pläne und Gedanken zu schmieden (575), galt wohl auch für dieses
inhaltliche Feld. Dies haben der langjährige Pressechef, Felix von Eckardt
(576), aber auch Herbert Blankenhorn dargestellt (577), die auch selber
Papiere in dieser Richtung erstellten (578).
Das Pläneschmieden blieb jedoch nicht nur auf das Trio Adenauer, Blankenhorn und Eckardt beschränkt. Wie Heinrich Krone in seinen Tagebuchnotizen
vermerkt, sprach er mit Adenauer im Januar 1957 die Frage der deutschen
Ostpolitik "oft" an. Er kommt zu dem Resümee, daß dabei neue Wege be-
schritten worden seien (579). Über ein Jahr später gab es nach heutigem
Wissensstand den ersten wichtigen, aktiv von Adenauer betriebenen Vorstoß,
der in die Stilform der Arkanpolitik eingeordnet werden kann.
Bei einem Gespräch mit dem sowjetischen Botschafter in Bonn, Andre A.
Smirnow, am 19. März 1958 schlug Adenauer als Basis für den deutsch/sow-
jetischen Interessenausgleich die Gewährung eines neutralen "Österreich-
Status" für die DDR vor (580). Dies sollte den Bewohnern in Mitteldeutsch-
land die Garantie ihrer bürgerlichen Freiheiten bringen, als deutsche Gegenleistung war der zumindest vorläufige Verzicht auf eine Wiedervereini-
gung anzusehen. Adenauers Hoffnung, daß es auf dieser Basis anläßlich des
Bonner Besuchs des stellvertretenden sowjetischen Ministerpräsidenten,
Anastas I. Mikojan, am 25. bis 28. April 1958 zu Gesprächen über die deutsche Frage kommen würde, erfüllten sich nicht, und auch später ging der
Kreml nicht auf diese Konzeption ein (581). Dieser Versuch, über die Ent-
koppelung von Wiedervereinigungsforderung und Freiheitsanspruch für die
DDR-Bewohner Bewegung in die deutsche Frage zu bringen, scheiterte also
am sowjetischen Desinteresse. Der neue deutschlandpolitische Ausgangspunkt
des Kanzlers wurde zwar von Adenauer in einer Bundestagsrede am Tag nach
dem Smirnow-Gespräch in Ansätzen umschrieben (582), die Andeutung blieb
aber weitgehend unverstanden, obwohl der Spiegel die Intentionen Adenauers

schon damals ziemlich deutlich "enttarnte" (583).
Die zweite wichtige Markierung in Sachen Arkanpolitik wurde nach heutigem Erkenntnisstand rund ein Jahr später gesetzt. Als das deutschlandpolitische Klima in Folge von Chruschtschows Berlin-Ultimatum (584) merklich vereiste, hielt Adenauer an der Grundidee seiner neuen Politik fest: Er war bereit, den territorialen Status quo (zumindest vorübergehend) zu akzeptieren, wenn sich dadurch der interne Status quo der DDR veränderte. Dies war der Dreh- und Angelpunkt von entsprechenden Überlegungen im Bundeskanzleramt in den Jahren 1959 ff., die von Globke zu formalisierten Vertragsentwürfen verfestigt wurden, wobei eine Lösung des Berlin-Problems als "Globke-Pläne" in die zeitgeschichtliche Terminologie eingegangen ist (585). Sicherlich war Globke der eigentliche Autor dieser Papiere (586). Klar erscheint nach übereinstimmenden Aussagen von damaligen Akteuren aber auch, daß er sie nicht aus eigenem Antrieb verfaßte, sondern daß es zur schriftlichen Fixierung gemäß folgendem Verfahren kam: Nach intensiven Diskussionen mit dem Kanzler in diesem Feld machte sich der Staatssekretär daran, den Intentionen Adenauers eine juristische Form zu geben und so entstanden die vertraglichen Konzeptionen (587).
Es sieht nach derzeitigem Wissensstand nicht danach aus, als ob diese Papiere der Sowjetunion direkt präsentiert wurden. Auch ist nicht klar, wie detailliert die Abstimmung der Konzeption mit den westlichen Verbündeten (588) war. Dennoch sind die Globke-Pläne weit mehr als theoretisches Spielmaterial, da sie Vorstellungen enthalten, die Bestandteile der Adenauerschen Ostpolitik bis zum Ende seiner Kanzlerschaft geblieben sind (589).
Dies wird vor allen Dingen deutlich, wenn man den zweiten direkten Anlauf Adenauers, im Rahmen der Arkanpolitik auf dem deutschlandpolitischen Sektor zu einem Ausgleich mit der Sowjetunion zu kommen, betrachtet. Gemeint ist jener Vorschlag des Kanzlers an den Bonner SU-Botschafter Smirnow vom 6.6.1962 zu einem zehnjährigen Burgfrieden in der Deutschlandfrage zu kommen, wenn es dadurch für die Menschen in der DDR größere Freiheiten gebe (590). Adenauer selbst hat auf sein damaliges Angebot noch kurz vor seinem Rücktritt hingewiesen, die darauf folgende Auseinandersetzung um Form und Inhalt seines Vorschlages hat wichtiges Quellenmaterial offengelegt (591). Dies ist sicherlich teilweise widersprüchlich, dennoch scheint es angebracht, eine unmittelbare Verbindungslinie zwischen Globke-

Plan und Burgfriedensangebot zu ziehen. In diese Richtung argumentierte
schon unbewußt Bruno Bandulet, der unter Berufung auf ein Gespräch mit
Hans Globke vom Dezember 1968 erklärt, schon seit 1958 sei in Bonn überlegt worden, in welcher Form der Plan eines Burgfriedens an Moskau heran-
zutragen sei (592). Adenauers Staatssekretär wollte damals offensichtlich
die Existenz der Globke-Pläne noch nicht publik machen (593). Gleichwohl
wird seine Aussage zur Vorgeschichte des Burgfriedensplanes als indirekte
Bestätigung für eine Vorreiterrolle des Globke-Plans in dieser Hinsicht zu
werten sein (594). Die Vorreiterrolle wurde durch Klaus Gotto bewiesen,
nachdem ein unmittelbarer Vergleich der Konzeptionen aufgrund einer ver-
besserten Materialbasis möglich war. Gotto erläutert dabei die innere
Kongruenz der beiden Pläne mit dem Hinweis, daß die Substanz des Burgfriedensplanes identisch sei mit der des Globke-Plans (595).
Anders als beim Österreich-Status ging der Kreml zwar diesmal ausdrücklich
auf das Burgfriedensangebot Adenauers ein, seine Antwort war aber durchweg negativ und wurde bereits am 2.7.1962 durch Sowjetbotschafter Smirnow
dem Kanzler überbracht (596). Adenauer ließ sich durch dieses Nein aber
augenscheinlich nicht von seinem neuen deutschlandpolitischen Konzept ab-
bringen, denn in einer kurz darauf vor dem Bundestag abgegebenen Regierungserklärung zur Innen- und Außenpolitik formulierte der Kanzler (aus
der Rückschau eindeutig, im Zeitbezug aber nur zu erahnen) die Zentral-
these seiner Arkanpolitik:

"Ich erkläre erneut, daß die Bundesregierung bereit ist, über vieles mit
sich reden zu lassen, wenn unsere Brüder in der Zone ihr Leben so einrichten können, wie sie es wollen. Menschliche Überlegungen spielen hier
für uns eine noch größere Rolle als nationale." (597)

Daß Adenauer einen unorthodoxen Ansatz in der Deutschlandpolitik weiterhin
für relevant hielt, verdeutlichte er wenig später, als er gegenüber US-
Präsident John F. Kennedy den Vorschlag eines "Stillhalteabkommens" in der
deutschen Frage präsentierte (598). Dies kann durchaus als vierter und
letzter bislang bekannter Fixpunkt seiner Arkanpolitik bewertet werden, da
sich auch diese Konzeption im Kernbereich auf die bisherigen Überlegungen
stützte, wenngleich auch einige nicht unerhebliche Modifikationen in der
Erstellung deutlich werden. Dieses Projekt scheint aber trotz grundsätzlicher Zustimmung von Kennedy nicht in den Ost-West-Dialog eingebracht
worden zu sein (599).

Damit ist die überblickmäßige Präsentation der Arkanpolitik Adenauers im
Bereich der deutschen Frage in den letzten Regierungsjahren des Kanzlers
abgeschlossen. Die immer deutlicher werdenden Umrisse dieses lange Zeit
nur schemenhaft wahrnehmbaren Politikansatzes haben nun durchaus schon
zu bewertenden Einordnungen geführt, wobei das Kategorienraster inhaltliche und taktische Kriterien ausweist.
In der Arkanpolitik versinnbildlicht sich danach zunächst einmal Adenauers
Bestreben, vor dem Hintergrund des wachsenden Bilateralismus der Supermächte die deutsche Frage einige Zeit aus der politischen Diskussion
herauszunehmen, weil er befürchtete, man könne sie als Handelsobjekt für
ein globales Arrangement benutzen, wobei essentielle deutsche Interessen
Gefahr liefen, geopfert zu werden (600). Und so war ein durchgängiges Versatzstück seiner Arkanpolitik die Idee eines mehrjährigen Stillhalteabkommens in der deutschen Frage (auch in der Version einer Akzeptierung des
territorialen Status quo für Zugeständnisse im politischen Bereich).
Der Kanzler hat die Vorstellung eines Stillhalteabkommens durchaus unabhängig von Verweisen auf sein neues deutschlandpolitisches Konzept verwandt (601). War von Arkanpolitik die Rede, kam der Aspekt des Stillhal-
tens in der deutschen Frage aber immer wieder zur Sprache. So erklärte
Adenauer gegenüber de Gaulle zu den Motiven für seinen Burgfriedensplan
aus dem Juni 1962, er habe damit einen Beitrag leisten wollen, damit die
Ost-West-Probleme außerhalb der deutschen Frage leichter lösbar seien, als
wenn die deutsche Frage dabei eine so entscheidende Rolle spiele (602).
Den Köder einer unbelasteten Lösung der Ost-West-Konflikte legte er auch
ganz offen gegenüber Botschafter Smirnow aus, als er diesem den Burgfriedensplan in Bonn erläuterte (603).
Andere deuten die Arkanpolitik Adenauers dahingehend, daß der Kanzler -
wieder vor dem Hintergrund des immer stärker aufkeimenden Bilateralismus
der Supermächte USA und UdSSR - einen Weg zum unmittelbaren Interessenausgleich mit der Sowjetunion suchte. Da dieser Problemkreis des Anti-
Bilateralismus schon zuvor angesprochen wurde (vgl. S. 336 f), soll auf
den Umstand hier nur ganz kurz hingewiesen werden.
Daneben ist die Arkanpolitik für viele   d e r   schlagende Beweis, daß
Adenauer trotz eines weitverbreiteten gegenteiligen Klischees in der
Deutschlandpolitik kein Verfechter eines kurzsichtigen Immobilismus war.
Sie sehen vielmehr in den präsentierten Projektionen Adenauers die Be-

stätigung, daß die Führungsspitze jener Zeit, entgegen damals wie heute weitverbreiteten Vorurteilen, sich Gedanken über die Wiedervereinigung und das Selbstbestimmungsrecht in der vorgegebenen politischen Situation gemacht habe (604) oder kommen zu dem Resultat, die Vorstellung einer phantasielos-starren, auf juristische Formalien fixierten und auf Negation beschränkten Deutschland-Politik Konrad Adenauers sei ein Zerrbild (605).

Daß aber trotz faktischer deutschlandpolitischer Aktivitäten des Bundeskanzlers nach außen hin der Anschein von starrem Immobilismus bei Adenauer auf diesem Feld entstehen konnte, wird auch gesehen (606). Die Zurückhaltung war kein Zufall, sondern Adenauersche Methode. Und auf dieser Ebene ist dann eine weitere Einordnung der Arkanpolitik möglich, die im Zusammenhang mit dieser Studie besonders wichtig erscheint: Adenauers neuer deutschlandpolitischer Ansatz war als Geheimpolitik (607) angelegt. Generell lassen sich zwei Bereiche erkennen, gegenüber denen der Kanzler sein politisches Tun weitgehend abschottete:
- das eigene politische Lager
- die Öffentlichkeit.

Was die erste Gruppierung angeht, so hat Heinrich Krone darauf hingewiesen, daß sich Überlegungen im kleinsten Kreis Adenauers über letzte Fragen einer sich neu anbahnenden Politik zwar lange hinziehen konnten, daß aber dennoch über die deutsche Ostpolitik unter Adenauer nur wenige Bescheid wußten (608). Zu den "Nichtwissern" gehörte offensichtlich auch der langjährige Außenminister Heinrich von Brentano (609).

Der zweite Abschottungsbereich war die Öffentlichkeit, und so ist denn auch immer wieder nachträglich darauf hingewiesen worden, daß Ostpolitik für Adenauer als Auftrag schon viel früher existierte, als es die Öffentlichkeit ahnte (610). Manchmal wird sogar konkret das Jahr 1958 genannt, in dem sich eine von der Öffentlichkeit kaum bemerkte Kurswende in der Deutschlandpolitik des Bundeskanzlers vollzog (611).

Diese jahresmäßige Festschreibung hebt wohl auf die Tatsache ab, daß im März 1958 Adenauer sein Angebot eines Österreich-Status für die DDR gegenüber dem sowjetischen Botschafter in Bonn, Smirnow, entwickelte. Die vorliegenden Unterlagen machen deutlich, daß der Bundeskanzler seinen ersten Vorstoß in das neue deutschlandpolitische Terrain ganz bewußt als Geheimpolitik anlegte respektive als Arkanpolitik anlegen mußte. Dem

Regierungschef war wohl klar, daß ein Aufschrei des Entsetzens durch die
Bundesrepublik gehen würde, falls sein Österreich-Modell bekannt werden
sollte. Gegenüber Smirnow beschrieb Adenauer dann den für ihn relevanten
Gefahrenkern einer möglichen Publizität des Projektes:

"Ich machte darauf aufmerksam, daß ich mit meiner Frage hinsichtlich des
Status der 'DDR' sehr weit gegangen sei. Wenn dies der deutschen Öffentlichkeit bekannt werden würde, riskierte ich, von meinen eigenen Leuten
dafür gesteinigt zu werden. Er möge deshalb diese Frage nicht an die
Öffentlichkeit bringen." (612)

Daß er nicht zu schwarz gemalt hatte, konnte der Kanzler wenig später
am Schicksal eines Vorschlags erkennen, in dem ein Publizist verwandte
Gedankengänge geäußert hatte. Es handelt sich um Vorstellungen von Paul
Wilhelm Wenger, die in manchen Aspekten Adenauers Konzept ähneln (613)
und die in der Bundesrepublik (gerade im Regierungslager) absolute
Entrüstung auslösten. Als Jahre später Karl Jaspers und Golo Mann vergleichbare Gedanken vortrugen (614), war die Ablehnung nicht weniger einhellig. Vor diesem Hintergrund scheint es verständlich, daß Adenauer seine Österreich-Projektion für die DDR höchst diskret behandelt wissen
wollte. Einiges deutet auch hier darauf hin, daß auch Außenminister von
Brentano nicht eingeweiht war. Immerhin enthält der Brief, den der Außenamtschef zur Vorbereitung der außenpolitischen Debatte am Tag nach dem
Adenauer-Angebot an Smirnow schrieb, keine Anzeichen dafür, daß ihn der
Kanzler ins Vertrauen gezogen hatte. In dem Schreiben ist aber eine
Formulierung enthalten, die genau das Gegenteil von dem als richtig deklariert, was Adenauer kurz davor mit der Österreich-Formel gegenüber der
Sowjetunion tatsächlich praktizierte. Brentano spricht nämlich davon,
daß es aussichtslos sei, ständig neue Pläne und Konzeptionen gegenüber der
UdSSR zu entwickeln. So etwas sei nur geeignet, die Verwirrung zu steigern
(615).

Auch beim nächsten Schwerpunkt in Sachen Arkanpolitik — dem Globke-Plan —
war Außenminister von Brentano offensichtlich nicht eingeweiht (616).
Wie Heinrich Krone, dem Globke das Papier zur Lektüre gab (617), zusätzlich berichtet, war auch der Staatssekretär im Außenamt, Hilger von
Scherpenberg, nicht über die Anfänge des Projektes unterrichtet (618). So
kann man wohl davon ausgehen, daß Franz Josef Bach die Situation richtig
beschreibt, wenn er darauf hinweist, Globke- und Burgfriedensplan seien
unter weitgehendem Ausschluß des Auswärtigen Amtes entstanden (611). Auch

die wichtigsten Parteigremien blieben augenscheinlich uninformiert (620).
So dürfte denn auch der Burgfriedensplan, Adenauers nächstes konkretes
Projekt in diesem Zusammenhang, kaum in diesem Kreis zur Sprache gekommen sein. Auch hier bat Adenauer seinen Gesprächspartner Smirnow – wie
beim Österreich-Vorschlag – um strenge Diskretion. Die deutsche Gesprächs-
notiz über die Unterrichtung vom 6.6.1962 endet mit der Passage, es sei
abschließend vereinbart worden, der Presse nichts über den Inhalt des Gesprächs mitzuteilen (621). Laut der Erklärung des sowjetischen Außenministeriums zur Unterredung Adenauer/Smirnow wurde der Kanzler noch
deutlicher zitiert:

"Diese Ausführungen seien bis auf Staatssekretär Globke niemanden bekannt,
weshalb er (Adenauer) den Botschafter bitte, über diesen Gedankengang weder im Auswärtigen Amt noch mit Vertretern der Presse zu sprechen." (622)

Wie beim Globke-Plan wurde jedoch auch diesmal Heinrich Krone über den
Vorstoß informiert. Der Kanzler selbst empfing ihn unmittelbar nach dem
sowjetischen Botschafter, weihte ihn ein und konnte Krones Zustimmung zu
seiner Projektion einholen (623). Allein beim letzten hier angesprochenen
Vorschlag im Rahmen der Arkanpolitik Adenauers scheint der Kreis der
"Mitwisser" etwas breiter angelegt gewesen zu sein. Das Stillhalteabkom-
men wurde offensichtlich im Auswärtigen Amt konzipiert; Heinrich Krone,
einer der wenigen Informierten über die diversen Ausformungen des neuen
deutschlandpolitischen Ansatzes, wurde diesmal vom neuen Außenamts-Staatssekretär, Karl Carstens, über die Details des Vorschlages informiert
(624).

Allgemein war die Abschottung aber wie beschrieben ziemlich rigoros, Adenauers Andeutungen vor dem Bundestag zum Österreich-Modell und Burgfriedensplan konnten aus dem Zeitbezug heraus nur schwer richtig interpretiert werden und müssen wohl auch als unterstreichende Demonstration
gegenüber der Sowjetunion gewertet werden. Es läßt sich nur darüber
spekulieren, ob Adenauer den Arkancharakter seiner neuen Deutschlandpolitik hätte beibehalten können, falls eines seiner vorgestellten Projekte
von der Sowjetunion akzeptiert worden und es zu förmlichen Verhandlungen
gekommen wäre. Soweit kam es aber faktisch nie. Als Botschafter Smirnow
im Sommer 1963 weitgehende Konzessionsbereitschaft erkennen ließ, war es
wegen der beschlossenen Nachfolgeregelung Adenauers dafür zu spät (625).
Es gibt ohnehin eine Betrachtungsweise der Arkanpolitik, die, unabhängig

von ihrem tatsächlichen Scheitern, das Konzept des Kanzlers ganz grundsätzlich auf Illusionen gebaut sieht (626). Klaus Gotto hat aber darauf hingewiesen, daß sich Adenauer der Risiken und Unwägbarkeiten seines neuen Ansatzes durchaus bewußt war, dennoch aber von der Tragfähigkeit seiner Annahmen überzeugt schien und eine Realisierungschance sah (627).
Für Adenauer war die Arkanpolitik vom Inhaltlichen her also ein Ansatz mit Erfolgsaussichten. Er wurde in diese Richtung aktiv, obwohl ihm klar war, daß er eine politische Basis für sein Tun im eigenen Land nicht ohne weiteres finden würde. Dieses Dilemma ließ sich für ihn nur insofern lösen, als er eine strukturelle Verfahrensform wählte (wählen mußte), die sein Tun weitgehend verschleierte. Für den Mann, dessen Autoritätsschwund in den letzten Jahren seiner Regierungszeit immer deutlicher wurde, war mit der Arkanpolitik aber ein zweites Dilemma verbunden, das er nicht auflösen konnte. Er hatte eine neue Antwort auf die veränderte außenpolitische Konstellation, betrat unbekanntes politisches Terrain, konnte dies aber nicht intern verwerten, da die von ihm als richtig anerkannte neue politische Perspektive keine Dimension hatte, um seinen Positionswert zu verbessern. Die neue Politik konnte ihm kein zusätzliches Profil geben in einer Zeit, wo er dieses Profils dringend bedurft hätte. Hier versagte auch die Methode, mit der bislang so manches heikle Thema angegangen worden war: Wie aus der Beschäftigung mit den Einsamen Entscheidungen bekannt, hat Adenauer gerade in informellen Gremien immer wieder Vorabklärungen bei problematischen Schritten durchgeführt. Dies ist diesmal, obwohl die Kapazität dafür vorhanden war, nicht einmal in Ansätzen versucht worden. Wenn also jemals eine Politik Adenauers wirklich "einsam" war, dann war es diese Arkanpolitik.

## 5. Adenauer und die Interessenverbände

Bereits zweimal ist die Rolle Adenauers als unmittelbarer Ansprechpartner für die bundesdeutschen Verbände in der Zeit der Genese und die Blüte der Kanzlerdemokratie beschrieben worden. Übereinstimmendes Resultat dieser Betrachtungen war die Erkenntnis, daß der Direktkontakt zwischen Regierungschef und Verbandsspitzen durchaus üblich war, wobei diese Immediatgespräche im Palais Schaumburg aber keinesfalls zum Dreh- und Angelpunkt der pluralistischen Gesellschaft hochstilisiert werden sollten, wie dies für die Regierungszeit Adenauers nicht gerade selten geschieht.

Für das vorstehend ebenfalls präsentierte Resultat, daß verbandsmäßiger
Einfluß im Regierungsbereich nicht (nur) punktuell beim Kanzler ansetzt,
sondern breit aufgefächert angelegt ist, gibt es auch im hier interessierenden Zeitraum der letzten Amtsjahre Adenauers ein Beweismittel: die
Untersuchung von Frieder Naschold zum Scheitern der Krankenversicherungsreform im Jahre 1960 (628). Sicherlich arbeitet Naschold in seiner Studie
die Wichtigkeit der Immediatgespräche der Ärztevertreter beim damaligen
Regierungschef heraus (629). Es wird aber auch dargestellt, auf wie vielen
anderen Ebenen und Kanälen Beeinflussungsversuche durchgeführt wurden
(630). Naschold ist zudem dagegen gefeit, die Ergebnisse solcher Immediatgespräche im Palais Schaumburg in den Rang vertragsähnlicher Garantien zu
erheben. Nachdem er die Kanzlergespräche und ihre unmittelbaren Auswirkungen dargestellt hat, kommt er zur entsprechenden parlamentarischen Abklärung und beginnt diesen Abschnitt mit dem Hinweis darauf, daß die Vereinbarungen der Kanzlergespräche keinerlei Rechtskraft besaßen und in
ihren wesentlichen Inhalten erst noch im parlamentarischen Prozeß durchgesetzt werden mußten (631).

Ganz allgemein sind in der Endphase der Kanzlerschaft Adenauers keine
neuen Aspekte hinsichtlich der Bedeutung des Regierungschefs als direkter
Verhandlungspartner der diversen Interessengruppen zu erkennen. Wohl aber
kann von einem vielbeachteten Vorfall berichtet werden, der verdeutlicht,
daß das Mittel des Immediatgesprächs von Verbandsvertretern völlig überschätzt wurde. Gemeint ist eine Äußerung des Präsidenten des Bundesverbandes der Deutschen Industrie, Fritz Berg, im Verlauf einer Bundespressekonferenz in Bonn am 29.9.1960, in der der BDI-Chef Pläne des Wirtschaftsministers Ludwig Erhard zur Konjunkturdämpfung scharf anging. Berg
nannte Erhards Vorschlag, durch Aufhebung der Einfuhrumsatzsteuer und der
Exportsubventionen die Ausfuhr zu beschränken und die Einfuhr zu erhöhen,
eine Katastrophe für die gesamte deutsche Wirtschaft (632). Verblieb diese
harte Stellungnahme des BDI-Präsidenten gegen eine Quasi-Aufwertung der
D-Mark irgendwo noch im Rahmen der gewohnten verbandsmäßigen Kommentare zu
Regierungsvorhaben vor der Presse, lösten Bergs weitere Erklärungen zu
dieser Sache ein ziemlich durchgängiges negatives Echo in der Öffentlichkeit aus.

Als die anwesenden Journalisten nach dieser Verurteilung durch den Industriellen-Präsidenten weiterbohrten und wissen wollten, was Berg denn nun

zu tun gedenke, machte dieser deutlich, daß er sich von Gesprächen mit
dem damals gerade im Ausland befindlichen Ludwig Erhard oder dessen
Staatssekretären nichts verspreche, sondern die ganze Angelegenheit bei
Konrad Adenauer zur Sprache bringen werde. Nach dem Sinn dieses Immediatgesprächs beim Kanzler gefragt, brüstete sich Berg ohne Umschweife wie
folgt:

"Ich glaube, daß beide Maßnahmen (die Aufwertung und die steuerpolitischen
Surrogate), wenn wir etwas weiter sehen, endgültig vom Tableau kommen."
(633)

Berg hatte damit, durch insistierende Journalistenfragen wohl auch ein
wenig aus der Reserve gelockt, in der Öffentlichkeit den Eindruck erweckt,
als werde die Wirtschaftspolitik der Bundesrepublik im Konfliktfall vom
BDI bestimmt, wobei dieser als jederzeit probaten Einflußkanal über den
direkten Weg zum Kanzler verfüge.

Tatsächlich wurde Bergs Einflußgewißheit via Adenauer schon recht bald
falsifiziert. Sah es zunächst nach einem entsprechenden Kabinettsbeschluß
vom 18.10.1960 gegen Aufwertungsmaßnahmen (634) so aus, als habe der Un-
ternehmerpräsident sein Prestige beim Kanzler nicht zu hoch veranschlagt,
wurde nur Monate später klar, daß dieser "Sieg" allenfalls ein Pyrrhus-
Sieg (635) war und daß der Wink mit dem Immediatgespräch auch die Qualität einer überzogenen Drohgebärde hatte. Nachdem nämlich im Februar 1961
auch Bundesbankpräsident Blessing vom Lager der Aufwertungsgegner ins
Lager der Aufwertungsbefürworter gewechselt war, konnte Erhard Adenauer
von der Notwendigkeit einer Änderung der DM-Paritäten überzeugen und mit
einer ziemlich geheim gehaltenen Aktion zur Aufwertung am 5. März 1961
auch Fritz Berg überraschen (636). Erhard hatte damit bewiesen, daß ein
guter Kontakt zu Adenauer allein nicht ausreiche, um wirtschaftspolitische Prioritäten setzen zu können.

Unter dem speziellen Betrachtungswinkel dieser Studie ist der geschilderte
Ablauf angetan, den Stellenwert des Mediums Immediatgespräch wie gehabt
zu bewerten: Für Verbandsvertreter war der Direktkontakt zu Adenauer
e i n  Einflußkanal, jedoch nicht  d e r  Einflußkanal.

Zusammenfassung

Die Genese und die Blüte der Kanzlerdemokratie sind in den ersten Abschnitten dieser Studie beschrieben worden. Es konnte ein Kanzler vorgestellt werden, der eine starke Stellung im Regierungsbereich innehatte, ohne daß man ihm ein bestimmtes Monopol bei der Konkretisierung der Regierungspolitik zusprechen konnte. Adenauer war sicherlich ein Dominator in wichtigen politischen Feldern (z.B. Außenpolitik), der Regierungsstil war aber dadurch gekennzeichnet, daß die Verwirklichung der Politik von ihrer Struktur her in einem Geflecht formeller und informeller Ebenen vollzogen wurde. Für die letzten Jahre von Adenauers Kanzlerschaft wird nun von zahlreichen Beteiligten und Betrachtern ein Machtverlust des Kanzlers im politischen System der Bundesrepublik festgestellt. Im folgenden soll nun zusammengefaßt werden, aufgrund welcher Umstände dieser Machtverlust zustande kam, welcher Positionswert dem Kanzler im Regierungsbereich attestiert werden kann und inwieweit dies eine Änderung der strukturellen Gegebenheiten bedeutet.

Ausgangspunkt der Darstellung muß die Erkenntnis sein, daß der wichtigste außenpolitische Eckpfeiler für die Bundesrepublik in den Jahren zuvor, die Sonderbeziehung zu den USA, in der Endphase der Kanzlerschaft Adenauers verschwand. Verantwortlich dafür war das atomare Patt der Supermächte USA und UdSSR, das vor allem die Kennedy-Administration aus nationalem Sicherheits-Interesse dazu brachte, ein Arrangement mit den Sowjets zu suchen, ohne sich dabei durch bisherige Verpflichtungen gegenüber Bonn allzusehr stören zu lassen. Die Entspannungspolitik Washingtons brachte nun Adenauer einerseits dazu, ihm nicht genehme Projekte der Amerikaner in deutschlandpolitischer Hinsicht zu torpedieren, andererseits ging er dazu über, eine aktive Ostpolitik gegenüber der Sowjetunion zu betreiben, um auf diese Weise die mögliche Opferung deutscher Vitalinteressen bei einem bilateralen Ausgleich auszuschalten.

Die Differenzen zwischen Washington und Bonn hatten aber nicht nur eine inhaltlich-politische Dimension, es gab auch einen persönlichen Aspekt. Nach dem Tode von Dulles fand Adenauer in den USA keinen Ansprechpartner mehr, um seine Politik der persönlichen Beziehungen fortsetzen zu können. Das Verhältnis zu Kennedy war meist kühl und distanziert. Die Amerikaner sahen in Adenauer nicht mehr den allein möglichen Ansprechpartner, ihr außenpolitisches Kalkül hinsichtlich der Bundesrepublik war viel breiter angelegt und umfaßte auch die SPD. Adenauers konkurrenzlos-herausgehobene Position im außenpolitischen Feld ging damit verloren. Die geschilderte persönliche Distanz der Spitzenpolitiker auf beiden Seiten und die geschilderten inhaltlichen Differenzen entluden sich immer wieder in Spannungen zwischen Bonn und Washington. Nach einer Phase der Harmonie im beiderseitigen Verhältnis kam es zu einer Periode, die durch ein beträchtliches Maß an Uneinigkeit gekennzeichnet war.

Neben der beschriebenen, durch außenpolitische Faktoren geprägten Positionsverschlechterung kamen aber auch innenpolitische Umstände hinzu, die Adenauers Stellenwert im politischen System beträchtlich reduzierten. Der gravierendste Vorfall in dieser Hinsicht war das Verhalten des Regierungschefs während der Suche für einen Nachfolger des 1959 aus dem Amt scheidenden ersten Bundespräsidenten, Theodor Heuß. In dieser sogenannten Präsidentenkrise zerschlug Adenauer insofern ziemlich viel politisches Porzellan, als er einen von den wenigsten akzeptierten Zickzack-Kurs steuerte, wobei er sich zunächst für einen Präsidenten Erhard einsetzte, als dieser nicht antreten wollte, selber kandidierte, dies widerrief, als er merkte, daß Erhard dann sein Nachfolger geworden wäre und nach diesem Widerruf die Gemüter weiter erhitzte, indem er Erhards allgemeinpolitische Qualitäten in Frage stellte. Adenauer präsentierte sich dabei als politischer Akteur, dem Fehlleistungen in unterschiedlichster Hinsicht unterliefen: Er erlag zunächst einmal einem machtpolitischen Trugschluß, als er im Bonner Regierungssystem Entwicklungstendenzen zur Präsidialdemokratie zu entdecken glaubte. Er war in der Wahl seiner politischen Mittel wenig wählerisch und tat so gut wie nichts, die aufgewühlten Gemüter im eigenen politischen Lager in dieser kritischen Situation zu beruhigen. Sein Agieren führte zu einem Vertrauensverlust, seine bis dato vor allem im eigenen Lager als unerschütterlich geltende Autorität wurde stark in Mitleidenschaft gezogen.

Die Abnützung der Ausnahmeautorität des Kanzlers durch die geschilderten Umstände hatte durchaus einen spezifischen Kern. Adenauers eigentlicher Kontrahent in der Bundespräsidentenkrise war die CDU/CSU-Bundestagsfraktion, sie machte dem Regierungschef deutlich, daß es durchaus politische Entscheidungen von Grundsatzqualität gab, wo sie zäh die Gefolgschaft verweigern konnte. Es wurde eine bislang unbekannte Distanziertheit zwischen dem Kanzler und seinem Parlamentsclub offenbar. Mehr noch – die Unions-

fraktion präsentierte sich als eigene politische Kraft mit einem bislang kaum vorhandenen Selbstbewußtsein gegenüber dem Kanzler.
Es gibt zudem Beobachter, die den Autoritätsverlust Adenauers aufgrund der Vorfälle bei der Heuß-Nachfolge nicht nur in machtpolitischen Einflußkategorien sehen, sondern auch einen verfahrensmäßigen Terrainverlust des Regierungschefs ausmachen. Für sie wird bei der Nachfolgefrage erstmals deutlich, daß sich sein bislang benütztes Verfahren, Entscheidungen in formellen Körperschaften durch Absprachen in informellen Gremien vorzubereiten, als unpraktikabel erwies. Eine Beschäftigung mit den in Frage kommenden Fällen (Nominierung von Erhard als Bundespräsident/Kanzlernachfolge durch Franz Etzel) macht jedoch deutlich, daß die Schwierigkeiten bei der jeweiligen Umsetzung von der informellen auf die formelle Ebene nicht in verfahrenstechnischer Hinsicht liegen, sondern verdeckte inhaltliche Probleme darstellen. In der Präsidentschaftskrise wurde also kein Einbruch in das bisher übliche strukturelle Handlungsnetz im Regierungsbereich deutlich.
Hatte der beschriebene Autoritätsverlust damit auch keine unmittelbaren verfahrenstechnischen Konsequenzen, taucht dennoch die Frage auf, ob der Substanzverlust bei Adenauer nicht anderswo Folgen hatte. Dies muß dazu führen, des Kanzlers Stellung innerhalb der Union zu untersuchen, war doch die Beziehung zwischen Adenauer und der CDU in der "Hoch"-Zeit der Kanzlerdemokratie als eine eigenartige Symbiose dargestellt worden, in der der Parteivorsitzende Adenauer durch seine plebiszitären (Wahl-) Erfolge als Kanzler der Partei politische Bedeutung gab und sie in der Rolle als populärer Regierungschef mit seiner Autorität über quasi außerparteiliche Resonanzfelder führte. Die Union wurde zur "Kanzlerpartei", sie präsentierte kein eigenes politisches Profil, war organisatorisch unterentwickelt, programmatisch ein Multiplikator der Regierungspolitik. Hatte nun der beschriebene Autoritätsverlust für diese politische Schlachtordnung Folgen? Ganz allgemein heißt dies die Frage danach zu stellen, wie sich das beschriebene Verhältnis zwischen Kanzler und Partei in den letzten Jahren der Adenauerschen Regierungszeit entwickelte, ob neue personelle, organisatorische oder programmatische Tendenzen festzustellen sind.
Diese eigentümliche Symbiose konnte insofern kein Erfolgsrezept mehr sein, als sich Negativbilanzen auf diversen Ebenen für Adenauer und seine Partei

aufmachen lassen. Zunächst gab es gravierende inhaltliche Differenzen innerhalb der Union. Im außenpolitischen Bereich sei auf die Spaltung zwischen "Atlantikern" und "Gaullisten" hingewiesen, innenpolitisch sorgten Themen wie der sogenannte "Fernsehstreit" (Errichtung eines zweiten bundesdeutschen TV-Systems) oder die Krankenversicherungsreform für innerparteiliche Konflikte.

Auf einer zweiten Ebene muß vermerkt werden, daß Adenauers Autorität, für den Zusammenhalt der Partei von einiger Bedeutung, schwere Einbrüche hinnehmen mußte. Ein bereits erwähnter Negativpunkt in dieser Hinsicht war die Präsidentenkrise des Jahres 1959. Einen weiteren Einbruch in die Autoritätsposition des Kanzlers bewirkte ein Ereignis, das zwei Jahre später erfolgte: der Bau der Berliner Mauer am 13. August 1961. Auch hier wurde die Positionsverschlechterung des Kanzlers durch eine Reihe von Fehlreaktionen ausgelöst: Adenauer ging trotz gegenteiliger Ratschläge vieler Berater nicht nach Berlin und griff den Berliner Bürgermeister, Willy Brandt, im Wahlkampf weiterhin mit fragwürdigen Methoden an, so als sei gar nichts passiert. Als psychologischer Mißgriff gilt daneben ein Gespräch mit Sowjetbotschafter Smirnow unmittelbar nach dem Mauerbau. Das danach präsentierte Kommuniqué verrät auch nicht in Ansätzen, ob sich Adenauer dabei gegen die Absperrung der westlichen Halbstadt verwahrte. Die vorgestellten Mißgriffe summierten sich offensichtlich zu einer ziemlichen Negativbilanz für den Kanzler, als sichtbare Auswirkung dieser Veränderung wird der Verlust der absoluten Mehrheit bei der kurz darauf angesetzten Bundestagswahl angesehen.

Gingen die Union und ihr Vorsitzender vor diesem Hintergrund neue Wege der innerparteilichen Ausrichtung? Generell kann man feststellen, daß das Resultat der vierten Bundestagswahl der entscheidende Impuls für eine Reformdiskussion innerhalb der Union war, die unter dem Signum "Parteireform" firmierte. Dabei ging es darum, der Partei eine von den Staatsorganen abgehobene Eigenexistenz zu geben, die CDU sollte ein charakteristisches Profil erhalten, das sie zur Zeit der Blüte der Kanzlerdemokratie nie besessen hatte. Bei der angestrebten Neubestimmung sah sich die Union vor zwei Teilaufgaben gestellt:
- eine Überholung des programmatischen Profils der Partei,
- eine organisatorische Reform der Parteistruktur.

Sicherlich waren die anlaufenden programmatischen Anstrengungen, deren

Fixpunkt ein Papier des Abgeordneten Rainer Barzel war, ein theoretischer Impuls, der recht bald wieder im Sande verlief. Weniger dieses Scheitern ist im Zusammenhang mit dieser Studie von Belang, hier zählt in erster Linie die Tatsache, daß sich die Union überhaupt bemühte, ein selbständiges, kanzlerunabhängiges Profil aufzubauen. Dies kann als Emanzipationsversuch einer Partei gewertet werden, deren programmatische Grundausrichtung nur allzu lange in treuer Gefolgschaft der vom Kanzler dominierten Regierungspolitik bestanden hatte.

Daß die CDU Abschied von ihrer bisherigen Ausrichtung als Kanzlerpartei nahm, wurde auch auf dem zweiten Teilgebiet der Parteireform deutlich, dem organisatorischen Teil der Unionsstruktur. Im Mittelpunkt dieses Reformzweiges stand die Schaffung einer neuen parteilichen Führungsrolle innerhalb der Union, der Position des Geschäftsführenden Parteivorsitzenden. In dieses Amt wurde der damalige nordrheinwestfälische Innenminister, Josef-Hermann Dufhues, gewählt. Die CDU hat immer wieder betont, daß dieser Teil der Parteireform keinesfalls gegen Adenauer gerichtet sei und mit Zustimmung des Kanzlers durchgeführt wurde. Dies war aber maximal die halbe Wahrheit. Adenauer äußerte sich zwar in der Öffentlichkeit positiv zur Kandidatur von Dufhues, dessen Spitzenposition war aber keine Neukonstruktion, die die bisherige Führungsstruktur der Union nur erweiterte, ohne das überkommene Gefüge zu verändern. Hier wurde ein machtpolitisch verändertes innerparteiliches Kräfteparallelogramm errichtet und dies mußte die Führungsfunktion des Parteichefs Adenauer berühren. Und so war denn auch Adenauer im Gegensatz zum öffentlich deklarierten Placet keineswegs einverstanden mit der zusätzlichen Spitzenrolle, da er seinen Herrschaftsbereich angetastet sah.

Sicherlich sind Dufhues' Möglichkeiten sehr oft überschätzt und daraus dann ein Scheitern auch dieses "Astes" der Parteireform abgeleitet worden. Daß dem in keinem Fall so war, kann mit einer Erfolgsmeldung (nicht nur parteipolitischer Art) widerlegt werden, die in Zusammenhang mit der Errichtung des neuen hochkarätigen Parteiamtes gesehen werden muß: Die Regelung der politischen Nachfolge des Kanzlers Adenauer gelang Dufhues mit viel Zeit und Energie ziemlich erfolgreich, der Übergang zu Erhard ging einigermaßen bruchlos vonstatten. Die Union wurde wieder zur Kanzlerpartei, jedoch unter total entgegengesetzten Vorzeichen. Einstmals von Adenauer in seiner Rolle als Kanzler beherrscht, bot sie nun innerpartei-

liche Vorkehrungen (Geschäftsführender Vorsitzender) an, um den Übergang
an der Regierungsspitze zu erleichtern. Dies kann auch als Menetekel für
den tatsächlich durchgemachten Emanzipationsprozeß der Partei angesehen
werden.
Wenn also der Adenauersche Autoritätsverlust und seine Folgen parteiintern
zu ideologischen Aktivitäten und personeller Umgruppierung führte, erhebt
sich auch die Frage, ob und wo die beschriebenen Impulse Wirkungen im Regierungsbereich hatten. Dies soll zunächst bei der Gestaltung der Exekutive in der Endphase der Kanzlerschaft Adenauers untersucht werden. In der
Hochzeit der Kanzlerdemokratie war die Kabinettsbildung durch ein zweipoliges Grundmuster bestimmt gewesen:
- Adenauer stand als plebiszitär gekürter Kanzlerkandidat von vorneherein
 fest,
- die Ausrichtung der Regierungskoalition auf ein bürgerliches Bündnis
 (ohne die SPD) war sicher, fraglich nur die zusätzliche Beteiligung
 neben der CDU/CSU.
Eine "geborene" Kanzleranwartschaft Adenauers konnte es 1961 schon deshalb
nicht mehr geben, weil die Wahlkampagne der Union in diesem Jahr nicht
mehr wie zuvor allein auf den Kanzler zentriert war. Als der erhoffte absolute Wahlerfolg ausblieb, machten zahlreiche Aktionen deutlich, daß eine
Kanzlerkandidatur Adenauers auch im eigenen politischen Lager keine
Selbstverständlichkeit mehr war. Daß Adenauer dennoch in kürzester Zeit
zum Kanzleraspiranten der CDU/CSU avancierte, lag in erster Linie daran,
daß er sich mit taktischer Meisterschaft diese Position erkämpfte. Wollte
er wieder die exekutive Spitzenrolle übernehmen, setzte dies gezielte
Aktionen seinerseits voraus, die Adenauer - ähnlich geschickt wie 1949 -
tatsächlich mit einem Überraschungscoup (Pressekonferenz am Morgen nach
der Wahl) begann und erfolgreich abschloß. Der "alte" Kanzler war also
bald der "neue" Kanzlerkandidat wie auch nach den Urnengängen zuvor. Bloß
hatte es dafür diesmal keinen Automatismus gegeben, die Autorität des
Kanzlers auf diesem Feld hatte sich zwar nicht verflüchtigt, dennoch aber
viel von ihrer Selbstverständlichkeit eingebüßt. Beim ersten Teil des beschriebenen Grundmusters zeigen sich also Folgen des präsentierten Autoritätseinbruchs und machen dieses Segment hinfällig.
Auch in anderer Hinsicht vermittelte die Regierungsbildung des Jahres 1961
neue Aspekte. Es waren die schwierigsten und langwierigsten Verhandlungen,

die es bis dato in Bonn in Sachen Kabinettskonstruktion gegeben hatte. Die lange Verhandlungsdauer rief schließlich einen politischen Faktor auf den Plan, der bislang bei der Suche nach der jeweiligen Regierungsmannschaft nicht in Erscheinung getreten war: Bundespräsident Lübke schaltete sich mit eigenen Sondierungen in Richtung auf eine Allparteienkoalition in die Regierungsbildung ein. Lübkes politisches Ziel einer umfassenden Regierungskoalition läßt uns zum zweiten Segment des vorgestellten Grundmusters kommen. Denn dieser Vorstoß beinhaltet logischerweise, daß sich die SPD an einem Regierungsbündnis beteiligen sollte, die alte Ausgrenzung der Sozialdemokraten scheint damit aufgehoben. Diese Bewertung ist berechtigt, da auch politisch relevante Gruppen innerhalb der Union auf eine Koalition mit der SPD reflektierten (hier aber im Gegensatz zu Lübke "nur" eine Große Koalition anstrebten) und Adenauer selber dem Tabu einer Regierungsbeteiligung der SPD insofern den Todesstoß versetzte, als er ein Zusammengehen mit den Sozialdemokraten zumindest als taktisches Korrektiv gegenüber einer zunächst spröden FDP anwandte. Dieses weitverbreitete Aufdecken der SPD-Karte im "Koalitionspoker" des Jahres 1961 verdeutlicht, daß auch das zweite Segment des beschriebenen Grundmusters für die Regierungskonstruktion als überholt angesehen werden kann und daß damit das ganze Paket als hinfällig erscheint.

Natürlich kam es auch bei dieser Koalitionsbildung schließlich zu einer Regierungsstruktur, die der bürgerlichen Ausrichtung der Bonner Koalition seit Gründung der Bundesrepublik entsprach. Die neue Koalition im alten Gewand war aber nur deshalb möglich, weil es zu einem personalpolitischen Novum kam: Adenauer erklärte sich dazu bereit, das Amt des Bundeskanzlers nicht für die gesamte vierte Legislaturperiode auszuüben. Dieses Versprechen eines vorzeitigen Rücktritts (in einem Briefwechsel und im abgeschlossenen Koalitionsabkommen niedergelegt) kann auch als Preis dafür verstanden werden, daß die Liberalen schließlich doch in eine Koalition unter Adenauer einwilligten. Auf jeden Fall verband sich mit der Kanzlerschaft auf Zeit eine Schwächung der Position des Regierungschefs allein schon von der Anlage her. Er konnte keineswegs mehr so agieren, wie dies bei einer Festlegung auf seine Person für eine ganze Legislaturperiode möglich gewesen wäre.

Damit kann jetzt auch die Frage beantwortet werden, inwieweit der durch den Autoritätsverlust beim Kanzler zustandegekommene Majoritätsverlust der Partei Auswirkungen auf die Regierungsbildung nach der 4. Bundestagswahl hatte. Als Ausgangspunkt dazu dient hier die Positionsbestimmung für Adenauer aus den Regierungsbildungen der Jahre 1953 und 1957, die ihn bei diesen Prozessen als Dominator einordnet, ohne ihn zum Monopolisten zu machen. Diese Rolle Adenauers gehörte bei der Kabinettskonstruktion des Jahres 1961 der Vergangenheit an. Er mußte zunächst einmal darum kämpfen, überhaupt wieder Kanzlerkandidat zu werden. Das Selbstwertgefühl des notwendigen Koalitionspartners, der FDP, war so groß, daß die Liberalen einen Kanzler Adenauer erst dann akzeptierten, als dieser seine Amtszeit beschränkte, d.h. seinen eigenen Positionswert noch vor der Kanzlerwahl drastisch reduzierte. Adenauer konnte zudem den offensichtlich anvisierten Partner FDP nur durch externe Druckpolitik (Hinweis auf eine Große Koalition) beeindrucken. Er mußte sozusagen einen Umweg per Drohgebärde nehmen, da Verhandlungen im bisherigen Rahmen nicht erfolgreich waren. Dies war für den Dominator in der "Hoch"-Zeit der Kanzlerdemokratie nie nötig gewesen. Auch die Dauer der Regierungsbildung mit zahlreichen Krisen zeigte die schwächere Stellung des Kanzlers im Jahre 1961. Offensichtlich gab es niemanden mehr (auch keinen namens Adenauer), der die Kabinettsbildung aus eigener Kraft weitgehend vorprägen konnte.

Als Adenauer ein Jahr später nach der "Spiegel-Krise" seine Regierung umfassend neukonstruieren mußte, wurde sein Positionsverlust noch deutlicher. Aus der Drohgebärde mit der Großen Koalition wurden zwar richtiggehende Verhandlungen mit der SPD über ein Regierungsbündnis. Der Kanzler mußte dabei erkennen, daß für viele SPD-Abgeordnete eine Koalition mit der Union nur dann als politische Möglichkeit galt, wenn man zunächst einmal auch den Kanzler Adenauer zur Disposition stellte, d.h. ihn bestenfalls "unbeschränkt" akzeptierte, schlechtestenfalls ganz auf ihn verzichtete. Adenauer brach unter diesen Vorzeichen seine Verhandlungen ab, die Frage über die Notwendigkeit einer Wahlrechtsreform beinhaltete zusätzlichen Sprengstoff für die angestrebte schwarz-rote Koalition. Adenauer einigte sich danach erneut mit der FDP, die im Hinblick auf seine Person zwar immer noch einen Preis forderte (die exakte Terminierung des Endes seiner Kanzlerschaft), ihn aber als Übergangskanzler keineswegs in Frage stellte. Adenauer mußte damit erleben, daß sich die Drohgebärde als unpraktikabel erwies, weil sie seine eigene Existenz bedrohen konnte. Sein Instrumentarium war also noch weiter eingeschränkt, sein Positionswert schien folglich noch weiter reduziert.

Freilich gab es bei der Regierungsbildung im Jahre 1961 nicht nur ein personalpolitisches Novum durch den "Kanzler auf Zeit", auch im Bereich der Koalitionsvereinbarungen wurde Neuland betreten: Erstmals seit Bestehen der Bundesrepublik wurde ein Koalitionspapier in der Form eines regelrechten Vertrages erstellt. Initiator dieses schriftlichen Koalitionspaktes war die FDP, die ihr Vorgehen damit erklärte, daß sie in den bisherigen Koalitionen unter Adenauer ohne dergleichen Rückversicherung schlechte Erfahrungen gemacht habe. Das Streben nach einem Koalitionspapier war also durchaus eine Manifestation des Mißtrauens der Liberalen, wobei ihr Vorsitzender, Erich Mende, noch einen Schritt weiterging. Für ihn war die Koalitionsvereinbarung nicht nur eine Auffangstellung im Falle von Schwierigkeiten in der Koalition, er deklarierte sie zur gleichen Zeit als Trägerin eines aktiven Veränderungsimpulses. Danach sollte man mit dem Koalitionspakt ein Stück Rückentwicklung der Kanzlerdemokratie in die Wege geleitet werden. War also nach der vorstehend geschilderten Demontage der Position Adenauers der Koalitionspakt ein weiteres Glied in einer Kette von Ereignissen und Umständen, die den Autoritätseinbruch Adenauers bewirkten und versinnbildlichten? Unter der speziellen Fragestellung dieser Studie heißt dies zu ergründen, ob das Mißtrauen der FDP ausreichte, um das überkommene Strukturgefüge der politischen Konkretisierung im Regierungsbereich durch Festlegung des Koalitionspaktes so zu revidieren, daß von neuen (geänderten) formalen Gegebenheiten gesprochen werden muß.

Ein Herangehen an diese Gesamtaufgabe muß zwei Teilbereiche berücksichtigen:
- Beschreibung der Entstehungsgeschichte der Koalitionsvereinbarung,
- Analyse des Gehalts der Koalitionsvereinbarung.

Bei den Koalitionsverhandlungen kam es zunächst zur Einigung in außen- und verteidigungspolitischen Fragen, deren Inhalte durch entsprechende Papiere festgelegt wurden. Der innenpolitische Bereich wurde danach behandelt, ohne daß es zu schriftlichen Niederlegungen kam. Die FDP erstellte vielmehr eine schriftliche Koalitionsvereinbarung, die in einem Spitzengespräch von einigen wenigen Vertretern beider Koalitionspartner redigiert und später tatsächlich als Koalitionsvertrag unterzeichnet wurde.

Für uns ist von Wichtigkeit, daß das nicht redigierte Vordokument der Liberalen zwar mit dem späteren Text im großen und ganzen übereinstimmt, an einer wichtigen Stelle aber einen entscheidenden Unterschied ausweist: Der Koalitionsvertrag billigt dem dort festgeschriebenen Koalitionsausschuß nur eine beratende Funktion zu, im FDP-Papier hatte der Koalitionsausschuß im Gegensatz dazu eine echte Veto-Position, er hätte sich damit durchaus als Nebenregierung nach österreichischem Muster installieren können. Diese vetomächtige Stellung des Koalitionsausschusses war im von beiden Seiten überarbeiteten Koalitionspapier nicht mehr enthalten. Damit kann zunächst einmal konstatiert werden, daß ein Versuch der Liberalen, das überkommene Strukturgefüge der Kanzlerdemokratie vermittels einer Aufwertung des Koalitionsausschusses im angestrebten Koalitionspakt aufzubrechen, schon in den Anfängen scheiterte.

Dennoch stimmten die Gremien der FDP dem veränderten Koalitionspapier zu, dafür gab es aber bei der Präsentation des Vertrages in der CDU/CSU-Fraktion so etwas wie eine Meuterei, wobei sich Adenauer selbst an die Spitze der Kritiker stellte. Die Einwände der Unionsparlamentarier richteten sich weder gegen die organisatorischen Fragen (inklusive Koalitionsausschuß), noch standen außen- und sicherheitspolitische Probleme zur Diskussion. Die Kritik konzentrierte sich auf die innenpolitischen Festschreibungen; hier sah man sich (Stichwort: keine vorherige Festlegung in Schriftform) übergangen und rief zur Revision auf. Auch Adenauer sprach sich für eine Umschreibung des Koalitionspapiers aus. Sein Ansatz war jedoch allein taktischer Natur: Er sah es unabhängig von inhaltlichen Setzungen als gefährlich an, daß die CDU/CSU das Papier nur redigiert habe, dies würde die FDP bei nächster Gelegenheit propagandistisch ausschlachten. Die Liberalen ließen sich jedoch auf eine Veränderung des breits redigierten Papiers nicht ein und so akzeptierte die Union schließlich den gemeinsam bearbeiteten FDP-Entwurf als ausschließlich gültigen Koalitionsvertrag. Zum Votum der CDU/CSU-Fraktion trug Adenauer diesmal wieder entscheidend bei: Er hatte offensichtlich alle taktischen Bedenken über Bord geworfen, wies auf die Vorzüge des Papiers in inhaltlicher Sicht hin (bei der Außen- und Verteidigungspolitik) und machte den Parlamentariern klar, daß auch beim Koalitionspakt nicht alles so heiß gegessen würde, wie es diese Vereinbarung "serviere".

Damit wird deutlich, daß auch die restliche Entstehungsgeschichte des

Koalitionsvertrages keine Anhaltspunkte liefert, die auf formalisierte
Tendenzen zur Rückentwicklung der Kanzlerdemokratie hinweisen könnten.
Somit verbleibt als Analyseobjekt in dieser Hinsicht der schriftliche Gehalt der Koalitionsvereinbarung von 1961. Die dortigen inhaltlichen Festlegungen können aber aus diversen Gründen kaum als Ausgangspunkt für eine
Demontage der Kanzlerdemokratie Adenauers eingestuft werden:
- Adenauer hatte auch in der Zeit zuvor mit Inhaltliches festschreibenden
  Koalitionsvereinbarungen zu tun,
- Adenauer deklarierte wichtige Passagen (Außen- und Verteidigungspolitik)
  als ganz auf der Linie der Union liegend,
- Adenauers politische Perspektive sah durchaus ein Abrücken von unbequemen Passagen des Koalitionspapiers vor.

Auch aus jenen Passagen des Koalitionspapiers, die die Zusammenarbeit der
Koalitionspartner instrumentell regelten, lassen sich keine Hinweise
herausfiltern, daß in der Koalitionsvereinbarung eine formalisierte Tendenz zur Schwächung der Kanzlerposition enthalten sei. Es werden vielmehr
zwei wichtige Aspekte des informellen Gremienhandelns:
- der Koalitionsausschuß
- eine der beiden Unterformen der Koalitionsgespräche, die Teilnahme von
  Spitzenvertretern der Koalitionsfraktionen an Kabinettssitzungen,
die bislang für die Regierungspraxis unter Adenauer praktisch von 1949 an
konstitutiv waren, durch den Koalitionspakt erstmals festgeschrieben. Dies
deutet eher auf Kontinuität und nicht auf Schwächung hin. Damit muß wohl
ganz generell davon ausgegangen werden, daß der Mißtrauensimpuls der Liberalen nicht ausreichte, um das Strukturgefüge der politischen Konkretisierung im Regierungsbereich zu verändern. Das Koalitionspapier enthielt
also keinen institutionellen Kern für eine Rückentwicklung der Kanzlerdemokratie. Adenauers festgestellter Autoritätsverlust schlug sich also
nicht direkt in den Festlegungen des Koalitionsvertrages von 1961 nieder,
von neuen (geänderten) formalen Gegebenheiten via Koalitionspapier kann
auch beim Folgevertrag aus dem Jahre 1962 nicht gesprochen werden.
Bevor das Regierungshandeln vor diesem Hintergrund näher betrachtet wird,
muß noch ein Umstand beschrieben werden, der immer wieder als Katalysator
für die erwähnten Schwierigkeiten im Regierungslager diente und damit
"mit-konstitutiven" Charakter für eine Gesamtsituation hatte, in der der
Autoritätsverlust Adenauers immer plastischer wurde: das Problem der Nach-

folgeregelung Adenauers mit dem Kern, daß sich der amtierende Bundeskanzler bis zum letzten Moment der Nominierung Ludwig Erhards hartnäckig widersetzte. Dies ist oftmals mit einer persönlichen Distanziertheit zum langjährigen Wirtschaftsminister erklärt worden. Adenauer hat aber immer wieder darauf hingewiesen, daß in diesem Feld persönliche Gefühle für ihn keinen Stellenwert hätten, er argumentiere allein aus politischen Gründen. Er kam dabei zu einer Ungleichung zwischen dem großen Wirtschaftsminister und Außenpolitiker bei Erhard, weil dieser nicht die Eigenschaften und Kenntnisse habe, um die Richtlinien der auswärtigen Politik zu bestimmen, da er einen ausgesprochenen Mangel an außenpolitischer Erfahrung aufweise und zudem der von Adenauer als so wichtig eingestuften europäischen Integration kritisch gegenüberstehe. Die Reserve des amtierenden Kanzlers war aber nicht nur fachpolitisch, sie war ganz grundsätzlicher Natur. Er deklarierte Erhard bei aller fachlichen Potenz im wirtschaftspolitischen Bereich zum eigentlichen Nicht-Politiker im allgemeinen Sinne. Erhard war für ihn kein "homo politicus", er hielt ihn für das Kanzleramt für unqualifiziert, sprach ihm ganz offen politische Führungsqualitäten ab. Diese subjektive Sicht des Kanzlers (das "subjektiv" soll hier erneut unterstrichen werden) macht es aber verständlich, wieso Adenauer so eisern bei seinem Nein gegenüber Erhard in der Nachfolgefrage blieb: Da er ihn nicht für befähigt ansah, die Rolle des Bundeskanzlers auszufüllen, glaubte er sich in die Pflicht genommen, Erhards Einzug ins Palais Schaumburg zu verhindern. Dies erklärt, wieso Adenauer so lange und unbeirrt trotz schwindender Realisierungschancen an seiner Distanz gegenüber Erhard festhielt.

Adenauers Hinweis gerade in dieser Zeit auf Erhards außenpolitischer "Befähigung" hatte aber durchaus auch eine pikante Note, was den Kanzler selbst anging. Mußte man ihn bislang als eigentlichen Dominator in der westdeutschen Außenpolitik einschätzen, trat mit dem Wechsel zu Gerhard Schröder nach der Regierungsbildung des Jahres 1961 erstmals ein Ressortchef in diesem Bereich auf, der ein eigenes Regiment im Auswärtigen Amt einführte. Die Politik des Hauses wurde nicht mehr wie bei von Brentano von Adenauer quasi im Durchgriff bestimmt, Schröder wurde als selbständig denkender Leiter der deutschen Außenpolitik angesehen. Ein wesentlicher Aspekt dieser veränderten Konstellation war der Umstand, daß sich Schröder auf eine neue außenpolitische Mehrheit aus SPD, FDP und Teilen der CDU

stützen konnte, die mit der eigentlichen Regierungsmehrheit im Parlament
nicht mehr deckungsgleich war. Das erstaunlichste Element dieser informellen Allparteienkoalition war ganz sicherlich die sozialdemokratische
Unterstützung für einen Ressortchef, der als Innenminister ein Hauptan-
griffsziel der SPD-Opposition dargestellt hatte. Indem er sich jetzt
auch auf die Sozialdemokratie stützte, hob er die bisherige innenpolitische Funktion der Außenpolitik auf, die bei Adenauer bis dato darin bestanden hatte, mit Mitteln der außenpolitischen Konfrontation den Zusammenhalt der eigenen Koalition und der eigenen Partei gegenüber der (SPD-)
Opposition ins Werk zu setzen. Schröders festgestellter Spielraum gegenüber Adenauer war also weit mehr als eine politische Erscheinung, die nur
auf einer isolierten personellen Basis beruhte. Schröders Ansatz war vielmehr parteipolitisch abgesichert, wenn auch die Basis dafür nicht mit der
Grundierung der Regierungskoalition ab 1961 übereinstimmte. Dies macht es
denn auch verständlich, woher der neue Außenminister die politische Kraft
nahm, um seine Rolle aus dem bislang üblichen Schatten des außenpolitisch
dominierenden Kanzlers herauszulösen.

Dies heißt aber auch, daß Adenauer zu Zeiten des Außenministers Schröder
nicht mehr der allein relevante Sprecher der Bundesrepublik in außenpolitischen Fragen war. Das Bild von dem Dominator Adenauer mußte auch deshalb
als überholt erscheinen, weil der Außenamtschef eine Politik betrieb, die
von den Inhalten her prinzipiell anders als Adenauers Konzept war. Rahmenbedingung dafür ist die Auflösung der alten außenpolitischen Gesamtkonstellation. Auch innerhalb der Union gab es daraufhin bei der Frage,
wie der veränderten internationalen Lage zu begegnen sei, einen Dissens,
der in der Formel von der Aufspaltung in "Atlantiker" und "Gaullisten"
innerhalb der stärksten politischen Kraft des Regierungslagers mit den
Antipoden Schröder und Adenauer seinen Ausdruck fand. Das zentrale, von
Adenauer dominierte Entscheidungssystem in diesem Feld hatte sich in ein
dezentrales, vom Kanzler (nur noch) mitbestimmtes System verwandelt. Zum
beschriebenen Autoritätsverlust gesellte sich also eine dem parallele,
spezifisch-inhaltliche Erscheinung im Regierungsbereich: der Positionsverlust in der Außenpolitik.

Es erhebt sich natürlich jetzt die Frage, ob die damit deutlich werdende
Veränderung auch die strukturelle Ebene, also jenes wiederholt beschriebene mehrstufige System der Konkretisierung der Politik mit einem Geflecht

formeller und informeller Ebenen erreichte, das nach bisherigen Erkenntnissen durch den Autoritätseinbruch als solchen nicht berührt worden war. Dies wird zunächst in Adenauers unmittelbarer Umgebung, dem Bundeskanzleramt, untersucht. Zwei Möglichkeiten sind denkbar:
- Die Veränderung griff auf das Bundeskanzleramt über, die beschriebenen Einbußen des Kanzlers wurden vielleicht sogar nur deshalb möglich, weil die Bundeskanzlei nicht mehr so funktionierte wie in den "alten Tagen".
- Das Bundeskanzleramt war weiterhin ein verläßlicher Leistungsträger für Adenauer, es funktionierte noch immer in den beschriebenen Kategorien. Die Schwächung des Kanzlers kam danach zustande, obwohl das Bundeskanzleramt arbeitete wie in "alten Tagen".

Zunächst einmal gibt es eine ganze Reihe von Aussagen, deren Quintessenz ist, die Bundeskanzlei sei in der Endphase der Kanzlerschaft Adenauers alles andere als eine funktionierende Behörde gewesen. Andere Betrachter sehen die wesentliche Schwachstelle der exekutiven Führungsstruktur in dieser Zeit an anderer Stelle angesiedelt: beim Kanzler selbst. Sie erblicken in Adenauers Alter oder einem unübersehbaren Substanzverlust beim Kanzler, bedingt durch Verschleißerscheinungen beim hochbetagten Regierungschef, die eigentliche Krux für den Exekutivapparat der Jahre nach 1960. Eine weitere Gruppe kann keine Beeinträchtigung in der Amtsführung durch Personalfaktoren beim "späten" Konrad Adenauer erkennen. Damit stehen sich in der Frage, ob es einen relevanten Substanzverlust bei Adenauer im hier interessierenden Untersuchungszeitraum gegeben habe, zwei Meinungsblöcke gegenüber, deren widersprüchliche Bewertung im Rahmen dieser Studie nicht aufgelöst werden kann.

Selbst wenn man von einem altersbedingten Substanzverlust beim Kanzler als Faktum zunächst einmal ausgeht, so muß man dennoch nicht zwingend zu einem Führungsdefizit im exekutiven Bereich kommen. Es gibt immerhin die Möglichkeit, daß der erstklassige Mitarbeiterstab des Bundeskanzleramtes um Globke die auftretenden Schwächen des Kanzlers abfing und ausglich. Dies widerspricht der vorgestellten Meinung, die Bundeskanzlei habe in dieser Zeit nur sehr unzureichend gearbeitet. Hier kann der widersprüchliche Ansatz jedoch aufgelöst werden, denn es gibt eine übereinstimmende Wertung von zahlreichen Mitarbeitern der Bundeskanzlei und betroffenen politischen Akteuren aus dieser Zeit, daß die Kanzlerbehörde bis zum Ende der Ära Adenauer adäquat funktionierte. Für diesen Umstand spricht auch eine

andere Tatsache: Der informelle Strukturtypus des Küchenkabinetts, zuvor
als innerste Konkretisierungsstufe um Adenauer bei der Politikreflexion
eingeordnet, blieb auch in dieser Zeit modifiziert erhalten. Der neue
Aspekt war dabei die Teilnahme von liberalen Politikern an diesem engsten
Kreis um Adenauer, der bislang nur von Unionsvertretern beschickt worden
war. Diese veränderte personelle Situation war sicherlich Ausdruck einer
veränderten koalitionspolitischen Situation. Daß aber ein überkommenes
informelles Gremium aus Adenauers unmittelbarer Umgebung nach den Bundestagswahlen von 1961 sozusagen "neugewandet" auf die politische Bühne zurückkehrte, kann wohl kaum als Ansatz zu einem Effizienzverlust für die
Bundeskanzlei betrachtet werden. Es zeigte sich vielmehr, wie flexibel die
informelle Struktur im Nahbereich des Kanzlers gehandhabt werden konnte.
Anders: Der politische Positionsverlust von Adenauer führte nicht zu einer
Substanzänderung im strukturellen Geflecht des Bundeskanzleramtes, sondern
nur zu einer personellen Anpassung auf der Basis unveränderter Strukturkategorien. Die Funktionalität dieses Teils des informellen Gremiengeflechts wurde damit nicht in Frage gestellt, sondern nur unter veränderten Rahmenbedingungen bestätigt. Auch in dieser Hinsicht funktionierte
also das Bundeskanzleramt - und es funktionierte wie gehabt.
Insgesamt lassen sich damit weder personelle noch strukturelle Faktoren
isolieren, die auf eine verminderte Effizienz der Bundeskanzlei hindeuten. Die Ausgangsfrage kann somit dahingehend beantwortet werden, daß die
Kanzlerbehörde weiterhin ein verläßlicher Leistungsträger war, der noch
immer in den beschriebenen Kategorien funktionierte und somit Einbußen des
Kanzlers bei seiner Autorität und der außenpolitischen Position zustande
kamen, obwohl das Amt arbeitete wie gehabt.
Zum Küchenkabinett des Regierungschefs in der Endphase seiner Kanzlerschaft gehörte auch noch lange Jahre eine Persönlichkeit, die zu den wichtigsten nichtbeamteten Beratern des Kanzlers gezählt werden muß: Robert
Pferdmenges. Der Kölner Bankier war der einzige persönliche Freund des
Regierungschefs auf der politischen Szene Bonns. Pferdmenges hatte ganz
sicherlich großen Einfluß beim Kanzler, er scheint einer der ganz wenigen
Zeitgenossen gewesen zu sein, bei denen Adenauer sein obligates Mißtrauen
weitgehend vergaß. Der Kanzler konnte sich das sozusagen gefahrlos
leisten, weil Pferdmenges ganz offensichtlich einige Charaktereigenschaften besaß, die einen "Mißbrauch" der Adenauerschen Offenheit von vorne-

herein ausschlossen. Pferdmenges war bar jeder persönlichen Ambition in der Politik; der Bankier mied die Öffentlichkeit, wo er nur eben konnte. Er gerierte sich gegenüber dem Kanzler keineswegs als Ja-Sager, er konnte bei Adenauer Dinge ansprechen, die für andere tabu sein mußten. Die Sonderrolle von Pferdmenges, vor allem als wirtschaftspolitischer Berater des Kanzlers, hatte also einen ganz speziellen personellen Hintergrund, wobei es eine weitgehende Parallelität von wichtigen Charaktermerkmalen zwischen Pferdmenges und den anderen Hauptvertrauten Adenauers, Globke und Krone, gab.
Alle drei begleiteten Adenauer fast bis zum Ende seiner Kanzlerschaft (Pferdmenges starb 1962), der innerste Kreis um den Kanzler hatte also auch in der Zeit nach 1960 einen konstanten Kern. Und obwohl das Bundeskanzleramt wie beschrieben funktionierte, bleiben zahlreiche Beobachter nicht bei Einordnungen wie Autoritätsverlust oder außenpolitischer Positionsverlust für Adenauer stehen, sie konstatieren beim Ausklang der Kanzlerschaft Adenauers einen generellen Machtverlust für den Regierungschef, sie sprechen davon, daß Adenauer abgewirtschaftet habe. Mit dem festgestellten Machtverfall des Kanzlers in dieser Zeit wird immer wieder die Einschätzung verknüpft, die Koalition als Ganzes sei nach der Regierungsbildung 1961 nicht mehr handlungsfähig gewesen. Und tatsächlich hatte das Bündnis zwischen der Union und den Liberalen zahlreiche Krisen auszuhalten. Geht man den Schwierigkeiten der Regierung in dieser Zeit auf den Grund, so wird deutlich, daß die Probleme der Koalition ihre eigentlichen Wurzeln in Bereichen hatten, die nicht direkt mit der Person des Kanzlers verknüpft werden können. Der ausschlaggebende Disharmonieimpuls lag fast immer in der parteipolitischen Ausrichtung dieser Koalition; diese Problemkonstellation wäre bei gleicher Ausgangslage auch vorhanden gewesen, wenn Adenauer die politische Szene bereits verlassen hätte. Der langjährige Kanzler verblieb hingegen auch diesmal an der Spitze der Exekutive, hatte aber nicht mehr die Autorität, das Umschlagen der konfliktorientierten Veranlagung des Bündnisses in tatsächliche Regierungskrisen zu verhindern. Die daraus resultierende Schwäche der Regierung, die weitgehend als Machtverlust des Kanzlers interpretiert wurde, kam also nur dadurch zustande, daß Adenauers Autoritätsverlust mit einer zweiten, von seiner Person unabhängigen Negativtendenz koalitionspolitischen Ursprungs gekoppelt wurde. Diese Art der Demontage des Regierungschefs kann

also durchaus als Folge seines Autoritätsverlustes betrachtet werden; freilich war die persönliche Einbuße beim Kanzler nur eine notwendige, keinesfalls aber eine hinreichende Vorbedingung für den festgestellten Machtverlust des Regierungschefs in dieser Zeit.

Adenauers Handlungsposition war auch dadurch eingeschränkt, daß der Autoritätsverlust im eigenen Lager nicht nur registriert wurde, es fanden sich auch immer mehr politische Weggefährten, die sich ganz bewußt gegen den einst von allen hofierten Regierungschef stellten. Neben dieser wachsenden internen Opposition mit regierungsrelevanten Auswirkungen war Adenauer auch insofern als Kanzler geschwächt, als er durch die Akzeptierung einer Kanzlerschaft auf Zeit viel von seiner Fähigkeit verlor, stringente Politik zu betreiben. Auch dies zeigt, wie viele verschiedene Faktoren den politischen Spielraum des Kanzlers so eingrenzten, daß von einem Machtverfall in seinen letzten Regierungsjahren gesprochen werden kann, obwohl beispielsweise durch das Koalitionsabkommen keine Rückentwicklung der Kanzlerdemokratie eingeleitet werden konnte und obwohl das Bundeskanzleramt funktionierte wie bisher.

Auch bei einem anderen strukturellen Schwerpunkt blieb im Prinzip alles beim Alten: Die Kabinettspraxis Adenauers kann für das Ende der gleichnamigen Ära dahingehend zusammengefaßt werden, daß die festgestellten Negativtrends offensichtlich keine Auswirkungen in diesem Bereich hatten. Beschreibungen von Außenstehenden aus dieser Zeit und den Jahren danach präsentieren fast durchgängig (übertrieben) einen Kabinettschef, dessen Aktionsradius wie bekannt unbeschränkt erscheint. Dem entspricht, daß die detaillierte Schilderung eines regelmäßigen Teilnehmers an den Kabinettssitzungen aller Regierungen Adenauers in den 60er Jahren beschreibt, daß sich die Kabinettsrealität in dieser Zeit nicht verändert habe. Der Kabinettsstil Adenauers wird vielmehr auch aus einer "Innensicht" heraus in solchen Kategorien beschrieben, die eine weitgehende Übereinstimmung mit jenem Bild erkennen lassen, welches für den Beginn und die Blüte der Kanzlerdemokratie vorgestellt wurde.

Blieb also der Kabinettsstil weitgehend unverändert, muß jetzt nach dem Positionswert weiterer Strukturen im Regierungsbereich gefragt werden. Die Beziehungen Adenauers zur Mehrheitsfraktion konnten während der 3. Legislaturperiode rundweg als verläßlich gelten, weil mit Heinrich Krone ein Mann die durchaus selbstbewußten Unionsparlamentarier führte, dessen (manchmal kritische) Affinität zum Kanzler außer Frage stand. Auf diesen verläßlichen Ausgleichsfaktor wollte Adenauer offensichtlich auch unter veränderten koalitionspolitischen Vorzeichen in der 4. Legislaturperiode nicht verzichten. Er machte Krone zum Sonderminister, damit dieser seine bislang bewährte Funktion als Transmissionsriemen des politischen Willens zwischen der Regierung und der sie tragenden Parlamentsmehrheit weiter ausüben konnte. Anders als beim Scheitern eines ähnlichen Experiments Mitte der 50er Jahre kann man diesmal davon ausgehen, daß der "Verbindungsminister" sich tatsächlich ein eigenständiges Aktionsfeld schaffen konnte. Dazu trug auch bei, daß das im Koalitionsvertrag ausgewiesene Koordinationsprinzip im Regierungsbereich zwischen Exekutive und Legislative nicht angewandt wurde. Der Koalitionspakt hatte immerhin eine Teilnahme der Fraktionschefs an den Kabinettssitzungen festgeschrieben; tatsächlich aber nahmen diese ihr verbrieftes Recht praktisch nie wahr und machten Krone somit zum alleinigen personellen Scharnier zwischen dem Kabinett und den Koalitionsfraktionen.

Die Nichtteilnahme der Fraktionschefs an den Kabinettssitzungen macht aber deutlich, daß ein für unsere Untersuchung wichtiges Strukturprinzip trotz seiner Festschreibung im Koalitionsvertrag keine politisch-faktische Relevanz erhielt. Dies führt zu der Frage, welches "Schicksal" das zweite im Koalitionspapier umrissene informelle Instrument, der Koalitionsausschuß, hatte. Daß es dergleichen in der 3. und 4. Legislaturperiode zu Zeiten des Kanzlers Adenauer gab, ist prinzipiell völlig unstreitig, bei der Bewertung der Relevanz dieses Gremiums in der Zeit nach 1961 gibt es freilich unüberhörbare negative Stimmen. Sie werfen dem Koalitionsausschuß zunächst einmal eine generelle Unterfunktion vor. Diesem Vorwurf kann allein mit datentechnischen Fakten begegnet werden. Eine Zusammenstellung der Sitzungsfrequenz und des Teilnehmerpotentials läßt es als unwahrscheinlich erscheinen, daß es sich hier quasi um eine wöchentliche "Spielwiese" handelte, die bis zum Ende der Kanzlerschaft Adenauers einigermaßen regelmäßig mit den Spitzenvertretern der Koalitionsfraktionen tagte. Eine andere Negativeinordnung des Koalitionsausschusses geht von der Anahme aus, dieses Gremium sei bei durchaus meßbaren Aktivitäten seinen vorgegebenen Anforderungen nicht gerecht geworden. Eine Analyse dieser Vorwürfe bringt zutage, daß in diesem Ansatz der Koalitionsausschuß als Entscheidungszentrum anvisiert wird, ein Postulat, das diesem

Gremium ein Selbstverständnis zuweist, wie ihn der Koalitionsausschuß in Österreich hatte. Es ist aber darauf hingewiesen worden, daß dergleichen Konzept (von der FDP anfänglich verfolgt) nicht einmal in Ansätzen Verwirklichung im Koalitionspapier des Jahres 1961 fand: Der Koalitionsausschuß erhielt allein eine Beratungsfunktion, wie seit drei Legislaturperioden üblich. Damit stößt denn auch diese Kritik, die ein mangelndes Durchsetzungsvermögen im Koalitionsausschuß moniert, da er nur auf Fraktionspersonal beschränkt sei, total ins Leere, weil sie von falschen Voraussetzungen ausgeht. Gerade dieser fraktionsinterne Rahmen war für den Koalitionsausschuß vorgesehen und wohl auch funktional, da er eben nicht eine "Nebenregierung" darstellen sollte, sondern allenfalls eine parlamentarische "Clearing-Stelle" für die Koalitionsfraktionen. Dieser Charakter des Koalitionsausschusses wird letztlich auch bei einem Ereignis deutlich, das häufig als durchschlagender Beweis für die Disfunktionalität dieses informellen Fraktionsgremiums vorgebracht wird: der sogenannten Friedenskonferenz der Koalitionsparteien Mitte Juli 1962 im Palais Schaumburg bei Adenauer, auf der beschlossen wurde, in Zukunft in regelmäßigen Abständen unter dem Vorsitz des Bundeskanzlers Koalitionsbesprechungen durchzuführen. Darin sehen Kritiker das Ziehen der notwendigen strukturellen Konsequenzen aus der für sie offenbaren Funktionsunfähigkeit des Koalitionsausschusses. Hier wird wieder an der Realität vorbei argumentiert, denn die Koalitionsbesprechungen sollten den Koalitionsausschuß nicht ersetzen. Das damals herausgegebene Kommuniqué machte vielmehr klar, daß die Koalitionsbesprechungen neben den weiter laufenden Sitzungen des Koalitionsausschusses geplant seien. Eine nähere Beschäftigung mit diesen "neuen" Koalitionsbesprechungen beim Kanzler macht deutlich, daß es sich im Grunde genommen um ein sehr "altes" Modell handelt: Hier wurde nichts anderes als die zweite, mit eigenständigen Zusammenkünften operierende Unterform der Koalitionsgespräche festgeschrieben, die in den vergangenen Legislaturperioden einigermaßen regelmäßig stattgefunden hatten und auf die in den Jahren nach 1961 zumeist nur sporadisch zurückgegriffen worden war. Daß diese informelle Gremienform jetzt einigermaßen fest installiert wurde, nachdem sie im Koalitionsvertrag nicht fixiert worden war, verdeutlicht aber, daß die Friedenskonferenz gar nicht gegen den Koalitionsausschuß als Modell gerichtet sein konnte: Man sah die notwendige Kur gegen die Krisen in der Koalition in einer Strukturver-

besserung bei der Koordination zwischen exekutiven und legislativen
Rollenträgern (das war  d i e  überkommene Aufgabe der Koalitionsgespräche), hier war und konnte der Koalitionsausschuß gar nicht gefordert
sein. Wenn damals überhaupt eine Schuldzuweisung angebracht war, so hätte
sie in Richtung von Sonderminister Krone gehen müssen, der ja als personelles Verbindungsglied zwischen Regierung und Koalitionsfraktionen eingesetzt worden war. Krone seinerseits hat aber nicht versucht, den Koalitionsausschuß für seine Transmissionsfunktion zu benutzen: Er nahm kaum an
den Sitzungen dieses Kreises teil. Wesentlich häufiger war seine Teilnahme
an den Koalitionsgesprächen, die zumindest bis zum Höhepunkt der "Spiegel"-Krise zu einer regelmäßigen Institution wurden. Für die Zeit danach
kann in dieser Hinsicht keine durchgängige Dokumentation erstellt werden.
Dies liegt auch daran, daß hierfür notwendiges Material im Rahmen dieser
Studie nicht zugänglich war.

Sieht man von dieser (zumindest augenblicklichen) Leerstelle einmal ab,
so kann man aber dennoch davon ausgehen, daß sich das überkommene System
informeller Gremien von Regierung und Fraktionen (sei es nun durch die
Koalitionsvereinbarung fixiert oder nicht) auch in der 4. Legislaturperiode zu Zeiten des Kanzlers Adenauer wie gehabt präsentierte. Das
System bestand auch jetzt aus bekannten Kategorien:
- Ebene Koalitionsausschuß
- Ebene Koalitionsgespräch
    - Sonderminister Krone (statt Teilnahme der Fraktionschefs an den
      Kabinettssitzungen)
    - eigenständige Koalitionsgesprächstermine.

Die beschriebene Schwäche der Position des Kanzlers hatte in diesem Bereich keine strukturellen Auswirkungen. Im großen und ganzen war damit
das für die "Hoch"-Zeit der Kanzlerdemokratie beschriebene Geflecht formeller und informeller Ebenen für die Konkretisierung der Regierungspolitik auch unter der Kanzlerschaft des "späten" Konrad Adenauer erhalten geblieben; die Weiterexistenz des "Küchenkabinetts" ist vorstehend bereits
beschrieben worden. Der bekannte strukturelle Kapazitätsrahmen für
Adenauer blieb also auch zu der Zeit erhalten, die von einer fortschreitenden Schwächung des Kanzlerdemokraten geprägt war. Stärken und Schwächen der Kanzlerdemokratie ließen also den strukturellen Kern des Regierungsstils Konrad Adenauers unverändert, der Prozeß der politischen

Konkretisierung war bei Genese und "Hoch"-Zeit der Kanzlerdemokratie kaum anders verfaßt als beim Ausklang der Ära Adenauer.
Wichtig in diesem Zusammenhang ist aber der Umstand, daß Adenauer diese Kapazität nun nicht mehr in jedem Fall nutzen konnte. So reagierte er auf die beschriebene neue außenpolitische Konstellation nicht nur in bekannten Bahnen (Stichwort: Er wollte die Sonderbeziehung zu den USA durch eine Sonderbeziehung zu Frankreich ersetzen), er stieß vielmehr in ein für die Bundesrepublik neues außenpolitisches Terrain vor und begann erstmalig mit einer aktiven, auf bilaterale Verständigung abgehobenen Ostpolitik gegenüber der Sowjetunion. Adenauer mußte diese Politik jedoch in einer Weise durchführen, die ihr den Charakter einer Geheimpolitik gab: Weder die Öffentlichkeit, noch sein eigenes politisches Lager (sieht man einmal von seinen engsten Vertrauten ab) waren über diese Anstrengungen informiert. Adenauer empfand diese Politik als notwendig und richtig. Sein Dilemma war, daß er nur zu gut wußte, daß dieser Ansatz so brisant war, daß er ihn gegen politische Vertreter und Öffentlichkeit abschotten mußte. In einer Zeit, wo er ob seiner zunehmenden Schwäche durchaus seine Position stärkende Impulse hätte gebrauchen können, mußte er eine "Arkanpolitik" betreiben, die praktisch keine interne Resonanzfläche hatte. Sie wurde auch nicht in jenem Kapazitätsrahmen struktureller Natur behandelt, der trotz der Schwäche des Kanzlers in dieser Zeit praktisch unverändert wie in der Blütezeit der Kanzlerdemokratie zur Verfügung stand. Dies lag natürlich zu einem großen Teil daran, daß alle Anstrengungen in dieser Hinsicht schon in der Anfangsphase scheiterten. Aus der Beschreibung der "Einsamen Entscheidungen" bei Adenauer ist es aber durchaus geläufig, daß der Kanzler heikle politische Fragen vor eventuellen politischen Schritten gerade im informellen Raum abklärte. Daran hat Adenauer in dieser Phase offensichtlich nie gedacht.

## D  ERGEBNIS UND SCHLUSSBEMERKUNGEN

Bei der gewählten Form der Studie ist es nicht nötig, zum Schluß eine inhaltliche Zusammenfassung zu präsentieren, da diese bereits in aufgegliederter Form erfolgte. Die Möglichkeit zu einer dreigliedrigen Unterteilung der vorstehenden Behandlung des Phänomens der Kanzlerdemokratie in der Ära Adenauer führt zum ersten wichtigen Resultat dieser Ausarbeitung:
- Adenauers Regierungsstil, die Kanzlerdemokratie, kann nicht als eine Realität betrachtet werden, die im kompletten Analysezeitraum ein durchgängig unverändertes Prinzip darstellt. Die Kanzlerdemokratie ist demnach nicht als Kontinuum, sondern als eine Abfolge mehrerer, voneinander unterscheidbarer Segmente zu verstehen. Der Charakter dieser Rubrizierung kommt in der Form der Gliederung dieser Studie zum Ausdruck.

Dies bestätigt das Theorem von der Veränderbarkeit des Regierungsstiles des Kanzlers Konrad Adenauer, das Karl Dietrich Bracher in seinem zweiten Ansatz hinsichtlich der Kanzlerdemokratie aufgestellt hat (Vgl. S. 16 f). Kann damit der weit ausgefaltete Kriterienrahmen von Bracher als eine zutreffende Einordnung der Kanzlerdemokratie aufgefaßt werden? Dies muß nach den Erkenntnissen dieser Analyse verneint werden. Die Gründe dafür liegen weniger in der Negativ-Qualität gewisser von Bracher vorgestellten Einzelkriterien wie beispielsweise einer weitgehenden Mißinterpretation bei der Stilform der sogenannten "Immediatgespräche" der Verbände beim Kanzler oder der Nichtberücksichtigung wichtiger zeitbedingter Charakteristika wie Adenauers Verhältnis zur Alliierten Hochkommission in der Entstehungsphase der Bundesrepublik, sie liegen auf einem wesentlich grundsätzlicheren Gebiet.

Auch Brachers Strukturmuster vermittelt keinen Eindruck von dem eigentümlichen Doppelcharakter der ohnehin schon segmentierten Kanzlerdemokratie. Dabei kann die Beschreibung des Regierungsstiles von Konrad Adenauer von gewissen statischen, aber auch gewissen variablen Elementen ausgehen. Das wiederum ist das zweite wichtige Resultat dieser Studie:
- Der Regierungsstil von Adenauer ist im relevanten Untersuchungszeitraum

unterschiedlich (oder segmentiert darzustellen), während die Regierungstechnik in der Ära Adenauer weitgehend gleich geblieben ist.
Dieses zunächst etwas widersprüchliche Resultat kann auf der Basis vorliegender Erkenntnisse aus der Beschäftigung mit der Thematik Regierungslehre (Vgl. S. 24 f) einer Klärung zugeführt werden. Der jeweilige Regierungsstil kann danach als spezifische Charakterisierung eines Spannungsfeldes mit zwei Polen betrachtet werden, die sich in der Einzelauflistung so darstellen:
- Technik und Methodik des Regierens (man könnte auch sagen: Verfaßtheit der Regierungsmaschinerie)
- Regierbarkeit (man könnte auch sagen: Rahmenbedingungen des Regierens).
Diese Zweipoligkeit läßt folgendes Schema zu, das den eigentümlichen Doppelcharakter der Kanzlerdemokratie erklärt:
- Die Regierungstechnik bleibt während der ganzen Ära im wesentlichen unverändert.
- Die "Umweltrelation" des Regierens, die Regierbarkeit, ändert sich im Verlauf der Ära in signifikanter Weise.
- Dementsprechend ändert sich der Regierungsstil in signifikanter Weise.
Die vorstehende Analyse der Kanzlerdemokratie hat in ihren Anfangsabschnitten verdeutlichen können, daß die Rahmenbedingungen des Regierens in der Frühphase der Bundesrepublik so aussahen, daß die Entwicklung eines Regierungsstiles möglich war, in dessen Zentrum ein kraftvoll agierender Kanzler stand. Dieses Szenario wurde unter anderem von folgenden Faktoren bestimmt:
- Persönliche Wertvorstellungen und berufliche Erfahrungen von Konrad Adenauer
- Zurückhaltendes Agieren des ersten Bundespräsidenten Theodor Heuß
- Möglickeiten einer staatlichen Anfangssituation
- Regionalisierte Verfaßtheit der Unionsparteien
- Staatsrechtliche Sondersituation der Bundesrepublik (Stichwort: Besatzungsstatut).
Die kraftvolle Kanzlerrolle setzte Adenauer sicherlich in die Lage, die Entwicklung in einigen speziellen Gebieten so zu steuern, daß alles auf ihn ausgerichtet erschien. In diesem Zusammenhang sei an Adenauers außenpolitische Praxis der persönlichen Beziehungen (Freundschaften) zu wichtigen Staatsmännern erinnert, auch die Rolle der CDU/CSU als Kanzlerpartei

kann hier Erwähnung finden. Dies waren aber temporäre Ausprägungen, die rasch von der politischen Bildfläche verschwanden, wenn die ganz speziellen Voraussetzungen dafür obsolet wurden. Wesentlich konstantere Formgebungen kamen aber offensichtlich zur gleichen Zeit zustande, wenn man sich generell der Art und Weise zuwendet, wie damals regiert wurde. Die Regierungsmaschinerie, die wir unter dem "starken Kanzler" Adenauer feststellen konnten, hatte auch dann noch substanziellen Bestand, als von "Stärke" beim ersten Regierungschef der Bundesrepublik kaum noch die Rede war. Wie ist dieser Umstand zu erklären?

Auch der "starke Kanzler" Adenauer war jederzeit "nur" ein parlamentarischer Regierungschef, seine Sonderposition konnte zwar durchaus vorhandene Leer- und Schatteräume einigermaßen ungehindert "prägen", doch im Normalfall war eine Folie dafür vorhanden, mit der dieser Prägevorgang ausgeführt werden mußte und diese Folie war die parlamentarische Verfaßtheit des bundesdeutschen Regierungssystems. So kam eine Regierungsmaschinerie mit einiger Konstanz zustande, deren Kern das in der vorliegenden Studie immer wieder beschriebene (und soweit möglich und nötig dokumentierte) Netz formeller und informeller Ebenen war, in dem die Regierungspolitik in der Ära Adenauer konkretisiert wurde.

Sehr oft übersahen freilich die zeitgenössischen und auch späteren Betrachter diese regierungstechnische Komponente des Regierungsstiles von Konrad Adenauer. Das lag vielleicht auch darin begründet, daß sie allenfalls einzelne Versatzstücke dieses Netzwerkes zu Gesicht bekamen, das komplette Muster wurde fast nie sichtbar. Als Beispiele für die weitgehende Intransparenz in dieser Hinsicht können mehrere der vorgestellten Fälle von "Einsamer Entscheidung" des Kanzlers gelten, deren "Einsamkeit" wesentlich geringer war, als dies zunächst einmal den Anschein haben mußte, da der darauf bezogene Beratungsvorgang in der präsentierten Netzstruktur nur zögernd publik wurde.

Dazu kamen dann solche, nach den Erkenntnissen dieser Studie als unrealistisch einzuordnende Vorstellungen wie:
- die Überschätzung der Funktion der Immediatgespräche der Verbände beim Kanzler,
- die irrige Vorstellung eines Kabinettsdiktators Adenauer,
- das nicht aufrechtzuerhaltende Bild eines Regierungschefs, der den bundesdeutschen Parlamentarismus übermäßen eingeschränkt habe.

All dies führte nicht gerade selten zu einer unrealistischen Einschätzung des Ausmaßes der Stärke des Kanzlerdemokraten Konrad Adenauer auf dem Gipfel seiner politischen Macht, weil die parlamentarische Grundierung seiner "Herrschaft" nicht mit ins Blickfeld gerückt wurde. Es ist dabei unbestritten, daß es Gebiete ausgesprochener Dominanz Adenauers in der Genese und "Hoch"-Zeit der Kanzlerdemokratie gab (Stichwort: Außenpolitik). Es muß aber auch darauf hingewiesen werden, daß die vorstehende Analyse verdeutlicht hat, daß es daneben auch Bereiche gibt, wo von einer ausgesprochenen "Nicht-Dominanz" berichtet werden muß (Stichwort: Innenpolitik, nicht zu übersehendes Kraftfeld: Bundestagsfraktion). Diese Erkenntnis führt zum dritten wichtigen Resultat dieser Studie:

- Selbst zu Zeiten des "starken Kanzlers" Konrad Adenauer müssen beide Modellvorstellungen von parlamentarischer Regierung (Mehrheitsfraktion (-en) als "Kanzlerschutztruppe"/Mehrheitsfraktion (-en) mit eigenständigem Selbstbewußtsein, vgl. dazu S. 22 f) als nebeneinander existierende, zutreffende Charakterisierungen angesehen werden.

Der Wechsel von einem Modell zum anderen war ganz vereinfacht gesehen themenspezifisch, wobei sich folgende schlagwortartige Trennung (auf die vorhandenen Gegenbeispiele ist im Verlauf der vorliegenden Studie hingewiesen worden) ergibt:

- Außen- und Verteidigungspolitik: Mehrheit folgt dem Kanzler fast unbesehen
- Innenpolitik: Mehrheit trägt zur Gestaltung durch kräftige Eigenimpulse bei.

Aus dem Parallellaufen beider Modellvorstellungen von parlamentarischer Regierung wurde am Ausklang der Kanzlerdemokratie ein immer stärkeres Anwachsen jener Variante, die der (den) Mehrheitsfraktion (-en) eine selbstverständliche Eigengewichtigkeit zumessen. Die Gründe dafür werden weitgehend durch folgende Faktoren abgedeckt:

- Umschichtung des außenpolitischen Kräfteparallelogramms der Bundesrepublik (Stichwort: Bipolarität der Supermächte) und uneinheitliche Verarbeitung dieses Umstandes im Regierungslager (Stichwort: Atlantiker versus Gaullisten).
- Wiederholt Fehlleistungen von Adenauer (z.B. während der Bundespräsidentenkrise, beim Mauerbau in Berlin). Die Folgen: Abbau seines Vorschusses an Führungsvertrauen.

- Verlust der "Wahllokomotivenfunktion" bei Adenauer, damit aber auch Verlust der eigenständigen "kanzlerplebiszitären" Legitimation für den Regierungschef.
- Kanzlerschaft auf Zeit (nach 1961), auch vor dem Hintergrund wachsender Ablösungsforderungen einer sich umgestaltenden Unionspartei.

Adenauer blieb (selbstverständlich) ein parlamentarischer Kanzler; wie diese Studie im einzelnen weiter zeigen konnte, erscheint die Regierungsmaschinerie in dieser Zeit als substanziell unverändert. Aber - und das ist ganz entscheidend - viele Rahmenbedingungen änderten sich ganz grundlegend. Damit mußte sich notwendigerweise der Regierungsstil ändern; konkret: Aus dem "starken" Kanzler Adenauer wurde ein Regierungschef mit immer schwächer werdendem Positionswert. Der Machtverlust des Kanzlers verdeutlicht sich in der "Arkanpolitik" gegenüber der Sowjetunion. Dominanz in der Außenpolitik und willige Gefolgschaft der Mehrheitsfraktion (-en) gehörten der Vergangenheit an. Wollte Adenauer auf einem Feld dennoch außenpolitisch dominant sein, mußte er sein Agieren neben den Abläufen der bekannten Regierungsmaschinerie ansiedeln. Das war eine wirkliche Geheimpolitik. Nie war der Kanzler "einsamer" als bei dieser Vorgehensweise.

Nach der Arkanpolitik als Kriterium für den Machtverlust des Kanzlerdemokraten Konrad Adenauer wird man in den in der Einleitung vorgestellten Strukturmustern von Kanzlerdemokratie vergeblich suchen. Sicherlich ist dies auch ein sehr eigenwilliger Weg der Kriterienbildung, aber selbst wenn man sich nur auf das "normale", in dieser Studie in seiner Vielfalt sichtbar gewordene Kriteriengerüst für den Regierungsstil des ersten Bundeskanzlers stützt, kann man keines der vorgestellten Strukturmuster als hinreichendes Erklärungsbild akzeptieren. Auf die wichtigsten übergreifenden Zusammenhänge dieser Ablehnung sei noch einmal kurz hingewiesen:

- Die festgestellte Segmentierung der Kanzlerdemokratie wird nicht deutlich (Ausnahme Bracher),
- Der dargestellte Doppelcharakter der segmentierten Kanzlerdemokratie mit statischen und variablen Elementen wird nicht deutlich.

Dennoch sollen hier einige Bemerkungen zu den in der Vorstrukturierung präsentierten Kriterien angefügt werden. Die Erkenntnisse zu dieser Aufgliederung liefert die vorgenommene qualitative Analyse des Regierungsstiles von Konrad Adenauer.

## Verfassungsrechtliche Kriterien

Daß die Verknüpfung der drei Grundgesetzbestimmungen Richtlinienkompetenz, ausschließliche Kanzlerverantwortlichkeit und Konstruktives Mißtrauensvotum wichtige staatsrechtliche Vorbedingungen für einen starken Bundeskanzler darstellen, war schon eine fast durchgängige Erkenntnis bei den zuvor erstellten Strukturmustern der Kanzlerdemokratie, die in der Einleitung dieser Studie präsentiert wurden. Die jetzt vorliegende Analyse zeigt aber auch, daß diese "Trias" keineswegs ausreicht, um einen starken Regierungschef aus sich heraus zu garantieren. Bei unveränderter Gültigkeit der Verfassungsbestimmungen wurde derselbe Amtsinhalber (Adenauer) als starker und schwacher Kanzler offenbar. Dies muß alle Strukturmuster als Erklärungsbild ausschließen, die sich nur auf einen staatsrechtlichen Kriterienrahmen beschränken.

Andere verfassungsrechtliche Kriterien aus der Vorstrukturierung sind insofern zu erwähnen, als sie zwar vom Verfassungsansatz her übergreifend sind, ihre konkrete politische Bedeutung aber durchaus variabel war. Sicherlich reduzierte das GG die Position des Bundespräsidenten gegenüber der des Reichspräsidenten der Weimarer Verfassung. Und sicherlich war Theodor Heuß ein Amtsinhaber, der aus dem eingegrenzten Rahmen nicht heraustrat. Bei Heinrich Lübke kann man hier schon anders werten: Er machte durchaus Anstalten, ernsthaft in die Regierungsbildung des Jahres 1961 einzugreifen.

## Politische und sonstige Kriterien

Die unterschiedliche Qualität der Kriterien läßt sich durch folgende Rubrizierung aufschlüsseln. Es gab danach:
1. Kriterien mit exakt eingegrenztem Aussagecharakter
   ------------------------------------------
   (z.B.: "Adenauerwahlen" 1953 und 1957). Sie waren jeweils in ihrer Spezialausrichtung relevant und korrekt.
2. Kriterien mit Leerformelcharakter
   -------------------------------
   (z.B.: Persönlichkeit Adenauers). Sie mußten von ihrem Ansatz her

relevant sein, boten freilich keinerlei inhaltlichen Erklärungswert.
3. Kriterien mit genereller Aussage, aber nur partieller Bedeutung
   (z.B.: Tendenz zum Zweiparteiensystem). Hierbei handelt es sich um
   die größte Gruppe der vorgestellten Kriterien. Hier wurden Charakteristika, die durchaus für eine Phase der Kanzlerdemokratie bezeichnend waren, mit allgemeiner Gültigkeit ausgestattet. In der vorgestellten Analyse wird jeweils sichtbar, wo sie tatsächlich zutreffend sind und wo nicht. Dies macht es auch erklärlich, wieso sich einzelne Kriterien widersprechen konnten: Sie sind tatsächlich nicht widersprüchlich, weil ihre Beziehung Aussagen beinhaltet, die sich auf nicht vergleichbare Segmente der Kanzlerdemokratie stützen.
4. Kriterium, dessen Bedeutungsinhalt weit überschätzt wurde
   (Einsame Entscheidungen Adenauers). Der Charakter der Einsamen Entscheidungen Adenauers wurde insofern häufig verkannt, als viele von ihnen vor dem Hintergrund des geschilderten Netzes von formellen und informellen Ebenen zur Konkretisierung der Regierungspolitik wesentlich "uneinsamer" waren, als oft angenommen. Einsame Entscheidungen scheinen daneben kein spezifisches Kriterium für Adenauers Kanzlerdemokratie zu sein ( e i n   Kriterium wohl), da der Kanzler der einsamen Entscheidungen als generell mit den verfassungsrechtlichen Vorgaben konform gehende Figur anzusehen ist.
5. Kriterium, dessen Bedeutungsgehalt falsch eingeschätzt wurde
   (Immediatgespräche). Sicherlich hat es Immediatgespräche der Verbände beim Kanzler gegeben. Sie können aber nicht so eingeschätzt werden, daß sie das eigentliche Herzstück einer "Gefälligkeitsdemokratie" mit bewußter Ausschaltung von betroffenen Ministern und Parlament waren. Verbandseinfluß war auch auf anderen Ebenen tätig und erfolgreich.
6. Kriterien mit durchgehender Relevanz
   (z.B.: "Gesprächs-Camarilla" um Adenauer). Bei der segmentierten Verfassung der Kanzlerdemokratie mußten dergleichen Kriterien selten sein. Es verwundert auch nicht, daß die festgestellten Charakterisitika dieser Art im Zusammenhang mit der Regierungsmaschinerie gesehen werden müssen.

## 7. Fehlende Kriterien.

Es sollen hier nur einige wichtige, nicht genannte Charakteristika aufgezählt werden:
- Die Bedeutung der Rolle Adenauers als Präsident des Parlamentarischen Rates und ihre Nachwirkungen.
- Die Bedeutung der Beziehung Adenauers zu den Hohen Kommissaren.
- Die Bedeutung von Adenauers anfänglich ungenehmigter "Außenpolitik", sowie der "Interview-Außenpolitik".
- Die Bedeutung der persönlichen Beziehungen des Kanzlers zu ausländischen Politikern.
- Die Bedeutung der Koalitionsvereinbarungen für den Regierungsstil.

Abschließend kann hinzugefügt werden, daß die meisten Kriterien für die Kanzlerdemokratie ihren "Erklärungscharakter" nicht allein aus sich selber heraus finden, sondern nur
- im Zusammenhang mit anderen Kriterien
- unter Bezugnahme auf Details der historisch/politischen Entwicklung

voll und ganz verständlich werden. Nimmt man die unterschiedliche Qualität einzelner Kriterien (oder Kriteriengruppen) hinzu, läßt sich die Auffassung vertreten, daß es wenig sinnvoll erscheint, für die jeweiligen Segmente der Kanzlerdemokratie stichwortartige Strukturmuster zu entwerfen. Dies scheint allenfalls für einzelne Segmentpunkte oder qualitative Zusammenhänge möglich. Deshalb soll es im Rahmen dieser Studie bei der Präsentation der segmentierten Kanzlerdemokratie durch die jeweiligen Zusammenfassungen am Ende der detaillierten Teilanalysen (Vgl. Abschluß der Abschnitte A, B und C) bleiben.

Allein zum invariablen "Kern" der Kanzlerdemokratie, der Regierungsmaschinerie, sollen noch einige (auch weiterführende) Anmerkungen gemacht werden. Die Konstanz auf diesem Sektor legt die Wahrscheinlichkeit nahe, daß das Festhalten an gewissen Strukturmustern eine ganz generelle Notwendigkeit für jedwede Regierungspraxis unter den Voraussetzungen des Grundgesetzes ist. Eine empirische Gewißheit in dieser Hinsicht könnte allein eine qualitative Analyse der hier durchgeführten Art für die Regierungsstilarten von zunächst einmal Adenauers unmittelbaren Nachfolgern
- des Volkskanzlertums Ludwig Erhards
- der Koalitionskanzlerschaft Kurt Georg Kiesingers

erbringen. Sicherlich gibt es dafür schon Teilgebiete bearbeitende
Versatzstücke (1), durchgängiges Material der vorstehend präsentierten
Art fehlt aber noch ganz.

Es spricht aber jetzt schon einiges dafür, daß der hier beschriebene Kern
der Regierungsmaschinerie, jenes Netz formeller und informeller Ebenen
zur Konkretisierung der Regierungspolitik, nicht nur "kanzlerdemokratischen" Bestand hat. Heinrich Oberreuther hat ganz allgemein auf ein
der Öffentlichkeit weitgehend verborgenes System von Interaktionsmustern
im parlamentarischen Regierungssystem hingewiesen und für den Bundestag
formelle und informelle Ebenen aufgeschlüsselt (2). Wolfgang Rudzio geht
in seiner übergreifenden Studie zum Koalitionsmanagement der 60er Jahre
auf das Schicksal diverser uns bekannter Gremien ein (3). Für einen Bestandteil der informellen Struktur (Variante Koalitionsgespräch) brachte
das Ende der 60er Jahre noch ungewöhnliche Publizität: der "Kreßbronner
Kreis" galt als eine der wichtigsten Schaltstellen der Großen Koalition
(4).

## ANMERKUNGEN

(Unterzeilen von Bücher- und Aufsatztiteln sowie dergleichen Vermerke bei Artikelüberschriften sind im Anmerkungsapparat in aller Regel nicht verzeichnet. Komplette Angaben in dieser Hinsicht können jedoch aus der Bibliographie entnommen werden.)


E i n l e i t u n g

1    Kiesinger, Kurt Georg, in: Paukenschläge keine Politik, in: Rheinzeitung, v. 15.4.1967, Presseausschnitt aus der Pressedokumentation des Deutschen Bundestages (im folgenden zitiert: Pressedokumentation), Stichwort: Kiesinger.

2    Vgl.: Schneider, Franz: Die Stunde null und 25 Jahre, in: Gehört-Gelesen (Manuskript-Auslese der interessantesten Sendungen des Bayerischen Rundfunks), 17. Jg., Juni 1970, Heft 6, S. 621. Schneider spricht von "Kanzlerdemokratie, Volkskanzlertum, Koalitionskanzlerschaft und Team-Demokratie" (das letztere für den Kanzler Willy Brandt).

3    Vgl.: Ahlers, Conrad, in: Sender Freies Berlin, v. 4.12.1968, in: Kommentarübersicht des Presse- und Informationsamtes der Bundesregierung (im folgenden zitiert: KÜ), Nr. 201/68, v. 5.12.1968, Anhang II, S. 4.

4    Die "Geburt" des Begriffes "Volkskanzlertum" kann sogar exakt terminiert werden. Ihn prägte Dankwart Reissenberger in: derselbe: Erhard wird ein Volkskanzler sein, in: Kölnische Rundschau, v. 14.5.1963, in: Pressedokumentation, a.a.O., Stichwort: Erhard.

5    Vgl. für den Terminus Kanzlerdemokratie: Altmann, Rüdiger: Das Erbe Adenauers, Stuttgart, 1960 (im folgenden zitiert: Altmann I), S. 25 ff; Gross, Johannes: Die Deutschen, Frankfurt-Main, 1967, S. 96 f; Prittie, Terence: Konrad Adenauer, Stuttgart, 1971 (im folgenden zitiert: Prittie I), S. 298 ff sowie vom gleichen Autor: Kanzler in Deutschland, Stuttgart, 1981, S. 78 ff. Für den Terminus "Volkskanzler" vgl.: Caro, Michael K.: Der Volkskanzler, Köln/Berlin, 1965.

6    Vgl.: Bracher, Karl Dietrich: Die Kanzlerdemokratie, in: Löwenthal, Richard/Schwarz, Hans Peter (Hrsg.): Die zweite Republik, Stuttgart-Degerloch, 1974, S. 179.

7    Adenauer, Konrad, in: "Das Interview", in: ZDF, v. 24.4.1963, in: KÜ, a.a.O., Nr. 96/63, v. 27.4.1963, Anhang IV, S. 3.

8    Vgl.: Neumann, Franz: Kanzlerdemokratie, in: Drechsler, Hanno/ Hilligen, Wolfgang/Neumann, Franz (Hrsg.): Gesellschaft und Staat, Baden-Baden, (2. durchgesehene Auflage), 1971, S. 192 f.

9    Vgl.: Bracher, Karl Dietrich: Deutschland zwischen Demokratie und Diktatur, Bern, u.a., 1964, S. 124 ff (Kapitelbenennung: Die Kanzlerdemokratie).

10  Vgl.: Ebenda, S. 124 f.
11  Vgl.: Ebenda, S. 128.
12  Vgl.: Ebenda, S. 125 ff.
13  Vgl.: Ebenda, S. 131.
14  Vgl.: derselbe: Die Kanzlerdemokratie, a.a.O..
15  Vgl.: Ebenda, S. 179.
16  Vgl.: Ebenda, S. 180.
17  Vgl.: Ebenda, S. 188.
18  Vgl.: Ebenda, S. 179 f.
19  Vgl.: Ebenda, S. 184. Daneben: S. 187.
20  Vgl.: Ebenda, S. 189 ff.
21  Vgl.: Ebenda, S. 194.
22  Vgl.: Ebenda, S. 192 ff.
23  Vgl.: Ebenda, S. 194 ff.
24  Vgl.: Bermbach, Udo: Kanzlerdemokratie, in: Röhring, Hans-Helmut/ Sontheimer, Kurt (Hrsg.): Handbuch des deutschen Parlamentarismus, München, 1970, S. 232.

25  Vgl.: Ebenda, S. 230.
26  Vgl.: Ebenda.
27  Vgl.: Ebenda, S. 230 ff.

28  Vgl.: Steffani, Winfried: Dreißig Jahre Deutscher Bundestag, in: aus politik und zeitgeschichte, 29. Jg., Heft 32 - 33, v. 11.8.1979, S. 13 f.

29  Ebenda.

30  Vgl.: Brauswetter, Hartmut H.: Kanzlerprinzip, Ressortprinzip und Kabinettsprinzip in der ersten Regierung Brandt 1969 - 1972, Bonn, 1976, S. 3.

31  Vgl.: Wengst, Udo: Staatsaufbau und Regierungspraxis 1949 - 1953, Düsseldorf, 1984, S. 14.

32  Vgl.: Stammen, Theo: Premierministerdemokratie und Kanzlerdemokratie? Über die Machtverteilung im zeitgenössischen parlamentarischen Regierungssystem, in: Politische Bildung (im folgenden zitiert: PoBi), 4. Jg., Heft 4, Oktober 1971, S. 43. Vgl. auch: Rausch, Heinz/Oberreuter, Heinrich: Parlamentsreform in der Dunkelkammer? Zum Selbstverständnis der Bundestagsabgeordneten, in: Steffani, Winfried: Parlamentarismus ohne Transparenz, Opladen, 1974, S. 145 ff.

33  Sternberger, Dolf: Parlamentarische Regierung und Parlamentarische Kontrolle, in: Stammen, Theo (Hrsg.): Strukturwandel der modernen Regierung, Darmstadt, 1967, S. 281.

34  Vgl.: Benda, Ernst: Verfassungsprobleme der Großen Koalition, in: Rummel, Alois (Hrsg.): Die Große Koalition 1966 - 1969, Freudenstadt, 1969, S. 163.

35  Vgl.: Köppler, Heinrich: Mißverständnisse, Spannungen und Rivalitäten? Zum Verhältnis von Parlament und Regierung, in: Hübner, Emil/Oberreuter, Heinrich/Rausch, Heinz (Hrsg.): Der Bundestag von innen gesehen, München, 1969, S. 176.

36  Haefele, Hansjörg: Reform des Parlamentarismus, in: Rollmann, Dietrich (Hrsg.): Die Zukunft der CDU, Hamburg, 1968, S. 43.

37  Vgl.: Hübner, Emil: Die Beziehungen zwischen Bundestag und
    Bundesregierung im Selbstverständnis der Abgeordneten des V. Deutschen Bundestages, München, 1980, S. 72 ff. Hübner präsentiert in den Anmerkungen 191 ff eine umfangreiche bibliographische Absicherung des Theorems einer parlamentarischen Regierung.

38  Vgl.: Fraenkel, Ernst: Deutschland und die westlichen Demokratien, Stuttgart, u.a. 7 1979, S. 11 ff; Oberreuter, Heinrich:
Kann der Parlamentarismus überleben?, Zürich, 1977, S. 21 ff sowie:
Rausch, Heinz (Hrsg.): Zur heutigen Problematik der Gewaltenteilung, Darmstadt, 1969.

39  Vgl.: Steffani, Winfried: Dreißig Jahre Deutscher Bundestag,
    a.a.O., S. 7. Zur Parlamentsreform generell: Thaysen, Uwe: Parlamentsreform in Theorie und Praxis, Opladen, 1972 und: Liesegang, Helmuth
C.F.: Parlamentsreform in der Bundesrepublik, Berlin/New York, 1974.

40  Vgl.: Hübner, a.a.O., S. 74 f.

41  Vgl.: Rausch, Heinz: Das parlamentarische Regierungssystem -
    eine begriffliche Klärung, in: PoBi, a.a.O., 4. Jg., Heft 4,
Oktober 1971, S. 23.

42  Ellwein, Thomas: Das Regierungssystem der Bundesrepublik Deutschland, Opladen, (4., völlig neu bearbeitete Auflage) 1977, S.318 f.

43  Hennis, Wilhelm: Aufgaben einer modernen Regierungslehre,
    in: Politische Vierteljahresschrift (im folgenden zitiert: PVS),
6. Jg., 1965, Heft 4, S. 427.

44  Vgl.: Hennis, Wilhelm/Kielmansegg, Peter Graf/Matz, Ulrich
    (Hrsg.): Regierbarkeit, Stuttgart, Band I: 1977, Band II: 1979.

45  Vgl.: Hennis, Wilhelm: Zur Begründung der Fragestellung, in:
    Hennis/Kielmansegg/Matz (Hrsg.), a.a.O., Band I, S. 13 ff.

46  Bußhoff, Heinrich: Die theoretische Stagnation der Regierungslehre - Kritik und Skizze eines Auswegs, in: PVS, a.a.O., 21.
Jg., 1980, Heft 3, S. 291.

47  Vgl.: Lehner, Franz: Regierbarkeit - Krise der Politik oder der
    Politischen Wissenschaft, in: Ebenda, S. 298.

48  Vgl.: Hennis: Regierungslehre, a.a.O., S. 424.

49  Vgl.: Ebenda, S. 432.

50  Vgl.: Ebenda, S. 435.

51  Vgl.: Guilleaume, Erich: Regierungslehre, in: Stammen (Hrsg.),
    a.a.O., S. 469.

52  Vgl.: Erich Mende in einem Gespräch mit dem Autor am 11.3.1980
    (im folgenden zitiert: Mende-Gespräch I). Gespräche im Rahmen der
Recherchen zu dieser Arbeit wurden so ausgewertet, daß der Autor ein Ge-

sprächsprotokoll erstellte, das der Gesprächspartner zur Korrektur erhielt, wobei er alle Freiheiten besaß. Nur der Inhalt der verifizierten Protokolle findet Verwendung. Siehe auch: Rummel, Alois: Eine Koalition mit Zufallschancen, in: Rummel (Hrsg.), a.a.O., S. 19 f.

53   Die Recherchieraufenthalte in Bonn waren wie folgt: März - April 1980, August - Oktober 1980, März 1981. Außerdem wurden Herbert Blankenhorn, Heinrich Hellwege und Kurt Georg Kiesinger in ihren jeweiligen Wohnorten interviewt.

54   Vgl.: Scheuch, Erwin K.: Das Interview in der Sozialforschung, in: König, René (Hrsg.): Handbuch der Empirischen Sozialforschung, Band I, Stuttgart, 1962, S. 165 f; Mayntz, Renate/Holm, Kurt/Hübner, Peter: Einführung in die Methoden der empirischen Soziologie, (2., erweiterte Auflage), 1971, S. 104. Das "Bureau of Applied Social Research" der Columbia Universität spricht dabei vom "qualitativen Interview", vgl.: dasselbe: Das qualitative Interview, in: König, René (Hrsg.): Das Interview, Köln/Berlin, (3. erweiterte Auflage), 1962, S. 143 ff.

55   Jäckering, Werner: Die politische Auseinandersetzung um die Novellierung des Gesetzes gegen Wettbewerbsbeschränkungen (GWB), Berlin, 1977, S. 18 f.

56   Vgl.: Lehmbruch, Gerhard: Einführung in die Politikwissenschaft, Stuttgart, u.a., 4. 1971, S. 86 ff.

57   Vgl.: Baring, Arnulf: Außenpolitik in Adenauers Kanzlerdemokratie, München/Wien, 1969. Im Rahmen dieser Studie wird nach der gleichlautenden Taschenbuchedition (zweibändig, München, 1971) zitiert (im folgenden also: Band 1: Baring I; Band 2: Baring II), d.h. hier: vgl.: Baring II, a.a.O., S. 296. Vgl. auch: Wagner, Wolfgang: Die Bundespräsidentenkrise, in: Morsey, Rudolf/Repgen, Konrad (Hrsg.): Adenauer-Studien II, Mainz, 1982, S. 2.

58   Vgl.: Günther, Klaus: Der Kanzlerwechsel in der Bundesrepublik/Adenauer-Erhard-Kiesinger, Hannover, 1970, S. 28.

59   Vgl.: Mayntz, Renate: Soziologie der Organisation, Hamburg, 1963.

60   Vgl.: Ebenda, S. 48.
61   Vgl. Ebenda, S. 55.


A b s c h n i t t   A

1    Honnacker, Heinz/Grimm, Gottfried: Geschäftsordnung der Bundesregierung, München, 1969, S. 29.

2    Vgl.: Adenauer, Konrad, zitiert nach: Poppinga, Anneliese: Meine Erinnerungen an Konrad Adenauer, München, 1972, S. 152. Inhaltlich gleichlautend hat sich Adenauer in seinen Memoiren geäußert. Vgl.: Adenauer, Konrad: Erinnerungen, 1945-1953, Band 1, Stuttgart, 1965 (im folgenden zitiert: Adenauer I), S. 153. Ähnlich: Pünder, Hermann: Von Preußen nach Europa, Düsseldorf, 1968, S. 393.

3   Vgl.: Brandt, Willy: Konrad Adenauer – Ein schwieriges Erbe für die deutsche Politik, in: Blumenwitz, Dieter/Gotto, Klaus/Maier, Hans/Repgen, Konrad/Schwarz, Hans-Peter (Hrsg.): Konrad Adenauer und seine Zeit, Band 1 (Beiträge von Weg- und Zeitgenossen), Stuttgart, 1976 (im folgenden zitiert: Adenauer und seine Zeit 1), S. 101.

4   Vgl.: Altmann I, a.a.O., S. 27.

5   Vgl.: Gross: Die Deutschen, a.a.O., S. 93.

6   Vgl.: Thayer, Charles W.: Die unruhigen Deutschen, Bern, u.a., 1958, S. 139.

7   Vgl.: Wildenmann, Rudolf: Macht und Konsens als Problem der Innen- und Außenpolitik, Frankfurt-Main/Bonn (im folgenden zitiert: Wildenmann I), S. 81.

8   Vgl.: Hennis, Wilhelm: Richtlinienkompetenz und Regierungstechnik, Tübingen, 1964, S. 27.

9   Vgl.: Pütz, Helmuth: Die CDU, Bonn, 1971, S. 15. Es ist sicherlich eine leichte Besserung für die parteigeschichtliche Forschungssituation nach 1949 eingetreten, dennoch liegt der Schwerpunkt eindeutig in der Zeit davor. Die wichtigsten Publikationen für diese Zeit (alphabetische Reihenfolge): Adenauer I, a.a.O.; Buchhaas, Dorothee: Die Volkspartei, Düsseldorf, 1981, S. 96 ff und 151 ff; Conze, Werner: Jakob Kaiser, Stuttgart/Berlin u.a., 1969; Deuerlein, Ernst: CDU/CSU, 1945 – 1957, Köln, 1957; Focke, Franz: Sozialismus aus christlicher Verantwortung, Wuppertal, 1978, S. 195 ff; Buchstab, Günter/Gotto, Klaus (Hrsg.): Die Gründung der Union, München/Wien, 1981; Gradl, Baptist Johann: Anfang unterm Sowjetstern. Die CDU 1945 – 1948 in der Sowjetischen Besatzungszone Deutschlands, Köln, 1981; Gurland, Arcadius R.L.: Die CDU/CSU, Frankfurt-Main, 1980; Heidenheimer, Arnold J.: Adenauer and the CDU, Hague, 1960; Lange, Max Gustav (u.a.): Parteien in der Bundesrepublik, Stuttgart u.a., 1955; Mensing, Hans Peter (Bearbeiter): Adenauer. Briefe 1945 – 1947, Berlin, 1983; Mintzel, Alf: Die CSU, Opladen, 1975; Morsey, Rudolf: Der politische Aufstieg Konrad Adenauers, 1945 – 1949, in: Morsey, Rudolf/Repgen, Konrad (Hrsg.): Adenauer-Studien I, Mainz, 1971, S. 20 ff. Eine Kurzform dieses Beitrages liegt vor in: Morsey, Rudolf: Vom Kommunalpolitiker zum Kanzler, in: Konrad-Adenauer-Stiftung (Hrsg.): Konrad Adenauer. Ziele und Wege, Mainz, 1972, S. 13 ff; Müchler, Günter: CDU/CSU. Das schwierige Bündnis, München, 1976; Pridham, Geoffrey: Christian Democracy in Western Germany, London, 1977; Pütz, Helmuth (Bearbeiter): Adenauer und die CDU der britischen Besatzungszone, 1946 – 1949 (im folgenden zitiert: Adenauer und die CDU der britischen Zone), Bonn, 1975; Pütz: CDU, a.a.O., Salzmann, Rainer (Bearbeiter): Die CDU/CSU im Parlamentarischen Rat (Sitzungsprotokolle der Unionsfraktion), Stuttgart, 1981 (im folgenden zitiert: Fraktionsprotokolle Parlamentarischer Rat); Schönbohm, Wulf: CDU, München/Wien, 1979; Schwering, Leo: Frühgeschichte der Christlich Demokratischen Union, Recklinghausen, 1963; Uertz, Rudolf: Christentum und Sozialismus in der frühen CDU, Stuttgart, 1981; Weymar, Paul: Konrad Adenauer, München, 1955; Wieck, Hans Georg: Die Entstehung der CDU und die Wiedergründung des Zentrums im Jahre 1945, Düsseldorf, 1953.

10  Vgl.: Adenauer I, a.a.O., S. 51 f. Vgl. auch: Kaff, Brigitte: Eine Volkspartei entsteht – Zirkel und Zentren der Unionsgründung, in: Buchstab/Gotto (Hrsg.), a.a.O., S. 70 ff.

11  Vgl., auch zum folgenden: Morsey: Kommunalpolitiker, a.a.O., S. 45.

12  Vgl.: Heck, Bruno: Adenauer und die Christlich Demokratische Union Deutschlands (im folgenden zitiert: Adenauer und die CDU), in: Adenauer und seine Zeit 1, a.a.O., S. 189.

13  Ebenda, S. 190 f.

14  Vgl.: Pütz, Helmuth: Einleitung, in: Adenauer und die CDU der britischen Zone, a.a.O., S. 94.

15  Vgl.: Ebenda, S. 10.

16  Protokoll der Tagung des Zonenausschusses der CDU für die britische Zone am 17. und 18. Dezember 1946 in Lippstadt, abgedruckt in: Adenauer und die CDU der britischen Zone, a.a.O., S. 260 f.

17  Vgl.: Adenauer I, a.a.O., S. 48.

18  Heck: Adenauer und die CDU, a.a.O., S. 191.

19  Vgl. dazu: Gradl, a.a.O.. Nach Gradl kann ab Januar 1948 davon ausgegangen werden, daß die Berliner CDU-Führung ihre "Basis" verloren hatte (Vgl. dazu: Ebenda, S. 145).

20  Vgl. dazu: Conze, a.a.O., S. 29 ff und 62 ff; Focke, a.a.O., S. 270 ff; Gradl, a.a.O., S. 54 ff; Heidenheimer: Adenauer, a.a.O. S. 72 ff und 115 ff; Müchler, a.a.O., S. 30; Uertz, a.a.O., S. 185 ff.

21  Vgl.: Heidenheimer: Adenauer, a.a.O., S. 103.

22  Vgl.: Strauß, Franz Josef: Konrad Adenauer und sein Werk, in: Adenauer und seine Zeit 1, a.a.O. (im folgenden zitiert: Strauß I) S. 88.

23  Vgl.: Pütz: Einleitung, a.a.O., S. 40.

24  Vgl. dazu: Heidenheimer: Adenauer, a.a.O., S. 58 ff sowie: Conze, a.a.O., S. 42 ff.

25  Vgl.: Müchler, a.a.O., S. 29.

26  Vgl. dazu: Heidenheimer: Adenauer, a.a.O., S. 97 ff.

27  Vgl.: Pütz: Einleitung, a.a.O., S. 90.

28  Vgl. Passage aus dem entsprechenden Protokoll, in: Adenauer und die CDU der britischen Zone, a.a.O., S. 198.

29      Vgl.: Strauß I, a.a.O., S. 87.

30      Vgl.: Müchler, a.a.O., S. 30 (Anmerkung 36).

31      Heidenheimer: Adenauer, a.a.O., S. 157 (Übersetzung vom Autor).

32      Vgl.: Morsey: Kommunalpolitiker, a.a.O., S. 56.

33      Vgl. dazu: Adenauer I, a.a.O., S. 19 ff sowie: Diederich, Toni:
        Adenauer als Kölner Oberbürgermeister von Mai bis Oktober 1945,
in: Stehkämper, Hugo (Hrsg.): Konrad Adenauer Oberbürgermeister von Köln,
Köln, 1976, S. 499 ff.

34      Vgl.: Longford, Earl of (Pakenham, Lord Francis): Erfahrungen mit
        Konrad Adenauer als Minister für die britische Besatzungszone, in:
Adenauer und seine Zeit 1, a.a.O., S. 416 f.

35      Vgl.: Strauß I, a.a.O., S. 86 f.

36      Poppinga, Anneliese: Konrad Adenauer. Geschichtsverständnis,
        Weltanschauung und politische Praxis, Stuttgart, 1975, S. 22 f.

37      Vgl.: Alexander, Edgar: Adenauer und das neue Deutschland,
        Recklinghausen, 1956, S. 107.

38      Vgl.: Morsey: Kommunalpolitiker, a.a.O., S. 34.

39      Vgl.: Adenauer I, a.a.O., S. 25.

40      Vgl.: Ebenda, S. 43.

41      Vgl.: Brandt, Willy: Adenauer, a.a.O., S. 100. Ähnlich: Allemann,
        Fritz Renè: Bonn ist nicht Weimar, Köln/Berlin, 1956 (im folgen-
den zitiert: Allemann I), S. 334.

42      Vgl.: Longford, a.a.O., S. 101.

43      Adenauer I, a.a.O., S. 68 f.

44      Vgl.: Strauß I, a.a.O., S. 49.

45      Vgl.: Eschenburg, Theodor: Adenauer und die Institutionen, in:
        Kohl, Helmut (Hrsg.): Konrad Adenauer, 1876-1976, Stuttgart,
Zürich, 1976, S. 67.

46      Vgl.: Weymar, a.a.O., S. 361 f.

47      Vgl.: Baring I, a.a.O., S. 17 sowie: Brandt: Adenauer, a.a.O.,
        S. 101 und: Scheel, Walter: Die geistigen Grundlagen des Men-
schen und Politikers Konrad Adenauer, in: Adenauer und seine Zeit 1,
a.a.O., S. 21.

48      Vgl.: Heuß, Theodor, in: Weymar, a.a.O., S. 363. Die Bedeutung
        dieser interfraktionellen Gespräche wird auch bei der Lektüre der

Fraktionsprotokolle der CDU/CSU aus dieser Zeit deutlich, vgl.: Fraktionsprotokolle Parlamentarischer Rat, a.a.O. (die relevanten Stellen sind im Personen- und Sachregister zusammengefaßt, vgl.: Ebenda, S. 692).

49    Vgl.: Heuß, Theodor, in: Weymar, a.a.O., S. 363 f.

50    Vgl.: Eschenburg, Theodor: Zur Vorgeschichte der Bundesrepublik, in: Steffen, Hans (Hrsg.): Die Gesellschaft in der Bundesrepublik Deutschland. Analysen (Erster Teil), Göttingen, 1970, S. 23 f.

51    Plischke, Elmar: The Allied High Commission for Germany o.O., 1953, S. 147. (Übersetzung vom Autor)

52    Vgl.: Pikart, Eberhard: Theodor Heuß und Konrad Adenauer, Stuttgart/Zürich, 1976, S. 22 f sowie Wengst, a.a.O., S. 66 f.

53    Seydoux, Francois: Der Europäer (im folgenden zitiert: Seydoux II) in: Prittie, Terence/Osterheld, Horst/Seydoux, Francois: Konrad Adenauer, Stuttgart, 1975, S. 121.

54    Vgl.: Strauß I, a.a.O., S. 88 sowie: Morsey: Kommunalpolitiker, a.a.O., S. 50.

55    Vgl.: Morsey, Ebenda, S. 13.

56    Vgl.: Noelle, Elisabeth/Neumann, Erich Peter (Hrsg.): Jahrbuch der Öffentlichen Meinung 1947 - 1955, Allensbach, 1956, S. 192 sowie: Neumann, Erich Peter/Noelle, Elisabeth: Umfragen über Adenauer, Allensbach/Bonn, 1961, S. XIV und 145. Daneben: Stackelberg, Karl Georg von: Souffleur auf politischer Bühne, München, 1975, S. 26 f.

57    Vgl.: Strauß, Franz Josef, nach: Stackelberg, Karl Georg von: Attentat auf Deutschlands Talisman, Stuttgart, 1967, S. 27.

58    Vgl.: Erhard, Ludwig, in: Dreher, Klaus: Der Weg zum Kanzler, Düsseldorf/Wien, 1972, S. 358.

59    Vgl.: Adenauer, Konrad: Regierungserklärung vom 20. September 1949, in: Pulte, Peter (Hrsg.): Regierungserklärungen, 1949 - 1973 Berlin/New York, 1973, S. 8.

60    Vgl.: Adenauer, Konrad, in: (Maschinenschriftliches) Protokoll der Sitzung vom 10.2.1950, in: Niederschriften über die Sitzungen der CDU/CSU-Fraktion, 1949-1950, Band II (im folgenden zitiert: CDU/CSU-Fraktionsprotokolle), S. 371. Diese Unterlagen befinden sich im Archiv für Christlich-Demokratische Politik der Konrad-Adenauer-Stiftung in Sankt Augustin bei Bonn.

61    Vgl.: Baring I, a.a.O., S. 19 sowie Besson, Waldemar: Die Außenpolitik der Bundesrepublik Deutschland, München, 1970, S. 68.

62    Vgl. dazu: Aufzeichnungen des Staatspräsidenten und CDU-Vorsitzenden von Württemberg-Hohenzollern, Dr. Gebhard Müller, über die Beratung führender Unionspolitiker am 21. August 1949 in Rhöndorf (Doku-

ment Nr. 1), in: Morsey, Rudolf: Die Rhöndorfer Weichenstellung vom 21. August 1949, in: Vierteljahreshefte für Zeitgeschichte, 28. Jg., Heft 4, Oktober 1980, S. 513 ff sowie die Schilderung von Adenauer in: Adenauer I, a.a.O., S. 233 ff sowie Pferdmenges in: Weymar, a.a.O., S. 425 ff und: Pünder, a.a.O., S. 408 ff. Die letzten Berichte sind ebenfalls abgedruckt in: Dreher, a.a.O., S. 341 ff (bei Pünder mit einem Zusatz). Dort findet man auch Schilderungen der Teilnehmer Peter Altmeier (S. 352 f), Franz Josef Strauß (S. 353 ff) und Ludwig Erhard (S. 357 ff). Eine weitere Schilderung von Strauß liegt vor in: Strauß, Franz Josef: "Der Alte war ein Mann mit vielen Schlichen", in: Kohl (Hrsg.), a.a.O. (im folgenden zitiert: Strauß II), S. 161 ff. Zur Wertung vgl.: Alt, Franz: Der Prozeß der ersten Regierungsbildung unter Konrad Adenauer, Bonn, 1970 (im folgenden zitiert: Alt I), S. 97 ff; Dreher, a.a.O., S. 299 ff; Heidenheimer: Adenauer, a.a.O., S. 179 ff; Kosthorst, Erich: Jakob Kaiser, Düsseldorf/Wien, u.a., S. 67 ff.; Morsey, Rudolf: Die Bildung der ersten Regierungskoalition 1949, in: Historisches Jahrbuch, 97. bis 98. Jg., München/Freiburg, 1978, S. 418 ff. Der Aufsatz wurde ebenfalls abgedruckt in: aus politik und zeitgeschichte (Beilage zur Wochenzeitung DAS PARLAMENT), 28. Jg., Heft 34, v. 26.8.1978, S. 3 ff. Abschließend wäre noch auf Müchler, a.a.O., S. 93 ff hinzuweisen.

63   Vgl.: Strauß I, a.a.O., S. 90.

64   Vgl.: Erhard, Ludwig: Konrad Adenauer und seine Republik, in: Deutsche Zeitung v. 26.12.1975, in: Pressedokumentation, a.a.O., Stichwort: Adenauer.

65   Vgl.: Kaiser, Jakob, in: CDU/CSU-Fraktionsprotokolle, a.a.O., v. 1.9.49, Bd. II, 1949-1950, S. 96. Kaiser erklärte, man stimme allgemein darin überein, daß Adenauer "berufen" sei, Kanzler zu werden.

66   Vgl.: Kosthorst, a.a.O., S. 71.

67   Adenauer I, a.a.O., S. 224.

68   Vgl.: Morsey: Rhöndorfer Weichenstellung, a.a.O., S. 509 sowie: derselbe: Bildung der ersten Regierungskoalition, a.a.O., S. 427 ff.

69   Vgl.: Morsey: Bildung der ersten Regierungskoalition, a.a.O., S. 428.

70   Vgl.: Ebenda, S. 419.

71   Vgl. die Beschreibung der "Vorarbeit" zu Rhöndorf durch das Gespräch, daß Adenauer tags zuvor mit Erhard in Frankfurt führte, Ebenda, S. 418 ff.

72   Vgl.: Adenauer I, a.a.O., S. 229. Das Kommunique ist abgedruckt in: Ebenda, sowie: Dreher, a.a.O., S. 306 f und: Alt, Franz: Es begann mit Adenauer, Freiburg, 1975 (im folgenden zitiert: Alt II), S. 68.

73   Vgl.: Dreher, a.a.O., S. 250 f.

74   Vgl.: Alt I, a.a.O., S. 94.

75   Vgl.: Heck: Adenauer und die CDU, a.a.O., S. 198.

76   Vgl.: Zimmer, Aloys, zitiert nach: Müchler, a.a.O., S. 56 f, Anmerkung 150. Es handelt sich um die Passage eines Briefes von Zimmer an Müchler vom 20.1.1973.

77   Vgl.: Heidenheimer: Adenauer, a.a.O., S. 196.

78   Heck: Adenauer und die CDU, a.a.O., S. 198 f.

79   Vgl.: Kiesinger, Kurt Georg: Erlebnisse mit Konrad Adenauer, in: Adenauer und seine Zeit 1, a.a.O., S. 64 f.

80   Vgl.: Gross, Johannes: Die Christliche Demokratische Union, Bonn, 1957, S. 11.

81   Vgl.: Pütz: CDU, a.a.O., S. 64.

82   Vgl.: Kiesinger: Erlebnisse, a.a.O., S. 64.

83   Holzapfel, Friedrich, in: CDU-Deutschlands (Hrsg.): Erster Parteitag der Christlich Demokratischen Union Deutschlands, Goslar, 20. - 22. Oktober 1951, Bonn, o.J., S. 172.

84   Vgl.: Gurk, Franz, in: CDU-Deutschlands (Hrsg.): Zweiter Parteitag der Christlich Demokratischen Union Deutschlands, Karlsruhe, 18. - 21. Oktober 1951, Bonn, o.J., S. 7 sowie: Tillmanns, Robert, in: CDU-Deutschlands (Hrsg.): Dritter Parteitag der Christlich Demokratischen Union Deutschlands, Berlin, 17. - 19. Oktober 1952, Bonn, o.J., S. 13 f und: Lemmer, Ernst, in: Bundesgeschäftsstelle der CDU-Deutschlands (Hrsg.) 4. Bundesparteitag der Christlich Demokratischen Union Deutschlands, 18. - 22. April 1953 in Hamburg, Bonn, o.J., S. 88.

85   Vgl.: Dittberner, Jürgen: Die Parteitage der CDU und SPD, in: Dittberner, Jürgen/Ebbinghausen, Rolf (Hrsg.): Parteisystem in der Legitimationskrise, Opladen, 1973, S. 90.

86   Vgl.: derselbe: Die Bundesparteitage der Christlich Demokratischen Union und der Sozialdemokratischen Partei Deutschlands von 1946 bis 1968, Augsburg, 1969, S. 30 ff (besonders S. 70 ff).

87   Vgl.: Schulz, Gerhard: Die CDU-Merkmale ihres Aufbaus, in: Lange (u.a.), a.a.O., S. 109.

88   Vgl.: Kiesinger, Kurt Georg, in: CDU-Deutschlands, Bundesgeschäftsstelle (Hrsg.): 17. Bundesparteitag der CDU, Mainz, 17./18. November 1969, Bonn, o.J., S. 18.

89   Heck, Bruno, in: Ebenda, S. 34.

90   Füsslein, R.W. (Hrsg.): Das Bonner Grundgesetz und das Besatzungsstatut, Minden/Frankfurt-Main, 1949, S. 129 ff.

91      Kirkpatrick, Ivonne: Im inneren Kreis, Berlin, 1964, S. 180.

92      Vgl.: Besatzungsstatut bei: Füsslein (Hrsg.), a.a.O., S. 129.

93      Vgl.: Wylick, Christine van: Das Besatzungsstatut (maschinenschriftliche Dissertation an der Universität Köln), o.O., 1956, S. 93.

94      Vgl.: Besatzungsstatut, bei: Füsslein (Hrsg.), a.a.O., S. 130 f (Ziffer 2).

95      Vgl.: Ebenda, S. 131 (Ziffer 3).

96      Vgl.: Der Werdegang des Bonner Grundgesetzes, in: Füsslein (Hrsg.), a.a.O., S. 128.

97      Adenauer, in: Regierungserklärung 1949, in: Pulte (Hrsg.), a.a.O., S. 27.

98      Vgl.: Besatzungsstatut, in: Füsslein (Hrsg.), a.a.O., S. 133 (Ziffer 9).

99      Adenauer, Konrad: Erinnerungen, 1953-1955, Stuttgart, 1966 (im folgenden zitiert: Adenauer II), S. 163 f.

100     Vgl.: Ebenda, S. 165.

101     Vgl.: Francois-Poncet, André: Adenauer als historische Gestalt, in: Politische Meinung (im folgenden zitiert: PM), 8. Jg., 1963, Heft 88, S. 27.

102     Vgl.: Allemann I, a.a.O., S. 140.

103     Vgl.: Ebenda, S. 138.

104     Adenauer I, a.a.O., S. 246.

105     Vgl.: Allemann I, a.a.O., S. 170.

106     Vgl.: Seydoux II, a.a.O., S. 123.

107     McCloy, John: Adenauer und die Hohe Kommission, in: Adenauer und seine Zeit 1, a.a.O., S. 425.

108     Vgl.: Francois-Poncet: Adenauer, a.a.O., S. 30.

109     Vgl.: Adenauer, Konrad: Regierungserklärung vom 20. Oktober 1953, in: Pulte (Hrsg.), a.a.O., S. 53. Vgl. dazu auch: Enders, Ulrich/ Reiser, Konrad: Aufgaben, Handlungsspielraum und Tätigkeit der Bundesregierung im Jahre 1949, in: Booms, Hans (Hrsg.): Die Kabinettsprotokolle der Bundesregierung, Band 1, 1949 (bearbeitet von Ulrich Enders und Konrad Reiser), Boppard, (im folgenden zitiert: Kabinettsprotokolle), S. 49.

110     Vgl.: Kirkpatrick, a.a.O., S. 204.

111 Plischke, a.a.O., S. 147 (Übersetzung vom Autor).

112 Zu den Terminen vgl.: Ebenda, S. 147 ff. Termine und Inhalte sind bei Adenauer I, a.a.O., S. 233 ff sowie Adenauer II, a.a.O., S. 36 ff zu verfolgen. Vgl. auch: Blankenhorn, Herbert: Verständnis und Verständigung, Frankfurt-Main, u.a., 1980, S. 62 ff.

113 Vgl.: Plischke, a.a.O., S. 148.

114 Vgl.: Bleicher, Kurt: Konferenzen, in: Grochla, Erwin (Hrsg.): Handwörterbuch der Organisation, Stuttgart, 1969, Spalte 859.

115 Adenauer, zitiert nach: Poppinga: Erinnerungen, a.a.O., S. 153.

116 Vgl.: Kabinettsprotokolle, a.a.O., S. 102 (9. Sitzung v. 4.10.1949).

117 Vgl.: Ebenda, S. 262, 30. Sitzung v. 13.12.1949).

118 Vgl.: Adenauer I, a.a.O., S. 483.

119 Vgl.: Buchheim, Hans: Die Richtlinienkompetenz unter der Kanzlerschaft Konrad Adenauers, in: Blumenwitz, Dieter/Gotto, Klaus/Maier, Hans/Repgen, Konrad/Schwarz, Hans-Peter (Hrsg.): Konrad Adenauer und seine Zeit, Band 2 (Beiträge der Wissenschaft), Stuttgart, 1976 (im folgenden zitiert: Adenauer und seine Zeit 2), S. 348.

120 Vgl.: Mende-Gespräch I, a.a.O..

121 Baring, Arnulf: Die Institutionen der westdeutschen Außenpolitik in der Ära Adenauer (im folgenden zitiert: Baring V), in: Kaiser, Karl/Morgan, Roger (Hrsg.): Strukturwandel der Außenpolitik in Großbritannien und der Bundesrepublik, München/Wien, 1970, S. 177.

122 Herbert Blankenhorn in einem Gespräch mit dem Autor am 14.11.1980 (im folgenden zitiert: Blankenhorn-Gespräch).

123 Heinrich Hellwege in einem Gespräch mit dem Autor am 18.12.1980 (im folgenden zitiert: Hellwege-Gespräch).

124 Vgl.: Ernst Wirmer in einem Gespräch mit dem Autor am 21.4.1980 (im folgenden zitiert: Wirmer-Gespräch).

125 Vgl.: Blankenhorn-Gespräch, a.a.O..

126 Vgl.: Adenauer, Konrad, in: Verhandlungen des Deutschen Bundestages (I. Wahlperiode, 1949), Stenographische Berichte (im folgenden zitiert: Bundestag, ... Wahlperiode, Jahr), Band I, Bonn, 1950, S. 398 (17. Sitzung v. 15.11.1950).

127 Vgl.: Ebenda.

128 Vgl.: Kabinettsprotokolle, a.a.O., S. 165, besonders Anmerkung 5.

129  Vgl.: Eschenburg, Theodor: Die Richtlinien der Politik im Verfassungsrecht und in der Verfassungswirklichkeit, in: Stammen (Hrsg.), a.a.O., S. 387.

130  Vgl.: Gumbel, Karl: Hans Globke-Anfänge und erste Jahre im Bundeskanzleramt, in: Gotto, Klaus (Hrsg.): Der Staatssekretär Adenauers, Stuttgart, 1980, S. 75 f.

131  Blankenhorn-Gespräch, a.a.O..

132  Vgl.: Ebenda.

133  Vgl.: Plischke, a.a.O., S. 151. Siehe auch: Kabinettsprotokolle, a.a.O., S. 269 f, besonders Anmerkung 13 (31. Sitzung v. 16.12.1949).

134  So Francois-Poncet: Adenauer, a.a.O., S. 28.

135  Blankenhorn-Gespräch, a.a.O..

136  Vgl.: McCloy, a.a.O., S. 424.

137  Adenauer: Regierungserklärung 1949, in: Pulte (Hrsg.), a.a.O., S. 10 f.

138  Vgl.: Allemann I, a.a.O., S. 131.

139  Adenauer I, a.a.O., S. 341.

140  Vgl.: Weymar, a.a.O., S. 494.

141  Vgl.: Stump, Wolfgang: Konrad Adenauer: Reden und Interviews 1945 - 1953, in: Morsey, Rudolf/Repgen, Konrad (Hrsg.): Adenauer-Studien III, Untersuchungen und Dokumente zur Ostpolitik und Biographie, Mainz, 1974 (Gesamtwerk im folgenden zitiert: Adenauer-Studien III). Es empfiehlt sich die zweite Auflage zu benutzen ($^2$1974), da die erste voller datentechnischer Fehler steckt. In beiden Seitenzahl: 244 ff.

142  Vgl.: Baring I, a.a.O., S. 135 sowie: Adenauer I, a.a.O., S. 319.

143  Vgl.: Baring I, a.a.O., S. 136 ff.

144  Vgl.: Adenauer I, a.a.O., S. 257 f. Siehe auch: Kabinettsprotokolle, a.a.O., S. 193 (21. Sitzung v. 11.11.1949).

145  Adenauer, in: Bundestag (I. Wahlperiode, 1950), Band 3, Bonn, 1950 S. 2065 (55. Sitzung v. 30.3.1950).

146  Vgl.: Weymar, a.a.O., S. 493 f.

147  Vgl.: Adenauer I, a.a.O., S. 342 f.

148  Vgl.: Prittie I, a.a.O., S. 215 f. Die gleiche Wertung liegt vor bei: Baring I, a.a.O., S. 138 f.

149		Vgl.: Wirmer-Gespräch, a.a.O..

150		Vgl.: Hennis: Regierungslehre, a.a.O., S. 426.

151		Vgl.: Scheuner, Ulrich: Politische Koordination in der Demokratie,
		in: Bracher, Karl Dietrich/Dawson, Christopher/Geiger, Willi/Smend,
Rudolf (Hrsg.): Festschrift für Gerhard Leibholz zum 65. Geburtstag, II.
Band, Tübingen, 1966, S. 899.

152		Vgl.: Pikart, a.a.O., S. 8.

153		Vgl.: Gaus, Günter: Bonn ohne Regierung?, München, 1965, S. 46 f
		sowie: Kohl, Helmut: Konrad Adenauer-Erbe und Auftrag, in: Kohl
(Hrsg.), a.a.O., S. 74 und: Schöne, Siegfried: Von der Reichskanzlei zum
Bundeskanzleramt, Berlin, 1968, S. 216.

154		Vgl.: Mayntz, a.a.O., S. 77.

155		Pikart, a.a.O., S. 32.

156		Vgl.: Mayntz, a.a.O., S. 82.

157		Vgl.: Stehkämper, a.a.O., S. 99 ff.

158		Vgl.: Tagebucheintragung vom 16. Mai 1925, in: Stresemann, Gustav:
		Vermächtnis (Der Nachlaß in drei Bänden), 2. Band, Berlin, 1932,
		S. 300.

159		Vgl.: Dehler, Thomas: Ich bin kein ungläubiger Thomas, in: Gaus,
		Günter: Zur Person - Portraits in Fragen und Antworten, Band I,
München, 1964, S. 74 f.

160		Meyers, Franz: Konrad Adenauers Verhältnis zum Föderalismus, in:
		Adenauer und seine Zeit 1, a.a.O., S. 294.

161		Vgl.: Blankenhorn: Verständnis, a.a.O., S. 44.

162		Vgl.: Allemann I, a.a.O., S. 317.

163		Vgl.: Prittie I, a.a.O., S. 446.

164		Allemann I, a.a.O., S. 338.

165		Vgl.: Ebenda, S. 337 sowie: Brandt: Adenauer, a.a.O., S. 107 und:
		Kohl: Adenauer, a.a.O., S. 82.

166		Vgl. beispielsweise: Buchheim: Richtlinienkompetenz, a.a.O.;
		Eschenburg: Richtlinien, a.a.O.; Hennis: Richtlinienkompetenz,
a.a.O.; Junker, Ernst: Die Richtlinienkompetenz des Bundeskanzlers,
Tübingen, 1965; Menzel, Eberhard: Die heutige Auslegung der Richtlinienkompetenz des Bundeskanzlers als Ausdruck der Personalisierung der Macht?,
in: Bracher/Dawson/Geiger/Smend (Hrsg.), a.a.O., S. 877 ff.

167		Vgl.: Kröger, Klaus: Aufgaben und Verantwortung des Bundeskanzlers nach dem Grundgesetz, in: aus politik und zeitgeschichte, 19. Jg., Heft 34, v. 23.8.1969, S. 31. Auch: Junker, a.a.O., S. 55.

168     Vgl.: Hennis: Richtlinienkompetenz, a.a.O., S.9.

169     Vgl.: Heuß, Theodor, in: Adenauer, Konrad: Erinnerungen, 1955-
        1959, Stuttgart, 1967 (im folgenden zitiert: Adenauer III),
S. 485. Es handelt sich um eine Passage aus einem Gutachten zur Präsidentenfrage, das Heuß 1958 Adenauer zuschickte. Zum Positionswert von Heuß in den Anfangsjahren der Bundesrepublik vgl.: Wengst, a.a.O., S. 274 ff.

170     Vgl.: Pikart, a.a.O., S. 77 ff.
171     Vgl.: Ebenda, S. 153.
172     Vgl.: Baring II, a.a.O., S. 19 f.
173     Vgl.: Adenauer II, a.a.O., S. 35.

174     Adenauer, in: CDU/CSU-Fraktionsprotokolle, a.a.O., v. 1.9.1949,
        Bd. I, 1949 - 1950, S. 94.

175     derselbe, in: Ebenda, v. 14.9.1949, Bd. II, 1949 - 1950, S. 249af.
176     derselbe, in: Ebenda, v. 1.9.1949, Bd. I, 1949 - 1950, S. 97.
177     derselbe, in: Ebenda, v. 14.9.1949, Bd. II, 1949 - 1950, S. 250 a.
178     Vgl.: Ebenda, S. 259 a.
179     Vgl.: Ebenda, S. 287 a.
180     Vgl.: Adenauer, in: Ebenda, v. 14.2.1950, Bd. II, 1949-1950,
        S. 578.
181     Vgl.: Wildenmann I, a.a.O., S. 66.
182     Vgl.: Brandt: Adenauer, a.a.O., S. 102.
183     Vgl.: Adenauer I, a.a.O., S. 231 sowie S. 226 f.
184     Vgl.: Gross: Die Deutschen, a.a.O., S. 96.
185     Vgl.: Sternberger, Dolf: Lebende Verfassung, Meisenheim am Glan,
        1956, S. 121.

186     Vgl.: Alt I, a.a.O., sowie in der komprimierten Fassung: Alt II,
        a.a.O.. Daneben: Lederer, Werner: Die Einflußnahme der kleinen
Regierungspartner auf die Regierungspolitik des Bundeskanzlers in den
Jahren 1949 bis 1957, Kiel, 1967, S. 21 ff. Auch: Müchler, a.a.O.,
S. 87 ff.

187     Vgl.: Alt I, a.a.O., S. 171. Allein Wengst, a.a.O., S. 124, kommt
        hier zu einem anderen Resultat. Danach war Adenauer der eigentliche Dominator der Kabinettsbildung. Seine detaillierte Schilderung des Vorgangs (S. 124 ff) belegt aber eher das Gegenteil.

188     Vgl.: Ebenda, S. 101 f sowie: Lederer, a.a.O., S. 22.

189     Vgl.: Alt I, a.a.O., S. 102 ff sowie: Lederer, a.a.O., S. 21 f
        und Müchler, a.a.O., S. 90 ff.

190     Vgl.: Alt I, a.a.O., S. 73 ff sowie: Müchler, a.a.O., S. 99 f.
191     Vgl.: Sternberger: Verfassung, a.a.O., S. 124.
192     Vgl.: Alt I, a.a.O., S. 162.
193     Vgl.: Ebenda, S. 98 f.
194     Vgl.: Ebenda, S. 118 ff sowie: Müchler, a.a.O., S. 100 ff.

195    Vgl.: Alt I, a.a.O., S. 166. Das dritte "umkämpfte" Ressort war das Arbeitsministerium.

196    Vgl.: Alt I, a.a.O., S. 133 f.

197    Vgl.: Ebenda, S. 135 f. Zum freilich unerfüllten Anspruch eines Interessenvertreters auf eine Ministerposition vgl.: Kather, Linus: Die Entmachtung der Vertriebenen (Erster Band: Die entscheidenden Jahre), München, 1964 (im folgenden zitiert: Kather I), S. 82 ff.

198    Vgl.: Alt I, a.a.O., S. 92 f.

199    Vgl.: Ebenda, S. 165.

200    Adenauer, in: CDU/CSU-Fraktionsprotokolle, a.a.O., v. 14.9.1949, Bd. II, 1949 – 1950, S. 250a f.

201    Vgl.: Ebenda, S. 286a ff.
202    Vgl.: Alt I, a.a.O., S. 23.
203    Adenauer: Regierungserklärung 1949, in: Pulte (Hrsg.), a.a.O., S. 9 f.
204    Vgl.: Alt I, a.a.O., S. 165.
205    Vgl.: Ebenda, S. 164 f.
206    Vgl.: Ebenda, S. 170 f.

207    Vgl.: Ehrlich, Emil: Heinrich Hellwege, Hannover, 1977, S. 75 f. Siehe auch: Wengst, a.a.O., S. 124 f.

208    Vgl.: Hellwege-Gespräch, a.a.O..
209    Vgl.: Kosthorst, a.a.O., S. 81.
210    Vgl.: Baring II, a.a.O., S. 15, Anmerkung 23.

211    Vgl. vor allem: Bermbach, Udo: Koalitionsvereinbarungen, in: Röhring/Sontheimer (Hrsg.), a.a.O., S. 239 ff; Gerber, Helmuth: Koalitionsabkommen im Bund, Stuttgart, 1964; Schüle, Adolf: Koalitionsvereinbarungen im Lichte des Verfassungsrechtes, Tübingen, 1964; Sternberger: Verfassung, a.a.O., S. 115 ff (Kapitel: Der Parteienvertrag) sowie S. 102 f; Weber, Harald: Der Koalitionsvertrag, Bonn, o.J. (1961).

212    Vgl.: Gerber, a.a.O., S. 26 f.
213    Vgl.: Ebenda, S. 28.

214    Vgl. dazu: Ebenda, S. 27 sowie: Sternberger: Verfassung, a.a.O., S. 102 f und: Eschenburg, Theodor: Staat und Gesellschaft in Deutschland, München, 1965, S. 680.

215    Vgl.: Bermbach: Koalitionsvereinbarungen, a.a.O., S. 240.
216    Vgl.: Meyn, Hermann: Die Deutsche Partei, Düsseldorf, 1965, S.23f.
217    Ehrlich, a.a.O., S. 78 ff.
218    Vgl.: Hellwege-Gespräch, a.a.O..
219    Vgl.: Mende-Gespräch I, a.a.O..
220    Vgl.: Müchler, a.a.O., S. 74. Besonders: Anmerkung 62
221    Adenauer, in: Bundestag (II. Wahlperiode, 1956), Band 28, Bonn, 1956, S. 6538 (124. Sitzung v. 19.1.1956).

222   Vgl.: Adenauer, in: CDU/CSU-Fraktionsprotokolle, a.a.O., v. 1.9.
      1949, Bd. I, 1949 - 1950, S. 36 a.

223   abgedruckt in: Neumann, Franz: Der Block der Heimatvertriebenen
      und Entrechteten 1950 - 1960, Meisenheim am Glan, 1968, S. 414 f.

224   Vgl.: Adenauer II, a.a.O., Vorwort (S. 13).
225   Vgl.: Adenauer, in: Poppinga: Erinnerungen, a.a.O., S. 178.
226   Vgl.: Poppinga: Adenauer, a.a.O., S. 61 f.

227   Brentano, Heinrich von, in: CDU-Deutschlands (Hrsg.): 7. Bundes-
      parteitag der CDU, Hamburg, 11.-15. Mai 1957, Bonn, o.J., S. 56.

228   Vgl. dazu beispielsweise: Bracher, Karl Dietrich: Kritische Be-
      trachtungen über den Primat der Außenpolitik, in: Ritter, Gerhard/
Ziebura, Gilbert (Hrsg.): Faktoren der politischen Entscheidung, Berlin,
1963, S. 115 ff.

229   Bracher, Karl Dietrich: Außen- und Innenpolitik, in: Fraenkel,
      Ernst/Bracher, Karl Dietrich (Hrsg.): Staat und Politik (Neuaus-
gabe), Frankfurt-Main, 1969, S. 33 f.

230   Vgl. dazu beispielsweise: Hanrieder, Wolfram F.: West German
      Foreign Policy 1949 - 1963, Stanford-California, 1967, S. 228 ff
sowie: Rosenau, James N.: Pre-theories and Theories of Foreign Policy, in:
Farrel, Barry R. (Hrsg.): Approaches to Comparative and International
Politics, Evanston, 1969, S. 65 ff.

231   Vgl.: Adenauer II, a.a.O., S. 63.

232   Hausenstein, Wilhelm: Pariser Erinnerungen, München, 1961, S. 105.

233   Vgl.: Brandt: Adenauer, a.a.O., S. 107 sowie: Ellwein, Thomas:
      Lethargie oder Restauration?, in: Oertzen, Peter von (Hrsg.):
Festschrift für Otto Brenner, Frankfurt-Main, 1967, S. 332 und: Schardt,
Alois: Wohin steuert die CDU?, Osnabrück, 1961, S. 100.

234   Vgl.: Buchheim: Richtlinienkompetenz, a.a.O., S. 347.

235   Vgl.: Strauß II, a.a.O., S. 163, Hellwege-Gespräch, a.a.O., Blan-
      kenhorn-Gespräch, a.a.O., und: Poppinga; Adenauer, a.a.O., S. 61.

236   Vgl.: Wildenmann I, a.a.O., S. 19.

237   Vgl.: Morsey, Rudolf: Zum Verlauf und Stand der Adenauer-Forschung,
      in: Kohl (Hrsg.), a.a.O., S. 124.

238   Strauß I, a.a.O., S. 96 f.
239   Vgl.: Wirmer-Gespräch, a.a.O..
240   Vgl.: Eschenburg: Richtlinienkompetenz, a.a.O., S. 387 f.
241   Vgl.: Adenauer II, a.a.O., S. 33 f.

242   Vgl.: Grewe, Wilhelm G.: Der Deutschlandvertrag nach zwanzig Jah-
      ren, in: Adenauer und seine Zeit 1, a.a.O., S. 698 ff.

243     Vgl.: Vogel, Georg: Diplomat unter Hitler und Adenauer,
        Düsseldorf/Wien, 1969, S. 196.

244     Vgl.: Adenauer I, a.a.O., S. 513 ff.

245     Vgl.: Vogel, a.a.O., S. 195 f.

246     Vgl.: Ebenda, S. 202 ff sowie: Baring, Arnulf: Sehr geehrter Herr
        Bundeskanzler! (Heinrich von Brentano im Briefwechsel mit Konrad
Adenauer, 1949 - 1964), Hamburg, 1974 (im folgenden zitiert: Baring III),
S. 89 ff. Zur Bindungsklausel siehe auch: Dittmann, Knud: Adenauer und die
deutsche Wiedervereinigung, Düsseldorf, 1981, S. 236 ff.

247     Vgl.: Vogel, a.a.O., S. 203.

248     Vgl.: Brief Hellweges an Adenauer v. 30.4.1952, in: Archiv-Hell-
        wege, Neuenkirchen.

249     Vgl.: Abdruck des Briefes in: Adenauer I, a.a.O., S. 528 ff. Die
        hier interessierende Passage befindet sich auf S. 530.

250     Vgl.: Ebenda, S. 529.
251     Vgl.: Ebenda, S. 528 f.
252     Vgl.: Vogel, a.a.O., S. 177.
253     Vgl.: Ebenda, S. 205 und 209.
254     Ebenda, S. 171 f.
255     Dehler: ungläubiger Thomas, a.a.O., S. 77.

256     Vgl.: Vogel, a.a.O., S. 172 f. Zum Verhältnis Adenauer/Blücher
        siehe generell: Wengst, a.a.O., S. 266 ff.

257     Vgl.: Bandulet, Bruno: Adenauer zwischen Ost und West, München,
        1970, S. 107.

258     Dehler, Thomas, in: Bundestag (III. Wahlperiode, 1958), Band 39,
        Bonn, 1958, S. 393 (9. Sitzung v. 23.2.1958). Zwischenrufe und
Reaktionen Dehlers darauf wurden nicht berücksichtigt.

259     Baring, Arnulf: Die westdeutsche Außenpolitik in der Ära Adenauer,
        in: PVS, a.a.O., 9. Jg., (1968), Heft 1 (im folgenden zitiert:
Baring IV), S. 49. Siehe auch: Wengst, a.a.O., S. 273, besonders Anmerkung
193.

260     Kaack, Heino/Roth, Reinhold: Die Außenpolitische Führungselite
        der Bundesrepublik Deutschland, in: aus politik und zeitgeschichte,
22. Jg., Heft 3, v. 15.1.1972, S. 20.

261     Vgl.: Sethe, Paul: Warum eigentlich einsame Beschlüsse?, in:
        Allgemeine Zeitung, Mainz, v. 7.5.1952, in: Pressedokumentation,
a.a.O., Stichwort: Adenauer.

262     Vgl.: Wildenmann I, a.a.O., S. 152, Baring I, a.a.O., S. 27 und
        Hennis: Richtlinienkompetenz, a.a.O., S. 19.

263 Vgl.: Amphoux, Jean: Le Chancelier Federal dans le regime constitutionel de la République Féderal D'Allemagne, Paris, 1962, S. 322 ff; Baring I, a.a.O., S. 17 ff; Behrendt, Günther: Das Bundeskanzleramt, Frankfurt-Main/Bonn, 1967; Böckenförde, Ernst-Wolfgang: Die Organisationsgewalt im Bereich der Regierung, Berlin, 1964, S. 234 ff; Echtler, Ulrich: Einfluß und Macht in der Politik (Der beamtete Staatssekretär), München, 1973, S. 203 ff; Gotto (Hrsg.), a.a.O.; Grotian, Peter: Bundeskanzleramt, in: Röhring/Sontheimer (Hrsg.), a.a.O.; Schöne, a.a.O.: Wengst, a.a.O. S. 144 ff; Wildenmann I, a.a.O., S. 150 ff.

264 Vgl.: Vorwort zum Einzelplan IV (Bundeskanzler und Bundeskanzleramt), in: Bundeshaushalt für das Rechnungsjahr 1949, o.O., o.J., in: Parlamentsarchiv, Bonn.

265 Vgl. dazu: Baring I, a.a.O., S. 23 ff; Behrendt, a.a.O., S. 29 ff; Gumbel, a.a.O., S. 73 ff sowie: Schöne, a.a.O., S. 185 ff.

266 Vgl.: Ebenda. Die Amtszeit Wuermelings wird von den Autoren verschieden festgelegt. Behrendt (S. 110) übersieht daneben Hallstein. Dessen Name fehlt auch bei Echtler, a.a.O., S. 278.

267 Vgl.: Gumbel, a.a.O., S. 77 und 82 f.

268 Vgl.: Gotto (Hrsg.), a.a.O., S. 213 ff.

269 Adenauer, in: Bundestag (I. Wahlperiode, 1951) Band 7, Bonn, 1951, S. 5772 (145. Sitzung v. 31.5.1951). Ein Zwischenruf wurde weggelassen.

270 Vgl.: Baring I, a.a.O., S. 47 f.
271 Vgl.: Ebenda, S. 84 ff.
272 Honnacker/Grimm (Hrsg.), a.a.O., S. 38.
273 Vgl.: Schöne, a.a.O., S. 201.

274 Vgl.: Osterheld, Horst: Der Staatssekretär des Bundeskanzleramtes, in: Gotto (Hrsg.), a.a.O. (im folgenden zitiert: Osterheld II), S. 99 und: Gumbel, a.a.O., S. 86.

275 Osterheld II, a.a.O., S. 99.
276 Vgl.: Gumbel, a.a.O., S. 76 f.
277 Blankenhorn-Gespräch, a.a.O..
278 abgedruckt in: Behrendt, a.a.O., S. 98 ff.
279 Blankenhorn-Gespräch, a.a.O..
280 Vgl.: Kirkpatrick, a.a.O., S. 191.
281 Vgl.: Gumbel, a.a.O., S. 86.
282 Vgl.: Prittie I, a.a.O., S. 309.
283 Baring I, a.a.O., S. 50 f.
284 Vgl.: Ebenda, S. 93 sowie: Baring V, a.a.O., S. 178.
285 Vgl.: Baring II, a.a.O., S. 7.
286 Hallstein, Walter, in: Prittie I, a.a.O., S. 309.
287 Globke, Hans, in: Ebenda, S. 309 f.

288 Vgl.: Osterheld, Horst: Konrad Adenauer, $^{3}$1974 (im folgenden zitiert: Osterheld I), S. 50 sowie vor allem S. 118, Anmerkung 25.

289    Vgl.: Hallstein, Walter: Mein Chef Adenauer, in: Adenauer und
       seine Zeit 1, a.a.O., S. 133.

290    Vgl.: Bach, Franz Josef: Globke und die Auswärtige Politik, in:
       Gotto (Hrsg.), a.a.O. (im folgenden zitiert: Bach II), S. 164
sowie: Globke, in: Prittie I, a.a.O., S. 310.

291    Vgl.: Blankenhorn-Gespräch, a.a.O..
292    Hausenstein, a.a.O., S. 87 f.
293    Vgl.: Ebenda, S. 89.
294    Vgl.: Ebenda, S. 16.

295    Günther Bachmann in einem Gespräch mit dem Autor am 22.9.1980
       (im folgenden zitiert: Bachmann-Gespräch)

296    Blankenhorn-Gespräch, a.a.O..
297    Vgl.: Osterheld I, a.a.O., S. 46.
298    Vgl.: Ebenda, S. 47 f.

299    Hallstein, Walter: Ich glaube nicht an den Untergang des Abend-
       landes, in: Gaus, Günter: Zur Person - Portraits in Fragen und
Antworten, Band II, München, 1966, S. 151.

300    Vgl.: Blankenhorn: Verständnis, a.a.O., S. 44.
301    Osterheld I, a.a.O., S. 48 f.

302    Vgl.: Hausenstein, a.a.O., S. 64 f sowie: Eckardt, Felix von:
       Ein Unordentliches Leben, Düsseldorf/Wien, 1967 (im folgenden
zitiert: Eckardt I), S. 172 und: derselbe: Konrad Adenauer-Eine Charakterstudie, in: Adenauer und seine Zeit 1, a.a.O. (im folgenden zitiert:
Eckardt II), S. 139. Auch: Hallstein: Adenauer, a.a.O., S. 132.

303    Vgl.: Eckardt I, a.a.O., S. 164.
304    Vgl.: Osterheld I, a.a.O., S. 52.
305    Blankenhorn-Gespräch, a.a.O..
306    Vgl.: Hallstein: Adenauer, a.a.O., S. 133.
307    Vgl.: Eckardt I, a.a.O., S. 18 ff.
308    Vgl.: Osterheld I, a.a.O., S. 38.
309    Vgl.: Blankenhorn: Verständnis, a.a.O., S. 44.
310    Vgl.: Grewe, Wilhelm G.: Rückblenden 1976-1951, Frankfurt-Main,
       u.A., 1979, S. 178.
311    Osterheld II, a.a.O., S. 118 f.
312    Vgl.: Osterheld I, a.a.O., S. 24.
313    Vgl.: Poppinga: Erinnerungen, a.a.O., S. 24.

314    Vgl.: Adenauer: Ich habe mich nicht beirren lassen, in: Gaus,
       Günter: Zur Person, Bd. II, a.a.O., S. 56 f.

315    Vgl.: Poppinga: Erinnerungen, a.a.O., S. 31.
316    Vgl.: Osterheld I, a.a.O., S. 93.
317    Ebenda, S. 50.
318    Vgl.: Altmann I, a.a.O., S. 23.
319    Vgl.: Hallstein: Adenauer, a.a.O., S. 132.
320    Vgl.: Ebenda.

321     Vgl.: Carstens, Karl: Politische Führung, Stuttgart, 1971 (im folgenden zitiert: Carstens I), S. 117 f.

322     Vgl.: Hausenstein, a.a.O., S. 85.
323     Ebenda, S. 88.
324     Vgl.: Blankenhorn: Verständnis, a.a.O., S. 289 f.
325     Eckardt I, a.a.O., S. 165.
326     Vgl.: Hallstein: Adenauer, a.a.O., S. 136.
327     Vgl.: Ebenda, S. 133.
328     Eckardt I, a.a.O., S. 165 f.
329     Vgl.: Hausenstein, a.a.O., S. 114.
330     Vgl.: Eckardt I, a.a.O., S. 166.
331     Vgl.: Hausenstein, a.a.O., S. 88.
332     Vgl.: Blankenhorn: Verständnis, a.a.O., S. 289.
333     Vgl.: Hausenstein, a.a.O., S. 88.
334     Vgl.: Hallstein: Untergang Abendland, a.a.O., S. 140 ff.

335     Vgl.: Jahn, Hans Edgar: Otto Lenz, in: Konrad-Adenauer-Stiftung (Hrsg.): Christliche Demokraten der ersten Stunde, Bonn, 1966, S. 261.

336     Vgl.: Baring I, a.a.O., S. 50 sowie: Rust, Josef: Streifzug mit Hans Globke durch gemeinsame Bonner Jahre, in: Gotto (Hrsg.), a.a.O., S. 35.

337     Vgl.: Jahn, a.a.O., Schriftteil der Bilderseiten zwischen S. 244 und 245.

338     Vgl.: Gumbel, a.a.O., S. 85, Jahn, a.a.O., S. 246 ff und Baring I, a.a.O., S. 30 ff.

339     Vgl.: Baring I, a.a.O., S. 30.
340     Vgl.: Gumbel, a.a.O., S. 84.
341     Vgl.: Eckardt I, a.a.O., S. 166.

342     Vgl.: Thedieck, Franz: Hans Globke und die "Gewerkschaft" der Staatssekretäre, in: Gotto (Hrsg.) a.a.O., S. 149.

343     Vgl.: Gumbel, a.a.O., S. 84 f.
344     Vgl.: Rust, a.a.O., S. 35.
345     Baring I, a.a.O., S. 37 f.
346     Vgl.: Eckardt I, a.a.O., S. 166 f.
347     Vgl.: Gumbel, a.a.O., S. 85.
348     Vgl.: Jahn, a.a.O., S. 246.
349     Vgl.: Gumbel, a.a.O..

350     Vgl.: Eckardt I, a.a.O., S. 169 und: Gerstenmaier, Eugen: Der Staatssekretär, in: Gotto (Hrsg.), a.a.O., S. 17.

351     Vgl.: Behrendt, a.a.O., S. 31.
352     Gumbel, a.a.O., S. 80.

353     Vgl.: Bach, Franz Josef: Konrad Adenauer und Hans Globke, in: Adenauer und seine Zeit 1, a.a.O. (im folgenden zitiert:

Bach I), S. 178.

354 Gumbel, a.a.O., S. 95.
355 Vgl.: Ebenda, S. 93.

356 Vgl.: Carstens, Karl, in: Geleitwort, in: Gotto (Hrsg.), a.a.O. (im folgenden zitiert: Carstens II), S. 178 und: Bach II, a.a.O., S. 163.

357 Vgl.: Poppinga: Erinnerungen, a.a.O., S. 107.
358 Vgl.: Baring I, a.a.O., S. 43.
359 Vgl.: Vogel, a.a.O., S. 170.

360 Vgl.: Baring I, a.a.O., S. 42 f. Heinrich Hellwege hat den auf ihn bezogenen Teil in einem Gespräch mit dem Autor bestätigt, vgl.: Hellwege-Gespräch, a.a.O..

361 Vgl.: Blankenhorn-Gespräch, a.a.O.. Blankenhorn hat dies dabei auf die unterschiedliche Einschätzung der Politik de Gaulles bezogen.

362 Ebenda.
363 Vgl.: Wirmer-Gespräch, a.a.O..
364 Eckardt I, a.a.O., S. 170.
365 Vgl.: Blankenhorn: Verständnis, a.a.O., S. 38 ff.

366 Francois-Poncet, André: Der alte Mann von Rhöndorf, in: Bulletin des Presse- und Informationsamtes der Bundesregierung (im folgenden zitiert: Bulletin), o.Jg., Nr. 5, v. 7.1.1956, S. 35.

367 Vgl.: Baring I, a.a.O., S. 44.
368 Eckardt I, a.a.O., S. 170.
369 Vgl.: Ebenda, S. 172.
370 Ebenda.

371 Vgl.: Schröder, Georg: Adenauers "getreuer Eckardt" wird 75, in: Die Welt, o.Jg., Nr. 138, v. 16.6.1978, S. 4.

372 Vgl.: Henkels, Walter: Der Tanz auf dem Drahtseil, in: Frankfurter Allgemeine Zeitung (im folgenden zitiert: FAZ), o.Jg., Nr. 300, v. 27.12.1968, S. 2.

373 Blankenhorn-Gespräch, a.a.O..
374 Eckardt I, a.a.O., S. 171.
375 Vgl.: Ebenda, S. 163.
376 Blankenhorn: Verständnis, a.a.O., S. 199 f.
377 Vgl.: Baring I, a.a.O., S. 90 f.

378 So waren beispielsweise die Adenauer-Terminkalender der Stiftung Bundeskanzler-Adenauer-Haus in Rhöndorf (im folgenden zitiert: StBKAH) für diese Studie nur bis Ende 1951 einsehbar.

379 Gumbel, a.a.O., S. 88 f.
380 Eckardt I, a.a.O., S. 171.

381     Vgl.: Prittie I, a.a.O., S. 302.

382     Merkatz, Hans-Joachim von: Betrachtungen zu den Grundwerten und
        zum Stil der Adenauerschen Politik, in: Adenauer und seine Zeit 1,
a.a.O., S. 127 f.

383     Vgl.: Wagner, Wolfgang: Im Machtzentrum des Palais Schaumburg,
        in: Der Tagesspiegel (Berlin-West), v. 27.1.1965, in: Presse-
dokumentation, a.a.O., Stichwort: Erhard.

384     Gerstenmaier, Eugen: Adenauer und die Macht, in: Adenauer und
        seine Zeit 1, a.a.O., S. 38.

385     Mende-Gespräch I, a.a.O..
386     Vgl.: Hellwege-Gespräch, a.a.O..
387     Vgl.: Mende-Gespräch I, a.a.O..

388     Adenauer, in: CDU/CSU-Fraktionsprotokolle, a.a.O., v. 14.9.1949,
        Bd. II, 1949-1950, S. 269 a. Weitere Fundstellen: Ebenda, S. 268 a
und 270 a.

389     Blankenhorn-Gespräch, a.a.O..

390     Es handelt sich dabei - wie in den anderen Jahren - um (zumeist
        fotokopierte) maschinenschriftliche Besucherlisten aus dem
Bundeskanzleramt, die in der StBKAH, a.a.O., lagern. Adenauer selbst hat
deren Qualität in einem Interview umschrieben, vgl. derselbe in: Was soll
aus Deutschland werden?, in: Christ und Welt, v. 17.9.1965, in: Pressedokumentation, a.a.O., Stichwort: Adenauer. Der Ex-Kanzler vermerkte
darin zu diesen Unterlagen: "Ich habe ferner ein merkwürdiges Tagebuch.
Das sind Terminzettel mit Besucherlisten, von Anfang an. Da steht für
jeden Tag mit Uhrzeit angegeben, wer bei mir war, für die ganze Kanzler-
zeit, jeweils der gesamte Arbeitstag."

391     Blankenhorn: Verständnis, a.a.O., S. 170.

392     Vgl.: Hans Kilb in einem Gespräch mit dem Autor am 24.3.1981
        (im folgenden zitiert: Kilb-Gespräch).

393     Gerstenmaier: Macht, a.a.O., S. 38.

394     Bruno Heck in einem Gespräch mit dem Autor am 24. 4.1980 (im fol-
        genden zitiert: Heck-Gespräch II).

395     Carstens I, a.a.O., S. 114 f.
396     Vgl.: Baring II, a.a.O., S. 23.

397     Vgl.: Kaack, Heino/Roth, Reinhold: Die Parteien und die Außen-
        politik, in: Schwarz, Hans Peter (Hrsg.): Handbuch der deutschen
Außenpolitik, München/Zürich, 1975, S. 182.

398     Vgl.: Lederer, a.a.O., S. 91.
399     Vgl.: Ebenda, S. 94 sowie: Meyn, a.a.O., S. 25.
400     Vgl.: Vogel, a.a.O., S. 196.

| | |
|---|---|
| 401 | Vgl.: Baring I, a.a.O., S. 237, Anmerkung 51. |
| 402 | Vgl.: Ebenda, S. 230. |
| 403 | Ebenda. |
| 404 | Vgl.: Grewe: Deutschlandvertrag, a.a.O., S. 700 f. |

405 Vgl. dazu § 27 der Geschäftsordnung der Bundesregierung, in: Honnacker/Grimm (Hrsg.), a.a.O., S. 21 und 94 ff.

406 Für das bereits "publizierte" Jahr 1949 sind bei 32 Kabinettssitzungen nur vier Wortprotokolle überliefert, vgl.: Kabinettsprotokolle, a.a.O., S. 285 ff.

407 Honnacker/Grimm (Hrsg.), a.a.O., S. 94. Vgl. dazu auch: Kabinettsprotokolle, a.a.O., S. 7 ff.

408 Vgl.: Bachmann, Günter: Das Bundeskanzleramt, in: Hochschule für Verwaltungswissenschaften Speyer (Hrsg.): Die Staatskanzlei: Aufgaben, Organisation und Arbeitsweise auf vergleichender Grundlage, Berlin, 1967 (Gesamtwerk im folgenden zitiert: Staatskanzlei), S. 170. Siehe auch: Kabinettsprotokolle, a.a.O., S. 8.

| | |
|---|---|
| 409 | Vgl.: Hellwege-Gespräch, a.a.O.. |
| 410 | Vgl.: Carstens I, a.a.O., S. 261 f. |

411 Honnacker/Grimm (Hrsg.), a.a.O., S. 94. Vgl. auch: Kabinettsprotokolle, a.a.O., S. 6f und 10.

412 Vgl.: Hiscocks, Richard: Democracy in Western Germany, London, u.a., 1957, S. 123 sowie: Caro, a.a.O., S. 207.

| | |
|---|---|
| 413 | Vgl. z.B.: Baring II, a.a.O., S. 10 f, Anmerkung 9. |
| 414 | Lemmer, Ernst: Manches war doch anders, Frankfurt-Main, 1966, S. 379. |
| 415 | Vgl.: Prittie I, a.a.O., S. 200 f. |

416 Vgl.: Dehler, Thomas, in: 12. Protokoll der Fraktionssitzung v. 19.10.1949, in: Protokolle und Unterlagen der FDP-Fraktion, Archiv der Friedrich-Naumann-Stiftung, Bonn (im folgenden zitiert: FDP-Fraktionsprotokolle), Ordner 1939, S. 1.

| | |
|---|---|
| 417 | Eckardt I, a.a.O., S. 249. |
| 418 | Vgl.: Wirmer-Gespräch, a.a.O.. |
| 419 | Blankenhorn-Gespräch, a.a.O.. |
| 420 | In einem Gespräch mit dem Autor am 12.3.1981 (im folgenden zitiert: Merkatz-Gespräch). |

421 Vgl.: von der Gablentz, Otto Heinrich, in: Buchbesprechung (zu Heidenheimer: Adenauer, a.a.O.), in: PVS, a.a.O., 2. Jg., 1961, Heft 4, S. 412. Von der Gablentz schreibt: "Ich entsinne mich ähnlicher Situationen, wo die Temperatur im Zimmer plötzlich um einige Grade sank, die Gespräche schwiegen und alles sich umdrehte, als Adenauer ins Zimmer trat, obwohl er damals über keinerlei Position verfügte."

422 Vgl.: Wirmer-Gespräch, a.a.O..

| | |
|---|---|
| 423 | Vgl.: Wirmer-Gespräch, a.a.O.. |
| 424 | Vgl.: Kosthorst, a.a.O., S. 124 ff sowie: Heinemann, Gustav: Was Dr. Adenauer vergißt (Notizen zu einer Biographie), in: Frankfurter Hefte, 11. Jg., Juli 1956, Heft 7, S. 461 f. |
| 425 | Vgl.: Eckardt I, a.a.O., S. 243. |
| 426 | Vgl.: dazu in zahlreichen Einzelaspekten: Wengst, a.a.O., S. 246ff. |
| 427 | Vgl.: Hellwege-Gespräch, a.a.O.. |
| 428 | Vgl.: Merkatz-Gespräch, a.a.O. und: Blankenhorn-Gespräch, a.a.O.. |
| 429 | Eckardt I, a.a.O., S. 248. |
| 430 | Vgl.: Wirmer-Gespräch, a.a.O.. |
| 431 | Vgl.: Merkatz: Betrachtungen, a.a.O., S. 128. |
| 432 | Vgl.: Eckardt I, a.a.O., S. 248. |
| 433 | Vgl.: Blankenhorn-Gespräch, a.a.O.. |
| 434 | Vgl.: Hellwege-Gespräch, a.a.O.. |
| 435 | Vgl.: Eckardt I, a.a.O., S. 247 f. |
| 436 | Vgl.: Merkatz: Betrachtungen, a.a.O., S. 128. |
| 437 | Vgl.: Merkatz-Gespräch, a.a.O.. |
| 438 | Hellwege-Gespräch, a.a.O.. |
| 439 | Vgl.: Kabinettsprotokolle, a.a.O., S. 6. |
| 440 | Vgl.: Heidenheimer: Adenauer, a.a.O., S. 213. |
| 441 | Vgl.: Adenauer, in: CDU/CSU-Fraktionsprotokolle, a.a.O., v. 31.1.1950, Bd. II, 1949 - 1950, S. 555. |
| 442 | Vgl.: Brief Brentanos an Adenauer v. 16.6.1951, in: Baring III, a.a.O., S. 67. |
| 443 | Vgl.: Brief Adenauers an Brentano v. 28.6.1951, in: Ebenda, S. 70. |
| 444 | Auf ihn wies Wirmer hin, vgl.: Wirmer-Gespräch, a.a.O.. |
| 445 | Auf ihn wies Hellwege hin, vgl.: Hellwege-Gespräch, a.a.O.. |
| 446 | Lemmer: Manches, a.a.O., S. 579. |
| 447 | Merkatz: Betrachtungen, a.a.O., S. 128. |
| 448 | Vgl.: Allemann I, a.a.O., S. 350. |
| 449 | Zitiert nach: Kohlhaas, Wilhelm: Eberhard Wildermuth, Bonn, 1960, S. 160. |
| 450 | Vgl.: Wagner, Wolfgang: Wenn Erhard Kanzler würde, in: PM, a.a.O., 6. Jg., 1961, Heft 59, S. 22 und: Hiscocks, a.a.O., S. 124 sowie: Wengst, a.a.O., S. 133. |
| 451 | Vgl.: Löwenstein, Karl: Diskussionsbeitrag v. 23.5.1963 (Tagung der Deutschen Vereinigung für Politikwissenschaft in Heidelberg), in: PVS, a.a.O., 5. Jg., 1964, Heft 1, S. 34. |
| 452 | Vgl.: Schmieg, Günther: Kabinett, in: Röhring/Sontheimer (Hrsg.), a.a.O., S. 221. |
| 453 | So unlängst wieder in: Wengst, a.a.O., S. 291 ff. |
| 454 | Vgl.: Ellwein: Regierungssystem, a.a.O., S. 311. |
| 455 | Vgl.: Grosser, Alfred: Die Rolle Konrad Adenauers in der jüngsten deutschen und europäischen Geschichte, in: Kohl (Hrsg.), |

a.a.O., S. 12.

456 Thayer, a.a.O., S. 139.
457 Vgl.: Bach I, a.a.O., S. 182.
458 Adenauer I, a.a.O., S. 284 f.

459 Vgl.: Löw, Konrad/Eisenmann, Peter: Die Ära Adenauer. Die Bundesrepublik Deutschland während der Kanzlerschaft Adenauers, in: Morsey, Rudolf/Löw, Konrad/Eisenmann, Peter: Konrad Adenauer, München, $^{2}$1977, S. 71.

460 Vgl.: Wildenmann I, a.a.O., S. 117 f.
461 Vgl.: Baring III, a.a.O., S. 43.

462 Rede Konrad Adenauers am 21.5.1950 (CDU-Kundgebung in der Aula der Universität Köln), Text in: StBKAH, a.a.O., S. 11.

463 Vgl.: Brief Brentanos an Adenauer vom 26.5.1950, in: Baring III, a.a.O., S. 45 ff.

464 Vgl.: Ebenda, S. 61.
465 Vgl.: Ebenda, S. 33.

466 Adenauer, in: CDU/CSU-Fraktionsprotokolle, a.a.O., v. 14.9.1949, Bd. II, 1949 - 1950, S. 250a f.

467 Gerstenmaier, Eugen: Konrad Adenauer - um das Vaterland verdient gemacht (Rede des Bundestagspräsidenten vor dem Bundestag am 15.10.1963), in: Presse- und Informationsamt der Bundesregierung (Hrsg.): Deutsche Politik, 1963, S. VI.

468 Vgl.: Junker, a.a.O., S. 92.
469 Vgl.: Schäfer, Friedrich: Der Bundestag, Opladen, $^{2}$1975, S. 26.

470 Vgl.: Linck, Joachim: Zulässigkeit und Grenzen der Einflußnahme des Bundestages auf die Regierungsentscheidungen, Augsburg, o.J. (1971), S. 20 f.

471 Kralewski, Wolfgang: Bundesregierung und Bundestag, in: Friedrich, Carl/Reifenberg, Benno (Hrsg.): Sprache und Politik, Heidelberg, 1968, S. 427.

472 Vgl.: Bruno Heck in einem Gespräch mit dem Autor am 28.3.1980 (im folgenden zitiert: Heck-Gespräch I).

473 Vgl.: Rapp, Alfred: Kanzler und Kanzlerpartei, in: FAZ, a.a.O., o.Jg., Nr. 202, v. 30.12.1968, S. 1.

474 Gerstenmaier, Eugen: Streit und Frieden hat seine Zeit, Frankfurt-Main, 1981, S. 362 ff.

475 Vgl.: Baring II, a.a.O., S. 22 ff.
476 Vgl.: Vogel, a.a.O., S. 205.
477 Vgl.: Baring III, a.a.O., S. 90.

478   Vgl.: Vogel, a.a.O., S. 206.
479   Vgl.: Ebenda, S. 557.
480   Vgl.: Baring II, a.a.O., S. 24 ff.
481   Vgl.: Lederer, a.a.O., S. 88 f. Zur Verabschiedung des Wahlgesetzes vgl. allgemein: Hirsch-Weber, Wolfgang/Schütz, Klaus: Wähler und Gewählte, Berlin/Frankfurt-Main, 1957, S. 100 f.

482   Vgl.: Markmann, Heinz: Das Abstimmungsverhalten der Parteifraktionen in deutschen Parlamenten, Meisenheim am Glan, 1955.

483   Vgl.: Ebenda, S. 135.
484   Vgl.: Ebenda, S. 129 f.
485   Vgl.: Ebenda, S. 130 f.
486   Vgl.: Baring III, a.a.O., S. 82.
487   Vgl.: Baring I, a.a.O., S. 269 ff.
488   Vgl.: Ellwein, Thomas: Die Rolle der Parlamente im öffentlichen Leben, in: Steffen (Hrsg.), a.a.O., S. 39 f.
489   Vgl.: Wildenmann I, a.a.O., S. 111.

490   Vgl. u.a.: Ellwein: Regierungssystem, a.a.O., S. 243 ff; Hübner/Oberreuter/Rausch (Hrsg.), a.a.O., S. 59 ff; Loewenberg, Gerhard: Parlamentarismus im politischen System der Bundesrepublik Deutschland, Tübingen, 1969; Schäfer, a.a.O., S. 131 ff; Trossmann, Hans: Parlamentsrecht des Deutschen Bundestages, München, 1977, S. 65 ff; Wildenmann I, a.a.O., S. 96 ff; Wollmann, Helmut: Fraktion, in: Röhring/Sontheimer (Hrsg.), a.a.O., S. 139 ff.

491   Strauß II, a.a.O., S. 163.
492   Vgl.: Gerstenmaier: Macht, a.a.O., S. 37.

493   Adenauer, in: CDU/CSU-Fraktionsprotokolle, a.a.O., v. 10.2.1950, Bd. II, 1949 - 1950, S. 570.

494   Ebenda, S. 571.

495   Vgl.: Blankenhorn-Gespräch, a.a.O..

496   Im Archiv für Christlich Demokratische Politik der Konrad-Adenauer-Stiftung in St. Augustin sind nur die beiden Anfangsbände aus der ersten Legislaturperiode (1.9.1949 - 14.2.1950) vorhanden. Es folgt dann eine mehrjährige Lücke bis Juni 1954. Die dazwischen liegenden Protokolle gelten als verschollen.

497   Vgl.: Adenauer, in: CDU/CSU-Fraktionsprotokolle, a.a.O., v. 23.11.1949, Bd. II, 1949 - 1950, S. 474.

498   Vgl.: Ebenda, S. 475.

499   Vgl.: Adenauer, in: CDU/CSU-Fraktionsprotokolle, a.a.O., v. 24.1.1950, Bd. II, 1949 - 1950, S. 541.

500   Vgl.: Loewenberg, a.a.O., S. 204.

501   Information von Eugen Gerstenmaier in einem Brief an den Autor

v. 30.9.1980 (im folgenden zitiert: Gerstenmaier-Brief).

502   Vgl.: Schulte, Manfred: Manipulateure am Werk? Zur Funktion des Fraktionsvorstandes und des Parlamentarischen Geschäftsführers, in: Hübner/Oberreuter/Rausch (Hrsg.), a.a.O., S. 74.

503   Schäfer, a.a.O., S. 139.
504   Vgl.: Geburtstagsbrief Brentanos an Adenauer v. 5.1.1951, in: Baring III, a.a.O., S. 59.

505   Vgl.: Gelsner, Kurt: Heinrich von Brentano, München/Köln, 1957, S. 10 f sowie: Gerstenmaier: Streit, a.a.O., S. 405 und Börner, Weert: Heinrich von Brentano, in: Konrad-Adenauer-Stiftung (Hrsg.): Christliche Demokraten, a.a.O., S. 58.

506   Vgl.: Terminkalender Adenauers in StBKAH, a.a.O..
507   Vgl.: Ebenda.
508   Vgl.: Baring III, a.a.O., S. 16 f.
509   Ebenda, S. 17.
510   Ebenda.
511   Vgl.: Baring III, a.a.O., S. 35, 41 f, 64 f, 69, 97, 111, 128.

512   Vgl.: Adenauer, in: CDU/CSU-Fraktionsprotokolle, a.a.O., v. 14.9.1949, Bd. II, 1949 – 1950, S. 269 a. Die parallelen Äußerungen Adenauers sind (Ebenda, S. 268 a): "Ich bin übrigens immer bereit, mit einem kleinen Kreis von Ihnen ständig Fühlung zu nehmen und die Situation durchzusprechen. Das habe ich schon immer getan." Sowie (Ebenda, S. 270a): "Ich habe bisher nichts getan oder gesagt, ohne das engste Einvernehmen mit dem internen Kreis unserer Fraktion einzuhalten. Ich denke auch in Zukunft nicht daran, etwas anderes zu halten."

513   Vgl.: derselbe, in: Ebenda, v. 10.2.1950, Bd. II, 1949 – 1950, S. 571.

514   aus: Brief Brentanos an Adenauer v. 17.2.1950, in: Baring III, a.a.O., S. 41.

515   aus: Brief Brentanos an Adenauer v. 16.6.1951, in: Baring III, a.a.O., S. 69.

516   aus: Brief Brentanos an Adenauer v. 30.5.1953, in: Baring III, a.a.O., S. 128 f.

517   Gumbel, a.a.O., S. 88 f.

518   aus: Brief Brentanos an Adenauer v. 16.6.1951, in: Baring III, a.a.O., S. 64 f.

519   FDP-Fraktionsprotokolle, a.a.O., Ordner 1939, 4. Protokoll v. 21.9.1949, S. 2.

520   CDU/CSU-Fraktionsprotokolle, a.a.O., v. 23.9.1949, Bd. II, 1949 – 1950, S. 406.

521　　Vgl.: Kabinettsprotokolle, a.a.O., S. 310 (6. Sitzung v. 24.9.
　　　　1949, Wortprotokoll).

522　　Vgl.: FDP-Fraktionsprotokolle, a.a.O., Ordner 1939, 6. Protokoll
　　　　v. 28.9.1949, S. 2.

523　　Ebenda, 10. Protokoll v. 6.10.1949, S. 1.
524　　Vgl.: Kabinettsprotokolle, a.a.O., S. 311 (6. Sitzung v. 24.9.1949,
　　　　Wortprotokoll).
525　　Ebenda, 12. Protokoll v. 19.10.1949, S. 2.
526　　Vgl.: Ebenda.
527　　Vgl.: Ebenda, 13. Protokoll v. 21.10.1949, S. 3.
528　　Vgl.: Ebenda, S. 4.
529　　Vgl.: Kabinettsprotokolle, a.a.O., S. 136 (13. Sitzung v.18.10.
　　　　1949).

530　　Vgl.: Adenauer, in: CDU/CSU-Fraktionsprotokolle, a.a.O.,
　　　　v. 31.1.1950, Bd. II, 1949 – 1950, S. 555.

531　　derselbe in: Ebenda, v. 14.2.1950, Bd. II, 1949 – 1950, S. 579.
532　　Mende-Gespräch I, a.a.O..

533　　Vgl.: Strauß, Franz Josef, in: CDU/CSU-Fraktionsprotokolle, a.a.O.,
　　　　v. 4.11.1961, Bd. I, 1961 – 1962, S. 99.

534　　Mende, Erich, in: NDR II, v. 21.11.1962, in: KÜ, a.a.O., Nr. 268,
　　　　v. 21.11.1962, Anhang IX, S. 2.

535　　FDP-Fraktionsprotokolle, a.a.O., Ordner 1839, 12. Protokoll
　　　　v. 19.10.1949, S. 3.

536　　Vgl.: Ebenda, 14. Protokoll v. 26.10.1949, S. 1.

537　　Ebenda, 15. Protokoll v. 27.10.1949, S. 2.

538　　Vgl.: CDU/CSU-Fraktionsprotokolle, a.a.O., v. 27.10.1949, Bd.II,
　　　　1949 – 1950, S. 428.

539　　Vgl.: Kabinettsprotokolle, a.a.O., S. 162 (16. Sitzung v. 28.10.
　　　　1949).

540　　Vgl.: Ebenda, S. 194 (21. Sitzung v. 11.11.1949).

541　　Vgl.: CDU/CSU-Fraktionsprotokolle, a.a.O., v. 30.11.1949, Bd. II,
　　　　1949 – 1950, S. 484.

542　　Vgl.: Gerstenmaier-Brief, a.a.O., Mende-Gespräch I, a.a.O.,
　　　　Merkatz-Gespräch, a.a.O., Hellwege-Gespräch, a.a.O. sowie:
　　　　Gespräch mit Kurt Georg Kiesinger am 17.11.1980 (im folgenden
　　　　zitiert: Kiesinger-Gespräch).

543　　Vgl.: Baumgarten, Hans: Bloß kein Geheimkabinett, in: FAZ, a.a.O.,
　　　　o.Jg., Nr. 276, v. 28.11.1961, S. 1.

544    Vgl.: Rudzio, Wolfgang: Mit Koalitionsausschüssen leben? in:
       Zeitschrift für Parlamentsfragen (im folgenden zitiert: ZParl),
1. Jg., September 1970, Heft 2, S. 210.

545    Vgl.: Bermbach, Udo: Koalitionsausschuß, in: Röhring/Sontheimer
       (Hrsg.), a.a.O., S. 238.

546    Diese Angaben beruhen auf Aussagen von Heinrich Hellwege und Erich
       Mende, vgl.: Hellwege-Gespräch, a.a.O., sowie: Gespräch mit Erich
Mende am 9.10.1980 (im folgenden zitiert: Mende-Gespräch IV).

547    Dies gilt für die Termine 29.11.; 6.12.; 13.12.1949, sowie:
       10.1.; 17.1.; 3.2.; 9.2.; 21.3.; 28.3.1950. Vgl.: Adenauers
Terminkalender in StBKAH, a.a.O..

548    Mende, Erich: Regierungspartnerschaft und Koalitionsausschuß, in:
       Süddeutsche Zeitung (im folgenden zitiert: SZ), 7. Jg., Nr. 282,
v. 25./26.11.1961, S. 4.

549    Vgl.: Gerstenmaier-Brief, a.a.O..
550    Vgl.: Hellwege-Gespräch, a.a.O..

551    Brentano, Heinrich von, in: CDU/CSU-Fraktionsprotokolle, a.a.O.,
       v. 29.11.1961, Bd. I, 1961 - 1962, S. 129.

552    Auf der Basis von Anlage II lassen sich folgende Einzeltermine der
       Teilnahme von Fraktionspolitikern an Kabinettssitzungen fest-
stellen: 10.5.; 18.9.; 6.11.; 8.11.; 13.11.; 4.12.1950. 12.6.1951. 20.2.;
4.4.; 11.5.; 12.5.; 14.5.; 16.5.; 21.5.; 23.5.1952. Umstände der Teilnahme
waren hws. die Wiederbewaffnung (Pleven-Plan) im November 1950 sowie die
Bonner Verträge im Mai 1952.

553    Mende, Erich, auf: Pressekonferenz im Rahmen des Bundespartei-
       tages der FDP am 25.3.1961 in Frankfurt-Main, in: 12. FDP-Bundes-
parteitag, 23.-25.3.1961, 2. Protokollband (maschinenschriftlich), in:
Archiv der Friedrich-Naumann-Stiftung, a.a.O..

554    Die Materialbasis ist insofern unvollständig, als keine Einsicht-
       nahme in Kabinettsprotokolle nach 1949 möglich war.

555    Vgl.: Adenauer, in: CDU/CSU-Fraktionsprotokolle, a.a.O.,
       v. 24.10.1961, Bd. I, 1961 - 1962, S. 58.

556    Mende-Gespräch I, a.a.O..

557    Vgl.: Bitzer, Eberhard: Jetzt öfters Koalitionsgespräch, in:
       FAZ, a.a.O., o.Jg., Nr. 161, v. 14.7.1962, S. 1.

558    Vgl.: Mende, Erich, in: Mende: Von Schönwetter noch keine Rede,
       in: Abendpost/Frankfurt, v. 23.7.1962, in: Pressedokumentation,
a.a.O., Stichwort: Regierungskoalition.

559    Vgl.: Adenauer, in: CDU/CSU-Fraktionsprotokolle, a.a.O., v.4.11.
       1961, Bd. I, 1961 - 1962, S. 98.

560     Blankenhorn-Gespräch, a.a.O..

561     Vgl.: Kiesinger-Gespräch, a.a.O. und: Willy Brandts Antworten auf einen Fragenkatalog des Autors vom 9.5.1980.

562     Vgl.: Schäfer, a.a.O., S. 28.
563     Benda, a.a.O., S. 165.
564     Schüle, a.a.O., S. 119 f.
565     Ebenda, S. 120.
566     Vgl.: Junker, a.a.O., S. 63.
567     Vgl.: Gerber, a.a.O., S. 219.
568     Vgl.: Schüle, a.a.O., S. 123 f.

569     Vgl.: Rudzio, Wolfgang: Die Regierung der informellen Gremien. Zum Bonner Koalitionsmanagement der sechziger Jahre, in: Wildenmann, Rudolf (Hrsg.): Sozialwissenschaftliches Jahrbuch für Politik, Band 3, 1972, München/Wien, S. 339 ff, sowie: Rausch, Heinz: Parlament und Regierung in der Bundesrepublik Deutschland, München, 1975, S. 234 ff und: derselbe: Parlamentsbewußtsein und Abgeordnetenverhalten während der Großen Koalition, in: Politische Studien (im folgenden zitiert: PolSt), 11. Jg., 1970, Heft 191, S. 318 f.

570     Vgl.: Eschenburg: Richtlinienkompetenz, a.a.O., S. 387 f.

571     Vgl.: Zitat aus einer (unveröffentlichten) Rede von Strauß v. 26.2.1960 vor Bundeswehroffizieren, in: Baring II, a.a.O., S. 14, Anmerkung 21.

572     Vgl.: Heck-Gespräch I, a.a.O..
573     Vgl.: Mende-Gespräch I, a.a.O..
574     Vgl.: Hellwege-Gespräch, a.a.O..

575     Erhard, Ludwig, in: "Report", ARD, v. 4.3.1963, in: KÜ, a.a.O., Nr. 53/63 v. 5.3.1963, Inland, S. 4 Vgl. dazu auch: Äußerungen Erhards in Caro, a.a.O., S. 283.

576     Vgl.: Kather, Linus: Die Entmachtung der Vertriebenen (Zweiter Band: Die Jahre des Verfalls), München, 1965 (im folgenden zitiert: Kather II), S. 7.

577     Schmid, Carlo: Adenauers Werk, in: (ohne Hrsg.): Die Ära Adenauer, Stuttgart, 1964, S. 19.

578     Vgl.: Gross, Johannes: Lauter Nachworte, Stuttgart, 1965, S. 48, Schardt, a.a.O., S. 15, Zöller, Josef Otmar: Drei Generationen formen einen Staat, in: Netzer, Hans-Joachim (Hrsg.): Adenauer und die Folgen, München, 1965, S. 246 und Bölling, Klaus: Die zweite Republik, Köln/Berlin, 1963, S. 376.

579     Schumacher, Kurt, in: Bundestag (I. Wahlperiode, 1949), Band 1, Bonn, 1950, S. 401 (17. Sitzung v. 15.11.1949).

580     Vgl.: Adenauer, in: Ebenda, S. 472 (18. Sitzung v. 24. und 25. 11.1949).

581   Vgl.: Kiesinger, Kurt Georg, in: Ebenda, S. 494.
582   Kiesinger, Ebenda (die Zwischenrufe sind ausgelassen).
583   Gerstenmaier: Streit, a.a.O., S. 310.

584   Vgl.: Adenauers Politik der "einsamen Entschlüsse", in: Neue Zürcher Zeitung (Fernausgabe), 171. Jg., v. 22.2.1950, S. 1 (Autor unbekannt, "R.H.").

585   Vgl.: Adenauer, in: Ich habe mich nicht beirren lassen, a.a.O., S. 52.

586   Adenauer, in: Poppinga: Erinnerungen, a.a.O., S. 152.

587   Vgl.: Adenauer: Ich habe mich nicht beirren lassen, a.a.O., S. 52.

588   Vgl.: Poppinga: Erinnerungen, a.a.O., S. 153.

589   Vgl.: Pferdmenges, Robert: Mein Freund Adenauer, in: Die Zeit, v. 5.1.1956, in: Pressedokumentation, a.a.O., Stichwort: Pferdmenges.

590   Vgl.: Dollinger, Werner, in: Politik aus erster Hand, in: BR, v. 8.11.1961, in: KÜ, a.a.O., Nr. 237/61, v. 9.11.1961, Anhang I, S. 4.

591   Vgl.: Gerstenmaier: Streit, a.a.O., S. 351.

592   abgedruckt in: Adenauer I, a.a.O., S. 253 f. sowie: Bundestag (I. Wahlperiode, 1949), Band I, Bonn, 1950, S. 398 (17. Sitzung v. 15.11.1949). Das Schreiben wurde von Adenauer verlesen.

593   Vgl.: Adenauer I, a.a.O., S. 252 f.

594   Vgl. dazu: Bundestag (I. Wahlperiode, 1949), Band 1, Bonn, 1950, S. 398 ff (17. Sitzung v. 15.11.1949).

595   Vgl.: Ebenda, S. 398.
596   Vgl.: Ebenda.

597   Vgl.: Kabinettsprotokolle, a.a.O., S. 165. Es handelt sich um eine Aufzeichnung von Seebohm aus der Kabinettsitzung v. 2.11.1949 (von der es kein amtliches Protokoll gibt) und um einen Brief Wildermuths (siehe dazu Anmerkung 5).

598   Vgl.: Vorlesung des Abkommens im Bundestag durch Adenauer, in: Ebenda, S. 473 ff (18. Sitzung v. 24. und 25.11.1949).

599   Zu den Verhandlungen und ihren Hintergründen vgl.: Adenauer I, a.a.O., S. 247 ff.

600   Vgl.: Mende-Gespräch I, a.a.O..

601   Vgl.: Heinemann, Gustav W.: Verfehlte Deutschlandpolitik. Irreführung und Selbsttäuschung, Frankfurt-Main, 1966, S. 125.

| | |
|---|---|
| 602 | derselbe: Dr. Adenauer, a.a.O., S. 461. |
| 603 | abgedruckt in: Ebenda, S. 461 sowie: Kosthorst, a.a.O., S. 129. |
| 604 | abgedruckt in: Heinemann: Dr. Adenauer, a.a.O., S. 462 sowie: Kosthorst, a.a.O., S. 128. |
| 605 | Vgl.: Brief Heinemanns an Adenauer v. 26.5.1950, zitiert nach: Kosthorst, a.a.O., S. 129. |
| 606 | Heinemann: Dr. Adenauer, a.a.O., S. 462. |
| 607 | Erstmalig komplett abgedruckt in: Schubert, Klaus von (Hrsg.): Sicherheitspolitik der Bundesrepublik Deutschland (Dokumentation, 1945 - 1977, Teil 1), Köln, 1978, S. 79 ff. Adenauer verlas die wichtigsten Passagen vor dem Bundestag, vgl.: derselbe, in: Bundestag (I. Wahlperiode, 1952), Band 10, Bonn, 1952, S. 8159 f (191. Sitzung v. 8.2.1952). Weitere Fundorte bei Baring II, a.a.O., S. 156, Anmerkung 22. |
| 608 | Vgl.: Heinemann: Verfehlte Deutschlandpolitik, a.a.O., S. 84. |
| 609 | Vgl.: Dehler, Thomas: Reden und Aufsätze, Köln/Opladen, 1969, S. 110. |
| 610 | Heck-Gespräch I, a.a.O.. |
| 611 | Strauß II, a.a.O., S. 167. |
| 612 | Strauß I, a.a.O., S. 94. |
| 613 | Vgl. dazu: Adenauer I, a.a.O., S. 341 ff sowie Baring I, a.a.O., S. 140 ff und: Wettig, Gerhard: Entmilitarisierung und Wiederbewaffnung in Deutschland, 1943 - 1955, München, 1967, S. 209 ff (hier besonders S. 306 ff). |
| 614 | Vgl.: Baring I, a.a.O., S. 150. |
| 615 | der Inhalt wird referiert in: Baring I, a.a.O., S. 150 ff sowie: Wettig, a.a.O., S. 321 f. |
| 616 | Vgl.: Baring I, a.a.O., S. 152. |
| 617 | Vgl.: Wettig, a.a.O., S. 330. |
| 618 | Vgl.: Adenauer I, a.a.O., S. 350 f. |
| 619 | Vgl.: Ebenda, S. 350. |
| 620 | Vgl.: Schilderung der Sitzung auf dem Petersberg durch Adenauer, in: Ebenda, S. 350 ff. |
| 621 | Vgl.: Ebenda, S. 355. |
| 622 | abgedruckt in: Adenauer I, a.a.O., S. 358 f sowie: Weymar, a.a.O., S. 529 ff und Schubert (Hrsg.), a.a.O., S. 84 f. |
| 623 | Vgl. dazu: Baring I, a.a.O., S. 159 f. |
| 624 | Vgl.: Koch, Diether: Heinemann und die Deutschlandfrage, München, 1972, S. 168. Koch bezieht sich dabei auf eine Aktennotiz Heinemanns zu seinem Rücktritt, vgl.: Ebenda, Anmerkung 2. |
| 625 | Wettig, a.a.O., S. 724. |
| 626 | Vgl.: Baring III, a.a.O., S. 52. |
| 627 | abgedruckt: Ebenda, S. 52 ff (Es handelt sich um ein Schreiben Brentanos an Adenauer v. 22.8.1950). |
| 628 | Vgl.: Ebenda, S. 727. |
| 629 | Ebenda. |
| 630 | Vgl.: Koch, Diether, a.a.O., S. 168. |

631   Thayer, a.a.O., S. 240 f.
632   Vgl.: Weymar, a.a.O., S. 536.
633   Vgl.: Adenauer I, a.a.O., S. 355.
634   Baring I, a.a.O., S. 160 f.

635   Vgl. dazu: Adenauer I, a.a.O., S. 373 f; Heinemann: Dr. Adenauer,
      a.a.O., S. 462 ff; Kosthorst, a.a.O., S. 152 ff; Koch, Diether,
a.a.O., S. 168 ff.

636   Heinemann: Dr. Adenauer, a.a.O., S. 462.
637   Vgl.: Lederer, a.a.O., S. 57.
638   Vgl.: Bucerius, Gerd: Der Adenauer, Hamburg, 1976, S. 65.
639   Vgl.: Heinemann: Dr. Adenauer, a.a.O., S. 463 und Gerstenmaier:
      Streit, a.a.O., S. 329 f. Ob dies von Anfang an so war bezweifelt
allerdings Wengst, a.a.O., S. 264 f.

640   abgedruckt in: Adenauer II, a.a.O., S. 138 f sowie: Weymar, a.a.
      O., S. 635 f.

641   Ebenda (Adenauer II, S. 138 f; Weymar, S. 636).
642   Vgl.: Ebenda (Adenauer II, S. 134 ff; Weymar, S. 624 f).

643   Vgl.: Goldmann, Nahum: Staatsmann ohne Staat, Köln/Berlin, 1970,
      S. 313, sowie: derselbe: Adenauer und das jüdische Volk, in:
Adenauer und seine Zeit 1, a.a.O., S. 431.

644   Vgl.: dazu: Adenauer II, a.a.O., S. 157 f sowie: Goldmann: Staats-
      mann, a.a.O., S. 318 ff und: Weymar, a.a.O., S. 633 ff.

645   Vgl.: Goldmann: Staatsmann, a.a.O., S. 317.
646   Vgl.: Ebenda, S. 319.
647   Ebenda, S. 320.
648   Ebenda, S. 323.
649   Eckardt I, a.a.O., S. 199 f.
650   Vgl.: Weymar, a.a.O., S. 636 f.
651   Vgl.: Goldmann: Staatsmann, a.a.O., S. 323.
652   Vgl.: Ebenda, S. 314 ff.
653   Vgl.: Blankenhorn: Verständnis, a.a.O., S. 139.

654   Vgl.: Adenauer II, a.a.O., S. 139 ff; Böhm, Franz: Das deutsch-
      israelische Abkommen 1952, in: Adenauer und seine Zeit 1, a.a.O.,
S. 437 ff; Goldmann: Staatsmann, a.a.O., S. 323 ff sowie: Weymar, a.a.O.,
S. 639 ff.

655   Vgl.: Adenauer II, a.a.O., S. 136.

656   Vgl.: Weymar, a.a.O., S. 627 ff sowie: Bundestag (I. Wahlperiode,
      1951), Band 9, Bonn, 1951, S. 6697 ff (165. Sitzung v.27.9.1951).

657   Vgl. z.B. dergleichen Klassifizierung durch Paul Sethe: Die allzu
      einsamen Beschlüsse, in: FAZ, a.a.O., o. Jg., Nr. 77, v.31.3.1952,
sowie: derselbe: Warum eigentlich einsame Beschlüsse, a.a.O..

658   Vgl.: Eschenburg, Theodor: Zur politischen Praxis in der Bundes-

republik, Band II, München, 1966 (im folgenden zitiert: Eschenburg II), S. 72.

659  Vgl.: Bracher: Kanzlerdemokratie, a.a.O., S. 187 sowie: Ellwein: Regierungssystem, a.a.O., S. 316 und: Noack, Paul: Deutschland von 1945 bis 1960, München, 1960, S. 62.

660  Eschenburg: Staat, a.a.O., S. 735.
661  Vgl.: derselbe: Richtlinien, a.a.O., S. 389.
662  Vgl.: Junker, a.a.O., S. 118 f.
663  Vgl.: Ebenda, S. 2
664  Vgl.: Mende-Gespräch I, a.a.O.. Mende stimmte dabei der Bewertung Lederers zu.
665  Vgl.: Lederer, a.a.O., S. 55.
666  Vgl.: Caro, a.a.O., S. 151 f.
667  Vgl.: Poppinga: Adenauer, a.a.O., S. 40.
668  Vgl.: Adenauer: Ich habe mich nicht beirren lassen, a.a.O., S. 52.
669  Vgl.: Eschenburg II, a.a.O., S. 71 f und 76.
670  Vgl.: Eckardt I, a.a.O., S. 384.
671  Vgl.: Witte, Eberhard: Entscheidungsprozesse, in: Grochla (Hrsg.), a.a.O., S. 503.
672  Lederer, a.a.O., S. 100.
673  Vgl.: Carstens I, a.a.O., S. 114.
674  Heck-Gespräch I, a.a.O..

675  Vgl.: Allemann I, a.a.O., S. 137, Wildenmann I, a.a.O., S. 282, Lederer, a.a.O., S. 101 sowie: Strobel, Robert: Kreßbronner Motor - Die Männer, die Bonns Politik machen (nach: Zeit v.5.7.1968, S. 5), in: Flechtheim, Ossip K. (Hrsg.): Dokumente zur parteipolitischen Entwicklung in Deutschland seit 1945 (Achter Band. A: Parteienfinanzierung. B: Zwischenparteiliche Beziehungen), Berlin, 1970, S. 419. Pikart, a.a.O., S. 49.

676  Krone, Heinrich: Konrad Adenauer-Im Gespräch mit einem großen Politiker und tiefen Menschen, in: Adenauer und seine Zeit 1, a.a.O. (im folgenden zitiert: Krone II), S. 118.

677  Eckardt II, a.a.O., S. 138.
678  So beschreibt ihn Gerstenmaier, vgl.: derselbe: Streit, a.a.O., S. 310.
679  Blankenhorn-Gespräch, a.a.O..

680  Vgl.: Wagner: Im Machtzentrum des Palais Schaumburg, a.a.O. sowie: Purwin, Hilde: Zögernder Kiesinger, in: Neue Rhein-Ruhr-Zeitung, v.19.12.1968, in: Pressedokumentation, a.a.O., Stichwort: Kiesinger.

681  Vgl.: Gerstenmaier: Staatssekretär, a.a.O., S. 18.
682  Vgl.: Osterheld I, a.a.O., S. 95.

683  Dies ist der Titel einer Publikation von Theodor Eschenburg, der freilich - was in der Folge nicht immer Beachtung fand - ein abschwächendes Fragezeichen hinzusetzte, vgl.: derselbe: Herrschaft der Verbände?, Stuttgart, 1955.

684  Vgl.: Wildenmann I, a.a.O., S. 154.

685  Eschenburg, Theodor: Zur politischen Praxis in der Bundesrepublik, Band I, München, 1967 (im folgenden zitiert: Eschenburg I), S. 188.

686  Kather I, a.a.O., S. 165. Die Abkürzungen bedeuten: ZvD: Zentralverband vertriebener Deutscher; BdV: Bund der Vertriebenen.

687  Vgl.: Ellwein: Regierungssystem, a.a.O., S. 317 und: Steves, Kurt: Ludwig Erhard und die Meinungsmacher, in: Schröder, Georg/Müller-Armack, Alfred/Hohmann, Karl/Gross, Johannes/Altmann, Rüdiger (Hrsg.): Ludwig Erhard, Frankfurt am Main, u.a., 1972 (im folgenden insgesamt zitiert: Schröder u.a. (Hrsg.), S. 623 f.

688  Dresbach, August: Der Bundeskanzler und die Verbände, in: FAZ, a.a.O., o.Jg., Nr. 49, v.27.2.1960, S. 2.

689  Vgl.: derselbe, in: CDU/CSU-Fraktionsprotokolle, a.a.O., v.18.1.1955, Bd. III, 1954 - 1957, S. 3 f.

690  Vgl.: Hennis, Wilhelm: Verfassungsordnung und Verbandseinfluß-Bemerkungen zu ihrem Zusammenhang im politischen System der Bundesrepublik, in: PVS, a.a.O., 2. Jg., 1961, Heft 1, S. 35.

691  Vgl.: Flach, Karl-Hermann: Erhards schweres Erbe, Stuttgart-Degerloch, 1963, S. 134.

692  Vgl.: Rodens, Franz: Konrad Adenauer, München/Zürich, 1963, S. 90.

693  Vgl.: Puvogel, Curt: Der Weg zum Landwirtschaftsgesetz, Bonn/München/Wien, 1957, S. 28 ff sowie: Sonnemann, Theodor: Adenauer und die Bauern, in: Adenauer und seine Zeit 1, a.a.O., S. 268 f.

694  Vgl.: Puvogel, a.a.O., S. 31.

695  Vgl.: Bethusy-Huc, Viola Gräfin von: Demokratie und Interessenpolitik, Wiesbaden, 1962, S. 13 f.

696  Vgl.: Pirker, Theo: Die blinde Macht (Die Gewerkschaftsbewegung in Westdeutschland, Erster Teil, 1945 - 1952), München, 1960, S. 196 ff. Auch: Hirsch-Weber, Wolfgang: Gewerkschaften in der Politik, Köln/Opladen, 1959, S. 92 ff und: Schmidt, Helmut: Die Mitbestimmung der Arbeitnehmer-Von Adenauer als eine große Aufgabe unserer Zeit verstanden, in: Adenauer und seine Zeit 1, a.a.O., S. 51 ff. Daneben: Potthoff, Erich: Der Kampf um die Montanmitbestimmung, Köln-Deutz, 1957 sowie: derselbe: Zur Geschichte der Mitbestimmung, in: Potthoff, Erich/Blume, Otto/Duvernell, Helmut: Zwischenbilanz der Mitbestimmung, Tübingen, 1962, S. 40 ff.

697  Vgl.: Hirsch-Weber, a.a.O., S. 153. Der Text der Rundfunkansprache von Hans Böckler v.30.1.1951 ist auf S. 153 ff komplett abgedruckt.

698  Vgl.: Gross: Die Deutschen, a.a.O., S. 97.

699  Bermbach: Kanzlerdemokratie, a.a.O., S. 232.

700  Honnacker/Grimm (Hrsg.), a.a.O., S. 109. Die Geschäftsordnung der Reichsregierung ist dort komplett (S. 107 ff) als Anlage abgedruckt.

701  Ebenda S. 16 sowie S. 46.
702  Vgl.: Bachmann: Bundeskanzleramt, a.a.O., S. 171.
703  Honnacker/Grimm (Hrsg.), a.a.O., S. 47.

704  Vgl.: Fack, Fritz Ullrich: Entwicklungstendenzen des industriellen Lobbyismus in der Bundesrepublik, in: Böhret, Carl/Grosser, Dieter (Hrsg.): Interdependenzen von Politik und Wirtschaft. Festgabe für Gert von Eynern, Berlin, 1967, S. 493.

705  Vgl.: Baring IV, a.a.O., S. 176 und: Weber, Jürgen: Interessengruppen im politischen System der Bundesrepublik Deutschland, München, 1976, S. 198.

706  Vgl.: Hallgarten, George W.F./Radkau, Joachim: Deutsche Industrie und Politik, Frankfurt-Main/Köln, 1974, S. 477.

707  Vgl.: Baring I, a.a.O., S. 54.

708  Vgl.: Bundestag (I. Wahlperiode, 1949), Band 1, Bonn, 1950, S. 501 und 524 (18. Sitzung v. 24. und 25.11.1949).

709  Vgl.: Pirker, a.a.O., S. 212 ff.
710  Vgl.: Baring II, a.a.O., S. 66.

711  Vgl.: Schneider, Herbert: Die Interessenverbände, München/Wien, 1965, S. 109.

712  Vgl.: Breitling, Rupert: Die Verbände in der Bundesrepublik, Meisenheim am Glan, 1955, S. 90.

713  Vgl.: Beyme, Klaus von: Interessengruppen in der Demokratie, München, 1969, S. 109.

714  Kather, Linus, in: Bundestag (I. Wahlperiode, 1949), Band 1, Bonn, 1950, S. 146 (8. Sitzung v. 27.9.1949).

715  Kather I, a.a.O., S. 212
716  Vgl.: zu den Vorgängen bis dahin: Wengst, a.a.O., S. 258 ff.
717  Eckardt I, a.a.O., S. 274.

718  Vgl.: Merkatz, Hans-Joachim von: Regiert die Lobby? Parlament, Regierung und Interessenverbände, in: Hübner/Oberreuter/Rausch (Hrsg.), a.a.O., S. 203.

719  Vgl.: Breitling: Verbände, a.a.O., S. 89 sowie: Schneider, Herbert, a.a.O., S. 107 f.

720  Vgl.: Schröder, Heinrich Josef: Gesetzgebung und Verbände, Berlin,

1976, S. 142.

721     Vgl.: Fritz, Rudolf: Der Einfluß der Parteien und Geschädigten-
        verbände auf die Schadensfeststellung im Lastenausgleich, Berlin,
1964, S. 142.

722     Vgl.: Ebenda, S. 227.

723     Vgl.: Kather, Linus, in: CDU-Deutschlands (Hrsg.): 4. Bundespar-
        teitag, a.a.O., S. 77. Die Gesetze, auf die Kather anspielt, sind
das Gesetz zu Artikel 131, das Lastenausgleichsgesetz mit dem Feststellungsgesetz sowie das Bundesvertriebenengesetz.

724     Zu den Quellen vgl.: Anmerkung 696, zuvor.
725     Vgl.: Pirker, a.a.O., S. 196 f.
726     Vgl.: Kather I, a.a.O., S. 213.
727     Vgl.: Fritz, a.a.O., S. 168.
728     Vgl.: Kather I, a.a.O., S. 219.
729     Vgl.: Ebenda, S. 285.

730     Vgl.: Sohl, Hans-Günther: Aus dem Blickwinkel der Montanindustrie,
        in: Schröder, u.a. (Hrsg.), a.a.O., S. 242.

731     Vgl.: Beyme: Interessengruppen, a.a.O., S. 108 und: Wambach,
        Manfred Max: Verbändestaat und Parteienoligopol, Stuttgart, 1971,
        S. 124.

732     Vgl.: Kather I, a.a.O., S. 189.
733     Vgl.: Weber, Jürgen, a.a.O., S. 250.
734     Vgl.: Junker, a.a.O., S. 111 f.
735     Vgl.: Sonnemann, a.a.O., S. 269.
736     Vgl.: Beyme: Interessengruppen, a.a.O., S. 108.
737     Vgl.: Eschenburg I, a.a.O., S. 236.
738     Vgl.: Altmann I, a.a.O., S. 22.
739     Vgl.: Weber, Jürgen, a.a.O., S. 249.

740     Vgl. z.B.: Stammer, Otto: Verbände und Gesetzgebung, Köln/Opladen,
        1965, sowie: Bethusy-Huc, a.a.O..

741     Vgl.: Weber, Jürgen, a.a.O., S. 246.

742     Vgl.: Braunthal, Gerard: The Federation of German Industry in
        Politics, Ithaca, New York, 1965, S. 345. Eine ähnliche Formulie-
rung findet sich Ebenda auf S. 347.

743     Stammer, a.a.O., S. 201 f.


Abschnitt B

1       Vgl.: Hennis: Richtlinienkompetenz, a.a.O., S. 8 und derselbe:
        Der Deutsche Bundestag 1949 - 1965, in: Der Monat, 18. Jg.,
August 1966, Heft 215, S. 29.

2	Vgl.: Gross: Die Deutschen, a.a.O., S. 98.
3	Vgl.: Hennis, Wilhelm: Große Koalition ohne Ende?, München, 1968, S. 15.

4	Vgl.: Domes, Jürgen: Mehrheitsfraktion und Bundesregierung Köln/ Opladen, 1964 (im folgenden zitiert: Domes II), S. 15.

5	Vgl.: Pikart, a.a.O., S. 125.

6	Vgl.: Schuster, Hans: Wohin treibt unser Parteiensystem?, in: PolSt, a.a.O., 10. Jg., Heft 143, S. 262.

7	Vgl.: Müllenbach, Peter: Das Plakat in der politischen Propaganda, in: (ohne Hrsg.): Jahrbuch für Außenwerbung, 1954, Bremen, 1954, S. 17.

8	Hirsch-Weber/Schütz, a.a.O., S. 24.

9	Vgl.: Kitzinger, U.W.: Wahlkampf in Westdeutschland (Eine Analyse der Bundestagswahl 1957), Göttingen, o. J. (hws. 1962), S. 71 und 86.

10	Vgl. zu den Ergebnissen: Kaack, Heino: Geschichte und Struktur des deutschen Parteiensystems, Opladen, 1971, S. 216 ff und 233 ff oder: Faul, Erwin (Hrsg.): Wahlen und Wähler in Westdeutschland, Villingen, 1960, S. 322 ff.

11	Vgl.: Scharnberg, Hugo, in: CDU-Deutschlands (Hrsg.): 7. Bundesparteitag, a.a.O., S. 9 sowie: Abelein, Manfred: 20 Jahre Deutscher Bundestag, in: Keim, Walther (Hrsg.): Der Deutsche Bundestag 1949 bis 1969, Bonn, ²1969, S. 23.

12	Vgl.: Hennis, Richtlinienkompetenz, a.a.O., S. 8.

13	Vgl.: Rapp, Alfred: Adenauer und die anderen, in: FAZ, a.a.O., o. Jg., Nr. 121, v. 25.5.1962, S. 1.

14	Vgl.: Allemann I, a.a.O., S. 306.
15	Vgl.: Gross: Die Deutschen, a.a.O., S. 63.
16	Triesch, Günter: Stabilität nach Adenauer?, in: PM, a.a.O., 8.Jg., 1963, Heft 87, S. 18.
17	Vgl.: Rapp, Alfred: Bonn auf die Waage, Stuttgart, 1959, S. 54 f.
18	Altmann I, a.a.O., S. 36.

19	Vgl.: Sternberger, Dolf: Mutation des Parteiensystems, in: Faul (Hrsg.), a.a.O., S. 14.

20	Gross: Die Deutschen, a.a.O., S. 97.

21	Vgl.: Allemann I, a.a.O., S. 269 und Sternberger: Mutation, a.a.O., S. 15.

22	Vgl.: Heidenheimer, Arnold J.: Der starke Regierungschef und das

Parteiensystem: der 'Kanzler-Effekt' in der Bundesrepublik, in: Stammen (Hrsg.), a.a.O., S. 414.

23   Vgl.: Heck, Bruno: Die Mobilmachung einer Partei, in: PM, a.a.O., 14. Jg., 1969, Heft 128, S. 37.

24   Vgl.: Kiesinger, in: CDU-Deutschlands (Hrsg.): 17. Bundesparteitag, a.a.O., S. 19.

25   Josef Hermann Dufhues hat dieses Bild sogar auf Parteitagen verwandt (Vgl.: CDU-Deutschlands (Hrsg.): 11. Bundesparteitag CDU (Dortmund, 2.-5. Juni 1962), Hamburg, o. J., S. 318 sowie: dieselbe: 12. Bundesparteitag CDU (Hamburg, 14.-17. März 1964), Hamburg, o. J., S. 37). Dufhues vermied es freilich sorgsam, eine einfache Gleichung in der Art wie: "bisherige Union=Wahlkampfmaschine" aufzustellen. Dennoch kann man wohl davon ausgehen, daß ein Bezug hergestellt werden sollte. So sieht es auch Schönbohm, vgl.: derselbe, a.a.O., S. 58 f.

26   Vgl.: Gerstenmaier-Brief, a.a.O..
27   Vgl.: Heck-Gespräch II, a.a.O..
28   Vgl.: Heck: Adenauer und die CDU, a.a.O., S. 191.
29   Vgl.: Heck-Gespräch II, a.a.O..

30   Vgl.: Jaeger, Klaus, in: CDU-Deutschlands (Hrsg.): 11. Bundesparteitag, a.a.O., S. 223.

31   Schröder, Gerhard: Adenauerpartei (Leserbrief), in: PM, a.a.O., 4. Jg., 1959, Heft 32, S. 92.

32   Vgl.: Pütz, Helmuth/Radunski, Peter/Schönbohm, Wulf: 34 Thesen zur Reform der CDU, in: Sonde, 2. Jg., 1969, Heft 4, S. 8, These 9.

33   Vgl.: Adenauer, in: CDU-Deutschlands (Hrsg.): 6. Bundesparteitag CDU (Stuttgart, 26.-29.4.1956), Hamburg, o. J., S. 24.

34   Vgl.: Böhm, Anton: CDU-Reform: Grenzen und Ziele, in: PM, a.a.O., 4. Jg., 1959, Heft 41, S. 13.

35   Vgl.: Schönbohm, a.a.O., S. 92.
36   Vgl.: Pridham, a.a.O., S. 81 ff und 241 ff.

37   zitiert nach: (ohne Autor): Zwischenbilanz in Hannover, in: Civis, 10. Jg., März 1964, Heft 3, S. 13. Die meisten Einzelgedanken fanden Eingang in: Elschner, Gerhard: Zwanzig Jahre Christlich-Demokratische Union, in: Heinrich Pesch Haus Mannheim (Hrsg.): Civitas (Jahrbuch für Christliche Gesellschaftsordnung), Band IV, Mannheim, 1965, S. 167 ff.

38   Vgl.: Schönbohm, a.a.O., S. 83.

39   Vgl.: Hennis, Wilhelm: Zur Kunst des Regierens, in: Staatskanzlei, a.a.O., S. 293.

40   Dübber, Ulrich: An den Stellwerken der Macht, in: Die Neue Gesell-

schaft, 10. Jg., März/April 1963, Heft 2, S. 103.

41  Vgl.: Altmann I, a.a.O., S. 43 und Heck-Gespräch I, a.a.O..
42  Bach I, a.a.O., S. 183 f.
43  Allemann I, a.a.O., S. 273.
44  Vgl.: Ebenda, S. 100.
45  Vgl.: Buchhaas, a.a.O., S. 179 ff und Schardt, a.a.O., S. 106.
46  Vgl.: Domes II, a.a.O., S. 135.

47  Vgl.: Böhm: CDU-Reform, a.a.O., S. 15, Altmann, Rüdiger: Die Wandlungen der Union, in: PM, a.a.O., 15. Jg., 1970, Heft 133, S. 44, Heck, Bruno: "Die Führungsorgane führen zuwenig", in: SZ, a.a.O., v. 8.10.1966, in: Pressedokumentation, a.a.O., Stichwort: Heck, Schönbohm. a.a.O., S. 93, Buchhaas, a.a.O., S. 197 und Allemann I, a.a.O., S. 324.

48  Dufhues, in: CDU-Deutschlands (Hrsg.): 12. Bundesparteitag, a.a.O., S. 161.

49  derselbe, in: CDU-Deutschlands (Hrsg.): 11. Bundesparteitag, a.a.O., S. 318.

50  Vgl.: Pütz: CDU, a.a.O., S. 69.

51  Vgl.: Kaltefleiter, Werner: Die Entwicklung des deutschen Parteiensystems in der Ära Adenauer, in: Adenauer und seine Zeit 2, a.a.O., S. 288.

52  Vgl.: Schardt, a.a.O., S. 107 f.
53  Vgl.: Buchhaas, a.a.O., S. 176 ff.
54  Vgl.: Ebenda, S. 252.
55  Vgl.: Altmann I, a.a.O., S. 40.
56  Heck: Adenauer und die CDU, a.a.O., S. 203.

57  Kraske, Konrad, zitiert nach: (ohne Autor): Zwischenbilanz in Hannover, in: Civis, a.a.O., S. 15.

58  Vgl.: Altmann I, a.a.O., S. 10.
59  Vgl.: Poppinga: Adenauer, a.a.O., S. 150.

60  Adenauer, in: CDU-Deutschlands (Hrsg.): 5. Bundesparteitag CDU (Köln, 28.-30. Mai 1954), Bonn, o. J., S. 68.

61  Vgl.: Schuman, Robert, in: CDU-Deutschlands (Hrsg.): 7. Bundesparteitag, a.a.O., S. 134.

62  Vgl.: derselbe, in: CDU-Deutschlands (Hrsg.): 6. Bundesparteitag, a.a.O., S. 104.

63  derselbe, in: Geleitwort, in: Kopp, Otto: Der Kanzler, Konrad Adenauers Leben und Werk, Olten/Lausanne, 1961, S. 4.

64  Vgl.: Ben Gurion, David, in: Geleitwort, in: Krein, Daniela: Konrad Adenauer nahe gesehen, Freiburg, u.a., 1968, S. 7.

65   Vgl.: Conant, James Byrant: Deutschland und die Freiheit, Frankfurt-Main, 1958, S. 19.

66   Francois-Poncet, André: Auf dem Wege nach Europa, Berlin/Mainz, 1965, S. 234.

67   Vgl.: Hallstein: Untergang Abendland, a.a.O., S. 151.
68   derselbe: Adenauer, a.a.O., S. 134.

69   Wehner, Herbert: Vis-à-vis Konrad Adenauer, in: Der Monat, 19. Jg., Juni 1967, Heft 225, S. 12.

70   Vgl.: Dönhoff, Gräfin Marion: Die Bundesrepublik in der Ära Adenauer, Reinbeck, 1963 (im folgenden zitiert: Dönhoff I), S. 21 f.

71   Vgl.: Alexander, a.a.O., S. 19.
72   Vgl.: Brandt, Willy: Begegnungen und Einsichten, Hamburg 1976, S. 58.

73   Vgl.: Augstein, Rudolf: Liebe Spiegelleser, in: Der Spiegel, 8. Jg., v. 13.10.1954, Heft 42, S.4.

74   Vgl.: (ohne Autor): Etwas Eis, Gentlemen?, in: Der Spiegel, 8. Jg., v. 6.10.1954, Heft 41, S. 5 f.

75   Ebenda, S. 6.
76   Vgl.: Longford, a.a.O., S. 418.

77   Vgl.: Seydoux, Francois: Beiderseits des Rheins, Frankfurt, 1975 (im folgenden zitiert: Seydoux I), S. 132.

78   Osterheld I, a.a.O., S. 45.
79   Seydoux I, a.a.O., S. 206 f.

80   Adenauer, in: CDU-Deutschlands (Hrsg.): 11. Bundesparteitag, a.a.O., S. 25.

81   Vgl.: Bandulet, a.a.O., S. 50 f.
82   Vgl.: Meyers, a.a.O., S. 299.

83   Vgl.: Gerstenmaier, Eugen: Konrad Adenauer-um das Vaterland verdient gemacht, a.a.O., S. VI.

84   Vgl.: Adenauer III, a.a.O., S. 539.

85   Vgl.: Brief Adenauers an Euler v. 16.7.1951, in: Baring III, a.a.O., S. 77.

86   Vgl.: Osterheld I, a.a.O., S. 44. Osterheld nennt folgende Ausländer: Acheson, Robert Schuman, Bech, Stikker, Spaak, Monnet, Churchill, Eden, McMillan, Heath, Gaillard, Couve de Murville, Pompidou, Sforza, Segni, Moro, van Zeeland, Werner, Ben Gurion, Goldmann, Lange, Pearson, Ayub Khan, Yoshida, Clay, McCloy, Meany, Hoover, Eisenhower,

Kennedy, Johnson, Nixon, Pius XII, de Gaulle, Dulles.

| | |
|---|---|
| 87 | Vgl.: Osterheld I, a.a.O., S. 44. |
| 88 | Vgl.: Heck-Gespräch II, a.a.O.. |
| 89 | Vgl.: Kiesinger-Gespräch, a.a.O.. |
| 90 | Hallstein: Untergang Abendland, a.a.O., S. 151. |
| 91 | Vgl.: Blankenhorn-Gespräch, a.a.O.. |
| 92 | Vgl.: Francois-Poncet: Adenauer als historische Gestalt, a.a.O., S. 26. |
| 93 | Vgl.: Seydoux I, a.a.O., S. 202. |
| 94 | Vgl.: Ebenda, S. 122. |
| 95 | Vgl.: Goldmann: Staatsmann, a.a.O., S. 320. |
| 96 | Ebenda, S. 351. |
| 97 | Vgl.: Osterheld I, a.a.O., S. 44. |
| 98 | Vgl.: Bach I, a.a.O., S. 168. |
| 99 | Vgl.: Osterheld I, a.a.O., S. 44. |
| 100 | Vgl.: de Gaulle, Charles: Memoiren der Hoffnung, Wien/München/Zürich, 1971, S. 224. |
| 101 | Vgl.: Seydoux I, a.a.O., S. 207. |
| 102 | Vgl.: Adenauer III, a.a.O., S. 161 f, 393 und 537. |
| 103 | Vgl.: Brief von Dulles an Adenauer v. 11.8.1956, in: Adenauer III, a.a.O., S. 211. |
| 104 | Vgl.: Brandt: Begegnungen, a.a.O., S. 53, Clay, Lucius D.: Adenauers Verhältnis zu den Amerikanern und die deutsch-amerikanischen Beziehungen nach 1945, in: Adenauer und seine Zeit 1, a.a.O., S. 471, Blankenhorn: Verständnis, a.a.O., S. 205 und Seydoux I, a.a.O., S. 134. |
| 105 | Adenauer: Ich habe mich nicht beirren lassen, a.a.O., S. 56. |
| 106 | Vgl.: Drummond, Roscoe/Coblentz, Gaston: Duell am Abgrund, Köln/Berlin, 1961, S. 45 ff und 49 f. |
| 107 | Oberndörfer, Dieter: John Foster Dulles und Konrad Adenauer, in: Adenauer und seine Zeit 2, a.a.O., S. 230. |
| 108 | Vgl.: Ebenda, S. 234. |
| 109 | Vgl.: Drummond/Coblentz, a.a.O., S. 50. |
| 110 | Vgl.: Blankenhorn: Verständnis, a.a.O., S. 196 f. |
| 111 | Vgl.: Oberndörfer, a.a.O., S. 239 ff sowie: Drummond/Coblentz, a.a.O., S. 51 ff. Zur Problematik des Radford-Plans vgl.: Adenauer III, a.a.O., S. 197 ff. |
| 112 | Vgl.: Drummond/Coblentz, a.a.O., S. 46. |
| 113 | Vgl.: Oberndörfer, a.a.O., S. 233. |
| 114 | So Heinrich Barth in einem Gespräch mit dem Autor am 20.8.1980 (im folgenden zitiert: Barth-Gespräch). |
| 115 | Osterheld I, a.a.O., S. 23 f. |
| 116 | Vgl.: Gerstenmaier: Streit, a.a.O., S. 463. |

117  Vgl.: Seydoux I, a.a.O., S. 211.

118  Vgl.: Gerstenmaier: Streit, a.a.O., S. 463. Gerstenmaier berichtet dort über dergleichen Äußerungen von Carstens.

119  Vgl.: Adenauer III, a.a.O., S. 424.

120  Vgl.: Seydoux, Francois: Botschafter in Deutschland, Frankfurt, 1978 (im folgenden zitiert: Seydoux III), S. 8.

121  Vgl.: de Gaulle, a.a.O., S. 218 ff.
122  Vgl.: Adenauer III, a.a.O., S. 424 ff.
123  Vgl.: Seydoux I, a.a.O., S. 201 ff.

124  Vgl.: Ziebura, Gilbert: Die deutsch-französischen Beziehungen seit 1945, Pfullingen, 1970, S. 99.

125  Vgl.: Adenauer III, a.a.O., S. 434.
126  Vgl.: Adenauer: Ich habe mich nicht beirren lassen, a.a.O., S.57f.
127  Vgl.: de Gaulle, a.a.O., S. 218.
128  Vgl.: Ziebura, a.a.O., S.97 und Seydoux I, a.a.O., S. 201 f.
129  Seydoux I, a.a.O., S. 202.
130  Vgl.: Ebenda, S. 203.
131  Vgl.: Ziebura, a.a.O., S. 99.
132  Vgl.: Seydoux I, a.a.O., S. 206.

133  aus: Erwiderung de Gaulles auf eine Tischrede von Konrad Adenauer am 5.9.1962, in: Stercken, Hans (Hrsg.): De Gaulle hat gesagt..., Stuttgart-Degerloch, 1967, S. 191.

134  Vgl.: Ziebura, a.a.O., S. 100.
135  Vgl.: Seydoux I, a.a.O., S. 204.
136  Vgl.: Francois-Poncet: Adenauer als historische Gestalt, a.a.O., S. 29.
137  Vgl.: Seydoux I, a.a.O., S. 141.
138  Seydoux II, a.a.O., S. 131 f.
139  Eckardt I, a.a.O., S. 298.
140  Vgl.: Grosser: Die Rolle Konrad Adenauers, a.a.O., S. 12.
141  Vgl.: Domes II, a.a.O., S. 50 f.
142  Vgl.: Ebenda, S. 89.
143  Ellwein: Regierungssystem, a.a.O., S. 305.
144  Lederer, a.a.O., S. 125.
145  Vgl.: Adenauer III, a.a.O., S. 71.
146  Vgl.: Dehler: Reden, a.a.O., S. 71.
147  Vgl.: Kralewski, a.a.O., S. 424.
148  Vgl.: Eschenburg: Richtlinienkompetenz, a.a.O., S. 390.
149  Vgl.: Eckardt I, a.a.O., S. 276.
150  Vgl.: Loewenberg, a.a.O., S. 283.

151  Vgl.: Böhm, Anton: Wer heute in Deutschland regiert, in: PM, a.a.O., 2. Jg., 1957, Heft 18, S. 16.

152  Gerhard Loewenberg beispielsweise stützt seine Darstellung der Regierungsbildungen von 1953 und 1957 auf die, wie er schreibt,

"ausgezeichnete Abhandlung" von Domes, vgl.: Loewenberg, a.a.O., S. 299, Anmerkung 82.

| | |
|---|---|
| 153 | Vgl.: Domes II, a.a.O., S. 49 f. |
| 154 | Vgl.: Ebenda, S. 89 f. |
| 155 | Vgl.: Ebenda, S. 90. |
| 156 | Vgl.: Ebenda, S. 88. |

157   Vgl.: Müchler, a.a.O., S. 144. Müchler schildert die Regierungsbildungen von 1953/57 bezüglich der CSU, vgl.: S. 108 ff und 127 ff.

158   Vgl.: Domes II, a.a.O., S. 91 f.
159   Vgl.: Loewenberg, a.a.O., S. 317.

160   Vgl.: Eckardt I, a.a.O., S. 275, Mende-Gespräch I, a.a.O., Domes II, a.a.O., S. 60 und Baring III, a.a.O., S. 170, Anmerkung 160.

161   Vgl.: Mende, Erich: Die FDP, Stuttgart, 1972, S. 87.
162   Vgl.: Ebenda.
163   Vgl.: Wildenmann I, a.a.O., S. 75, Anmerkung 6.
164   Vgl.: Müchler, a.a.O., S. 131 f.
165   Vgl.: Domes II, a.a.O., S. 85.
166   Vgl.: Müchler, a.a.O., S. 134.
167   Vgl.: Domes II, a.a.O., S. 69 f.

168   Vgl.: Handtke, Rolf: Die neuen Lobbyisten, in: PM, a.a.O., 2.Jg., 1957, Heft 18, S. 14.

169   Vgl.: Loewenberg, a.a.O., S. 303 und Domes II, a.a.O., S. 69.
170   Vgl.: Domes II, a.a.O., S. 87.

171   Vgl.: Kather II, a.a.O., S. 13, Sternberger: Verfassung, a.a.O., S. 130 und Rapp, Alfred: Zwei Jahre ganz große Koalition, in: FAZ, a.a.O., v. 10.8.1955, in: Pressedokumentation, a.a.O., Stichwort: Regierungskoalition.

172   Vgl.: Brentano, in: CDU-Deutschlands (Hrsg.): 5. Bundesparteitag, a.a.O., S. 38.

173   Vgl.: Wildenmann I, a.a.O., S. 242.

174   Vgl.: Morkel, Arnd: Die Reform des Kabinetts, in: aus politik und zeitgeschichte, 20. Jg., 1970, Heft 43, S. 20.

175   Vgl.: Brühl, Fritz: Die Koalition fröstelt, in: SZ, a.a.O., v. 15.10.1954, in: Pressedokumentation, a.a.O., Stichwort: Regierungskoalition.

176   Vgl.: Eckardt I, a.a.O., S. 273. Ähnlich: Pünder, a.a.O., S. 428.

177   Adenauer, in: CDU/CSU-Fraktionsprotokolle, a.a.O., v. 6.10.1956, Bd. III, 1954 - 1957, S. 62.

178 Vgl.: Allemann I, a.a.O., S. 366.

179 Sonderminister wurden: Robert Tillmanns (CDU), Franz Josef Strauß (CSU), Hermann Schäfer (FDP) und Waldemar Kraft (BHE).

180 Vgl.: Kather II, a.a.O., S. 16.
181 Adenauer, in: Regierungserklärung 1963, in: Pulte (Hrsg.), a.a.O., S. 35.
182 Vgl.: Eschenburg: Richtlinienkompetenz, a.a.O., S. 386.

183 Zu den Terminen vgl. Schaubild bei Loewenberg, a.a.O., zwischen den Seiten 280 und 281 sowie: Deutscher Bundestag (Presse- und Informationszentrum) (Hrsg.): Chronik (Deutscher Bundestag. 1953 – 1957. 2. Legislaturperiode. Eine Dokumentation), Bonn, o.J., S. 79, 96 und 121.

184 Vgl.: Hellwege-Gespräch, a.a.O., Kather II, a.a.O., S. 17 und: Merker, Reinhold: Das Bundeskanzleramt aus der Sicht eines Abteilungsleiters, in: Gotto (Hrsg.), a.a.O. S. 140.

185 Adenauer, in: Bundestag (II. Wahlperiode, 1956), Band 28, Bonn, 1956, S. 6532 (124. Sitzung v. 19.1.1956).

186 derselbe, in: CDU/CSU-Fraktionsprotokolle, a.a.O., v. 16.10.1956, Bd. III, 1954 – 1957, S. 62.

187 Kortmann, Johannes, in: CDU/CSU-Fraktionsprotokolle, a.a.O., v. 24.8.1954, Bd. I, 1954 – 1957, S. 17.

188 Vgl.: Beer, Karl Willy: Adenauers drittes Kabinett, in: PM, a.a.O., 1. Jg., 1956, Heft 6, S. 3 f.

189 Vgl.: Domes II, a.a.O., S. 61, besonders dazu: Anmerkung 110, S. 183.

190 Vgl.: Adenauer, in: Bundestag (II. Wahlperiode, 1956), Band 28, Bonn, 1956, S. 6532 (124. Sitzung v. 19.1.1956).

191 Vgl.: Eckardt I, a.a.O., S. 441. Der Gesamtvorgang ist auf den Seiten 439 ff beschrieben.

192 Vgl.: Hellwege-Gespräch, a.a.O..
193 Der Brief v. 19.10.1953 ist abgedruckt in: Neumann: Block, a.a.O., S. 414 f.
194 Vgl.: Ebenda.

195 Vgl.: Maximalforderungen des BHE bei den Koalitionsverhandlungen zur Bildung der 2. Regierung Adenauer, in: Neumann: Block, a.a.O., S. 412 ff.

196 Vgl.: Neumann: Block, a.a.O., S. 109.
197 Vgl.: Ebenda, S. 111 f.

198 Haasler, Horst, in: Protokoll der Bundesausschußsitzung am 23./24.1.1954 in Bonn, zitiert nach: Neumann: Block, a.a.O.,

S. 105, Anmerkung 425.

199 Vgl. dazu beispielsweise: (für die Rolle der kleineren Koalitionsparteien) Lederer, a.a.O., S. 127 ff, 151 ff und 163 ff; sowie: Gutscher, Jörg Michael: Die Entwicklung der FDP von ihren Anfängen bis 1961, Meisenheim am Glan, 1967, S. 166 ff und: Neumann: Block, a.a.O., S. 77 ff. (in Fragen des Wahlrechts): Lange, Erhard H.M.: Wahlrecht und Innenpolitik, Meisenheim am Glan, 1975, S. 637 ff. (bezüglich der Saarfrage): Schneider, Heinrich: Das Wunder an der Saar, Stuttgart, 1974, S. 400 ff. (für Adenauers Rolle): Lederer, a.a.O., S. 188 ff. Sowie allgemein: Adenauer II, a.a.O., S. 364 ff und Adenauer III, a.a.O., S. 63 ff. Daneben: Mende: Die FDP, a.a.O., S. 96 ff.

200 Vgl.: Adenauer III, a.a.O., S. 80 f. Der gesamte Brief ist auf S. 80 ff abgedruckt.

201 Dehler: ungläubiger Thomas, a.a.O., S. 76.

202 Dehler, Thomas: Nach dem Bruch der Koalition (Aus der Rede auf dem Bundesparteitag am 20. April 1956 in Würzburg), in: Bundesvorstand der FDP (Hrsg.): Zeugnisse liberaler Politik, Bonn, 1973, S. 76.

203 Becker, Max: Geschichte einer Koalition, in: Südwest Merkur, v. 23.3.1956, in: Pressedokumentation, a.a.O., Stichwort: Regierungskoalition.

204 Vgl.: Mende, Erich, in: FDP-Fraktionsprotokolle, a.a.O., Ordner 1846, v. 29.11.1955, S. 5.

205 Dehler: Bruch der Koalition, a.a.O., S. 77 f.

206 aus: "Entwurf einer Koalitionsvereinbarung", in: Sachliche Fragen in der Koalition, in: freie demokratische korrespondenz (Kürzel und folgende Zitierweise: fdk), v. 19.12.1955, S. 8 f, in: Pressedokumentation, a.a.O., Stichwort: Regierungskoalition.

207 Vgl.: Wesemann, Fried: Dehler veröffentlicht Entwurf einer Koalitionsvereinbarung, in: Frankfurter Rundschau (im folgenden zitiert: FR), v. 20.12.1955, in: Pressedokumentation, a.a.O., Stichwort: Regierungskoalition.

208 Vgl.: Mende-Gespräch I, a.a.O..
209 FDP-Fraktionsprotokolle, a.a.O., Ordner 1846, v.12.12.1955, S. 1f.
210 Vgl.: Mende-Gespräch I, a.a.O..

211 Vgl.: Schröder, Georg: Adenauer fordert Dehlers Kopf, in: Die Welt, v. 14.12.1955, in: Pressedokumentation, a.a.O., Stichwort: Regierungskoalition.

212 Vgl.: Sachliche Frage in der Koalition, in: fdk, a.a.O..
213 Vgl.: Becker: Geschichte einer Koalition, a.a.O..

214 Vgl.: Schneider, Ludwig, in: FDP-Fraktionsprotokolle, a.a.O., Ordner 1846, v. 12.12.1955, S. 1.

215     Vgl.: Meyn, a.a.O., S. 51 und 59.

216     Diese befinden sich im Archiv für Christlich-Demokratische Politik
        der Konrad-Adenauer-Stiftung in St. Augustin (im folgenden zi-
        tiert: Merkatz/Mappe Koalition 57).

217     aus: Empfehlungen für den Fall von Koalitionsverhandlungen
        (zweiseitiges Papier, maschinenschriftlich), in: Merkatz/Mappe
Koalition 57, a.a.O..

218     Vgl.: Merkatz/Mappe Koalition 57, a.a.O..
219     Vgl.: Ebenda.

220     Dieser Personenkreis ergibt sich aus dem Begleitbrief, den von
        Merkatz Heinrich Hellwege zukommen ließ, in: Hellwege-Archiv,
a.a.O..

221     Ebenda.

222     Vgl.: "Entwurf einer Koalitionsvereinbarung" (neunseitiges Papier,
        maschinenschriftlich), in: Hellwege-Archiv, a.a.O., S. 1. Ein ent-
sprechendes Exemplar befindet sich in: Merkatz/Mappe Koalition 57, a.a.O..

223     Vgl.: Ebenda, S. 2 ff.
224     Vgl.: Ebenda, S. 7 ff.
225     Vgl.: Hellwege-Gespräch, a.a.O..
226     Vgl.: Merkatz-Gespräch, a.a.O..
227     Vgl.: Domes II, a.a.O., S. 62 f.

228     aus: Brief von Georg Ripken an von Merkatz (einseitig, maschinen-
        schriftlich), in: Merkatz/Mappe Koalition 57, a.a.O..

229     Vgl.: Koalitionsvereinbarungen 1957 (handschriftliche Ergänzung:
        2. Fassung) (maschinenschriftlicher Durchschlag, 9 Seiten), in:
Merkatz/Mappe Koalition 57, a.a.O..

230     Vgl.: Koalitionsvereinbarungen 1957 (handschriftliche Ergänzung:
        letzte Fassung) (maschinenschriftlicher Durchschlag, 8 Seiten),
in: Merkatz/Mappe Koalition 57, a.a.O..

231     Vgl.: Schröder, Georg: Die DP stellt zwei Minister, in: Die Welt,
        v. 11.10.1957, in: Pressedokumentation, a.a.O., Stichwort: Re-
gierungsbildung 1957.

232     aus: (ohne Autor): Deutsche Stimmen, 12. Jg., Nr. 42, v. 18.10.
        1957, S. 1.

233     Mörbitz, Eghard/Fritze, Walter: Wieder mit Merkatz und Seebohm,
        in: FR, a.a.O., v. 12.10.1957, in: Pressedokumentation, a.a.O.,
Stichwort: Regierungsbildung 1957.

234     Vgl.: Koalitionsvereinbarung 1957 (hektographiertes Papier, acht-
        seitig), in: Merkatz/Mappe Koalition 57, a.a.O..

235  Vgl.: Merkatz-Gespräch, a.a.O..

236  Adenauer II, a.a.O., S. 243 ff sowie: Eckardt I, a.a.O., S. 285 ff und: Grewe: Rückblenden, a.a.O., S. 174 ff.

237  Vgl.: Adenauer II, a.a.O., S. 270 ff sowie vor allem: Noack, Paul: Das Scheitern der Europäischen Verteidigungsgemeinschaft, Düsseldorf, 1977.

238  Vgl.: Adenauer II, a.a.O., S. 384 ff.
239  Vgl.: Ebenda, S. 437 und Adenauer III, a.a.O., S. 31 ff.

240  Vgl.: Adenauer II, a.a.O., S. 487 ff. Berichte weiterer Teilnehmer vgl. Anmerkung 648 dieses Abschnittes.

241  Vgl.: Adenauer III, a.a.O., S. 252 ff.

242  Vgl.: Besson: Außenpolitik, a.a.O., S. 197 ff sowie: Baring III, a.a.O., S. 216 ff.

243  Vgl.: Adenauer III, a.a.O., S. 437 ff.
244  Vgl.: Baring III, a.a.O., S. 239 ff.
245  Vgl.: Adenauer III, a.a.O., S. 120.
246  Vgl.: Ebenda, S. 121.
247  Vgl.: Ebenda.
248  Vgl.: Ebenda, S. 122.
249  Vgl.: Gerstenmaier: Streit, a.a.O., S. 427 f.
250  Vgl.: Ebenda, S. 427.
251  Vgl.: Adenauer III, a.a.O., S. 121.
252  Vgl.: Adenauer III, a.a.O., S. 121.

253  aus: Brief Adenauers an Brentano v. 23.5.1955, Teilabdruck in: Baring III, a.a.O., S. 151.

254  Vgl.: Abdruck des Fernschreibens von Adenauer an Brentano v. 14.6.1955, in: Baring III, a.a.O., S. 152.

255  Vgl.: Abdruck des Fernschreibens von Brentano an Adenauer v. 15.6.1955, in: Baring III, a.a.O., S. 152 f.

256  Baring III, a.a.O., S. 153.

257  aus: Fernschreiben Brentanos an Adenauer v. 15.6.1955, in: Baring III, a.a.O., S. 154 (Gesamttext: S. 153 ff).

258  Vgl.: Brief Brentanos an Adenauer v. 16.6.1955, in: Baring III, a.a.O., S. 156 f.

259  Vgl.: Baring III, a.a.O., S. 157 ff.
260  Vgl.: Adenauer III, a.a.O., S. 121.
261  Ebenda, S. 122.
262  Vgl.: Ebenda, S. 121.
263  Vgl.: Ebenda, S. 499.

264    Vgl.: Blankenhorn: Verständnis, a.a.O., S. 271. Das exakte Datum ist der 5.8.1957.

265    Vgl.: Ebenda, S. 351 (das exakte Datum ist: 7.10.1959).
266    Vgl.: Kaack/Roth: Führungselite, a.a.O., S. 24 ff.
267    Vgl.: Ebenda, S. 28 ff.
268    Vgl.: Baring III, a.a.O., S. 226.
269    Vgl.: Bach I, a.a.O., S. 167 ff.
270    Vgl.: Grosser, Alfred: Die Bonner Demokratie, Düsseldorf, 1960 S. 306.

271    Vgl.: Baring III, a.a.O., S. 444, Anmerkung 301 (es handelt sich um eine Tagebucheintragung Krones v. 3.1.1961).

272    Vgl.: Thayer, a.a.O., S. 144 und Blankenhorn: Verständnis, a.a.O., S. 328

273    Vgl.: Allemann I, a.a.O., S. 349, Schöne, a.a.O., S. 190 und Schwarz, Hans-Peter: Die Bundesregierung und die auswärtigen Beziehungen, in: Schwarz (Hrsg.), a.a.O., S. 60.

274    Vgl.: Hennis: Richtlinienkompetenz, a.a.O., S. 31.

275    Vgl.: Gerstenmaier: Macht, a.a.O., S. 37 und: Wiedenfeld, Werner: Konrad Adenauer – im Vorurteil der Zeitgenossen und im Urteil der Geschichte, in: Adenauer und seine Zeit 2, a.a.O., S. 570.

276    Vgl.: Hellwege-Gespräch, a.a.O..

277    Vgl.: Morsey Rudolf: Brüning und Adenauer. Zwei deutsche Staatsmänner, Düsseldorf, 1972, S. 35.

278    Vgl. Anmerkungen 256 und 261.

279    Vgl.: Kosthorst, a.a.O., S. 119 f (Teilabdruck der Denkschrift v. 12.1.1950).

280    Vgl.: Buchheim: Richtlinienkompetenz, a.a.O., S. 341 (Teilabdruck des Briefes).

281    Vgl.: Kosthorst, a.a.O., S. 389, Anmerkung 62.

282    Vgl.: Kiesinger: Erlebnisse mit Konrad Adenauer, a.a.O., S. 70 (Abdruck des Briefes).

283    Vgl.: Adenauer III, a.a.O., S. 253 ff (Gesamtabdruck).

284    Vgl.: Adenauer, in: CDU/CSU-Fraktionsprotokolle, a.a.O., v. 11.9.1956, Bd. III, 1954 – 1957, S. 5.

285    Vgl.: Buchheim: Richtlinienkompetenz, a.a.O., S. 341 f.
286    Vgl.: Adenauer III, a.a.O., S. 520 ff (Teilabdruck).
287    Vgl.: Ebenda, S. 519.
288    Vgl.: Junker, a.a.O., S. 52.

289 Vgl.: Mercker: Bundeskanzleramt, a.a.O., S. 128 f.
290 Bachmann: Bundeskanzleramt, a.a.O., S. 166.

291 Vgl.: Vialon, Karl Friedrich: Ein Stück aus Globkes Alltag: Der Juliusturm, in: Gotto (Hrsg.), a.a.O., S. 204.

292 abgedruckt in: Buchheim: Richtlinienkompetenz, a.a.O., S. 340.
293 Vgl.: Ebenda.
294 Ebenda, S. 347.
295 abgedruckt in: Kosthorst, a.a.O., S. 310.

296 Vgl.: Müller-Armack, Alfred: Adenauer, die Wirtschaftspolitik und die Wirtschaftspolitiker, in: Adenauer und seine Zeit 1, a.a.O., S. 207.

297 Vgl.: derselbe: Auf dem Wege nach Europa, Stuttgart/Tübingen, 1971, S. 248 f.

298 Vgl.: Echtler, a.a.O., S. 278 und: Behrendt, a.a.O., S. 110.
299 Vgl.: Behrendt, a.a.O., S. 34 sowie: Gumbel, a.a.O., S. 92f u. 97.
300 Vgl.: Schöne, a.a.O., S. 191 f.

301 Vgl.: Echtler, a.a.O., S. 256 ff und 278; Eckardt I, a.a.O., S. 351 ff; Kaps, Norbert/Küffner, Hanns: Das Presse- und Informationsamt der Bundesregierung, Bonn, 1969, S. 69 ff und 152; Schöne, a.a.O., S. 196 ff.

302 Vgl.: Behrendt, a.a.O., S. 34 sowie: Gumbel, a.a.O., S. 97 und Schöne, a.a.O., S. 193.

303 Vgl.: Blankenhorn: Verständnis, a.a.O., S. 211 ff.

304 Vgl.: Loch, Theo M.: Walter Hallstein, Freudenstadt, 1969, S. 49 sowie: Echtler, a.a.O., S. 278.

305 Vgl.: Eckardt I, a.a.O., S. 169.

306 Vgl.: Gerstenmaier: Staatssekretär, a.a.O., S. 16, Caro, a.a.O., S. 230 und Prittie I, a.a.O., S. 305.

307 Vgl.: Bebermeyer, Hartmut: Regieren ohne Management?, Bonn, 1974, S. 9.

308 Vgl.: Buchheim, Hans: Ein schöpferischer Verwaltungsbeamter, in: FAZ, a.a.O., o.Jg., v. 16.2.1973, S. 2.

309 Vgl.: Ludger Westrick in einem Gespräch mit dem Autor am 20.3.1980 (im folgenden zitiert: Westrick-Gespräch I).

310 Vgl.: Merkatz: Betrachtungen, a.a.O., S. 127.

311 Vgl.: Böhm, Adolf: Vor der Ablösung, in: PM, a.a.O., 8. Jg., Heft 84, S. 8.

| | |
|---|---|
| 312 | Vgl.: Gerstenmaier, Staatssekretär, a.a.O., S. 16. |
| 313 | Vgl.: Merkatz: Betrachtungen, a.a.O., S. 127. |
| 314 | siehe: Zitat 309, Abschnitt A. |
| 315 | Baring I, a.a.O., S. 27. |

316   Vgl.: Schneider, Hans Roderich: Aus zweiter Hand, in: Der Spiegel, 20. Jg., Heft 24, v. 6.6.1966, S. 34 f.

| | |
|---|---|
| 317 | Vgl.: Scheuner: Politische Koordination, a.a.O., S. 918. |
| 318 | Ellwein: Lethargie, a.a.O., S. 326 f. |
| 319 | Vgl.: Echtler, a.a.O., S. 213. |

320   Vgl.: Schneider, Hans Roderich, a.a.O., S. 37, sowie: (ohne Autor): Böse Erinnerungen, in: Der Spiegel, 10. Jg., Heft 14, v. 4.4.1956, S. 24.

| | |
|---|---|
| 321 | Gumbel, a.a.O., S. 94. |
| 322 | Vgl.: Blankenhorn-Gespräch, a.a.O.. |
| 323 | Vgl.: Bachmann-Gespräch, a.a.O.. |
| 324 | Vgl.: Bach II, a.a.O., S. 166. |
| 325 | Vgl.: Bach I, a.a.O., S. 181. |
| 326 | Vgl.: Echtler, a.a.O., S. 213. |
| 327 | Thedieck, a.a.O., S. 154. |
| 328 | Vgl.: Schöne, a.a.O., S. 207. |

329   Vgl. beispielsweise: Henkels, Walter: Die "Gewerkschaft der Staatssekretäre", in: Saarbrücker Zeitung, v. 27.1.1962, in: Pressedokumentation, a.a.O., Stichwort: Regierungskoalition.

330   Vgl.: Laufer, Heinz: Der Parlamentarische Staatssekretär, München, 1969, S. 56.

331   Vgl.: Schneider, Hans Roderich, a.a.O., S. 37.

332   Vgl.: Proebst, Hermann: Zu früh oder zu spät, in: (ohne Hrsg.): Die Ära Adenauer, a.a.O., S. 155.

| | |
|---|---|
| 333 | Echtler, a.a.O., S. 178. |
| 334 | Vgl.: Thedieck, a.a.O., S. 150. |
| 335 | Ebenda, S. 152. |
| 336 | Vgl.: Strauß, Walter, a.a.O., S. 278. |
| 337 | Thedieck, a.a.O., S. 144. |
| 338 | Vgl.: Westrick-Gespräch I, a.a.O.. |

339   Vgl.: Echtler, a.a.O., S. 178 f und: Henkels, Walter: Globke blieb einsame Klasse, in: FAZ, a.a.O., o.Jg., 28.7.1972, S. 6.

| | |
|---|---|
| 340 | Vgl.: Ebenda, S. 175 ff. |
| 341 | Vgl.: Thedieck, a.a.O., S. 150. |

342   Vgl.: Rust, a.a.O., S. 31, Krone, Heinrich: Der Berater Adenauers, in: Gotto, (Hrsg.), a.a.O. (im folgenden zitiert: Krone III), S. 23 und: Heck-Gespräch I, a.a.O..

343  Gumbel, a.a.O., S. 8 f.
344  Vgl.: Krone III, a.a.O., S. 23.

345  Vgl.: Carstens II, a.a.O., S. 7, Bach I, a.a.O., S. 178, Krone II, a.a.O., S. 119 und Osterheld II, a.a.O., S. 104.

346  Vgl.: Westrick-Gespräch I, a.a.O..
347  Vgl.: Mercker: Bundeskanzleramt, a.a.O., S. 130.
348  Vgl.: Rust, a.a.O., S. 52.
349  Ebenda, S. 51.
350  Vgl.: Bach I, a.a.O., S. 178.
351  Vgl.: Osterheld II, a.a.O., S. 121.
352  Gerstenmaier: Staatssekretär, a.a.O., S. 17.
353  Vgl.: Barth-Gespräch, a.a.O..
354  Vgl.: Osterheld II, a.a.O., S. 109.
355  Vgl.: Eckardt I, a.a.O., S. 169.
356  Osterheld II, a.a.O., S. 121 f. Zum Zitat vgl.: Hausenstein, a.a.O., S. 15.
357  Vgl.: Gerstenmaier: Staatssekretär, a.a.O., S. 15.
358  Osterheld II, a.a.O., S. 108.

359  Vgl.: Thedieck, a.a.O., S. 153, Krone III, a.a.O., S. 21 und Gumbel, a.a.O., S. 97.

360  Gerstenmaier: Staatssekretär, a.a.O., S. 17.
361  Vgl.: Osterheld II, a.a.O., S. 114.
362  Vgl.: Krone II, a.a.O., S. 119.
363  Vgl.: Westrick-Gespräch I, a.a.O..
364  Vgl.: Osterheld II, a.a.O., S. 102.
365  Vgl.: Ebenda, S. 103.
366  Vgl.: Krone III, a.a.O., S. 24.
367  Vgl. beispielsweise: Prittie I, a.a.O., S. 305.
368  Vgl.: Gumbel, a.a.O., S. 95.
369  Vgl.: Osterheld II, a.a.O., S. 105 und 121.
370  Vgl.: Gumbel, a.a.O., S. 96.
371  Vgl.: Henkels: Von kurz nach sechs, a.a.O..
372  Vgl.: Kilb-Gespräch, a.a.O..
373  Vgl.: Adenauer III, a.a.O., S. 497.
374  Vgl.: Bach I, a.a.O., S. 177.
375  Vgl.: Osterheld II, a.a.O., S. 101.
376  Vgl.: Krone II, a.a.O., S. 118 f.
377  Vgl.: Bach II, a.a.O., S. 169.
378  Vgl.: Schöne, a.a.O., S. 212.
379  nach: Krone III, a.a.O., S. 21.
380  Ebenda.
381  Vgl.: Gerstenmaier: Staatssekretär, a.a.O., S. 15.
382  Vgl.: Osterheld II, a.a.O., S. 122.
383  Altmann I, a.a.O., S. 188.
384  Vgl.: Eckardt I, a.a.O., S. 345.
385  Blankenhorn: Verständnis, a.a.O., S. 381.
386  Blankenhorn-Gespräch, a.a.O..
387  Vgl.: Domes II, a.a.O., S. 17.

388     Der Elferrat ist ein informelles Fraktionsorgan der Union, bestehend aus dem Fraktionsvorsitzenden, seinen Stellvertretern und den Vorsitzenden der Arbeitskreise, vgl. dazu: Domes II, a.a.O., S. 44 f.

389     Vgl.: Domes II, a.a.O., S. 163 f.
390     Ebenda, S. 164.
391     Vgl.: Ebenda.
392     Vgl.: Ebenda, sowie: Brief von Domes an den Autor v. 15.11.1979 (im folgenden zitiert: Domes Brief).

393     Als Beispiel sei hier nur der Fakt erwähnt, daß Mende im Gespräch mit dem Autor stets (im Gegensatz zu allen anderen Informationen und Informanden) davon ausging, daß es für den Koalitionsausschuß 1961 ff Protokolle gegeben habe. Nach umfangreichen Recherchen des Autors konnte schließlich die inzwischen ausgeschiedene FDP-Fraktionsangestellte ermittelt werden, die diese Protokolle selber erstellt hatte. Nach ihrer Beschreibung der betroffenen Akte konnten die Protokolle – zum Erstaunen aller – im FDP-Fraktionsarchiv in Bonn sozusagen wiederentdeckt werden (Vgl.: S. 760).

394     Vgl.: Mende-Gespräch I, a.a.O..
395     Vgl.: Bachmann-Gespräch, a.a.O..

396     Vgl.: Horst Osterheld in einem Gespräch mit dem Autor am 8.10.1980 (im folgenden zitiert: Osterheld-Gespräch II).

397     Vgl.: Domes-Brief, a.a.O..
398     Vgl.: Domes II, a.a.O., S. 164.

399     Vgl.: Ebenda, S. 165. Es handelt sich um eine Sitzung des Entscheidungskreises vom 4.9.1954 zum Eintritt der Bundesrepbulik in die NATO.

400     Vgl.: Domes II, a.a.O., S. 188, Anmerkung 257.
401     Vgl.: Domes-Brief, a.a.O..
402     Vgl.: Osterheld I, a.a.O..
403     aus: Brief von Osterheld an den Autor v. 8.9.1980.
404     Krone II, a.a.O., S. 119.

405     Information von Karl Hohmann in einem Gespräch mit dem Autor am 17.3.1980 (im folgenden zitiert: Hohmann-Gespräch I).

406     Vgl.: Schröder, Georg: Eine Schlüsselfigur der Großen Koalition, in: Die Welt, v. 4.1.1969, in: Pressedokumentation, a.a.O., Stichwort: Helmut Schmidt.

407     Vgl.: Krone II, a.a.O., S. 119.
408     Vgl.: Krone III, a.a.O., S. 21.
409     Bach I, a.a.O., S. 181 f.
410     Vgl.: Krone III, a.a.O., S. 26.
411     Vgl.: Bachmann-Gespräch, a.a.O..
412     Ebenda.
413     Vgl.: Sonnemann, a.a.O., S. 267.

414    Vgl.: die Aussagen Schäffers vor der CDU/CSU-Fraktion, in:
       CDU/CSU-Fraktionsprotokolle, a.a.O., v. 29.5.1956, Bd. II,
1954 - 1957, S. 230. Schäffers Ausführungen sind in indirekter Rede dort
so vermerkt: "Er und der Wirtschaftsminister seien für ein Unterlassen der
Diskonterhöhung eingetreten. (...) Die Entscheidung im Zentralbankrat sei
gefallen, als die beiden Minister weggewesen seien. Man müsse aber wissen,
daß man den Beschluß nicht habe verhindern, sondern höchstens um eine
Woche hätte verschieben können."

415    Vgl.: Berg, Fritz: Stand und Aussichten der deutschen Industrie
       1955/56, in: Institut der deutschen Wirtschaft, Bibliothek,
Faszikel: B 56/3013.

416    Vgl.: Krone, Heinrich, in CDU/CSU-Fraktionsprotokolle, a.a.O.,
       v. 29.5.1956, Bd. II, 1954 - 1957, S. 233.

417    Vgl.: Adenauer, Konrad: Das Fallbeil trifft die kleinen Leute,
       in: FAZ, a.a.O., o.Jg., Nr. 124, v. 30.5.1956, S. 9.

418    Ebenda.

419    Vgl. beispielsweise: Düren, Albrecht: Ludwig Erhards Verhältnis
       zu organisierten wirtschaftlichen Interessen, in: Schröder u.a.
(Hrsg.), a.a.O., S. 64 sowie: Fack: Entwicklungstendenzen, a.a.O., S.488
und Thayer, a.a.O., S. 129.

420    Bucerius, Gerd, in: CDU/CSU-Fraktionsprotokolle, a.a.O., v. 29.5.
       1956, Bd. II, 1954 - 1957, S. 237.

421    Vgl.: Adenauer, in: Ebenda, S. 234.
422    Ebenda, S. 238 f.
423    Niederalt, Alois, in: Ebenda, S. 239.
424    Krone, in: Ebenda, S. 233.
425    Vgl.: Ebenda.
426    Vgl.: Ebenda, S. 239.
427    Strauß: Ebenda, S. 240.

428    Vgl. beispielsweise: (ohne Autor): Das Fallbeil, in: Der Spiegel,
       10. Jg., Heft 22, v. 30.5.1956, S. 11 f sowie: (ohne Autor):
Berg-Gewitter im Gürzenich, in: Weser-Kurier, v. 29.5.1956, in: Pressedokumentation, a.a.O., Stichwort: Berg.

429    Vgl.: Krone, in: CDU/CSU-Fraktionsprotokolle, a.a.O.,
       v. 19.6.1956, Bd. II, 1954 - 1957, S. 233.

430    Vgl.: Götz, Hans Herbert: Ernste Kabinettskrise in Bonn, in:
       FAZ, a.a.O., o.Jg., Nr. 120, v. 25.5.1956, S. 1, sowie: (ohne
Autor): Die Konjuktur entzweit das Bundeskabinett, in: SZ, a.a.O., 12. Jg.
N. 125, v. 25.5.1956, S. 1.

431    Vgl.: Götz: Krisengespräche zwischen Adenauer und Erhard, in FAZ,
       a.a.O., o. Jg., Nr. 121, 26.5.1956, S. 1.

432    Vgl.: Lukomski, Jess M.: Ludwig Erhard. Der Mensch und Politiker,

Düsseldorf/Wien, 1965, S. 195.

433   abgedruckt in: Himpele, Ferdinand: Bonn erwartet eine neue Kampfwoche, in: FAZ, a.a.O., o.Jg., Nr. 122, v. 28.5.1956, S. 1.

434   Vgl.: (ohne Autor): Schäffer und Erhard bleiben hart, in: SZ, a.a.O., 12. Jg., Nr. 127, v. 28.5.1956, S. 1.

435   Vgl.: Deutscher Bundestag (Presse- und Informationszentrum, Referat Öffentlichkeitsarbeit) (Hrsg.): 30 Jahre Deutscher Bundestag, Bonn, 1979, S. 111.

436   Vgl.: Baring III, a.a.O., S. 74.
437   Vgl.: Domes-Brief, a.a.O..
438   Vgl.: Baring III, a.a.O., S. 12.

439   Vgl.: Bach I, a.a.O., S. 181, Gerstenmaier: Streit, a.a.O., S. 405 und Gotto, Klaus: Einleitung, in: Neue Dokumente zur Deutschland- und Ostpolitik Adenauers (bearbeitet und herausgegeben von Klaus Gotto), in: Adenauer-Studien III, a.a.O., S. 130.

440   Vgl.: Bach I, a.a.O., S. 181.

441   Vgl.: Krone, Heinrich: Aufzeichnungen zur Deutschland- und Ostpolitik 1954 - 1969, in: Neue Dokumente zur Deutschland- und Ostpolitik, a.a.O., S. 134 ff.

442   Vgl.: Krone III, a.a.O., S. 26. Es handelt sich um eine Tagebucheintragung v. 6.4.1962.

443   Vgl.: Krone II, a.a.O., S. 121.

444   Vgl.: Bach I, a.a.O., S. 181, Lemmer Ernst: Dr. Heinrich Krone, in: Das Parlament, 19. Jg., Nr. 35/36, v. 30.8.1969, S. 10.

445   Gerstenmaier: Macht, a.a.O., S. 38.
446   Vgl.: Krone: Aufzeichnungen, a.a.O., S. 157.
447   Vgl.: Heck-Gespräch I, a.a.O..
448   Vgl.: Barth-Gespräch I, a.a.O..
449   Vgl.: Gerstenmaier: Streit, a.a.O., S. 406.
450   Vgl.: Krone, Heinrich, in: CDU-Deutschlands (Hrsg.): 8. Bundesparteitag CDU (Kiel, 18. - 21.9.1958), Hamburg, o.J., S. 52.
451   Adenauer, Konrad, in: Ebenda, S. 191.

452   Vgl.: Titzrath, Werner: Der Vermittler von Bonn, in: Hamburger Abendblatt, v. 13.6.1959, in: Pressedokumentation, a.a.O., Stichwort: Krone.

453   Vgl.: Gerstenmaier: Streit, a.a.O., S. 406.

454   Vgl.: Strobel, Robert: Makler zwischen Kanzler und Fraktion, in: Die Zeit, v. 3.7.1959, in: Pressedokumentation, a.a.O., Stichwort: Krone.

455    Vgl.: Gotto: Einleitung, a.a.O., S. 129.
456    Vgl.: Ebenda, S. 131.

457    Vgl. generell: Dexheimer, Wolfgang F./Hartmann, Max: Zur Geschichte und Struktur der Arbeitskreise und -gruppen in der CDU/CSU-Bundestagsfraktion, in: ZParl, a.a.O., 1. Jg., September 1970, Heft 2, S. 232 ff.

458    Vgl.: (ohne Autor): Verheißungsvoller Auftakt, in: Deutschlandunion-Dienst (Kürzel und folgende Zitierung: DUD), 7. Jg., Nr. 192, v. 6.10.1953, S. 2.

459    Vgl.: Deutscher Bundestag (Hrsg.): 30 Jahre Deutscher Bundestag, a.a.O., S. 130 ff.

460    Vgl.: (ohne Autor): Arbeitskreise leisten Vorarbeit, in: DUD, a.a.O., 7. Jg., Nr. 202, v. 27.10.1953, S. 2.

461    Vgl.: Geis, Walter: Die Kunst eine Fraktion zu lenken, in: Deutsche Zeitung und Wirtschaftszeitung, v. 28.12.1957, in: Pressedokumentation, a.a.O., Stichwort: CDU/CSU-Fraktion.

462    Vgl.: Kunze, Johannes, in: CDU/CSU-Fraktionsprotokolle, a.a.O., v. 5.10.1954, Bd. I, 1954 - 1957, S. 2.

463    Vgl.: Hellwege-Gespräch, a.a.O..

464    Strobel, Robert: Vertagte Krise, in: Die Zeit, v. 11.11.1954, in: Pressedokumentation, a.a.O., Stichwort: Regierungskoalition.

465    Vgl.: derselbe, in: Keine Koalitionskrise, in: Frankfurter Neue Presse, v. 11.5.1954, in: Ebenda.

466    Vgl.: Lederer, a.a.O., S. 151 ff.

467    Vgl.: Adenauer, in: CDU/CSU-Fraktionsprotokolle, a.a.O., v. 11.9.1956, Bd. III, 1954 - 1957, S. 5 f.

468    Vgl.: Domes II, a.a.O., S. 122 f.
469    Vgl.: Ebenda, S. 124 f.
470    Vgl.: Ebenda, S. 125 ff.
471    Vgl.: Ebenda, S. 130.
472    Ebenda, S. 130 f.
473    Vgl.: Ebenda, S. 132 ff.
474    Vgl.: Ebenda, S. 135.
475    Vgl.: Ebenda, S. 168 f.
476    Vgl.: Gerstenmaier-Brief, a.a.O..

477    Vgl.: Domes, Jürgen: Das Freiwilligengesetz im Zweiten Deutschen Bundestag, Heidelberg, 1960 (im folgenden zitiert: Domes I).

478    Der ursprüngliche Regierungsentwurf ist abgedruckt bei Domes I, a.a.O., als Anhang I.

479     Vgl.: Domes I, a.a.O., S. 48 f.
480     abgedruckt in: Ebenda, Anhang II.

481     Vgl.: Sternberger, Dolf: Gewaltenteilung und parlamentarische
        Regierung in der Bundesrepublik Deutschland, in: PVS, a.a.O.,
1. Jg., 1960, Heft 1, S. 25.

482     Vgl.: Domes I, a.a.O., S. 103 ff.
483     Vgl.: Sternberger: Gewaltenteilung, a.a.O., S. 25.
484     Vgl.: Domes I, a.a.O., S. 47.
485     Vgl.: Ebenda, S. 48, 58 und 70 sowie Anhang IV (Zeittafel).
486     Vgl.: Mende: Regierungspartnerschaft, a.a.O..
487     Vgl.: Hellwege-Gespräch, a.a.O..
488     Vgl.: Blankenhorn-Gespräch, a.a.O..

489     Vgl.: Rasner, Will, in: "Unter uns gesagt", in: ARD, v. 13.11.
        1961, in: KÜ, a.a.O., Nr. 240/61, v. 14.11.1961, Anhang IV, S.17.

490     derselbe, in: Interview mit RIAS II, v. 12.11.1961, in: KÜ, a.a.O.,
        Nr. 239/61, v. 13.11.1961, Anhang VIII, S. 1.

491     Vgl.: Krone, in: CDU/CSU-Fraktionsprotokolle, a.a.O., v. 24.10.
        1961, Bd. I, 1961 - 1962, S. 53.

492     Vgl.: Mende: Regierungspartnerschaft, a.a.O..

493     aus: Kurzprotokoll der Vorstandssitzung v. 5.4.1954, in: FDP-
        Fraktionsprotokolle, a.a.O., Ordner 1846.

494     aus: Brief von Hellwege an Krone v. 26.8.1957, in: Archiv-Hell-
        wege, a.a.O..

495     Hellwege, Heinrich, in: "Die Woche in Bonn", in: WDR, v. 29.9.
        1957, in: KÜ, a.a.O., Nr. 224/57, v. 30.9.1957, Anhang V, S. 2.

496     Adenauer, in: Poppinga: Erinnerungen, a.a.O., S. 152.
497     Vgl.: Adenauer II, a.a.O., S. 347.

498     Vgl.: Besson: Außenpolitik, a.a.O., S. 157 und Morsey: Brüning
        und Adenauer, a.a.O., S. 32.

499     abgedruckt in: Schmidt, Robert H.: Saarpolitik, 1945 - 1957
        (Dritter Band), Berlin, 1962, S. 685 ff.

500     Vgl.: Heinemann: Verfehlte Deutschlandpolitik, a.a.O., S. 82,
        Kosthorst, a.a.O., S. 344 und Lederer, a.a.O., S. 138.

501     Vgl.: Becker: Geschichte einer Koalition, a.a.O..

502     Vgl.: Preusker, Victor Emanuel, in: Kurzprotokoll der gemeinsamen
        Sitzung der Vorstände der Bundestagsfraktion und der Bundespartei
v. 2.11.1954, in: FDP-Fraktionsprotokolle, a.a.O., Ordner 1846.

503     Dehler, in: Bundestag (II. Wahlperiode, 1955), Band 23, Bonn,

1955, S. 3920 (72. Sitzung v. 27.2.1955).

504   Vgl.: Adenauer II, a.a.O., S. 374 f.
505   Schmidt, Robert H., a.a.O., S. 32 f.
506   Vgl.: Adenauer II, a.a.O., S. 376 ff.
507   Ebenda, S. 373 f.

508   Vgl.: (ohne Autor): Koalitionspartner eilen nach Paris, in: SZ, a.a.O., 10. Jg., Nr. 244, v. 21.10.1954, S. 1. Als Vertreter der CSU-Landesgruppe war Bundesminister Franz Josef Strauß ebenfalls in Paris anwesend.

509   Vgl.: (ohne Autor): Adenauer bittet Ollenhauer nach Paris, in: Ebenda, Nr. 245, v. 22.10.1954, S. 1.

510   Vgl.: CDU/CSU-Fraktionsprotokolle, a.a.O., v. 20.10.1954, Bd. I, 1954 - 1957, S. 2.

511   Vgl.: (ohne Autor): Adenauer bittet Ollenhauser nach Paris, in: SZ, a.a.O..

512   Vgl.: Paulus, E.G.: Dramatischer Endspurt in Paris, in: SZ, a.a.O. 10. Jg., Nr. 246 v. 23./24.10.1954, S. 1. Gleichlautendes findet sich bei Schmidt, Robert H., a.a.O., S. 32 ff, der sich auf einen Bericht in der Zeitung Die Welt v. 23.10.1954 mit der Überschrift: "Pariser Saar-Ultimatum gefährdet die Konferenz" stützt. Der Artikel wird bei Schmidt ausführlich zitiert.

513   Vgl.: Schmidt, Robert H., a.a.O., S. 32.

514   Vgl.: Adenauer, in: Bundestag (II. Wahlperiode, 1955), Band 23, Bonn, 1955, S. 3683 (70. Sitzung v. 23.1.1955).

515   Vgl.: Dehler, in: FDP-Fraktionsprotokolle, a.a.O., v. 25.2.1955, Ordner 1846. Von einer ähnlichen Äußerung Dehlers berichtet auch der Spiegel, in: (ohne Autor): Wir sind das Feigenblatt, in: Der Spiegel, 9. Jg., Heft 11, v. 9.3.1955, S. 11. Die Äußerungen Dehlers fielen bei einem Koalitionsgespräch am 23.2.1955.

516   Dehler, in: Bundestag (II. Wahlperiode, 1955), Band 23, Bonn, 1955, S. 2920 (72. Sitzung v. 27.1.1955). Zwei Zwischenrufe von Merkatz sind ausgelassen.

517   Vgl.: Gerstenmaier, Eugen, in: CDU/CSU-Fraktionsprotokolle, a.a.O., v. 9.11.1954, Bd. I, 1954 - 1957, S. 2, sowie: Mommer, Karl, in: Bundestag, Ebenda.

518   Vgl.: Dehler, Ebenda, S. 3912.
519   Vgl.: Mommer, Ebenda, S. 3920.

520   Vgl.: Gerstenmaier, in: CDU/CSU-Fraktionsprotokolle, a.a.O., v. 9.11.1954, Bd. I, 1954 - 1957, S. 2.

521   Vgl.: Bundestag (II. Wahlperiode, 1954), Band 22, Bonn, 1954,

S. 3114 ff sowie 3177 ff (61. und 62. Sitzung v. 15. und 16.12.1954).

522 Vgl.: Ebenda (II. Wahlperiode, 1955), Band 23, Bonn, 1955 S. 3512 ff, 3669 ff, 3748 ff und 3880 ff (69., 70., 71. und 72. Sitzung v. 24., 25., 26. und 27.2.1955).

523 Vgl.: Schmidt, Robert H., a.a.O., S. 37 ff.

524 Vgl.: Der Spiegel, 9. Jg., Heft 11, v. 9.3.1955, S. 8. Das komplette Dehler-Zitat befindet sich im Text auf S. 10.

525 Vgl.: Ebenda, S. 10. Das Spiegel-Archiv hat die Aussage von Schmidt als Eigenrecherche bestätigt, vgl. entsprechendes Schreiben an den Autor v. 30.10.1981.

526 Vgl.: Adenauer II, a.a.O., S. 499.
527 Vgl.: Ebenda, S. 500 f.
528 Vgl.: Ebenda, S. 502 f.

529 Vgl.: Ebenda, S. 505 ff, sowie: Blankenhorn: Verständnis, a.a.O., S. 288 ff; Eckardt I, a.a.O., S. 383 ff; Grewe, Rückblenden, a.a.O., S. 232 ff; Schmid, Carlo: Erinnerungen, Bern, u.a., 1979, S. 570 ff.

530 Vgl.: Adenauer II, a.a.O., S. 491.
531 Vgl.: Ebenda, S. 542.
532 Vgl.: Ebenda, S. 544 f.
533 Vgl.: Ebenda, S. 546.
534 Vgl.: Adenauer III, a.a.O., S. 370.
535 Vgl.: Lederer, a.a.O., S. 186.
536 Vgl.: Becker: Geschichte einer Koalition, a.a.O..
537 Adenauer: Ich habe mich nicht beirren lassen, a.a.O., S. 54 f.
538 Schmid: Erinnerungen, a.a.O., S. 573.
539 Vgl.: Ebenda, S. 581.
540 Vgl.: Domes II, a.a.O..
541 Vgl.: Ebenda, S. 125.
542 Vgl.: Ebenda, S. 130.
543 Vgl.: Ebenda, S. 134 f.

544 Vgl. in erster Linie: Robert, Rüdiger: Konzentrationspolitik in der Bundesrepublik - Das Beispiel der Entstehung des Gesetzes gegen Wettbewerbsbeschränkungen, Berlin, 1976, sowie: Bethusy-Huc, a.a.O., S. 36 ff und 118 ff, Braunthal, Gerard: The Federation of German Industry in Politics, a.a.O., S. 236 ff sowie derselbe: The Struggle for Cartel Legislation, in: Christoph, James B./Brown, Bernard E. (Hrsg.): Cases in comparative politics, Boston, 1969, S. 187 ff. Auch: Fack: Entwicklungstendenzen, a.a.O., S. 489 ff und Jäckering, a.a.O., S. 24 ff.

545 Vgl.: (ohne Autor): "Mein Gott, was soll aus Deutschland werden?" (Adenauer, das Wirtschaftswunder und der Gefälligkeitsstaat, 6. Fortsetzung), in: Der Spiegel, v. 8.11.1961, in: Pressedokumentation, a.a.O., Stichwort: Adenauer.

546     Vgl.: Robert, a.a.O., S. 251 ff.

547     Vgl.: Breitling, Rupert: Politische Pressionen wirtschaftlicher
        und gesellschaftlicher Kräfte in der Bundesrepublik, in: Steffen
(Hrsg.), a.a.O., S. 104.

548     Vgl.: Robert, a.a.O., S. 211 ff.
549     Vgl.: Ebenda, S. 248 f.
550     Vgl.: Ebenda, S. 250.
551     Vgl.: Ebenda, S. 369 f.
552     Vgl.: Schneider, Herbert, a.a.O., S. 110.
553     Vgl.: Robert, a.a.O., S. 255.
554     Vgl.: Ebenda, S. 255 ff.
555     Vgl.: Ebenda, S. 260.
556     Vgl.: Ebenda, S. 266.

557     Vgl.: Ebenda. Berg soll nach Robert Erhard einen überschwengli-
        chen Dankesbrief geschrieben haben.

558     Vgl.: Ebenda, S. 376 f.
559     Vgl.: Jäckering, a.a.O., S. 36.
560     Vgl.: Robert, a.a.O., S. 333 f.
561     Vgl.: Jäckering, a.a.O., S. 36.
562     Vgl.: Robert, a.a.O., S. 334 f.
563     Vgl.: Ebenda, S. 170 ff.
564     Vgl.: Ebenda, S. 288 f und Jäckering, a.a.O., S. 36.
565     Vgl.: Robert, a.a.O., S. 692.

566     Vgl.: Bethusy-Huc, a.a.O., S. 68 und 73; Fack: Entwicklungsten-
        denzen, a.a.O., S. 490; Jäckering, a.a.O., S. 27 und 37.

567     Vgl.: Robert, a.a.O., S. 302 f.
568     Vgl.: Fack: Entwicklungstendenzen, a.a.O., S. 490.
569     Vgl.: Robert, a.a.O., S. 318 ff.

570     Vgl.: Ebenda, S. 322. Aus der Stammbesetzung des "Küchen-
        kabinetts" (Vgl.: Anlage IV) waren vertreten: Adenauer, Krone,
Erhard und Hellwig. Alle anderen können als Experten gelten.

571     Vgl.: Robert, a.a.O., S. 322 f.


A b s c h n i t t   C

1       Vgl.: Osterheld I, a.a.O., S. 8.
2       Vgl.: Hennis: Große Koalition, a.a.O., S. 15.
3       Vgl.: Carstens I, a.a.O., S. 36.
4       Vgl.: Schönbohm, a.a.O., S. 52.
5       Luchsinger, Fred: Bericht über Bonn, Zürich/Stuttgart, 1966, S. 50.
6       Vgl.: Bandulet, a.a.O., S. 132 ff.

7       Vgl.: Buchheim, Hans: Adenauers Deutschlandpolitik, in: Konrad-
        Adenauer-Stiftung (Hrsg.): Konrad Adenauer, a.a.O., S. 93.

8       Vgl.: Morgan, Roger: Deutsch-amerikanische Beziehungen, in:
        Schwarz (Hrsg.), a.a.O., S. 242.

9       Vgl.: Carstens I, a.a.O., S. 238 f.

10      Vgl.: Krone: Aufzeichnungen, a.a.O., S. 166 (v. 30./31.12.1961).

11      Vgl.: Die Berlin-Krise ein Weltproblem, in: Bulletin, a.a.O.,
        o. Jg., Nr. 181, v. 27.9.1961, S. 1721 f.

12      Vgl. dazu: Grewe: Rückblenden, a.a.O., S. 498 ff (besonders:
        S. 502 f) sowie: Stützle, Walter: Kennedy und Adenauer in der
Berlin-Krise 1961 - 1962, Bonn-Bad Godesberg, 1973, S. 163 ff.

13      Vgl.: Besson, Waldemar: Der Streit der Traditionen: Über die hi-
        storischen Grundlagen der westdeutschen Außenpolitik, in: Kaiser/
Morgan (Hrsg.), a.a.O., S. 106.

14      Vgl.: Krone: Aufzeichnungen, a.a.O., S. 163 (v. 9.9.1961), S. 169
        (v. 14.4.1962) und S. 178 (v. 5.8.1963).

15      Vgl. dazu: Bandulet, a.a.O., S. 165 ff sowie: Stützle, a.a.O.,
        S. 192 ff.

16      Vgl.: Stützle, a.a.O., S. 213 sowie: Bandulet, a.a.O., S. 167.
17      Vgl.: Grewe: Rückblenden, a.a.O., S. 549.
18      Vgl.: Krone: Aufzeichnungen, a.a.O., S. 169 (v. 14.4.1962).
19      Vgl.: Grewe: Rückblenden, a.a.O., S. 550 f.

20      Vgl.: Gotto, Klaus: Adenauers Deutschland - und Ostpolitik
        1954 - 1963, in: Adenauer-Studien III, a.a.O., S. 66.

21      Vgl.: Bandulet, a.a.O., S. 168.

22      Vgl.: Siegler, Heinrich von (Hrsg.): Wiedervereinigung und Sicher-
        heit in Deutschland (Band I, 1944 - 1963), 6.1967, Bonn/Wien/
Zürich, S. 266 f.

23      Vgl.: Grewe: Rückblenden, a.a.O., S. 555.
24      Vgl.: Gotto: Deutschland- und Ostpolitik, a.a.O., S. 66.

25      Vgl.: Sützle, a.a.O., S. 220. Die Hintergründe seiner Abberufung
        hat Grewe selbst geschildert, vgl.: derselbe: Rückblenden, a.a.O.,
S. 551 ff.

26      Vgl.: Buchheim: Deutschlandpolitik, a.a.O., S. 95.

27      Vgl. dazu zunächst: Kroll, Hans: Lebenserinnerungen eines Bot-
        schafters, Köln/Berlin, 5.1967, S. 359 ff sowie als dokumentarische
Korrektur dazu: Ehlert, Nikolaus: Große Grusinische Nr. 17 - Deutsche
Botschaft in Moskau, Frankfurt am Main, 1963, S. 184 ff. Daneben:
Bandulet, a.a.O., S. 236 ff; Besson: Außenpolitik, a.a.O., S. 190 ff;
Stützle, a.a.O., S. 168 ff.

28  Vgl.: Bandulet, a.a.O., S. 237.
29  Vgl.: Gotto: Deutschland- und Ostpolitik, a.a.O., S. 67.

30  Vgl.: Kennedy, John F.: A Democrat looks at Foreign Policy, in: Foreign Affairs, Vol. 36, No. 1, Oct. 1957, S. 49.

31  Vgl.: Eckardt I, a.a.O., S. 625.
32  Vgl.: Stützle, a.a.O., S. 37 ff.

33  Vgl.: Brandt: Begegnungen, a.a.O., S. 35 ff und Krone: Aufzeichnungen, a.a.O., S. 173 (v. 25.1.1963).

34  Vgl.: Eckardt I, a.a.O., S. 626.
35  Vgl.: Morgan, Roger: Washington und Bonn, München, 1975, S. 19.
36  Vgl.: Stützle, a.a.O., S. 20.
37  Vgl.: Kaack/Roth: Führungselite, a.a.O., S. 33.

38  Vgl.: Wehner, Herbert: Bundestag (III. Wahlperiode, 1960), Band 46, Bonn, 1960, S. 7052 ff (122. Sitzung v. 30.6.1960).

39  Vgl.: Poppinga: Erinnerungen, a.a.O., S. 123.
40  Vgl.: Blankenhorn-Gespräch, a.a.O..

41  Vgl.: Scheel, a.a.O., S. 27. Dergleichen Ausrichtung der Kennzeichnung dieser Vorgänge ist weit verbreitet, vgl.: Bracher: Kanzlerdemokratie, a.a.O., S. 193. Hier wird von einer "dramatischen Präsidentschaftskrise" gesprochen. Ähnlich äußert sich: Schönbohm, a.a.O., S. 51. Von einer Präsidialkrise ist zu lesen in: Wildenmann, Rudolf: Urteilskriterien vom Standpunkt des politischen Systems, in: Staatskanzlei, a.a.O., S. 255. Zu den Inhalten vgl. in erster Linie die detaillierte Studie von Wolfgang Wagner: derselbe: Bundespräsidentenwahl, a.a.O.. Sie wird von Beteiligten und Beobachtern als grundlegend deklariert, vgl.: Rust, a.a.O., S. 38 sowie: Gerstenmaier: Staatssekretär, a.a.O., S. 19, Anmerkung 1. Auf die Wagnersche Studie bezieht sich wohl auch Heinrich Krone, in: Krone III, a.a.O., S. 25. Vgl. auch: Gotto, Klaus: Adenauer, die CDU und die Wahl des Bundespräsidenten (im folgenden zitiert: Bundespräsidentenwahl), in: Konrad-Adenauer-Stiftung (Hrsg.): Konrad Adenauer, a.a.O., S. 97. Weitere Schilderungen des Ablaufs finden sich bei: Domes II, a.a.O., S. 93 ff sowie: Gotto: Bundespräsidentenwahl, a.a.O., S. 97 ff. Schilderungen von Beteiligten liegen vor in: Adenauer III, a.a.O., S. 483 ff; Gerstenmaier: Streit, a.a.O., S. 477 ff; Heuß, Theodor: Tagebuchbriefe, 1955 - 1963, Tübingen/Stuttgart, 1970, S. 383 ff. Schilderungen der Ereignisse, die offensichtlich aus Erhards Blickwinkel geschrieben worden sind, liegen vor in: Caro, a.a.O., S. 144 ff; Lukomski, a.a.O., S. 201 ff und Zöller, Josef Otmar: Rückblick auf die Gegenwart, Stuttgart, 1964, S. 277 ff.

42  abgedruckt in: Lukomski, a.a.O., S. 220 ff Sowie: Wagner: Bundespräsidentenwahl, a.a.O., S. 85 ff.

43  Vgl.: Wagner: Bundespräsidentenwahl, a.a.O., S. 36 und 95 sowie: Prittie I, a.a.O., S. 386 und: Eschenburg I, a.a.O., S. 100 f.

44  Vgl.: Lukomski, a.a.O., S. 204.

45      Heuß, Tagebuchbriefe, a.a.O., S. 440 (v. 6.6.1959). Heuß meint,
        Adenauer würde über jeden anderen, der dergleichen vollführt
hätte, getobt haben.

46      Vgl.: Domes II, a.a.O., S. 107 f sowie: Wagner: Bundespräsidenten-
        wahl, a.a.O., S. 68.

47      Vgl.: Hassel, in: CDU-Deutschlands (Hrsg.): 11. Bundesparteitag,
        a.a.O., S. 78.

48      Krone, Heinrich: Einheit der Unionsparteien (im folgenden zitiert:
        Krone I), in: Politisch Soziale Korrespondenz, v. 1.7.1959, in:
Pressedokumentation, a.a.O., Stichwort: Krone.

49      Wagner: Bundespräsidentenwahl, a.a.O., S. 1.

50      Vgl. z.B.: Und Adenauer führt das Regiment, in: SZ, a.a.O.,
        v. 31.12.1960, in: Pressedokumentation, a.a.O., Stichwort:
Adenauer.

51      Vgl.: Mende, Erich, in: Bundestag (III. Wahlperiode, 1959), Band
        43, Bonn, 1959, S. 4022 (74. Sitzung v. 11.6.1959).

52      Vgl.: Scheel, a.a.O., S. 27.
53      Krone I, a.a.O..
54      Vgl.: Gotto: Bundespräsidentenwahl, a.a.O., S. 143 f.
55      Vgl.: Wagner: Bundespräsidentenwahl, a.a.O., S. 37 f.
56      Vgl.: Heuß: Tagebuchbriefe, a.a.O., S. 441 (v. 7.6.1959).

57      Vgl.: Westrick, Ludger: Adenauer und Erhard, in: Adenauer und sei-
        ne Zeit 1, a.a.O., S. 176.

58      Vgl.: Bach I, a.a.O., S. 182.
59      Vgl.: Gotto: Bundespräsidentenwahl, a.a.O., S. 136.
60      Vgl.: Heck-Gespräch II, a.a.O..
61      Vgl.: Heuß: Tagebuchbriefe, a.a.O., S. 435 (v.25.5.1959).
62      Vgl.: Bach I, a.a.O., S. 182 sowie: Caro, a.a.O., S. 164 und
        Gotto: Bundespräsidentenwahl, a.a.O., S. 140.
63      Vgl.: Domes II, a.a.O., S. 118.
64      Dies beschreibt auch Luchsinger, a.a.O., S. 139.
65      Vgl.: Wagner: Bundespräsidentenwahl, a.a.O., S. 74 f.
66      Vgl.: Ebenda, S. 80 ff.
67      Vgl.: Heuß: Tagebuchbriefe, a.a.O., S. 445 (v. 19.6.1959).
68      Vgl.: Domes II, a.a.O., S. 112 f und Wagner: Bundespräsidentenwahl
        a.a.O., S. 80.
69      Vgl.: Krone I, a.a.O..
70      Vgl.: Bach II, a.a.O., S. 170.
71      Vgl.: Domes II, a.a.O., S. 118.
72      Vgl.: Altmann, a.a.O., S. 44 sowie: Luchsinger, a.a.O., S. 135.

73      Vgl.: Lukomski, a.a.O., S. 226 und: Zöller: Rückblick, a.a.O.,
        S. 282. Er sieht den Anfang vom Ende der Kanzlerdemokratie.

74      Vgl.: Gotto: Bundespräsidentenwahl, a.a.O., S. 137.

75 Ebenda, S. 144.

76 Vgl.: Adenauer III, a.a.O., S. 492 sowie: Domes II, a.a.O., S. 97 und Wagner: Bundespräsidentenwahl, a.a.O., S. 11.

77 Vgl.: Wagner: Bundespräsidentenwahl, a.a.O., S. 50 ff.

78 Zur Zusammensetzung vgl.: Adenauer III, a.a.O., S. 492 sowie: Domes II, a.a.O., S. 97 und: Wagner: Bundespräsidentenwahl, a.a.O. S. 11.

79 Text abgedruckt in: Wagner: Bundespräsidentenwahl, a.a.O., S. 18.

80 Vgl.: Domes II, a.a.O., S. 99 sowie: Wagner: Bundespräsidentenwahl, a.a.O., S. 19 f.

81 Zur Zusammensetzung vgl.: Domes II, a.a.O., S. 100 sowie: Wagner: Bundespräsidentenwahl, a.a.O., S. 31.

82 Vgl.: Ebenda, S. 101 und 32 f.
83 Vgl.: Adenauer III, a.a.O., S. 509.
84 Vgl.: Domes II, a.a.O., S. 186, Anmerkung 257.

85 Vgl.: (ohne Autor): Zwischenbilanz in Hannover, in: Civis, a.a.O., S. 15 f.

86 Vgl.: dazu: Zehner, Günther (Hrsg.): Der Fernsehstreit vor dem Bundesverfassungsgericht, Band I, Karlsruhe, 1964, Band II, Karlsruhe, 1965.

87 Vgl.: Zöller: Rückblick, a.a.O., S. 241 ff.

88 Vgl.: CDU-Deutschlands (Hrsg.): 11. Bundesparteitag, a.a.O., S. 208 sowie: dieselbe: 9. Bundesparteitag CDU (Karlsruhe, 26. - 29.4.1960), Hamburg, o.J., S. 202.

89 Vgl.: Naschold, Frieder: Kassenärzte und Krankenversicherungsreform, Freiburg-Breisgau, 1967.

90 Vgl.: Ebenda, S. 252 ff.
91 Grewe: Rückblenden, a.a.O., S. 490 f.
92 Vgl.: Osterheld II, a.a.O., S. 104.
93 Vgl.: Eckardt I, a.a.O., S. 627.

94 Vgl.: Shell, Kurt L.: Bedrohung und Bewährung, Köln/Opladen, 1965, S. 46, Anmerkung 267.

95 Vgl.: Lemmer: Manches, a.a.O., S. 372.

96 Vgl.: Gotto: Deutschland- und Ostpolitik, a.a.O., S. 62 f; Shell, a.a.O., S. 46 und Stützle, a.a.O., S. 149 f.

97 Vgl. z.B.: Schmid: Erinnerungen, a.a.O., S. 711.

98  Vgl.: (ohne Autor): Kontroverse Brandt-Adenauer, in: SZ, a.a.O., 17. Jg., Nr. 195, v. 16.8.1961, S. 2.

99  Vgl.: Süskind, W.E.: Zank in diesem Augenblick, in: Ebenda, S. 3 sowie: Prittie I, a.a.O., S. 405 f und Shell, a.a.O., S. 46.

100  Vgl.: (ohne Autor): Alias Frahm, in: Der Spiegel, 15. Jg., Heft 35, v. 23.8.1961, S. 18.

101  Vgl.: Bandulet, a.a.O., S. 164.
102  Vgl.: Abdruck des Kommuniques in: Siegler (Hrsg.), a.a.O., S.233.
103  Vgl.: das Wahlresultat bei: Kaack: Parteiensystem, a.a.O., S. 264 ff.

104  Vgl.: Adenauer, in: CDU-Deutschlands (Hrsg.): 11. Bundesparteitag, a.a.O., S. 15.

105  Vgl.: Eckardt I, a.a.O., S. 627, Heuß: Tagebuchbriefe, a.a.O., S. 497 (v. 18.9.1961), Schmid: Erinnerungen, a.a.O., S. 711 und Schönbohm, a.a.O., S. 52.

106  Vgl.: Schönbohm, a.a.O., S. 51 f.

107  Wildenmann, Rudolf/Scheuch, Erwin K.: Der Wahlkampf 1961 im Rückblick, in: Scheuch, Erwin K./Wildenmann, Rudolf (Hrsg.): Zur Soziologie der Wahl, o.J. (1965), S. 43 f.

108  Vgl.: Schuster: Parteiensystem, a.a.O., S. 262.

109  Vgl.: Kaack: Parteiensystem, a.a.O., S. 256 sowie: Schmid: Erinnerungen, a.a.O., S. 711.

110  Vgl.: Kaase, Max: Wechsel von Parteipräferenzen, Meisenheim am Glan, 1967, S. 6.

111  So der nordbadische Landesvorsitzende Gurk auf dem CDU-Parteitag von 1962, vgl.: derselbe, in: CDU-Deutschlands (Hrsg.): 11. Bundesparteitag, a.a.O., S. 233.

112  So: Hassel, in: Ebenda, S. 250.

113  Vgl.z.B.: (Autor unbekannt, "dd"): Die Partei und der Kanzler, in: Civis, 6. Jg., Juli 1959, Heft 55, S. 1 f oder: Böhm: CDU-Reform, a.a.O., S. 13 ff.

114  Elschner, a.a.O., S. 186 f.
115  Dufhues, in: CDU-Deutschlands (Hrsg.): 12. Bundesparteitag, a.a.O. S. 36.
116  derselbe, in: CDU-Deutschlands (Hrsg.): 11. Bundesparteitag, a.a.O. S. 318 f.
117  Schönbohm, a.a.O., S. 58.

118  Vgl.: Gerstenmaier: CDU-Deutschlands (Hrsg.): 11. Bundespartei-

tag, a.a.O., S. 184 und: Stoltenberg, Gerhard, in: Ebenda, S. 217 sowie Dufhues, in: Ebenda, S. 316. Auch: Kohl, Helmut, in: CDU-Deutschlands (Hrsg.): 12. Bundesparteitag, a.a.O., S. 65.

119   Vgl.: Schönbohm, a.a.O., S. 53.

120   Vgl.: Stoltenberg, in: CDU-Deutschlands (Hrsg.): 11. Bundesparteitag, a.a.O., S. 217.

121   Vgl.: Gerstenmaier, in: CDU-Deutschlands (Hrsg.): 12. Bundesparteitag, a.a.O., S. 157.

122   Vgl.: Ebenda, S. 154.
123   Vgl.: Ebenda, S. 143.

124   Vgl.: Stoltenberg, in: CDU-Deutschlands (Hrsg.): 11. Bundesparteitag, a.a.O., S. 218.

125   Barzel, Rainer: Eine neue Visitenkarte für die CDU, in: Civis, 9. Jg., Juli 1962, Heft 6, S. 18.

126   Vgl.: Kohl, in: CDU-Deutschlands (Hrsg.): 12. Bundesparteitag, a.a.O., S. 65.

127   Vgl.: Barzel, Rainer, in: CDU-Deutschlands (Hrsg.): 11. Bundesparteitag, a.a.O., S. 344.

128   Die Ausarbeitung von Barzel liegt z.B. vor im Archiv der CDU-Bundesgeschäftsstelle in Bonn. Es handelt sich um ein 207 Seiten starkes hektographiertes Manuskript (ohne Seitenangaben), das in 204 Ziffern aufgegliedert ist (im folgenden zitiert: Barzel-Studie).

129   Vgl.: Ebenda, Beschriftung der Deckblätter.

130   Vgl.: CDU-Deutschland (Hrsg.): 11. Bundesparteitag, a.a.O., S. 232 f. Das Referat Barzels ist abgedruckt: Ebenda, S. 331 ff.

131   Vgl.: Altmann: Wandlungen der Union, a.a.O., S. 44 und: Schönbohm, a.a.O., S. 54.

132   Vgl.: Bitzer, Eberhard: Barzels Studie ist ein Versuch geblieben, in: FAZ, a.a.O., o.Jg., Nr. 100, v. 30.4.1962, S. 2.

133   Vgl.: Barzel: Visitenkarte, a.a.O., S. 19.

134   Vgl.: Gerstenmaier, in: CDU-Deutschlands (Hrsg.): 11. Bundesparteitag, a.a.O., S. 196.

135   Vgl.: Kohl, in: Ebenda, S. 210.
136   Vgl.: Brentano, in: Ebenda, S. 264.
137   Vgl.: Stoltenberg, in: Ebenda, S. 210.
138   Vgl.: Barzel: Visitenkarte, a.a.O., S. 19.
139   Vgl.: CDU-Deutschlands (Hrsg.): 11. Bundesparteitag,a.a.O.,S. 294.

140	Vgl.: Gerstenmaier, in: CDU-Deutschlands (Hrsg.): 12. Bundesparteitag, a.a.O., S. 143.

141	Vgl.: derselbe, in: Ebenda; Dufhues, in: Ebenda, S. 40 und Amrehn, Franz, in: Ebenda, S. 450.

142	Vgl.: Ebenda, S. 153 ff.
143	Vgl.: Ebenda, S. 452.

144	Vgl.: Hauser, Alo, in: CDU-Deutschlands (Hrsg.): 14. CDU-Bundesparteitag (Bonn, 21. - 23. März), Bonn, o.J. (1966), S. 77 f.

145	Vgl.: CDU-Deutschlands (Hrsg.): 11. Bundesparteitag, a.a.O., S. 305 ff. Die Wahlergebnisse sind auf S. 311 ff zu finden. Bessere Ergebnisse wie Adenauer erzielten ebenfalls von Hassel, Erhard und Krone.

146	Vgl.: Schönbohm, a.a.O., S. 56.

147	Vgl.: Hassel, in: CDU-Deutschlands (Hrsg.): 11. Bundesparteitag, a.a.O., S. 250.

148	Vgl.: Bitzer, Eberhard: Leitsätze für den zukünftigen Weg der Union, in: FAZ, a.a.O., o.Jg., Nr. 83, v. 7.4.1962, S. 3.

149	Vgl.: Hassel, in: CDU-Deutschlands (Hrsg.): 11. Bundesparteitag, a.a.O., S. 252.

150	Adenauer, in: Ebenda, S. 15.
151	Den Begriff prägte Eugen Gerstenmaier, in: Ebenda, S. 244.
152	Vgl.: Heck, in: Ebenda, S. 293.
153	Gerstenmaier, in: Ebenda, S. 243.
154	Vgl.: Schönbohm, a.a.O., S. 56.
155	Vgl.: Heck, in: CDU-Deutschlands (Hrsg.): 11. Bundesparteitag, a.a.O., S. 293.
156	Dufhues, in: Ebenda, S. 315.

157	Vgl.: (ohne Autor): Neue Basis: der C-D-Ufuß, in: Civis, 9. Jg., Juni 1962, Heft 7, S. 8.

158	Kohl, in: CDU-Deutschlands (Hrsg.): 11. Bundesparteitag, a.a.O., S. 211.
159	Vgl.: Heck-Gespräch I, a.a.O..
160	Vgl.: Gerstenmaier-Brief, a.a.O..
161	Vgl.: Gerstenmaier: Streit, a.a.O., S. 408.
162	Vgl.: Ebenda.
163	Vgl.: Osterheld I, a.a.O., S. 94 f.

164	Vgl.: Dufhues, in: CDU-Deutschlands (Hrsg.): 11. Bundesparteitag, a.a.O., S. 318 ff.

165	Vgl.: Gerstenmaier, in: Ebenda, S. 243 f.
166	Vgl.: Dufhues, in: Ebenda, S. 315.

167   Vgl.: (ohne Autor): Zwischenbilanz in Hannover, in: Civis, a.a.O., S. 16.

168   Vgl.: Kohl, in: CDU-Deutschlands (Hrsg.): 12. Bundesparteitag, a.a.O., S. 65.

169   Vgl.: (ohne Autor): Zwischenbilanz in Hannover, in: Civis, a.a.O., S. 16 sowie: Altmann: Wandlungen der Union, a.a.O., S. 44.

170   Vgl.: Dufhues, in: CDU-Deutschlands (Hrsg.): 12. Bundesparteitag, a.a.O., S. 35 ff.

171   Derselbe, in: CDU-Deutschlands (Hrsg.): 14. Bundesparteitag, a.a.O., S. 54.

172   Vgl.: Gerstenmaier, in: CDU-Deutschlands (Hrsg.): 11. Bundesparteitag, a.a.O., S. 193.

173   Vgl.: Barzel: Visitenkarte, a.a.O., S. 18.

174   Vgl.: Kohl, in: CDU-Deutschlands (Hrsg.): 12. Bundesparteitag, a.a.O., S. 65.

175   Vgl.: (ohne Autor): Zwischenbilanz in Hannover, in: Civis, a.a.O., S. 16.

176   Dufhues, in: CDU-Deutschlands (Hrsg.): 14. Bundesparteitag, a.a.O., S. 49.

177   Vgl.: (ohne Autor): Zwischenbilanz in Hannover, in: Civis, a.a.O., S. 17.

178   Vgl.: Dufhues, in: CDU-Deutschlands (Hrsg.): 12. Bundesparteitag, a.a.O., S. 40 ff sowie: Schönbohm, a.a.O., S. 59 f.

179   Vgl.: Schönbohm, a.a.O., S. 60.

180   Vgl.: Schröder, Dieter: Adenauer gibt sich nicht geschlagen, in: SZ, a.a.O., 17. Jg., Nr. 224, v. 19.9.1961, S. 3.

181   Vgl.: Mende, Erich: Die schwierige Regierungsbildung 1961, in: Adenauer und seine Zeit 1, a.a.O., S. 311 f.

182   So Wolfgang F. Dexheimer, in: derselbe: Koalitionsverhandlungen in Bonn, 1961. 1965.1969, Bonn, 1973, S. 29.

183   Vgl.: Mende: Regierungsbildung 1961, a.a.O., S. 306.
184   Vgl.: derselbe: Die FDP, a.a.O., S. 191.
185   Vgl.: Dexheimer, a.a.O., S. 30.
186   Vgl.z.B.: Schröder, Dieter: Adenauer gibt sich nicht geschlagen, a.a.O..
187   Vgl.: Mende: Regierungsbildung 1961, a.a.O., S. 305.
188   Vgl.: Menningen, Walter: In Bonn geht es um Adenauer. CDU will ihn halten - FDP lehnt ihn ab, in: SZ, a.a.O., 17.Jg., Nr. 225,

v.20.9.1961, S. 1.

189    Vgl.: Ebenda.
190    Vgl.: Dexheimer, a.a.O., S. 30.
191    Vgl.: Mende: Regierungsbildung 1961, a.a.O., S. 306 f.

192    Vgl.vor allem: Merkl, Peter H.: Equilibrium, structure of interests and leadership: Adenauers survival as chancellor, in: The American political science review, Vol. LXI, No. 3, Sept. 1962, S. 637 ff sowie: Baring III, a.a.O., S. 343 und: Caro, a.a.O., S. 187.

193    Vgl.: Gotto, Klaus: Der Versuch einer Großen Koalition 1962, in: Adenauer und seine Zeit 2, a.a.O., S. 316.

194    Vgl.: Baring III, a.a.O., Anmerkung 6, S. 458 (aus Text S. 343).

195    Vgl. grundlegend: Dexheimer, a.a.O., S. 28 ff. Erinnerungen eines Hauptbeteiligten liegen vor in: Mende: Die FDP, a.a.O., S. 190 ff, sowie: derselbe: Regierungsbildung 1961, a.a.O., S. 302 ff. Unter dem Hauptaspekt der Rolle und des Schicksals Brentanos vgl.: Baring III, a.a.O., S. 339 ff. Weitere Aspekte beschreiben: Caro, a.a.O., S. 182 ff; Knorr, Heribert: Die Große Koalition in der parlamentarischen Diskussion der Bundesrepublik von 1949 bis 1969, in: aus politik und zeitgeschichte, 24. Jg., Heft 33, v. 17.8.1974 (im folgenden zitiert: Knorr I), S. 32 ff; Loewenberg, a.a.O., S. 265 ff (besonders 304 ff); Merkl, a.a.O., S. 634 ff und Wildenmann/Scheuch, a.a.O., S. 6 ff.

196    Vgl.: Mende: Regierungsbildung 1961, a.a.O., S. 325, Loewenberg, a.a.O., S. 275 und Wildenmann/Scheuch, a.a.O., S. 66.

197    Vgl.: Wildenmann/Scheuch, a.a.O., S. 68.
198    Ebenda, S. 66 f.

199    Vgl. z.B.: Dönhoff I, a.a.O., S. 25 ff (besonders 27). Nachdruck von: dieselbe: Das Maß ist voll!, in: Die Zeit, 16. Jg., Nr. 45, v. 3.11.1961, S. 1.

200    Vgl.: (ohne Autor): Wille und Macht, in: Der Spiegel, 15. Jg., Heft 46, v. 8.11.1961, S. 21 ff.

201    Vgl.: Mende: Regierungsbildung 1961, a.a.O., S. 310.
202    Vgl.: Knorr I, a.a.O., S. 32 f.

203    Vgl.: Brandt: Adenauer, a.a.O., S. 44 sowie: Roegele, Otto B.: Die Bemühungen um eine Große Koalition in Bonn. Der erste Anlauf im Jahre 1962, in: Wisser, Richard (Hrsg.): Politik als Gedanke und Tat, Mainz, 1967, S. 215.

204    Vgl.: Merkl, a.a.O., S. 640.
205    Vgl.: Knorr I, a.a.O., S. 34 ff.
206    Vgl.: Mende: Regierungsbildung 1961, a.a.O., S. 311.
207    Vgl.: Brandt: Adenauer, a.a.O., S. 45.

208    Vgl.: Repgen, Konrad: Finis Germaniae: Untergang Deutschlands

a.a.O., durch einen SPD-Wahlsieg 1957?, in: Adenauer und seine Zeit 2, S. 294 ff.

209   Vgl.: Knorr I, a.a.O., S. 30 f.

210   Vgl.: Schönbohm, a.a.O., S. 52 oder: Körper, Kurt J.: FDP. Bilanz der Jahre 1960 - 1966, Köln, 1966, S. 19.

211   Vgl.: Abdruck der Kernpassage des Schreibens an Krone in: Baring III, a.a.O., S. 349, Anmerkung 36. Die offensichtliche Parallelität zum Brief an den FDP-Vorsitzenden ergibt sich aus einer Äußerung von Erich Mende im Deutschlandfunk am 10.8.1962, vgl.: derselbe, in: KÜ, a.a.O., Nr. 181/62, v. 11.8.1962, Anlage II, S. 2.

212   Adenauer, in: CDU-Deutschlands (Hrsg.): 11. Bundesparteitag, a.a.O., S. 18.

213   Vgl.: Mende: Regierungsbildung 1961, a.a.O., S. 322 ff.
214   Vgl.: derselbe: Die FDP, a.a.O., S. 194.
215   Ebenda, S. 195.
216   Heuß: Tagebuchbriefe, a.a.O., S. 498 (v. 24.9.1961).

217   Vgl.: Baring III, a.a.O., S. 349, Bitzer, Eberhard: Mende bereitet die Entscheidung der Freien Demokraten vor, in: FAZ, a.a.O., o.Jg. Nr. 225, v. 28.9.1961, S. 1 und Kaack, Heino: Die F.D.P., Meisenheim am Glan, ²1978, S. 25.

218   aus: Das Bonner Koalitionsabkommen vom 20. Oktober 1961, in: Schüle, a.a.O., S. 137.

219   Vgl. dazu: Seifert, Jürgen (Hrsg.): Die Spiegelaffäre (Band I; Grosser, Alfred/Seifert, Jürgen: Die Staatsmacht und ihre Kontrolle), Olten/Freiburg im Breisgau, 1966 (im folgenden zitiert: Spiegel-Affäre I).

220   Vgl.: Born, Wilhelm (Beber, Ferdinand von): Weg in die Verantwortung. Paul Lücke, Recklinghausen, 1965, S. 78 ff; Gotto: Große Koalition, a.a.O., S. 316 ff; Guttenberg, Karl Theodor Freiherr zu: Fußnoten, Stuttgart-Degerloch, ²1971, S. 88 ff; Knorr I, a.a.O., S. 36 ff; Lücke, Paul: Ist Bonn doch Weimar?, Frankfurt-Main, 1968, S. 34 ff; Roegele, a.a.O., S. 215 ff und: Spiegel-Affäre I, a.a.O., S. 196 ff und 267 ff.

221   Lücke, a.a.O., S. 36.
222   Vgl.: Knorr I, a.a.O., S. 37 ff.

223   Vgl.: Lehmann, Hans: Perspektiven, in: PolSt, a.a.O., 14. Jg., Mai/Juni 1963, Heft 149, S. 257.

224   Vgl.: Gotto: Große Koalition, a.a.O., S. 326.
225   Wehner, a.a.O., S. 14.

226   Vgl.: Lücke, a.a.O., S. 41, Knorr I, a.a.O., S. 39 und Gotto: Große Koalition, a.a.O., S. 328.

227     Roegele, a.a.O., S. 230. Die erwähnte dreiköpfige Führungsspitze der SPD bestand aus: Ollenhauer, Wehner, Erler.

228     Vgl.: Brief Adenauers an Ollenhauer v. 5.12.1962, abgedruckt in: Lücke, a.a.O., S. 38 f und Gotto: Große Koalition, a.a.O., S. 329 f. Nach Lücke geht der Stand des Gedankenaustausches daraus hervor (Vgl.: Ebenda, S. 38).

229     abgedruckt in: Chronik, in: Spiegel-Affäre I, a.a.O., S. 278.
230     Vgl.: Knorr I, a.a.O., S. 39.
231     abgedruckt in: Chronik, in: Spiegel-Affäre I, a.a.O., S. 278.
232     Vgl.: Ebenda, S. 278 f.
233     Vgl.: Ebenda, S. 279.
234     abgedruckt in: Ebenda, S. 329 f.
235     Vgl.: Gotto: Große Koalition, a.a.O., S. 330.
236     Vgl.: Roegele, a.a.O., S. 232.

237     aus: Zusammenstellung der Beschlüsse von Bundesvorstand und Bundestagsfraktion vom 6. Dezember 1962, in: FDP-Fraktionsprotokolle, a.a.O., Ordner 1864.

238     Vgl.: Gotto: Große Koalition, a.a.O., S. 331.

239     abgedruckt in: Schüle, a.a.O., S. 137 ff und Weber, Harald, a.a.O., S. 180 ff sowie Teilabdruck (organisatorischer Teil) in: Gerber, a.a.O., S. 261 ff. Den Abdruck wichtiger Passagen findet man weiter bei: Mende: Die FDP, a.a.O., S. 197 ff sowie: derselbe: Regierungsbildung 1961, a.a.O., S. 314 ff. Als publizistische Quellen sind unter anderem zu nennen: "Die deutsche Einheit ist unverrückbares Ziel deutscher Politik", in: FAZ, a.a.O., o.Jg., Nr. 257, v. 4.11.1961, S.4; Das Koalitionsabkommen zwischen CDU/CSU und FDP, in: SZ, a.a.O., 17. Jg., Nr. 266, v. 7.11.1961, S. 6; Alle Gesetzentwürfe sollen in den Koalitionsausschuß, in: Die Welt, o.Jg., Nr. 259, v. 6.11.1961, S. 6.

240     es unterschrieben: Höcherl, Krone, Strauß, Mende. Vgl. dazu: Mende, Erich: Interview mit dem "Hamburger Abendblatt" im November 1961, abgedruckt in: Rundschreiben des Bundesvorstandes der FDP (Nr. BV 46/61) v. 8.11.1961, Anlage, S. 2 (hektographiertes Papier), in: Dehler-Archiv, in: Politisches Archiv der Friedrich-Naumann-Stiftung, Bonn (im folgenden zitiert: Dehler-Archiv), Ordner Da 0156 sowie: Mende: Die FDP, a.a.O., S. 197 und Schüle, a.a.O., S. 30, Anmerkung 3.

241     so Erich Mende in einem Gespräch mit dem Autor am 26.3.1980 (im folgenden zitiert: Mende-Gespräch II).

242     aus: Ein freies Volk braucht Freie Demokraten. Aufruf zur Bundestagswahl 1961, in: Flechtheim, Ossip K.(Hrsg.): Dokumente zur parteipolitischen Entwicklung in Deutschland seit 1945 (Zweiter Band: Programmatik der deutschen Parteien, Erster Teil),Berlin, 1963, S. 367 (Der Gesamtaufruf ist abgedruckt S. 360 ff).

243     aus: Kurzprotokoll der Sitzung der Fraktion vom 16.Oktober 1961, S. 15, in: FDP-Fraktionsprotokolle, a.a.O., Ordner 1865.

244     Vgl.: Dehler, Thomas: Der Koalitionsvertrag, in: Abendzeitung
        München, v. 9.11.1961, in: Pressedokumentation, a.a.O., Stichwort:
Dehler.

245     Vgl.: Dehler: Der Koalitionsvertrag, a.a.O., Haas, Albert, in:
        "Politik aus erster Hand", in: Bayerischer Rundfunk, v. 15.11.
1961, in: Informationsdienst der FDP, Landesverband Bayern, Nr. 33/61
(Sondernummer) (hektographiert), S. 2, in: Dehler-Archiv, a.a.O., Ordner
Da 0155 und Mende-Gespräch I, a.a.O..

246     Adenauer, in: CDU/CSU-Fraktionsprotokolle, a.a.O., Bd. I,
        1961 - 1965, v. 24.10.1961, S. 54.

247     Vgl.: Dollinger, Werner, in: "Politik aus erster Hand", in:
        Bayerischer Rundfunk, v. 8.11.1961, a.a.O., S. 2.

248     Vgl.: Ebenda, S. 4.
249     Vgl.: Mende: Regierungspartnerschaft, a.a.O..
250     aus: "Unter uns gesagt", in: ARD, v. 13.11.1961, a.a.O., S.5.

251     Vgl.: Blumenfeld, Erik, in: CDU/CSU-Fraktionsprotokolle, a.a.O.,
        v. 2.11.1961, Bd. I, 1961 - 1965, S. 88 und: Schreiber, Hermann:
Adenauer - der Mann ohne Nachfolger, in: Stuttgarter Zeitung, v. 8.11.
1961, in: Pressedokumentation, a.a.O., Stichwort: Adenauer.

252     Rasner, Will, in: "Unter uns gesagt", in: ARD, v. 13.11.1961,
        a.a.O., S. 19.

253     Vgl.: Lehmann, Hans, in: Perspektiven, in: PolSt, a.a.O., 12.
        Jg., November 1961, Heft 139, S. 713.

254     Adenauer, Konrad, in: "Panorama", in: ARD, v. 12.11.1961, in:
        KÜ, a.a.O., Nr. 239/61, v. 13.11.1961, Anhang I, S. 1.

255     Vgl.: Mende, Erich, in: Ebenda, Anhang II, S. 3.
256     Ebenda, S. 2 f.

257     Vgl.: Eschenburg, Theodor: Pakt wider die Demokratie, in: Die
        Zeit, 16. Jg., Nr. 46, v. 10.11.1961, S. 1.

258     wesentliche Stimmen sind zusammengefaßt bei: Gerber, a.a.O., S.
        70 ff.

259     Vgl.: Aufzählung repräsentativer Pressestimmen in: Ebenda, S. 43,
        Anmerkung 74, sowie: Dönhoff I, a.a.O., S. 25; Gaus, Günter: Ein
Koalitionsabkommen ist nicht bindend, in: SZ, a.a.O., 17. Jg., Nr. 270,
v. 11./12.11.1961, S. 4; Pfeil, Moritz (das ist: Augstein, Rudolf): Das
FDP-Papier, in: Der Spiegel, 15. Jg., Heft 47, v. 15.11.1964, S. 24.

260     Vgl.: Erhard. Ludwig, in: Bundestag (IV Wahlperiode, 1961), Band
        50, Bonn, 1962, S. 22 (5. Sitzung v. 29.11.1961).

261     Vgl.: Krone, in: CDU/CSU-Fraktionsprotokolle, a.a.O., v. 4.11.
        1961, Bd. I, 1961 - 1965, S. 106.

262  Rasner, Will, in: RIAS II, v. 12.11.1961, a.a.O., S. 1

263  Vgl.: Text der Erklärung (maschinenschriftlicher Durchschlag, 2stg.), in: Dehler-Archiv, a.a.O., Ordner Da 0155.

264  Vgl.: Gaus: Ein Koalitionsabkommen ist nicht bindend, a.a.O..
265  Mende: Interview mit dem "Hamburger Abendblatt", a.a.O., S. 4.
266  Vgl.: Gerber, a.a.O., 1; Schüle, a.a.O., S. VII (Vorwort); Weber, Harald, a.a.O., S. 7.
267  Vgl.z.B.: Gerber, a.a.O., S. 216; Schüle, a.a.O., S. 97 ff.
268  Vgl.: Gerber, a.a.O., S. 257.
269  Vgl.: Schüle, a.a.O., S. 42 f.
270  Vgl.: Weber, Harald, a.a.O., S. 180.

271  Vgl.: Schüle, a.a.O., S. 80. Auch: Weber, Harald, a.a.O., S. 178. Bei Gerber, a.a.O., S. 219, wird diese Aussage speziell auf den Koalitionsausschuß zentriert.

272  Vgl.: Hoogen, Matthias in: Was ist das Koalitionspapier wert? (Spiegel-Gespräch mit dem Vorsitzenden des Bundestags-Rechtsausschusses, Matthias Hoogen), in: Der Spiegel, 15. Jg., Heft 53, v. 27.12.1961, S. 22.

273  Vgl.: Ebenda, S. 26.
274  Vgl.: Haußmann, Wolfgang, in: "Die Woche in Bonn", in: SDR, v. 4.11.1961, in: KÜ, a.a.O., Nr. 234/61, v. 6.11.1961, Anhang VI, S. 1.
275  Vgl.: Weber, Harald, a.a.O., S. 179.
276  Vgl.: Gerber, a.a.O., S. 254 f.
277  Vgl.: Mende, in: FDP-Fraktionsprotokolle, a.a.O., v. 16.10.1961, S. 15, Ordner 1865.
278  Rasner, Will: "Unter uns gesagt", in: ARD, v. 13.11.1961, a.a.O., S. 16.
279  Vgl.: Schüle, a.a.O., S. 80.
280  Carstens I, a.a.O., S. 211.
281  Vgl.: Gerstenmaier: Streit, a.a.O., S. 453.
282  Vgl.: Dexheimer, a.a.O., S. 165 (Zeittafel).

283  Brentano, in: CDU/CSU-Fraktionsprotokolle, a.a.O., v. 12.10.1961, Bd. I, 1961 - 1965, S. 18 f.

284  Vgl.: Dexheimer, a.a.O., S. 165 (Zeittafel).
285  Vgl.: Ebenda, S. 58.
286  aus: Brief Brentanos an Adenauer v. 5.10.1961, in: Baring III, a.a.O., S. 351.
287  Vgl.: Dexheimer, a.a.O., S. 165 (Zeittafel).

288  Adenauer, in: CDU/CSU-Fraktionsprotokolle, a.a.O., v. 12.10.1961, Bd. I, 1961 - 1965, S. 15.

289  Vgl.: Dexheimer, a.a.O., S. 165 (Zeittafel).

290  Adenauer nennt für das 1. Gespräch als zusätzliche Unionsteilnehmer Etzel, Krone und Schütz, vgl.: Adenauer, in: CDU/CSU-

Fraktionsprotokolle, a.a.O., v. 12.10.1961, Bd. I, S. 15.

291 Höcherl, Hermann, in: Ebenda, v. 24.10.1961, S. 65.

292 auf diesen Arbeitsauftrag an Weyer haben hingewiesen: Hans Katzer und Franz Etzel, in: Ebenda, S. 64 f. Vgl. auch: Dexheimer, a.a.O., S. 33.

293 Vgl. entsprechende Bemerkung von Katzer und Etzel in: CDU/CSU-Fraktionsprotokolle, a.a.O., v. 24.10.1961, Bd. I, 1961 - 1965, S. 64 f.

294 Vgl.: (ohne Autor): Wie ein Roman, in: Der Spiegel, 15. Jg., Heft 45, v. 1.11.1961, S. 21 f.

295 Vgl.: Dexheimer, a.a.O., S. 33.

296 Vgl.: Krone, in: CDU/CSU-Fraktionsprotokolle, a.a.O., v. 24.10.1961, Bd. I, 1961 - 1965, S. 33.

297 Vgl.: Rasner, Will, in: Ebenda, S. 57.
298 Vgl.: Adenauer, in: Ebenda, S. 63.

299 Vgl.: Gerstenmaier, in: Ebenda, v. 4.11.1961, S. 106. Gerstenmaier bezieht sich auf die Veröffentlichung in der FAZ, vgl. zuvor Anmerkung 239.

300 Vgl.: Entwurf. Koalitions-Abkommen zwischen der Bundestagsfraktion der CDU/CSU und der Bundestagsfraktion der FDP (maschinenschriftlicher Durchschlag), in: Dehler-Archiv, a.a.O., Ordner Da 0156.

301 aus: Das Bonner Koalitionsabkommen vom 20. Oktober 1961, in: Schüle, a.a.O., S. 137 (Absatz A II, Ziffer 3).

302 aus: Entwurf. Koalitionsabkommen, in: Dehler-Archiv, a.a.O., S. 2 (Absatz A II, Ziffer 3).

303 Vgl.: Mende-Gespräch I, a.a.O..

304 Vgl.: Rasner, in: CDU/CSU-Fraktionsprotokolle, a.a.O., v. 24.10.1961, Bd. I, 1961 - 1965, S. 55.

305 Ebenda, S. 58.

306 Vgl.: Zoglmann, Siegfried, in: "Unter uns gesagt", in: ARD, v. 13.11.1961, a.a.O., S. 17 und Barzel, Rainer, in: Bundestag (IV. Legislaturperiode, 1961), Band 50, Bonn, 1962, S. 108 (6. Sitzung v. 6.12.1961).

307 Vgl.: Mende: Regierungsbildung 1961, a.a.O., S. 321 f.
308 Vgl.: Ebenda, S. 322.
309 Vgl.: Adenauer, in: CDU/CSU-Fraktionsprotokolle, a.a.O., v. 24.10.1961, Bd. I, 1961 - 1965, S. 63.
310 Vgl.: Ebenda, S. 52 ff.

311 Vgl.: Katzer, in: Ebenda, S. 64.
312 Vgl.: Höcherl, in: Ebenda, S. 65.
313 Vgl.: Etzel, in: Ebenda, S. 64.
314 Vgl.: Katzer, in: Ebenda, sowie: Höcherl, in: Ebenda, S. 66.
315 Vgl.: Krone, in: Ebenda, S. 53 f.
316 Ebenda, S. 66.
317 Vgl.: Dexheimer, a.a.O., S. 166 (Zeittafel).

318 Vgl.: Adenauer, in: CDU/CSU-Fraktionsprotokolle, a.a.O., v. 24.10.1961, Bd. I, 1961 - 1965, S. 61.

319 diese Namen nennt Krone, in: Ebenda, S. 66.
320 Adenauer, in: Ebenda.
321 Ebenda.

322 Vgl.: Schwab, Karl Heinz: Kanzlertag in Bonn, in: Deutsche Zeitung, v. 8.11.1961, in: Pressedokumentation, a.a.O., Stichwort: Adenauer sowie: (ohne Autor): Wie ein Roman, in: Der Spiegel, a.a.O., S. 22.

323 Vgl.: Dexheimer, a.a.O., S. 166 (Zeittafel).

324 Vgl.: Entschließung (hektographiertes Papier), in: Dehler-Archiv, a.a.O., Ordner Da 0155, Punkt 1.

325 abgedruckt in: Schröder, Dieter: Der große Zank um das Koalitionspapier, in: SZ, a.a.O., 17. Jg., Nr. 264, v. 4./5.11.1961, S.3. Straußens Initiativfunktion wird dortselbst beschrieben. Vgl. parallele Informationen (inclusive Text der Präambel) in: (ohne Autor): Flaschen blieben stehen, in: Der Spiegel, 15. Jg., Heft 46, v. 8.11.1961, S. 24.

326 Krone, in: CDU/CSU-Fraktionsprotokolle, a.a.O., v. 2.11.1961, Bd. I, 1961 - 1965, S. 76.

327 Vgl.: Fernschreiben Erich Mendes an alle Landesverbände der FDP v. 3.11.(1961), 16.10. Uhr (Fernschreiben Nr. 82-92, Bundestag Bonn, Durchschlag), in: FDP-Fraktionsprotokolle, a.a.O., Ordner: 1865.

328 Vgl.: Dexheimer, a.a.O., S. 167 (Zeittafel) sowie: Gerber, a.a.O., S. 35.

329 Vgl.: CDU/CSU-Fraktionsprotokolle, a.a.O., v. 4.11.1961, BD I, 1961 - 1965, S. 111.

330 Vgl.: Gerstenmaier, Eugen, in: Ebenda, S. 106.
331 Vgl.: Barzel, Rainer, in: Ebenda, S. 97.
332 Vgl.: Adenauer, in: Ebenda, S. 98.
333 Vgl.: Ebenda, S. 104.
334 Vgl.: Krone, in: Ebenda, S. 102.
335 Vgl.: Majonica, Ernst, in: Ebenda, S. 93.

336 Adenauer, in: Ebenda, S. 102 f. Zum letzten Satz zog Adenauer sein Portemonnaie aus der Jackentasche, vgl.: Grüssen, Hugo: Schon vor dem Anfang gab es eine Art Geheimnisverrat, in: Ruhr-Nachrich-

ten, Dortmund, v. 23.11.1962, in: Pressedokumentation, a.a.O., Stichwort: Regierungskoalition.

337  Vgl.: Guttenberg, Karl Theodor Freiherr zu, in: CDU/CSU-Fraktionsprotokolle, a.a.O., v. 4.11.1961, Bd. I, 1961-1965, S. 110.

338  Adenauer, in: Ebenda.
339  Vgl.: Schüle, a.a.O., S. 138 ff.
340  Vgl.: Ebenda, S. 137 f.
341  Vgl.: Ebenda, S. 137 (Abschnitt A I).
342  Vgl.: Ebenda, S. 137 f (Abschnitt A II).
343  Vgl.: Ebenda (Punkte 3 - 7).
344  Vgl.: Ebenda, S. 138 (Abschnitt A II, Punkt 8).
345  Vgl.: Das Bonner Koalitionsabkommen vom Dezember 1962, in: Schüle, a.a.O., S. 143 ff.
346  Vgl.: Ebenda, S. 143 f (Ziffern 1-4).
347  Vgl.: Ebenda (Ziffer 2).
348  Vgl.: Ebenda, S. 144 f.
349  Vgl.: Schüle, a.a.O., S. 45, Anmerkung 51.

350  Vgl.: Mende, Erich: Brief an alle Mitglieder der Bundestagsfraktion, v. 13.12.1962 (hektographiert), in: FDP-Fraktionsprotokolle, a.a.O., Ordner 1864.

351  aus: Das Bonner Koalitionsabkommen vom Dezember 1962, in: Schüle, a.a.O., S. 144 (Ziffer 3).

352  Vgl.: Mende: Brief an alle Mitglieder der Bundestagsfraktion, v. 13.12.1961, a.a.O..

353  Vgl.: Westrick: Adenauer, a.a.O., S. 173, Müller-Armack: Adenauer, a.a.O., S. 205 sowie: Mann, Golo: Begegnung mit Konrad Adenauer, in: Kohl (Hrsg.), a.a.O., S. 101.

354  aus: Brief Adenauers an Krone v. 19.5.1959, in: Adenauer III, a.a.O., S. 531 f. (der Gesamtbrief ist abgedruckt auf S. 528 ff).

355  Vgl.: Rapp, Alfred: Erhard von der Fraktion als Kanzlerkandidat nominiert, in: FAZ, a.a.O., v. 24.4.1963, in: Pressedokumentation, a.a.O., Stichwort: Erhard, sowie: Reiser, Hans: Erhard als Nachfolger Adenauers nominiert. Eindrucksvolle Mehrheit für den Vizekanzler, in: SZ, a.a.O., v. 24.4.1963, in: Ebenda.

356  Vgl.: Eschenburg I, a.a.O., S. 102.
357  Erhard, Ludwig, zitiert nach: Stackelberg: Attentat, a.a.O., S. 43 f.
358  Vgl.: Hohmann-Gespräch I, a.a.O..
359  Vgl.: Adenauer III, a.a.O., S. 529. Ähnliche Formulierungen finden sich auf S. 518, 529 f und 533.
360  Vgl.: Ebenda, S. 547.
361  Vgl.: Ebenda, S. 531.

362  Vgl.: Friedrich, Otto: Erhards ungewöhnlicher Weg, in: Schröder, Georg, u.a. (Hrsg.), a.a.O., S. 87.

363    Vgl. teilweiser Abdruck des Interviews von Konrad Adenauer mit der Korrespondentin der New York Times, Flora Lewis, am 17. Juni 1959, in: Archiv der Gegenwart, Bonn/Wien/Zürich (im folgenden zitiert: AdG), 29. Jg., S. 7802. Auch eine Übersetzung des publizierten Interview-Textes ist dort abgedruckt.

364    Vgl.: Adenauer III, a.a.O., S. 530 und 533 f.
365    Vgl.: Ebenda, S. 530.
366    Vgl.: Ebenda, S. 532.

367    Vgl.: Augstein, Rudolf: Begegnungen mit Konrad Adenauer, in: Kohl (Hrsg.), a.a.O., S. 39 sowie: Blankenhorn: Verständnis, a.a.O., S. 424.

368    Vgl.: Gerstenmaier: Streit, a.a.O., S. 483 sowie: Krone: Aufzeichnungen, a.a.O., S. 159 (v. 10.9.1960).

369    Vgl.: Adenauer III, a.a.O., S. 524.
370    Vgl.: Ebenda, S. 526.

371    Vgl.: Ebenda, S. 542 und 551. Auch: publizistische Quellen wie Anmerkung 355 zuvor sowie: Lukomski, a.a.O., S. 255.

372    Vgl.: Adenauer III, a.a.O., S. 527 und 541.
373    Vgl.: Ebenda, S. 529.
374    Vgl.: Börner, a.a.O., S. 62 f.
375    Vgl.: Baring III, a.a.O., S. 12, 157 und 370.
376    Vgl.: Börner, a.a.O., S. 62.
377    Vgl.: Barth-Gespräch, a.a.O..
378    Zum Rücktritt und seinem Hintergrund vgl. generell: Baring III, a.a.O., S. 341 ff.
379    Vgl.: Börner, a.a.O., S. 71 f.
380    Vgl.: Heck-Gespräch II, a.a.O. sowie: Blankenhorn: Verständnis, a.a.O., S. 426.
381    Vgl.: Kaack/Roth: Parteien und Außenpolitik, a.a.O., S. 188.

382    Vgl.: Allemann, Fritz Renè: Bonns verschränkte Fronten, in: Der Monat, 19. Jg., Januar 1966, Heft 208, S. 12.

383    Vgl.: Bitzer, Eberhard: Schröder und die Sozialdemokraten, in: FAZ, a.a.O., o.Jg., v. 16.6.1962, S. 1.

384    Vgl.: Kühlmann-Stumm, Knut Freiherr von: in: Süddeutscher Rundfunk, v. 19.7.1962, in: KÜ, a.a.O., Nr. 162/62, v. 20.7.1962, Anhang V, S. 1.

385    Vgl.: Schröder, Gerhard: Wir brauchen eine heile Welt, Düsseldorf/Wien, 1964, S. 240 f.

386    Vgl.: Majonica, Ernst: Bundestag und Außenpolitik, in: Schwarz (Hrsg.), a.a.O., S. 116.

387    Vgl.: Ebenda, S. 117.
388    Vgl.: Groß: Nachworte, a.a.O., S. 92.

389     Vgl.: Bandulet, a.a.O., S. 243.
390     Vgl.: Bitzer: Schröder und die Sozialdemokraten, a.a.O..
391     Vgl.: Baring III, a.a.O., S. 385 und: Gross: Nachworte, a.a.O.,
        S. 97.
392     Vgl.: Kaack/Roth: Führungselite, a.a.O., S. 19 ff und 33 ff.
393     Vgl.: Baring IV, a.a.O., S. 51 ff.
394     Vgl.: Bandulet, a.a.O., S. 145.
395     Vgl.: insbesondere: Ebenda, S. 183 ff.
396     Vgl.: Ebenda, S. 189 ff.
397     Vgl.: Baring IV, a.a.O., S. 54.
398     Vgl.: Majonica: Bundestag, a.a.O., S. 117 sowie: Heck-Gespräch II,
        a.a.O..
399     Vgl.: Adenauer, zitiert nach: Poppinga: Erinnerungen, a.a.O.,
        S. 121 f.
400     Vgl.: Ebenda, S. 130.

401     Vgl.: Klein, Hans: Ludwig Erhard, Köln/Berlin, 1967, S. XXI,
        Barzel, Rainer: Auf dem Drahtseil, München/Zürich, 1978, S. 26 f,
Gerstenmaier: Streit, a.a.O., S. 467 sowie: Brandt: Begegnungen, a.a.O.,
S. 142.

402     Vgl.: Allemann: Bonns verschränkte Fronten, a.a.O., S. 13; Caro,
        a.a.O., S. 265 und 296 sowie: Schönbohm, a.a.O., S. 52.

403     Vgl.: Lukomski, a.a.O., S. 271.

404     Vgl.: Abschnitt "Gaullisten und Atlantiker", in: Besson: Außen-
        politik, a.a.O., S. 322 ff.

405     abgedruckt in: Hase, Karl-Günther von: Ludwig Erhard - ein uner-
        müdlicher Kämpfer für die Stärkung Europas, in: Schröder, u.a.
(Hrsg.), a.a.O., S. 294 f.

406     Vgl.: Ebenda, S. 294.
407     Westrick: Adenauer, a.a.O., S. 173.

408     Vgl.: Adenauer, in: Bundestag (IV. Wahlperiode, 1963) Band 52,
        Bonn, 1963, S. 2574 ff (57. Sitzung v. 6.2.1963).

409     Vgl.: Bandulet, a.a.O., S. 211.

410     Vgl.: Majonica, Ernst: Deutsche Außenpolitik, Stuttgart, $^{2}$1966,
        S. 208 ff.

411     Vgl. zur Vorgeschichte: Jansen, Thomas: Die Entstehung des
        deutsch-französischen Vertrages vom 22. Januar 1963, in: Adenauer
und seine Zeit 2, a.a.O., S. 249 ff.

412     Vgl.: Bandulet, a.a.O., S. 199 ff; Besson: Außenpolitik, a.a.O.,
        S. 310 ff; Scholz, Peter/Kraus, Reinhart: Aspekte der bilateralen
Zusammenarbeit auf der Grundlage des deutsch-französischen Vertrages, in:
Picht, Robert (Hrsg.): Deutschland-Frankreich-Europa, München/Zürich,
1978, S. 190 f.

413  Vgl.: Bandulet, a.a.O., S. 206 ff.
414  Vgl.: Huyn, Graf Hans: Die Sackgasse, Stuttgart-Degerloch, 1966, S. 186.
415  Vgl.: Besson: Außenpolitik, a.a.O., S. 313.
416  abgedruckt in: Majonica: Außenpolitik, a.a.O., S. 319.
417  Vgl.: Ebenda, S. 216 f.
418  Vgl.: Brandt: Begegnungen, a.a.O., S. 143.
419  Vgl.: Schmid: Erinnerungen, a.a.O., S. 746.
420  Vgl.: Bandulet, a.a.O., S. 206 ff.
421  Vgl.: Bondy, Francois/Abelein, Manfred: Deutschland und Frankreich, Düsseldorf/Wien, 1973, S. 218.
422  Vgl.: Osterheld-Gespräch I, a.a.O..
423  Vgl.: Besson: Außenpolitik, a.a.O., S. 313.
424  Vgl.: Gumbel, a.a.O., S. 97 f.
425  Vgl.: Behrendt, a.a.O., S. 34.
426  Vgl.: Mercker: Bundeskanzleramt, a.a.O., S. 129 f.
427  Vgl.: Ebenda, S. 130 sowie: Gumbel, Karl, a.a.O., S. 98.
428  Vgl.: Behrendt, a.a.O., S. 34.
429  Vgl. entsprechenden Organisationsplan, abgedruckt in: Ebenda, S. 38 f sowie: Schwarz (Hrsg.), a.a.O., S. 64.
430  Vgl.: Bachmann: Bundeskanzleramt, a.a.O., S. 163 und 177.
431  Vgl.: Osterheld II, a.a.O., S. 112.
432  Vgl.: Behrendt, a.a.O., S. 34.

433  Vgl.: Bachmann: Bundeskanzleramt, a.a.O., S. 179 sowie: Bebermeyer, Hartmut: Das politische Planungssystem der Bundesregierung - Entwicklung und Stand der institutionellen Voraussetzungen und Instrumentarien, in: Jochimsen, Reimut/Simonis, Udo E. (Hrsg.): Theorie und Praxis der Infrastrukturpolitik, Berlin, 1970, S. 716.

434  Vgl.: Behrendt, a.a.O., S. 34 f.

435  so Karl Hohmann in einem Gespräch mit dem Autor am 25.3.1980, Dönhoff I, a.a.O., S. 55 und: Zundel, Rolf: Hofstaat oder Kanzlerstab? in: Die Zeit, 22. Jg., Nr. 30. v. 28.7.1967, S. 3.

436  Vgl.: Haffner, Sebastian: Zwischen zwei Stühlen, in: Die Welt, v. 30.1.1962, in: Pressedokumentation, a.a.O., Stichwort: Regierungskoalition.

437  Vgl.: Merkatz-Gespräch, a.a.O..

438  Vgl.: Mann, Golo: Der Staatsmann und sein Werk, in: (ohne Hrsg.): Die Ära Adenauer, a.a.O., S. 181.

439  Vgl.: Lehmann, Hans: Perspektiven, in: PolSt, a.a.O., 14. Jg., Mai/Juni 1963, Heft 149, S. 257.

440  Vgl.: Krone: Aufzeichnungen, a.a.O., S. 181 (Tagebuchnotiz v. 21.9.1963). Vgl. auch: Ebenda, S. 182 (Tagebuchnotiz v. 28.9.1963).

441  Gerstenmaier: Streit, a.a.O., S. 482 f.
442  Vgl.: Heck-Gespräch I, a.a.O..

443   Vgl.: Eschenburg II, a.a.O., S. 34.
444   Vgl.: Barth-Gespräch, a.a.O..
445   Vgl.: Kiesinger: Erlebnisse mit Konrad Adenauer, a.a.O., S. 59.
446   Vgl.: Kiesinger-Gespräch. a.a.O..
447   Vgl.: Augstein, Rudolf: Konrad Adenauer und seine Epoche, in: (ohne Hrsg.): Die Ära Adenauer, a.a.O., S. 75.
448   Vgl.: Caro, a.a.O., S. 198 f.
449   Gerstenmaier: Macht, a.a.O., S. 36.
450   Vgl.: Osterheld-Gespräch I, a.a.O..
451   Vgl.: Bach I, a.a.O., S. 183.
452   Westrick-Gespräch I, a.a.O..
453   Vgl.: Osterheld II, a.a.O., S. 115 f.
454   Vgl.: Osterheld-Gespräch I, a.a.O.. Die Ausnahmeerscheinung in dieser Zeit war aber wohl schon das Auswärtige Amt unter Schröder.
455   Vgl.: Mende-Gespräch I, a.a.O..
456   Vgl.: Barth-Gespräch, a.a.O..
457   Vgl.: Bach I, a.a.O., S. 183.
458   Vgl.: Osterheld-Gespräch I, a.a.O..

459   Vgl.: Hinweis auf ein Treffen dieser Art bei Adenauer vor Abschluß des deutsch-französischen Vertrages im Jahre 1963 in einem Brief von Kurt Schmücker an den Autor v. 6.12.1979.

460   Vgl.: Hinweis auf elf Unterredungen des bei Domes so bezeichneten "Entscheidungskreises" über die Reform der Krankenversicherung während des Jahres 1960, in: Domes II, a.a.O., Anmerkung 257, S.188.

461   Vgl.: Osterheld-Brief, a.a.O..
462   Vgl.: Osterheld-Gespräch II, a.a.O..
463   Vgl.: Brief Kurt Schmückers an den Autor v. 30.1.1980.
464   Vgl.: Barth-Gespräch, a.a.O..
465   Vgl.: Mende-Gespräch I, a.a.O..
466   Vgl.: Mende-Gespräch II, a.a.O..
467   Mende-Gespräch I, a.a.O..
468   Vgl.: Barth-Gespräch, a.a.O..

469   Vgl.: Henkels, Walter: Der "große Schweiger" im Bundestag, in: FAZ, a.a.O., v. 26.3.1960, in: Pressedokumentation, a.a.O., Stichwort: Pferdmenges.

470   Vgl.: Adenauer: Ich habe mich nicht beirren lassen, a.a.O., S. 56 sowie: Pferdmenges, a.a.O..

471   Vgl.: Pferdmenges, a.a.O..
472   Barth-Gespräch, a.a.O..
473   Vgl.: Gerstenmaier-Brief, a.a.O..
474   Vgl.: Mende-Gespräch I, a.a.O..

475   Vgl. beispielsweise: Pritzkoleit, Kurt: Männer, Mächte, Monopole, Düsseldorf, 1960, S. 40 ff.

476   Vgl.: Jakobsen, Nikolaus: Robert Pferdmenges, München/Köln, 1957, S. 3.

477     Vgl.: Braunthal: The Federation of German Industry in Politics,
        a.a.O., S. 160.

478     Vgl.: Liepmann, Heinz: Robert Pferdmenges, in: Die Weltwoche,
        v. 16.2.1951, in: Pressedokumentation, a.a.O., Stichwort: Pferd-
menges.

479     zitiert nach: Henkels, Walter: Dr. h.c. Robert Pferdmenges, in:
        FAZ, a.a.O., v. 28.3.1953, in: Ebenda.

480     Vgl.: Voluntas: Welche Rolle hat Pferdmenges, in: Abendzeitung
        München, 6. Jg., v. 24.9.1953, S. 2.

481     Pferdmenges, a.a.O..
482     Vgl.: Jakobsen, a.a.O., S. 10.

483     Mende-Gespräch I, a.a.O.. Die entsprechende Rede Adenauers findet
        sich in: Bundestag (II. Legislaturperiode, 1955), Band 23, Bonn,
1955, S. 3690 ff (70. Sitzung v. 25.2.1955).

484     Vgl.: Bucerius, Gerd: Der Freund des Kanzlers, in: Die Zeit,
        v. 25.3.1960, in: Pressedokumentation, a.a.O., Stichwort: Pferd-
menges sowie: Götz, Hans Herbert: Der Bankier Pferdmenges, in: FAZ,
a.a.O., o. Jg., Nr. 228, v. 1.10.1962, S. 1.

485     Vgl.: Barth-Gespräch, a.a.O..
486     Vgl.: Adenauer: Ich habe mich nicht beirren lassen, a.a.O., S. 56.
487     Vgl.: Pferdmenges, a.a.O..

488     Vgl.: (ohne Hrsg.): Register des Deutschen Bundestages, 4. Wahl-
        periode (Zweiter Teil: Sprechregister, 1. - 198. Sitzung), Bonn,
1966, S. 563 f. Pferdmenges "mußte" hier sozusagen reden. Er war nach
Adenauers Verzicht Alterspräsident und leitete so den ersten Teil der
Eröffnungssitzung des Parlaments.

489     Vgl.: Henkels, Walter: Der schnellste Reiter ist der Tod, in:
        FAZ, a.a.O., o. Jg., Nr. 228, v. 1.10.1962, S. 2.

490     Vgl.: Adenauer: Ich habe mich nicht beirren lassen, a.a.O.,S. 56.
491     Vgl. entsprechende Schilderung von Pferdmenges in: Liepmann,a.a.O.
492     Vgl.: Kather I, a.a.O., S. 76.
493     komplett abgedruckt in: Lindemann, Helmut: Gustav Heinemann, Mün-
        chen, 1978, S. 103 ff.
494     Adenauer: Ich habe mich nicht beirren lassen, a.a.O., S. 56.
495     Vgl.: Barth-Gespräch, a.a.O..
496     Vgl.: Adenauer: Ich habe mich nicht beirren lassen, a.a.O.,S. 56.

497     Vgl.: Zöller, Josef-Otmar: Eine Quadriga für Bonn, in: Civis,
        12. Jg., April 1966, Heft 4, S. 13.

498     Vgl.: Heck, Bruno, in: "CDU hinter Erhard", in: Bonner Rundschau,
        v. 14.8.1966, in: Pressedokumentation, a.a.O., Stichwort: Heck,
Gespräch mit Karl Hohmann am 29.4.1980 (im folgenden zitiert: Hohmann-
Gespräch III), Bandulet, a.a.O., S. 211 f, Gaus: Bonn ohne Regierung?,

a.a.O., S. 48, und Schuster, Hans: Das Jahr der geglückten Wachablösung, in: SZ, a.a.O., v. 31.12.1963, in: Pressedokumentation, a.a.O., Stichwort: Erhard.

499  Vgl.: Hohmann-Gespräch II, a.a.O., Mende, in: Deutschlandfunk, v. 10.8.1962, a.a.O., S. 1. Dönhoff I, a.a.O., S. 55 und Sternberger, Dolf: Koalitionskitt oder Kabinettsreform, in: FAZ, a.a.O., o. Jg., Nr. 165, v. 19.7.1962, S. 1.

500  Vgl.: Kaack: Die F.D.P., a.a.O., S. 25 und Günther, a.a.O., S.134.

501  Barzel, Rainer: Vor neuer Bewährung, in: Rheinischer Merkur, v. 28.12.1962, in: Pressedokumentation, a.a.O., Stichwort: Barzel.

502  aus: Das Bonner Koalitionsabkommen vom Dezember 1962, in: Schüle, a.a.O., S. 144 (Ziffer 4, Absatz 2).

503  Vgl.: (ohne Autor): Noch eine, in: Der Spiegel, 18. Jg., Heft 11, v. 11.3.1964, S. 20 sowie: Schüle, a.a.O., S. 115. Anmerkung 51.

504  Vgl.: Ehrenberg, Herbert: Die Erhard-Saga, Stuttgart, 1965,S.107f.

505  Vgl.: Stadlmann, Heinz: Das Kabinett setzt Autozölle aus, in: FAZ, a.a.O., o. Jg., Vr, 114, v. 17.5.1962, S. 1.

506  Vgl.: Günther, a.a.O., S. 133.

507  Vgl.: Bundestag (IV. Wahlperiode, 1962), Band 51, Bonn, 1962, S. 1337 ff (31. Sitzung v. 18.5.1962).

508  Vgl.: Stadlmann, Heinz: Die Freien Demokraten im Kabinett überstimmt, in: FAZ, a.a.O., o. Jg., Nr. 136, v. 14.6.62, S. 1.

509  Vgl.: Kühlmann-Stumm, in: Süddeutscher Rundfunk, v. 19.7.1962, a.a.O., S. 2.

510  Vgl.: Bitzer, Eberhard: Adenauer wünscht die weitere Zusammenarbeit in der Koalition, in: FAZ, a.a.O., o. Jg., v. 29.6.1962, S. 1 sowie: Schopen, Carl: SPD und FDP setzen Fortsetzung der Fibag-Untersuchung durch, in: Ebenda, S. 4. Vgl. dazu: Bundestag (IV Wahlperiode, 1962), Band 51, Bonn, 1962, S. 1584 (37. Sitzung v. 28.6.1962).

511  Vgl. dazu: Spiegel-Affäre I, a.a.O., sowie: Seifert, Jürgen (Hrsg.): Die Spiegel-Affäre, Band II, Olten/Freiburg im Breisgau, 1966.

512  Vgl.: Tudyka, Kurt P.: Gesellschaftliche Interessen und auswärtige Beziehungen, in: Varain, Heinz Josef (Hrsg.): Interessenverbände in Deutschland, Köln, 1973, S. 320 ff (besonders 327 ff). Vgl. dazu auch: Bundestag (IV. Legislaturperiode, 1963), Band 52, Bonn, 1963, S. 3062 ff (68. Sitzung v. 18.3.1963).

513  Vgl.: Das Bonner Koalitionsabkommen vom 20. Oktober 1961, in: Schüle, a.a.O., S. 137 (Ziffer 1).

514  Vgl.: Caro, a.a.O., S. 256 in Richtung auf die FDP, Kühlmann-
     Stumm, in: Süddeutscher Rundfunk, v. 19.7.1962, a.a.O., S. 2 f in
Richtung auf die Union.

515  Vgl.: Rapp, Alfred: Die Bewährungsprobe, in: FAZ, a.a.O., o.Jg.,
     Nr. 235, v. 9.10.1962, S. 2.

516  Rasner, Will, in: "Das politische Forum", in: NDR/WDR, v. 13.1.
     1963, in: KÜ, a.a.O., Nr. 11/63, v. 14.1.1963, Anhang VI, S. 2 f
sowie: Mende, in: Deutschlandfunk, v. 10.8.1962, a.a.O., S. 1.

517  Vgl.: Osterheld I, a.a.O., S. 8.
518  Osterheld-Gespräch, a.a.O..
519  Vgl.: Osterheld I, a.a.O., S. 54 f.
520  Vgl.: Mende-Gespräch I, a.a.O.
521  Vgl.: Heck-Gespräch II, a.a.O., Hohmann-Gespräch III, a.a.O. und
     Barth-Gespräch, a.a.O..

522  Vgl.: Caro, a.a.O., S. 207. Caro präsentiert auf diese Art und
     Weise einen generellen Vergleich zwischen den Kabinettsstilen von
Adenauer und Erhard, vgl.: Ebenda, S. 206 ff.

523  Vgl.: Schröder, Dieter: Der Hauch des Eises ist gewichen, in:
     Der Spiegel, v. 29.4.1964, in: Pressedokumentation, a.a.O.,
Stichwort: Erhard.

524  Vgl.: Henkels, Walter: 22 Stühle rund um den grünen Tisch, in:
     FAZ, a.a.O., o. Jg., Nr. 4, v. 5.1.1962, S. 2.

525  Vgl.: Barth-Gespräch, a.a.O..
526  Ebenda.

527  Vgl.: Tern, Jürgen: Für besondere Aufgaben, in: FAZ, a.a.O., o.Jg.
     Nr. 268, v. 17.11.1961, S. 2.

528  Krone, Heinrich, in: Die Woche in Bonn, in: WDR, v. 19.11.1961,
     in: KÜ, a.a.O., Nr. 245/61, v. 20.11.1961, Anhang X, S. 1f.

529  zitiert nach: Schüle, a.a.O., S. 138.
530  Vgl.: Mende-Gespräch I, a.a.O..
531  Brentano, in: CDU/CSU-Fraktionsprotokolle, a.a.O., v. 10.1.1962,
     Bd. I, 1961 - 1965, S. 158 f.
532  Mende-Gespräch I, a.a.O..

533  Vgl. z.B. festgemacht an der Person Brentanos: Grüssen, Hugo: Der
     Wirrwarr ist groß, in: Mannheimer Morgen, v. 16.2.1962, in:
Pressedokumentation, a.a.O., Stichwort: Regierungskoalition.

534  Vgl.: Kralewski, a.a.O., S. 428.
535  Vgl.: Körper, a.a.O., S. 204.
536  Vgl.: Rudzio: Regierung, a.a.O., S. 341 ff.
537  Vgl.: Barth-Gespräch, a.a.O..
538  Vgl.: Brentano, in: CDU/CSU-Fraktionsprotokolle, a.a.O., v. 29.11.
     1961, Bd. I, 1961 - 1965, S. 129.

539     Vgl.: Mende, in: Deutschlandfunk, v. 10.8.1962, a.a.O., S. 1.

540     Vgl.: Mende, in: NDR II, v. 24.11.1962, a.a.O., S. 2. Auch:
        Bitzer, Eberhard: Die Freien Demokraten eröffnen den Reigen der
Parteitage, in: FAZ, a.a.O., o. Jg., Nr. 118, v. 22.5.1962, S. 4.

541     Vgl.: Das Bonner Koalitionsabkommen vom 20. Oktober 1961, in:
        Schüle, a.a.O., S. 137 (Punkt A II, 4).

542     Vgl.: Ebenda (Punkt A II, 5).
543     Vgl.: Ebenda (Punkt A II, 4).

544     Vgl. zur personellen Besetzung der Spitze der Parlamentsfraktio-
        nen in jener Zeit: Deutscher Bundestag (Hrsg.): 30 Jahre Deutscher
Bundestag, a.a.O., S. 113 (für die CDU/CSU) und S. 121 (für die FDP).

545     Vgl.: Schüle, a.a.O., S. 137 f.
546     Rudzio: Regierung, a.a.O., S. 343.
547     Ebenda.
548     Vgl.: Mende, in: NDR II, v. 26.11.1962, a.a.O., S. 2.

549     (ohne Autor): Die Arbeit hat begonnen, in: Deutsches Monats-
        blatt, 9. Jg., Januar 1962, Nr. 1, S. 3.

550     aus: Bundestag (IV. Legislaturperiode, 1961), Band 50, Bonn,
        1962, S. 108 (6. Sitzung v. 6.12.1961).

551     Vgl.: Zoglmann, in: Unter uns gesagt, in: ARD, v. 13.11.1961,
        a.a.O., S. 20 f.

552     Vgl.: Mende: Regierungsbildung 1961, a.a.O., S. 319.

553     Heck, Bruno, in: Die Woche in Bonn, in: SDR, v. 12.1.1962, in:
        KÜ, a.a.O., Nr. 12/62, v. 15.1.1962, Anhang XII, S. 3.

554     Vgl.: Loyale Zusammenarbeit, in: DUD, a.a.O., v. 12.7.1962, in:
        Pressedokumentation, a.a.O., Stichwort: CDU/CSU-Fraktion.

555     Vgl.: Rudzio: Regierung, a.a.O., S. 345.

556     Vgl.: Heilmann, Siegmar: Notwendige Koalitionsgespräche, in:
        Deutsche Zeitung, v. 22.8.1962, in: Pressedokumentation, a.a.O.,
Stichwort: Regierungskoalition.

557     Vgl.: Sternberger: Koalitionskitt, a.a.O..
558     Vgl.: Loyale Zusammenarbeit, in: DUD, a.a.O., v. 12.7.1962,a.a.O..

559     Vgl.: Mende: Von Schönwetter noch keine Rede, a.a.O., Kühlmann-
        Stumm, in: Süddeutscher Rundfunk, v. 19.7.1962, a.a.O., S. 3 und
Bitzer: Jetzt öfters Koalitionsgespräch, a.a.O..

560     Vgl.: Ebenda.
561     Vgl.: Mende, in: Deutschlandfunk, v. 10.8.1962, a.a.O., S. 1.
562     derselbe: Von Schönwetter noch keine Rede, a.a.O..

563  Vgl.: Rudzio: Regierung, a.a.O., S. 345.
564  Mende, in: NDR II, v. 24.11.1962, a.a.O., S. 2.

565  Vgl.: Rapp, Alfred: Erhard gibt Regierungserklärung ab, in: FAZ, a.a.O., o.Jg., Nr. 276, v. 28.11.1961, S. 1.

566  aus: Brief Hermann Dürrs vom 4.10.1962 an alle Fraktionsmitglieder (hektographiert, zweiseitig), in: FDP-Fraktionsprotokolle, a.a.O., Ordner 1864.

567  Vgl.: Finckenstein, Hans-Werner Graf von: Koalitionsparteien hoffen auf Zustimmung zur Präambel, in: Die Welt, o.Jg., Nr. 81, v. 5.4.1963, S. 2.

568  Vgl.: Rapp: Erhard von der Fraktion als Kanzlerkandidat nominiert, a.a.O., sowie: Reiser: Erhard als Nachfolger Adenauers nominiert. Eindrucksvolle Mehrheit für den Vizekanzler, a.a.O..

569  Vgl.: Sobotta, Joachim: CDU/CSU läßt Erhard freie Hand, in: Deutsche Zeitung, 18. Jg., Nr. 204, v. 4.9.1963, S. 2 sowie: Koch, Peter: Fraktionsvorstand gibt Erhard freie Hand, in: SZ, a.a.O., 19. Jg., Nr. 211, v. 3.9.1963, S. 1.

570  Vgl.: Heilmann, Siegmar: Ein Planungsstab für Erhard, in: Deutsche Zeitung, v. 22.5.1963, in: Pressedokumentation, a.a.O., Stichwort: Erhard, sowie: Reiser, Hans: CDU/CSU will Fraktionsarbeit stärken, in: SZ, a.a.O., v. 22.5.1963, in: Pressedokumentation, a.a.O., Stichwort: CDU/CSU-Fraktion.

571  Reiser: CDU/CSU will Fraktionsarbeit stärken, a.a.O..
572  Vgl.: Heilmann: Ein Planungsstab für den Kanzler, a.a.O..

573  Koch, Peter: Gesetzgebungspläne für Regierung Erhard, in: SZ, a.a.O., v. 24.8.1963, in: Pressedokumentation, a.a.O.. Stichwort: Erhard.

574  Diese Bezeichnung stammt offensichtlich von Hans-Peter Schwarz, vgl.: derselbe: Das außenpolitische Konzept Konrad Adenauers, in: Morsey/Repgen (Hrsg.): Adenauer Studien I, a.a.O., S. 99.

575  Vgl.: Osterheld I, a.a.O., S. 59.
576  Vgl.: Eckardt I, a.a.O., S. 475.
577  Vgl.: Blankenhorn-Gespräch, a.a.O..

578' Vgl.: Eckardt I, a.a.O., S. 523 ff. Es handelt sich um einen Briefentwurf an Eisenhower, von dem Eckardt nicht weiß, ob er tatsächlich abgeschickt wurde.

579  Vgl.: Krone: Aufzeichnungen, a.a.O., S. 141 (Tagebuchnotiz v. 11.1.1957).

580  Vgl.: Adenauer III, a.a.O., S. 376 ff sowie: Bandulet, a.a.O., S. 230 ff und Gotto: Deutschland- und Ostpolitik, a.a.O., S. 34 ff.

581    Vgl.: Adenauer III, a.a.O., S. 384, 395 und 439 ff.

582    Vgl.: Bundestag (III. Wahlperiode, 1958), Band 40, Bonn, 1958, S. 847 (12. Sitzung v. 20.3.1958).

583    Vgl.: (ohne Autor): Was uns quält, in: Der Spiegel, 12. Jg., Heft 15, v. 9.4.1958, S. 13 f.

584    Vgl. z.B.: Besson: Außenpolitik, a.a.O., S. 210 ff.

585    Vgl.: Texte der Globke-Pläne in: Adenauer-Studien III, a.a.O., S. 202 ff. Umfangreich erläuternd dazu: Gotto: Deutschland- und Ostpolitik, a.a.O., S. 49 ff.

586    Vgl. entsprechende Notiz von Krone, in: derselbe: Aufzeichnungen, a.a.O., S. 149 f (Tagebuchnotiz v. 4.2.1959). Siehe auch: Gotto: Einleitung, a.a.O., S. 131.

587    Vgl.: Bach I, a.a.O., S. 184; Bach II, a.a.O., S. 171 sowie: Carstens II, a.a.O., S. 7 und: Gerstenmaier: Staatssekretär, a.a.O., S. 18.

588    Vgl.: Gotto: Deutschland- und Ostpolitik, a.a.O., S. 55.

589    Vgl.: Ebenda.

590    Vgl.: Entsprechende Formulierung Adenauers in einem ZDF-Interview v. 3.10.1963, teilweise abgedruckt in: Siegler (Hrsg.), a.a.O., S. 303 (Stichpunkt 225).

591    Vgl.: Erklärung des Auswärtigen Amtes zum Interview Adenauers sowie Erklärung des sowjetischen Außenministeriums zum Adenauer-Interview, in: AdG, a.a.O., 33. Jg., v. 13.10.1963, S. 10850. Vgl. auch: Aufzeichnung über das Gespräch zwischen dem Bundeskanzler Dr. Konrad Adenauer und dem Botschafter der UdSSR, Smirnow, am 6. Juni 1962 (Auszüge), in: Auswärtiges Amt (Hrsg.): Die Auswärtige Politik der Bundesrepublik, Köln, 1973, S. 472 f (Dokument 153).

592    Vgl.: Bandulet, a.a.O., S. 233.
593    Vgl.: Ebenda, Anmerkung 89, S. 300.
594    Vgl.: Gotto: Deutschland- und Ostpolitik, a.a.O., S. 72.
595    Vgl.: Ebenda, S. 70.

596    Vgl.: Ebenda, S. 73 sowie: AdG, a.a.O., 33 Jg., v. 13.10.1963, S. 10851 (aus: Erklärung des sowjetischen Außenministeriums zum Adenauer-Interview v. 3.10.1963).

597    Adenauer, Konrad, in: Regierungserklärung von Bundeskanzler Adenauer vom 9. Oktober 1962 (Auszug), in: Meissner, Boris (Hrsg.) Die deutsche Ostpolitik 1961 - 1970, Köln, 1970, S. 38 (Dokument 12).

598    Vgl.: Krone: Aufzeichnungen, a.a.O., S. 172 (Tagebuchnotiz v. 18.11.1962).
599    Vgl.: Gotto: Deutschland- und Ostpolitik, a.a.O., S. 74 f.

600     Vgl. z.B.: Buchheim: Deutschlandpolitik, a.a.O., S. 95; Poppinga: Adenauer, a.a.O., S. 144 f; Weidenfeld, a.a.O., S. 563 f.

601     Vgl.: Brief Adenauers an Brentano, in: Baring III, a.a.O., S. 243 (Briefdatum: 29.3.1959).

602     Vgl.: Adenauer, Konrad: Erinnerungen, 1959 - 1963, Stuttgart, 1969, S. 225.

603     Vgl.: Adenauer, Konrad, in: Gesprächsaufzeichnung v. 6.6.1962, in: Auswärtiges Amt (Hrsg.), a.a.O., S. 473.

604     Vgl.: Gotto: Deutschland- und Ostpolitik, a.a.O., S. 54 f.

605     Vgl.: Ebenda, S. 90. Eine ähnliche Formulierung findet sich bei: Eckardt I, a.a.O., S. 620.

606     Vgl.: Schwarz, Hans-Peter: Adenauers Wiedervereinigungspolitik, in: PM, a.a.O., 20. Jg., 1975, Heft 163, S. 38 f.

607     Vgl.: Ebenda, S. 39.
608     Vgl.: Krone II, a.a.O., S. 119.
609     Vgl.: Baring III, a.a.O., S. 18.
610     Vgl.: Brandt: Begegnungen, a.a.O., s. 64.
611     Vgl.: Körner, Klaus: Die Wiedervereinigungspolitik, in: Schwarz (Hrsg.), a.a.O., S. 601.
612     Adenauer III, a.a.O., S. 738.

613     Vgl.: dazu: Wenger, Paul Wilhelm: Von der Familie zur Völkerfamilie (Ein Spiegel-Gespräch mit Paul Wilhelm Wenger), in: Der Spiegel, 12. Jg., Heft 21, v. 21.5.1958, S. 22 ff sowie: derselbe: Die Falle, Stuttgart, 1971, S. 130 ff.

614     Vgl.: Jaspers, Karl: Freiheit und Wiedervereinigung, in: Jacobsen, Hans-Adolf/Stenzl, Otto (Hrsg.): Deutschland und die Welt, München, 1964 S. 189 ff sowie: Mann, Golo: Überwindung der erstarrten Situation, in: Ebenda, S. 197 ff.

615     Vgl.: Baring III, a.a.O., S. 226 ff. Der Brief ist datiert v. 10.3.1958, die entscheidende Passage ist auf S. 227 abgedruckt.

616     Vgl.: Gerstenmaier: Staatssekretär, a.a.O., S. 18.
617     Vgl.: Krone: Aufzeichnungen, a.a.O., S. 149 (Tagebuchnotiz v. 4.2.1959).
618     Vgl.: Ebenda, S. 150 (Tagebuchnotiz v. 5.2.1959).
619     Vgl.: Bach II, a.a.O., S. 171.
620     Vgl.: Gerstenmaier: Macht, a.a.O., S. 36.
621     Vgl.: Auswärtiges Amt (Hrsg.), a.a.O., S. 473.
622     aus: AdG, a.a.O., 33. Jg., v. 13.10.1963, S. 10851.
623     Vgl.: Krone: Aufzeichnungen, a.a.O., S. 169 f (Tagebuchnotiz v. 6.6.1962).

624     Vgl.: Ebenda, S. 172 (Tagebuchnotiz v. 18.11.1962), sowie: Gotto: Deutschland- und Ostpolitik, a.a.O., S. 75.

625   Vgl.: Gotto: Deutschland- und Ostpolitik, a.a.O., S. 75 ff.

626   Vgl.: Poppinga: Adenauer, a.a.O., S. 146, Bandulet, a.a.O., S. 238 und Baring III, a.a.O., S. 25.

627   Vgl.: Gotto: Deutschland- und Ostpolitik, a.a.O., S. 88 ff (besonders S. 90 f).

628   Vgl.: Naschold, a.a.O.,
629   Vgl.: Ebenda, S. 243 ff.
630   Vgl.: Ebenda, S. 222 ff.
631   Vgl.: Ebenda, S. 249.

632   Vgl.: Fack, Fritz-Ullrich: Bergs Katastrophen-Theorie, in: FAZ, a.a.O., v. 1.10.1960, in: Pressedokumentation, a.a.O., Stichwort: Berg. Vgl. auch: Braunthal: The Federation of German Industry in Politics, a.a.O., S. 198 ff.

633   zitiert nach: Fack: Bergs Katastrophen-Theorie, a.a.O.. Fack war journalistischer Teilnehmer an dieser Presse-Konferenz, vgl.: derselbe: Entwicklungstendenzen, a.a.O., S. 488, Anmerkung 17. Eine entsprechende Schilderung zum Ablauf und zum Zitat siehe (ohne Autor): Der Interessenbündler, in: Der Spiegel, 14. Jg., Heft 45, v. 2.11.1960, S. 26. Es handelt sich um eine Titelgeschichte des Magazins, die wohl aus Anlaß der Berg-Äußerung geschrieben wurde.

634   Vgl.: (ohne Autor): Erhard dringt nicht durch, in: SZ, a.a.O., 16. Jg., Nr. 251, v. 19.10.1961, S. 1 (Zwischenüberschrift: Keine Aufwertung der Mark).

635   Vgl.: Fack: Entwicklungstendenzen, a.a.O., S. 488.

636   Vgl.: (ohne Autor): Erhards Mark, in: Der Spiegel, 15. Jg., Heft 12, v. 15.3.1961, S. 15 ff.


A b s c h n i t t    D

1   Vgl.: Knorr, Heribert: Der parlamentarische Entscheidungsprozeß während der Großen Koalition 1966 bis 1969, Meisenheim am Glan, 1975.

2   Vgl.: Oberreuter, Heinrich: Parlamentarisches Regierungssystem der Bundesrepublik Deutschland - Stärken und Schwächen, in: aus politik und zeitgeschichte, 30. Jg., Heft 44, v. 1.11.1980, S. 5 ff.

3   Vgl.: Rudzio: Regierung, a.a.O., S. 346 ff.

4   Vgl.: Bermbach, Udo: Kreßbronner Kreis, in: Röhring/Sontheimer (Hrsg.), a.a.O., S. 253 ff.

ANLAGEN

# Anlage I

Sitzungen des Koalitionsausschusses in der ersten
Legislaturperiode (1949 - 1953)

Quellencharakter:

Der überwiegende Teil der Informationen stammt aus Unterlagen von Erich Mende. Dieser ging in mehreren "Sitzungen" im Beisein des Autors seine Notizbücher durch, um die relevanten Termine herauszufiltern. Es ist klar, daß der damalige Parlamentarische Geschäftsführer der FDP-Fraktion nicht an allen Sitzungen des Koalitionsausschusses teilgenommen hat. Dies wurde auch dadurch deutlich, daß beim Hinzuziehen von weiteren Materialien zur Mendeschen Grundlage (d.h. von FDP-Fraktionsunterlagen, publizistischen Angaben u.Ä.) immer wieder unbekannte Termine auftauchten. Die zusammengestellte Liste ist also alles andere als komplett, dürfte aber dennoch einen Großteil der Sitzungstermine des Koalitionsausschusses dokumentarisch fixieren.
Es kam auch durchaus vor, daß Bundesminister oder Staatssekretäre an Sitzungen des Koalitionsausschusses teilnahmen. Sofern dies bekannt ist, werden diese Personen namentlich aufgeführt. Die Namensnennung anderer "normaler" Teilnehmer erfolgt nur dann, wenn sich größere "Einheiten" (z.B. alle Teilnehmer einer Koalitionsfraktion) benennen lassen. Sind Themen des Koalitionsausschusses bekannt, wird dies in Klammern angegeben. Die Wochentage werden durch ihre ersten beiden Buchstaben abgekürzt.

| | | | |
|---|---|---|---|
| Do. | 6.10.49 | | (Ausschußvorsitzende) |
| Do. | 13.10.49 | | (Ausschußvorsitzende) |

| | | | |
|---|---|---|---|
| Do. | 26. 1.50 | 9.00 | |
| Di. | 14. 2.50 | 14.00 | |
| Do. | 2. 3.50 | | |
| Di. | 18. 4.50 | 10.00 | |
| Di. | 25. 4.50 | 10.00 | |
| Di. | 9. 5.50 | 11.00 | |
| Di. | 27. 5.50 | 9.30 | (Finanz- und Steuergesetzgebung) |
| Do. | 22. 6.50 | | (Europarat) Brentano, Scharnberg, Kunze, Mühlenfeld, Campe, Euler. |
| Mo. | 10. 7.50 | 15.00 | (Kriegsopferversorgung) Schäffer, Storch. |
| Di. | 18. 7.50 | 11.00 | |
| Mo. | 9.10.50 | 11.00 | |
| Di. | 17.10.50 | 11.00 | (Kriegsopfergesetz) |
| Di. | 7.11.50 | 8.00 | (Vorbesprechung außenpolitische Debatte) |
| Mo. | 27.11.50 | 11.00 | |

| | | | |
|---|---|---|---|
| Mo. | 5. 3.51 | 11.00 | |
| Fr. | 27. 4.51 | | |
| Di. | 8. 5.51 | 10.00 | (Koordination Koalitionsarbeit) |
| Do. | 17. 5.51 | | |
| Mo. | 4. 6.51 | 17.00 | (Geschäftsordnung) |
| Di. | 4. 9.51 | 19.30 | (Kriegsopfer/Heimkehrer) |
| Di. | 25. 9.51 | 10.00 | |
| Mo. | 5.11.51 | 10.00 | (Rechtsfragen) |
| Mo. | 19.11.51 | 15.00 | |
| Mo. | 10.12.51 | 10.00 | (Bundesjugendplan) |

---

| | | | |
|---|---|---|---|
| Di. | 8. 1.52 | 9.00 | |
| Di. | 15. 1.52 | 10.00 | (EVG) Blank |
| Mo. | 4. 2.52 | 15.00 | |
| Fr. | 8. 2.52 | 15.00 | (Wahlgesetz) |
| Di. | 19. 2.52 | 10.00 | |
| Fr. | 29. 2.52 | 18.00 | Strauß, Kiesinger, Merkatz, Blank, Ernst, Mayer, Mende. |
| Di. | 17. 3.52 | 17.00 | |
| Do. | 27. 3.52 | 11.00 | |
| Di. | 22. 4.52 | 9.00 | |
| Di. | 29. 4.52 | 10.00 | |
| Di. | 27. 5.52 | 10.00 | |
| Di. | 10. 6.52 | 10.00 | |
| Di. | 8. 7.52 | 10.00 | |
| Di. | 22. 7.52 | 10.00 | |
| Mo. | 8. 9.52 | 10.30 | (EVG) Hallstein |
| Di. | 16. 9.52 | 9.00 | (Vorbereitung außenpolitische Debatte) |
| Mo. | 6.10.52 | 11.00 | |
| Di. | 21.10.52 | 11.00 | Hallstein |
| Di. | 2.12.52 | 18.30 | |

---

| | | | |
|---|---|---|---|
| Mo. | 19. 1.53 | 10.00 | |
| Di. | 24. 2.53 | 10.00 | |
| Mo. | 2. 3.53 | 14.30 | |
| Mo. | 27. 4.53 | 10.00 | |
| Di. | 28. 4.53 | 9.00 | (Wahlrecht) |
| Mo. | 4. 5.53 | 14.00 | (Wahlrecht) |
| Do. | 7. 5.53 | 12.30 | Blücher, Dehler, Wellhausen, Mende. |
| Do. | 18. 6.53 | 10.30–11.30 | Schäffer, Lehr |
| Mo. | 29. 6.53 | 16.00–20.00 | (Kriegsopferversorgung) |
| Mo. | 3. 8.53 | 10.00–12.00 | Blücher, Nowack, Mende. |
| Fr. | 11. 9.53 | 11.00 | Schäfer, Euler, Wellhausen, Mende. |
| Fr. | 18. 9.53 | 11.00–12.00 | |
| Mo. | 5.10.53 | 10.00 | |

# Anlage II

## Koalitionsgespräche bei Adenauer in der ersten Legislaturperiode (1949 - 1953)

Quellencharakter:

Bei der folgenden tabellarischen Übersicht muß eine klare Unterteilung vorgenommen werden. Die Zeit bis Ende 1951 kann insofern als dokumentarisch ohne Problemfälle abgesichert betrachtet werden, als diesem Teil der Übersicht die Terminkalender Konrad Adenauers zugrunde liegen, die in der Stiftung Bundeskanzler-Adenauer-Haus in Rhöndorf lagern. Allein der Anfang der Koalitionsgespräche im Jahre 1949 wurde durch Fraktionsunterlagen und sonstige Literatur mitrekonstruiert. Themen und Teilnehmer - soweit im Terminkalender aufgeführt - sind in der Liste vermerkt, Adenauers Anwesenheit ist bei allen Terminen vorausgesetzt. Diese durchgehende Kanzlerpräsenz gilt auch für die zweite Hälfte der Tabelle, freilich ist hier die generelle Grundlage eine andere. Da die Adenauerschen Terminkalender dieser Zeit für die vorliegende Studie nicht benutzbar waren, erfolgt eine Rekonstruktion nach Unterlagen von Beteiligten (z.B. den Terminkalendern von Erich Mende), Fraktionsunterlagen und publizistischem Material. Die Rekonstruktion ab 1952 ist also nicht vollständig, dürfte aber die wichtigsten Termine wiedergeben. Soweit in den Jahren 49/50 das Zeichen: " (+) in der Tabelle aufscheint, wird damit eine gesonderte Kabinettssitzung am gleichen Tag verdeutlicht.

| | | | |
|---|---|---|---|
| Di. | 8.11.49 | | Kabinett und Koalition |
| Di. | 15.11.49 | 12.00 | Kabinett und Koalition |
| Di. | 29.11.49 (+) | 15.30 | Kabinett und Koalition |
| Do. | 1.12.49 (+) | 15.00 | Interfraktionelle Besprechung (ohne SPD) |
| Di. | 6.12.49 (+) | 15.30 | Besprechung Kabinett mit Vertretern der Koalitionsparteien |
| Di. | 13.12.49 (+) | 15.30 | Besprechung Kabinett/Vertreter Koalitionsparteien |
| Di. | 10. 1.50 (+) | 15.30 | Kabinett mit Vertretern der Koalitionsparteien |
| Di. | 17. 1.50 (+) | 17.15 | Besprechung mit Kabinett und Vertretern der Koalitionsparteien |
| Fr. | 3. 2.50 (+) | 15.30 | Kabinett und Vertreter der Koalitionsparteien |
| Do. | 9. 2.50 (+) | 10.30 | Kabinett und Vertreter der Koalitionsparteien |
| Do. | 16. 3.50 | 18.30 | Dehler, Brentano, Schäfer |
| Di. | 21. 3.50 (+) | 15.00 | Kabinett und Vertreter der Koalitionsparteien |

| Do. | 23. 3.50 | 9.50– | Dehler, Hellwege |
| | | 10.15 | dazu: Brentano, Schröter, Schäfer, Mühlenfeld, Wirmer |
| Di. | 28. 3.50 (+) | 19.00 | Besprechung mit Vertretern der Koalitionsparteien. Anwesend: Brentano, Schröter, Schäfer, Mühlenfeld, Merkatz, Dittmann |
| Di. | 9. 5.50 | 9.30 | Geheimbesprechung des Kabinetts und der Fraktionsvorstände der CDU, FDP und DP (Brentano, Schäfer, Mühlenfeld) |
| Mi. | 10. 5.50 | 16.00 | Kabinett und Vertreter der Koalitonsparteien |
| Di. | 16. 5.50 (+) | 12.00 | Besprechung mit Vertretern der Koalitionsparteien |
| Mo. | 12. 6.50 | 16.30 | Koalitionsbesprechung (anwesend: Brentano, Schäfer, Mühlenfeld) |
| Mi. | 5. 7.50 | 17.00 | Brentano |
| | | 17.30 | dazu: Schäfer (FDP) und Mühlenfeld sowie Merkatz (DP) |
| Di. | 22. 8.50 | 11.00 | Fraktionsvorsitzende der Koalitionsparteien (Brentano, Schäfer, Mühlenfeld) sowie Blankenhorn |
| Do. | 31. 8.50 (+) | 15.00 | Koalitionsvorsitzende (Brentano, Schäfer, Mühlenfeld) |
| Fr. | 8. 9.50 | 12.15 | Vorsitzende der Koalitionsparteien (sic!) (anwesend: Brentano, Scharnberg, Schäfer, Euler, Wellhausen, Mühlenfeld) |
| Mo. | 18. 9.50 | 17.00 | Kabinett und Koalition |
| Di. | 26. 9.50 | 17.00 | Etzel, Wellhausen, Preusker, Kuhlemann, Merkatz, Pferdmenges |
| Mi. | 4.10.50 | 10.00 | Besprechung mit den Fraktionsvorsitzenden der Koalitionsparteien (anwesend: Brentano, Schäfer, Oellers, Mühlenfeld) |
| Mo. | 9.10.50 | 17.15 | Fraktionsvorsitzende der Koalitionsparteien (anwesend: Schäfer, Mühlenfeld, dazu um 17.20: Brentano) |
| Mi. | 11.10.50 | 17.15 | Fraktionsvorsitzende der Koalitionsparteien (anwesend: Schäfer, Mühlenfeld, dazu um 17.30: Brentano) |
| Mo. | 16.10.50 | 17.30 | Schäffer, StS, Sauerborn, Brentano, Probst, Lücke, Arndgen (Kriegsopfergesetz) |
| | | 18.45 | dazu: Schäfer (FDP) |
| Mo. | 6.11.50 | 17.00 | Kabinett und Koalition |
| Mi. | 8.11.50 | 11.20 | Kabinett und Vorsitzende Koalitionsfraktionen |
| Mo. | 13.11.50 | 17.00 | Kabinett und Koalition |
| Do. | 23.11.50 (+) | 16.30 | Blücher, Schäffer, Niklas und je 2 Vertreter der Koalitionsparteien |
| Mo. | 4.12.50 | 17.00 | Kabinett und Koalition |
| Di. | 5.12.50 (+) | 9.30 | Geheime Kabinettssitzung mit den Fraktionsvorsitzenden der CDU, FDP und DP (Brentano, Merkatz, Schäfer) |
| Do. | 7.12.50 | 10.30 | Schäfer (FDP) |
| | | 11.10 | dazu: Brentano, Mühlenfeld, später Min. Schäffer |

|     |          |       |                                                                                                                                                 |
|-----|----------|-------|-------------------------------------------------------------------------------------------------------------------------------------------------|
|     |          | 12.20 | Brentano, Schäfer, Mühlenfeld, Min. Erhard, StS Sauerborn und je 2 Vertreter der Bauernverbände der Koalitionsparteien                          |
| Fr. | 15.12.50 | 17.30 | Besprechung mit Koalitionsfraktionen (anwesend: Kiesinger, Kunze, Schäfer, Mayer, Mühlenfeld, Campe)                                            |
| Mo. | 8. 1.51  | 18.20 | Besprechung mit den Fraktionsvorsitzenden der Koalitionsparteien (mit: Brentano, Schäfer, Mühlenfeld, Schäffer)                                 |
| Di. | 16. 1.51 | 17.40 | Lenz                                                                                                                                            |
|     |          | 18.00 | dazu: Pferdmenges                                                                                                                               |
|     |          | 18.20 | dazu: Fraktionsvorsitzenden der Koalitionsparteien. Brentano, Wellhausen, Merkatz                                                               |
|     |          | 18.45 | dazu: Euler                                                                                                                                     |
| Mi. | 17. 1.51 | 18.45 | Euler, Schäfer                                                                                                                                  |
|     |          | 19.40 | dazu: Brentano                                                                                                                                  |
| Do. | 18. 1.51 | 18.55 | Fraktionsvorstände der Koalitionsparteien (mit: Brentano, Euler, Mühlenfeld, Lenz, Blankenhorn)                                                 |
| Mo. | 25. 2.51 | 17.20 | Scharnberg, Preusker, Farke. Lenz, Rust.                                                                                                        |
| Mo. | 12. 3.51 | 16.40 | Besprechung mit den Vorsitzenden der Koalitionsfraktionen (mit: Brentano, Euler, Mühlenfeld)                                                    |
| Mo. | 23. 4.51 | 16.30 | Besprechung mit den Vorsitzenden der Koalitionsfraktionen (mit: Brentano, Schröter, Euler, Schäfer, Mühlenfeld, Campe. Lenz                     |
| Mo. | 21. 5.51 | 9.30  | Besprechung mit den Vorsitzenden der Koalitionsfraktionen und weiteren Koalitions-MdBs. Dazu: Schäffer und Erhard: Themen: Sondersteuer, Erhöhung Umsatzsteuer |
| Di. | 22. 5.51 | 19.00 | Besprechung mit Mitgliedern der Koalitionsfraktionen (Steuerfragen) und: Schäffer, Erhard, Storch (mit: Degener, Brentano, Etzel, Scharnberg (CDU), Merkatz, Eickhoff (DP), Preusker, Wellhausen, Euler, Höpker-Aschoff (FDP)) |
| Mi. | 23. 5.51 | 15.15 | Besprechung mit Mitgliedern der Koalitionsfraktionen über Steuerfragen (mit: Schäffer, Erhard, Storch, Blücher)                                 |
|     |          | 17.50 | wie oben                                                                                                                                        |
| Mo. | 28. 5.51 | 17.10 | Brentano, Euler. Blankenhorn                                                                                                                    |
|     |          | 17.15 | dazu: Mühlenfeld                                                                                                                                |
| Di. | 29. 5.51 | 10.00 | Finanzbesprechung mit Vertretern der Koalitionsparteien sowie: Schäffer, Blücher, Erhard, Storch                                                |
| Mi. | 29. 5.51 | 21.00 | Finanzbesprechung mit Vertretern der Koalitionsfraktionen, mit: Euler, Wellhausen, Höpker-Aschoff, Etzel, Degener,                              |

| | | | |
|---|---|---|---|
| | | | Eickhoff, Neuburger, Friedensburg, Brentano, Scharnberg, Schäffer |
| Di. | 5. 6.51 | 16.30 | Schäffer |
| | | 16.40 | dazu: Brentano, Mühlenfeld, Euler |
| | | 18.40 | dazu: Blankenhorn, Mai ( 5 Minuten) |
| Fr. | 7. 6.51 | 10.00 | Besprechung mit landwirtschaftlichen Abgeordneten der Koalitionsfraktionen |
| Di. | 12. 6.51 | 9.30 | Kabinett |
| | | 10.30 | dazu: Vertreter der Koalitionsparteien Etzel, Scharnberg, Euler, Mühlenfeld |
| Mi. | 13. 6.51 | 10.15 | Besprechung mit Vertretern der Koalitionsparteien, sowie: Schäffer, Westrick (Ausgleich Haushalt) |
| Mi. | 27. 6.51 | 10.00 | Besprechung über Wirtschaftsfragen (Kohleversorgung, Getreidepreisgesetz, Löhne usw.) mit vier Vertretern der Koalitionsparteien sowie den Herrn Ministern Blücher, Schäffer, Erhard, Niklas, Storch |
| Mo. | 2. 7.51 | 10.00 | Besprechung des Bundeskanzlers zu Finanz- und Wirtschaftsfragen mit Koalitionsvertretern, mit: Schäffer, Erhard u.a. |
| | | 12.20 | Abs |
| | | 12.30 | Adenauer wieder zur obigen Besprechung |
| Mo. | 9. 7.51 | 12.05 | Besprechung des Bundeskanzlers mit den Wahlmännern der Koalitionsparteien betreffs der Wahl der Richter zum Bundesverfassungsgericht |
| Di. | 25. 9.51 | 20.20 | Bundeskanzler zur Besprechung der Koalitionsparteien (betr.: Grotewohl-Brief) mit Min. Kaiser |
| Mi. | 26. 9.51 | 10.45 | im Bundeshaus: Gerstenmaier, Kiesinger, Mühlenfeld, Merkatz, Kaiser, Thedieck, Blankenhorn, Dr. Böker. |
| Di. | 2.10.51 | 18.30 | Schröter (CDU), Mende (FDP), Rechenberg (FDP), Mühlenfeld (DP) |
| | | 18.50 | dazu: Globke |
| Do. | 11.10.51 | 10.35 | Schröter, Schäfer, Mühlenfeld |
| Mi. | 17.10.51 | 14.55 | Brentano, Euler, Merkatz, Strauss, Blankenhorn |
| Mo. | 5.11.51 | 10.05 | Sitzung betr. Investitionshilfe mit den Ressortvertretern und Koalitionsmitgliedern |
| Do. | 8.11.51 | 10.00 | Brentano, Euler, Mühlenfeld |
| Mo. | 19.11.51 | 17.05 | Besprechung mit Vertretern der Koalitionsfraktionen (mit: Krone, Scharnberg, Wellhausen, Euler, Mühlenfeld, Merkatz Blücher). |
| | | 17.20 | dazu: Blank |
| Di. | 27.11.51 | 9.30 | Blücher, Wellhausen, Schröter |
| | | 9.40 | dazwischen: Hellwege (Nebenzimmer) |
| | | 9.50 | dazu: Hallstein, Matthes (DP) |
| | | 10.30 | allein: Blücher, Wellhausen, Schröter |

| | | | |
|---|---|---|---|
| Mi. | 12.12.51 | 18.00 | Besprechung mit Koalitionsvertretern betr.: Schuman-Plan (anwesend: Etzel, Krone, Schröder, Henle, Euler, Wellhausen, Preusker, Rechenberg, Mühlenfeld, Hallstein, Rust) |
| Do. | 14.12.51 | 16.15 | Besprechung mit Koalitionsvertretern im Bundeshaus (mit: Brentano, Mühlenfeld, Euler, Wellhausen, Rechenberg, Preusker, Mayer) |

---

| | | | |
|---|---|---|---|
| Di. | 5. 2.52 | 20.00 | Plenum der Koalitionsfraktionen, Bundesratssaal (?) |
| Mi. | 6. 2.52 | 10.00 | Kiesinger, Tillmanns, Stegner, Onnen |
| Mi. | 20. 2.52 | 9.30 | Kabinett |
| | | 10.30 | dazu: Vertreter der Koalitionsfraktionen |
| Fr. | 22. 2.52 | 11.30 | Stegner |
| | | | dazu: Hellwege, Naegel, Bröckelschen, Lenz |
| Fr. | 14. 3.52 | 17.30 | Koalitionsvorsitzende |
| Di. | 25. 3.52 | 17.30 | Koalitionsbesprechung (je zwei Vorstandsmitglieder) |
| Di. | 1. 4.52 | 18.00 | Koalitionsvorsitzende |
| | | 19.00 | Fraktionsvorsitzende/Wellhausen, Strauß |
| Fr. | 4. 4.52 | 9.30 | Kabinett (im Bundeshaus) |
| | | | dazu: je zwei Herren der Koalitionsfraktionen |
| Sa. | 10. 5.52 | | Kabinett und Koalition |
| So. | 11. 5.52 | | Kabinett und Koalition |
| Mo. | 12. 5.52 | | Kabinett und Koalition |
| Mi. | 14. 5.52 | | Kabinett und Koalition |
| Fr. | 16. 5.52 | | Kabinett und Koalition |
| Mi. | 21. 5.52 | 9.30 | Kabinett und Koalition |
| Fr. | 23. 5.52 | 10.00 | Kabinett und Koalition |
| Di. | 10. 6.52 | 17.30 | Fraktionsvorsitzende der Koalitionsparteien (Betriebsverfassungsgesetz) |
| Mi. | 2. 7.52 | 10.30 | Schröder, Sabel, Wellhausen |
| Fr. | 11. 7.52 | 18.00 | Besprechung mit den Fraktionsvorsitzenden der Koalitionsparteien sowie Wellhausen, Sabel und Schröder |
| Di. | 30. 9.52 | 18.00 | Besprechung mit den Ausschußmitgliedern der Koalitionsparteien betr. Ratifizierung der Verträge |
| Di. | 21.10.52 | 18.00 | Fraktionsvorsitzende der Koalitionsparteien |
| Mo. | 27.10.52 | 17.30–24.00 | Koalitionsgespräch |
| Mi. | 29.10.52 | 16.30 | Schäffer, Erhard, Storch, Bernard, Vocke, Pferdmenges, Preusker, Strauß, dazu weitere Herren der Koalition |
| Do. | 6.11.52 | 18.00 | Besprechung Saarfrage mit: Brentano, Krone, Schäfer |
| Do. | 13.11.52 | 17.30 | Schäffer, Flecken, Frank, dazu: jeweils ein Fraktionsvorstandsmitglied der Koalitionsparteien und ein Steuersachverst. |

| | | | |
|---|---|---|---|
| Mo. | 17.11.52 | 16.00 | Besprechung mit den Fraktionsvorständen |
| Do. | 17.11.52 | 11.00 | Fraktionsvorsitzende der Koalitionsparteien und deren Stellvertreter |
| Fr. | 28.11.52 | 8.30 | Koalitionsgespräch |
| Mo. | 1.12.52 | 16.00 | Besprechung mit Koalitionsfraktionsvorsitzenden |
| Sa. | 6.12.52 | | Koalitionsgespräch |
| Fr. | 12.12.52 | 18.00–22.00 | Koalitionsgespräch |

---

| | | | |
|---|---|---|---|
| Do. | 8. 1.53 | 10.00 | Dehler, Hellwege, Lehr dazu: Schröder, Scharnberg, Schäfer, Schneider, Ripken |
| Di. | 13. 1.53 | 10.00 | Schäffer, Chef der Koalitionsfraktionen sowie je ein Finanzsachverständiger |
| Do. | 15. 1.53 | 20.00 | Abendessen des Kabinetts und der Koalitionsfraktionsvorstände |
| Mo. | 16. 3.53 | 16.00– | Besprechung Wahlrecht mit einigen Kabinettsmitgliedern und Koalitionsvertretern |
| Di. | 17. 3.53 | 19.30 | Finanz- und Haushaltsfragen mit Koalitionsvertretern. Anschließend: Kaltes Buffet. |
| Do. | 26. 3.53 | 10.30 | Besprechung mit Partei- und Fraktionsvorsitzenden der Koalitionsparteien (betr.: Wahlrecht) |
| Mo. | 27. 4.53 | 18.15 | Vorsitzende der Koalitionsfraktionen |
| Mo. | 4. 5.53 | 9.30 | Wahlrechtsbesprechung mit Koalitionsvertretern |
| Di. | 5. 5.53 | 9.30 | Koalitionsbesprechung mit den Ministern Schäffer und Blücher |
| Fr. | 15. 5.53 | 15.00 | Kabinett und Koalition |
| Mi. | 20. 5.53 | 10.00 | Minister und Koalitionsbesprechung betr.: Finanz- und Haushaltsfragen |
| Mo. | 1. 6.53 | 19.00 | Koalitionsbesprechung zu Wahlrechtsfragen |
| Di. | 16. 6.53 | 10.00 | Koalitionsbesprechung |
| Do. | 18. 6.53 | 10.00 | Koalitionsbesprechung |
| Mi. | 24. 6.53 | 18.00 | Koalitionsbesprechung (im Bundeshaus) |

A n l a g e   I I I

Auszug aus der Koalitionsvereinbarung 1957

(mit hoher Wahrscheinlichkeit abgeschlossen)


Quellencharakter:

Diese Passage blieb bis auf eine Änderung im letzten Punkt (Änderung wird dargestellt) während der Regierungsbildung im Jahre 1957 konstant, wohingegen sich die gesamte Vereinbarung, die in der ursprünglichen Form aus der Feder von Hans-Joachim von Merkatz stammt, deutlich veränderte. Sämtliche Versionen sind zu finden in: Nachlaß von Merkatz, in: Archiv für Christlich-Demokratische Politik der Konrad-Adenauer-Stiftung, St. Augustin, Mappe der Unterlagen zu den Koalitionsverhandlungen 1957.

Parlamentarische Zusammenarbeit
--------------------------------

Die zur Zusammenarbeit in der Koalition verbundenen Fraktionen der CDU/CSU und der DP (DP/FVP) vereinbaren,

1. daß die Vorsitzenden der Fraktionen mit je einem Mitglied des Fraktionsvorstandes und von Fall zu Fall auch in Begleitung eines sachverständigen Sprechers jeder Fraktion wöchentlich mindestens einmal an einem vorher bestimmten Tag einer jeden Arbeitswoche zu einer Aussprache zusammentreten, um die gemeinsame parlamentarische Arbeit vorzubereiten und unter den Fraktionen aufeinander abzustimmen.

2. Die Freiheit eigener Initiative einer jeden Fraktion soll damit nicht beschränkt werden.

3. Der Vorsitz in diesem Koalitionsausschuß wechselt von Woche zu Woche nach einer festgelegten Reihenfolge unter den Fraktionen.

4. Der Bundeskanzler und die Bundesminister der Koalition sollen das Recht haben, an den Sitzungen des Koalitionsausschusses teilzunehmen. Nimmt der Bundeskanzler teil, so führt er den Vorsitz. Der Koalitionsausschuß oder ein Fraktionsvorsitzender kann den Bundeskanzler und einen jeden Bundesminister der Koalition um Teilnahme an einer Sitzung des Koalitionsausschusses ersuchen.

5. Der Bundeskanzler soll die Vorsitzenden der Koalitionsfraktionen zu grundlegenden Aussprachen über die Richtlinienpolitik in engstem Kreise

nach seinem Ermessen, möglichst aber in regelmäßigen Zeitabständen, zusammenrufen.
6. Die Koalitionsfraktionen setzen sich über die Planung ihrer parlamentarischen Vorhaben in Kenntnis und konsultieren sich vor Einleitung solcher Schritte (Anträge, Interpellationen, Vorlagen).
7. Vor Behandlung von parlamentarischen Gegenständen in den Arbeitskreisen konsultieren sich die Koalitionsfraktionen, um möglichst zu verhindern, daß eine Koalitionsfraktion vor vollendete Tatsachen gestellt wird und daß sie die Möglichkeit erhält, ihre Meinung zu dem betreffenden Gegenstand zu sagen. Die Koalitionsfraktionen verpflichten sich, diese Meinungen in ihren zuständigen Gremien vor Beschlüssen zu erörtern.
8. Die Koalitionsfraktionen verständigen sich über einen von Sachverständigen auszuarbeitenden Plan, die Arbeit im Bundestag zu vereinfachen und zweckmäßiger zu gestalten mit dem Ziel,
    a) nicht so sehr ministerielle Facharbeit zu leisten, als vielmehr zu politischen Entscheidungen zu kommen;
    b) Kraft und Zeit der Abgeordneten zu schonen und auf das politisch Wesentliche zu sammeln;
    c) den Turnus der Arbeitswochen so zu legen, daß genügend Zeit für gründliche Vorbereitung, für politische und organisatorische Arbeit in der Partei, im vorparlamentarischen Raum und in der Betreuung des Wahlkreises sowie für die Berufsarbeit auch bei den Spitzenkräften des Bundestages übrig bleibt;
    d) die Verhandlungen im Bundestag und die Redezeit zu straffen und grundsätzlich durch den Fortfall der ersten Lesung bei Gesetzesvorlagen abzukürzen.
9. Der Fraktion der Deutschen Partei wird mindestens ein Sitz in allen Ausschüssen und Unterausschüssen und in allen internationalen Gremien zugesichert.

Änderung von 9.
9. Die Fraktion der Deutschen Partei erhält mindestens einen Sitz in allen Ausschüssen und Unterausschüssen und in allen internationalen parlamentarischen Gremien sowie einen - von den vier - Vizepräsidenten des Bundestages.

Anlage IV

Teilnehmer an den Beratungen des Entscheidungskreises

um Adenauer in der 2. und 3. Legislaturperiode (1954 - 1961)

Quelle:

Domes, Jürgen: Mehrheitsfraktion und Bundesregierung (Aspekte des Verhältnisses der Fraktion der CDU/CSU im zweiten und dritten Bundestag zum Kabinett Adenauer) Köln/Opladen, 1964, S. 164.

(Anmerkung: Rubrizierung vom Autor dieser Studie)

| Namen | 2. Wahlperiode | 3. Wahlperiode |
|---|---|---|
| Dr. Globke | x | x |
| Prof. Erhard | x | x |
| Schäffer | x | |
| Dr. Schröder | x | x |
| Strauß | x | x |
| Dr. v. Brentano | x | x |
| Kaiser | x | |
| Etzel | | x |
| Schwarz | | x |
| Dr. Krone | x | x |
| Stücklen | x | |
| Arndgen | x | x |
| Schmücker | x | x |
| Hellwig | x | x |
| Pferdmenges | x | x |
| Helene Weber | x | x |
| Katzer | | x |
| Majonica | | x |
| Höcherl | | x |
| Dr. Dollinger | | x |

Anlage V

Koalitionsgespräche bei Adenauer in der zweiten

Legislaturperiode (1954 - 1957)


Quellencharakter:

Im Gegensatz zur ersten tabellarischen Übersicht über die Koalitionsgespräche beim Kanzler (Vgl. Anlage II) konnten für diesen Zeitraum keinerlei Terminkalender des Kanzlers aus der Stiftung Bundeskanzler-Adenauer-Haus in Rhöndorf verwandt werden. Die vorliegende Liste kann sich dennoch auf relevantes Material stützen. Sie basiert z.B. auf den Terminkalendern von Erich Mende (im Privatbesitz) und Thomas Dehler (im Politischen Archiv der Friedrich Naumann Stiftung in Bonn). Daneben konnte auf weitere Unterlagen von Beteiligten zurückgegriffen werden, auf Fraktionsunterlagen der CDU/CSU und der FDP sowie auf publizistisches Material sowie gelegentliche Funde in der Literatur und in Quellentexten. Man kann davon ausgehen, daß durch dieses Raster ein fast durchgängiges Bild der Koalitionsgespräche in den Jahren 1954 und 1955 ermittelt werden konnte.
Wesentlich ungünstiger ist die dokumentarische Situation nach dem Zeitpunkt des Ausscheidens der Liberalen aus der Koalition im Jahre 1956. Die eigentliche Basis für eine flächendeckende Ermittlung der Koalitionsgespräche in der 2. Legislaturperiode, die Materialien von Dehler und Mende, hatten nun keine Relevanz mehr. Zwar konnten aus dem "Restbestand" an Quellen noch immer zahlreiche Gespräche ermittelt werden, von einem durchgängigen Bild der Koalitionsgespräche kann aber nicht mehr gesprochen werden.

===========================================================================

| Mo. | 11. 1.54 | 17.30 | Koalitionsgespräch (Wehrfrage) |
| Di. | 12. 1.54 | 20.00–0.10 | Abendessen für die Fraktionsvorstände und deren Stellvertreter aus den Koalitionsparteien |
| Do. | 28. 1.54 | 17.00 | Krone, Merkatz, Dehler, Kraft und ein Herr der CSU |
| Mo. | 8. 2.54 | 20.00 | Koalitionsgespräch |
| Mi. | 10. 2.54 | 17.00 | Fraktionsvorstände und je ein Vertreter des Rechtsausschusses |
| Di. | 16. 2.54 | 20.00–23.00 | Abendessen Fraktionsvorstände beim Bundeskanzler |
| Mo. | 22. 2.54 | 20.00 | Koalitionsgespräch mit: Cillien, Krone, Stücklen, Dehler, Euler, Mende, Blank (FDP), Eckardt, Haasler, Samwer, Matthes |
| Mi. | 24. 2.54 | 17.30–19.30 | Koalitionsgespräch |

| | | | |
|---|---|---|---|
| Do. | 25. 2.54 | 17.30–19.15 | Koalitionsgespräch |
| Fr. | 5. 3.54 | 11.30 | Sitzung mit den Fraktionsvorständen Weber, Hoogen, Schneider |
| Mo. | 8. 3.54 | 10.00 | Kabinett und Koalition |
| Mo. | 5. 4.54 | 16.30 | Koalitionsfraktionsvorsitzende sowie Schäffer und Tillmanns (Finanz- und Steuerfragen) |
| | | 19.30–22.30 | Abendessen Bundeskanzler mit Fraktionsvorständen |
| Di. | 27. 4.54 | 19.30–22.30 | Koalitionsgespräch mit Abendessen |
| Do. | 29. 4.54 | 15.30–16.00 | Koalitionsgespräch zur Saarfrage |
| Mo. | 24. 5.54 | 18.00–22.00 | Koalitionsgespräch mit: Cillien, Krone, Tillmanns, Dehler, Mende, Blank (FDP), Wellhausen, Eckardt, Furler, Stücklen |
| Di. | 25. 5.54 | 19.00 | Fraktionsvorsitzende. Anschließend Abendessen |
| Mo. | 14. 6.54 | 18.30 | Koalitionsfraktionsvorsitzende. Anschließend Abendessen |
| Mi. | 30. 6.54 | 20.30 | Abendessen mit Koalitionsfraktionsvorständen |
| Mi. | 1. 9.54 | | Kabinett und Koalition |
| Mo. | 13. 9.54 | 16.00 | Koalitionsgespräch |
| Di. | 14. 9.54 | 18.00 | Koalitionsbesprechung (Steuerreform) |
| Mi. | 15. 9.54 | 10.30 | Koalitionsfraktionsvorstände (Fall John) |
| Di. | 21. 9.54 | 16.00 | Koalitionsfraktionsvorsitzende |
| Di. | 5.10.54 | 9.30 | Kabinett und Koalition |
| Fr. | 8.10.54 | 9.00 | Schäffer, Strauß, Wellhausen, Neuburger, Pferdmenges, Brentano, Krone, Eickhoff, Eckardt |
| Mo. | 18.10.54 | 18.00 | Koalitionsgespräch |
| Mo. | 8.11.54 | 16.00–19.00 | Koalitionsgespräch mit 23 Anwesenden |
| Mi. | 10.11.54 | 16.00 | Koalitionsgespräch |
| Do. | 11.11.54 | 17.30 | Koalitionsgespräch |
| Mo. | 29.11.54 | 17.00 | Koalitionsfraktionsvorsitzende (Kriegsopfer) |
| Di. | 7.12.54 | 10.00–12.00 | Koalitionsgespräch (Außenpolitik, Verträge) |
| | | 16.30–18.00 | Koalitionsgespräch |

---

| | | | |
|---|---|---|---|
| Do. | 6. 1.55 | 18.00 | Besprechung mit: Brentano, Stücklen, Dehler, Haasler, Merkatz, Gerstenmaier, Globke, Hallstein, Blankenhorn |
| | | 19.00 | Besprechung mit: Kiesinger, Vogel, Naegel Brookmann, Pferdmenges, Krone. Dazu von der FDP: Pfleiderer, Mende, Schneider, Blank, Wellhausen. DP: Matthes, Eickhoff. BHE:(drei Herren), Seiboth.(Pariser Verträge,Soziale Frage) |

| | | | |
|---|---|---|---|
| Mi. | 19. 1.55 | 19.00 | Koalitionsgespräch mit Abendessen |
| Fr. | 18. 1.55 | 10.00 | Koalitionsfraktionsvorsitzende |
| Do. | 3. 2.55 | 17.00 | Koalitionsgespräch Saar |
| Mo. | 7. 2.55 | 11.00 | Koalitionsfraktionsvorsitzende |
| Mi. | 9. 2.55 | 17.00 | Koalitionsgespräch |
| Do. | 10. 2.55 | 11.00 | Koalitionsgespräch |
| Mo. | 14. 2.55 | 12.00 | Koalitionsgespräch |
| So. | 20. 2.55 | 10.00 | Koalitionsgespräch (mit Hallstein und Blankenhorn) |
| Mi. | 23. 2.55 | 12.00–13.00 | Koalitionsgespräch (Saarfrage) |
| Mo. | 28. 2.55 | | Koalitionsgespräch (Saarfrage/Pariser Vertrag) |
| Do. | 10. 3.55 | 16.30 | Koalitionsgespräch (Verkehrsgesetz) |
| Di. | 22. 3.55 | 10.30–14.00 | Koalitionsgespräch (Verkehrsgesetz) mit Seebohm, Schäffer, Erhard |
| Fr. | 6. 5.55 | 17.00 | Koalitionsgespräch |
| Fr. | 13. 5.55 | 9.30–12.30 | Kabinett und Koalition |
| Do. | 26. 5.55 | 17.00 | Koalitionsgespräch (Freiwilligengesetz) |
| Fr. | 27. 5.55 | 16.00 | Koalitionsgespräch |
| Do. | 2. 6.55 | 16.00 | Koalitionsgespräch |
| Mo. | 20. 6.55 | 18.00 | Koalitionsgespräch |
| Fr. | 24. 6.55 | 16.00 | Koalitionsgespräch (Freiwilligengesetz) |
| Mo | 4. 7.55 | 17.00–20.00 | Koalitionsgespräch (Freiwilligengesetz) |
| Fr. | 8. 7.55 | | Koalitionsgespräch (Personalgutachterausschuß) |
| Di. | 12. 7.55 | 11.30–14.00 | Koalitionsgespräch |
| Mo. | 14.11.55 | 20.00–22.00 | Koalitionsgespräch |
| Sa. | 19.11.55 | 9.00–13.00 | Koalitionsgespräch |
| Di. | 6.12.55 | 10.00 | Vorbesprechung zum Koalitionsgespräch Krone, Stücklen, Brühler |
| | | 16.00–19.30 | Koalitionsgespräch mit: Krone, Stücklen, Brühler, Dehler, Mende, Schneider, Euler, Blank, Schäfer (Koalitionskrise) ((Tonbandaufzeichnungen, Stenogramm)) |
| Mi. | 7.12.55 | 10.00 | Vorbesprechung zum Koalitionsgespräch mit CDU/CSU und DP |
| | | 10.30–13.00 | Koalitionsgespräch |
| Di. | 13.12.55 | 10.00 | Vorbesprechung zum Koalitionsgespräch |
| | | 11.00–13.00 | Koalitionsgespräch |

---

| | | | |
|---|---|---|---|
| Fr. | 13. 1.56 | 18.00 | Koalitionsgespräch mit: Krone, Stücklen, Rasner, Scharnberg, Haußmann, Weyer, Leverenz, Mende, Becker, Euler, Schneider, Eickhoff |
| Do. | 19. 1.56 | 16.00 | Koalitionsgespräch (Wahlrecht) |

| | | | |
|---|---|---|---|
| Mo. | 30. 1.56 | 17.00–20.30 | Koalitionsgespräch |
| Do. | 9. 2.56 | 18.00–20.00 | Koalitionsgespräch |
| Do. | 17. 5.56 | 10.00 | Koalitionsgespräch |
| Mo. | 28. 5.56 | 18.00 | Koalitionsgespräch |
| Do. | 28. 6.56 | 9.15 | Koalitionsgespräch mit: Kiesinger, Majonica, Lemmer, Furler, Müller-Hermann, Manteufel, Elbrächter, Merkatz (Außenpolitik) |
| Mi. | 11. 7.56 | 18.30 | Vorsitzende der Koalitionsfraktionen |
| Mi. | 3.10.56 | 16.30 | Koalitionsgespräch mit: Krone, Stücklen, Seidel, Preusker, Schneider, Merkatz, Brühler |
| | | 17.15 | dazu: Vogel, Horn, Hellwig, Struwe, Strauß, Wacher, Manteuffel, Matthes, Elbrächter |
| Fr. | 12.10.56 | | Koalitionsgespräch |
| Di. | 16.10.56 | 15.00 | Vorsitzende Koalitionsfraktionen |
| Fr. | 2.11.56 | 16.15 | Koalitionsgespräch (Sozialreform, Agraranträge der DP, Berlin) |
| Di. | 20.11.56 | 17.30 | Vorsitzende der Koalitionsfraktionen und Experten für Sozialreform |

---

| | | | |
|---|---|---|---|
| Do. | 11. 4.57 | 17.00 | Koalitionsgespräch |
| Fr. | 28. 6.57 | 17.00 | Koalitionsgespräch |
| Do. | 11. 7.57 | 10.00 | Koalitionsgespräch |
| Do. | 29. 8.57 | 9.00 | Koalitionsfraktionsvorsitzende |

# Anlage VI

## Sitzungen des Koalitionsausschusses in der zweiten Legislaturperiode (1954 - 1957)

Quellencharakter:

Es muß mit Nachdruck darauf hingewiesen werden, daß es sich bei der vorgelegten Liste nur um einen ersten Versuch handeln kann. Die Bemerkungen zum Quellencharakter von Anlage I bleiben auch hier im Grunde gültig, hinzu kommen als wesentliche Datenträger die Terminkalender von Thomas Dehler und Informationen aus dem Archiv für Christlich-Demokratische Politik der Konrad-Adenauer-Stiftung. Dennoch konnte offensichtlich nur ein Bruchteil der Sitzungen des Koalitionsausschusses erfaßt werden, vor allen Dingen bei Terminen ohne Uhrzeitnennung und Personenangabe besteht immer die "Gefahr", daß die Einordnung in die Kategorie Koalitionsausschuß aus Mangel an Wissen über alle tatsächlichen Teilnehmer insofern ein Irrläufer war, als es sich faktisch um ein Koalitionsgespräch beim Kanzler handelte.
Der Koalitionsausschuß aus dem ersten Jahrzehnt der Bundesrepublik wird zudem immer schwieriger flächendeckend zu dokumentieren sein, als hier kein offizielles Datenmaterial (z.B. kanzlerische Terminkalender) vorhanden ist.

| | | | |
|---|---|---|---|
| Mo. | 8. 2.54 | 17.00–20.00 | |
| Do. | 25. 2.54 | 8.30 | |
| Mo. | 8. 3.54 | | |
| Fr. | 30. 4.54 | | |
| Mo. | 17. 5.54 | 20.30 | Brentano, Cillien, Krone, Haasler, Samwer, Dehler, Mende, Scharnberg, Merkatz, Eickhoff |
| Mo. | 5. 7.54 | 18.00 | |
| Mi. | 15. 9.54 | | Fall John |
| Mo. | 28. 2.55 | | |
| Mo. | 20. 6.55 | 14.15 | |
| Mo. | 11. 7.55 | | |
| Mi. | 13. 7.55 | 12.00 | |
| Mi. | 27. 7.55 | 8.30 | |
| Di. | 5. 8.55 | 16.00–18.45 | |
| Mo. | 10.10.55 | 20.00–23.00 | |
| Fr. | 14.10.55 | 15.00 | |
| Fr. | 4.11.55 | 12.00 | Brentano, Lenz, Strauß, Dehler, |

|       |           |                | Rösing, Mende |
|-------|-----------|----------------|---|
| Mo.   | 7.11.55   | 20.00          |   |
| Mo.   | 14.11.55  | 18.00          |   |
| Do.   | 24.11.55  | 19.00–19.30    |   |

---

| Di. | 31. 1.56 | 13.00–15.00 | Krone, Stücklen, Bucher, Mende |
|-----|----------|-------------|---|
| Mi. | 1. 2.56  | 17.30       |   |
| Do. | 2. 2.56  | 12.00       |   |
| Mo. | 20. 2.56 | 14.00       |   |
| Mi. | 6. 6.56  |             |   |
| Mo. | 26.11.56 |             |   |
| Mo. | 3.12.56  |             |   |
| Mo. | 10.12.56 |             |   |

---

| Mo. | 7. 1.57  |
|-----|----------|
| Mo. | 28. 1.57 |
| Mo. | 4. 2.57  |
| Mo. | 25. 2.57 |
| Mo. | 11. 3.57 |
| Mo. | 18. 3.57 |
| Mo. | 1. 4.57  |
| Mo. | 8. 4.57  |
| Do. | 2. 5.57  |
| Mo. | 20. 5.57 |

Anlage VII

## Sitzungen des Koalitionsausschusses während der Kanzlerschaft Adenauers in der 4. Legislaturperiode (1961 - 1963)

Quellencharakter:

Als Materialien für die folgende tabellarische Übersicht konnten die Terminkalender von Erich Mende aus dieser Zeit, die FDP-Fraktionsunterlagen für diese Jahre im Politischen Archiv der Friedrich-Naumann-Stiftung in Bonn sowie die im Fraktionsarchiv der Bonner FDP lagernden internen FDP-Protokolle über die damaligen Koalitionsausschußsitzungen benutzt werden. Als Abrundung wurde publizistisches Material verwandt. Zur Benutzung der internen FDP-Protokolle sind einige Anmerkungen nötig. Es handelt sich dabei in aller Regel um Ergebnisprotokolle, die normalerweise vom damaligen Geschäftsführer der Fraktion, Hans-Dietrich Genscher verfaßt wurden. Bei absolut unterschiedlicher Länge der Vermerke werden in ihnen der jeweilige Teilnehmerkreis sowie die wichtigsten Ergebnisse der Koalitionsausschußsitzungen festgehalten. Zur Erstellung dieser Tabelle stand nur die personelle (und sonstige datentechnische) Seite der Protokolle zur Verfügung, sprich Recherchen zu den behandelten Inhalten waren auf dieser dokumentarisch als sehr verläßlich anzusehenden Basis nicht möglich. In der folgenden Aufstellung sind deshalb auch die durch anderes Material vereinzelt bekanntgewordenen Gesprächsinhalte nicht verzeichnet.
Die anderen FDP-Unterlagen machten deutlich, daß nicht alle Koalitionstermine ihren Niederschlag in den internen FDP-Vermerken gefunden haben respektive, daß die Sammlung der FDP-Fraktion nicht vollständig ist. Liegt für einen Koalitionsausschußtermin ein internes FDP-Protokoll vor, wird dies in der Tabelle mit einem "(P)" bezeichnet.

| | | | | |
|---|---|---|---|---|
| Mo. | 27.11.61 | 16.00 | | Brentano, Dollinger, Rasner, Horn, Mende, Zoglmann, Spitzmüller, Krone |
| Mo. | 4.12.61 | 11.00 | | |
| Mo. | 11.12.61 | 14.30 | | |
| Mi. | 10. 1.62 | 10.00 | | Brentano, Arndgen, Heck, Rasner, Mende, Schmücker, Wacher, Kühlmann, Bucher, Zoglmann |
| Di. | 16. 1.62 | 9.00 | | |
| Di. | 23. 1.62 | 9.30 | (P) | Brentano, Dollinger, Heck, Mende, Bucher, Döring, Kühlmann, Dürr, Zoglmann, Genscher |
| Di. | 30. 1.62 | 9.30 | (P) | Schmücker, Dollinger, Wacher, Arndgen, Rösing, Mende, Bucher, Döring, Dürr, Zoglmann, Weber, Genscher |

| | | | | |
|---|---|---|---|---|
| Mi. | 14. 2.62 | 12.00 | (P) | Dollinger, Schmücker, Rasner, Heck, Arndgen, Struve, Rösing, Bucher, Döring, Kühlmann, Dürr, Kreitmeyer, Rutschke, Spitzmüller, Genscher |
| Di. | 20. 2.62 | 9.30 | | |
| Di. | 13. 3.62 | 11.00 | (P) | Höcherl, Brentano, Dollinger, Schmidt, (Wuppertal), Rasner, Wacher, Rösing, Starke, Mende, Bucher, Döring, Kühlmann, Dürr, Zoglmann, Genscher |
| Do. | 15. 3.62 | | | |
| Di. | 20. 3.62 | 9.30 | (P) | Brentano, Arndgen, Dollinger, Heck, Rasner, Wacher, Rösing, Döring, Kühlmann, Dürr, Zoglmann, Brodesser |
| Do. | 22. 3.62 | 18.00 | (P) | Dollinger, Heck, Wacher, Baier, Dichgans, Czaja, Stein, Stiller, Mick, Kühlmann, Dürr, Atzenroth, Rutschke, Brodesser, StS. Ernst |
| Di. | 3. 4.62 | 9.30 | | |
| Mi. | 4. 4.62 | 9.30 | (P) | Brentano, Arndgen, Dollinger, Heck, Niederalt, Rasner, Stoltenberg, Struve, Dr. Vogel, Rösing, Wacher, Mende, Scheel, Stammberger, Starke, Atzenroth, Bucher, Döring, Dürr, Effertz, Emde, Imle, Kreitmeyer, Margulies, Mertes, Soetebier, Zoglmann, Genscher, StS. Hüttebräuker |
| Di. | 10. 4.62 | 10.30 | (P) | Schmücker, Brand, Etzel, Schmidt (Wuppertal), Starke, Kühlmann, Dürr, Zoglmann, Emde, Imle, Mertes |
| Mi. | 11. 4.62 | 9.30 | | |
| Di. | 20. 4.62 | | | |
| Di. | 8. 5.62 | 9.30 | (P) | Brentano, Blank, Arndgen, Dollinger, Heck, Wacher, Rösing, Döring, Kühlmann, Starke, Dürr, Zoglmann, Spitzmüller, Genscher |
| Mi. | 9. 5.62 | 14.30 | (P) | Arndgen, Struve, Heck, Elbrächter, Rösing, Mende, Starke, Bucher, Döring, Kühlmann, Zoglmann, Effertz, Ertl, Genscher |
| Di. | 15. 5.62 | 9.30 | (P) | Erhard, Brentano, Arndgen, Dollinger, Heck, Wacher, Elbrächter, Rommerskirchen, Stoltenberg, Rösing, Mende, Bucher, Döring, Kühlmann, Zoglmann, Aschoff, Emde, Imle, Kreitmeyer, Menne, Genscher |
| Mi. | 16. 5.62 | 9.15 | (P) | Arndgen, Dollinger, Heck, Elbrächter, Rösing, Kühlmann, Zoglmann, Atzenroth, Starke, Genscher, Dr. Vogel (Finanzministerium) |
| Di. | 22. 5.62 | 9.30 | | |
| Mi. | 13. 6.62 | 8.00 | (P) | Blank, Höcherl, Arndgen, Dollinger, Schmücker, Struve, Rasner, Wacher, Rösing, Starke, Mende, Bucher, Döring, Kühlmann, Dürr, Zoglmann, Genscher. |

| | | | | |
|---|---|---|---|---|
| Di. | 19. 6.62 | 10.00 | (P) | Arndgen, Schmücker, Rasner, Wacher, Niederalt, Stoltenberg, Rösing, Mischnick, Starke, Bucher, Döring, Dürr, Zoglmann, Effertz, Genscher. |
| Di. | 26. 6.62 | 9.00 | | |
| Mi. | 3.10.62 | 10.00 | | |
| Di. | 16.10.62 | 11.00 | | |
| Di. | 23.10.62 | 9.00 | | |
| Di. | 13.11.62 | 9.30 | (P) | Brentano, Arndgen, Rasner, Schmücker, Struve, Wacher, Stoltenberg, Rösing, Mende, Bucher, Kühlmann, Dürr, Zoglmann, Genscher |
| Di. | 11.12.62 | 10.00 | (P) | Brentano, Arndgen, Heck, Rasner, Niederalt, Stingl, Brück, Rösing, Bucher, Kühlmann, Dürr, Emde, Peters, Weber, Genscher. |

---

| | | | | |
|---|---|---|---|---|
| Di. | 8. 1.63 | 11.00 | | |
| Di. | 15. 1.63 | 10.00 | | Krone, Lücke, Höcherl, Mende, Kühlmann |
| Mi. | 16. 1.63 | 20.00 | | |
| Di. | 22. 1.63 | 11.00 | | |
| Di. | 5. 2.63 | 17.00 | | |
| Do. | 14. 2.63 | 17.30 | | |
| Mi. | 6. 3.63 | 13.15 | | |
| Di. | 12. 3.63 | 11.00 | | |
| Do. | 28. 3.63 | | | |
| Di. | 7. 5.63 | 10.30 | (P) | Brentano, Schmücker, Rasner, Wagner, Dr. Vogel, Mende, Kühlmann, Schultz, Emde, Dürr, Rutschke, Genscher. |
| Di. | 3. 9.63 | | | Brentano, Schmücker, Bauer, Mende, Kühlmann, Zoglmann |

Anlage VIII

## Koalitionsgespräche bei Adenauer in der vierten

## Legislaturperiode (1962 - 1963)

Quellencharakter:

Als Unterlagen für die anschließende Rubrik konnten die Terminkalender von Erich Mende aus dieser Zeit, Unterlagen von Beteiligten sowie FDP-Fraktionsmaterial aus dem Politischen Archiv der Friedrich-Naumann-Stiftung in Bonn sowie abrundend Pressematerial benutzt werden.
In dieser Tabelle sind solche "Koalitionsgespräche" nicht erfaßt, die dazu dienten, die jeweiligen Regierungen erst zu konstruieren, d.h. im vorliegenden Fall das 4. Kabinett Adenauer im Oktober/November 1961, das 5. Kabinett Adenauer im Dezember 1962 sowie die erste Regierung Erhard im September/Oktober 1963.

| | | | |
|---|---|---|---|
| Mo. | 19. 2.62 | | Brentano, Schmücker, Dollinger, Arndgen, Weber, Brand, Etzel, Schütz, Majonica, Rasner, Heck, Wacher, Pferdmenges, Mende, Kühlmann, Kreitmeyer, Starke, Erhard, Blank |
| Do. | 15. 3.62 | 17.00 | Erhard, Höcherl, Krone, Brentano, Schmücker, Arndgen, Dollinger, Niederalt, Wacher, Starke, Bucher, Döring, Kühlmann, Dürr, Zoglmann, Kreitmeyer, Genscher |
| Mi. | 13. 6.62 | 9.30 | Mende, Starke, Höcherl, Brentano, Döring, Zoglmann, Rasner |
| Mi. (Friedenskonferenz) | 11. 7.62 | 16.30 | Krone, Brentano, Dollinger, Mende, Lenz, Bucher, Döring, Kühlmann, Struve, Rasner, Dufhues, Strauß, Erhard, Starke |
| Mo. | 23. 7.62 | | |
| Di. | 28. 8.62 | 17.00 | Brentano, Rasner, Wacher, Mende, Mischnick, Zoglmann |
| Mo. | 8.10.62 | 18.00 | |
| Di. | 16.10.62 | 10.30 | Höcherl, Krone, Blank, Brentano, Rasner, Dollinger, Schmücker, Heck, Brück, Stingl, Vogel, Niederalt |
| | | 11.00 | dazu: Mende, Starke, Spitzmüller, Rutschke, Bucher |
| (Do. | 18.10.62 | 11.00 | Ausfall) |
| Di. | 23.10.62 | 9.00 | Höcherl, Krone, Blank, Gerstenmaier, Brentano, Rasner, Dollinger, Schmücker, Heck, Brück, Stingl, Vogel, Niederalt, Globke, Mende, Starke, Spitzmüller, Rutschke |
| Mo. | 5.11.62 | 9.30 | Brentano, Dollinger, Gerstenmaier, Dufhues, Globke |

|  |  | 10.30 | dazu: Mende, Zoglmann, Döring, Starke, Mischnick, Stammberger |
|---|---|---|---|
| Sa. | 17.11.62 | 10.30 | Krone, Brentano, Schmücker, |
|  |  | 11.15 | Adenauer, Mende, Döring, Kühlmann, Bucher |
|  |  | 12.00 | Krone, Brentano, Schmücker, Schütz, Brand, Wacher, Niederalt, Heck, Arndgen, Mende, Döring, Kühlmann, Bucher |

---

Do. 4. 4.63      10.00    Krone, Schmücker, Schröder, Majonica,
(in Cadenabbia)           Jaeger, Stiller, Mende, Kühlmann, Schultz,
                          Zoglmann, Achenbach, Scheel

# BIBLIOGRAPHIE

Allgemeine Quellen, publiziert

ARCHIV DER GEGENWART, Bonn/Wien/Zürich:
-29. Jg., (1959)
-33. Jg., (1963)
(In dieser Arbeit zitiert: AdG)

AUSWÄRTIGES AMT (Hrsg.): Die Auswärtige Politik der Bundesrepublik, Köln, 1973.

DEUTSCHER BUNDESTAG (Presse- und Informationszentrum, Referat Öffentlichkeitsarbeit) (Hrsg.):
-30 Jahre Deutscher Bundestag (Dokumentation, Statistik, Daten/bearbeitet von Peter Schindler), Bonn, 1979.
-Chronik (Debatten, Gesetze, Kommentare) Deutscher Bundestag (1953-1957, 2. Legislaturperiode. Eine Dokumentation), Bonn, o.J..

CDU-DEUTSCHLANDS (teilweise: Bundesgeschäftsstelle der) (Hrsg.):
-Erster Parteitag der Christlich Demokratischen Union Deutschlands, Goslar, 20. - 22. Oktober 1950 (Bericht und Protokoll), Bonn, o.J..
-Zweiter Parteitag der Christlich Demokratischen Union Deutschlands, Karlsruhe, 18. - 21. Oktober 1951 (Bericht und Protokoll), Bonn, o.J..
-Dritter Parteitag der Christlich Demokratischen Union Deutschlands, Berlin, 17.-19. Oktober 1952 (Bericht und Protokoll), Bonn, o.J..
-4. Bundesparteitag der Christlich Demokratischen Union Deutschlands, 18. - 22. April 1953 Hamburg (Bericht und Protokoll), Bonn, o.J..
-5. Bundesparteitag CDU, Köln, 28. - 30. Mai 1954 (Bericht und Protokoll) Bonn, o.J..
-6. Bundesparteitag CDU, Stuttgart, 26. - 29.4.1956 (Bericht und Protokoll), Hamburg, o.J..
-7. Bundesparteitag der CDU, Hamburg, 11. - 15. Mai 1957 (Bericht und Protokoll), Hamburg, o.J..
-8. Bundesparteitag der CDU, Kiel, 18. - 21.9.1958 (Bericht und Protokoll), Hamburg, o.J..
-9. Bundesparteitag der CDU, Karlsruhe, 26. - 29.4.1960 (Bericht und Protokoll), Hamburg, o.J..
-11. Bundesparteitag der CDU, Dortmund, 2. - 5. Juni 1962 (Bericht und Protokoll), Hamburg, o.J..
-12. Bundesparteitag der CDU, Hamburg, 14. - 17. März 1964 (Bericht und Protokoll), Hamburg, o.J..
-14. Bundesparteitag der CDU, Bonn, 21. - 23. März 1966 (Niederschrift), Bonn, o.J..
-17. Bundesparteitag der CDU, Mainz, 17./18. November 1969 (Niederschrift), Bonn, o.J..

FLECHTHEIM, Ossip K. (Hrsg.): Dokumente zur parteipolitischen Entwicklung in Deutschland seit 1945:
-Zweiter Band: Programmatik der deutschen Parteien, Erster Teil, Berlin, 1963.

-Achter Band. A: Parteienfinanzierung. B: Zwischenparteiliche Beziehungen, Berlin, 1970.

FÜSSLEIN, R.W. (Hrsg.): Das Bonner Grundgesetz und das Besatzungsstatut (Volks- und Schulausgabe), Minden/Frankfurt-Main, 1949.
Koalitionsabkommen von:
1961: in:
  -GERBER, Helmut: Koalitionsabkommen im Bund, Stuttgart, 1964, S. 261 ff (Teilabdruck).
  -MENDE, Erich:
   +Die FDP (Daten.Fakten.Hintergründe), Stuttgart, 1972, S. 197 ff (Teilabdruck).
   +Die schwierige Regierungsbildung von 1961, in: Blumenwitz, Dieter/Gotto, Klaus/Maier, Hans/Repgen, Konrad/Schwarz, Hans-Peter (Hrsg.): Konrad Adenauer und seine Zeit (Politik und Persönlichkeit des ersten Bundeskanzlers), Band I (Beiträge von Weg- und Zeitgenossen), Stuttgart, 1976, S. 314 ff (Teilabdruck).
  -SCHÜLE, Adolf: Koalitionsvereinbarungen im Lichte des Verfassungsrechts (Eine Studie zur deutschen Lehre und Praxis) (Mit einem Dokumentationsanhang), Tübingen, 1964, S. 137 ff.
  -WEBER, Harald: Der Koalitionsvertrag (überarbeitet von Assessor Franz Hubert Timmermann), Bonn, o.J., 180 ff.
  -"Die deutsche Einheit ist unverrückbares Ziel deutscher Politik" (Der Inhalt des Koalitionsabkommens der Union mit den Freien Demokraten), in: Frankfurter Allgemeine Zeitung, o.Jg., Nr. 257, v. 4. 11. 1961,S.4.
  -Das Koalitionsabkommen zwischen CDU/CSU und FDP (Die Fraktionen sollen einheitlich abstimmen/Mit der Opposition dürfen keine Mehrheiten gebildet werden), in: Süddeutsche Zeitung, 17. Jg., Nr. 266, v. 7.11.1961 S. 6.
  -Alle Gesetzentwürfe sollen in den Koalitionsausschuß (Der Wortlaut des Abkommens zwischen den Koalitionsparteien und den Freien Demokraten vom 20. Oktober), in: Die Welt, o.Jg., Nr. 259, v. 6.11.1961, S. 6.
1962: in:
  -SCHÜLE, Adolf: Koalitionsvereinbarungen im Lichte des Verfassungsrechts (Eine Studie zur deutschen Lehre und Praxis) (Mit einem Dokumentenanhang), Tübingen, 1964, S. 143 ff.

MEISSNER, Boris (Hrsg.): Die deutsche Ostpolitik, 1961 - 1970 (Kontinuität und Wandel), Köln, 1970.

MERCKER, Reinhold (Hrsg.): Grundgesetz (für die Bundesrepublik Deutschland vom 23. Mai 1949) (Textausgabe mit Sachregister/Ausgabe August 1965) Stuttgart, 1967.

PULTE, Peter (Hrsg.): Regierungserklärungen, 1949 - 1973, Berlin/New York, 1973.

SIEGLER, Heinrich von (Hrsg.): Wiedervereinigung und Sicherheit Deutschlands, Band I, 1944-1963, (Eine dokumentarische Diskussionsgrundlage), Bonn/Wien/Zürich, 1967.

SCHUBERT, Klaus von (Hrsg.): Sicherheitspolitik der Bundesrepublik Deutschland (Dokumentation, 1945 - 1977, Teil 1), Köln, 1978.

VERHANDLUNGEN DES DEUTSCHEN BUNDESTAGES, Stenographische Berichte:
- 1. Legislaturperiode:
  + 1949:   Band 1, Bonn, 1950
  + 1950:   Band 3, Bonn, 1950
  + 1951:   Band 7, Bonn, 1951
            Band 9, Bonn, 1951
  + 1952:   Band 10, Bonn, 1952
- 2. Legislaturperiode:
  + 1954:   Band 22, Bonn, 1954
  + 1955:   Band 23, Bonn, 1955
  + 1956:   Band 28, Bonn, 1956
- 3. Legislaturperiode:
  + 1958:   Band 39, Bonn, 1958
            Band 40, Bonn, 1958
  + 1959:   Band 43, Bonn, 1959
  + 1960:   Band 46, Bonn, 1960
- 4. Legislaturperiode:
  + 1962    Band 50, Bonn, 1962
            Band 51, Bonn, 1962
  + 1963    Band 52, Bonn, 1963

REGISTER (zu den Verhandlungen) des Deutschen Bundestages (und zu den Anlagen), 4. Wahlperiode, 1961 - 1965 (Zweiter Teil: Sprechregister, 1. - 198. Sitzung), Bonn, 1966.


Q u e l l e n ,   u n p u b l i z i e r t


—ARCHIV DER CDU-BUNDESGESCHÄFTSSTELLE, Bonn:

Barzel, Rainer: Untersuchungen über das geistige und gesellschaftliche Bild der Gegenwart und die künftigen Aufgaben der CDU (unpublizierte Studie, hektographiert), o.O., o.J., ohne Seitenzahlen (207 Seiten). Barzel schrieb diese Analyse aufgrund eines Beschlusses des Bundesvorstandes der CDU vom 11. Dezember 1961. Die Studie wurde abgeschlossen am 20. März 1962. (In dieser Arbeit zitiert: <u>Barzel-Studie</u>)

—ARCHIV FÜR CHRISTLICH-DEMOKRATISCHE POLITIK DER KONRAD-ADENAUER-
STIFTUNG, St. Augustin:

+ Nachlaß von Hans-Joachim von Merkatz:
  Unterlagen über die Koalitionsverhandlungen des Jahres 1957.
  (In dieser Arbeit zitiert: <u>Merkatz/Mappe Koalition 57</u>)

+ Niederschriften über die Sitzungen der CDU/CSU-Fraktion des Deutschen Bundestages
  1949 - 1950  : Band I
                 Band II
  1954 - 1957  : Band I
                 Band II
                 Band III
  1961 - 1962  : Band I
  (In dieser Arbeit zitiert: <u>CDU/CSU-Fraktionsprotokolle</u>)

- ARCHIV DER FDP-FRAKTION DES DEUTSCHEN BUNDESTAGES, Bonn:

  + Interne FDP-Protokolle über die Sitzungen des Koalitionsausschusses in der 4. Legislaturperiode (1961 ff):
    aus den Jahren: 1962
    1963

- ARCHIV HEINRICH HELLWEGE (Privatarchiv, Neuenkirchen bei Hamburg):

  + Korrespondenz Heinrich Hellwege

- ARCHIV ERICH MENDE (Privatarchiv Bonn):

  + Terminkalender Erich Mende der Jahre:
    1950    1961
    1951    1962
    1952    1963
    1953
    1954
    1955
    1956

- POLITISCHES ARCHIV DER FRIEDRICH-NAUMANN-STIFTUNG, Bonn:

  + Dehler-Archiv:

    o Terminkalender von Thomas Dehler (Vorzimmerkalender/Tischkalender)
      der Jahre:  1954
                  1955
                  1956
    o Ordner Da 0155
             Da 0156
      (In dieser Arbeit zitiert: Dehler-Archiv)

  + Protokolle und Unterlagen der FDP-Bundestagsfraktion:

    Ordner 1839
           1846
           1864
           1865
    (In dieser Arbeit zitiert: FDP-Fraktionsprotokolle)

  + Protokolle des 12. FDP-Bundesparteitages vom 23. - 25.3.1961 in Frankfurt-Main.

- PARLAMENTSARCHIV, Bonn:

  + Einzelplan IV (Bundeskanzler und Bundeskanzleramt), in: Bundeshaushalt für das Rechnungsjahr 1949 (21. Sept. 1949 - 31. März 1950), o.O., o.J..

  + Zeitpläne des Deutschen Bundestages:
    1954    1961
    1955    1962
    1956    1963

- ARCHIV DER ZEITSCHRIFT: DER SPIEGEL, Hamburg:

  Verifizierung eines Zitates von Carlo Schmid aus:

(Koalitions-Krise): Wir sind das Feigenblatt, in:
Der Spiegel, 9. Jg., Heft 11, v. 9.3.1955, S. 8 ff (S. 10/II).

-STIFTUNG BUNDESKANZLER-ADENAUER-HAUS, Rhöndorf:

(Kürzel: <u>StBKAH</u>)

+ Terminkalender Konrad Adenauers der Jahre:
  1949
  1950
  1951

+ Rede Konrad Adenauers vom 21.5.1950 in Köln.
  Redetext.

A N M E R K U N G :

Die Benutzung von Archivalien aus Privatbesitz (wichtig vor allen Dingen für die dokumentarische Absicherung des in dieser Arbeit präsentierten Geflechts informeller Gremien im Regierungsbereich, vgl. die diversen Anlagen dazu) war oft nur dann möglich, wenn die Verpflichtung ausgesprochen wurde, den Ursprung des Materials nicht offen zu legen.

E i g e n e   R e c h e r c h e n

(eventuelle Zitatkürzel sind in unterstrichenen Klammern jeweils am Schluß hinzugefügt)

-<u>Gespräch</u> mit Ministerialdirektor a.D. Dr. Günther <u>BACHMANN</u> (Persönlicher Referent Konrad Adenauers in den Jahren 1958/59) am 22.9.1980 in Bonn (anderhalbstündig).

-<u>Gespräch</u> mit Staatssekretär a.D. Dr. Heinrich <u>BARTH</u> (Persönlicher Referent Konrad Adenauers in den Jahren 1960/63) am 20.8.1980 in Bonn (einstündig).

-<u>Gespräch</u> mit Botschafter a.D. Herbert <u>BLANKENHORN</u> (langjähriger persönlicher Mitarbeiter Konrad Adenauers in diversen Positionen) am 14.11.1980 in Badenweiler (zweistündig).

-<u>Antworten</u> Willy <u>BRANDTS</u> auf einen schriftlich eingereichten Frage-Katalog in Briefform vom 9.5.1980.

-<u>Brief</u> von Jürgen <u>DOMES</u> an den Autor vom 15.11.1979.

-<u>Antworten</u> Eugen <u>GERSTENMAIERS</u> auf einen schriftlich eingereichten Fragekatalog in <u>Brief</u>form vom 30.9.1980.

-<u>Gespräche</u> mit Bundesminister a.D. Bruno <u>HECK</u>:

  + am 23.3.1980 in Sankt Augustin (einstündig) (<u>Heck-Gespräch I</u>).
  + am 24.4.1980 in Sankt Augustin (einstündig) (<u>Heck-Gespräch II</u>).

-<u>Gespräch</u> mit Ministerpräsident a.D. Heinrich <u>HELLWEGE</u> (Bundesminister unter Adenauer und langjähriger Vorsitzender der Deutschen Partei) am

18.12.1980 in Neuenkirchen bei Hamburg (zweieinhalbstündig).

- Gespräche mit Ministerialdirektor a.D. Dr. Karl HOHMANN (langjähriger persönlicher Mitarbeiter Ludwig Erhards in diversen Positionen):
  + am 17.3.1980 in Bonn (eindreiviertelstündig) (Hohmann-Gespräch I).
  + am 25.3.1980 in Bonn (eineinviertelstündig).
  + am 29.4.1980 in Bonn (eineinviertelstündig) (Hohmann-Gespräch III).

- Gespräch mit Bundeskanzler a.D. Dr. Kurt Georg KIESINGER am 17.11.1980 in Tübingen (dreistündig).

- Gespräch mit Direktor i.R. Hans KILB (Persönlicher Referent Konrad Adenauers in den Jahren 1952/58) am 24.3.1981 in Vallendar (einstündig).

- Gespräch mit Bundesminister a.D. Dr. Heinrich KRONE am 26.8.1980 in Bonn (zweistündig). Das Gespräch war als Hintergrundgespräch angelegt, Erkenntnisse daraus finden deshalb in der vorliegenden Arbeit keinen direkten Niederschlag.

- Gespräch mit Bundesminister a.D. Dr. Erich MENDE:
  + am 11.3.1980 in Bonn (eindreiviertelstündig) (Mende-Gespräch I).
  + am 26.3.1980 in Bonn (zweistündig) (Mende-Gespräch II).
  + am 8.10.1980 in Bonn (einstündig) (Mende-Gespräch III).
  + am 9.10.1980 in Bonn (einstündig) (Mende-Gespräch IV).

- Gespräch mit Bundesminister a.D. Dr. Hans-Joachim von MERKATZ am 12.3.1981 in Bonn (zweistündig).

- Gespräche mit Botschafter a.D. Dr. Horst OSTERHELD (langjähriger Mitarbeiter Konrad Adenauers im Bundeskanzleramt):
  + am 2.9.1980 in Bonn (dreiviertelstündig).
  + am 8.10.1980 in Bonn (halbstündig) (Osterheld-Gespräch II).

- Brief OSTERHELDS an den Autor vom 8.9.1980.

- Briefe von Bundesminister a.D. Kurt SCHMÜCKER an den Autor:
  + vom 6.12.1979.
  + vom 30.1.1980.

- Gespräche mit Bundesminister a.D. Dr. Ludger WESTRICK:
  + am 20.3.1980 in Bonn (eineinhalbstündig) (Westrick-Gespräch I).
  + am 2.4.1980 in Bonn (eineinviertelstündig).

- Gespräch mit Ministerialdirektor a.D. Ernst WIRMER (Persönlicher Referent Konrad Adenauers in den Jahren 1949/50) am 21.4.1980 in Bonn (zweieinhalbstündig).

B ü c h e r

(Kürzel in den Anmerkungen, die sich aus dem Titel des Buches ergeben, werden folgend <u>unterstrichen</u>; sonstige Kürzel in Klammern (<u>wie hier</u>) hinzugefügt.)

ADENAUER, Konrad: Erinnerungen:
- 1945 - 1953 (Band 1), Stuttgart, 1965 (<u>Adenauer I</u>).
- 1953 - 1955 (Band 2), Stuttgart, 1966 (<u>Adenauer II</u>).
- 1955 - 1959 (Band 3), Stuttgart, 1967 (<u>Adenauer III</u>).
- 1959 - 1963, Fragmente (Band 4), Stuttgart, 1968.

((ohne Hrsg.)): Die Ära Adenauer (Einsichten und Ausblicke), Frankfurt am Main, 1964.

KONRAD-ADENAUER-STIFTUNG (Institut für Begabtenförderung) (Hrsg.): Konrad Adenauer. Ziele und Wege (Drei Beispiele), Mainz, 1972.

KONRAD-ADENAUER-STIFTUNG (für politische Bildung und Studienförderung e.V. (Hrsg.): <u>Christliche Demokraten</u> der ersten Stunde, Bonn, 1966.

<u>Adenauer-Studien</u>, vgl.: MORSEY-Repgen (Hrsg.)
                          WAGNER, Wolfgang

ALEXANDER, Edgar: Adenauer und das neue Deutschland (Einführung in das Wesen und Wirken des Staatsmannes) Recklinghausen, 1956.

ALLEMANN, Fritz René: Bonn ist nicht Weimar, Köln/Berlin, 1956 (<u>Allemann I</u>).

ALT, Franz:
- Es begann mit Adenauer (Der Weg in die Kanzlerdemokratie), Freiburg, 1975 (<u>Alt II</u>).
- Der Prozeß der ersten Regierungsbildung unter Konrad Adenauer (Eine monographische Untersuchung der Bildung der ersten Bundesregierung 1949), Bonn, 1970 (<u>Alt I</u>).

ALTMANN, Rüdiger: Das Erbe Adenauers, Stuttgart, 1960 (<u>Altmann I</u>).

AMPHOUX, Jean: Le Chancelier Fédéral dans le régime constitutionel de la République Fédéral D'Allemagne, Paris, 1962.

BANDULET, Bruno: Adenauer zwischen Ost und West (Alternativen der deutschen Außenpolitik), München, 1970.

BARING, Arnulf:
- Außenpolitik in Adenauers Kanzlerdemokratie (Bonns Beitrag zur Europäischen Verteidigungsgemeinschaft), München/Wien, 1969
-- im Rahmen dieser Studie wurde die gleichlautende Taschenbuchedition verwendet: --
- (wie zuvor), München, 1971, Band 1 (<u>Baring I</u>), Band 2 (<u>Baring II</u>).
- (unter Mitarbeit von Bolko von Oetinger und Klaus Mayer): Sehr geehrter Herr Bundeskanzler! (Heinrich von Brentano im Briefwechsel mit Konrad Adenauer, 1949 - 1964), Hamburg, 1974 (<u>Baring III</u>).

BARZEL, Rainer: Auf dem Drahtseil, München/Zürich, 1978.

BEBERMEYER, Hartmut: Regieren ohne Management? (Planung als Führungsinstrument moderner Regierungsarbeit), Bonn, 1974.

BEHRENDT, Günther: Das Bundeskanzleramt, Frankfurt-Main/Bonn, 1967.

BESSON, Waldemar: Die Außenpolitik der Bundesrepublik (Erfahrungen und Maßstäbe), München, 1970.

BETHUSY-HUC, Viola Gräfin von: Demokratie und Interessenpolitik, Wiesbaden, 1962.

BEYME, Klaus von: Interessengruppen in der Demokratie (Theodor Eschenburg zum 65. Geburtstag gewidmet), München, 1969.

BLANKENHORN, Herbert: Verständnis und Verständigung (Blätter eines politischen Tagebuchs 1949 bis 1979), Frankfurt-Main, u.a., 1980.

BLUMENWITZ, Dieter/GOTTO, Klaus/ MAIER, Hans/REPGEN, Konrad/SCHWARZ, Hans-Peter (Hrsg.): Konrad Adenauer und seine Zeit (Politik und Persönlichkeit des ersten Bundeskanzlers), Stuttgart, 1976:
- Band I: Beiträge von Weg- und Zeitgenossen (Adenauer und seine Zeit 1).
- Band II: Beiträge der Wissenschaft (Adenauer und seine Zeit 2).

BÖCKENFÖRDE, Ernst-Wolfgang: Die Organisationsgewalt im Bereich der Regierung (Eine Untersuchung zum Staatsrecht der Bundesrepublik), Berlin, 1964.

BOEHM, Laetitia/ENGELS, Odilo/ISERLOH, Erwin/MORSEY, Rudolf/REPGEN, Konrad (Hrsg.): vgl.: Historisches Jahrbuch.

BÖHRET, Carl/GROSSER, Dieter (Hrsg.): Interdependenzen von Politik und Wirtschaft (Beiträge zur Politischen Wissenschaft) Festgabe für Gert von Eynern, Berlin, 1967.

BÖLLING, Klaus: Die zweite Republik (15 Jahre Politik in Deutschland), Köln/Berlin, 1963.

BONDY, Francoise/ABELEIN, Manfred: Deutschland und Frankreich (Geschichte einer wechselvollen Beziehung), Düsseldorf/Wien, 1973.

BOOMS, Hans (Hrsg.): Die Kabinettsprotokolle der Bundesregierung, Band 1, 1949 (bearbeitet von Ulrich Enders und Konrad Reiser), Boppard, 1982.

BORN, Wilhelm (das ist: Beber, Ferdinand von): Weg in die Verantwortung. Paul Lücke, Recklinghausen, 1965.

BRACHER, Karl Dietrich: Deutschland zwischen Demokratie und Diktatur (Beiträge zur neueren Politik und Geschichte), Bern, u.a., 1964.

BRACHER, Karl Dietrich/DAWSON, Christopher/GEIGER, Willi/SMEND, Rudolf (Hrsg.): Festschrift für Gerhard Leibholz zum 65. Geburtstag, II. Band (Staats- und Verfassungsrecht), Tübingen, 1966.

BRANDT, Willy: **Begegnungen** und Einsichten (Die Jahre 1960 - 1975), Hamburg, 1976.

BRAUNTHAL, Gerard: The Federation of German Industry in Politics, Cornell University Press, Ithaca, New York, 1965.

BRAUSEWETTER, Hartmut H.: Kanzlerprinzip, Ressortprinzip und Kabinettsprinzip in der ersten Regierung Brandt 1969 - 1972, Bonn, 1976.

BREITLING, Rupert: Die Verbände in der Bundesrepublik (Ihre Arten und ihre politische Wirkungsweise), Meisenheim am Glan, 1955.

BUCERIUS, Gerd: Der Adenauer (Subjektive Betrachtungen eines unbequemen Zeitgenossen), Hamburg, 1976.

BUCHHAAS, Dorothee: Die Volkspartei (Programmatische Entwicklung der CDU, 1950 - 1973), Düsseldorf, 1981.

BUCHSTAB, Günter/GOTTO, Klaus (Hrsg.): Die Gründung der Union (Tradition, Entstehung und Repräsentanten), München/Wien, 1981.

CARO, Michael K.: Der Volkskanzler (Ludwig Erhard), Köln/Berlin, 1965.

CARSTENS, Karl: Politische Führung (Erfahrungen im Dienst der Bundesregierung), Stuttgart, 1971 (Carstens I).

CHRISTOPH, James B./BROWN, Bernard E. (Hrsg.): Cases in comparative politics, Little, Brown and Company, Boston, $^5$1969.

CIVITAS (Jahrbuch für christliche Gesellschaftsordnung) vgl.: Heinrich Pesch Haus (Hrsg.).

CONANT, James Byrant: Deutschland und die Freiheit (Eine persönliche Würdigung), Frankfurt, 1958.

CONZE, Werner: Jakob Kaiser (Politiker zwischen Ost und West, 1945 - 1949) Stuttgart, u.a., 1969.

DE GAULLE, Charles: Memoiren der Hoffnung (Die Wiedergeburt, 1958 - 1962), Wien, u.a., 1971.

DEHLER, Thomas: Reden und Aufsätze, Köln/Opladen, 1969.

DEUERLEIN, Ernst: CDU/CSU, 1945 - 1957 (Beiträge zur Zeitgeschichte), Köln, 1957.

DEXHEIMER, Wolfgang F.: Koalitionsverhandlungen in Bonn. 1961. 1965. 1969 (Zur Willensbildung in Parteien und Fraktionen), Bonn, 1973.

DITTBERNER, Jürgen: Die Bundesparteitage der Christlich Demokratischen Union und der Sozialdemokratischen Partei Deutschlands von 1946 bis 1968 (Eine Untersuchung der Funktion von Parteitagen), Augsburg, 1969.

DITTBERNER, Jürgen/EBBINGHAUSEN, Rolf (Hrsg.): Parteiensystem in der Legitimationskrise (Studien und Materialien zur Soziologie der Parteien in der Bundesrepublik Deutschland), Opladen, 1973.

DITTMANN, Knud: Adenauer und die deutsche Wiedervereinigung (Die politische Diskussion des Jahres 1952), Düsseldorf, 1981.

DÖNHOFF, Gräfin Marion: Die Bundesrepublik in der Ära Adenauer (Kritik und Perspektiven), Reinbeck, 1963 (Dönhoff I).

DOMES, Jürgen:
- Das Freiwilligengesetz im Zweiten Deutschen Bundestag (Eine Studie zum oppositionellen Verhalten des Parlaments), Heidelberg, 1960 (hektographierte Dissertation) (Domes I).
- Mehrheitsfraktion und Bundesregierung (Aspekte des Verhältnisses der Fraktion der CDU/CSU im zweiten und dritten Bundestag zum Kabinett Adenauer), Köln/Opladen, 1964 (Domes II).

DRECHSLER, Hanno/HILLINGEN, Wolfgang/NEUMANN, Franz (Hrsg.): Gesellschaft und Staat (Lexikon der Politik), Baden-Baden, (2., durchgesehene Auflage), 1971.

DREHER, Klaus: Der Weg zum Kanzler (Adenauers Griff nach der Macht), Düsseldorf/Wien, 1972.

DRUMMOND, Roscoe/COBLENTZ, Gaston: Duell am Abgrund (John Foster Dulles und die amerikanische Außenpolitik, 1953 - 1959), Köln/Berlin, 1961.

ECHTLER, Ulrich: Einfluß und Macht in der Politik (Der beamtete Staatssekretär), München, 1973.

ECKARDT, Felix von: Ein unordentliches Leben (Lebenserinnerungen), Düsseldorf/Wien, 1967 (Eckardt I).

EHLERT, Nikolaus: Große Grusinische Nr. 17 - Deutsche Botschaft in Moskau, Frankfurt am Main, 1963.

EHRENBERG, Herbert: Die Erhard-Saga (Analyse einer Wirtschaftspolitik, die keine war), Stuttgart, 1965.

EHRLICH, Emil: Heinrich Hellwege (Ein konservativer Demokrat), Hannover, 1977.

ELLWEIN, Thomas: Das Regierungssystem der Bundesrepbulik Deutschland, Opladen, (4., völlig neu bearbeitete Auflage), 1977.

ESCHENBURG, Theodor:
- Herrschaft der Verbände?, Stuttgart, 1955.
- Zur politischen Praxis in der Bundesrepublik:
    + Band I (Kritische Betrachtungen, 1957 bis 1961), München, $^{2}$1967 (Eschenburg I).
    + Band II (Kritische Betrachtungen, 1961 bis 1965), München, 1966 (Eschenburg II).
- Staat und Gesellschaft in Deutschland, München, $^{3}$1965.

FARREL, Barry R. (Hrsg.): Approaches to Comparative and International Politics, Northwestern University Press, Evanston, ²1969.

FAUL, Erwin (Hrsg.): Wahlen und Wähler in Westdeutschland, Villingen, 1960.

Festschriften vgl.: Hrsg.

FLACH, Karl Hermann: Erhards schweres Erbe, Stuttgart-Degerloch, 1963.

FOCKE, Franz: Sozialismus aus christlicher Verantwortung (Die Idee eines Christlichen Sozialismus in der katholisch-sozialen Bewegung und in der CDU), Wuppertal, 1978.

FRAENKEL, Ernst: Deutschland und die westlichen Demokratien, Stuttgart, u.a., ⁷1979.

FRAENKEL, Ernst/BRACHER, Karl Dietrich (Hrsg.): Staat und Politik (Neuausgabe), Frankfurt-Main, ¹¹1969.

FRANCOIS-PONCET, André: Auf dem Wege nach Europa (Politisches Tagebuch 1942 bis 1962), Berlin/Mainz, 1965.

FRIEDRICH, Carl/REIFENBERG, Benno (Hrsg.): Sprache und Politik (Festgabe für Dolf Sternberger zum sechzigsten Geburtstag), Heidelberg, 1968.

FRITZ, Rudolf: Der Einfluß der Parteien und Geschädigtenverbände auf die Schadensfestsetzung im Lastenausgleich, Berlin, 1964.

GAUS, Günter: Bonn ohne Regierung? (Kanzlerregiment und Opposition. Bericht/Analyse/Kritik), München, 1965.

GELSNER, Kurt: Heinrich von Brentano, München/Köln, 1957.

GERBER, Helmuth: Koalitionsabkommen im Bund, Stuttgart, 1964.

GERSTENMAIER, Eugen: *Streit* und Frieden hat seine Zeit (Ein Lebensbericht), Frankfurt-Main, u.a., 1981.

GOLDMANN, Nahum: *Staatsmann* ohne Staat (Autobiographie), Köln/Berlin, 1970.

GOTTO, Klaus (Hrsg.): Der Staatssekretär Adenauers (Persönlichkeit und politisches Wirken Hans Globkes), Stuttgart, 1980.

GRADL, Baptist: Anfang unterm Sowjetstern. Die CDU 1945 - 1948 in der sowjetischen Besatzungszone Deutschlands, Köln, 1981.

GREWE, Wilhelm G.: *Rückblenden*, 1976 - 1951, Frankfurt-Main, u.a., 1979.

GROCHLA, Erwin (Hrsg.): Handwörterbuch der Organisation, Stuttgart, 1969.

GROSS, Johannes:
- Die Christlich Demokratische Union, Bonn, 1957.
- Die Deutschen, Frankfurt-Main, 1967.

- Lauter Nachworte (Innenpolitik nach Adenauer), Stuttgart, 1964.

GROSSER, Alfred: Die Bonner Demokratie (Deutschland von draußen gesehen), Düsseldorf, 1960.

GÜNTHER, Klaus: Der Kanzlerwechsel in der Bundesrepublik/Adenauer-Erhard-Kiesinger (Eine Analyse zum Problem der innerparteilichen De-Nominierung des Kanzlers und der Nominierung eines Kanzlerkandidaten am Beispiel des Streites um Adenauer und Erhards Nachfolge), Hannover, 1970.

GURLAND, Arcadius R.L.: Die CDU/CSU (Ursprünge und Entwicklung bis 1953) (herausgegeben von Dieter Emig), Frankfurt-Main, 1980.

GUTSCHER, Jörg Michael: Die Entwicklung der FDP von ihren Anfängen bis 1961, Meisenheim am Glan, 1967.

GUTTENBERG, Karl Theodor Freiherr zu: Fußnoten, Stuttgart-Degerloch, 1971.

HALLGARTEN, George W.F./Radkau, Joachim: Deutsche Industrie und Politik (von Bismarck bis heute), Frankfurt-Main/Köln, 1974.

HANRIEDER, Wolfram F.: West German Foreign Policy 1949 - 1963 (International Pressure and Domestic Responce), Stanford University Press, Stanford-California, 1967.

HAUSENSTEIN, Wilhelm: Pariser Erinnerungen (Aus fünf Jahren Diplomatischen Dienstes), München, 1961.

HEIDENHEIMER, Arnold J.: Adenauer and the CDU (The rise of the leader and the integration of the party), Hague, 1960.

HEINEMANN, Gustav W.: Verfehlte Deutschlandpolitik. Irreführung und Selbsttäuschung (Artikel und Reden), Frankfurt-Main, 1966.

HENNIS, Wilhelm:
- Große Koalition ohne Ende? (Die Zukunft des parlamentarischen Regierungssystems und die Hinauszögerung der Wahlrechtsreform), München, 1968.
- Richtlinienkompetenz und Regierungstechnik, Tübingen, 1964.

HENNIS, Wilhelm/KIELMANSEGG, Peter Graf/MATZ, Ulrich (Hrsg.): Regierbarkeit (Studien zu ihrer Problematisierung), Stuttgart:
- Band I, 1977.
- Band II, 1979.

HEUß, THEODOR: Tagebuchbriefe, 1955 - 1963 (Eine Auswahl aus Briefen an Toni Stolper) (herausgegeben und eingeleitet von Eberhard Pikart), Tübingen, Stuttgart, 1970.

HIRSCH-WEBER, Wolfgang: Gewerkschaften in der Politik (Von der Massenstreikdebatte zum Kampf um das Mitbestimmungsrecht), Köln/Opladen, 1959.

HIRSCH-WEBER, Wolfgang/SCHÜTZ, Klaus: Wähler und Gewählte (Eine Untersuchung der Bundestagswahlen 1953) Berlin/Frankfurt-Main, 1957.

HISCOCKS, Richard: Democracy in Western Germany, Oxford University Press, London, u.a., 1957.

HOCHSCHULE FÜR VERWALTUNGSWISSENSCHAFTEN SPEYER (Hrsg.):
Die Staatskanzlei: Aufgaben, Organisation und Arbeitsweise auf vergleichender Grundlage (Vorträge und Diskussionsbeiträge der verwaltungswissenschaftlichen Arbeitstagung der Hochschule für Verwaltungswissenschaften Speyer, 1966), Berlin, 1967.

HONNACKER, Heinz/GRIMM, Gottfried: Geschäftsordnung der Bundesregierung (Kommentar), München, 1969.

HÜBNER, Emil: Die Beziehungen zwischen Bundestag und Bundesregierung im Selbstverständnis der Abgeordneten des V. Deutschen Bundestages, München, 1980.

HÜBNER, Emil/OBERREUTHER, Heinrich/RAUSCH, Heinz (Hrsg.): Der Bundestag von innen gesehen (24 Beiträge, mit einem Vorworrt von Hans Maier), München, 1969.

HUYN, Hans Graf: Die Sackgasse (Deutschlands Weg in die Isolierung), Stuttgart-Degerloch, 1966.

JACOBSEN, Hans-Adolf/STENZL, Otto (Hrsg.): Deutschland und die Welt (Zur Außenpolitik der Bundesrepublik 1949 - 1963), München, 1964.

JÄCKERING, Werner: Die politische Auseinandersetzung um die Novellierung des Gesetzes gegen Wettbewerbsbeschränkungen (GWB), Berlin, 1977.

(ohne Hrsg.): JAHRBUCH FÜR AUSSENWERBUNG, 1954, Bremen, 1954.

(BOEHM, Laetitia/ENGELS, Odilo/ISERLOH, Erwin/MORSEY, Rudolf/REPGEN, Konrad) (Hrsg.): Historisches Jahrbuch, 97. - 98. Jg., München/Freiburg, 1978.

SOZIALWISSENSCHAFTLICHES JAHRBUCH FÜR POLITIK vgl.: Wildenmann, Rudolf (Hrsg.)

JAKOBSEN, Nikolaus: Robert Pferdmenges, München/Köln, 1957.

JOCHIMSEN, Reimut/SIMONIS, Udo E. (Hrsg.): Theorie und Praxis der Infrastrukturpolitik, Berlin, 1970.

JUNKER, Ernst: Die Richtlinienkompetenz des Bundeskanzlers, Tübingen, 1965.

KAACK, Heino:
- Die F.D.P. (Grundriß und Materialien zu Geschichte, Struktur und Programmatik), Meisenheim am Glan, $^2$1978.
- Geschichte und Struktur des deutschen Parteiensystems, Opladen, 1971.

KAASE, Max: Wechsel von Parteipräferenzen (Eine Analyse am Beispiel der Bundestagswahl 1961), Meisenheim am Glan, 1967.

KAISER, Karl/MORGAN, Roger (Hrsg.): Strukturwandel der Außenpolitik in Großbritannien und der Bundesrepublik, München/Wien, 1970.

KAPS, Norbert/KÜFFNER, Hanns: Das Presse- und Informationsamt der Bundesregierung, Bonn, 1969.

KATHER, Linus: Die Entmachtung der Vertriebenen:
- Erster Band: Die entscheidenden Jahre, München, 1964 (Kather I).
- Zweiter Band: Die Jahre des Verfalls, München, 1965 (Kather II).

KEIM, Walther (Hrsg.): Der deutsche Bundestag 1949 bis 1969 (Eine Bestandsaufnahme), Bonn, 1969.

KIRKPATRICK, Ivonne: Im inneren Kreis (Erinnerungen eines Diplomaten), Berlin, 1964.

KITZINGER, U.W.: Wahlkampf in Westdeutschland (Eine Analyse der Bundestagswahl 1957), Göttingen, o.J. (hws. 1962).

KLEIN, Hans: Ludwig Erhard, Köln/Berlin, 1967.

KNORR, Heribert: Der parlamentarische Entscheidungsprozeß während der Großen Koalition 1966 bis 1969 (Struktur und Einfluß der Koalitionsfraktionen und ihr Verhältnis zur Regierung der Großen Koalition) Meisenheim am Glan, 1975.

KOCH, Diether: Heinemann und die Deutschlandfrage, München, $^{2}$1972.

KÖNIG, Rene (Hrsg.):
- (unter Mitwirkung von Heinz Maus): Handbuch der Empirischen Sozialforschung, Band I, Stuttgart, 1962.
- (unter Mitarbeit von Dieter Rüschmeyer und Erwin K. Scheuch): Das Interview (Formen/Technik/Auswertung), Köln/Berlin, (3. erweiterte Auflage), 1962.

KÖRPER, Kurt J.: FDP. Bilanz der Jahre 1960 - 1966 (Braucht Deutschland eine liberale Partei?), Köln, 1968.

KOHL, Helmut (Hrsg.): Konrad Adenauer, 1876 - 1976, Stuttgart/Zürich, 1976.

KOHLHAAS, Wilhelm: Eberhard Wildermuth (Ein aufrichtiger Bürger. Ein Lebensbild), Bonn, 1960.

KOPP, Otto: Der Kanzler, Konrad Adenauers Leben und Werk (Für Frieden, Einigkeit und Recht und Freiheit), Olten, Lausanne, $^{3}$1961.

KOSTHORST, Erich: Jakob Kaiser (Bundesminister für gesamtdeutsche Fragen, 1949 - 1957), Stuttgart, u.a., 1972.

KREIN, Daniela: Konrad Adenauer nahe gesehen, Freiburg, u.a., 1968.

KROLL, Hans: Lebenserinnerungen eines Botschafters, Köln/Berlin, $^5$1967.

LANGE, Erhard H.M.: Wahlrecht und Innenpolitik (Entstehungsgeschichte und Analyse der Wahlgesetzgebung und Wahlrechtsdiskussion im westlichen Nachkriegsdeutschland, 1945 - 1956) Meisenheim am Glan, 1975.

LANGE, Max Gustav u.a.: Parteien in der Bundesrepublik (Studien zur Entwicklung der deutschen Parteien bis zur Bundestagswahl 1953), Stuttgart, u.a., 1955.

LAUFER, Heinz: Der Parlamentarische Staatssekretär (Eine Studie über ein neues Amt in der Bundesregierung), München, 1969.

LEDERER, Werner: Die Einflußnahme der kleineren Regierungspartner auf die Regierungspolitik des Bundeskanzlers in den Jahren 1949 - 1957, Kiel, 1967.

LEHMBRUCH, Gerhard: (Unter Mitarbeit von Frieder Naschold und Peter Seibt): Einführung in die Politikwissenschaft, Stuttgart, u.a., $^4$1971.

LEMMER, Ernst: <u>Manches</u> war doch anders (Erinnerungen eines deutschen Demokraten), Frankfurt-Main, 1966.

LIESEGANG, Helmuth C.F.: Parlamentsreform in der Bundesrepublik Deutschland (Dokumente zur Reform von Aufgabe und Arbeit des Parlaments und seiner Abgeordneten im parlamentarischen Regierungssystem) Berlin, New York, 1974.

LINCK, Joachim: Zulässigkeit und Grenzen der Einflußnahme des Bundestages auf Regierungsentscheidungen (Zum Verhältnis von Bundestag und Bundesregierung), Augsburg, o.J. (1971).

LINDEMANN, Helmut: Gustav Heinemann (Ein Leben für die Demokratie), München, 1978.

LOCH, Theo M.: Walter Hallstein (Ein Portrait), Freudenstadt, 1969.

LOEWENBERG, Gerhard: Parlamentarismus im politischen System der Bundesrepublik Deutschland (mit einer Bibliographie des Schrifttums zum Deutschen Bundestag zusammengestellt von Heinz Matthes und Peter Schindler), Tübingen, 1969.

LOEWENTHAL, Richard/SCHWARZ, Hans Peter (Hrsg.): Die zweite Republik (25 Jahre Bundesrepublik Deutschland - Eine Bilanz), Stuttgart-Degerloch, 1974.

LUCHSINGER, Fred: Bericht über Bonn (Deutsche Politik 1955 - 1965), Zürich/ Stuttgart, 1966.

LÜCKE, Paul: Ist Bonn doch Weimar? (Der Kampf um das Mehrheitswahlrecht), Frankfurt-Main, 1968.

LUKOMSKI, Jess M.: Ludwig Erhard. Der Mensch und Politiker, Düsseldorf/ Wien, 1965.

MAJONICA, Ernst: Deutsche Außenpolitik (Probleme und Entscheidungen), Stuttgart, ²1966.

MARKMANN, Heinz: Das Abstimmungsverhalten der Parteifraktionen in deutschen Parlamenten, Meisenheim am Glan, 1955.

MAYNTZ, Renate: Soziologie der Organisation, Hamburg, 1963.

MAYNTZ, Renate/HOLM, Kurt/HÜBNER, Peter: Einführung in die Methoden der Empirischen Soziologie, (2. erweiterte Auflage), 1971.

MENDE, Erich: Die FDP (Daten.Fakten.Hintergründe), Stuttgart, 1972.

MENSING, Hans Peter (Bearbeiter): Adenauer. Briefe 1945 - 1947, Berlin, 1983 (in: Morsey, Rudolf/Schwarz, Hans-Peter (Hrsg.): Adenauer. Rhöndorfer Ausgabe).

MEYN, Hermann: Die Deutsche Partei (Entwicklung und Problematik einer national-konservativen Rechtspartei nach 1945), Düsseldorf, 1965.

MINTZEL, Alf: Die CSU (Anatomie einer konservativen Partei, 1945 - 1972), Opladen, 1975.

MORGAN, Roger: Washington und Bonn (Deutsch-amerikanische Beziehungen seit dem Zweiten Weltkrieg), München, 1975.

MORSEY, Rudolf: Brüning und Adenauer. Zwei deutsche Staatsmänner, Düsseldorf, 1972.

MORSEY, Rudolf/LÖW, Konrad/EISENMANN, Peter: Konrad Adenauer (Leben und Werk), München, ²1977.

MORSEY, Rudolf/REPGEN, Konrad (Hrsg.):
- Adenauer-Studien I, Mainz, 1971.
- Adenauer-Studien II vgl.: Wagner, Wolfgang.
- <u>Adenauer-Studien III</u>: Untersuchungen und Dokumente zur Ostpolitik und Biographie, Mainz, 1974.

MÜCHLER, Günter: CDU/CSU. Das schwierige Bündnis, München, 1976.

MÜLLER-ARMACK, Alfred: Auf dem Wege nach Europa (Erinnerungen und Ausblicke), Stuttgart/Tübingen, 1971.

NASCHOLD, Frieder: Kassenärzte und Krankenversicherungsreform (Zu einer Theorie der Statuspolitik), Freiburg-Breisgau, 1967.

NETZER, Hans-Joachim (Hrsg.): Adenauer und die Folgen (Siebzehn Vorträge über Probleme unseres Staates), München, 1965.

NEUMANN, Erich Peter/NOELLE, Elisabeth: Umfragen über Adenauer (Ein Portrait in Zahlen), Allensbach/Bonn, 1961.

NEUMANN, Franz: Der Block der Heimatvertriebenen und Entrechteten 1950 – 1960 (Ein Beitrag zur Geschichte und Struktur einer politischen Interessenpartei), Meisenheim am Glan, 1968.

NOACK, Paul:
- Deutschland von 1945 bis 1960 (Ein Abriß der Innen- und Außenpolitik), München, ³1960.
- Das Scheitern der Europäischen Verteidigungsgemeinschaft (Entscheidungsprozesse vor und nach dem 30. August 1954), Düsseldorf, 1977.

NOELLE, Elisabeth/NEUMANN, Erich Peter (Hrsg.): Jahrbuch der Öffentlichen Meinung 1947 – 1955, Allensbach, ²1956.

OBERREUTER, Heinrich: Kann der Parlamentarismus überleben? (Bund-Länder-Europa), Zürich, 1977.

OERTZEN, Peter von (Hrsg.): Festschrift für Otto Brenner (zum 60. Geburtstag), Frankfurt-Main, 1967.

OSTERHELD, Horst: Konrad Adenauer (Ein Charakterbild), Bonn, ³1974 (Osterheld I).

PICHT, Robert (Hrsg.): Deutschland-Frankreich-Europa (Bilanz einer schwierigen Partnerschaft) München/Zürich, 1978.

PIKART, Eberhard: Theodor Heuß und Konrad Adenauer (Die Rolle des Bundespräsidenten in der Kanzlerdemokratie), Stuttgart/Zürich, 1976.

PIRKER, Theo: Die blinde Macht (Die Gewerkschaftsbewegung in Westdeutschland) (Erster Teil, 1945 – 1952. Vom Ende des Kapitalismus zur Zähmung der Gewerkschaften), München, 1960.

PLISCHKE, Elmar: The Allied High Commission for Germany, o.O., 1953 (Band 21 der Veröffentlichungen der HICOG, der "Historical Division of the Office of the U.S. High Commissioner for Germany".

POPPINGA, Annelise:
- Konrad Adenauer. Geschichtsverständnis, Weltanschauung und politische Praxis, Stuttgart, 1975.
- Meine Erinnerungen an Konrad Adenauer, München, 1972.

POTTHOFF, Erich: Der Kampf um die Montan-Mitbestimmung, Köln-Deutz, 1957.

POTTHOFF, Erich/BLUME, Otto/DUVERNELL, Helmut: Zwischenbilanz der Mitbestimmung, Tübingen, 1962.

PRESSE- UND INFORMATIONSAMT DER BUNDESREGIERUNG (Hrsg.): Deutsche Politik 1963 (Tätigkeitsbericht der Bundesregierung), Bonn, 1964.

PRIDHAM, Geoffrey: Christian Democracy in Western Germany (The CDU/CSU in Government and Opposition, 1945 – 1976) London, 1977.

PRITTIE, Terence:
- Konrad Adenauer (Vier Epochen deutscher Geschichte), Stuttgart, 1971 (<u>Prittie I</u>).
- Kanzler in Deutschland, Stuttgart, 1981.

PRITTIE, Terence/OSTERHELD, Horst/SEYDOUX, Francois: Konrad Adenauer (Leben und Politik), Stuttgart, 1975.

PRITZKOLEIT, Kurt: Männer, Mächte, Monopole (Hinter den Türen der westdeutschen Wirtschaft), Düsseldorf, 1960.

PÜNDER, Hermann: Von Preußen nach Europa (Lebenserinnerungen), Düsseldorf, 1968.

PÜTZ, Helmuth:
- Die <u>CDU</u> (Entwicklung, Aufbau und Politik der Christlich Demokratischen Union Deutschlands), Bonn, 1971
- (Bearbeiter): Konrad Adenauer und die CDU der britischen Besatzungszone, 1946 - 1949 (Dokumente zur Gründungsgeschichte der CDU-Deutschlands), Bonn, 1975 (<u>Adenauer und die CDU der britischen Zone</u>).

PUVOGEL, Curt: Der Weg zum Landwirtschaftsgesetz, Bonn, u.a., 1957.

RAPP, Alfred: Bonn auf die Waage (Ist unser Staat wetterfest?), Stuttgart, 1959.

RAUSCH, Heinz:
- Parlament und Regierung in der Bundesrepublik Deutschland, München, $^4$1975.
- (Hrsg.): Zur heutigen Problematik der Gewaltenteilung, Darmstadt, 1969.

RITTER, Gerhard A./ZIEBURA, Gilbert (Hrsg.): Faktoren der politischen Entscheidung (Festgabe für Ernst Fraenkel zum 65. Geburtstag), Berlin, 1963.

ROBERT, Rüdiger: Konzentrationspolitik in der Bundesrepublik - Das Beispiel der Entstehung des Gesetzes gegen Wettbewerbsbeschränkungen, Berlin, 1976.

RODENS, Franz: Konrad Adenauer (Der Mensch und der Politiker), München/Zürich, 1963.

RÖHRING, Hans-Helmut/SONTHEIMER, Kurt (Hrsg.): Handbuch des deutschen Parlamentarismus (Das Regierungssystem der Bundesrepublik in 270 Stichworten), München, 1970.

ROLLMANN, Dietrich (Hrsg.): Die Zukunft der CDU (Christlich-Demokratische Konzeption für die Zukunft der CDU) Hamburg, 1968.

RUMMEL, Alois (Hrsg.): Die Große Koalition 1966 - 1969 (Eine kritische Bestandsaufnahme), Freudenstadt, 1969.

SALZMANN, Rainer (Bearbeiter): Die CDU/CSU im Parlamentarischen Rat (Sitzungsprotokolle der Unionsfraktion), Stuttgart, 1981 (<u>Fraktionsprotokolle Parlamentarischer Rat</u>).

SEIFERT, Jürgen (Hrsg.): Die Spiegelaffäre:
- Band I: GROSSER, Alfred/SEIFERT, Jürgen: Die Staatsmacht und ihre Kontrolle, Olten/Freiburg im Breisgau, 1966 (<u>Spiegel-Affäre I</u>).
- Band II: ELLWEIN, Thomas/LIEBEL, Manfred/NEGT, Inge: Die Reaktion der Öffentlichkeit, Olten/Freiburg im Breisgau, 1966 (<u>Spiegel-Affäre II</u>).

SEYDOUX, Francois:
- Beiderseits des Rheins (Erinnerungen eines französischen Diplomaten), Frankfurt, 1975 (<u>Seydoux I</u>).
- Botschafter in Deutschland (Meine zweite Mission 1965 bis 1970), Frankfurt, 1978 (Seydoux III).

SHELL, Kurt L.: Bedrohung und Bewährung (Führung und Bevölkerung in der Berlin-Krise), Köln/Opladen, 1965.

SCHÄFER, Friedrich: Der Bundestag (Eine Darstellung seiner Aufgaben und Arbeitsweise), Opladen, ²1975.

SCHARDT, Alois: Wohin steuert die CDU?, Osnabrück, 1961.

SCHEUCH, Erwin K./WILDENMANN, Rudolf (Hrsg.): Zur Soziologie der Wahl (Kölner Zeitschrift für Soziologie und Sozialpsychologie, Sonderheft 9), Köln/Opladen, o.J. (1965).

SCHMID, Carlo: Erinnerungen, Bern, u.a., 1979.

SCHMIDT, Robert H.: Saarpolitik, 1945 - 1957 (Dritter Band: Entfaltung der Saarpolitik vom Scheitern der EVG bis zur Wiedervereinigung (1954 - 1957)), Berlin, 1962.

SCHNEIDER, Heinrich: Das Wunder an der Saar (Ein Erfolg politischer Gemeinsamkeit), Stuttgart, 1974.

SCHNEIDER, Herbert: Die Interessenverbände, München/Wien, 1965.

SCHÖNBOHM, Wulf: CDU (Portrait einer Partei), München/Wien, 1979.

SCHÖNE, Siegfried: Von der Reichskanzlei zum Bundeskanzleramt (Eine Untersuchung zum Problem der Führung und Koordination in der jüngeren Geschichte), Berlin, 1968.

SCHRÖDER, Georg/MÜLLER-ARMACK, Alfred/HOHMANN, Karl/GROSS, Johannes/ALTMANN, Rüdiger (Hrsg.): Ludwig Erhard (Beiträge zu seiner politischen Biographie. Festschrift zum fünfundsiebzigsten Geburtstag), Frankfurt/Main, u.a., ²1972 (<u>Schröder, u.a. (Hrsg.)</u>).

SCHRÖDER, Gerhard: Wir brauchen eine heile Welt (Politik in und für Deutschland), Düsseldorf/Wien, ²1964.

SCHRÖDER, Heinrich Josef: Gesetzgebung und Verbände (Ein Beitrag zur Institutionalisierung der Verbandsbeteiligung an der Gesetzgebung), Berlin, 1976.

SCHÜLE, Adolf: Koalitionsvereinbarungen im Lichte des Verfassungsrechts (Eine Studie zu deutschen Lehre und Praxis, mit einem Dokumenten-Anhang), Tübingen, 1964.

SCHWARZ, Hans Peter (Hrsg.): Handbuch der deutschen Außenpolitik, München, 1975.

SCHWERING, Leo: Frühgeschichte der Christlich-Demokratischen Union, Recklinghausen, 1963.

STACKELBERG, Karl Georg von:
-Attentat auf Deutschlands Talisman (Ludwig Erhards Sturz. Hintergründe. Konsequenzen), Stuttgart, 1967.
-Souffleur auf politischer Bühne (Von der Macht der Meinungen und den Meinungen der Mächtigen), München, 1975.

STAMMEN, Theo (Hrsg.): Strukturwandel der modernen Regierung, Darmstadt, 1967.

STAMMER, Otto: Verbände und Gesetzgebung (Die Einflußnahme der Verbände auf die Gestaltung des Personalvertretungsgesetzes), Köln/Opladen, 1965.

STEFFANI, Winfried (Hrsg.): Parlamentarismus ohne Transparenz, Opladen, 1973.

STEFFEN, Hans (Hrsg.): Die Gesellschaft in der Bundesrepublik Deutschland. Analysen (Erster Teil), Göttingen, 1970.

STEHKÄMPER, Hugo (Hrsg.): Konrad Adenauer Oberbürgermeister von Köln (Festgabe der Stadt Köln zum 100. Geburtstag ihres Ehrenbürgers am 5. Januar 1976), Köln, 1976.

STERCKEN, Hans: De Gaulle hat gesagt ... (Eine Dokumentation seiner Politik), Stuttgart-Degerloch, 1967.

STERNBERGER, Dolf: Lebende Verfassung (Studien über Koalition und Opposition), Meisenheim am Glan, 1956.

STRESEMANN, Gustav: Vermächtnis (Der Nachlaß in drei Bänden), 2. Band, Berlin, 1932.

STÜTZLE, Walther: Kennedy und Adenauer in der Berlin-Krise 1961 - 1962, Bonn-Bad Godesberg, 1973.

THAYER, Charles W.: Die unruhigen Deutschen, Bern, u.a., 1958

THAYSEN, Uwe: Parlamentsreform in Theorie und Praxis (Zur institutionellen Lernfähigkeit des parlamentarischen Regierungssystems. Eine empirische Analyse der Parlamentsreform im 5. Deutschen Bundestag), Opladen, 1972.

TROSSMANN, Hans: Parlamentsrecht des Deutschen Bundestages (Kommentar zur Geschäftsordnung des Deutschen Bundestages unter Berücksichtigung des Verfassungsrechts), München, 1977.

UERTZ, Rudolf: Christentum und Sozialismus in der frühen CDU (Grundlagen und Wirkungen der christlich-sozialen Ideen in der Union 1945 - 1949), Stuttgart, 1981.

VARAIN, Heinz Josef: Interessenverbände in Deutschland, Köln, 1973.

VOGEL, Georg: Diplomat unter Hitler und Adenauer, Düsseldorf/Wien, 1969.

WAGNER, Wolfgang: Die <u>Bundespräsidentenwahl</u>, in: Morsey, Rudolf/Repgen, Konrad (Hrsg.): Adenauer-Studien II, Main, 1972.

WAMBACH, Manfred Max: Verbändestaat und Parteienoligopol (Macht und Ohnmacht der Vertriebenenverbände), Stuttgart, 1971.

WEBER, Harald: Der Koalitionsvertrag (überarbeitet von Assessor Franz Hubert Timmermann), Bonn, o.J. (1961).

WEBER, Jürgen: Interessengruppen im politischen System der Bundesrepublik Deutschland, München, 1976.

WENGER, Paul Wilhelm: Die Falle (Deutsche Ost-, Russische Westpolitik), Stuttgart, 1971.

WENGST, Udo: Staatsaufbau und Regierungspraxis 1948 - 1953 (Zur Geschichte der Verfassungsorgane der Bundesrepublik Deutschland) Düsseldorf, 1984.

WETTIG, Gerhard: Entmilitarisierung und Wiederbewaffnung in Deutschland, 1943 - 1955 (Internationale Auseinandersetzung um die Rolle der Deutschen in Europa), München, 1967.

WEMAR, Paul: Konrad Adenauer (Eine autorisierte Biographie), München 1955.

WIECK, Hans Georg: Die Entstehung der CDU und die Wiederbegründung des Zentrums im Jahre 1945, Düsseldorf, 1953.

WILDENMANN, Rudolf: Macht und Konsens als Problem der Innen- und Außenpolitik, Frankfurt-Main/Bonn, 1963 (<u>Wildenmann I</u>).

WILDENMANN, Rudolf (Hrsg.): Sozialwissenschaftliches Jahrbuch für Politik, Band 3, München/Wien, 1972.

WISSER, Richard (Hrsg.): Politik als Gedanke und Tat, Mainz, 1967.

WYLICK, Christine van: Das Besatzungsstatut (Entstehung, Revision, Wandel und Ablösung des Besatzungsstatutes), maschinenschriftliche Dissertation an der Universität Köln, o.O., 1956.

ZEHNER, Günter (Hrsg.): Der Fernsehstreit vor dem Bundesverfassungsgericht (Eine Dokumentation des Prozeßmaterials), Band I, Karlsruhe, 1964; Band II, Karlsruhe, 1965.

ZIEBURA, Gilbert: Die deutsch-französischen Beziehungen seit 1945 (Mythen und Realitäten), Pfullingen, 1970.

ZÖLLER, Josef Otmar: Rückblick auf die Gegenwart (Die Entstehung der Kanzlerdemokratie), Stuttgart, 1964.


A u f s ä t z e

(Komplette Titel bei Sammelwerken vgl. Auflistung unter Bücher. Kürzel in den Anmerkungen, die sich aus dem Titel des Aufsatzes ergeben, werden folgend unterstrichen; sonstige Kürzel in Klammern (wie hier) hinzugefügt.)


ABELEIN, Manfred: 20 Jahre Deutscher Bundestag, in: Keim (Hrsg.), a.a.O., S. 19 ff.

ALLEMANN, Fritz René: Bonns verschränkte Fronten (Parteiensystem und internationale Politik), in: Der Monat, 18. Jg., Januar 1966, Heft 208, S. 7 ff.

ALTMANN, Rüdiger: Die Wandlungen der Union (Gruppen, Strömungen, Führung), in: Die Politische Meinung (im folgenden zitiert: PM), 15. Jg., 1970, Heft 133, S. 43 ff.

AUGSTEIN, Rudolf:
- Begegnungen mit Konrad Adenauer, in: Kohl (Hrsg.), a.a.O., S. 37 ff.
- Konrad Adenauer und seine Epoche, in: (ohne Hrsg.): Die Ära Adenauer, a.a.O., S. 30 ff.

BACH, Franz Josef:
- Konrad Adenauer und Hans Globke, in: Blumenwitz/Gotto/Maier/Repgen/Schwarz (Hrsg.), a.a.O., Band I (im folgenden zitiert: Adenauer und seine Zeit 1), S. 177 ff (Bach I).
- Globke und die Auswärtige Politik, in: Gotto (Hrsg.), a.a.O., S. 163 ff (Bach II).

BACHMANN, Günther: Das Bundeskanzleramt, in: Hochschule für Verwaltungswissenschaften Speyer (Hrsg.): Die Staatskanzlei, a.a.O. (im folgenden zitiert: Staatskanzlei), S. 161 ff.

BARING, Arnulf:
- Die westdeutsche Außenpolitik in der Ära Adenauer, in: Politische Vierteljahresschrift (im folgenden zitiert: PVS), 9. Jg., 1968, Heft 1, S. 45 ff (Baring IV).
- Die Institutionen der westdeutschen Außenpolitik in der Ära Adenauer,

in: Kaiser/Morgan (Hrsg.), a.a.O., S. 167 ff (Baring V).

BEBERMEYER, Hartmut: Das politische Planungssystem der Bundesregierung – Entwicklung und Stand der institutionellen Voraussetzungen und Instrumentarien, in: Jochimsen/Simonis (Hrsg.), a.a.O., S. 713 ff.

BEER, Karl Willy: Adenauers drittes Kabinett, in: PM, a.a.O., 1. Jg., 1956, Heft 6, S. 3 f.

BENDA, Ernst: Verfassungsprobleme der Großen Koalition, in: Rummel (Hrsg.), a.a.O., S. 162 ff.

BEN GURION, David: Geleitwort, in: Krein, a.a.O., S. 7 f.

BERG, Fritz: Stand und Aussichten der deutschen Industrie 1955/56 (Rede des Präsidenten des Bundesverbandes der Deutschen Industrie Fritz Berg am 23. Mai 1956 aus Anlaß der 7. Ordentlichen Mitgliederversammlung des Bundesverbandes der Deutschen Industrie in Köln) (Sonderdruck), o.O., o.J., in: Institut der Deutschen Wirtschaft, Bibliothek, Faszikel: B 56/3013.

BERMBACH, Udo:
- Kanzlerdemokratie, in: Röhring/Sontheimer (Hrsg.), a.a.O., S. 229 ff.
- Koalitionsausschuß, in: Ebenda, S. 237 ff.
- Koalitionsvereinbarung, in: Ebenda, S. 239 ff.
- Kreßbronner Kreis, in: Ebenda, S. 253 ff.

BESSON, Waldemar: Der Streit der Traditionen: Über die historischen Grundlagen der westdeutschen Außenpolitik, in: Kaiser/Morgan (Hrsg.), a.a.O., S. 94 ff.

BLEICHER, Kurt: Konferenzen, in: Grochla (Hrsg.), a.a.O., Spalte 856 ff.

BÖHM, Anton:
- Vor der Ablösung (Unvermeidlicher Stilwandel), in: PM, a.a.O., 8. Jg., 1963, Heft 84, S. 7 ff.
- CDU-Reform: Grenzen und Ziele (Eine Etappe auf dem Weg zur modernen Volkspartei), in: PM, a.a.O., 4. Jg., 1959, Heft 41, S. 13 ff.
- Wer heute in Deutschland regiert (Die Regierung Adenauer und die Verfassung), in: PM, a.a.O., 2. Jg., 1957, Heft 18, S. 15 ff.

BÖHM, Franz: Das deutsch-israelische Abkommen 1952, in: Adenauer und seine Zeit 1, a.a.O., S. 437 ff.

BÖRNER, Weert: Heinrich von Brentano, in: Konrad-Adenauer-Stiftung (Hrsg.): Christliche Demokraten, a.a.O., S. 51 ff.

BRACHER, Karl Dietrich:
- Außen- und Innenpolitik, in: Fraenkel/Bracher (Hrsg.), S. 23 ff.
- Kritische Betrachtungen über den Primat der Außenpolitik, in: Ritter/Ziebura (Hrsg.), a.a.O., S. 115 ff.
- Die Kanzlerdemokratie, in: Löwenthal/Schwarz (Hrsg.), a.a.O., S. 179 ff.

BRANDT, Willy: Konrad Adenauer - Ein schwieriges Erbe für die deutsche Politik, in: Adenauer und seine Zeit 1, a.a.O., S. 99 ff.

BRAUNTHAL, Gerhard: The Struggle for Cartel Legislation, in: Christoph/Brown (Hrsg.), a.a.O., S. 187 ff.

BREITLING, Rupert: Politische Pression wirtschaftlicher und gesellschaftlicher Kräfte in der Bundesrepublik, in: Steffen (Hrsg.), a.a.O., S. 72 ff.

BUCHHEIM, Hans:
- Adenauers Deutschlandpolitik, in: Konrad-Adenauer-Stiftung (Hrsg.): Konrad Adenauer, a.a.O., S. 83 ff.
- Die Richtlinienkompetenz unter der Kanzlerschaft Konrad Adenauers, in: Blumenwitz/Gotto/Maier/Repgen/Schwarz (Hrsg.) a.a.O., Band II (im folgenden zitiert: Adenauer und seine Zeit 2), S. 339 ff.

BUREAU OF APPLIED SOCIAL RESEARCH (Columbia Universität): Das qualitative Interview, in: König (Hrsg.): Das Interview, a.a.O., S. 143 ff.

BUSSHOFF, Heinrich: Die theoretische Stagnation der Regierungslehre - Kritik und Skizze eines Auswegs, in: PVS, a.a.O., 21. Jg., 1980, Heft 3, S. 284 ff.

CARSTENS, Karl: Geleitwort, in: Gotto (Hrsg.), a.a.O., S. 7 f (Carstens II).

CLAY, Lucius D.: Adenauers Verhältnis zu den Amerikanern und die deutsch-amerikanischen Beziehungen nach 1945, in: Adenauer und seine Zeit 1, a.a.O., S. 466 ff.

DEHLER, Thomas: Nach dem Bruch der Koalition (Aus der Rede auf dem Bundesparteitag am 20. April 1956 in Würzburg), in: Bundesvorstand der FDP (Hrsg.), a.a.O., S. 73 ff.

DEXHEIMER, Wolfgang F./HARTMANN, Max: Zur Geschichte und Struktur der Arbeitskreise und -gruppen in der CDU/CSU-Bundestagsfraktion, in: Zeitschrift für Parlamentsfragen (im folgenden zitiert: ZParl), 1. Jg., September 1970, Heft 2, S. 232 ff.

DIEDERICH, Toni: Adenauer als Kölner Oberbürgermeister von Mai bis Oktober 1945, in: Stehkämper (Hrsg.), a.a.O., S. 499 ff.

DITTBERNER, Jürgen: Die Parteitage der CDU und SPD, in: Dittberner/Ebbinghausen (Hrsg.), a.a.O., S. 82 ff.

DÜBBER, Ulrich: An den Stellwerken der Macht (Über die Führungsstruktur von CDU und SPD), in: Die Neue Gesellschaft, 10. Jg., März/April 1963, Heft 2, S. 101 ff.

DÜREN, Albrecht: Ludwig Erhards Verhältnis zu organisierten wirtschaftlichen Interessen, in: Schröder/Müller-Armack/Hohmann/Gross/Altmann (Hrsg.), a.a.O. (im folgenden zitiert: Schröder u.a. (Hrsg.)), S. 42 ff.

ECKARDT, Felix von: Konrad Adenauer – Eine Charakterstudie, in: Adenauer und seine Zeit 1, a.a.O., S. 137 ff (Eckardt II).

ELLWEIN, Thomas:
- Lethargie oder Restauration? (Kritische Überlegungen zur Bonner Regierungsorganisation), in: Oertzen (Hrsg.), a.a.O., S. 323 ff.
- Die Rolle der Parlamente im öffentlichen Leben, in: Steffen (Hrsg.), a.a.O., S. 34 ff.

ENDERS, Ulrich/REISER, Konrad: Aufgaben, Handlungsspielraum und Tätigkeit der Bundesregierung im Jahre 1949, in: Kabinettsprotokolle, a.a.O., S. 23 ff.

ELSCHNER, Gerhard: Zwanzig Jahre Christlich Demokratische Union (Reflexionen über Eigenart und Struktur), in: Heinrich Pesch Haus Mannheim (Hrsg.), a.a.O., S. 167 ff.

ESCHENBURG, Theodor:
- Adenauer und die Institutionen, in: Kohl (Hrsg.), a.a.O., S. 64 ff.
- Die Richtlinien der Politik im Verfassungsrecht und in der Verfassungswirklichkeit, in: Stammen (Hrsg.), a.a.O., S. 361 ff.
- Zur Vorgeschichte der Bundesrepublik, in: Steffen (Hrsg.), a.a.O., S. 7 ff.

FACK, Fritz Ullrich: Entwicklungstendenzen des industriellen Lobbyismus in der Bundesrepublik, in: Böhret/Grosser (Hrsg), a.a.O., S. 483 ff.

FRANCOIS-PONCET, André:
- Adenauer als historische Gestalt (Portrait eines Freundes), in: PM, a.a.O., 13. Jg., 1963, Heft 88, S. 25 ff.
- Der alte Mann von Rhöndorf, in: Bulletin des Presse- und Informationsamtes der Bundesregierung, o. Jg., Nr. 5, v. 7.1.1956, S. 35.

FRIEDRICH, Otto A.: Erhards ungewöhnlicher Weg, in: Schröder, u.a. (Hrsg.), a.a.O., S. 82 ff.

GERSTENMAIER, Eugen:
- Adenauer und die Macht, in: Adenauer und seine Zeit 1, a.a.O., S. 29 ff.
- Konrad Adenauer – um das Vaterland verdient gemacht (Rede des Bundespräsidenten vor dem Bundestag am 15.10.1963), in: Presse- und Informationsamt der Bundesregierung (Hrsg.): Deutsche Politik, a.a.O., S. V ff.
- Der Staatssekretär, in: Gotto (Hrsg.), a.a.O., S. 15 ff.

GOLDMANN, Nahum: Adenauer und das jüdische Volk, in: Adenauer und seine Zeit 1, a.a.O., S. 427 ff.

GOTTO, Klaus:
- Adenauer, die CDU und die Wahl des Bundespräsidenten 1959, in: Konrad-Adenauer-Stiftung (Hrsg.): Konrad Adenauer, a.a.O. S. 97 ff (Bundespräsidentenwahl).
- Adenauers Deutschland- und Ostpolitik 1954 – 1963, in: Morsey/Repgen (Hrsg.): Adenauer-Studien III, a.a.O., S. 3 ff.

- Einleitung, in: Neue Dokumente zur Deutschland- und Ostpolitik Adenauers (bearbeitet und herausgegeben von Klaus Gotto), in: Morsey/Repgen (Hrsg.): Adenauer-Studien III, a.a.O., S. 129 ff.
- Der Versuch einer Großen Koalition 1962, in: Adenauer und seine Zeit 2, a.a.O., S. 316 ff (<u>Große Koalition</u>).

GREWE, Wilhelm G.: Der <u>Deutschlandvertrag</u> nach zwanzig Jahren, in: Adenauer und seine Zeit 1, a.a.O., S. 698 ff.

GROSSER, Alfred: Die Rolle Konrad Adenauers in der jüngsten deutschen und europäischen Geschichte, in: Kohl (Hrsg.), a.a.O., S. 9 ff.

GROTIAN, Peter: Bundeskanzleramt, in: Röhring/Sontheimer (Hrsg.), a.a.O., S. 62 ff.

GUILLEAUME, Erich: Regierungslehre, in: Stammen (Hrsg.), a.a.O., S. 446 ff.

GUMBEL, Karl: Hans Globke – Anfänge und erste Jahre im Bundeskanzleramt, in: Gotto (Hrsg.), a.a.O., S. 73 ff.

HAEFELE, Hansjörg: Reform des Parlamentarismus, in: Rollmann (Hrsg.), a.a.O., S. 37 ff.

HALLSTEIN, Walter: Mein Chef <u>Adenauer</u>, in: Adenauer und seine Zeit 1, a.a.O., S. 132 ff.

HANDTKE, Rolf: Die neuen Lobbyisten, in: PM, a.a.O., 2. Jg., 1957, Heft 18, S. 12 ff.

HASE, Karl-Günther von: Ludwig Erhard – ein unermüdlicher Kämpfer für die Stärkung Europas, in: Schröder, u.a. (Hrsg.), a.a.O., S. 292 ff.

HECK, Bruno:
- Adenauer und die Christlich-Demokratische Union Deutschlands, in: Adenauer und seine Zeit 1, a.a.O., S. 186 ff (<u>Adenauer und die CDU</u>).
- Die Mobilmachung einer Partei (Die Union – was sie ist und wie sie sein könnte), in: PM, a.a.O., 14. Jg., 1969, Heft 128, S. 29 ff.

HEIDENHEIMER, Arnold J.: Der starke <u>Regierungschef</u> und das Parteiensystem: der 'Kanzler-Effekt' in der Bundesrepublik, in: Stammen (Hrsg.), a.a.O., S. 393 ff.

HEINEMANN, Gustav: Was Dr. Adenauer vergißt (Notizen zu einer Biographie), in: Frankfurter Hefte, 11. Jg., Juli 1956, Heft 7, S. 455 ff.

HENNIS, Wilhelm:
- Zur Begründung der Fragestellung, in: Hennis/Kielmannsegg/Matz (Hrsg.), a.a.O., Band I, S. 9 ff.
- Der Deutsche Bundestag 1949 – 1965 (Leistung und Reformwillen), in: Der Monat, 18. Jg., August 1966, Heft 215, S. 26 ff.
- Zur Kunst des Regierens, in: Staatskanzlei, a.a.O., S. 289 ff.
- Aufgaben einer modernen Regierungslehre, in: PVS, 6. Jg., 1965, Heft 4, S. 422 ff.

- Verfassungsordnung und Verbandseinfluß – Bemerkungen zu ihrem Zusammenhang im politischen System der Bundesrepublik, in: PVS, a.a.O., 2. Jg., 1961, Heft 1, S. 23 ff.

JAHN, Hans Edgar: Otto Lenz, in: Konrad-Adenauer-Stiftung (Hrsg.): Christliche Demokraten, a.a.O., S. 243 ff.

JANSEN, Thomas: Die Entstehung des deutsch-französischen Vertrages vom 22. Januar 1963, in: Adenauer und seine Zeit 2, a.a.O., S. 249 ff.

JASPERS, Karl: Freiheit und Wiedervereinigung, in: Jacobsen/Stenzl (Hrsg.), a.a.O., S. 189 ff.

KAACK, Heino/ROTH, Reinhold:
- Die Außenpolitische Führungselite der Bundesrepublik Deutschland, in: aus politik und zeitgeschichte, 22. Jg., Heft 3, v. 15.1.1972, S. 3 ff.
- Die Parteien und die Außenpolitik, in: Schwarz (Hrsg.), a.a.O., S. 175 ff.

KAFF, Brigitte: Eine Volkspartei entsteht – Zirkel und Zentren der Unionsgründung, in: Buchstab/Gotto (Hrsg.), a.a.O., S. 70 ff.

KALTEFLEITER, Werner: Die Entwicklung des deutschen Parteiensystems in der Ära Adenauer, in: Adenauer und seine Zeit 2, a.a.O., S. 285 ff.

KENNEDY, John F.: A Democrat looks at Foreign Policy, in: Foreign Affairs, Vol. 36, No. 1, Oct. 1957, S. 44 ff.

KIESINGER, Kurt Georg: Erlebnisse mit Konrad Adenauer, in: Adenauer und seine Zeit 1, a.a.O., S. 59 ff.

KNORR, Heribert: Die Große Koalition in der parlamentarischen Diskussion der Bundesrepublik von 1949 bis 1969, in: aus politik und zeitgeschichte, 24. Jg., Heft 33, v. 17.8.1974, S. 24 ff (Knorr I).

KÖPPLER, Heinrich: Mißverständnisse, Spannungen, Rivalitäten? Zum Verhältnis von Parlament und Regierung, in: Hübner/Oberreuter/Rausch (Hrsg.), a.a.O., S. 173 ff.

KÖRNER, Klaus: Die Wiedervereinigungspolitik, in: Schwarz (Hrsg.), a.a.O., S. 587 ff.

KOHL, Helmut: Konrad Adenauer – Erbe und Auftrag, in: Kohl (Hrsg.), a.a.O., S. 73 ff.

KRALEWSKI, Wolfgang: Bundesregierung und Bundestag, in: Friedrich/Reifenberg (Hrsg.), a.a.O., S. 423 ff.

KRÖGER, Klaus: Aufgaben und Verantwortung des Bundeskanzlers nach dem Grundgesetz, in: aus politik und zeitgeschichte, 19. Jg., Heft 34, v. 23.8.1969, S. 28 ff.

KRONE, Heinrich:
- Konrad Adenauer – Im Gespräch mit einem großen Politiker und tiefem Menschen, in: Adenauer und seine Zeit 1, a.a.O., S. 117 ff (Krone II).
- Aufzeichnungen zur Deutschland und Ostpolitik 1954 – 1969, in: Neue Dokumente zur Deutschland- und Ostpolitik (bearbeitet und herausgegeben von Klaus Gotto), in: Morsey/Repgen (Hrsg.): Adenauer-Studien III, a.a.O., S. 134 ff.
- Der Berater Adenauers, in: Gotto (Hrsg.), a.a.O., S. 21 ff (Krone III).
- Einheit der Unionsparteien, in: Politisch Soziale Korrespondenz, v. 1.7.1959, in: Pressedokumentation, a.a.O., Stichwort: Krone (Krone I).

LEHMANN, Hans: Perspektiven, in: Politische Studien (im folgenden zitiert: PolSt):
- 12. Jg., November 1961, Heft 139, S. 713 ff.
- 14. Jg., Mai/Juni 1963, Heft 149, S. 257 ff.

LEHNER, Franz: Regierbarkeit – Krise der Politik oder der Politischen Wissenschaft?, in: PVS, a.a.O., 21. Jg., 1980, Heft 3, S. 296 ff.

LÖW, Konrad/EISENMANN, Peter: Die Ära Adenauer. Die Bundesrepublik während der Kanzlerschaft Adenauers (1949 – 1963), in: Morsey/Löw/Eisenmann, a.a.O., S. 63 ff.

LÖWENSTEIN, Karl: Diskussionsbeitrag vom 23.5.63 (Tagung der Deutschen Vereinigung für Politikwissenschaft in Heidelberg), in: PVS, a.a.O., 5. Jg., 1964, Heft 1, S. 34 f.

LONGFORD, Earl of (Lord Francis Pakenham): Erfahrungen mit Adenauer als Minister für die britische Besatzungszone, in: Adenauer und seine Zeit 1, a.a.O., S. 415 ff.

MAJONICA, Ernst: Bundestag und Außenpolitik, in: Schwarz (Hrsg.), a.a.O., S. 112 ff.

MANN, Golo:
- Begegnung mit Konrad Adenauer, in: Kohl (Hrsg.), a.a.O., S. 98 ff.
- Der Staatsmann und sein Werk, in: (ohne Hrsg.): Die Ära Adenauer, a.a.O., S. 170 ff.
- Überwindung der erstarrten Situation, in: Jacobsen/Stenzl (Hrsg.), a.a.O., S. 197 ff.

MCCLOY, John: Adenauer und die Hohe Kommission, in: Adenauer und seine Zeit 1, a.a.O., S. 421 ff.

MENDE, Erich: Die schwierige Regierungsbildung 1961, in: Adenauer und seine Zeit 1, a.a.O., S. 302 ff.

MENZEL, Eberhard: Die heutige Auslegung der Richtlinienkompetenz des Bundeskanzlers als Ausdruck der Personalisierung der Macht?, in: Bracher/Dawson/Geiger/Smend (Hrsg.), a.a.O., S. 877 ff.

MERCKER, Reinhold: Das Bundeskanzleramt aus der Sicht eines Abteilungsleiters, in: Gotto (Hrsg.), a.a.O., S. 127 ff.

MERKATZ, Hans-Joachim von:
- <u>Betrachtungen</u> zu den Grundwerten und zum Stil der Adenauerschen Politik, in: Adenauer und seine Zeit 1, a.a.O., S. 122 ff.
- Regiert die Lobby? Parlament, Regierung und Interessenverbände, in: Hübner/Oberreuter/Rausch (Hrsg.), a.a.O., S. 196 ff.

MERKL, Peter H.: Equilibrium, structure of interests and leadership: Adenauers survival as chancellor, in: The American political science review, Vol. LXI, No. 3, Sept. 162, S. 634 ff.

MEYERS, Franz: Konrad Adenauers Verhältnis zum Föderalismus, in: Adenauer und seine Zeit 1, a.a.O., S. 291 ff.

MORKEL, Arnd: Die Reform des Kabinetts (Vorabdruck), in: aus politik und zeitgeschichte, 20. Jg., Heft 43, v. 24.10.1970, S. 3 ff.

MORSEY, Rudolf:
- Der politische Aufstieg Konrad Adenauers, 1945 - 1949, in: Morsey/ Repgen (Hrsg.): Adenauer-Studien I, a.a.O., S. 20 ff.
- - Eine Kurzform dieses Beitrages liegt vor in: - -
- Vom <u>Kommunalpolitiker</u> zum Kanzler, in: Konrad-Adenauer-Stiftung (Hrsg.): Konrad Adenauer, a.a.O., S. 13 ff.
- Die Bildung der ersten Regierungskoalition 1949 (Adenauers Entscheidungen von Frankfurt und Rhöndorf am 20. und 21. August 1949), in: Historisches Jahrbuch, a.a.O., S. 418 ff.
- - Der Aufsatz wurde ebenfalls abgedruckt in: - -
- (Gleicher Titel wie zuvor): aus politik und zeitgeschichte, 28. Jg., Heft 34, v. 26.8.1978, S. 3 ff.
- Die Rhöndorfer Weichenstellung vom 21. August 1949 (Neue Quellen zur Vorgeschichte der Koalitions- und Regierungsbildung nach der Wahl zum ersten Deutschen Bundestag), in: Vierteljahreshefte für Zeitgeschichte, 28. Jg., Oktober 1980, Heft 4, S. 513 ff.
- Zum Verlauf und Stand der Adenauer-Forschung, in: Kohl (Hrsg.), a.a.O., S. 121 ff.

MÜLLENBACH, Peter: Das Plakat in der politischen Propaganda (Aufgezeigt an Beispielen aus der CDU-Propaganda zur Wahl am 6. September 1953), in: Jahrbuch für Außenwerbung, a.a.O., S. 17 ff.

MÜLLER-ARMACK, Alfred: <u>Adenauer</u>, die Wirtschaftspolitik und die Wirtschaftspolitiker, in: Adenauer und seine Zeit 1, a.a.O., S. 204 ff.

NEUMANN, Franz: Die Kanzlerdemokratie, in: Drechsler/Hilligen/Neumann (Hrsg.), a.a.O., S. 192 f.

OBERNDÖRFER, Dieter: John Foster Dulles und Konrad Adenauer, in: Adenauer und seine Zeit 2, a.a.O., S. 229 ff.

OBERREUTER, Heinrich: Parlamentarisches System der Bundesrepublik Deutschland - Stärken und Schwächen (Tradition und Neubeginn), in: aus politik und zeitgeschichte, 30. Jg., Heft 44, v. 1.11.1980, S. 3 ff.

OSTERHELD, Horst: Der Staatssekretär des Bundeskanzleramtes, in: Gotto (Hrsg.), a.a.O., S. 99 ff (<u>Osterheld II</u>).

PROEBST, Hermann: Zu früh und zu spät, in: (ohne Hrsg.): Die Ära Adenauer, a.a.O., S. 147 ff.

PÜTZ, Helmuth: Einleitung, in: derselbe (Bearbeiter): Konrad Adenauer und die CDU der britischen Besatzungszone, 1946 - 1949, a.a.O., S. 1 ff.

PÜTZ, Helmuth/RADUNSKI, Peter/SCHÖNBOHM, Wulf: 34 Thesen zur Reform der CDU, in: Sonde, 2. Jg., 1969, Heft 4, S. 4 ff.

RAUSCH, Heinz:
- Parlamentsbewußtsein und Abgeordnetenverhalten während der Großen Koalition, in: PolSt, a.a.O., 11. Jg., 1970, Heft 191, S. 313 ff.
- Das parlamentarische Regierungssystem - eine begriffliche Klärung, in: Politische Bildung (im folgenden zitiert: PoBi), 4. Jg., Oktober 1971, Heft 4, S. 11 ff.

RAUSCH, Heinz/OBERREUTER, Heinrich: Parlamentsreform in der Dunkelkammer? Zum Selbstverständnis der Bundestagsabgeordneten, in: Steffani (Hrsg.), a.a.O., S. 141 ff.

REPGEN, Konrad: Finis Germaniae: Untergang Deutschlands durch einen SPD-Wahlsieg 1957?, in: Adenauer und seine Zeit 2, a.a.O., S. 294 ff.

ROEGELE, Otto B.: Die Bemühungen um eine Große Koalition in Bonn. Der erste Anlauf im Jahre 1962, in: Wisser (Hrsg.), a.a.O., S. 215 ff.

ROSENAU, James N.: Pre-Theories and Theories of Foreign Policy, in: Farrel (Hrsg.), a.a.O., S. 65 ff.

RUDZIO, Wolfgang:
- Mit Koalitionsausschüssen leben? (Zum Unbehagen an einem Phänomen parteistaatlicher Demokratie), in: ZParl, a.a.O., 1. Jg., September 1970, Heft 2, S. 206 ff.
- Die Regierung der informellen Gremien. Zum Bonner Koalitionsmanagement der sechziger Jahre, in: Wildenmann (Hrsg.), a.a.O., S. 339 ff.

RUMMEL, Alois: Eine Koalition mit Zufallschancen, in: derselbe (Hrsg.), a.a.O., S. 9 ff.

RUST, Josef: Streifzug mit Hans Globke durch gemeinsame Bonner Jahre, in: (Hrsg.), a.a.O., S. 27 ff.

SEYDOUX, Francois: Der Europäer (Ein Portrait), in: Prittie/Osterheld/ Seydoux, a.a.O., S. 119 ff (Seydoux II).

SOHL, Hans-Günther: Aus dem Blickwinkel der Montanindustrie, in: Schröder, u.a. (Hrsg.), a.a.O., S. 239 ff.

SONNEMANN, Theodor: Adenauer und die Bauern, in: Adenauer und seine Zeit 1, a.a.O., S. 260 ff.

SCHEEL, Walter: Die geistigen Grundlagen des Menschen und Politikers Konrad Adenauer, in: Adenauer und seine Zeit 1, a.a.O., S. 21 ff.

SCHEUNER, Ulrich: Politische Koordination in der Demokratie, in: Bracher/
Dawson/Geiger/Smend (Hrsg.), a.a.O., S. 899 ff.

SCHEUCH, Erwin K.: Das Interview in der Sozialforschung, in: König (Hrsg.):
Handbuch der Empirischen Sozialforschung, a.a.O., S. 136 ff.

SCHMIEG, Günther: Kabinett, in: Röhring/Sontheimer (Hrsg.), a.a.O., S.
219 ff.

SCHMID, Carlo: Adenauers Werk, in: (ohne Hrsg.): Die Ära Adenauer,
a.a.O., S. 17 ff.

SCHMIDT, Helmut: Die Mitbestimmung der Arbeitnehmer – Von Adenauer als
eine große Aufgabe unserer Zeit verstanden, in: Adenauer und seine Zeit 1,
a.a.O., S. 45 ff.

SCHNEIDER, Franz: Die Stunde Null und 25 Jahre (Ein Rückblick auf 25 Jahre
deutscher Nachkriegspolitik), in: Gehört-Gelesen (Manuskript-Auslese der
interessantesten Sendungen des Bayerischen Rundfunks), 17. Jg., Juni
1970, Heft 6, S. 616 ff.

SCHOLZ, Peter/KRAUS, Reinhart: Aspekte der bilateralen Zusammenarbeit
auf der Grundlage des deutsch französischen Vertrages, in: Picht (Hrsg.),
a.a.O., S. 188 ff.

SCHRÖDER, Gerhard: Adenauerpartei (Leserbrief), in: PM, a.a.O., 4. Jg.,
1959, Heft 32, S. 92 f.

SCHULTE, Manfred: Manipulateure am Werk? Zur Funktion des Fraktionsvorstandes und des Parlamentarischen Geschäftsführers, in: Hübner/Ober-
reuter/Rausch (Hrsg.), a.a.O., S. 68 ff.

SCHULZ, Gerhard: Die CDU – Merkmale ihres Aufbaus, in: Lange, u.a., a.a.O.,
S. 3 ff.

SCHUMANN, Robert: Geleitwort, in: Kopp, a.a.O., S. 4 f.

SCHUSTER, Hans: Wohin treibt unser Parteiensystem? (Eine Bilanz nach
13 Jahren Bundesrepublik), in: PolSt, a.a.O., 1962, Heft 143, S. 261 ff.

SCHWARZ, Hans Peter:
- Adenauers Wiedervereinigungspolitik (Zwischen nationalem Wollen und
realpolitischem Zwang), in: PM, a.a.O., 20. Jg., 1975, Heft 163, S.30ff.
- Die Bundesrepublik und die auswärtigen Beziehungen, in: Schwarz (Hrsg.),
a.a.O., S. 43 ff.

STAMMEN, Theo: Premierministerdemokratie und Kanzlerdemokratie? Über die
Machtverteilung im zeitgenössischen parlamentarischen Regierungssystem,
in: PoBi, a.a.O., 4. Jg., Oktober 1971, Heft 4, S. 41 ff (liegt auch als
Sonderdruck vor).

STEFFANI, Winfried: Dreißig Jahre Deutscher Bundestag, in: aus politik und
zeitgeschichte, 29. Jg., Heft 32-33, v. 11.8.1979, S. 3 ff.

STERNBERGER, Dolf:
- Gewaltenteilung und parlamentarische Regierung in der Bundesrepublik Deutschland, in: PVS, a.a.O., 1. Jg., 1960, Heft 1, S. 22 ff.
- Mutation des Parteiensystems (Eine Betrachtung zur dritten Bundestagswahl), in: Faul (Hrsg.), a.a.O., S. 1 ff.
- Parlamentarische Regierung und Parlamentarische Kontrolle, in: Stammen (Hrsg.), a.a.O., S. 274 ff.

STEVES, Kurt: Ludwig Erhard und die Meinungsmacher, in: Schröder, u.a. (Hrsg.), a.a.O., S. 619 ff.

STRAUSS, Franz Josef:
- Konrad Adenauer und sein Werk, in: Adenauer und seine Zeit 1, a.a.O., S. 85 ff (Strauß I).
- "Der Alte war ein Mann mit vielen Schlichen", in: Kohl (Hrsg.), a.a.O., S. 160 ff (Strauß II).

STRAUSS, Walter: Die Personalpolitik in den Bundesministerien zu Beginn der Bundesrepublik Deutschland, in: Adenauer und seine Zeit 1, a.a.O., S. 275 ff.

STUMP, Wolfgang: Konrad Adenauer: Reden und Interviews 1945 - 1953 (Zugleich ein Beitrag zu seinem politischen Itinerar), in: Morsey/Repgen (Hrsg.): Adenauer-Studien III, a.a.O., S. 244 ff (da die erste Auflage: Mainz, 1974 bezüglich dieses Beitrags voller Fehler steckt, empfiehlt es sich die zweite Auflage: Mainz, 1974 zu benutzen).

THEDIECK, Franz: Hans Globke und die "Gewerkschaft" der Staatssekretäre, in: Gotto (Hrsg.), a.a.O., S. 144 ff.

TRIESCH, Günther: Stabilität nach Adenauer? (Eine starke Führung bleibt notwendig), in: PM, a.a.O., 8. Jg., 1963, Heft 87, S. 17 ff.

TUDYKA, Kurt P.: Gesellschaftliche Interessen und auswärtige Beziehungen, in: Varain (Hrsg.), a.a.O., S. 320 ff.

VIALON, Karl Friedrich: Ein Stück aus Globkes Alltag: Der Juliusturm, in: Gotto (Hrsg.), a.a.O., S. 194 ff.

VON DER GABLENTZ, Otto Heinrich: Buchbesprechung (zu: Heidenheimer, Arnold J.: Adenauer and the CDU, Hague, 1960), in: PVS, a.a.O., 2. Jg., 1961, Heft 4, S. 412 f.

WAGNER, Wolfgang: Wenn Erhard Kanzler würde (Portrait eines Nonkonformisten) in: PM, a.a.O., 6. Jg., 1961, Heft 59, S. 21 ff.

WEHNER, Herbert: Vis-á-vis Konrad Adenauer, in: Der Monat, 19. Jg., Juni 1967, Heft 225, S. 12 ff.

WEIDENFELD, Werner: Konrad Adenauer - im Vorurteil der Zeitgenossen und im Urteil der Geschichte, in: Adenauer und seine Zeit 2, a.a.O., S. 555 ff.

WESTRICK, Ludger: Adenauer und Erhard, in: Adenauer und seine Zeit 1, a.a.O., S. 169 ff.

WILDENMANN, Rudolf: Urteilskriterien vom Standpunkt des politischen Systems, in: Staatskanzlei, a.a.O., S. 245 ff.

WILDENMANN, Rudolf/SCHEUCH, Erwin K.: Der Wahlkampf 1961 im Rückblick, in: Scheuch, Erwin K./Wildenmann, Rudolf (Hrsg.), a.a.O., S. 39 ff.

WITTE, Eberhard: Entscheidungsprozesse, in: Grochla (Hrsg.), a.a.O., Spalte 497 ff.

WOLLMANN, Helmut: Fraktion, in: Röhring/Sontheimer (Hrsg.), a.a.O., S. 139 ff.

ZÖLLER, Josef Otmar: Drei Generationen formen einen Staat, in: Netzer (Hrsg.), a.a.O., S. 243 ff.


Publizistisches Material aus dem elektronischen Bereich (Rundfunk/TV)

(Aufbereitetes Material folgender Institutionen wurde dabei herangezogen:
- Pressedokumentation des Deutschen Bundestages (im folgenden zitiert: Pressedokumentation)
- Pressedokumentation und Archiv des Presse- und Informationsamtes der Bundesregierung.)

ADENAUER, Konrad:
- in: "Panorama", in: ARD, v. 12.11.1961, in: Kommentarübersicht des Presse- und Informationsamtes der Bundesregierung (im folgenden zitiert: KÜ), Nr. 239/61, v. 13.11.1961, Anhang I.
- Ich habe mich nicht beirren lassen, in: Gaus, Günther: Zur Person - Portraits in Fragen und Antworten, Band II, München, 1966, S. 52 ff.
- Rede des Bundeskanzlers Dr. Adenauer vor dem Bundesverband der Industrie in Köln am 23.5.1956, in: Hessischer Rundfunk, v. 24.5.1956, in: ? (hws. KÜ, a.a.O.), Anhang I, in: Biographisches Material des Presse- und Informationsamtes der Bundesregierung zu Adenauer.
- in: "Das Interview", in: ZDF, v. 24.4.1963, in: KÜ, a.a.O., Nr. 96/63, v. 27.4.1963, Anhang IV.

AHLERS, Conrad, in: SFB, v. 4.12.1968, in: KÜ, a.a.O., Nr. 201/68, v. 5.12.1968, Anhang II.

DEHLER, Thomas: Ich bin kein ungläubiger Thomas, in: Gaus, Günther: Zur Person - Portraits in Fragen und Antworten, Band I, München, 1964, S. 65 ff.

DOLLINGER, Werner, in: Politik aus erster Hand, in: Bayerischer Rundfunk, v. 8.11.1961, in: KÜ, a.a.O., Nr. 237/61, v. 9.11.1961, Anhang I.

ERHARD, Ludwig, in: "Report", in: ARD, v. 4.3.1963, in: KÜ, a.a.O.,

Nr. 53/63, v. 5.3.1963, Inland, S. 4.

GAUS, Günther: Zur Person – Portraits in Fragen und Antworten:
– Band I, München, 1964.
– Band II, München, 1966.

GREWE, Wilhelm G.: Die Berlin-Krise ein Weltproblem (Worauf Chruschtschow abzielt – Voraussetzungen für den Beitritt der Bundesrepublik zur NATO – Ein Interview mit Botschafter Prof. Grewe), in: Bulletin, a.a.O., o. Jg., Nr. 181, v. 27.9.1961, S. 1721 f.

HAAS, Albert, in: "Politik aus erster Hand", in: Bayerischer Rundfunk, vom 15.11.1961, in: Informationsdienst der FDP, Landesverband Bayern, Nr. 33/61 (Sondernummer) (hektographiert), S. 1 ff, in: Dehler-Archiv, a.a.O., Ordner Da 0155.

HALLSTEIN, Walter: Ich glaube nicht an den Untergang des Abendlandes, in: Gaus, Günther: Zur Person – Portraits in Fragen und Antworten, Band II, München, 1966, S. 140 ff.

HAUSSMANN, Wolfgang, in: "Die Woche in Bonn", in: Süddeutscher Rundfunk, v. 4.11.1961, in: KÜ, a.a.O., Nr. 234/61, v. 6.11.1961, Anhang VI.

HECK, Bruno, in: "Die Woche in Bonn", in: Süddeutscher Rundfunk, v. 12.1.1962, in: KÜ, a.a.O., Nr. 12/62, v. 15.1.1962, Anhang XII.

HELLWEGE, Heinrich, in: "Die Woche in Bonn", in: WDR, v. 29.9.1957, in: KÜ, a.a.O., Nr. 224/57, v. 30.9.1957, Anhang V.

KRONE, Heinrich, in: "Die Woche in Bonn", in: WDR, v. 19.11.1961, in: KÜ, a.a.O., Nr. 245/61, v. 20.11.1961, Anhang X.

KÜHLMANN-STUMM, Knut Freiherr von, in: Süddeutscher Rundfunk, v. 19.7.1962, in: KÜ, a.a.O., Nr. 162/62, v. 20.7.1962, Anhang V.

MENDE, Erich:
– in: "Panorama", in: ARD, v. 12.11.1961, in: KÜ, a.a.O., Nr. 239/61, v. 13.11.1961, Anhang II.
– in: Deutschlandfunk, v. 10.8.1962, in: KÜ, a.a.O., Nr. 181/62, v. 11.8.1962, Anlage II.
– in: NDR II, v. 21.11.1961, in: KÜ, a.a.O., Nr. 268/61, v. 26.11.1962, Anhang IX.

RASNER, Will:
– in: "Unter uns gesagt" (Diskussion über Koalitionsverhandlungen in Regierungsbildung in Bonn) in: ARD, v. 13.11.1961, in: KÜ, a.a.O., Nr. 240/61, v. 14.11.1961, Anhang IV.
– in: "Das politische Forum", in: NDR/WDR, v. 13.1.1963, in: KÜ, a.a.O., Nr. 11/63, v. 14.1.1963, Anhang VI.
– in: RIAS II, v. 12.11.1961, in: KÜ, a.a.O., Nr. 239/61, v. 13.11.1961, Anhang VIII.

ZOGLMANN, Siegfried, in: "Unter uns gesagt", in: ARD, v. 13.11.1961, in: KÜ, a.a.O., Nr. 240/61, v. 14.11.1961, Anhang IV.

Aus dem Pressebereich, Autor bekannt

ADENAUER, Konrad:
- in: Was soll aus Deutschland werden? (Wolfgang Höpker sprach am Vorabend der Wahl mit Konrad Adenauer), in: Christ und Welt, v. 17.9.1965, in: Pressedokumentation, a.a.O., Stichwort: Adenauer.
- Das Fallbeil trifft die kleinen Leute (Die Kölner Rede des Bundeskanzlers vor der Industrie im Wortlaut), in: Frankfurter Allgemeine Zeitung (im folgenden zitiert: FAZ), o.Jg., Nr. 124, v. 30.5.1956, S. 9.
- in: (teilweiser) Abdruck des Interviews von Konrad Adenauer mit der Korrespondentin der New York Times, Flora Lewis, am 17. Juni 1956, in: AdG, a.a.O., 33. Jg., S. 7802. Eine Übersetzung des publizierten Interview-Textes ebendort.

AUGSTEIN, Rudolf:
- Liebe Spiegelleser, in: Der Spiegel, 8. Jg., Heft 42, v. 13.10.1954, S. 4.
- (als: Pfeil, Moritz): Das FDP-Papier, in: Der Spiegel, 15. Jg., Heft 47, v. 15.11.1961, S. 24.

BARZEL, Rainer:
- in: Eine neue Visitenkarte für die CDU (Interview mit Dr. Rainer Barzel), in: Civis, 9. Jg., Heft 6, Juli 1962, S. 18 f.
- Vor neuer Bewährung (Unser Volk will klare Führung), in: Rheinischer Merkur, v. 28.12.1962, in: Pressedokumentation, a.a.O., Stichwort: Barzel.

BAUMGARTEN, Hans: Bloß kein Geheimkabinett, in: FAZ, a.a.O., o.Jg., Nr. 276, v. 28.11.1961, S. 1.

BECKER, Max: Geschichte einer Koalition, in: Südwest Merkur, v. 23.3.1956, in: Pressedokumentation, a.a.O., Stichwort: Regierungskoalition.

BITZER, Eberhard, in: FAZ, a.a.O., o.Jg.:
- Mende bereitet die Entscheidung der Freien Demokraten vor (Landesverbände befürchten schwarz-rote Koalition/Doch Zustimmung zu einer befristeten Kanzlerschaft Adenauers?), Nr. 225, v. 28.9.1981, S. 1.
- Leitsätze für den zukünftigen Weg der Union (Barzel empfiehlt der CDU "Integration durch Toleranz"/Die Studie des CDU-Abgeordneten fertiggestellt), Nr. 83, v. 7.4.1962, S. 3.
- Barzels Studie ist ein Versuch geblieben (Forsche Sprüche helfen der Union nicht weiter), Nr. 100, v. 30.4.1962, S. 2.
- Die Freien Demokraten eröffnen den Reigen der Parteitage (Am Mittwoch in Düsseldorf/Döring soll die rechte Hand von Mende werden), Nr. 118, v. 22.5.1962, S. 4.
- Schröder und die Sozialdemokraten, Nr. 138, v. 16.6.1962, S. 1.
- Jetzt öfters Koalitionsgespräch, Nr. 161, v. 14.7.1962, S. 1.

BRÜHL, Fritz: Die Koalition fröstelt, in: Süddeutsche Zeitung (im folgenden zitiert: SZ), v. 15.10.1954, in: Pressedokumentation, a.a.O., Stichwort: Regierungskoalition.

BUCERIUS, Gerd: Der Freund des Kanzlers (Robert Pferdmenges, der große alte Mann der deutschen Wirtschaft, wird 80 Jahre alt), in: Die Zeit, v. 25.3.1960, in: Pressedokumentation, a.a.O., Stichwort: Pferdmenges.

BUCHHEIM, Hans: Ein schöpferischer Verwaltungsbeamter (Zum Tode von Staatssekretär a.D. Hans Globke), in: FAZ, a.a.O., o. Jg., Nr. 40, v. 16.2.1973, S. 2.

DEHLER, Thomas: (Die Vizepräsidenten des Bundestages schreiben in der AZ) (Die Stimme der FDP): Der Koalitionsvertrag, in: Abendzeitung, München, v. 9.11.1961, in: Pressedokumentation, a.a.O., Stichwort: Dehler.

DRESBACH, August: Der Bundeskanzler und die Verbände, in: FAZ, a.a.O., o.Jg., Nr. 49, v. 27.2.1960, S. 2.

DÖNHOFF, Gräfin Marion von: Das Maß ist voll! (Die Stunde des Bundespräsidenten ist gekommen), in: Die Zeit, 16. Jg., Nr. 45, v. 3.11.1961, S. 1.

ERHARD, Ludwig: in: Konrad Adenauer und seine Republik (der Erzkanzler im Urteil seiner Nachfolger), in: Deutsche Zeitung, v. 26.12.1975, in: Pressedokumentation, a.a.O., Stichwort: Adenauer.

ESCHENBURG, Theodor: Pakt wider die Demokratie (Die Pfuscharbeit von Dilletanten), in: Die Zeit, 16. Jg., Nr. 46, v. 10.11.1961, S. 1.

FACK, Fritz Ullrich: Bergs Katastrophen-Theorie, in: FAZ, a.a.O., v. 1.10.1962, in: Pressedokumentation, a.a.O., Stichwort: Berg.

FINCKENSTEIN, Hans-Werner Graf von: Koalitionsparteien hoffen auf Zustimmung zur Präambel (Krone blieb noch in Cadenabbia) in: Die Welt, o. Jg., Nr. 81, v. 5.4.1963, S. 2.

GAUS, Günther: Ein Koalitionsabkommen ist nicht bindend (Am Beginn der neuen Regierungsperiode in Bonn steht eine verfassungsrechtliche Fragwürdigkeit), in: SZ, a.a.O., 17. Jg., Nr. 270, v. 11./12.11.1961, S. 4.

GEIS, Walter: Die Kunst eine Fraktion zu lenken ("Garderegimenter" und viel Fußvolk im Bundestag), in: Deutsche Zeitung und Wirtschaftszeitung, v. 28.12.1957, in: Pressedokumentation, a.a.O., Stichwort: CDU/CSU-Fraktion.

GÖTZ, Hans Herbert, in: FAZ, a.a.O., o. Jg.:
- Ernste Kabinettskrise in Bonn (Der Bundeskanzler unterstützt Berg gegen Erhard, Schäffer und die Notenbank), Nr. 120, v. 25.5.1956, S. 1.
- Krisengespräche zwischen Adenauer und Erhard (Die Gegensätze im Bundeskabinett bestehen fort/Pferdmenges schaltet sich ein), Nr. 121, v. 26.5.1956, S. 1.
- Der Bankier Pferdmenges, Nr. 228, v. 1.10.1962, S. 1.

GRÜSSEN, Hugo:
- Der Wirrwarr ist groß, in: Mannheimer Morgen, v. 16.2.1962, in: Pressedokumentation, a.a.O., Stichwort: Regierungskoalition.
- Schon vor dem Anfang gab es eine Art Geheimnisverrat (Die Geschichte des Koalitionspapiers/Kanzler zeigte sein Portemonnaie), in: Ruhr-Nachrich-

ten, Dortmund, v. 23.11.1962, in: Pressedokumentation, a.a.O., Stichwort: Regierungskoalition.

HAFFNER, Sebastian: Zwischen zwei Stühlen, in: Die Welt, v. 30.1.1962, in: Pressedokumentation, a.a.O., Stichwort: Regierungskoalition.

HECK, Bruno:
- in: "CDU hinter Erhard" (Exklusivinterview mit Bruno Heck), in: Bonner Rundschau, v. 14.8.1966, in: Pressedokumentation, a.a.O., Stichwort: Heck.
- "Die Führungsorgane führen zuwenig" (Bundesminister Heck über Personalpolitik, Öffentlichkeitsarbeit und Organisation seiner Partei), in: SZ, a.a.O., v. 8.10.1966, in: Pressedokumentation, a.a.O., Stichwort: Heck.

HEILMANN, Siegmar:
- Notwendige Koalitionsgespräche, in: Deutsche Zeitung, v. 22.8.1962, in: Pressedokumentation, a.a.O., Stichwort: Regierungskoalition.
- Ein Planungsstab für Erhard (CDU-Kommission soll den Kanzler-Nachfolger beraten), in: Deutsche Zeitung, v. 22.5.1963, in: Pressedokumentation, a.a.O., Stichwort: Erhard.

HENKELS, Walter, in: FAZ, a.a.O., o. Jg.:
- Dr. h.c. Robert Pferdmenges (Bonner Köpfe), v. 28.3.1953, in: Pressedokumentation, a.a.O., Stichwort: Pferdmenges.
- Der "große Schweiger" im Bundestag (Dr. Robert Pferdmenges wird achtzig Jahre alt), v. 26.3.1960, in: Pressedokumentation, a.a.O., Stichwort: Pferdmenges.
- 22 Stühle rund um den grünen Tisch (Wenn das Bundeskabinett tagt), Nr. 4, v. 5.1.1962, S. 2.
- Der schnellste Reiter ist der Tod (Zum Tode des Bundestags-Alterspräsidenten Robert Pferdmenges), Nr. 228, v. 1.10.1962, S. 2.
- Der Tanz auf dem Drahtseil (Die Regierungssprecher von Böx bis zu Diehl und Ahlers), Nr. 300, v. 27.12.1968, S. 2.
- Globke blieb einsame Klasse (Staatssekretäre - wo sind sie geblieben), Nr. 172, v. 28.7.1972, S. 6.

HENKELS, Walter: (Das zweite Glied der Bonner Regierenden) Die "Gewerkschaft der Staatssekretäre" (Sie sollen die Marschlinie ihrer Minister einhalten/Globke verhandelt mit der FDP) in: Saarbrücker Zeitung, v. 27.1.1962, in: Pressedokumentation, a.a.O., Stichwort: Regierungskoalition.

HIMPELE, Ferdinand: Bonn erwartet eine neue Kampfwoche (Heute Sitzung des Fraktionsvorstandes der Union mit dem Kanzler, Erhard und Schäffer), in: FAZ, a.a.O., o. Jg., Nr. 122, v. 28.5.1956, S. 1.

HOOGEN, Matthias, in: Was ist das Koalitionspapier wert? (Spiegel-Gespräch mit dem Vorsitzenden des Bundestags-Rechtsausschusses, Matthias Hoogen), in: Der Spiegel, 15. Jg., Heft 53, v. 27.12.1961, S. 22 ff.

KIESINGER, Kurt Georg, in: Paukenschläge keine Politik (Fritz Hirscher sprach mit Bundeskanzler Kiesinger), in: Rheinzeitung, v. 15.4.1967, in: Pressedokumentation, a.a.O., Stichwort: Kiesinger.

KOCH, Peter, in: SZ, a.a.O.:
- Gesetzgebungspläne für Regierung Erhard (Ausschuß unter Vorsitz Krones stellt Arbeits-Katalog für die zweite Hälfte der Legislaturperiode des Bundestages zusammen/Notstandsgesetze an erster Stelle der Dringlichkeitsliste), v. 24.8.1963, in: Pressedokumentation, a.a.O., Stichwort: Erhard.
- Fraktionsvorstand gibt Erhard freie Hand (CDU/CSU billigt die vorbereitenden Gespräche des Kanzlers zur Regierungsbildung/Personelle Fragen nicht erörtert/Heute erste Fühlungnahme der Fraktion mit der FDP), 19. Jg., N. 211, v. 3.9.1963, S. 1.

LEMMER, Ernst: Dr. Heinrich Krone (Ein verdienstvoller Vorsitzender der CDU/CSU-Fraktion), in: Das Parlament, 19. Jg., Nr. 35/36, v. 30.8.1969, S. 10.

LIEPMANN, Heinz: (Adenauers "Graue Eminenz") Robert Pferdmenges (Der Kopf der Woche), in: Die Weltwoche, v. 16.2.1951, in: Pressedokumentation, a.a.O., Stichwort: Pferdmenges.

MENDE, Erich:
- in: Mende: Von Schönwetter noch keine Rede, in: Abendpost, Frankfurt, v. 13.7.1962, in: Pressedokumentation, a.a.O., Stichwort: Regierungskoalition.
- in: Interview mit dem Hamburger Abendblatt im November 1961, abgedruckt in: Rundschreiben des Bundesvorstandes der FDP (Nr.: BV 46/61), v. 8.11.1961, Anlage (hektographiertes Papier) in: Dehler-Archiv, a.a.O., Ordner Da 0156.
- Regierungspartnerschaft und Koalitionsausschuß, in: SZ, a.a.O., 17. Jg., Nr. 282, v. 25./26.11.1961, S. 4.

MENNINGEN Walter: In Bonn geht es um Adenauer. CDU will ihn halten - FDP lehnt ihn ab (Mende auch gegen befristete Kanzlerschaft Adenauers/ Verhandlungskommissionen beider Parteien), in: SZ, a.a.O., 17. Jg., Nr. 225, v. 20.9.1961, S. 1.

MÖRBITZ, Eghard/FRITZE, Walter: Wieder mit Merkatz und Seebohm (DP bestätigt Koalitionsabsprache/Einigung mit dem Verkehrsgewerbe), in: Frankfurter Rundschau (im folgenden zitiert: FR), v. 12.10.1957, in: Pressedokumentation, a.a.O., Stichwort: Regierungsbildung 1957.

PAULUS, E.G.: Dramatischer Endspurt in Paris (Bisher keine Einigung der deutsch-französischen Sachverständigenkommission über die Saar/Adenauer legt ein von der Koalition und Opposition gebilligtes Memorandum vor/ Mendès-France will ohne vorherige Saar-Regelung die Pariser Verhandlungsergebnisse nicht unterzeichnen), in: SZ, a.a.O., 10. Jg., Nr. 246, v. 23./24.10.1954, S. 1.

PFERDMENGES, Robert: Mein Freund Adenauer, in: Die Zeit, v. 5.1.1956, in: Pressedokumentation, a.a.O., Stichwort: Pferdmenges.

PURWIN, Hilde: Zögernder Kiesinger (Kurt Georg Kiesinger wird Entscheidungsschwäche vorgeworfen), in: Neue Rhein-Ruhr-Zeitung, v. 19.12.1968, in: Pressedokumentation, a.a.O., Stichwort: Kiesinger.

RAPP, Alfred, in: FAZ, a.a.O., o.Jg.:
- Zwei Jahre ganz große Koalition (Der Bund der Vier), v. 10.8.1955, in: Pressedokumentation, a.a.O., Stichwort: Regierungskoalition.
- Erhard gibt Regierungserklärung ab, Nr. 276, v. 28.11.1961, S. 1.
- Adenauer und die anderen, Nr. 121, v. 25.5.1961, S. 1.
- Die Bewährungsprobe (Ins zweite Jahr der Bonner Regierungskoalition), Nr. 235, v. 9.10.1962, S. 2.
- Erhard von der Fraktion als Kanzlerkandidat nominiert (Mit großer Mehrheit/Brentnao unterrichtet Lübke/Noch kein Termin für die Wahl des Nachfolgers), v. 24.4.1963, in: Pressedokumentation, a.a.O., Stichwort: Erhard.
- Kanzler und Kanzlerpartei, Nr. 202, v. 30.12.1968, S. 1.

REISER, Hans, in: SZ, a.a.O.:
- Erhard als Nachfolger Adenauers nominiert. Eindrucksvolle Mehrheit für den Vizekanzler (Das Abstimmungsergebnis der CDU/CSU-Fraktion: 159 Stimmen für, 47 gegen Erhard, 19 Enthaltungen), v. 24.2.1963, in: Pressedokumentation, a.a.O., Stichwort: Erhard.
- CDU/CSU will Fraktionsarbeit stärken (Mitwirkung am Gesetzgebungsprogramm der Regierung), v. 22.5.1963, in: Pressedokumentation, a.a.O., Stichwort: CDU/CSU-Fraktion.

REISSENBERGER, Dankwart: Erhard wird ein Volkskanzler sein (Ein wahrer Triumphzug durch Niedersachsen/CDU schöpft neuen Mut) in: Kölnsiche Rundschau, v. 14.5.1963, in: Pressedokumentation, a.a.O., Stichwort: Erhard.

SETHE, Paul:
- Warum eigentlich einsame Beschlüsse?, in: Allgemeine Zeitung Mainz, v. 7.5.1952, in: Pressedokumentation, a.a.O., Stichwort: Adenauer.
- Die allzu einsamen Beschlüsse, in: FAZ, a.a.O., o.Jg., Nr. 77, v. 31.3.1952, S. 1.

SOBOTTA, Joachim: CDU/CSU läßt Erhard freie Hand (Der künftige Kanzler will den "Dialog mit dem Mann auf der Straße" suchen), in: Deutsche Zeitung, 18. Jg., Nr. 204, v. 4.9.1963, S. 2.

SÜSKIND, W.E.: Zank in diesem Augenblick, in: SZ, a.a.O., 17. Jg., Nr. 195, v. 16.8.1961, S. 3.

SCHNEIDER, Hans Roderich: (Kanzleramt): Aus zweiter Hand, in: Der Spiegel, 20. Jg., Heft 24, v. 6.6.1966, S. 32 ff.

SCHOPEN, Carl: SPD und FDP setzen Fortsetzung der Fibag-Untersuchung durch (Gegen die Unionsfraktion mit nur zwei Stimmen Mehrheit), in: FAZ, a.a.O., o. Jg., v. 29.6.1962, S. 4.

SCHREIBER, Hermann: Adenauer – der Mann ohne Nachfolger (Nach seiner Wiederwahl zum Bundeskanzler ist sein Verhältnis zu Erhard gespannter denn je), in: Stuttgarter Zeitung, v. 8.11.1961, in: Pressedokumentation, a.a.O., Stichwort: Adenauer.

SCHRÖDER, Georg, in: Die Welt, o. Jg.:
- Adenauer fordert Dehlers Kopf (Koalitionsbesprechungen bis zum neuen Jahr unterbrochen), v. 14.12.1955, in: Pressedokumentation, a.a.O., Stichwort: Regierungskoalition.
- Die DP stellt zwei Minister (Verhandlungen mit dem Kanzler – Wuermeling bleibt), v. 11.10.1957, in: Pressedokumentation, a.a.O., Stichwort: Regierungsbildung 1957.
- Eine Schlüsselfigur der Großen Koalition (Helmut Schmidt und der Kreßbronner Kreis/Zusammenspiel mit Barzel), v. 4.1.1969, in: Pressedokumentation, a.a.O., Stichwort: Helmut Schmidt.
- Adenauers "getreuer Eckardt" wird 75, Nr. 138, v. 16.6.1978, S. 4.

SCHUSTER, Hans, in: SZ, a.a.O.:
- (Schon im Schatten der Bundestagswahl) Und Adenauer führt das Regiment, v. 31.12.1960, in: Pressedokumentation, a.a.O., Stichwort: Adenauer.
- Das Jahr der geglückten Wachablösung, v. 31.12.1963, in: Pressedokumentation, a.a.O., Stichwort: Erhard.

SCHWAB, Karl Heinz: Kanzlertag in Bonn (Konrad Adenauer zum vierten Mal zum Bundeskanzler gewählt), in: Deutsche Zeitung, 8.11.1961, in: Pressedokumentation, a.a.O., Stichwort: Adenauer.

STADLMANN, Heinz, in: FAZ, a.a.O., o. Jg.:
- Das Kabinett setzte Autozölle aus, Nr. 114, v. 17.5.1962, S. 1.
- Die Freien Demokraten im Kabinett überstimmt (Sechs Prozent höhere Löhne und Gehälter nur von den CDU-Ministern beschlossen/Noch keine Vorschläge zur Deckung), Nr. 136, v. 14.6.1962, S. 1.

STERNBERGER, Dolf: Koalitionskitt oder Kabinettsreform?, in: FAZ, a.a.O., o.Jg., Nr. 165, v. 19.7.1962, S. 1.

STROBEL, Robert: Keine Koalitionskrise, in: Frankfurter Neue Presse, v. 11.5.1954, in: Pressedokumentation, a.a.O., Stichwort: Regierungskoalition.

STROBEL, Robert, in: Die Zeit:
- Vertagte Krise, v. 11.11.1954, in: Pressedokumentation, a.a.O., Stichwort: Regierungskoalition.
- Makler zwischen Kanzler und Fraktion (Heinrich Krone, der Vorsitzende der CDU/CSU-Fraktion im Bundestag), v. 3.7.1959, in: Pressedokumentation, a.a.O., Stichwort: Krone.
- Kreßbronner Motor – Die Männer, die Bonns Politik machen (nach: Die Zeit, v. 5.7.1968, S. 5), in: Flechtheim, Ossip K. (Hrsg.): Dokumente zur parteipolitischen Entwicklung in Deutschland (Achter Band), Berlin, 1970, S. 418 ff.

TERN, Jürgen: Für besondere Aufgaben, in: FAZ, a.a.O., o. Jg., Nr. 268, v. 17.11.1961, S. 2.

TITZRATH, Werner: Der Vermittler von Bonn (Heinrich Krone wollte eigentlich Gärtner werden), in: Hamburger Abendblatt, v. 13.6.1959, in: Pressedokumentation, a.a.O., Stichwort: Krone.

VOLUNTAS (das ist: ? ): Welche Rolle hat Pferdmenges (Die Männer neben und hinter Adenauer, IV), in: Abendzeitung München, 6. Jg., v. 24.9.1953, S. 2.

WAGNER, Wolfgang: Im Machtzentrum des Palais Schaumburg (Vergleich zwischen dem Regierungsstil Adenauers und Erhards/Die "Mannschaft" des Bundeskanzlers), in: Der Tagesspiegel (Berlin-West), v. 27.1.1965, in: Pressedokumentation, a.a.O., Stichwort: Erhard.

WENGER, Paul Wilhelm, in: Von der Familie zur Völkerfamilie (Ein Spiegel-Gespräch mit Paul Wilhelm Wenger), in: Der Spiegel, 12. Jg., Heft 21, v. 21.5.1958, S. 22 ff.

WESEMANN, Fried: Dehler veröffentlicht Entwurf einer Koalitionsvereinbarung (Auseinandersetzung zwischen dem Kanzler und den Freien Demokraten steuert ihrem Höhepunkt zu), in: FR, a.a.O., v. 20.12.1955, in: Pressedokumentation, a.a.O., Stichwort: Regierungskoalition.

ZÖLLER, Josef-Otmar: Eine Quadriga für Bonn, in: Civis, 12. Jg., Heft 4, April 1966, S. 12 ff.

ZUNDEL, Rolf: Hofstaat oder Kanzlerstab? (Erkenntnisse aus der Wehrkrise: Kiesinger fehlt ein brauchbares Regierungsinstrumentarium), in: Die Zeit, 22. Jg., Nr. 30, v. 28.7.1967, S. 3.


Aus dem Pressebereich, ohne Autor

(d.h. zum Teil: Der Autor war nicht ermittelbar. Es erfolgt eine Auflistung nach Organen, eventuelle Autorenkürzel werden vermerkt)

Civis:
- Die Partei und der Kanzler, 6. Jg., Heft 55, Juli 1959, S. 1 f (Autorenkürzel: dd).
- (Dortmund): Neue Basis der C-D-Ufuß, 9. Jg., Heft 7, Juni 1962, S. 8 f.
- Zwischenbilanz in Hannover (CDU-Reformer Dufhues), 10. Jg., Heft 3, März 1964, S. 12 ff.

(Vorschläge und Wünsche der Deutschen Partei für die neue Regierungskoalition) Programm für die nächsten vier Jahre (Koalitionsausschuß mit wechselndem Vorsitz/Konzentration der parlamentarischen Zusammenarbeit/Die Freiheit eigener Initiative bleibt gewahrt), in: <u>Deutsche Stimmen</u>, 12. Jg., Nr. 42, v. 18.10.1957, S. 10.

Die Arbeit hat begonnen (Die CDU/CSU-Bundestagsfraktion konstituierte sich), in: <u>Deutsches Monatsblatt</u>, 9. Jg., Nr. 1, Jan. 1962, S. 3.

Deutschland-Union-Dienst (DUD):
- Verheißungsvoller Auftakt, 7. Jg., Nr. 192, v. 6.10.1953, S. 2.
- Arbeitskreise leisten Vorarbeit, 7. Jg., Nr. 202, v. 27.10.1953, S. 2 f.
- Loyale Zusammenarbeit, v. 12.7.1962, in: Pressedokumentation,

Stichwort: CDU/CSU-Fraktion.

Sachliche Fragen in der Koalition, in: freie demokratische korrespondenz (fdk), v. 19.12.1955, S. 8 f, in: Pressedokumentation, a.a.O., Stichwort: Regierungskoalition.

Adenauers Politik der "einsamen Entschlüsse", in: Neue Zürcher Zeitung (Fernausgabe), 171. Jg., v. 22.2.1950, S. 1 (Autorenkürzel: R.H.)

Der Spiegel:
- (Londoner Konferenz): Etwas Eis, Gentleman?, 8. Jg., Heft 41, v. 6.10.1954, S. 5 f.
- (Koalitionskrise): Wir sind das Feigenblatt, 9. Jg., Heft 11, v. 9.3.1955, S. 8 ff.
- (Globke) Böse Erinnerungen, 10. Jg., Heft 14, v. 4.4.1956, S. 15 ff.
- (Bundeskanzler): Das Fallbeil, 10. Jg., Heft 22, v. 30.5.1956, S. 11 ff.
- (Wiedervereinigung): Was uns quält, 12. Jg., Heft 15, v. 9.4.1958, S. 13 f.
- (Berg) Der Interessenbündler, 14. Jg., Heft 45, v. 2.11.1960, S. 24 ff.
- (Aufwertung) Erhards Mark, 15. Jg., Heft 12, v. 15.3.1961, S. 15 ff.
- (Wahlkampf) Alias Frahm, 15. Jg., Heft 35, v. 23.8.1961, S. 18.
- (Koalitionsvertrag) Wie ein Roman, 15. Jg., Heft 45, v. 1.11.1961, S. 21 ff.
- (Bundespräsident) Wille und Macht, 15. Jg., Heft 46, v. 8.11.1961, S. 21 ff.
- (Regierungsbildung): Flaschen blieben stehen, 15. Jg., Heft 46, v. 8.11.1961, S. 23 ff.
- "Mein Gott, was soll aus Deutschland werden?" (Adenauer, das Wirtschaftswunder und der Gefälligkeitsstaat, 6. Fortsetzung), v. 8.11.1961, in: Pressedokumentation, a.a.O., Stichwort: Adenauer.

Süddeutsche Zeitung (SZ):
- Koalitionspartner eilen nach Paris (Frankreichs Vorschläge zu wirtschaftlicher Zusammenarbeit in Bonn heftig kritisiert), 10. Jg., Nr. 244, v. 21.10.1954, S. 1.
- Adenauer bittet auch Ollenhauer nach Paris (Ansichten des Oppositionsführers sollen gehört werden/Übereinstimmung zwischen dem Bundeskanzler und den Fraktionsvorsitzenden der Koalitionsparteien in der Saarfrage), 10. Jg., Nr. 245, v. 22.10.1954, S. 1.
- Die Konjunktur entzweit das Bundeskabinett (Erhard und Schäffer drohen mit Rücktritt/Adenauers Kritik an der Diskont-Erhöhung stößt auf heftigen Widerspruch/Sondersitzung der Bundesregierung führt zu keinem Ergebnis), 12. Jg., Nr. 125, v. 25.5.1956, S. 1.
- Schäffer und Erhard bleiben hart (Deutliche Worte des Bundesfinanzministers zur Rechtfertigung seiner Konjunkturpolitik/Adenauers Ehrenerklärung für Erhard hat die sachlichen Gegensätze nicht beseitigt), 12. Jg., Nr. 127, v. 28.5.1956, S. 1.
- Erhard dringt nicht durch (Wachsender Widerstand gegen die Pläne des Ministers zur Konjunkturdämpfung), 16. Jg., Nr. 251, v. 19.10.1960, S. 1.
- Kontroverse Brandt-Adenauer (Heftige Reaktion des Regierenden Bürgermeisters auf die Angriffe des Bundeskanzlers), 17. Jg., Nr. 195, v. 16.8.1961, S. 2.

Berg-Gewitter im Gürzenich, in: Weser-Kurier, v. 29.5.1956, in: Pressedokumentation, a.a.O., Stichwort: Berg.